Bébé
est arrivé!

Soyez bien renseignée

Tome
1

Catalogage avant publication de Bibliothèque et Archives nationales du Québec et Bibliothèque et Archives Canada

Eisenberg, Arlene

Bébé est arrivé ! : soyez bien renseignée

Nouv. éd.

(Collection Famille)

Traduction de : What to expect the first year.

ISBN 978-2-7640-1909-2 (v. 1)

ISBN 978-2-7640-1910-8 (v. 2)

1. Nourrissons – Soins. 2. Nourrissons – Développement. 3. Nourrissons – Santé et hygiène. I. Murkoff, Heidi Eisenberg. II. Hathaway, Sandee Eisenberg. III. Titre. IV. Collection : Collection Famille (Éditions Quebecor).

HQ774.E4714 2012   649'.122   C2012-940131-5

Cet ouvrage a été originellement publié par Workman Publishing Co.
Publié avec la collaboration de Montreal-Contact/The Rights Agency
© 1989, Workman Publishing Company Inc.
© 1991, Les Éditions Quebecor pour la traduction française

© 2012, Les Éditions Quebecor pour la présente édition
Une compagnie de Quebecor Média
7, chemin Bates
Montréal (Québec) Canada
H2V 4V7

Dépôt légal : 2012
Bibliothèque et Archives nationales du Québec

Pour en savoir davantage sur nos publications, visitez notre site : **www.quebecoreditions.com**

Éditeur : Jacques Simard
Conception de la couverture : Bernard Langlois
Illustration de la couverture : Istockphoto

Imprimé au Canada

Gouvernement du Québec – Programme de crédit d'impôt pour l'édition de livres – Gestion SODEC.

L'Éditeur bénéficie du soutien de la Société de développement des entreprises culturelles du Québec pour son programme d'édition.

Nous reconnaissons l'aide financière du gouvernement du Canada par l'entremise du Fonds du livre du Canada pour nos activités d'édition.

DISTRIBUTEURS EXCLUSIFS :

- Pour le Canada et les États-Unis :
MESSAGERIES ADP*
2315, rue de la Province
Longueuil, Québec J4G 1G4
Tél. : (450) 640-1237
Télécopieur : (450) 674-6237
* une division du Groupe Sogides inc.,
filiale du Groupe Livre Quebecor Média inc.

- Pour la France et les autres pays :
INTERFORUM editis
Immeuble Paryseine, 3, Allée de la Seine
94854 Ivry CEDEX
Tél. : 33 (0) 4 49 59 11 56/91
Télécopieur : 33 (0) 1 49 59 11 33

Service commande France Métropolitaine
Tél. : 33 (0) 2 38 32 71 00
Télécopieur : 33 (0) 2 38 32 71 28
Internet : www.interforum.fr

Service commandes Export – DOM-TOM
Télécopieur : 33 (0) 2 38 32 78 86
Internet : www.interforum.fr
Courriel : cdes-export@interforum.fr

- Pour la Suisse :
INTERFORUM editis SUISSE
Case postale 69 – CH 1701 Fribourg
– Suisse
Tél. : 41 (0) 26 460 80 60
Télécopieur : 41 (0) 26 460 80 68
Internet : www.interforumsuisse.ch
Courriel : office@interforumsuisse.ch

Distributeur : OLF S.A.
ZI. 3, Corminboeuf
Case postale 1061 – CH 1701 Fribourg
– Suisse

Commandes : Tél. : 41 (0) 26 467 53 33
Télécopieur : 41 (0) 26 467 54 66
Internet : www.olf.ch
Courriel : information@olf.ch

- Pour la Belgique et le Luxembourg :
INTERFORUM BENELUX S.A.
Fond Jean-Pâques, 6
B-1348 Louvain-La-Neuve
Tél. : 00 32 10 42 03 20
Télécopieur : 00 32 10 41 20 24

Arlene
Eisenberg

Heidi E.
Murkoff

Sandee E.
Hathaway

Bébé
est arrivé!
Soyez bien renseignée

Tome 1

5e édition

Traduit de l'américain par Denyse Morin
Adapté par Hélène Béland Vachon, M.D.

LES ÉDITIONS
Québecor
Une compagnie de Quebecor Media

DÉDICACE

À nos enfants, Emma et Wyatt, Rachel et Ethan, dont les premières années ont été pour nous mémorables et magiques.
À nos partenaires parentaux, Howard, Erik et Tim,
sans qui nous n'aurions pu réaliser ce livre.

PRÉFACE

Enfin un ouvrage intéressant et à point, destiné aux parents et à tous ceux qui s'occupent de nouveau-nés. Ce livre se veut un guide pratique pour vous permettre de mieux comprendre et prévoir le développement psychologique et physique de votre bébé. Rédigé dans un langage simple, il vous sera utile tout au long de sa première année de vie.

À la joie d'être soudainement «promu» parent, succède normalement quelques angoisses et interrogations. Les questions les plus variées trouveront réponse dans ce manuel. Son organisation claire et précise, par tranche d'âge d'un mois à la fois, permet une consultation rapide et efficace. Toutes les préoccupations entourant la venue du bébé sont ici discutées, notamment l'organisation matérielle, l'allaitement ou le biberon et le retour au travail de maman.

L'auteur a su traiter de l'évolution du bébé en admettant que la «normalité» se compose d'un large éventail de comportements. En fait, chaque bébé a une «vitesse de croisière» qui lui est spécifique et qui influence ses apprentissages dans les divers sphères d'activités; par exemple, un bébé qui marche tôt sera peut-être moins intéressé à parler tôt... Chaque bébé a déjà une personnalité qui lui est propre, et c'est avec l'aide et l'amour de ses parents qu'il grandira harmonieusement («... soyez bien renseignée», est certes un conseil judicieux).

À tous et à toutes, je souhaite d'être comblés par une relation intense et gratifiante avec le tout-petit qui changera à jamais votre vie.

Bonne lecture!

Hélène Béland Vachon, M.D.

MILLE FOIS MERCI

S'il y a des personnes qui ont encore plus besoin d'aide que les parents, au cours de la première année d'un bébé, ce sont certainement les auteurs qui doivent rédiger les livres traitant du sujet. Nous tenons à remercier les dizaines de professionnels, de médecins et de parents qui nous ont aidés à réaliser ce livre en nous offrant des sources d'informations très précieuses.

Nous voudrions remercier tout particulièrement Henry Harris, médecin et périatre, et Richard Aubry, médecin et périagynécologue, nos conseillers médicaux en qui nous mettons toute notre confiance, d'avoir pris le temps de lire les épreuves et de nous avoir fait bénéficier de leurs connaissances, de leurs idées et de leur sagesse.

Nous aimerions remercier, en particulier, un groupe de médecins très spéciaux, Max Kahn, Michael Levi, Michael Traister et Herb Lazarus, d'avoir examiné le manuscrit à fond pendant tous leurs moments libres. Nous tenons aussi à remercier Kathy Lawrence et Eve Coulson d'avoir pris le temps de lire les épreuves et de nous avoir offert leurs commentaires, malgré leur emploi du temps très chargé comme mères de famille.

Nous voudrions également exprimer notre reconnaissance à plusieurs autres professionnels et autres amis d'avoir lu des parties pertinentes du manuscrit et de nous avoir fait profiter de leurs compétences. Parmi eux, nous voudrions mentionner tout particulièrement Ronald L. Poland, médecin, Michael Lewis, docteur en philosophie, Alfred T. Lane, médecin, Irving J. Selikoff, médecin, Jerrold Abraham, médecin, Deborah Cambell, médecin, Barbara Hogan, Judy Lee, Ken Gorfinkle, Doris Ullendorff, Dina Rosenfeld, Howard Berkowitz, médecin, Richard Weisman, médecin, Steven M. Silverman, de la Croix-Rouge américaine (pour la grande région de Boston), John J. Caravollas, docteur en théologie, Paul Leonard, EMTA, Sandy Hathaway, infirmière, Lisa Shulz, Phil Sherman, mohel, Bonnie Cowan, Mary Lewis, de l'Association américaine de la protection des consommateurs, Michelle Weber, Jeff Moulier, Mort Lebow, Bill Delay, Marvin Eiger, médecin, et Sally Wendkos Olds. Nous remercions également l'Association américaine pour les maladies du coeur, l'association March of Dimes, le Collège américain d'obstétrique et de gynécologie, l'Académie américaine de pédiatrie et l'équipe de la revue Contemporary pediatrics pour leur aide si précieuse ainsi que pour la multitude d'informations qu'ils nous ont procurées.

Nous remercions également David et Shana Roskies, Sarah Jacobs et David Kronfeld, Susan et David Kramer, Ann Wimpfheimer et Baruch Bokser, Herb et Judy Seaman, Bilick Shelly Bazes et Rueven Weiss, Nessa Rapoport et Toby Kahn, Linda et David Shriner-Kahn, Pearl Beck et David Fisher, Diane Sharon et Alan Nadler, Sharon et Michael Strassfeld, Betsy et David Teutsch, ainsi qu'un nombre incalculable d'autres parents qui nous ont fait part de leurs préoccupations. Nous avons ainsi pu, à notre tour, les faire partager à nos lecteurs.

Nous tenons aussi à exprimer nos remerciements à Marika Hahn pour ses magnifiques illustrations.

Nous voulons également remercier tous les membres de l'équipe de Workman Publishing pour leur inlassable soutien ainsi que pour leur bonne humeur, mais plus particulièrement Suzanne Rafer qui a participé autant que nous à la préparation de ce livre. Nous remercions aussi Kathy Herlihy-Paoli, Mary Wilkinson, Lisa Hollander, Shannon Ryan, Barbara Scott-Goodman, Bert Snyder, Janet Harris, Ina Stern, Saundra Pearson, Steve Garvin, Linda Randel, Jim Joseph, Andrea Glickson, Chip Duckett et tous ceux qui ont contribué à la réalisation de ce livre et qui ont permis qu'il prenne un bon départ. Nous tenons également à remercier tout particulièrement Peter Workman, sans qui nous n'aurions pu mener à bien notre tâche.

Nous remercions aussi Élise et Arnold Goodman, nos agents et nos amis, qui ont eu le bon sens de nous amener, en premier lieu, à *Workman Publishing*.

Nous tenons également à exprimer notre reconnaissance à Mimi et à Gramps qui nous ont enseigné l'importance de l'amour dans la relation parent-enfant.

Nous tenons à remercier tous les parents soucieux du bien-être de leur famille et tous nos bons amis qui ont participé à nos cours et à nos séminaires et qui nous ont tant appris. Nous voudrions enfin exprimer notre gratitude aux nombreux lecteurs qui nous ont demandé d'écrire ce livre, *Bébé est arrivé : soyez bien renseignée.*

POURQUOI CE LIVRE?

Tout semblait si simple. J'entrerais à l'hôpital enceinte et j'en sortirais après quelques jours, nouvelle maman heureuse et épanouie. Ce rôle de mère, que des dizaines de générations de femmes avaient joué avant moi, je l'assumerais à mon tour tout naturellement, héritage de mes glandes endocrines, qui m'assuraient, croyais-je, en plus du lait maternel, le savoir-faire indispensable pour prendre soin de ma fille.

Je me suis vite rendue à l'évidence de l'inefficacité de cette belle théorie. Le petit corps d'Emma portait des traces de sang et de liquide amniotique que je me voyais déjà forcée de renoncer à mes illusions quant au «naturel» de notre relation. Tout me semblait tout à coup difficile : mes sentiments face à ce petit être étaient plus ambivalents que ce que j'avais pu imaginer. Emma était une étrangère, et elle me traitait en étrangère. Si au moins elle avait cessé de hurler. Pis encore, ce fut la totale désillusion lorsque j'approchai sa petite figure bouffie de ma poitrine. Ce formidable instinct dont on parle tant lui manquait autant qu'à moi. Mes tentatives pour la faire téter échouaient systématiquement. Ses efforts pour attraper le mamelon et pour le téter restaient vains : elle refusait de tenir prise... préférant me tenir tête.

De retour à la maison, les choses ne devaient pas s'améliorer. Mon inaptitude à m'occuper de ma fille était la même partout, dans mes moindres gestes : qu'il s'agisse de la changer de couche, de lui faire faire son rot, de la baigner, de la nourrir ou de la mettre au lit. Les semaines qui suivirent sa naissance furent aussi décevantes qu'épuisantes. Je pleurais autant qu'Emma, ce qui n'est pas peu dire, étant donné qu'elle souffrait de coliques.

J'étais certainement la plus maladroite des mères. Du moins le pensais-je, jusqu'à ce que j'en parle à d'autres femmes dans ma situation. Nous rivalisions d'incompétence. Le même sentiment d'impuissance nous habitait. Les mêmes inquiétudes aussi. Là encore, j'avais pourtant cru battre tous les records. Et bien non! Nous avions toutes les mêmes peurs : peur que le bébé ne mange pas assez et dorme trop, peur des rougeurs qui apparaissaient parfois sur sa peau, peur des coliques; nous nous inquiétions toutes de voir notre bébé exposé aux microbes des étrangers ou aux risques de la vaccination.

Comme toute nouvelle maman, je cherchais à me rassurer dans les livres et les magazines, auprès de personnes expérimentées, parents et amis ayant vécu et vaincu les mêmes angoisses. Chacun avait sa théorie là-dessus, et elles étaient toutes contradictoires, il va sans dire. Aucun en tout cas, ne pouvait réellement répondre au quart de la moitié de mes questions. Un bon pédiatre aurait sans doute pu résoudre la plupart d'entre elles, mais allez trouver celui qui aurait accepté d'emménager avec Emma, mon mari Erik et moi.

Comme mon premier ouvrage, *Vous attendez bébé : soyez bien renseignée*, avait été le résultat du besoin que j'avais ressenti de pouvoir me référer à un outil pratique et facile à consulter, jour après jour et mois après mois, durant les neuf mois de la grossesse, *Bébé est arrivé : soyez bien renseignée* répond au besoin de consulter une référence fiable tout au long des douze premiers mois d'apprentissage de la maternité et de la paternité.

Jouer adéquatement le rôle de parents ne sera jamais facile, mais ce livre pourra vous guider, avec votre conjoint et vos enfants plus âgés, si tel est le cas, à tra-

CE QUE BÉBÉ FERA CE MOIS-CI

Tous les parents cherchent à savoir si leur nouveau-né se développe normalement. S'ils le comparent à la «moyenne» du même âge pourtant, ils trouvent souvent que leur enfant est en avance ou en retard; peu de bébés font effectivement partie de cette moyenne. Pour vous aider à évaluer si le développement de votre enfant se rapproche assez de la norme idéale — c'est-à-dire de la majorité —, et pour vous assurer qu'il ne fait pas seulement partie de la «moyenne limite» acceptable, nous avons préparé pour vous un guide mensuel à partir de tests d'apprentissage.

Pour chaque mois de leur évolution, un bon 90 p. cent des bébés passeront le test de développement dans la première catégorie, «À la fin de ce mois, bébé devrait pouvoir».

Environ 75 p. cent atteindront cette maîtrise dans la deuxième catégorie. «Bébé pourrait probablement».

À peu près la moitié auront accompli ces exploits dans la troisième catégorie. «Ce que bébé peut possiblement faire».

Et 25 p. cent environ auront relevé tous les défis de la dernière catégorie, «Ce que bébé peut même faire».

Verser les mille et un problèmes, crises et périodes de transition inévitables de la première année, tout en bénéficiant de la compréhension et des conseils de gens d'expérience et à la fine pointe des connaissances médicales en la matière. Cet ouvrage tient compte des différences particulières pourtant toutes normales entre les mères et leurs nouveau-nés. Il tient compte des différents styles et des différentes approches du rôle de parents car, lorsqu'il

s'agit des soins à donner à un bébé, il n'y a pas qu'une seule bonne manière de faire! Il fait confiance à l'instinct maternel, tout en admettant que la maman elle-même doute souvent de cet instinct. Mais

1. Évidemment, quand arrive le temps de prendre une décision médicale, la maman n'est pas la personne la plus compétente, et vous ne devez pas vous improviser médecin de votre propre enfant. Consultez le pédiatre que vous avez choisi avant de prendre quelque décision que ce soit concernant sa santé.

Au début, la plupart des parents s'apercevront que leur bébé réussit des exploits dans chacune des catégories. Quelques-uns trouveront que leur rejeton est toujours au même point. D'autres trouveront que bébé se développe de façon désordonnée, c'est-à-dire lentement pendant un mois et à une allure folle le mois suivant. Ils peuvent tous être rassurés : bébé est parfaitement normal.

Il n'y a pas lieu de consulter un médecin, à moins que bébé ne réussisse pas ce qu'un enfant du même âge «doit pouvoir faire», de façon constante, c'est-à-dire presque systématiquement. Même alors, peut-être n'existe-t-il pas de problème réel.

Si cela vous intéresse, consultez les divisions traitant de «ce que bébé peut faire», mais ne vous servez pas de ces informations dans le but de juger des habiletés de votre enfant maintenant ou pour présumer de ce qu'elles seront plus tard. Elles ne peuvent prédire de rien. Si la consultation de ces listes vous inquiète plus qu'elle ne vous rassure, évitez de vous y attarder. Ignorez-les. Bébé se développera tout aussi bien et vous serez plus heureuse.

surtout, il vous assure que ce qu'une mère perçoit est le plus souvent juste et que la plupart des gestes de bébé sont tout à fait normaux, même si la voisine ne ressent pas les mêmes choses, ou que son enfant réagit différemment.

J'ai survécu à la première année. À vrai dire, mois après mois, pendant que j'apprenais mon rôle de maman et qu'Emma devenait un beau bébé heureux de vivre, j'appréciais de plus en plus le fait d'être mère. À tel point, que peu de temps après, j'ai désiré l'être une deuxième fois. Cinq ans plus tard, avec ma soeur Sandee, coauteure de ce bouquin (qui a elle aussi répété l'expérience deux fois depuis), nous avons compris que les meilleures choses de la vie ne sont jamais faciles, mais qu'elles valent les efforts que nous y mettons, et que le bonheur que nous en retirons est d'autant plus grand que la difficulté fut grande à surmonter.

C'est à cet effort, et à vous qui êtes sur le point de le connaître, que nous dédions *Bébé est arrivé : soyez bien renseignée.*

Heidi E. Murkoff

TABLE DES MATIÈRES

Bébé est arrivé: soyez bien renseignée

Tome I

CHAPITRE 1

Préparez-vous, préparez tout

Après des mois d'attente, vous commencez enfin à distinguer, au loin, la petite lumière au bout du tunnel (peut-être même votre col s'est-il dilaté de quelques millimètres). Quelques semaines seulement avant le jour J, vous sentez-vous prête, comme le bébé que vous portez, à venir au monde et à entamer une nouvelle vie?

Même si vous êtes adepte de scoutisme et que vous comptez sur votre bonne forme physique pour surmonter toutes les difficultés la tête haute, il est préférable de ne pas attendre que votre enfant ait atteint l'âge de trois ans (ou plus) pour vous préparer physiquement et psychologiquement au nouveau rôle qui vous est dévolu. Vous pouvez ré-gler beaucoup de détails avant la nais-sance, pour que la transition se fasse en douceur et que bébé s'intègre plus naturellement à votre vie de couple : choisir la meilleure couchette et le bon pédiatre, opter pour le biberon ou l'allaitement au sein, préparer des cou-ches de tissu ou faire provision de cou-ches jetables, décider de garder ou non chien et chat à la maison, et bien d'autres choses.

Cette frénésie de préparatifs en vue de l'arrivée de bébé vous semblera peut-être essoufflante, mais vous vous féliciterez d'avoir pris ces initiatives quand vous serez plongée dans la vie trépidante de parent à temps plein.

NOURRIR BÉBÉ : sein ou biberon?

Pour plusieurs femmes, la question ne se pose même pas : il suffit qu'elles ferment les yeux pour se voir offrir le sein à cet enfant encore à naître ou, tout aussi naturellement, tenir leur nouveau-né d'un bras, biberon à la main. Quelles que soient leurs raisons — émotives, médicales, pratiques —, elles ont fait un choix décisif dès les premiers mois de leur grossesse, et peut-être même avant.

Pour d'autres, toutefois, rien n'est moins évident. Elles se voient peut-être mal allaiter leur enfant, mais elles ont entendu tant d'avis positifs sur le sujet, que l'idée de nourrir bébé au biberon ne leur semble pas non plus idéale. Elles subissent parfois des pressions de toutes parts : leur mère recommande le biberon et leurs amies les encouragent à choisir l'allaitement maternel, comme elles en ont elles-mêmes fait l'expérience. Certaines choisiraient d'emblée l'allaitement au sein, mais elles se disent que ça ne vaut pas la peine, puisqu'elles retourneront au travail peu après la naissance de bébé. Il se peut aussi que la future mère se laisse influencer par les attentes mitigées de son compagnon.

En réalité, peu importe d'où vient le doute, la meilleure façon d'y voir plus clair est d'envisager les faits tels qu'ils se présentent, tout en tenant compte de l'avis de chaque personne concernée. D'abord et avant tout, quels sont les faits?

QU'EN EST-IL DE L'ALLAITEMENT AU SEIN?

Pédiatres, obstétriciens, sages-femmes et même manufacturiers de lait en formule pour enfants sont tous d'avis que le lait maternel est le meilleur pour bébé. Peu importent les progrès de la technologie, la Nature offrira toujours un petit quelque chose de plus. Selon eux, le sein constitue la meilleure tétine et il contient le meilleur aliment que bébé puisse ingurgiter. Non seulement cette méthode est-elle excellente pour le nourrisson, mais elle produit sur la mère des effets bienfaisants. Comme Oliver Wendell Holmes disait il y a plus d'une centaine d'années : «Une bonne paire de glandes mammaires a un avantage réel sur les deux hémisphères cérébraux du plus savant professeur, c'est l'art de produire le liquide le plus nutritif qui soit pour les enfants.» Voici quelques avantages de l'allaitement maternel :

Un lait personnalisé pour chaque bébé. Le lait humain contient au moins une centaine d'ingrédients que l'on ne retrouve pas dans le lait de vache et qu'il est impossible de synthétiser en laboratoire. Mieux encore, sa formule unique change constamment, à mesure que bébé grandit et que ses besoins se transforment. La maman qui allaite offre à son enfant un lait différent le matin et l'après-midi; et ce lait n'est pas le même pour le poupon d'un mois que pour celui qui en a six ou sept. On constate même une nette différence entre le lait que la maman offre à son bébé prématuré et celui qu'elle produit pour un petit né à terme.

Plus facile à digérer. Le lait maternel est naturellement mieux adapté au système digestif en plein développement du nouveau-né humain que ne le sera jamais le lait de vache destiné au veau. Les protéines qu'il contient (les albumines du lait), tout comme ses matières grasses, sont mieux assimilées par le nourrisson que les protéines (surtout la caséine) et le gras contenus dans le lait animal. En conséquence, le bébé nourri au sein souffrira moins de coliques, de gaz intestinaux et de régurgitation.

Moins de sodium et de protéines. Étant donné que le lait maternel contient moins de sodium et de protéines que le lait de vache, les reins du bébé auront moins de déchets à éliminer.

Meilleure absorption du calcium. Cette meilleure assimilation du calcium provient sans doute en partie du degré moins élevé de phosphore contenu dans le lait maternel. En effet, un excès de cette substance chimique peut nuire à l'absorption du calcium.

Moins de risques d'allergies. Il est très rare que les bébés soient allergiques au lait maternel. Toutefois, l'enfant nourri au sein peut faire une réaction à quelque aliment que sa mère aurait mangé et qui serait passé dans son lait (le lait de vache par exemple), même s'il tolère normalement bien le lait maternel. D'un autre côté, un peu plus d'un enfant sur 10, après une exposition de plus ou moins longue durée au lait de vache, manifestent une allergie. Le passage à une formule à base de soya (Isomil) ou d'hydrolysat de caséine (Nutramigen, Alimentum, Pregestimil) aide habituellement à résoudre ce genre de problème, bien que ces mélanges s'éloignent plus de la composition du lait humain que le lait de vache.

Pas de constipation, ni de diarrhée. Grâce aux effets laxatifs naturels du lait maternel, les bébés allaités se montrent souvent très prodigues quand vient le temps de remplir leur couche, et ils ne connaissent pas la constipation. Bien que leurs selles soient généralement très molles, ils souffrent rarement de diarrhée. Le lait maternel semble réduire les risques de mauvaise digestion de deux façons : d'abord, il détruit systématiquement un nombre important de micro-organismes nuisibles qui en sont la cause; puis il empêche leur prolifération au profit de celle d'autres micro-organismes, bénéfiques ceux-là, qui montent la garde.

Moins de risques d'érythème. Les selles du bébé nourri au sein causent moins d'éruptions et de rougeurs sur la peau des fesses, mais cet avantage — comme celui des odeurs moins accentuées — disparaîtra dès que les aliments solides s'ajouteront au régime alimentaire du nourrisson.

Une meilleure santé pour bébé. Chaque fois que bébé tète au sein de sa maman, il va chercher une bonne dose d'anticorps contribuant à améliorer sa résistance aux maladies. Il sera moins sujet aux rhumes, aux fièvres, aux otites et aux autres infections que les enfants nourris au biberon, et il récupérera plus rapidement tout en voyant diminuer les risques de complications en cas de maladie.

Moins de risques d'obésité. En moyenne, les enfants nourris au seins sont moins potelés que les autres. Ceci est en partie dû au fait que le nourrisson allaité par sa maman se fie instinctivement à son appétit pour contrôler sa consommation de lait : il cesse de boire quand il en a assez. Au contraire, l'enfant nourri au biberon est porté à boire jusqu'à ce que la bouteille soit vide, même si sa faim a été comblée, c'est-à-dire après 100 ou 125 millilitres (3 ou 4 onces). De plus, l'allaitement au sein exerce un contrôle automatique sur l'apport calorique. Le lait que boit bébé à la fin d'une tétée est plus riche que celui du début, de sorte qu'il se sent rassasié : c'est le signal naturel de la fin de son repas. Souvenez-vous toutefois que le bébé à qui on offre le sein trop souvent (aux moindres pleurs ou signes d'ennui, par exemple) peut grossir trop rapidement.

Plus de plaisir à téter. Bébé peut continuer à téter même lorsque le sein est vide, pour le simple plaisir de le faire, activité à laquelle il ne peut pas se livrer s'il est nourri au biberon.

Meilleur contrôle du cholestérol.
L'adulte qui aura été nourri au sein sera moins sujet à un taux élevé de cholestérol dans le sang. Bien que les scientifiques ne se l'expliquent pas encore, le taux plus élevé du cholestérol dans le lait maternel semble déclencher un mécanisme améliorant la capacité d'un individu de métaboliser le cholestérol plus tard dans la vie.

Meilleur développement de la bouche.
Le mamelon de maman et les lèvres de bébé s'adaptent parfaitement (même si ça ne paraît pas évident aux premiers essais). Même les tétines les plus perfectionnées, testées scientifiquement, n'arrivent pas à donner aux mâchoires, aux gencives et aux dents du nourrisson la qualité de succion dont ils bénéficieraient en tétant le sein et qui leur assurerait un développement maximal des fonctions orales. Comme on ne peut compter sur la langue (c'est le cas avec le biberon), les bébés nourris au sein auront moins besoin de soins orthodontiques que les autres.

Plus pratique. Le lait maternel est toujours disponible, prêt à servir, propre et à la température idéale : c'est la nourriture par excellence. Nul besoin de courir à la pharmacie pour acheter du lait maternisé en conserves, pas de biberon à stériliser ou à remplir, pas de boîtes à ouvrir et rien à réchauffer. Où que vous soyez, au lit, sur la route, au restaurant ou à la plage, toute la nourriture dont bébé a besoin est là, à votre portée, prête à servir. Si la maman doit s'éloigner de son nourrisson pour la soirée, la journée ou même la fin de semaine, elle peut exprimer son lait à l'avance et le garder au réfrigérateur pour d'exceptionnels repas au biberon.

Économique. Le lait maternel est gratuit, alors que les formules peuvent s'avérer très coûteuses et entraîner des pertes considérables, si l'on pense que beaucoup de bouteilles et de boîtes à moitié vides (contenant du lait maternisé) seront trop souvent versées dans l'évier. Bien qu'il soit prouvé que la maman qui allaite a besoin d'un surplus alimentaire dont les autres peuvent se passer, le coût de revient de ce régime particulier ne peut pas être bien élevé. D'ailleurs, si l'on prend la peine de choisir sa nourriture avec un réel souci de la qualité nutritionnelle des produits — ce qui devrait aller de soi —, cela pourrait même s'avérer économique. Un litre de lait à faible teneur en matières grasses coûte moins cher qu'une bouteille de *coke-cerise*; un bol de céréales de son, assorti de quelques baies fraîches, est plus économique qu'une pâtisserie française; un *popsicle* maison fait à partir de jus véritable coûte moins que ceux que l'on trouve dans le commerce et qui ne contiennent que du sucre.

Maman sera plus vite sur pied. Allaiter est excellent pour la femme. Vous pouvez ainsi décider de nourrir bébé au sein en pensant autant à vous qu'à lui. Si l'allaitement est bon pour votre enfant, il l'est autant pour vous; cette nouvelle étape est partie intégrante du cycle naturel grossesse — accouchement — maternité. L'allaitement aidera votre utérus à reprendre sa forme initiale plus rapidement (lorsque bébé tète, la mère ressent des contractions plus fortes au niveau du bassin, durant les premiers jours suivant l'accouchement [postpartum]), ce qui a pour résultat de réduire le flot de lochies (écoulement utérin) plus rapidement. L'allaitement vous aidera de plus à perdre le poids excédentaire accumulé pendant la grossesse, en brûlant un surplus de 500 calories quotidiennement. Quelques-uns de ces kilos, vous vous souvenez, devaient vous assurer la réserve de graisse nécessaire pour vous permettre de produire le lait maternel : voici venu le temps de vous en servir. (Mais attention : ne vous empressez pas trop de brûler cette réserve.)

Prévention des grossesses trop rapprochées. La femme qui allaite bénéficie généralement d'un répit de quelques mois, en ce qui a trait à cette «période critique» du cycle menstruel. Pour la plupart des nourrices, l'ovulation et les menstruations ne réapparaîtront pas avant longtemps, du moins pas avant que bébé ne prenne de supplément alimentaire important (sous forme de lait maternisé ou d'aliments solides), souvent au moment du sevrage, et parfois plusieurs mois après le sevrage. Ce qui ne veut pas dire, malheureusement, que vous ne pouvez pas devenir enceinte. Étant donné que l'ovulation peut imperceptiblement précéder vos premières règles après l'accouchement, vous ne pouvez pas connaître avec certitude le moment où la protection que procure l'allaitement cessera.

Moins de risques de cancer du sein. Bien qu'il ne semble pas que l'allaitement protège la femme contre le cancer du sein se déclarant après la ménopause, on s'entend pour dire qu'il réduit les risques de ce type de cancer chez la femme plus jeune.

Plus de repos pour maman. L'allaitement vous assure de fréquentes périodes de repos au cours de la journée, surtout au début (parfois même plus que vous ne le souhaiteriez). Que vous ayez ou non le temps et le goût de relaxer, votre corps a besoin de se détendre pour récupérer l'énergie qu'il a dépensée lors de l'accouchement; le fait d'allaiter bébé vous force à profiter de ces indispensables moments de paix.

Boires de nuit simplifiés. Même les parents qui adorent leurs enfants au point de ne jamais se lasser de les regarder évoluer ne souhaitent pas s'extasier devant eux à deux ou trois heures du matin. Aussi, les boires de nuit vous seront-ils plus facilement tolérables — vous pourriez même trouver un réel plaisir à ce moment de rare

intimité — si vous n'êtes pas obligée de courir à la cuisine pour remplir le biberon et en réchauffer le contenu. Le papa peut même participer à cet échange nocturne en s'occupant de transporter bébé de sa couchette aux bras de sa maman et en sens inverse après la tétée.

Relations très étroites entre maman et bébé. Comme toutes les mères qui allaitent vous le diront, le plus merveilleux des avantages de l'allaitement est sans contredit la relation unique ainsi créée entre la mère et son enfant. Il y a ce contact direct des corps et des yeux, et la possibilité de bercer bébé, de le couvrir de caresses, de lui parler doucement et de lui chanter quelque berceuse. Bien sûr, vous poserez les mêmes gestes en donnant le biberon, mais ils exigeront de vous plus d'efforts (voir p. 67) vu la tentation, à la moindre fatigue éprouvée par exemple, de confier cette tâche à d'autres, ou d'appuyer la bouteille sur l'oreiller quand vous serez occupée à autre chose.

QU'EN EST-IL DU BIBERON?

Si le biberon ne présentait aucun avantage, aucune femme en état d'allaiter ne choisirait cette méthode. Ce genre d'allaitement présente des avantages réels et, pour certaines mamans (et certains papas), ces derniers surpassent ceux de l'allaitement au sein, pourtant nombreux.

Bébé satisfait plus longtemps. Les formules à base de lait de vache, plus difficiles à digérer que le lait maternel (elles restent plus longtemps dans l'estomac de bébé), procurent une impression de satiété qui peut durer plusieurs heures. Bébé peut ainsi patienter 3 ou 4 heures entre ses boires, et ce, beaucoup plus tôt. Au contraire, le lait maternel se digère si facilement et si rapidement que les nouveau-nés ainsi nourris demandent à boire tellement souvent qu'on a parfois l'impression qu'ils sont collés au sein en permanence. Bien que la tétée fréquente ait son utilité — elle stimule la production de lait et en augmente la quantité —, elle peut s'avérer épuisante.

Meilleur contrôle des quantités. Vous savez exactement la quantité de lait que bébé ingurgite. Parce qu'elle ne peut pas mesurer la quantité de liquide que son bébé avale lors de chaque boire, la maman inexpérimentée craint souvent que son nourrisson ne boive pas suffisamment. Celle qui a choisi le biberon n'a pas ce souci : un simple coup d'oeil à la bouteille lui donne l'exacte mesure du repas de bébé. (Cela peut également présenter un désavantage, car il arrive que les mamans angoissées forcent leur enfant à boire plus qu'il n'en éprouve le besoin.)

Plus de liberté. L'allaitement au biberon ne confine pas la maman à la maison. Vous voulez manger au restaurant ou aller voir un spectacle avec votre mari? Grand-maman sera très heureuse de garder bébé et de s'occuper de ses repas aux heures prévues. Vous prévoyez reprendre votre travail à mi-temps dès que bébé aura atteint trois mois? Aucun sevrage ne sera nécessaire et aucun besoin d'exprimer votre lait : il suffit d'expliquer à la gardienne ce qu'il faut faire et où trouver bouteilles et formules pour recouvrer votre liberté.

Papa peut participer. Le nouveau papa peut partager avec sa compagne le plaisir de nourrir bébé lorsqu'ils ont choisi le biberon, ce qui est impossible avec l'allaitement maternel. (Il arrive que des pères se sentent lésés lorsque leur nouveau-né est nourri au sein.)

Frères et soeurs plus âgés peuvent donner le biberon. Peu de choses offrent aux aînés la merveilleuse sensation de vraiment «prendre soin» de la petite soeur ou du petit frère tant attendu qu'ils éprouvent en donnant le biberon au nouveau-né.

Moins d'obligations pour la maman. La jeune mère, épuisée par un accouchement difficile, sera rassurée à l'idée qu'elle peut confier le boire de nuit de bébé à quelqu'un d'autre. Papa, grand-maman, infirmière ou n'importe quelle personne disponible peut se charger des repas nocturnes jusqu'à ce que maman ait repris des forces. De plus, si elle n'a pas à produire le lait dont bébé a constamment besoin, elle puisera moins à ses propres réserves d'énergie.

Moins de difficulté à s'habiller. La maman qui nourrit son bébé au biberon peut s'habiller comme elle l'entend. Celle qui nourrit au sein ne sera pas aussi limitée dans le choix de ses vêtements que pendant sa grossesse, mais, plus souvent qu'autrement elle devra se contenter de vêtements pratiques et laisser la mode de côté. Tout le temps que durera l'allaitement, elle oubliera les jolies petites robes d'une seule pièce que l'on boutonne dans le dos. (Essayez de nourrir un bébé affamé en levant votre robe jusqu'au menton et vous comprendrez pourquoi!)

Moins de restriction quant aux méthodes contraceptives. Alors que la femme qui allaite doit limiter son choix à des méthodes contraceptives qui ne risquent pas d'incommoder bébé, celle qui nourrit son enfant au biberon ne se retrouvera jamais devant un tel casse-tête.

Un régime alimentaire moins compliqué. La maman dont le bébé est nourri à la bouteille peut cesser de manger pour deux.. Contrairement à la nourrice, elle n'a plus besoin de suppléments de protéines et de calcium ou de vitamines prénatales. À moins d'être de ces rares femmes qui ont du mal à manger assez pour garder un poids acceptable, elle aurait peut-être préféré continuer à prendre les calories additionnelles que celle qui allaite peut se permettre jusqu'au sevrage. Elle est libre de boire quelques verres dans une soirée, de prendre de l'aspirine pour soulager un mal de tête ou d'autres médicaments prescrits par son médecin pour des allergies; elle peut manger aussi épicé qu'elle le désire, sans s'inquiéter des effets néfastes sur son nourrisson. Après les six premières semaines du postpartum (mais pas avant, parce que son corps est encore en période de récupération), elle peut entreprendre un régime amaigrissant assez sévère mais intelligent, pour perdre les kilos en trop qu'elle garde encore de sa grossesse récente. La maman qui allaite ne peut pas se permettre de perdre cette réserve avant que bébé ne soit sevré, quoique, étant donné l'apport calorique nécessaire à la production de son lait, il se peut qu'elle n'ait aucun effort à fournir pour retrouver sa taille.

Repas en public moins angoissants. Avec le biberon, on peut nourrir bébé en public sans embarras; la maman qui allaite peut devenir, pour sa part, la cible de regards indiscrets ou désapprobateurs si elle nourrit en dehors de chez elle. Celle qui donne le biberon ne sera jamais confrontée à la nécessité de se rhabiller discrètement — ce qui demande parfois des trésors d'ingéniosité! — : rattacher le soutien-gorge, la jupe; reboutonner la chemise, etc.

Faire l'amour sans contrainte. Après neuf mois à faire l'amour dans des conditions pas toujours idéales, bien des couples espèrent reprendre leurs relations là où elles étaient avant la conception. Pour celle qui allaite, dont le vagin est asséché par le changement hormonal inhérent aux montées de lait, dont les mamelons sont sensibles à l'extrême et dont les seins coulent, le retour à des relations sexuelles normales peut devenir un rêve irréalisable pendant plusieurs des mois à venir. Pour

la maman qui a choisi le biberon, rien (sauf un bébé qui dort très peu et qui pleure beaucoup) ne peut s'interposer entre elle et son conjoint dans leurs moments d'intimité.

DES FAITS ET DES SENTIMENTS

Les faits sont là : vous les avez lus et relus, considérés et reconsidérés. Malgré tout ce que vous savez sur l'alimentation de bébé, peut-être n'avez-vous pas encore décidé en faveur de l'une ou l'autre méthode. Comme bien des décisions que vous prendrez ces jours-ci, le choix entre le sein ou le biberon ne dépend pas seulement des faits. Pour une grande part, votre décision dépendra de ce que votre compagnon et vous ressentez face à la question. Le désir d'allaiter vous tenaille vraiment, mais vous croyez que ce ne sera pas pratique, puisque vous avez l'intention de retourner au travail dès que bébé sera au monde? Ne laissez pas les circonstances vous priver, vous et votre nouveau-né, de cette expérience unique. Quelques semaines d'allaitement au sein valent mieux que pas du tout : chacun de vous a le droit de profiter de la plus petite parcelle de cet échange. Avec un peu de détermination et d'organisation, vous trouverez sans doute à continuer ce type d'allaitement même après votre retour au boulot (voir p. 216).

Fondamentalement, vous vous sentez peut-être contre l'allaitement au sein, quoique les faits qui plaident en sa faveur soient trop convaincants pour être ignorés? Là encore, il faut essayer. Si vos sentiments quant à ce choix alimentaire ne changent pas de manière positive, vous laisserez tomber. Au moins, bébé aura profité des bienfaits du lait maternel pour quelque temps (ce qui est mieux que pas du tout) et vous aurez la satisfaction d'avoir essayé, ce qui dissipera vos doutes à ce propos.

Toutefois, ne laissez pas tomber avant d'y avoir mis la meilleure volonté. Un essai honnête dure au moins un mois, au mieux six semaines, puisque quatre bonnes semaines sont nécessaires pour établir un contact satisfaisant entre vous et votre nourrisson, et ce, même dans les circonstances idéales.

Éprouvez-vous une aversion profonde à la pensée d'allaiter votre enfant? Peut-être tous les aspects de cette démarche vous rendent-ils mal à l'aise : découvrir votre poitrine en public (sans parler de vous exhiber bien sûr), jusqu'à la seule idée de porter votre petit à vos seins pour qu'il tète? Peut-être avez-vous déjà nourri au sein sans y trouver de satisfaction? Si vous ne trouvez à ce type d'allaitement que des aspects négatifs, et si, pour vous, ces sentiments négatifs l'emportent sur les avantages de ce genre d'alimentation, le biberon s'avérera très certainement la meilleure méthode pour vous et votre bébé. Cela peut également s'appliquer à ceux et celles qui sont en partie contre et que la situation réelle (comme le désir de retourner au travail peu après l'accouchement) laisse perplexes. Dans ces cas, vous pourrez opter pour le biberon sans vous sentir coupable.

Vous craignez peut-être de ne pouvoir allaiter en raison de votre tempérament hyperactif (vous ne tenez pas en place), même si vous êtes entièrement d'accord avec le principe de l'allaitement au sein? Encore une fois, vous ne perdrez rien à essayer et vous aurez tout à gagner, car votre personnalité pourrait se révéler, contre toute attente, tout à fait compatible avec cette démarche. Surtout, n'allez pas préjuger trop vite de la situation. Même les femmes au calme gracieux de Madone peuvent trouver angoissantes les premières semaines d'allaitement. Beaucoup sont étonnées cependant, une fois qu'une bonne entente s'est établie avec leur nourrisson au moment de la tétée, de trouver cette démarche relaxante. Lorsque bébé tète, les hormones sécrétées contribuent effectivement à une meilleure détente, et l'expérience de l'allaitement au sein est, en soi, l'une des techniques les plus naturelles pour faire tomber les tensions accumulées. Au début, mettez toutes les chances de votre côté en pratiquant une méthode de relaxation avant de donner la tétée à votre enfant. Souvenez-vous que vous pourrez toujours opter pour le biberon plus tard, si l'expérience prouve que vos doutes étaient fondés.

Votre conjoint éprouve-t-il de la jalousie ou un certain dédain à l'idée que vous pourriez nourrir bébé au sein, bien que vous-même soyez tentée d'allaiter? Si c'est le cas, faites-lui lire ce que vous avez appris. Ces informations pourraient le persuader que sa répugnance sera seulement temporaire et que bébé (son enfant) y gagnera. S'il ne change pas d'avis quant à l'allaitement maternel et que vous êtes absolument décidée en faveur de cette méthode, vous aurez à négocier plus longtemps pour sortir de cette impasse et trouver un terrain d'entente susceptible de vous satisfaire tous les deux.

Comme dans toute décision de couple, deux possibilités se présentent à vous : la première est le compromis; la seconde est de laisser la décision à celui des deux qui y attache le plus d'importance ou qui a le plus à gagner à voir son choix respecté. Vous pourriez, par exemple, convenir que la période d'allaitement ne dépassera pas trois mois. Ce serait un bon compromis. Si le fait d'allaiter en public indispose votre conjoint, vous pourriez accepter de ne le faire qu'en privé et de compenser avec un biberon occasionnel lorsque l'intimité s'avère impossible. Si le compromis ne fonctionne pas, essayez la seconde solution. Si l'allaitement de votre nouveau-né vous semble absolument essentiel, demandez à votre compagnon de vous concéder ce point. S'il est le plus intransigeant des deux (ce qui n'est pas souvent le cas), concédez-lui son choix.

Certaines femmes trouvent que l'allaitement au sein constitue une expérience formidable, irrésistible, qu'il est une grande source de plaisir et de motivation. Aussi, quand vient le temps du sevrage (surtout si c'est leur dernier enfant), accès de larmes et moment de dépression sont chose courante. D'autres femmes allaitent parce qu'elles savent que c'est ce qu'il y a de mieux pour bébé, mais leurs sentiments peuvent être très mitigés malgré cette conviction. Il y a même des femmes qui ne peuvent pas tolérer d'allaiter, qui n'éprouvent aucun plaisir à le faire. Mais vous ne savez pas où vous situer dans cet échantillon tant que vous n'avez pas porté

MYTHES À PROPOS DE L'ALLAITEMENT AU SEIN

■ **MYTHE : Vous ne pouvez pas allaiter si vous avez la poitrine plate ou les mamelons rétractés.**

Réalité : L'apparence de la poitrine n'affecte en rien la production de lait ou la capacité de la maman de donner le sein. Seins et mamelons de toutes grosseurs peuvent satisfaire un bébé affamé. Avec une préparation adéquate, les mamelons rétractés ne répondant pas à la stimulation pourront devenir tout à fait fonctionnels (voir p. 31).

■ **MYTHE : L'allaitement au sein est une source de problèmes.**

Réalité : Vous n'aurez jamais autant de facilité à nourrir bébé qu'au sein. Les seins sont prêts quand bébé a faim, pas le biberon. Nul besoin d'emporter des provisions quand vous partez pour la plage, pas de sac à traîner et aucune inquiétude que le lait se gâte au soleil.

■ **MYTHE : L'allaitement maternel vous confine à la maison.**

Réalité : Il est vrai que ce type d'allaitement convient mieux aux mamans qui projettent de passer le plus clair de leur temps avec leur nouveau-né. Celles qui acceptent de faire l'effort d'exprimer leur lait et de le garder au réfrigérateur, ou qui décident d'y suppléer avec du lait maternisé, peuvent pourtant satisfaire autant leur désir de travailler, de voir un bon film ou de passer une journée à l'extérieur que leur désir d'allaiter. Quand arrive le moment de sortir avec bébé, c'est encore la maman qui allaite qui est la plus avantagée, parce qu'elle a toujours à sa portée une ample provision de lait, peu importe où elle va, et pour combien de temps elle s'absente.

■ **MYTHE : L'allaitement au sein ruinera votre poitrine.**

Réalité : À l'étonnement de bien des gens, l'allaitement au sein ne semble pas affecter la forme ou la grosseur de la poitrine de façon permanente. L'hérédité, l'âge, un mauvais support (pas de soutien-gorge) ou un gain de poids excessif pendant la grossesse sont des facteurs qui peuvent causer un affaissement de la poitrine après l'accouchement. Mais l'allaitement n'en sera jamais la cause.

■ **MYTHE : L'allaitement maternel exclut le père.**

Réalité : Le papa intéressé à prendre soin de son enfant a maintes occasions de le faire : il peut le baigner, changer ses couches, le tenir dans ses bras, le bercer, jouer avec lui et, une fois la nourriture solide ajoutée à son alimentation, «faire entrer l'auto dans le garage».

bébé à votre poitrine. Attention : donner le sein sans conviction peut équivaloir à donner le sein sans amour. Plusieurs femmes, totalement épouvantées à l'idée de poser un geste aussi intime devant des étrangers avant l'arrivée de leur bébé, finissent par changer de sentiment au point de relever leur blouse avec un aplomb étonnant au moindre pleur : à bord d'un avion, au beau milieu d'un parc achalandé, dans un restaurant très chic.

Finalement, que vous optiez ou non pour l'allaitement au sein (avec ou sans essai préalable), ne vous sentez jamais coupable. À peu près rien de ce que vous pourriez faire pour bébé — y compris de l'allaiter — ne lui sera profitable si vous ne vous sentez pas bien en le faisant. Même un enfant né de la veille est assez intelligent et sensible pour détecter chez sa maman l'effort et le malaise. Un biberon donné avec amour peut être meilleur pour votre bébé que le sein offert à contrecoeur.

CERTAINES FEMMES NE PEUVENT PAS OU NE DOIVENT PAS ALLAITER

Pour certaines nouvelles mamans, le pour et le contre de l'allaitement se résument à une question purement académique. Elles n'ont pas, comme la plupart, le choix d'allaiter, en raison de leur santé ou de celle de leur bébé. Si vos antécédents médicaux se comparent à ce qui suit, on vous recommandera fort probablement de ne pas donner le sein :

▪ Maladie débilitante grave (faiblesse du coeur ou des reins, anémie), ou maigreur extrême (votre corps a besoin de réserves de graisses pour produire du lait).

▪ Infection grave, comme le sida ou la tuberculose et possiblement l'hépatite B.

Vous pourriez nourrir bébé au sein malgré une hépatite, à condition qu'il soit traité aux gamma-globulines et vacciné contre ce genre d'infection.

▪ Si votre état de santé exige que vous preniez régulièrement des médicaments susceptibles de passer dans votre lait et de nuire à la santé de votre bébé (comme les antithyroïdiens, les anticancérigènes, les remèdes contre l'hypertension, le lithium, les tranquillisants ou les sédatifs). Toutefois, un besoin temporaire de médicaments ne devrait pas vous empêcher d'allaiter.

▪ Consommation abusive de drogues, incluant l'utilisation de tranquillisants, d'amphétamines, de barbituriques ou autres pilules du genre; héroïne, méthadone, cocaïne, marijuana, tabac, et la consommation modérée ou excessive de caféine ou d'alcool.

▪ Apport des cellules des alvéoles glandulaires inadéquat (ceci n'a rien à voir avec la grosseur des seins), ou canaux nerveux conducteurs endommagés par des lésions ou par des interventions chirurgicales. Dans certains cas, il vous sera possible d'allaiter, sous surveillance médicale continue, pour vous assurer que bébé se développe bien. Si vous avez subi une chirurgie visant à enrayer le cancer dans un sein, demandez à votre médecin s'il vous est possible d'allaiter avec l'autre sein. Actuellement, les experts n'ont pu établir exactement si cela représente ou pas un danger, mais il ne semble pas qu'une nourrice puisse transmettre les substances responsables de cette maladie à son bébé par le lait qu'elle produit. Des recherches futures pourraient nous en dire plus long à ce sujet[1].

---

1. Beaucoup d'experts recommandent qu'une femme attende 3 à 5 ans après une intervention chirurgicale visant à enrayer un cancer du sein, pour devenir enceinte et allaiter. Ils craignent que les hormones ainsi stimulées n'activent les cellules cancéreuses à cette période où les risques de récurrence du cancer sont les plus grands.

L'état général du nouveau-né peut également influencer l'allaitement :

■ Une affection du métabolisme, comme la phénylcétonurie, ou une intolérance au lactose faisant que bébé est incapable de digérer le lait humain.

■ Une difformité, comme un bec de lièvre ou un palais fendu, peut rendre la tétée difficile, sinon impossible. Toutefois, la maman a des chances d'y arriver, en offrant un supplément alimentaire en formule ou en exprimant son lait pour nourrir le bébé né avec ce handicap. Après une chirurgie correctrice, elle pourra peut-être même allaiter normalement.

Si vous ne pouvez pas allaiter ou si vous ne le désirez pas, assurez-vous que la formule que vous choisirez saura nourrir bébé adéquatement (exceptionnellement, certains enfants allergiques ont besoin de formules spéciales à cet effet). Des millions de bébés heureux et en santé (dont vous êtes peut-être) ont été nourris au biberon; votre bébé pourrait être de ceux-là, surtout si vous vous souvenez qu'il faut offrir le biberon avec autant d'amour que le sein.

CE QUI POURRAIT VOUS INQUIÉTER

GOÛTER À LA MATERNITÉ

«Tout est prêt pour le bébé, sauf moi. Je n'arrive pas à me représenter dans le rôle de mère.»

Même les femmes qui se sont toujours imaginées jouant à merveille le rôle de maman — depuis que, toutes petites, elles changeaient la couche de leur poupée mouillée ou qu'elles séchaient les larmes de Marie-pleureuse — se surprennent à douter de leurs talents «naturels» dès qu'elles sont en voie de vivre quotidiennement cette réalité.

Curieusement, celles qui ont troqué les poupées pour les camions ou qui préféraient jouer à la balle molle ou au hockey, celles qui gagnaient leur argent de poche en tondant le gazon du voisin plutôt qu'en gardant leurs rejetons, celles qui se sont contentées de jeter un coup d'œil rapide aux nourrissons dans leur poussette jusqu'au premier jour de leur grossesse envisagent souvent l'arrivée de bébé avec une plus grande impatience que les précédentes.

Non seulement ces neuf mois de doute et de manque de confiance en soi sont-ils normaux, encore sont-ils tout à fait sains. Celle qui se dirige allègrement vers la maternité en affichant une belle assurance se prépare probablement à une rapide et inquiétante chute, le jour où la tâche lui paraîtra tout à coup accablante. Un peu d'anxiété (le seul fait de reconnaître que la vie avec bébé peut comporter des difficultés, voire des jours et des nuits apparemment interminables) et d'incertitude pourront vous aider à affronter le choc du postpartum.

Si vous ne vous sentez pas prête pour la maternité, ne vous désolez pas. Mais préparez-vous. Lisez au moins les premiers chapitres de ce livre et tout ce que vous pourrez trouver au sujet des nouveaux-nés et des enfants en bas âge (tout en gardant en mémoire que les bébés ne se conforment pas toujours aux théories). Si vous connaissez des gens qui ont des enfants, empruntez-les leur : tenez-les dans vos bras, changez-les de couche. Entretenez-vous avec les parents de l'expérience de s'occuper d'un enfant quotidiennement. Prenez des cours de soins pour bébés si cela vous est possible. En réponse à la demande d'hommes et de femmes intéressés à apprendre le difficile métier de parents à temps plein, plusieurs cours à ce sujet ont été préparés ces dernières années, par des hôpitaux, des cliniques, des CLSC, des universités, des écoles, des institutions religieuses ou autres.

Surtout, mettez-vous bien dans la tête que nulle ne naît maman : toutes le deviennent avec l'expérience. Celle qui a acquis une certaine expérience avec de jeunes enfants avant son accouchement a de bonnes chances de se sentir plus à l'aise avec son nouveau-né que la jeune maman totalement inexpérimentée. Après les six premières semaines de ce nouvel apprentissage, il sera sans doute impossible de les différencier. Celle dont la grossesse n'est pas arrivée à son terme et qui attend son tour avec impatience enviera leurs talents et leur sang-froid.

N'oubliez pas que nous avons toutes acquis une certaine expérience, ne serait-ce que par l'observation, dans les soins à donner à un bébé. Toutes, nous avons observé nos parents (ou ceux de nos amis) au travail et avons silencieusement programmé notre petit ordinateur mental. Une mère gifle son enfant au supermarché et vous vous dites : «Jamais je ne ferai ça à mon enfant.» Une autre maman fait son jogging matinal en poussant le carrosse de bébé dans un parc et vous pensez : «Je ferai la même chose.»

CHANGER DE STYLE DE VIE

«J'ai vraiment très hâte d'avoir mon bébé. Mais j'ai peur que son arrivée ne chambarde complètement notre routine, à mon conjoint et à moi.»

Pour la génération de votre mère, un changement de style de vie était peu probable. La plupart des jeunes couples se mariaient et avaient leurs enfants dès leur sortie de l'école ou de l'université. Ils n'avaient pas le temps de s'habituer à une vie d'adultes sans enfants. Ils sortaient de la maison de leurs parents pour aller vivre dans la leur et le seul style de vie qu'ils avaient connu se concentrait sur la famille. De nos jours, après la fin de ses études, la future maman est susceptible de vivre une vie très indépendante où elle n'aura à penser qu'à elle pendant quelques années, une vie professionnelle occasionnant beaucoup de sorties pour le lunch et de soupers à l'extérieur, de fins de semaine de voile ou de ski impromptues, de soirées de couche-tard et de matins de paresse et d'interminables grasses-matinées. Sa garde-robe sera garnie de vêtements à nettoyer à sec seulement. Elle peut même avoir l'habitude de faire l'amour où et quand le cœur lui en dit (en respectant les règles du «bon goût», il va sans dire).

Ce genre de vie ne doit pas se terminer trop abruptement, mais il faut rester réaliste et se préparer à y apporter quelques transformations radicales. Rien n'exclut quelques repas au restaurant, mais il vous faudra peut-être opter pour un restaurant familial équipé de chaises hautes, où l'on tolère que le tapis soit parsemé de pois et de morceaux de carottes, et laisser à d'autres les petits soupers à la chandelle dans les bistros français. Les week-ends à la campagne perdront leur caractère spontané (il devient vital de planifier les départs et de songer à ce qu'il faut apporter pour bébé), mais avec de la volonté, vous trouverez bien le moyen de partir — le plus souvent avec votre enfant, parfois seuls (si vous avez choisi le biberon ou si bébé a déjà été sevré). Un film ou un concert tôt en fin d'après-midi pourrait remplacer une soirée à la discothèque pendant quelque temps, à moins que vous ne croyiez pouvoir rester debout, rentrer pour le boire de deux heures et vous relever ensuite sans difficulté pour celui de six heures. La petite robe en soie et le chic pantalon de laine devront sans doute dormir au fond de votre armoire, n'en ressortir que lors des occasions spéciales sans bébé, et faire place aux vêtements lavables de tous les jours qui peuvent supporter les mauvais traitements comme le vomi de bébé et parfois bien pire. Vous ne pourrez vous abandonner totalement dans les bras de votre conjoint au moment de faire l'amour. Les occasions d'intimité risquent de se retrouver à la merci de facteurs aussi terre-à-terre que l'humeur du moment et votre état de fatigue général.

Quoi qu'il en soit, comme la plupart des nouveaux parents d'aujourd'hui, vous ne voudrez probablement pas mettre totalement de côté le style de vie auquel vous êtes habitués et essaierez d'intégrer bébé à votre rythme dans la mesure du possible. Bien sûr, vous ne réussirez pas toujours, et ce sera de plus en plus compliqué à mesure que votre enfant grandira. Le nouveau-né ne se plaint à peu près jamais de suivre ses parents dans leurs moindres déplacements, mais l'enfant de quelques mois commence déjà à manifester ses goûts personnels et des besions sociaux précis dont il faudra tenir compte inévitablement au moment de planifier votre emploi du temps.

Votre style de vie devra s'ajuster aux besoins individuels de chacun : vous, votre conjoint et votre bébé. Jusqu'à un certain point, le succès de cette démarche dépendra de votre attitude face à ces ajustements. Si vous considérez ces changements comme une expérience positive et excitante, votre vie sera meilleure et plus enrichissante qu'auparavant. Si, au contraire, vous éprouvez du ressentiment, que vous résistez à toutes les transformations qu'entraîne la maternité dans votre vie, votre bébé et vous (et sans doute aussi votre compagnon) vous préparez à connaître une expérience très douloureuse.

RETOURNER OU NON SUR LE MARCHÉ DU TRAVAIL

«Chaque fois que j'en parle à des amis ou que je lis un article à ce sujet, je change d'idée quant à la question de retourner ou non sur le marché du travail tôt après la naissance de mon bébé.»

De nos jours, une femme qui travaille à l'extérieur doit pouvoir faire la part des choses, choisir entre la satisfaction de poursuivre une carrière valorisante et la joie d'élever une famille. Après l'accouchement, elle devra faire face à la culpabilité, à l'angoisse et à la confusion propres à l'obligation d'établir la priorité de l'une sur l'autre.

Mais malgré les apparences, il ne s'agit pas d'un choix que vous devez faire maintenant. Vouloir décider, alors que vous êtes encore enceinte, de retourner travailler (et quand) ou de rester à la maison une fois que bébé sera au monde, c'est comme choisir entre un travail où vous vous trouvez tout à fait à l'aise parce que vous y êtes habituée et un autre qui vous est totalement inconnu. Si la chose vous est possible, reportez ce choix à un moment plus propice, lorsque vous aurez eu le loisir de passer quelques semaines à la maison avec votre nouveau-né. Vous pourriez découvrir que rien de ce que vous avez pu faire jusqu'à maintenant ne vous a jamais apporté autant de satisfaction que le fait de vous occuper de votre enfant et décider de remettre votre retour au travail à une date indéterminée. Vous vous apercevrez peut-être, au contraire, qu'aussi mignon et adorable que puisse être votre tout petit, vous êtes sur le point de grimper aux rideaux après un mois de ce régime et que vous pourriez même hâter votre retour au 9 à 5. Vous découvrirez peut-être aussi que pas plus le temps plein à la maison que le temps plein au travail ne vous apporte entière satisfaction, et vous voudrez peut-être combiner le meilleur des deux, en choisissant le temps partiel, si vous êtes assez chanceuse pour trouver un tel emploi ou assez imaginative pour créer votre propre entreprise.

LE PAPA EN CONGÉ DE PATERNITÉ

«Mon conjoint a l'intention de prendre ses vacances dès que notre bébé sera au monde. Mais cela veut dire pas d'autres vacances plus tard cette année. Est-ce une bonne chose?»

Un de ces jours (espérons que ce sera pour bientôt) les nouveaux parents n'auront plus à se poser ce genre de question. Les papas, autant que les mamans, se verront accorder un congé de paternité suite à la naissance de leur bébé, comme c'est le cas dans plusieurs pays industrialisés.

Puisque ce beau jour ne s'est pas encore levé pour la plupart d'entre nous, les futurs papas, soucieux de passer quelques jours à la maison pour aider leur compagne pendant la période du postpartum, sont dans l'obligation de sacrifier leurs vacances annuelles, en tout ou en partie. C'est une question de choix et de circonstances. Bien que le fait de changer des couches ou de faire le lavage ne ressemble pas beaucoup à l'idée que nous nous faisons des vacances, ces premiers jours de vie de famille peuvent offrir au papa, qui a l'intention de bien en profiter, plus de joie, de satisfaction et d'inspiration qu'un jour de carnaval ou que la visite du Grand Canyon, et de meilleurs souvenirs qu'une croisière autour du monde. Si votre conjoint voit les choses de cette façon, n'ayez aucune crainte et acceptez qu'il fasse correspondre ses vacances avec l'arrivée de bébé. Veillez cependant à ce qu'il connaisse bien

la routine de la maison : lessive, repas, époussetage, etc. Bien des hommes, évidemment, sont déjà très efficaces dans ce genre de tâches, il arrive même qu'ils le soient plus que les femmes.

D'un autre côté, si vous avez déjà en main une longue liste de personnes prêtes à vous aider (votre mère et votre soeur sont d'accord pour passer quelques semaines à la maison, ou alors vous avez engagé une puéricultrice), votre compagnon pourrait se sentir de trop et faire les 100 pas toute la journée. S'il ne devait, de toute façon, profiter de moments d'échange et d'intimité avec son rejeton que dans la paix du soir, il ne semble pas logique qu'il reste à la maison : mieux vaudrait réserver ces belles journées pour de réelles vacances familiales.

N'allez toutefois pas inviter tout le monde à venir vous aider si vous préférez passer ces premières semaines seule avec votre conjoint et votre nouveau-né : c'est une merveilleuse façon de devenir une famille.

LES GRANDS-PARENTS

«Ma mère veut venir m'aider et sa valise est déjà prête pour le moment où bébé arrivera. Cette idée me rend nerveuse, parce que ma mère a tendance à tout vouloir régimenter, mais j'ai peur de la blesser en lui demandant de ne pas venir.»

Qu'elle soit bonne et chaleureuse, froide et réservée, ou qu'elle vous offre un mélange d'amitié et de rivalité, la relation qu'une femme entretient avec sa mère (ou sa belle-mère) est l'une des plus compliquées qui soient. C'est encore plus vrai quand la fille devient mère, et que la mère devient grand-mère. Pour cette raison, vous risquez de vous retrouver souvent en situation conflictuelle entre parents et grands-parents, au cours des prochaines vingt années.

Avec votre conjoint, vous seule devez décider qui sera là pour vous aider à l'arrivée de bébé. Si vous préférez tous les deux passer les deux ou trois premières semaines seuls avec votre nouveau-né, prenez la peine d'expliquer à votre mère (et à votre belle-maman, si nécessaire) que vous désirez apprendre à connaître votre enfant et vous adapter à lui avant d'inviter qui que ce soit à passer quelques jours chez vous. Dites-lui bien que vous serez très heureux qu'elle vous rende visite quand bébé aura deux ou trois semaines et que d'ailleurs, il sera déjà plus éveillé, plus vif et plus intéressant à ce moment-là. Elle pourra se sentir rejetée temporairement, mais aussitôt que vous lui mettrez son petit-fils ou sa petite-fille dans les bras, cet épisode sera oublié. Elle n'oubliera par contre jamais que c'est vous et votre conjoint qui établissez les règles pour votre bébé, ce qu'il faut mettre au clair avec les parents et les beaux-parents dès le départ. Comme le dit un vieux proverbe : «Si Dieu avait voulu que les grands-parents élèvent des enfants, il n'aurait pas inventé la ménopause.»

Il se peut, bien sûr, que vous appréciiez l'expérience et l'aide de votre maman, lorsqu'elle vous rend visite durant la période du postpartum, surtout si elle est discrète et qu'elle ne cherche pas à contrôler la situation. Celles qui ressentent le besoin de dire : «Maman, je préfère m'occuper de ça moi-même» ne devraient pas se sentir coupables de le faire, et celles que l'aide de leur mère peut rassurer ne devraient pas avoir peur de dire : «J'aimerais mieux que tu sois là pour m'aider.»

L'expérience que les grands-parents apportent avec eux est irremplaçable. Que vous croyiez que vos parents ou ceux de votre conjoint ont réussi l'éducation de leurs enfants de façon remarquable ou seulement médiocre, peu importe : il y a tou-

jours quelque chose à apprendre de leur expérience, ne serait-ce que ce qu'il ne faut *pas faire*. Il n'y a pas lieu de réinventer la roue — ou l'éducation des enfants — à chaque génération.

Quand vous écoutez les commentaires et suggestions de vos parents, vous vous obligez bien sûr parfois (peut-être même la plupart du temps) à désapprouver leur avis. Que cela ne vous empêche toutefois pas de discuter avec votre mère ou celle de votre mari des préparatifs et des soins à prodiguer à votre enfant après l'accouchement. Il est probable qu'elle n'était pas d'accord non plus avec sa mère (ou sa belle-mère) à votre naissance, et vous pouvez toujours le lui rappeler si elle s'offusque de vos objections. Comme dans n'importe quel domaine, les règles d'or des soins aux enfants changent avec chaque génération, et il est sage de garder, de part et d'autre, face à ces contradictions, un bon sens de l'humour. Vous en aurez encore besoin, quand, dans 20 ou 30 ans d'ici, votre fille ou votre garçon deviendra à son tour maman ou papa et vous accusera d'être vieux jeu en ce qui concerne la manière d'élever les enfants.

Si vous ne vous entendez pas avec grand-maman sur un point — par exemple, sur la question de l'allaitement au sein ou au biberon —, expliquez-lui votre point de vue. Elle finira peut-être par vous approuver, ou du moins par comprendre vos sentiments à ce propos. Même si ce n'était pas le cas, vos relations seront meilleures si vous partagez vos idées et vos impressions avec elle, que si vous gardez tout pour vous.

Souvenez-vous que si la maternité et la paternité sont des responsabilités, être grands-parents est une récompense que vous voudrez sans doute un jour goûter. Ne privez pas vos parents de ce bonheur.

LES GRANDS-PARENTS MANQUANTS

«Les parents de mon conjoint sont décédés. Les miens sont assez âgés et vivent dans une région éloignée. Je m'ennuie parfois de parler à un membre de ma famille de ma grossesse ou du bébé que j'attends. J'ai peur que ce ne soit plus difficile encore quand j'aurai accouché.»

Vous n'êtes pas la seule à vous sentir seule. Contrairement aux nombreux membres des grandes familles d'autrefois qui s'éparpillaient rarement hors des limites de leur comté d'origine, des milliers de couples d'aujourd'hui vivent éloignés de leurs parents et de leur famille. Quand une nouvelle génération vient s'ajouter aux précédentes, cet éloignement se fait sentir avec plus d'acuité.

Ce qui peut aider — à part le téléphone —, c'est de combler ce manque par des substituts aux membres éloignés ou décédés d'une famille. Des institutions au sens aigu de la vie communautaire, telles les CLSC, les centres de bénévolat, les églises et les synagogues, apportent souvent une grande aide en pareille situation. Il y a aussi les groupes de parents, qui évoluent parfois hors des sentiers battus de l'éducation institutionnalisée ou qui se développent spontanément au hasard des circonstances. Il y a aussi des aînés qui ressentent un réel besoin de s'occuper de petits-enfants qu'ils n'ont malheureusement pas, tout comme vous cherchez pour vos rejetons des grands-parents disponibles et aimants. Vous en trouverez certainement un parmi un groupe de personnes âgées de votre quartier et vous pourrez vous «adopter» mutuellement. Des visites hebdomadaires et des sorties conjointes avec cette personne ou ce couple sauront sans doute vous redonner le sens de la famille et apporteront à ces gens âgés la satisfaction de se sentir utiles.

Si le fait de ne pas avoir une grandmaman expérimentée à la maison lorsque vous sortirez de l'hôpital avec votre nouveau-né vous inquiète, alors envisagez la possibilité de vous faire aider par une puéricultrice professionnelle.

UNE PUÉRICULTRICE À LA MAISON

«Des amies à moi ont engagé une puéricultrice à la naissance de leur bébé. En aurai-je besoin moi aussi?»

Pendant bien longtemps, les puéricultrices professionnelles à la maison étaient l'apanage de la classe riche; la nouvelle maman qui avait les moyens de se payer les services d'une nounou n'aurait jamais pensé à s'en passer. De nos jours, même les membres des familles royales changent d'avis à ce propos et choisissent de s'occuper eux-mêmes de leur progéniture, du moins pour certaines tâches. Beaucoup de jeunes mères, capables de se payer les services d'une professionnelle, choisissent également de ne pas le faire.

Après avoir calculé pour savoir si votre budget vous permet une telle dépense, vous devrez considérer plusieurs autres facteurs, avant de décider d'engager ou non une puéricultrice. Voici quelques bonnes raisons en faveur du «oui» :

• Pour recevoir une bonne formation sur les soins à donner à bébé. Si vous n'avez aucune expérience, que vous n'avez pas pris de cours sur la question, et que vous refusez d'apprendre de vos erreurs aux dépens de votre bébé, une bonne puéricultrice pourra vous informer sur les soins de base à prodiguer à un nouveau-né : comment le baigner, lui faire faire son rot, le changer de couche, et même comment l'allaiter. Si vous engagez une aide professionnelle pour cette raison, assurez-vous que cette personne est aussi intéressée à vous enseigner que vous l'êtes à apprendre. Certaines personnes ne peuvent tolérer qu'une jeune maman inexpérimentée se penche au-dessus de leur épaule pour voir comment elles s'y prennent; une attitude aussi autoritaire risquerait de vous laisser aussi ignorante à son départ que vous l'étiez à son arrivée chez vous.

■ Pour éviter de vous lever pour les boires de nuit. Si vous nourrissez votre nouveau-né au biberon et que vous désirez dormir des nuits entières, du moins pour les premières semaines du postpartum, une puéricultrice engagée 24 heures sur 24, ou seulement pour la nuit, pourra assumer cette tâche à votre place. (Un conjoint compréhensif ou un grand-parent disponible peut aussi bien s'acquitter de cette corvée.)

■ Pour passer plus de temps avec un enfant plus âgé. Certaines femmes engagent une aide pour se rendre plus disponibles à leurs enfants plus âgés et dans l'espoir de leur épargner les sentiments de jalousie qui accompagnent souvent l'arrivée d'un nouveau bébé. Vous pouvez demander à une puéricultrice de venir passer quelques heures à la maison, pendant les moments que vous voulez consacrer à vos enfants plus âgés. Si c'est la raison principale de sa présence chez vous, dites-vous bien qu'elle ne servira qu'à remettre à plus tard les inévitables sentiments de jalousie de vos aînés. Ils en seront quittes pour un bon choc émotif quand cette personne cessera ses visites et que leur maman devra désormais vaquer à sa double tâche.

■ Pour vous donner une chance de récupérer après une césarienne ou un accouchement difficile. Comme vous ne pouvez prévoir un accouchement compliqué, il ne serait pas mauvais d'entreprendre quelques démarches pour parer à toute éventualité. Si vous avez les coordonnées d'une ou deux personnes-ressources, ou si au moins vous avez contacté une agence, vous pourrez appeler dès que bébé sera au monde

et engager quelqu'un pour vous aider avant même votre retour à la maison.

Il se peut qu'une puéricultrice ne soit pas le meilleur choix pour répondre à vos besoins, si :

■ Vous allaitez. À moins qu'elle ne soit elle-même nourrice, la puéricultrice ne peut donner ses repas à un enfant nourri au sein. Étant donné que, parmi les tâches, les repas sont celles qui demandent le plus de temps et de disponibilité, l'aide professionnelle pourrait vous paraître bien inutile. Pour la maman qui allaite, une aide-ménagère — quelqu'un pour préparer les repas, faire la lessive, les courses, le ménage, etc. — pourrait s'avérer un bien meilleur investissement, à moins que vous ne trouviez une personne capable de s'acquitter de toutes ces tâches, tout en vous donnant de bons conseils sur l'allaitement.

■ Vous n'êtes pas à l'aise avec une étrangère dans votre maison. Si l'idée d'avoir à partager, 24 heures sur 24, votre salle de bains, votre cuisine et votre table avec une étrangère vous dérange sérieusement, engagez une aide à temps partiel, ou optez pour une autre solution, comme nous l'avons suggéré plus haut.

■ Vous préférez le faire vous-même. Si vous tenez absolument à être celle qui donnera son premier bain à bébé, qui sera gratifiée de son premier sourire (même si l'on dit que ce n'est qu'un rictus), qui apaisera ses premiers pleurs (même à deux heures du matin), n'engagez pas une puéricultrice, réservez plutôt les services d'une femme de ménage pour vous libérer des tâches courantes.

■ Vous aimeriez que le papa assume sa part de responsabilités. Si vous et votre conjoint voulez vous partager les soins de bébé, une aide professionnelle pourrait devenir très encombrante. Même si elle est disposée à vous communiquer son savoir, elle n'est peut-être pas habituée à ce que le papa fasse autre chose que fumer dans son coin. Elle voudra peut-être aussi qu'il s'en tienne à cela. Si elle accepte de partager la tâche avec vous deux, il ne lui restera probablement pas grand-chose à faire, si ce n'est de toucher son salaire à la fin de la semaine; vous trouverez sans doute plus sensé de dépenser cet argent au service d'une bonne ménagère.

Si vous décidez qu'une puéricultrice à la maison constitue la meilleure solution pour vous, le moyen idéal de trouver la bonne personne reste encore de prendre des références auprès de vos amis qui en ont déjà engagé une. Assurez-vous .que cette personne possède les qualifications et les qualités que vous recherchez. Certaines font à manger, d'autres refusent de le faire. Certaines encore accepteront de faire un peu de ménage et de lavage, d'autres vous diront qu'il n'en est absolument pas question. Il y en a de très douces, de très compréhensives, qui alimenteront vos propres habiletés maternelles et vous aideront à acquérir une grande confiance en vous. D'autres sont autoritaires, froides, dictatrices, et vous laisseront l'impression que vous êtes absolument incompétente. Plusieurs sont infirmières diplômées et quelques-unes ont suivi une formation spéciale pour s'occuper autant des mamans et des enfants que des relations entre mère et enfant, et elles pourront même vous enseigner à allaiter et à soigner bébé. Il est très important de rencontrer la personne que vous comptez engager, pour vous assurer que vous pouvez vous entendre et vous sentir à l'aise l'une en présence de l'autre. D'excellentes références sont une condition *sine qua non* (vérifiez-les). Si vous passez par une agence pour trouver une aide professionnelle, il serait bon de vous l'attacher par un contrat de travail.

D'AUTRES SOURCES D'AIDE

«Étant donné la perte de mon salaire, nous ne pouvons nous payer les services d'une puéricultrice. Depuis que je sais que je devrai subir une césarienne — mon bébé se présente par le siège —, je me demande si je serai en mesure de m'en occuper toute seule après l'accouchement.»

Le fait de ne pouvoir vous payer une aide professionnelle — ou de ne pas en désirer — ne veut pas dire que vous devez assumer seule vos nouvelles responsabilités. En réalité, la plupart des femmes peuvent se fier sur d'autres sources d'aide, du moins sur celles qui sont immédiatement à leur portée:

Le nouveau papa. Si votre conjoint peut planifier son emploi du temps de façon à rester avec vous et votre enfant pendant les deux premières semaines, il reste certainement la meilleure personne-ressource que vous puissiez trouver. Ensemble, sans assistance ni intervention extérieure, vous apprendrez sans doute plus sur votre bébé et sur les soins à lui donner que vous ne l'auriez fait autrement. Aucune expérience n'est nécessaire pour ce genre de travail; vous apprendrez tous les deux très rapidement. Prenez la peine de suivre un cours sur les soins de base à donner aux enfants dans une institution près de chez vous et lisez un bon livre de références à ce sujet. Sentez-vous libres de demander de l'information à votre famille, à vos amis, au pédiatre, au CLSC, ou à l'équipe médicale de l'hôpital. La Ligue la Leche et d'autres associations du même genre pourront vous venir en aide pour combler vos lacunes en ce domaine.

Une grand-maman. Si vous avez une maman ou une belle-maman avec qui vous vous sentez assez à l'aise, vous pouvez lui demander de venir s'installer chez vous pendant quelques semaines, ou de vous rendre visite quotidiennement, ce qui pourrait s'avérer une solution tout à fait satisfaisante. Les grands-mères peuvent servir à mille et une choses : elles berceront bébé lorsqu'il pleure, elles cuisineront un bon petit repas, feront la lessive et le pliage de votre linge, iront au marché, et plus encore. Ce genre d'arrangement peut très bien fonctionner si vous acceptez tout naturellement une intervention bien intentionnée. Évidemment, si la grand-mère en question a déjà une vie bien remplie, et qu'elle n'est pas intéressée à changer des couches, cette solution ne peut pas s'appliquer.

Votre congélateur. Pas question de mettre bébé sur la glace quand vous êtes épuisée, mais, pour parer aux moments de grande fatigue, vous pourrez préparer des repas à congeler pendant les dernières semaines de votre grossesse. Quelques ragoûts bien consistants, des poulets rôtis prêts à réchauffer, quelques sauces à spaghetti vous épargneront le stress d'avoir à nourrir le reste de la famille chaque soir et vous permettront de vous concentrer sur le repas de votre nouveau-né (ce qui sera un travail à temps plein pour quelque temps encore). N'hésitez pas à congeler une bonne quantité de légumes que vous aurez pris la peine de faire blanchir. Ils ne nécessitent que peu de préparation et sont toujours frais et nourrissants.

Votre prêt-à-emporter préféré. Si vous n'avez ni le temps ni l'occasion de préparer des repas à l'avance, vous ne devrez pas nécessairement cuisiner pendant la période de postpartum. La plupart des quartiers ont leur service de traiteur où vous pourrez vous procurer viandes, volailles, poissons préparés et autres plats d'accompagnement prêts à réchauffer et à manger et, de plus en plus, de belles salades bien fraîches ne demandant qu'une bonne fourchette pour être appréciées. Ne

faites cependant pas l'erreur de commander du *fast-food* trop souvent. C'est une nourriture peu nutritive qui contient trop de gras et de sodium[2].

Bien sûr, il y a aussi la pizzeria du coin (demandez une pâte au blé entier), le restaurant chinois (demandez du riz brun si possible), et le bar à salade local (préférez les produits frais aux produits préparés, souvent saturés de sauce à salade huileuse, et évitez les endroits où l'on ajoute des sulfites aux aliments). Céréales froides, saumon et thon en conserve, fromage cottage à faible teneur en matières grasses, fromages fermes, yogourts, pains de grains entiers et fruits frais vous aideront à compléter vos repas sans avoir à cuisiner longtemps[3].

La vaisselle de carton. À la fin d'un repas familial, il y a inévitablement un amas de vaisselle à laver, à moins que vous n'ayez pensé à faire provision de couverts de carton et de verres jetables. Les assiettes de carton seront également très pratiques lorsque vous recevrez des visiteurs venus admirer votre progéniture. (Ne recevez pas trop cependant, si vous voulez survivre à la période du postpartum.)

L'aide ménagère. S'il y a une corvée que la nouvelle maman serait heureuse de léguer à quelqu'un d'autre, c'est bien celle de l'entretien ménager. Confiez ce travail à une agence de travaux ménagers, à une femme de ménage, à une personne qui a déjà travaillé pour vous, bref, à toute per-

---

2. Plusieurs chaînes d'alimentation rapide fournissent maintenant sur demande l'information sur l'apport alimentaire des aliments : prenez-les comme guides. Tenez-vous-en toutefois le plus souvent aux salades, viandes grillées, volailles, poissons et pizzas, et évitez le pain blanc, les entrées et accompagnements frits, toute nourriture à haute teneur en sodium et en gras et les desserts sucrés.

3. Beaucoup de nourriture prête-à-manger comme le thon et le fromage cottage sont particulièrement riches en sodium : alors, autant que possible, recherchez les variétés qui en contiennent peu.

sonne capable de passer l'aspirateur et d'épousseter, de laver les parquets et de secouer les tapis, de nettoyer la salle de bains et les toilettes; vous bénéficierez de plus de temps et d'énergie à consacrer à bébé, à votre conjoint, à vos enfants plus âgés et à vous-même. C'est certainement la meilleure solution pour la femme qui veut s'occuper elle-même de son nourrisson (avec l'aide de son compagnon) sans avoir à jouer les superfemmes et risquer de se retrouver à l'hôpital parce qu'elle est au bout de ses forces après quelques semaines de ce régime. Si vous n'en avez pas les moyens, que vous êtes seule et que votre état de santé n'est pas très bon, le CLSC pourra vous fournir ce service sans frais, sur recommandation médicale.

Souvenez-vous, même si vous engagez quelqu'un, et surtout si vous n'avez personne pour vous aider, il y aura toujours certaines tâches qui seront laissées de côté pendant cette période. Tant que vous réussirez à nourrir votre famille et à trouver quelques moments de repos pour vous-même, rassurez-vous et apprenez à vous habituer à cette situation.

LA CIRCONCISION

«Je croyais que la circoncision était de mise et routinière pour tous les garçons, mais le pédiatre m'assure que ce n'est pas vraiment nécessaire.»

La circoncision est sans doute la plus ancienne pratique médicale encore de mise de nos jours. Bien que les premières traces de cette coutume nous viennent de l'Ancien Testament, lorsque Abraham pratiqua la circoncision sur son fils Isaac, ses origines se perdent dans la nuit des temps, et elle faisait partie des moeurs humaines avant même l'apparition des outils de métal. Pratiquée à travers l'histoire par les Musulmans et les Juifs en signe d'alliance

avec Dieu, la circoncision devient courante en Amérique vers la fin du XIXe siècle, parce que l'on croyait que l'ablation du prépuce rendrait le pénis moins sensible (ce n'est pas le cas), et que, de ce fait, la masturbation deviendrait moins attrayante (c'est tout aussi faux). Dans les années qui suivirent, on évoqua bien d'autres raisons pour justifier la circoncision — entre autres, la prévention de l'épilepsie, de la syphilis, de l'asthme, de la tuberculose et de la démence —, mais apparemment aucune de ces raisons n'est bonne.

Il est vrai que la circoncision réduit les risques d'infection, mais une bonne hygiène du prépuce rétractable donne les mêmes résultats. Elle élimine aussi les risques de phimosis, rétrécissement congénital ou accidentel du prépuce, qui empêche de découvrir le gland. Le phimosis peut être très douloureux et rendre l'érection difficile. On estime qu'entre 5 et 10 p. cent des garçons non circoncis devront subir l'inconfort de la circoncision plus tard dans leur vie, à cause justement d'une infection, du phimosis ou d'autres problèmes du genre.

Jusqu'à tout récemment, la majorité des associations médicales s'entendaient pour dire qu'aucune «indication médicale absolue» ne nécessitait que l'on expose un enfant à cette chirurgie, aussi mineure fût-elle. En 1989, après évaluation de toutes les données disponibles à ce sujet, l'Académie américaine de pédiatrie jugea que la circoncision présente de réels avantages. À partir de nouvelles études comparatives entre des garçons circoncis et d'autres non circoncis, l'on put déterminer que ces derniers présentaient 10 fois plus de risques de contracter des infections urinaires, parfois assez graves pour entraîner l'hospitalisation. Ces études furent toutefois moins concluantes en ce qui concerne le lien entre l'absence de circoncision et le cancer du pénis possiblement dû à un plus haut taux d'infection à HPV (Human Papilloma

Virus), et aux maladies transmises sexuellement, incluant le sida.

Les spécialistes recommandent aux parents de prendre une décision à propos de la circoncision de leur enfant après avoir consulté un pédiatre et à partir d'une foule de considérations relatives aux avantages médicaux et aux risques encourus, autant que pour des raisons sociales, esthétiques, culturelles et religieuses.

Présentement, près de la moitié des garçons sont circoncis, alors que c'était le cas de 80 p. cent de la population masculine née au début des années 1980. En plus de leur impression «que ça doit être fait», les raisons les plus courantes invoquées par les parents qui choisissent la circoncision pour leurs fils, sont les suivantes :

■ Pratiques religieuses. Les règles religieuses des Juifs et des Musulmans, qui prennent leurs racines dans la Bible, exigent la circoncision de tous les nouveau-nés.

■ Propreté. Étant donné qu'il est plus facile de garder un pénis circoncis propre, c'est la raison qui vient immédiatement après l'observance des règles religieuses.

■ Le syndrome du vestiaire. Certains parents choisissent la circoncision pour éviter à leur fils de se sentir différent des autres garçons ou de ses père et frères.

■ L'esthétique. Certaines personnes croient qu'un pénis sans prépuce présente une meilleure apparence esthétique.

■ La santé. L'espoir de réduire les risques d'infection, de cancer ou d'autres problèmes pouvant surgir dans le futur (incluant une circoncision tardive) pousse bien des parents à opter pour cette intervention dès les premiers jours de leur enfant.

Les raisons pour lesquelles de plus en plus de parents s'opposent à la circoncision sont les suivantes :

■ Ce n'est pas une nécessité du point de vue médical. Plusieurs contestent le fait d'enlever sans raison valable à des enfants une partie de leur anatomie.

■ La crainte des saignements et des infections. Bien qu'il soit très rare que ce genre d'intervention présente de telles complications lorsque pratiquée par un médecin expérimenté ou par une personne habituée au rituel de la circoncision et formée du point de vue médical, bien des adultes appréhendent cette possibilité.

■ La peur de la douleur. La croyance veut que la circoncision soit quelque peu douloureuse, bien que le malaise qu'elle peut causer soit de courte durée. Pour cette raison, certains médecins pratiqueront une légère anesthésie avant de procéder à cette chirurgie, mais la plupart ne sont pas familiers avec cette technique et préfèrent procéder à froid.

■ Le désir du père que son fils ne soit pas circoncis comme lui. Une autre application du complexe du «tel père, tel fils».

■ Le respect des droits des enfants. Certains parents préfèrent laisser à leur fils l'opportunité de faire ce choix plus tard dans leur vie.

■ Le souci de garantir à leur enfant le maximum de plaisir sexuel. Bien des gens croient encore qu'un pénis non circoncis est plus sensible, bien qu'aucune preuve scientifique ne soit venue soutenir cette thèse jusqu'à maintenant.

■ Moins de risque d'irritation due aux couches. On a émis l'hypothèse qu'un prépuce laissé intact offre une meilleure protection contre les irritations du pénis.

La circoncision représente un risque minimal, mais certaines complications peuvent survenir. Pour réduire ces risques, assurez-vous que la personne chargée d'y procéder possède une expérience reconnue en ce domaine. S'il s'agit d'une circoncision rituelle, veillez à ce que celui qui s'en chargera soit bien entraîné et hautement recommandé. Assurez-vous que cette interven-

tion ne sera pas faite en salle d'accouchement, pour laisser le temps à votre
nouveau-né de se stabiliser, c'est-à-dire
qu'elle devrait se faire entre 12 et 24 heures après la naissance. Refusez absolument
que la cautérisation soit faite avec une
pince de métal, car celle-ci peut causer de
sérieuses brûlures.

Si votre indécision persiste à ce sujet,
lisez les informations contenues au chapitre 4, et discutez-en avec le pédiatre que
vous avez choisi pour votre enfant et, si
possible, avec des amis qui ont vécu l'une
ou l'autre expérience.

QUELLES COUCHES UTILISER?

*«La plupart de mes amies se servent de
couches jetables, qui sont apparemment
bien plus pratiques et propres que les couches de tissu. Mais sont-elles aussi bonnes pour les bébés?»*

Depuis Ève, les mères ont sans cesse été
confrontées au problème de couvrir les fesses de leurs bébés. On nous a appris que
les Indiennes d'Amérique gardaient leurs
enfants en bas âge au sec en enveloppant
la planche qu'elles portaient sur le dos avec
l'intérieur déchiqueté des roseaux.

Heureusement pour vous, qui serez
maman durant la dernière décennie du
XXᵉ siècle, vous n'aurez pas à patauger
dans les marécages des jours entiers pour
choisir le plus doux et le plus absorbant
roseau destiné à rembourrer votre Snugli.
Vous aurez à choisir parmi une panoplie
de couches prêtes-à-porter, faites de différents types de tissu (à laver vous-même
ou à commander d'un service de buanderie), et une incroyable variété de couches
jetables.

Le choix idéal pour vous et votre
nouveau-né peut être différent de celui de
la voisine et de son enfant. Les goûts per-

sonnels compteront pour beaucoup dans le
choix que vous ferez, étant donné qu'à ce
chapitre, il n'existe pas d'avantage con-
cluant pour l'une ou l'autre sorte de couches. Pour décider du type de couches le
plus logique dans votre cas, considérez les
points suivants :

Les couches jetables. Elles sont très
pratiques, et c'est leur plus grand avantage.
Pas besoin de garder des couches souillées,
de les manipuler ou de les empiler pour les
envoyer chez le nettoyeur une fois par
semaine. Les couches jetables vous épargneront aussi de précieuses minutes et des
efforts additionnels; elles habillent facilement et rapidement les fesses de bébé, sans
épingles de sécurité, et elles s'enlèvent tout
aussi vite. Vous les apprécierez particulièrement si votre enfant est de ceux qui gigo-
tent sans arrêt. Les derniers modèles de
couches sur le marché sont plus absorbantes et censées causer moins d'irritations
cutanées, du moins en théorie. Elles sont
plus coquettes et ne coulent à peu près pas.
Ces intéressants avantages peuvent pourtant bien se transformer en inconvénients
pour votre bébé : étant donné qu'elles
absorbent si bien l'urine et qu'elles ont
«l'air» sèches alors qu'elles sont loin de
l'être, vous serez peut-être portées à ne pas
changer bébé assez fréquemment, ce qui
pourrait entraîner des éruptions cutanées.
De plus, les nouvelles supercouches donnent à votre enfant une telle impression
d'aise, même lorsqu'elles sont mouillées,
que vous pourriez éprouver beaucoup plus
de difficulté à entraîner bébé à la propreté,
lorsque le temps sera venu. Il ne faudrait
pas oublier que les couches jetables ne sont
pas biodégradables et qu'elles viennent
s'ajouter à l'amas de déchets qui, chaque
jour, s'entassent dans notre environnement. Vous devrez aussi sortir pour les

acheter et les trimballer sur le chemin du retour.

Les couches de tissu livrées à domicile. Pour celles que rebute l'idée d'enfermer les fesses de bébé dans des couches de papier et de plastique, les couches tout coton douces, confortables, stérilisées et écologiques paraîtront très attrayantes, surtout si elles sont livrées ponctuellement à leur porte. Certaines études (citées par les fournisseurs de ce genre de couches) démontrent une plus faible incidence d'éruptions cutanées chez les bébés qui portent des couches de tissu; par contre, d'autres études (citées par les manufacturiers de couches de papier) imputent les mêmes avantages aux couches jetables. Si vous persistez à utiliser les couches de tissu alors que bébé commence à marcher (certains parents y arrivent), il vous sera sans doute plus facile d'entraîner votre enfant à faire ses besoins dans la toilette, car le contact direct de la peau avec les couches mouillées ou souillées lui sera très désagréable.

Il existe aussi des désavantages à l'utilisation des couches de tissu. Des culottes séparées, à l'épreuve de l'eau, sont indispensables pour vous éviter d'avoir à changer bébé, son lit et même vos propres vêtements, chaque fois qu'il fait pipi. Ces culottes de plastique accroissent les risques d'éruptions en gardant l'humidité à l'intérieur et en empêchant l'air de circuler. On trouve cependant sur le marché des culottes de coton ou de laine (il s'en fait avec une doublure de filet ou de caoutchouc absorbant) pour mettre fin à cet inconvénient. Les changements de couches sont souvent une épreuve difficile à surmonter avec les couches de tissu, surtout à cause des épingles avec lesquelles il faut parfois se battre (à moins que vous n'utilisiez en même temps des culottes à l'épreuve de l'eau munies d'attaches de Velcro), particulièrement lorsque bébé commence à se tortiller dans tous les sens. Étant donné la moins grande capacité d'absorption des couches de tissu, deux couches seront sans doute nécessaires pendant la nuit, et parfois même le jour, pour ceux qui urinent beaucoup. Les garçons qui mouillent surtout le devant de leur couche peuvent avoir besoin de doublures pour couches de papier. Et puis viennent encore les sacs de plastique remplis de couches souillées, qu'il faut rapporter à la maison si vous êtes sortis avec bébé, et l'incontournable seau de couches sales qui, bien que désodorisé, n'est jamais totalement inodore.

Les couches de tissu nettoyées chez soi. C'est certainement le dernier des choix, comparés aux précédents. Parce qu'on ne réussit jamais à les rendre tout à fait impeccables et stériles, les couches que l'on lave et désinfecte à la maison causent plus d'éruptions sur la peau de bébé. Cet inconvénient s'ajoute au fait que, à l'instar des autres couches de tissu, on les utilise presque toujours avec une doublure de plastique qui empêche la circulation d'air. Aussi écologiques que les autres couches de tissu, elles présentent les mêmes désavantages. Bien qu'elles puissent paraître beaucop plus économiques que les autres genres de couches, elles finissent par coûter presque autant, si l'on pense aux dépenses additionnelles de savon, d'eau chaude et d'électricité qu'elles occasionnent inévitablement. De plus, elles exigent de vous une plus grande perte de temps et un surcroît d'efforts au trempage, au lavage, au séchage et au pliage.

Certains parents choisissent les couches de tissu pendant les premiers mois, alors que bébé passe le plus clair de son temps à la maison, puis passent aux couches jetables. Quoi qu'il en soit, ils utilisent souvent des couches de papier lors des sorties et parfois même la nuit (parce que leur meilleure absorption du liquide garde bébé bien au sec plus longtemps et peut lui procurer une bonne nuit de sommeil) dès le début.

Quel que soit le choix que vous faites aujourd'hui, vous vous apercevrez peut-être plus tard que le genre de couches que vous utilisez cause des éruptions à votre bébé. Si cela se produit, n'hésitez pas, changez. Essayez un autre type de couches (changez du tissu au papier, ou vice versa) ou une autre marque de couches jetables. Voyez aussi les trucs pour soigner les éruptions cutanées à la page 226.

CESSER DE FUMER

«Sauf pendant les premiers mois de ma grossesse (où je ne fumais pas parce que ça me donnait des nausées) je n'ai jamais réussi à me passer de cigarettes et mon conjoint non plus. À quel point la fumée affecte-t-elle un bébé?

Vous pouvez acheter la plus jolie layette pour votre nouveau-né, faire une razzia dans les magasins de jouets, ou souscrire pour lui un régime d'épargne-études, rien n'égalera jamais le cadeau que vous lui feriez en lui permettant de vivre et de grandir dans un environnement sain, exempt de fumée. On associe l'augmentation des maladies respiratoires chez les enfants (rhumes, bronchites, asthme, grippes) au tabagisme des adultes qui les entourent. La fumée peut affaiblir les fonctions pulmonaires d'un bébé et en réduire la capacité. Non seulement les enfants de fumeurs sont-ils plus souvent malades que ceux des non-fumeurs, mais leurs maladies durent plus longtemps. Ils sont plus sujets à des séjours à l'hôpital durant les trois premières années de leur vie. Plus il y a de fumeurs dans une maison, plus graves seront les effets de la fumée sur la santé des enfants, parce que le niveau de nicotinine (un sous-produit du métabolisme de la nicotine) dans le sang est directement relié au nombre de fumeurs auxquels un enfant est exposé régulièrement.

Les parents qui ont l'habitude de fumer courent aussi plus de risques d'avoir des enfants à coliques (pour les non-initiés, cela veut dire un bébé inconsolable qui pleure pendant au moins deux ou trois heures chaque jour), bien que les raisons de cette réaction ne soient pas très claires.

Le plus triste dans tout cela, c'est sans doute que les enfants des fumeurs seront plus portés à devenir fumeurs eux-mêmes, plus tôt en tout cas que les enfants de parents qui n'ont pas acquis cette accoutumance. Aussi, le fait de cesser de fumer avant l'accouchement (et idéalement avant la grossesse) n'entraîne pas seulement une enfance de meilleure qualité pour votre bébé, mais une diminution des risques qu'il court de devenir fumeur à son tour dans quelques années et l'assurance d'une meilleure santé et d'une plus longue vie.

Si vous n'avez pas réussi à cesser de fumer jusqu'à maintenant, il ne sera, de toute évidence, pas facile pour vous d'y arriver. Comme cela se produirait pour toute dépendance à l'égard de n'importe quelle drogue, votre corps et votre esprit se ligueront contre vous. Si vous êtes déterminée à vous battre toutefois — dans votre intérêt et celui de votre bébé —, vous finirez bien par triompher. C'est dès maintenant qu'il faut le faire, avant que bébé ne soit au monde. Le fait de cesser de fumer avant l'accouchement augmentera la quantité d'oxygène disponible au moment de la naissance. Votre nouveau-né passera ensuite de l'hôpital à un foyer exempt de fumée, où l'air est bon à respirer. Si vous allaitez, votre lait ne contiendra en outre aucune trace de nicotine. Si vous en êtes encore au début de votre grossesse, le fait de cesser de fumer maintenant réduira les risques de mettre prématurément votre enfant au monde ou d'avoir un bébé dont le poids se situe sous la normale.

Il existe plusieurs méthodes pour cesser de fumer. Certaines sont totalement inappropriées pour les femmes enceintes (gomme à mâcher contenant de la nicotine, par exemple). Les meilleures sont celles qui s'adressent spécifiquement aux femmes enceintes.

UN NOM POUR VOTRE ENFANT

«Je n'ai jamais aimé mon nom. Comment peut-on avoir l'assurance que notre enfant sera content de porter le nom que nous aurons choisi pour lui?»

Qu'y a-t-il dans un nom? Pour un nouveau-né, pas grand chose. Nourrissez-le, habillez-le, consolez-le et distrayez-le; vous pouvez bien l'appeler «Mouffette», pour ce qu'il en a à faire. Si vos amis et le monde extérieur ne vous perçoivent plus, vous et toute votre famille, que comme le centre autour duquel tourne l'existence de votre enfant (ce qui se produit habituellement dès l'école élémentaire), il se peut que le nom que vous avez choisi prenne une connotation antipathique. Bien que vous ne puissiez pas avoir l'assurance que votre enfant aimera le nom que vous lui avez choisi pour la vie, un choix fait avec discernement et sensibilité réduira les chances que ce nom devienne synonyme de problèmes.

■ Assurez-vous que vous et votre compagnon aimez le nom que vous choisirez : les sons qu'il produit, sa graphie, et les connotations qu'il a. Demandez-vous : «Si c'était mon propre nom, est-ce que je l'aimerais?»

■ Choisissez un nom qui signifie quelque chose pour vous : donnez-lui le même nom qu'un membre chéri de votre famille, celui d'un personnage historique ou biblique respecté, le nom d'un écrivain que vous appréciez ou un nom qui fait référence à un événement important. Ce nom donnera à votre enfant un sentiment d'appartenance, l'impression de faire partie d'une grande famille ou du monde entier.

■ Sélectionnez un nom qui sied à votre bébé, un nom qui lui ressemble. Mélanie, par exemple, qui veut dire «noir» ou «sombre», irait très bien à une beauté foncée; Alexis, que l'on associe ici au «trotteur», serait sans doute approprié à un caractère compétitif, à un physique athlétique. Ou alors un nom qui représente une qualité que vous souhaitez pour votre enfant, comme Constance, Justin, ou Isaac, qui veut dire «il sera rieur». Ou encore un nom qui serait le reflet de vos sentiments face à la naissance de votre bébé : Marie-Soleil, Victoire, ou Ian, qui signifie «cadeau divin». Ces noms peuvent donner aux enfants la conviction d'être très spéciaux, mais le choix définitif se fera sans doute lorsque vous apercevrez enfin la frimousse de bébé.

■ Comment ce nom sonnera-t-il aux oreilles des autres? Y a-t-il des sens cachés qui donneront, un jour ou l'autre, quelque connotation embarrassante au nom de votre enfant? Attention aux initiales : pourraient-elles faire de votre enfant la cible de son entourage? Marie-Thérèse Séguin, par exemple, risquerait de faire de votre fille la victime de farces méchantes et fréquentes, et elle pourrait se mettre à détester son nom. Que dire des surnoms? Peuvent-ils être la source d'insultes entre enfants? Si vous choisissez un nom ethnique, votre enfant pourra-t-il vivre et fréquenter l'école sans subir les moqueries de ses camarades? Si vous tenez à donner un nom ethnique inhabituel, assurez-vous qu'il possède un équivalent français agréable au cas où votre enfant voudrait en changer plus tard.

■ Faites inscrire un ou deux autres prénoms sur le certificat de naissance de votre enfant. S'il n'apprécie guère celui que vous aurez choisi, il pourra en changer à sa guise.

■ Choisissez un nom facile à prononcer et à épeler. Un nom très original que les professeurs déforment à tout coup ou un prénom dont l'épellation, source de fautes constantes, n'est pas évidente pourrait être reproché à votre enfant, même s'il n'en est pas responsable.

■ Évitez les noms à la mode, les noms de vedettes de l'heure. N'affligez pas votre enfant du prénom d'un personnage très en vue : star de la télévision ou du grand écran, politicien faisant chaque semaine la Une des journaux. Le jour où ce nom perdra ses titres de noblesse, il pourrait placer votre enfant dans une situation délicate et souvent désagréable.

■ Employez le prénom complet plutôt que son diminutif (Solange, et non Sol, Alexandre, et non Alex). Vous pouvez bien sûr utiliser le diminutif du prénom de votre fils ou de votre fille durant toute l'enfance, mais laissez-lui la possibilité de choisir une version adulte qui inspirera respect et dignité, quand il en ressentira le besoin.

■ Si vous ne voulez pas que votre enfant soit l'un des six Émilie ou Stéphane de sa classe, évitez de choisir l'un des 10 prénoms les plus à la mode au moment de sa naissance.

■ Prenez en considération les sentiments des membres de votre famille, mais ne les laissez pas dominer les vôtres. Si vos parents aimeraient voir un prénom se perpétuer dans la famille et que vous n'y tenez pas, inscrivez-le comme deuxième choix sur le certificat de naissance de votre enfant, modifiez-le de façon à ce qu'il soit plus actuel, ou choisissez un nom qui aura la même signification. Un bon livre sur les prénoms à donner aux enfants pourrait vous aider.

Souvenez-vous : quel que soit le prénom choisi, vos parents et vos grands-parents aimeront l'enfant qui le porte, même si son prénom leur déplaît.

■ Assurez-vous que le prénom et le nom de famille vont bien ensemble, qu'ils ne choquent pas l'oreille. En règle générale, un nom de famille court se marie bien avec un prénom de plusieurs syllabes, et vice versa (Marie-Hélène Proulx, Julien Véronneau); deux syllabes complètent également très bien deux syllabes.

PRÉPARER LES ANIMAUX DOMESTIQUES

«Mon chien est extrêmement jaloux, il essaie toujours de s'interposer entre mon conjoint et moi quand nous nous embrassons. Sa réaction à l'arrivée du bébé m'inquiète un peu.»

Le chien qui a toujours joué le rôle de bébé dans la maison a du mal à changer d'attitude du jour au lendemain et à reprendre son rôle de chien. C'est pourtant exactement ce qu'il devra faire quand une toute petite chose humaine et menaçante que vous aurez ramené de l'hôpital occupera sa place dans votre coeur, et peut-être même dans votre lit. Bien qu'il soit à peu près impossible d'éviter les petites flaques ici et là, vous voudrez sans doute contrer, dans la mesure du possible, les excès de jalousie de votre chien et surtout, les réactions agressives qui pourraient en découler. Pour ce faire, commencez dès maintenant.

■ Offrez-lui un bon programme d'entraînement à l'obéissance (si ce n'est déjà fait), même si vous avez toujours cru que votre chien n'en avait pas besoin. Le chien vif et folichon n'est jamais un problème dans un foyer sans enfant, mais il pourrait le devenir le jour où bébé entrera dans la maison. Puisque les réactions de votre enfant sont imprévisibles et parfois incontrôlables, il importe que celles du chien le soient : l'entraînement à l'obéissance ne neutralisera pas le caractère de votre animal, mais il le stabilisera de sorte qu'il sera moins tenté de malmener le bébé.

■ Habituez votre chien aux bébés dès maintenant, si possible. Invitez des amis à la maison avec leur bébé et laissez votre chien (avec la permission des parents et sous bonne surveillance) renifler les enfants dans les parcs ou ailleurs ou permettez à des enfants en bas âge de jouer avec votre animal, pour le familiariser avec leurs mouvements.

■ Gardez votre chien habitué à vivre avec un bébé dans la maison. Utilisez une poupée de la grosseur d'un nouveau-né comme support à son entraînement (elle vous servira aussi). Bercez la poupée, chantez-lui une chanson, changez-la de couche, caressez-la et promenez-la dehors dans une poussette (si vous ne redoutez pas les regards lourds que cela pourrait vous attirer).

■ Habituez votre chien à dormir seul, si c'est ce qui doit lui arriver quand bébé sera à la maison, pour que le changement ne soit pas trop radical. Installez-lui un petit coin confortable où il pourra dormir, avec son coussin ou sa couverture préférée. Veillez à ce que ces objets soient faciles d'entretien, et prenez soin de les laver régulièrement, car il y a de bonnes chances que vous retrouviez bébé bien installé dans l'espace réservé au chien, lorsqu'il commencera à se traîner.

■ Faites examiner votre chien par le vétérinaire. Assurez-vous qu'il a bien reçu ses vaccins contre la rage et qu'il n'est pas infesté de puces ou de tiques, mais ne lui faites pas porter de collier antipuces, à moins d'être assurée qu'il ne contient aucun produit chimique potentiellement toxique pour bébé. N'utilisez pas non plus de vaporisateur pour enrayer les puces pendant votre grossesse ou après l'arrivée de bébé. Il est tout aussi important de voir à ce qu'aucune espèce de ver n'habite votre animal.

■ Si vous avez des chiots à la maison, faites-les soigner le plus tôt possible contre les vers, parce que ceux-ci, excrétés dans les selles (et qui peuvent demeurer dans le sol pendant des années), peuvent causer de sérieux problèmes de santé aux bébés et aux jeunes enfants.

■ Si vous prévoyez une chambre pour votre bébé, habituez le chien à demeurer à l'extérieur de cette pièce quand vous n'y êtes pas. Une barrière, installée à la porte de la chambre, découragera les visites impromptues de l'animal. Si vous devez placer la couchette de bébé dans votre chambre ou dans un coin du séjour, apprenez au chien à ne pas se tenir dessous, parce qu'un mouvement involontaire pourrait déverrouiller le côté et le faire tomber accidentellement.

■ Si le plat du chien est trop facile d'accès pour un bébé qui commence à se déplacer par lui-même, déménagez-le dans un coin inaccessible : dans le garage, par exemple, parce qu'on ne peut prévoir d'avance le moment où un chien deviendra agressif à la vue d'un enfant jouant dans sa nourriture. Si vous vivez dans un tout petit appartement, reportez le repas du chien à l'heure du dodo de bébé et prenez la peine de ranger son plat pendant la journée. Même si le chien joue à l'extérieur, ne laissez pas traîner sa nourriture à la portée des mains et de la bouche de bébé, car ces petits morceaux de pâtée ne font pas seulement le délice des canins : beaucoup d'enfants les trouvent délicieux. Utilisez des plats sans poignées si vous ne voulez pas laver le plancher à tout moment.

■ Après l'accouchement, mais alors que vous êtes encore à l'hôpital, donnez à votre conjoint un morceau de vêtement (non lavé) que votre nouveau-né a porté, pour le faire sentir au chien qui pourra ainsi se familiariser avec son odeur. À votre arrivée à la maison, laissez votre mari porter le bébé pendant que vous ferez quelques caresses à votre chien. Puis, pour satisfaire sa curiosité, laissez le chien sentir l'enfant bien emmaillotté. Prenez soin de protéger sa tête et sa figure de vos bras. Une fois bébé bien installé dans sa couchette, offrez une petite gâterie à votre chien, et passez quelques instants avec lui.

■ Soyez attentive à votre nouveau-né, mais n'exagérez pas votre attitude en présence du chien: l'animal se sentirait plus jaloux et moins confiant. Au contraire, comme vous le feriez avec un enfant plus âgé (à un autre niveau, bien entendu), essayez d'intéresser votre animal à votre enfant tout en lui faisant sentir qu'il fait toujours partie de la famille et que vous l'aimez comme avant. Caressez-le pendant que vous allaitez bébé, faites-lui faire une promenade lorsque vous promenez votre enfant dans sa poussette, permettez-lui d'entrer dans la chambre du bébé quand vous y êtes. Faites-vous un devoir de passer au moins cinq minutes par jour seule avec lui. S'il devait montrer ne serait-ce que le plus petit mouvement d'agressivité envers votre enfant, réprimandez-le sur-le-champ.

■ Si, malgré vos efforts pour le préparer et pour le rassurer, votre chien reste hostile face au nouvel arrivant, gardez-le attaché et à l'écart, jusqu'à ce que vous soyez certain qu'il est revenu à de meilleurs sentiments. Le chien qui n'a jamais mordu qui que ce soit pourrait en être capable une fois contraint. Si la laisse ne fait qu'augmenter son hostilité face à votre enfant, vous devrez peut-être envisager de lui trouver un autre foyer. (Le châtrage des chiens mâles peut avoir pour effet de diminuer leur agressivité.)

«J'ai peur que notre matou, qui a l'habitude de dormir avec nous, soit jaloux de notre nouveau bébé.»

Même les chats très amicaux peuvent changer complètement de personnalité à l'arrivée d'un bébé. Comme les chats sont aussi capables que les chiens de malmener un enfant, avec leurs griffes et leurs mâchoires, il est tout aussi important de bien les préparer à une nouvelle présence dans la famille. La plupart des trucs que nous avons proposés plus haut pour les chiens peuvent également s'appliquer aux chats. Prenez la peine de rassurer votre chat — en lui prodiguant beaucoup d'attention — et faites-lui sentir qu'il est encore un favori à la maison. Étant donné que les félins adorent se coller contre un corps chaud et qu'ils peuvent grimper facilement aux bords d'une couchette, pensez à entourer le lit de bébé d'un filet solidement arrimé, de façon à empêcher le chat de se coucher à ses côtés: c'est un mouvement amical qui pourrait malheureusement prendre des allures de tragédie.

LA PRÉPARATION DE VOS SEINS EN VUE DE L'ALLAITEMENT

«J'ai une copine qui insiste sur le fait qu'il me faut masser mes mamelons pour les endurcir en vue de l'allaitement. Est-ce une bonne idée?»

Les mamelons féminins ont été conçus pour l'allaitement. Sauf quelques rares exceptions, ils remplissent cette fonction à merveille sans préparation. En fait, les procédés normalement recommandés pour préparer les mamelons à l'allaitement peuvent parfois causer plus de mal que de bien. L'application d'alcool, par exemple, de teinture d'hamamélis ou de benjoin, peut assécher les mamelons et les rendre plus sujets aux gerçures et aux fissures; même le savon peut les assécher, et il est préférable d'éviter qu'il entre en contact avec vos seins au moins trois mois avant l'accouchement et pendant toute la durée de l'allaitement. Le brossage des mamelons peut également s'avérer négatif, car il risque d'irriter les chairs et de les faire fendre sous la pression de l'allaitement.

Bien que la plupart des mamelons n'exigent aucune préparation, nombre de femmes se sentent réconfortées à l'idée de préparer leurs seins à cette fonction plutôt que de ne rien faire pour améliorer leurs chances de succès. Si vous croyez que, ce faisant, vous entreprendriez quelque chose de constructif, prenez la peine de consulter un médecin pour qu'il procéde à un examen complet de vos seins dans le but de détecter quelque anomalie, comme les mamelons rétractés ou un tissu glandulaire sous-développé. Demandez-lui s'il serait bon pour vous de porter un bouclier de Woolwich (voir illustration) pour aider à faire ressortir les mamelons rétractés ou pour masser des bouts de seins trop tendres dans le but de les endurcir. Mais ne massez pas vos seins exagérément pendant votre grossesse sans l'approbation de votre médecin, car une trop grande stimulation des mamelons peut parfois provoquer des contractions.

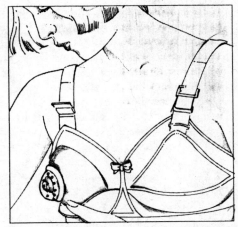

Le bouclier de Woolwich est un petit appareil de plastique ventilé que vous trouverez dans les boutiques de maternité et dans les pharmacies.

Avec l'aide de votre médecin, vous pouvez pratiquer l'une des méthodes suivantes pour préparer vos mamelons à supporter le contact des puissantes gencives de bébé (encore là, une telle préparation n'est habituellement pas nécessaire) : frottez doucement une serviette sur chacun de vos mamelons après la douche; exposez-les à l'air en marchant les seins nus dans la

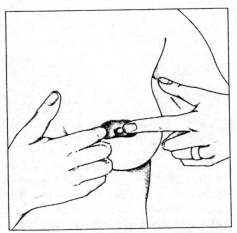

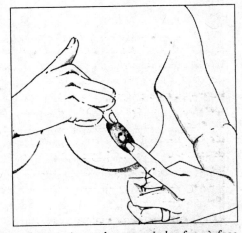

Pour faire sortir des mamelons rétractés : plusieurs fois par jour, placez vos index face à face sur l'aréole de chaque mamelon et tirez vers l'extérieur.

maison pendant quelques minutes chaque jour; laissez vos seins libres de frotter contre le tissu de vos vêtements en ne portant pas de soutien-gorge (à moins qu'ils ne soient trop lourds ou qu'ils aient tendance à s'affaisser) ou en portant un soutien-gorge d'allaitement dont vous laisserez les bonnets ouverts; faites rouler vos mamelons entre le pouce et l'index deux ou trois fois par jour, et lubrifiez-les avec une crème spéciale ou un onguent de type A et D, (vitamine A et vitamine D dans un excipient de lanoline et de paraffine molle) avec de l'huile à salade ou de l'huile pour bébé; si vous le pouvez, extrayez quelques gouttes de colostrum chaque jour pendant le dernier trimestre de votre grossesse; demandez à votre conjoint de stimuler vos mamelons pendant que vous faites l'amour (ne serait-ce que pour le plaisir). Rien ne prouve que ces pratiques rendent l'allaitement plus agréable, mais elles ne semblent pas faire de mal non plus. Certaines femmes trouvent qu'elles donnent de bons résultats. Les massages et les stimulations tactiles présentent l'avantage additionnel de réduire les inhibitions que certaines femmes peuvent ressentir au moment de manipuler leurs seins, ce qui est indispensable si elles veulent se sentir parfaitement à l'aise au moment d'allaiter.

Il est encore plus important de vous préparer mentalement à ce nouveau rôle que de vous y préparer physiquement. Apprenez tout ce que vous pouvez à propos de l'allaitement (prenez un cours prénatal, si possible; lisez sur le sujet; choisissez un ou une pédiatre qui défend vivement la cause de l'allaitement au sein, et contactez des femmes qui pourront vous appuyer dans votre démarche et répondre à vos questions le moment venu).

CE QU'IL IMPORTE DE SAVOIR :
Trouver le bon médecin

Quand vous avez commencé à «magasiner» pour trouver un omnipatricien qui vous assistera le jour où votre enfant décidera de venir au monde, vous aviez encore du mal à imaginer que cet enfant vous habitait déjà. Maintenant que ses petits pieds et que ses poings minuscules mais fermes vous martèlent régulièrement l'intérieur du ventre comme s'il s'agissait d'un *punching-bag,* vous ne doutez plus de sa présence. Non seulement y a-t-il un bébé là, mais encore a-t-il très hâte de sortir. Avant qu'il ne le fasse, vous avez avantage à trouver l'omnipatricien qui s'en occupera : vous risqueriez de vous retrouver devant un total étranger si bébé vous jouait le tour d'arriver un peu plus tôt que prévu. Personne ne serait là pour répondre à vos questions pendant les premiers jours de confusion qui suivent l'accouchement; aucun visage familier ne se pencherait sur vous pour vous rassurer en cas d'urgence.

En tenant pour acquis que vous demeurerez dans le même quartier assez longtemps et que vous êtes satisfaite de ses soins, le médecin que vous choisirez vous suivra, votre bébé et vous, à travers 16 ou 18 années de nez qui coule, d'otites, de maux de gorge, de fièvres, de malaises d'estomac, et peut-être même de fractures ou de graves affections physiques et psychologiques qui vous dérouteront et vous laisseront dans l'angoisse, alors que vous traverserez des épreuves que vous n'imaginez même pas. Vous ne vivrez pas avec le médecin de votre enfant pendant toutes ces années (bien qu'à certains moments vous le souhaiteriez), mais vous aurez toujours besoin de quelqu'un avec qui vous vous entendez et qui sait vous mettre à l'aise. Quelqu'un qui vous rapellera rapidement quand votre bébé de neuf mois battra des records de fièvre, quelqu'un à qui vous ne serez pas gênée de parler de l'intérêt soudain de votre enfant de six mois pour ses organes génitaux, quelqu'un que vous pourrez questionner sans retenue au sujet de vos doutes quant à un antibiotique qui vous a été prescrit.

Avant de commencer vos recherches, il serait bon de déterminer quel genre de médecin vous voulez pour votre nouveau-né.

PÉDIATRE OU MÉDECIN DE FAMILLE?

Quand votre maman avait un rhume ou un sérieux problème d'érythème fessier, sa mère ne pensait pas à l'emmailloter pour courir chez son pédiatre. Il y a de bonnes chances qu'elle l'ait amenée chez le médecin qui l'avait mise au monde, qui avait traité la bursite de son père et l'arthrite de sa grand-mère. Vous devez donc d'abord choisir le genre de médecin que vous préférez avant de partir à la recherche du Dr Lebon[4].

Le pédiatre. Les bébés, les jeunes enfants et parfois même les adolescents sont leur spécialité. Ces médecins ont suivi, en plus des cinq années d'études médicales normales, quatre ans de formation dans leur spécialité. S'ils ont reçu une attestation d'études, ils ont aussi dû passer un examen de qualification très sévère. L'avantage majeur dans le choix d'un pédiatre pour votre enfant est assez évident : étant donné qu'ils ne voient que des enfants, et qu'ils en voient beaucoup, ils sont plus familiers que d'autres médecins avec ce qui est normal, pathologique ou atypique chez les jeunes patients. Ils sont aussi plus aptes à répondre à des questions qui inquiètent les nouveaux parents, comme : «Pourquoi veut-il téter tout le temps?» «Pourquoi ne dort-elle pas plus?», ou «Pourquoi pleure-t-il autant?»

L'un des désavantages de ce choix est que le pédiatre s'occupe seulement des jeunes membres d'une famille et qu'il ne peut pas connaître toute l'histoire médicale et émotive de la famille (bien que plusieurs la connaissent), ce qui risque de lui cacher la vraie source du problème d'un enfant, peut-être sa relation avec un de ses parents ou l'un de ses frères et soeurs. Un autre inconvénient à choisir ce genre de spécialiste, c'est qu'il peut devenir nécessaire de consulter un second médecin quand toute la famille a besoin de traitements médicaux.

Le médecin de famille. Le médecin de famille a fait deux années d'entraînement après ses études générales en médecine. Le programme de résidence en médecine familiale est toutefois plus général que celui du pédiatre : il comprend entre autres la médecine interne, la psychiatrie, l'obstétrique et la gynécologie en plus de la pédiatrie. L'avantage qu'il y a à choisir un médecin de famille réside dans le fait qu'un seul et même médecin peut s'occuper de la santé de tous les membres de votre famille, dont il connaît l'histoire clinique

---

4. Si un diagnostic prénatal ou l'histoire médicale de votre famille vous font supposer que votre bébé pourrait venir au monde avec un problème spécifique (syndrome de Down, allergies, asthme), il serait bon de choisir un pédiatre ou un médecin de famille expérimenté en ce domaine.

et personnelle, et se servir de ces informations pour poser son diagnostic et prescrire un traitement. Si vous avez la chance d'avoir déjà un médecin de famille le jour où vous voudrez présenter votre nouveau-né à un médecin, vous rendrez en même temps visite à un vieil ami.

L'inconvénient : parce que son entraînement et son expérience en pédiatrie sont moins intensifs que ceux du pédiatre, le médecin de famille sera peut-être moins apte à répondre aux mille et une questions que vous pourriez poser à propos de bébé et moins avisé au moment de poser un diagnostic. Pour parer à ce petit inconvénient, assurez-vous que celui que vous choisirez voit beaucoup de bébés, pas seulement des enfants plus âgés.

QUEL GENRE DE PRATIQUE EST LE PLUS APPROPRIÉ?

Pour certains patients, le genre de pratique peut s'avérer tout aussi important que le type de médecin. Plusieurs options s'offrent à vous : tout dépend de vos préférences et de vos priorités.

Le médecin qui exerce en solo. Comme les omnipraticiens d'autrefois, les médecins d'aujourd'hui ont la chance d'établir une relation de confiance avec chacun de leurs patients. Contrairement à leurs prédécesseurs cependant, ils ne sont pas disposés à répondre à des appels jour et nuit et 365 jours par année. Ils seront disponibles pendant les heures de bureau pour honorer leurs rendez-vous (à moins qu'un cas urgent ne les retienne à l'hôpital), et sur appel, la plupart du temps. Ils prendront des vacances, des soirées et des fins de semaines à l'occasion, laissant à un autre médecin, moins familiarisé avec vos problèmes, le soin de répondre aux urgences et de vous recevoir en consultation. Si

vous choisissez ce genre de médecin, demandez-lui qui le remplacera pendant ses absences, et assurez-vous qu'en cas d'urgence, le dossier de votre enfant sera accessible, même si le docteur n'est pas disponible.

Les médecins associés. Deux médecins valent parfois mieux qu'un seul. Si l'un des deux n'est pas «sur appel» le jour où vous en avez besoin, l'autre le sera probablement. Si vous les rencontrez tour à tour avec votre bébé, vous aurez la chance de vous habituer à l'un et à l'autre. Bien que les médecins associés partagent le plus souvent une vision des choses et une approche de la pratique médicale, il peut arriver que leurs opinions diffèrent sur certains points. Le fait de recevoir des avis différents peut parfois confondre les parents inquiets, mais il peut aussi s'avérer utile d'entendre des opinions différentes au sujet d'un problème particulièrement délicat. Si l'un ne trouve pas de solution au manque de sommeil de votre bébé, peut-être l'autre pourra-t-il vous aider.

Une question importante à poser avant d'opter pour les médecins associés : est-il possible de prendre rendez-vous avec le médecin de votre choix? Sinon, et si vous vous apercevez que vous aimez le premier, mais pas le second, pensez-y bien, car vous pourriez rencontrer celui avec qui vous ne vous sentez pas à l'aise au moins une fois sur deux. Même si vous pouvez prendre rendez-vous avec votre médecin préféré pour un examen de routine, vous devrez vous contenter de celui qui sera disponible le jour où votre enfant tombera subitement malade.

La pratique de groupe. Si deux médecins sont une bonne solution, est-ce que trois ou plus seront mieux encore? D'une certaine façon oui, mais d'une autre non. Un groupe est plus susceptible de prodiguer des soins 24 heures par jour, mais les relations que vous pourrez établir avec les médecins risquent de ne pas être aussi particulières qu'avec un ou deux praticiens, à moins, encore une fois, que vous ne puissiez choisir toujours le même pour les examens de routine. Plus votre enfant rencontrera de médecins lors de ses visites de routine et de maladie, plus vous mettrez de temps à vous habituer et à vous sentir à l'aise avec chacun. Bien sûr, le problème paraîtra moins évident si tous les médecins se montrent chaleureux et doux envers leurs petits patients. Autre chose : si vous rencontrez les médecins tour à tour, des avis contraires peuvent soit vous éclairer, soit vous confondre. À long terme, ce qui importe encore plus que le nombre de médecins rencontrés avec votre bébé, c'est la confiance que vous aurez en eux, individuellement et en tant que groupe.

À LA RECHERCHE DU Dʳ LEBON

Pour chacun de nous, il existe un Dʳ Lebon. Une fois que vous avez établi le genre de médecin et le type de pratique idéal pour vous, vous êtes prête à commencer les recherches. Pour ce faire, vous devrez vous renseigner auprès de sources traditionnelles fiables.

Votre obstétricien ou votre sage-femme. Les médecins ont l'habitude de recommander des collègues dont le style et la philosophie ressemblent aux leurs, dont ils connaissent et respectent la façon de travailler. Si votre relation avec votre obstétricien a été satisfaisante, demandez-lui de vous suggérer quelqu'un. Si, au contraire, vous avez été plutôt déçue du contact avec cette personne, adressez-vous à quelqu'un d'autre pour obtenir ce genre de recommandation.

Une infirmière en obstétrique ou en pédiatrie. Si vous connaissez une infir-

mière qui travaille auprès d'obstétriciens, que ce soit en pratique privée ou dans un hôpital, elle sera sans doute fort bien placée pour vous dire quel médecin est compétent, consciencieux, soucieux du bien-être de ses patients, s'il s'occupe à la fois des parents et des enfants; quel praticien est insouciant, brusque, sans humour et antipathique. Si vous ne connaissez aucune infirmière, pensez à appeler directement à l'hôpital où vous êtes censée accoucher, au département de pédiatrie ou à la pouponnière, pour trouver l'information recherchée.

Les parents. Personne ne peut vous donner meilleure information à propos de l'attitude d'un médecin au chevet de ses malades qu'une patiente satisfaite (ou déçue), ou, dans ce cas-ci, les parents de certains patients. Il est préférable que les recommandations vous viennent de parents ou de camarades qui connaissent votre tempérament et votre façon d'envisager l'éducation des enfants. Autrement, les qualités pour lesquelles certaines gens ne jurent que par tel médecin pourraient bien vous sembler de gros défauts qui finiraient par vous faire jurer.

Votre CLSC. Bien que ces bureaux de services publics ne vous recommandent pas toujours un médecin plutôt qu'un autre, ils sont peut-être en mesure de vous procurer une liste des pédiatres de votre quartier, parmi lesquels vous pourrez choisir.

Hôpitaux et autres centres de références. Quelques hôpitaux, cliniques et autres bureaux ont mis au point un service de références où vous trouverez une liste des médecins de différentes spécialités. Les hôpitaux vous recommanderont les médecins qui exercent chez eux et les cliniques qui leur envoient des patients. Le centre de références pourrait vous procurer en plus le nom de médecins, leur spécialité, leur expérience de la pratique et certains détails sur le déroulement de leur carrière.

La Ligue la Leche. Si vous avez fait de l'allaitement votre priorité et que vous aimeriez avoir affaire à un pédiatre bien informé à ce sujet, le bureau local de la Ligue la Leche (cherchez dans l'annuaire du téléphone) pourra certainement vous recommander quelques noms.

Les Pages jaunes. En dernier ressort, cherchez sous la rubrique «Médecins», mais n'oubliez pas que ces listes sont incomplètes : beaucoup de médecins, particulièrement ceux dont la clientèle est déjà bien établie, préfèrent ne pas annoncer dans *les Pages jaunes.*

ASSUREZ-VOUS QUE D' LEBON EST LE BON DOCTEUR POUR VOUS

Si vous vous êtes procuré une liste de noms provenant de l'une des sources citées plus haut, vous avez déjà fait un bon pas dans votre recherche du Dr Lebon. Pour raccourcir cette liste en ne gardant que les candidats susceptibles de répondre à toutes vos attentes toutefois, vous devrez vous livrer à une petite enquête, en téléphonant et en prenant quelques notes, pour finir par vous fixer un rendez-vous avec quelques finalistes.

Affiliation à un hôpital. Il serait préférable que le médecin choisi soit affilié à un hôpital proche, pour un accès facile aux soins d'urgence. Il serait aussi souhaitable que votre médecin jouisse de certains privilèges à l'hôpital où vous prévoyez accoucher, pour qu'il ou elle puisse examiner bébé avant votre congé. N'allez pas éliminer pour autant un excellent candidat sans affiliation. Il arrive que l'on accorde des permissions spéciales à des médecins externes de rendre visite (sans les traiter) à des nouveau-nés. Sinon, le personnel médical interne pourra procéder à l'examen de routine de votre bébé et arranger votre congé, et vous pourrez, dès votre sortie de l'hôpital, rendre visite au médecin choisi.

Où est situé le bureau? Le fait de vous promener avec un ventre énorme peut prendre l'allure d'une lutte de tous les instants aujourd'hui, mais c'est «voyager léger», comparativement à ce qui vous attend après l'arrivée de bébé. Si le bureau de votre médecin est trop éloigné de votre domicile, ne croyez pas qu'il suffira de sauter dans l'autobus, dans le métro ou dans un taxi pour vous y rendre. Dites-vous bien que plus la distance sera grande, plus compliqué sera le trajet avec bébé. Le bureau situé près de chez vous est fort pratique : vous en goûterez tous les avantages lorsque vous serez aux prises avec un enfant malade ou blessé; il peut signifier soins et traitements plus rapides. Évidemment, un «médecin-comme-il-ne-s'en-fait-plus» peut justifier le choix d'un trajet un peu plus long.

Les heures de bureau. Tout dépend de votre horaire personnel : si vous ou votre conjoint (ou les deux) travaillez de 9 à 5, un bureau ouvert tôt le matin, en soirée ou les fins de semaine peut s'avérer indispensable.

L'atmosphère. On peut en dire bien long sur l'atmosphère qui règne dans un bureau, avant même d'y avoir mis les pieds. Si l'on vous traite sèchement au téléphone, il y a de bonnes chances que votre expérience sur place ne soit pas plus agréable. Si, au contraire, une voix chaleureuse et avenante vous répond, il est probable que l'on vous recevra avec compréhension et gentillesse le jour où vous arriverez paniquée avec un enfant blessé dans les bras. Vous vous ferez certes une meilleure opinion le jour où vous rendrez visite au médecin pour une première entrevue. La réceptionniste est-elle amicale? Ses manières sont-elles sèches et froides? Le personnel est-il attentif à ses petits patients, ou se contente-t-il de leur dire de s'asseoir, de ne pas toucher et de rester tranquilles? La salle d'attente est-elle séparée de la réception, pour que vous bénéficiiez d'un minimum d'intimité lorsque vous posez des questions et donnez des réponses sur le cas de votre enfant.

Le décor. Le médecin pour enfants ne peut pas se contenter de poser quelques magazines sur les tables et d'accrocher aux murs de son bureau quelques reproductions de peintres impressionnistes, pour donner «le bon» ton à sa salle d'attente. Lors de votre visite de reconnaissance, tâchez de trouver l'endroit qui rendra votre attente et celle de votre enfant moins pénible : une aire de jeu confortable pour les tout petits, de même qu'une salle d'attente aménagée expressément pour des enfants plus âgés; une sélection de jouets attrayants et bien entretenus pour les enfants de tous âges; des chaises basses ou autres espaces conçus expressément pour leurs petits corps. Du papier peint de couleurs vives avec des dessins amusants (kangourous orange et tigres jaunes), ou de jolis dessins d'enfants (autant dans la salle d'attente que dans la salle d'examen) sauront réconforter les bébés en attente d'un examen de routine ou sur le point de se laisser tâter par un inconnu. (Souvenez-vous toutefois que tous les bons médecins ne sont pas nécessairement des adeptes de Disney.)

L'attente. Patienter 45 minutes en tentant d'apaiser un enfant capricieux ou de calmer un enfant agité avec un livre d'images est une expérience que la plupart d'entre nous ont goûtée ou goûteront. Ces longues attentes ne sont pas rares. Pour certaines gens, l'attente ne représente qu'un inconvénient mineur, mais pour d'autres, un horaire chargé et très serré ne peut tout simplement pas s'accommoder d'une trop longue attente.

N'essayez pas d'évaluer la moyenne d'attente dans un bureau au moment où vous allez en consultation. Ces rendez-vous sont plus des visites «de courtoisie» que des nécessités médicales et les enfants souffrants auront (ou du moins devraient avoir) la priorité. Demandez plutôt à la réceptionniste et, si sa réponse est évasive et peu satisfaisante, adressez-vous à d'autres parents dans la salle d'attente.

Une moyenne d'attente trop longue peut signaler le manque d'organisation du bureau, la mauvaise planification du temps, ou l'ambition du médecin qui reçoit plus de patients qu'il n'est capable d'en voir en une seule journée. Cela n'en dit cependant pas long sur la qualité des soins prodigués. Nombre d'excellents médecins font de piètres gestionnaires. Ils finissent toujours par accorder à leurs patients plus de temps que prévu (ce que vous appréciez quand vous êtes dans la salle d'examen, mais pas dans la salle d'attente), et se montrent souvent incapables de refuser d'intégrer à un horaire déjà chargé des enfants malades sans rendez-vous (ce que vous apprécierez quand viendra le temps du vôtre).

Vous n'attendrez pas *que* dans la salle d'attente. Les moments les plus difficiles sont souvent ceux que vous passez dans la salle d'examen, avec, sur les bras, un bébé geignard à qui vous aurez dû enlever jusqu'à la couche, sans espace pour le bercer, et que vous essaierez de distraire de ses pleurs sans l'aide matérielle des jeux et des dessins qui sont restés dans la salle attenante. Étant donné que ces pénibles moments d'attente ne constituent pas un motif suffisant pour rejeter un bon médecin, n'hésitez pas à informer l'infirmière que vous préféreriez rester dans la salle d'attente jusqu'au moment où le médecin sera enfin disponible.

Les appels à domicile. Oui! il y a encore des médecins de famille et des pédiatres qui appellent leurs clients! La plupart du temps, toutefois, comme vous l'expliquera probablement votre praticien, non seulement les appels à domicile ne sont pas très utiles, mais ils ne sont pas ce qu'il y a de mieux pour bébé. À son bureau, le médecin bénéficie de plus d'équipement et peut procéder à des tests qu'il lui est impossible de transporter dans sa petite malette noire. Il y aura tout de même des occasions où vous apprécierez que votre médecin accepte de vous donner un avis sans voir le petit malade : quand votre enfant revient de l'école avec un gros rhume, quand bébé tousse, a de la fièvre et que vous êtes seule à la maison pendant une tempête de neige.

Le protocole des appels téléphoniques. Si toutes les nouvelles mamans se précipitaient au cabinet du médecin chaque fois qu'elles se posent une question sur la santé ou le développement de leur bébé, les bureaux seraient bondés jour et nuit. C'est pourquoi le téléphone servira très souvent à répondre aux questions et à calmer les inquiétudes des parents. Vous voudrez sûrement aussi savoir comment votre médecin répond aux appels de ses clients. L'idéal, si le médecin est occupé au moment où vous téléphonez, reste encore le système de rappel. Vous téléphonez quand vous avez besoin d'un avis ou d'une information et le médecin vous rappelle dès qu'il trouve le temps, entre deux consultations. Même si vous devez attendre quelques heures (si ce n'est pas une urgence, bien sûr), vous pouvez toujours être soulagée — et parfois même être rassurée — par la personne qui prendra votre message. Vous trouverez aussi du réconfort dans le fait de savoir que cette personne parlera de votre cas au médecin d'ici la fin de la journée.

Comment on traite les urgences. Quand il arrive des accidents — et il en arrive — la réaction de votre médecin aux urgences peut prendre de l'importance.

Certains médecins demandent aux parents d'emmener les cas d'urgence directement à l'hôpital où le personnel régulier assurera les soins nécessaires. D'autres médecins vous diront d'appeler d'abord à leur bureau et, selon la nature de la maladie ou de la blessure, verront votre bébé chez eux ou vous rejoindront à l'urgence de l'hôpital. Certains médecins sont disponibles le jour, la nuit et les week-ends, pour les cas d'urgence. D'autres demandent à des collègues de s'occuper de leurs cas d'urgence lorsqu'ils prennent congé.

Le genre d'approche. Quand vous partez à la recherche du bon médecin, comme lorsque vous achetez des meubles pour la chambre de votre bébé, le genre de médecin qui vous convient dépend de votre style. Préférez-vous un médecin Roger-bon-temps, un praticien strict et très homme d'affaires, ou quelqu'un qui se situerait quelque part entre les deux? Vous sentez-vous plus à l'aise avec un bon papa (ou une bonne maman), qui tient à avoir le dernier mot en toute circonstance, ou avec un médecin qui ferait plutôt de vous une associée et qui demanderait votre opinion sur certains points? Voulez-vous un médecin qui donne l'impression de posséder toutes les réponses, ou quelqu'un qui soit capable d'admettre : «Je ne sais pas»?

Tout comme vous voulez que le berceau ou la poussette de bébé respecte certains critères (matériaux de qualité, sécurité, esthétique), vous souhaitez trouver certains traits de caractère chez le médecin qui doit soigner votre enfant : capacité d'écoute (s'intéresse-t-il plus au nom qui suit le vôtre sur sa liste de visites qu'à vous?), un esprit ouvert à vos questions et une volonté d'y répondre clairement (est-il sur la défensive? se sent-il bousculé?), et le plus important, un dévouement réel pour les enfants.

La philosophie. Comme dans les meilleurs mariages où les conjoints ne partagent pas toujours le même avis, dans les meilleures relations médecin-patient, il peut surgir certaines divergences d'opinions. Comme dans les mariages, les relations médecin-patient ont plus de chances de réussir quand les deux parties en cause s'entendent sur la plupart des questions. Le moment idéal pour déterminer si le médecin que vous pourriez choisir pour votre bébé et vous avez la même vision des choses reste encore celui de votre première entrevue avec lui.

Demandez-lui son opinion sur n'importe laquelle des questions suivantes selon l'importance que vous lui accordez :

■ L'allaitement au sein. Si vous tenez à allaiter et que ce médecin ne croit pas beaucoup à cette méthode ou vous avoue sa quasi-ignorance du sujet, peut-être n'est-il pas la personne désignée pour vous assister dans cette démarche.

■ La nutrition. Si une bonne nutrition vous importe vraiment, ne vous contentez pas d'un médecin qui vous répondrait : «Ne vous en faites pas, la plupart des enfants ont une diète équilibrée.»

■ Circoncision. Que vous soyez pour ou contre cette pratique, vous préférerez certainement avoir affaire à un médecin qui ne s'oppose pas à votre choix.

■ Antibiotiques. Il serait bon de ne pas choisir un médecin qui prescrit ce genre de médicament au moindre reniflement.

■ Végétarisme. Si vous et votre famille êtes végétariens ou végétaliens, il serait bon de trouver un médecin qui, non seulement respecte ce choix, mais qui, en plus, connaît les besoins nutritionnels d'un enfant nourri de cette façon.

■ Médecine préventive. Si vous croyez beaucoup à la prévention, méfiez-vous du médecin qui fait de l'embonpoint, dont le cendrier déborde de mégots et qui grignote des biscuits aux brisures de chocolat pendant que vous parlez.

Le médecin qui pratique depuis plus ou moins longtemps s'est probablement déjà formé une opinion sur la façon d'éduquer les enfants. Si, pour vous, cette question est toute nouvelle, vous n'avez sans doute qu'une vague notion de ce que vous voudriez que soit l'éducation de votre enfant (et votre stratégie subira, selon toute probabilité, des changements draconiens lorsque le rêve sera devenu réalité). Entre votre philosophie vacillante et votre obligation de juger de celle du médecin se tient un écart qui risque de compromettre votre alliance. Vous pourrez néanmoins rayer de votre liste un candidat dont la philosophie semble radicalement contraire à celle qui a germé dans votre esprit pendant que bébé germait dans votre ventre.

L'ENTREVUE PRÉNATALE

Quand vous aurez enfin choisi le bon médecin pour votre bébé, vous voudrez probablement vous entretenir avec lui de plusieurs points. Parmi ceux-ci :

Vos antécédents obstétriques et familiaux. Comment ceux-ci influenceront-ils votre prochain accouchement et la santé de votre nouveau-né?

Les soins hospitaliers. Quel médicament appliquera-t-on dans les yeux de bébé pour prévenir les infections? Quels sont les tests de routine après la naissance? Que fera-t-on en cas de jaunisse? Quels sont les critères de soins pour les accouchements prématurés?

Circoncision. Le pour et le contre de cette pratique? Si vous voulez que votre fils soit circoncis, qui procèdera à cette intervention? Et quand?

L'allaitement au biberon. Que recommande votre médecin : genre de bouteilles, de tétines, de formule?

L'allaitement au sein. Comment le pédiatre peut-il vous aider à bien assumer ce nouveau rôle? Peut-il (ou peut-elle) donner des instructions pour que vous allaitiez dans la salle d'accouchement, si cela est possible? Ou pour interdire l'utilisation de suces ou de biberons additionnels dans la pouponnière en vue de faciliter les moments d'allaitement si bébé ne cohabite pas avec vous nuit et jour? Pouvez-vous ménager des rendez-vous réguliers (chaque semaine ou aux 15 jours) à son bureau, pendant votre période de postpartum, si vous éprouvez des difficultés à allaiter ou pour évaluer vos progrès en ce sens?

Provisions et équipements pour bébé. Demandez à votre médecin de vous recommander quelques provisions de premiers soins pour votre bébé, comme de l'acétaminophène, un thermomètre, un bon onguent pour soigner l'érythème fessier; demandez-lui même des suggestions quant aux couchettes, aux sièges d'auto, aux poussettes.

Des suggestions de lecture. Votre pédiatre vous recommanderait-il un livre tout spécialement, ou un ouvrage qu'il voudrait vous voir éviter à tout prix?

Les habitudes du bureau. Que devez-vous savoir de la marche à suivre pour les rendez-vous avec le médecin? Par exemple, quelles sont les heures d'ouverture et de fermeture du bureau? Comment le médecin aborde-t-il les urgences?

VOTRE ASSOCIATION AVEC LE Dr LEBON

Une fois que vous avez choisi le bon docteur, il ne faudrait pas lui confier l'entière responsabilité de la santé de votre enfant et vous asseoir tranquillement dans la salle d'attente, un magazine à la main, heureuse et rassurée. C'est vous et votre conjoint, en tant que parents, et non votre médecin, qui avez la plus grande part d'influence sur la santé de votre bébé. Si vous n'assumez pas votre part dans cette association, même le plus compétent des pédiatres ne réussira pas à prodiguer la meilleure qualité de soins à votre enfant. Pour incarner les bons parents-clients du Dr Lebon, vous devrez assumer une longue liste de responsabilités.

Respectez les règles du bureau. Arrivez à temps aux rendez-vous ou, si vous savez que le bureau accuse toujours d'importants retards, appelez une demiheure avant votre rendez-vous et demandez combien vous pouvez vous permettre de minutes de retard sans compromettre la bonne marche du bureau. Tâchez d'appeler au moins 24 heures à l'avance pour annuler un rendez-vous. Souvenez-vous que les patients (dans ce cas-ci, les parents des patients) sont en partie responsables de la bonne marche d'un bureau de médecin.

Pratiquez la prévention. Même s'il est bon de choisir un médecin qui croit à la médecine préventive et qui se concentre sur le bien-être général des bébés, la lourde tâche de veiller sur la santé de votre enfant *vous* incombera, bien plus qu'au pédiatre. C'est à vous de voir que bébé mange assez et correctement, qu'il ait un régime équilibré d'activités, de jeux et de repos, qu'il ne soit pas inutilement exposé aux infections ou à la fumée de cigarettes, et d'assurer sa sécurité en toutes circonstances. C'est à vous d'aider votre enfant à prendre de bonnes habitudes d'hygiène et d'alimentation (en donnant l'exemple autant que possible) qui se révèleront durables et bénéfiques sa vie durant.

Prenez note de vos inquiétudes. La plupart des questions que vous vous poserez entre deux examens de routine peuvent vous paraître pertinentes, mais pas assez importantes pour mériter un appel au médecin à tout moment («Pourquoi mon petit n'a-t-il pas encore de dents?» ou «Comment lui faire aimer l'heure du bain?») Couchez-les sur papier lorsqu'elles vous viennent à l'esprit, et faites vite avant de les oublier dans le va-et-vient d'une journée particulièrement trépidante avec bébé. Vous les poserez au médecin lors de votre prochaine visite.

Prenez des notes. Le médecin vous explique quoi faire au cas où votre enfant réagirait mal à ses premiers vaccins. Vous revenez à la maison, bébé est fiévreux, et vous paniquez. Qu'est-ce que le docteur a dit? Il n'est pas étonnant que vous ayez oublié : bébé pleurait à fendre l'âme après la piqûre et vous pouviez difficilement entendre les consignes, comment pourriez-vous vous en souvenir maintenant? Le remède à la perte de mémoire des parents : un crayon et du papier à chacune de vos visites chez le pédiatre pour prendre bonne note du diagnostic, des instructions du médecin et de toute information qui pourrait vous être utile plus tard. Cela peut s'avérer difficile au moment où vous tenez bébé sur vos genoux (c'est pourquoi il est préférable que les deux parents soient présents), mais il vaut souvent la peine de vous prêter à ce genre de gymnastique. Vous pouvez également enregistrer votre conversation avec le médecin, s'il n'y voit pas d'inconvénient bien sûr.

Prenez des notes aussi lorsque Dr Lebon vous téléphone. Bien que vous soyez certaine de pouvoir vous souvenir du nom de l'onguent pour soigner l'érythème fessier ou de la dose exacte d'acétaminophène prescrite pour soulager le bébé qui fait ses dents, ces détails peuvent rapidement vous échapper lorsque vous raccrochez en catastrophe parce que votre adorable rejeton s'occupe à tapisser le mur de la cuisine de purée d'épinards.

Utilisez le téléphone. Grâce à ce cher Graham Bell, la réponse à la plupart de vos inquiétudes n'est pas plus éloignée de vous que votre téléphone. Mais ne prenez pas le médecin de votre enfant pour un livre de références : avant d'appeler, prenez la peine de bien chercher la réponse à vos questions dans le bouquin que vous avez à la main ou dans un autre, du même genre. Si vos recherches restent infructueuses, n'hésitez pas à donner un coup de fil par crainte d'abuser de vos privilèges téléphoniques. Au cours des premiers mois, les pédiatres s'attendent à un pourcentage élevé d'appels de la part des nouvelles mamans qui vivent cette aventure pour la première fois. Toutefois, n'appelez pas «à froid». Préparez-vous.

Suivez les instructions du médecin. Dans n'importe quelle association, chaque partie contribue du mieux de sa connaissance. Dans celle-ci, le pédiatre vous apportera ses années de formation et d'expérience. Pour que cette contribution soit la plus avantageuse possible, il est normal de demander l'avis du médecin quand le besoin se fait sentir, et de l'informer, quand vous n'êtes pas en mesure de suivre ses conseils ou que vous ne le voulez pas, pour une raison ou pour une autre. Cette attitude peut être vitale dans certaines situations médicales. Disons qu'un antibiotique a été prescrit pour soigner la toux de bébé. L'enfant crache le médicament et refuse absolument d'en prendre une autre cuillerée. Étant donné que, de toute façon, la toux semble s'être calmée, vous décidez de ne pas forcer bébé à avaler ce remède, sans en aviser le pédiatre. Deux jours plus tard, la fièvre a monté, la toux s'est aggravée, et vous vous apercevez qu'il est très dangereux de vouloir jouer les médecins de son propre enfant. Si vous aviez pris la peine de téléphoner, le médecin vous aurait expliqué ce qui se passait : une fois que bébé a commencé à prendre un remède, vous pouvez remarquer un début d'amélioration, mais tant que la prescription n'a pas été administrée en entier, les symptômes de la maladie peuvent réapparaître de façon plus virulente. Il ou elle aurait également pu vous donner de bons conseils sur la manière de faire avaler le médicament prescrit ou sur une autre façon de soigner bébé.

Exprimez-vous. L'insistance sur l'importance de suivre les instructions du médecin ne veut pas dire que maman ou papa ne peuvent pas quelquefois en savoir aussi long, sinon davantage, que le médecin lui-même. Si vous croyez le diagnostic erronné ou si vous craignez que le remède prescrit fasse plus de mal à votre bébé que la maladie elle-même, dites-le, mais évitez de le faire avec un air de défi. Exposez les raisons de votre hésitation, et demandez au médecin de vous expliquer rationnellement sa position. Vous pourriez ainsi apprendre beaucoup l'un de l'autre.

Parlez aussi à votre pédiatre de cette nouvelle forme d'immunisation dont vous avez entendu parler, de ce nouveau traitement des coliques, de tout ce dont pourrait profiter votre bébé. Si c'est quelque chose que vous avez lu, vous pourriez peut-être apporter l'article avec vous. Le médecin en aura probablement déjà entendu parler et pourra vous donner son avis à ce sujet. S'il n'est pas au courant, il voudra sans doute se renseigner plus à fond avant de formuler une opinion là-dessus. Sachez toutefois que les articles et

reportages médicaux ont la réputation de manquer d'exactitude et de rigueur. Avec l'aide du médecin, vous devriez pouvoir dégager l'utile de l'inutile et le vrai du faux.

Mettez fin à une relation intolérable. Il peut être très désagréable de vous séparer du pédiatre de votre bébé, mais c'est toujours mieux que de vivre une relation médiocre, pour vous et pour votre enfant. Autant que possible, essayez de parler de vos problèmes et de vos désaccords avec votre médecin, avant de couper définitivement contact avec lui. Vous pourriez vous apercevoir qu'il n'y avait là qu'un simple malentendu, plutôt que de sérieuses divergences d'opinions. Si c'était le cas, vous pourriez tout recommencer à zéro, avec le même pédiatre. Si celui que vous avez choisi lève vraiment son masque sur Dr Dupire, vous reprendrez votre recherche du Dr Lebon plus avisée, et, espérons-le, vous obtiendrez de meilleurs résultats. Si vous voulez être certaine que votre enfant ne se retrouvera pas sans médecin personnel pendant votre quête du bon spécialiste, ne mettez pas fin à votre relation avec le Dr Dupire avant d'avoir trouvé son remplaçant. Quand ce sera fait, demandez que le dossier médical complet de votre bébé soit rapidement transféré au bureau du Dr Lebon.

CHAPITRE 2

Magasiner pour bébé

Vous avez résisté à la tentation pendant des mois. Vous avez traversé avec un vague regret le département des layettes pour vous rendre au département de la maternité, sans jamais songer à poser l'ombre de votre petit doigt sur les barboteuses de coton et les couvertures de tricot, en ne jetant jamais qu'un bref coup d'oeil aux mobiles musicaux ou aux oursons douillets. Après une si longue attente, et maintenant que le moment de votre accouchement n'est plus qu'une question de quelques semaines, non seulement pouvez-vous cesser de résister, mais il vous faut absolument commencer à acheter pour bébé.

Ne vous empressez toutefois pas trop de vous en remettre à la vendeuse aux allures de grand-maman-conseil prête à vous vendre tout ce qu'elle a en magasin et bien d'autres choses qu'elle pourrait commander et faire porter à votre carte de crédit. Sa voix et ses manières expérimentées pourraient bien vous faire oublier votre belle-soeur qui a une pile de vêtements usagés à vous refiler, les douzaines de cadeaux de bébé qui vous arriveront de partout, et la lessive que vous devrez faire fréquemment. Vous pourriez en outre vous retrouver avec des sacs remplis de pyjamas, de mignons petits ensembles, de jouets et d'accessoires qui risquent de devenir désuets avant même que bébé n'ait eu le temps de les étrenner.

Avant de commencer votre magasinage, faites donc le ménage de votre maison. Calculez le minimum de vos besoins (vous pourrez combler les lacunes plus tard) à partir de la liste de magasinage que vous trouverez à la page 46, et adressez-vous à la vendeuse, armée de ce guide.

▪ N'achetez pas une layette complète comme vous le conseille le magasin et utilisez leur liste comme guide de base.

▪ Rappelez-vous combien de fois la semaine vous (ou quelqu'un d'autre) ferez la lessive. Si vous prévoyez laver presque chaque jour, achetez le moins de morceaux parmi ceux que suggère la liste; s'il vous faut transporter des sacs pleins de lessive jusqu'à la buanderie une fois par semaine, achetez le plus grand nombre de morceaux parmi ceux que recommande la liste.

▪ Vérifiez bien quels morceaux vous ont été prêtés ou donnés avant de compléter votre liste d'achats.

▪ Si vos amis et des membres de votre famille veulent connaître vos besoins, ne vous gênez pas pour leur dire exactement ce que vous voulez. Ils préféreront certainement acheter quelque chose qui vous servira qu'un morceau que vous devrez retourner au magasin pour l'échanger. Faites quelques suggestions de morceaux dans une gamme de prix variés pour que chacun se sente libre de choisir selon ses propres moyens, mais ne suggérez pas les mêmes choses à beaucoup de personnes.

▪ Retenez-vous d'acheter de l'équipement dont vous n'avez pas un besoin immédiat (chaise haute, siège pour le bain, jouets pour enfants plus âgés) ou des morceaux dont vous pourriez ne jamais éprouver le besoin (le maximum de pyjamas, de serviettes et d'ensembles ouatés) avant d'avoir reçu tous les présents que vous attendez. Quand vous aurez cessé de recevoir des cadeaux, reprenez le calcul de vos besoins, et retournez au magasin pour compléter vos achats.

▪ Achetez surtout la grandeur 6 à 9 mois. Vous voudrez sans doute un ou deux petits ensembles 3 mois qui s'ajustent bien à bébé lors de sorties, mais pour le reste, il sera plus pratique de rouler les manches et d'accepter que bébé nage dans ses chemises pendant quelques semaines. Même si vous avez très envie de déballer les vêtements de bébé pour les placer dans ses tiroirs, ne le faites pas. Gardez tous ses habits (même le mignon petit ensemble que vous lui mettrez à sa sortie de l'hôpital) dans leur emballage original. De cette façon, si bébé pèse un bon cinq kilos (11 livres) à sa naissance, votre conjoint, votre mère ou une amie pourra aller en échanger quelques-uns pour la grandeur 6 mois, pendant que vous serez encore à l'hôpital; vous échangerez les autres peu de temps après. De la même façon, si bébé arrive plus tôt que prévu et qu'il ne pèse que 2 kilos et demi (5,5 livres), vous pourrez échanger quelques-uns des vêtements trop grands pour lui.

En général, achetez au moins une grandeur de plus (la plupart des bébés de 6 mois portent du 9 ou 12 mois, quelques-uns portent même du 18 mois), mais évaluez à l'oeil avant d'acheter, parce que certains styles (surtout les vêtements importés) sont parfois beaucoup plus grands ou plus petits que la moyenne.

▪ Pensez aux saisons quand vous achetez. Si bébé arrive à la pointe d'une saison, achetez quelques petits morceaux pour maintenant et des vêtements plus grands pour les mois à venir. Continuez à acheter en raison des saisons à mesure que bébé grandit. Cet adorable ensemble en appliqué pour le soleil peut vous sembler irrésistible, mais s'il est de la grandeur 12 mois et que votre enfant aura un an en juin, vous risquez de regretter cet achat.

▪ Quand vous choisissez des vêtements pour bébé, pensez d'abord confort et utilité. De minuscules boutons au cou de bébé peuvent être mignons comme tout, mais le mal que vous vous donnerez pour les attacher lorsque votre enfant se mettra à se tortiller sur la table à langer vous les fera détester. Le petit manteau d'organza peut être très attrayant sur le cintre, mais il pourrait bien y rester s'il irrite la peau délicate de bébé. Un joli petit ensemble matelot importé vous paraîtra peut-être charmant, jusqu'à ce que vous vous aperceviez qu'aucune ouverture n'a été prévue pour changer bébé de couche. Recherchez toujours des vêtements faits de tissus doux, faciles d'entretien, avec des attaches à pression de préférence aux boutons (pas pratiques et, si bébé venait à en mâcher un, dangereux) munis d'une bonne ouverture pour la tête de même qu'une ouverture convenable pour les changements de couches. Gare aux longues attaches et aux rubans, qui peuvent se révéler dangereux. Gare aussi aux coutures rugueuses très désagréables sur la peau de bébé. Pensez aussi à l'espace pour la croissance du tout petit : bretelles ajustables, tissus extensibles, vêtements d'une seule pièce sans taille définie, double rangée de boutons pression sur les pyjamas, jambes de pantalons que l'on roule, etc. Les pyjamas avec des «pattes» devraient être de la bonne longueur, ou avoir des chevilles élastiques pour les garder en place.

■ Si vous n'avez pas appris le sexe de votre enfant à l'échographie ou à l'amniocentèse, n'achetez pas tout en vert ou en jaune (à moins que vous ne soyez folle de ces tons), parce que bien des enfants n'ont pas le teint pour porter ces couleurs. Garçons et filles peuvent facilement porter tous les bleus, les rouges et le marine. Si vous êtes capable de faire attendre certains achats, vous pourrez choisir un rose tendre pour votre petite fille ou un style masculin distingué pour votre fils. Dans certains magasins, vous pouvez commander une layette et ne passer la prendre qu'après l'arrivée de bébé. À ce moment-là, vous pouvez spécifier la couleur désirée. Cela peut fonctionner seulement si le papa, la grand-maman ou une amie peut aller chercher votre commande pendant que vous vous trouvez à l'hôpital ou si la boutique peut en faire la livraison avant votre retour à la maison. Si, pour vous, les couleurs n'ont pas de sexe, allez-y gaiement!

■ Au moment d'acheter des meubles pour votre enfant, le côté pratique et sécuritaire devrait l'emporter sur le style. Un berceau antique, que vous auriez acheté ou qui vous aurait été légué, donnerait certes un cachet spécial à la chambre de bébé, mais vous pourriez exposer votre enfant à une chute si la base n'est pas assez résistante pour supporter son poids ou à une trop forte dose de plomb si la peinture est, elle aussi, antique. Si vous avez un chien, un berceau peut être trop près du sol pour assurer un réel confort à votre enfant. Un somptueux landau Rolls-Royce peut vous valoir quelques sourires lorsque vous déambulez sur le trottoir, mais il ne vous vaudra que des embarras si vous essayez de le plier à l'arrêt d'autobus et de le grimper sur les marches en même temps que bébé et le sac de couches. Pour d'autres conseils sur la façon de choisir des objets pour votre enfant, voir page 51.

■ Quand vous choisirez des articles de toilette pour bébé (voir liste page 47), n'achetez que ce dont vous avez réellement besoin. Comparez les produits et recherchez ceux qui ne contiennent pas d'alcool (l'alcool assèche la peau des bébés) et qui présentent le moins de colorants artificiels, de préservatifs et autres additifs chimiques. N'achetez pas de poudre pour bébé. Elle n'a aucun usage médical, peut causer de l'irritation si elle pénètre dans les fentes de la peau, peut s'avérer dangereuse si bébé l'inhale et qu'elle contient du talc, et même causer le cancer des poumons.

■ Au moment de compléter votre trousse de premiers soins, toutefois, vous pourrez vous permettre quelques excès. Remplissez-la, juste au cas où, avec tout ce qui pourrait vous servir en cas d'urgence, et souhaitez n'avoir jamais à l'utiliser. Si vous ne prenez pas toutes ces précautions, vous risquez de vous trouver démunie lorsque bébé se réveillera au beau milieu de la nuit brûlant de fièvre et que vous n'aurez aucun médicament sous la main pour la faire baisser; vous pouvez encore vous retrouver dans la même situation si vous trouvez votre rejeton en train de mordiller la superbe plante de Noël dont les feuilles contiennent un dangereux poison et que votre pharmacie ne contient rien pour provoquer des vomissements.

PREMIÈRE GARDE-ROBE

3 à 7 camisoles. Celles qui sont ouvertes sur le devant ou parées de boutons pression sur le côté sont plus faciles à enfiler aux nouveau-nés, mais les pull-overs sont plus confortables; les juste-au-corps à boutons pression ne relèvent pas et gardent le ventre de bébé bien au chaud lorsqu'il fait froid.

3 à 8 chemises de nuit avec lacets. Les lacets devront être enlevés dès que bébé deviendra plus actif[1].

2 à 3 couvertures enfilables. Pour les nouveau-nés d'automne ou d'hiver. Cessez d'utiliser les couvertures genre sac-de-couchage lorsque bébé peut en sortir seul.

3 à 4 culottes à l'épreuve de l'eau. Pour celles qui prévoient utiliser des couches de tissu. Si vous vous servez de couches jetables, procurez-vous en une seule pour les occasions spéciales.

2 à 3 paires de chaussettes ou de «pattes». Choisissez celles qui ne sortiront pas facilement des petits pieds de bébé.

3 à 6 combinaisons extensibles avec des pattes. Pour les nouveau-nés d'automne ou d'hiver, et seulement 2 ou 3 pour un bébé du printemps ou de l'été.

1. Les vêtements de nuit pour les enfants doivent respecter les normes fédérales de résistance aux flammes; ils sont normalement faits de fibres synthétiques non inflammables.

3 à 6 barboteuses. Une pièce, manches courtes, boutons pression à l'entrecuisse, pour un bébé de printemps ou d'été.

2 bavettes lavables ou un paquet de bavettes jetables. Même avant d'introduire les aliments solides dans la diète de bébé, vous en aurez besoin pour protéger les vêtements des régurgitations.

1 à 3 chandails. Un chandail léger conviendra parfaitement en été, mais pour l'hiver, bébé aura besoin d'un tricot plus chaud.

1 à 3 bonnets. Un bonnet avec bords (pour le protéger du soleil), pour l'été; une bonnet plus épais et avec cache-oreilles qui ne serre pas trop l'hiver.

1 habit de neige avec mitaines attachées. Pour un bébé né au début de l'hiver.

LINGERIE

3 à 6 couvertures. En prévoir différentes pour toutes les saisons.

3 à 4 draps contour. Pour le berceau, la couchette, le moïse et, s'il y a lieu, pour la poussette.

2 à 4 piqués. Pour protéger les matelas.

2 couvertures ou douillettes lavables pour le berceau ou le moïse. Minces pour l'été; plus épaisses pour l'hiver. Évitez les franges et les fils auxquels on s'accroche.

1 à 2 couvertures pour la poussette ou le landau. Une seule couverture légère pour l'été.

1 à 3 serviettes éponges avec capuchon.

2 à 3 débarbouillettes douces.

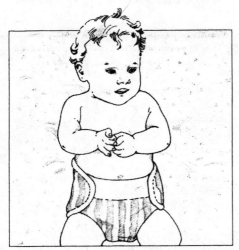

Les enveloppes pour couches de tissu vous évitent d'avoir à utiliser des épingles ou des culottes de plastique; elles sont faites de coton ou de laine et «respirent», réduisant ainsi les risques d'irritations.

1 douzaine de serviettes de tissu carrées ou de couches en coton. Pour protéger vos épaules des rots de bébé, pour protéger les draps quand bébé bave, pour servir de bavette en cas d'urgence.

Des culottes de plastique. Pour celles qui utilisent des couches de tissu, pour les bébés qui se mouillent beaucoup et pour une protection additionnelle pendant la nuit.

Des couches. Achetez de 2 à 5 douzaines de couches déjà pliées, si vous utilisez des couches lavables, ou plusieurs douzaines de couches jetables, si vous prévoyez ne vous servir que de celles-là (deux douzaines si vous ne voulez les utiliser que lors de sorties et en cas d'urgence). Si vous pensez faire affaire avec un service de livraison de couches à domicile, signez un contrat dès votre huitième mois de grossesse, et on vous les livrera aussitôt que bébé en aura besoin.

ARTICLES DE TOILETTE

Tous les articles nécessaires aux changements de couches et autres soins de bébé doivent être placés assez haut sur une étagère pour éviter que votre enfant ne les attrape, mais tout de même assez bas pour vous être facilement accessibles.

Savon pour bébé ou liquide pour le bain. À utiliser avec modération.

Shampooing antilarmes. Pour les jeunes enfants, il est préférable d'utiliser des produits non irritants pour éviter les larmes.

Huile pour bébé. L'huile n'est pas indispensable, à moins que le médecin ne le prescrive pour guérir le «chapeau» de bébé, mais alors n'importe quelle huile à salade fera aussi bien l'affaire.

Fécule de maïs. Pas indispensable non plus, mais peut servir pendant les journées de grande chaleur.

Onguent contre l'érythème fessier. Demandez à votre pédiatre de vous recommander une bonne marque.

Gelée de pétrole. La Vaseline par exemple, pour lubrifier un thermomètre rectal. À ne pas utiliser pour soigner l'érythème fessier.

Petites serviettes humides jetables. Utiles au moment de changer bébé de couche, pour vous essuyer les mains et pour mille et un usages. Mais utilisez plutôt des boules d'ouate et de l'eau plate pour nettoyer les fesses de bébé pendant les premières semaines et lorsqu'il a un problème d'érythème fessier.

Boules de ouate stériles. Pour laver les yeux de bébé, pour imbiber le nombril avec de l'alcool, et pour laver les fesses de bébé pendant les premières semaines et en cas d'irritation.

8 épingles à couches. Pour celles qui utilisent des couches de tissu. Les têtes de métal sont meilleures que les têtes de plastique, qui peuvent se briser sous la pression.

Ciseaux ou coupe-ongles pour bébé.

Brosse à cheveux et peigne pour bébé. Utilisez seulement un peigne à larges dents sur des cheveux mouillés.

TROUSSE DE PREMIERS SOINS

Ayez toujours une trousse médicale sous la main, et n'attendez pas d'en avoir besoin pour vous procurer tous les produits qu'elle doit contenir. Demandez à votre pédiatre de vous conseiller pour acheter le nécessaire. Rangez cette boîte hors de la portée des enfants.

Substitut liquide de l'aspirine. *Tylenol, Tempra,* et autres produits du genre sont tous des acétaminophènes.

Charbon liquide. Si votre centre antipoison local vous le recommande.

Sirop d'Ipéca. En cas d'empoisonnement accidentel (mais ne l'utilisez que sur avis du médecin.)

Décongestif liquide. Formule spéciale pour enfants, à n'utiliser que sur ordonnance médicale (non recommandé pour les bébés).

Crème antiseptique. Comme *bacitracin, néomycin,* ou *polysporin,* pour les coupures et éraflures légères.

Peroxyde d'hydrogène. Pour nettoyer les coupures.

Calamine ou crème à l'hydrocortisone (1/2 %). Pour les piqûres de maringouins et pour les démangeaisons.

Fluide réhydratant (Pédialyte, Gastrolyte). Si le pédiatre le recommande pour le traitement de la diarrhée; les bébés nourris au sein n'en ont généralement pas besoin.

Crème ou lotion protectrice contre le soleil. Évitez d'exposer bébé au soleil avant qu'il n'ait atteint l'âge de six mois.

Alcool à friction. Pour nettoyer les thermomètres, mais pas pour frotter bébé.

Cuillère à mesurer, compte-gouttes ou seringue orale. Pour administrer des médicaments liquides plus facilement.

Diachylons et pansements stériles. Achetez une grande variété de grandeurs et de formes.

Ruban adhésif. Pour que les pansements restent bien en place.

Petites pinces. Pour enlever délicatement poussières et échardes.

Aspirateur nasal. Une seringue à bulbe pour nettoyer un nez bouché. (Voir aussi Tome II.)

Seringue pour les oreilles. Pour enlever les bouchons de cire accessibles, si le pédiatre vous le recommande.

Humidificateur à vapeur *froide*.

Thermomètre rectal standard. Ce vieux modèle est préférable au nouveau modèle digital souvent moins précis et aux autres gadgets peu fiables.

Petit bâton lumineux. Pour vérifier les inflammations de la gorge ou pour détecter des signes de commotion des pupilles.

Dépressoir de langue. Pour examiner la gorge plus facilement.

Coussin chauffant ou sac à eau chaude. Pour calmer les coliques ou soulager des muscles endoloris.

NÉCESSAIRE POUR LES REPAS

1 bouteille avec tétine. Pour l'eau ou pour un repas additionnel d'urgence, si bébé est nourri exclusivement au sein.

4 biberons de 125 millilitres (4 onces), et 5 à 6 biberons de 250 millilitres (8 onces), avec tétines. Pour celles qui n'allaitent pas. De 4 à 6 biberons, si vous avez opté pour l'allaitement mixte. Les bouteilles de vitre sont plus faciles à nettoyer, mais elles sont cassables, et non recommandées pour le lait maternel. On trouve deux types de bouteilles de plastique sur le marché : les biberons traditionnels réutilisables et ceux que l'on a pourvu de sacs de plastique jetables, qui s'aplatissent à mesure que bébé boit, évitant ainsi que l'enfant n'avale trop d'air.

Les tétines se présentent sous différentes formes et grosseurs (incluant la forme orthodontique, la plus naturelle), et sont pourvues de trous plus ou moins grands (plus petits pour les laits en formule et les très jeunes bébés et plus grands, pour les jus et les bébés plus âgés). Les tétines de silicone n'ont ni goût ni odeur; elles ne collent pas, résistent au lave-vaisselle et sont transparentes (de telle sorte que vous savez si elles sont propres). Vous pourrez en essayer plusieurs pour trouver celle qui convient le mieux à votre bébé.

Ustensiles nécessaires à la préparation des formules. Pour celles qui ont opté pour le biberon. Le genre d'ustensiles qui vous seront nécessaires dépendra du type de formule que vous choisirez, mais votre liste d'achats comprendra toujours des biberons et des brosses pour nettoyer les tétines, un grand pichet à mesurer en Pyrex, une tasse à mesurer en Pyrex, un ouvre-boîte, une cuillère à mélanger à manche long et des pinces. Tout doit être stérilisable à l'eau bouillante.

Un stérilisateur. Pour stériliser biberons et ustensiles.

Une sucette. Si vous y êtes favorable (certains bébés n'en veulent pas). Recherchez les sucettes en un seul morceau munies de trous de ventilation et de forme orthodontique. Comme les tétines, les sucettes sont faites de silicone facile à nettoyer.
Mise en garde : N'attachez jamais une cordelette ou un ruban à une sucette.

AMEUBLEMENT

Pour chaque meuble. *Exigez :* une peinture exempte de plomb; une construction robuste; des angles légers et des coins arrondis; des courroies de sécurité à la taille et aux cuisses, si nécessaire. *Évitez :* les angles aigus, les pointes effilées et les morceaux trop petits qui se cassent facilement; les gonds et les ressorts apparents; les cordelettes et rubans. Suivez toujours les instructions du manufacturier pour l'installation et l'entretien de chaque meuble et vérifiez régulièrement berceau, couchette, poussette et sièges : les vis relâchées, les courroies usées, les supports rompus ou autres signes d'usure.

Couchette. *Exigez :* une étiquette attestant que le meuble est conforme aux normes gouvernementales. Des barreaux espacés de 6 centimètres (2 3/8 pouces) au plus, faits d'un bois solide exempt de fissures et d'échardes; un matelas ajustable à plusieurs niveaux; une barrière haute de 56 centimètres (22 pouces) au moins quand le matelas est placé à son plus haut niveau et le rail au plus bas; des roulettes pour la mobilité. *Évitez* : poignées, empattements proéminents et barres de traverse.

Matelas pour couchette. *Exigez* : un matelas ferme à ressorts rembourrés; ou, s'il y a des allergies dans la famille, un matelas en caoutchouc mousse (ou placez une couverture hermétique sur un matelas à ressorts) bien ajusté au lit (c'est-à-dire que l'espace entre la couchette et le matelas ne doit pas excéder la largeur de deux doigts).

Pare-chocs. *Exigez* : un coussin moelleux sans être mou, bien ajusté et couvrant tout le périmètre de la couchette; au moins 6 attaches ou boutons pression pour bien le fixer aux barreaux du lit.

Moïse ou berceau. Facultatif, mais très pratique durant les premières semaines de bébé qui se sentira bien dans ce petit coin douillet, et pour vous, qui apprécierez sa mobilité (un landau peut servir aux mêmes fins). *Exigez* : un matelas ferme; une base robuste et stable; une grandeur adéquate pour supporter votre bébé (une antiquité fragile pourrait se briser sous le poids d'un enfant trop lourd).

Espace pour changer bébé. Ce peut être une table à langer conçue spécialement à cette fin, ou une unité réalisée à partir de meubles que vous possédez déjà. *Exigez* : une hauteur convenable; une housse lavable; des courroies de sécurité; un espace de rangement facile d'accès pour les couches et un espace pour les articles de toilette hors de la portée de bébé.

Seau à couches. Si vous utilisez vos propres couches de tissu (si vous faites affaire avec un service à domicile, votre fournisseur vous en procurera un). *Exigez* : un seau facile à laver; un couvercle étanche et bien ajusté qu'un bébé ou un jeune enfant ne peut ouvrir facilement (il y a eu

des cas de noyades dans des seaux à couches remplis d'eau et des bébés empoisonnés pour avoir goûté au déodorant).

Armoires. Ou n'importe quel autre rangement pour les vêtements de bébé.

Baignoire pour bébé. *Exigez* : un fond antidérapant (ou mettez une serviette ou des autocollants de caoutchouc pour empêcher bébé de glisser); un matériau facile à laver; assez d'espace pour que bébé s'y trouve aussi bien à cinq ou six mois que maintenant; un support pour la tête et les épaules; un modèle facile à vider et à transporter. *Évitez* : les coussins-éponges impossibles à enlever.

Siège pour la baignoire. Pour le moment où bébé sera promu à la grande baignoire. *Exigez* : une base à succion et des courroies pour faire tenir bébé en place.

Siège d'enfant. *Exigez* : une large base, robuste et stable, avec dessous à succion ou antidérapant; des courroies pour la taille et l'entrecuisse; une grandeur adéquate (certains sièges ne peuvent servir qu'aux bébés naissants); une poignée convenable pour le transport. *Aussi intéressant* : mécanisme pour bercer bébé; ajustabilité. Ne laissez jamais un enfant, même tout petit, assis dans ce genre de siège, sur le bord d'une table ou d'un comptoir et près de quelque chose (un mur par exemple), car il pourrait réussir à se pousser et risquerait de tomber; ne l'utilisez jamais non plus comme siège d'auto.

Coffre à jouets. *Exigez* : un couvercle léger, amovible ou avec un mécanisme de support qui l'empêche de se refermer brusquement sur un enfant; des angles et des coins arrondis si le coffre est en métal et un bois lisse et doux si le coffre est en bois; des trous de ventilation sur le couvercle et sur les côtés; pas de cadenas ni de serrure.

Les boîtes ouvertes et les étagères sont préférables pour ranger les jouets.

NÉCESSAIRE POUR LES SORTIES

Poussette. *Exigez :* un siège inclinable que vous utiliserez aussi bien avec un bébé naissant que pour la sieste d'un enfant plus âgé; une base large; des roues larges qui facilitent les manoeuvres; de bons freins de sûreté; des ceintures de sécurité faciles à attacher; un pliage facile (essayez-le); de la légèreté, si vous devez la monter régulièrement dans les autobus ou autres véhicules publics; un auvent de protection contre le soleil et la pluie; des charnières conçues pour que les petits doigts curieux ne s'y fassent pas pincer; une poignée confortable et d'une hauteur appropriée à votre taille; un sac à provisions. Au moment d'utiliser la poussette, assurez-vous que le mécanisme de pliage a bien été verrouillé en position ouverte et ne surchargez pas les poignées avec des sacs trop lourds, car l'excédent de poids pourrait la faire basculer.

Landau. Bien des familles, surtout celles qui vivent à l'étroit ou qui font la plupart de leurs sorties en automobile, n'ont pas réellement besoin d'un landau. Si vous y tenez, *exigez :* un roulement léger et doux; un modèle pliable (si cela vous paraît important); une certaine facilité de manoeuvre (assurez-vous que le landau choisi passe la porte de votre maison); un panier à provisions; un dispositif de verrouillage sécuritaire, si le dais est rétractable et qu'il peut servir de berceau. Assurez-vous toujours qu'une unité pliable est correctement verrouillée en position ouverte lorsque vous l'utilisez; dès que votre bébé peut rester assis, servez-vous des courroies de sécurité.

Combiné poussette-landau. Cet hybride présente les avantages des deux types de véhicules pour enfants, mais il n'est pas aussi léger qu'une poussette.

Siège d'auto. Même si vous ne possédez pas de voiture, vous aurez besoin d'un siège d'auto pour enfant si vous prévoyez emmener bébé dans la voiture de quelqu'un d'autre. Si vous louez une automobile, vous pouvez peut-être louer aussi un siège pour enfant, mais il y a de fortes chances que le modèle fourni ne soit pas le plus fiable. Il en existe trois types : le siège pour les tout petits, le siège convertible, et le siège pour les jeunes enfants. Au moment de faire votre choix, *exigez :* un modèle récent qui rencontre les nouvelles normes de sécurité; un modèle facile à

Siège d'auto pour tout-petits. *Ce type de siège est bon pour les bébés ne dépassant pas 9 kilos (20 livres) et incapables de s'asseoir seuls. Il se place face au dossier de la voiture de sorte que la maman peut parler à son enfant pendant qu'elle conduit. Mais les bébés plus âgés en général trouvent ennuyant de ne pas voir ce qui se passe à l'extérieur. Un avantage spécial : ce siège peut se détacher et s'installer ailleurs avec bébé dedans, pendant que sa base reste attachée en permanence au siège de votre voiture. On peut aussi l'utiliser comme siège d'enfant dans la maison.*

Siège d'auto convertible. *Ce siège a été conçu pour les enfants de la naissance à 18 kilos (40 livres). Il fait face au dossier en position semi-inclinée quand votre enfant est tout petit, et peut être transformé en siège droit, tourné vers l'avant, lorsque bébé est plus âgé et désire regarder à l'extérieur.*

Siège d'auto pour jeunes enfants. *Conçu pour des enfants ayant un poids et une grandeur spécifiques (voir l'étiquette du produit), ce siège est normalement gardé en place par la ceinture de sécurité de la voiture. Il procure plus de mobilité et de visibilité aux enfants plus âgés. (Les enfants ne devraient pas s'attacher avec les ceintures destinées aux adultes avant d'avoir dépassé les 18 kilos [40 livres].)*

installer (idéalement sans attache); des ceintures de sécurité à enclenchement unique, pour que bébé soit attaché et détaché facilement (testez-le vous-même pour vous assurer que vous pouvez le manoeuvrer rapidement); espace et confort pour votre enfant, avec une bonne visibilité et une aisance de mouvement pour l'enfant plus vieux; ajustabilité, pour que le siège reste sécuritaire et confortable à mesure que bébé grandit.

Sac ventral. (genre Snugli). Pratique pour transporter votre tout petit à la maison ou à l'extérieur, il laisse vos mains libres de vaquer à d'autres occupations ou de porter des paquets. *Exigez :* le modèle ventral (un bébé est trop petit pour le sac à dos, tant qu'il ne peut pas s'asseoir par lui-même), facile à mettre et à enlever sans aide; ajustable, muni de courroies rem-

bourrées qui ne plient pas; facile à laver; avec support pour la tête et pour les épaules de bébé et une base large, capable de supporter les fesses et les cuisses de l'enfant. Le sac qui permet à bébé de se tenir face à l'extérieur lorsqu'il est réveillé est idéal. Le sac en écharpe qui reportera le poids sur vos hanches convient mieux à votre dos lorsque bébé s'alourdit. N'utilisez jamais de sac ventral à la place d'un siège d'auto.

Sac à couches. *Exigez :* un sac à compartiments multiples, et dont au moins un sera à l'épreuve de l'eau; une bandoulière; une fermeture éclair pour le compartiment principal. Un coussinet détachable pour les changements de couches est un avantage considérable. Voir page 104 pour savoir comment remplir un sac à couches.

AUTRES OBJETS PRATIQUES

Berceuse. Fameuse pour nourrir et calmer bébé. *Exigez :* des balanciers solides préférablement un roulement à billes; un siège confortable (essayez avant d'acheter).

Moniteur. Idéal si la chambre de bébé est éloignée de la vôtre ou des autres parties de la maison. *Exigez :* un modèle portatif et sécuritaire (sans morceaux apparents susceptibles de causer une électrocution).

Balançoire. Peut parfois consoler un bébé malheureux. *Exigez :* des courroies de sécurité; des surfaces douces et des angles arrondis; de la robustesse; un siège qui s'incline pour les tout petits bébés; une aire d'activités pour intéresser les enfants. *Évitez :* une balançoire avec des charnières où les menottes de bébé pourraient rester coincées ou avec des petites pièces faciles à casser. Si la balançoire est conçue pour être attachée dans le cadre d'une porte, assurez-vous qu'elle conviendra à l'espace prévu à cet effet. N'y installez jamais un bébé de moins de six semaines.

Petit lit portatif. Si vous prévoyez voyager souvent dans des endroits où l'on ne trouve pas un tel équipement. *Exigez :* un modèle sécuritaire (voir la liste des parcs plus bas).

D'AUTRES OBJETS QUI POURRAIENT VOUS ÊTRE UTILES PLUS TARD

Chaise haute. On en trouve aussi des basses, mais les chaises hautes sont plus populaires. *Exigez :* une chaise à base large, robuste; un plateau facile à enlever ou à fixer d'une seule main; un bord assez large pour retenir les dégâts; une surface facile d'entretien; un dossier assez haut pour retenir la tête de bébé; un support ajustable pour les pieds; des courroies de sûreté; un dispositif de verrouillage sécuritaire si la chaise est pliable.

Chaise portative pour les repas. Elles sont très pratiques lorsque vous êtes en visite ou que vous mangez au restaurant, mais vous pouvez tout aussi bien vous en servir chez vous. *Exigez :* un mécanisme de verrouillage pour prévenir les chutes; un siège confortable; un entrecuisse en forme de T pour empêcher bébé de glisser hors du siège. *Évitez* d'utiliser ce genre de siège sur une table de verre ou à pied central ou avec une chaise en dessous. (Pour d'autres trucs de sécurité, voir page 298).

Parcs. Les parcs en bois sont meilleurs pour apprendre aux enfants à grimper mais les parcs en filet sont plus souples s'il advient que bébé tombe contre les côtés. *Exigez :* un sceau de sécurité; des barreaux éloignés de 6 centimètres (2 3/8 pouces) seulement les uns des autres pour un parc en bois; des mailles très souples pour un parc en filet (dans lesquelles les doigts et les boutons ne s'accrochent pas); des coussins protecteurs en vinyle résistant (les bébés peuvent s'étouffer avec des morceaux de plastique ou de caoutchouc mousse); des charnières de métal rembourrées; un mécanisme de rangement à l'épreuve de bébé. *Évitez* d'utiliser un parc à bébé de type accordéon ou de laisser abaissés les côtés du parc de filet.

Barrière de sécurité. Pour les portes d'entrée et les escaliers. *Exigez :* un modèle en filet rigide ou à bascule de métal (pas de type accordéon, à moins d'un modèle conçu après 1985 et approuvé par un sceau officiel) avec un loquet facile à ouvrir et à refermer (autrement vous pourriez négliger de bien refermer la barrière).

Trotte-bébé. Certains bébés adorent se promener ainsi, mais vous devez vous montrer très vigilante et toujours surveiller bébé lorsqu'il se trouve dans son trotte-bébé (voir page 296). *Exigez :* une base large et robuste; un mécanisme de verrouillage fiable pour protéger les petits doigts de bébé; un recouvrement de protection pour tous les ressorts accessibles; et un large plateau à trois côtés pour jouer en toute sécurité.

CE QUE VOUS DEVEZ APPORTER À L'HÔPITAL

Servez-vous de la liste qui suit :

En route

□ De la monnaie pour payer le taxi ou le stationnement;
□ une montre ou un réveille-matin portatif munie d'une trotteuse pour calculer la durée de vos contractions.

Pour la salle de travail, la chambre de naissance ou la salle d'accouchement

□ Assez de monnaie pour le téléphone et les machines distributrices;
□ carte d'assurance-maladie;
□ crème pour les massages;
□ chaussettes chaudes pour les pieds froids;
□ sandwiches et autres gâteries pour le papa;
□ votre carnet d'adresses ou une liste des membres de votre famille et des amis à appeler.
□ *Vous attendez bébé, Soyez bien renseignée*[2]

Pour votre chambre à l'hôpital

□ Le bouquin que vous avez en main;

□ une robe de chambre et deux ou trois chemises de nuit (pas vos préférées, car les lochies pourraient les tacher; à la rigueur, vous pourriez même utiliser les jaquettes d'hôpital;
□ pantoufles;
□ parfum, poudre, cosmétiques, brosse à dents, dentifrice;
□ savon, désodorisant, lotion pour la peau, shampooing, rince crème;
□ brosse à cheveux, séchoir, fer à friser;
□ verres ou lentilles de correction (avec tout le nécessaire d'entretien);
□ compresses d'allaitement;
□ serviettes sanitaires (la plupart des hôpitaux vous fourniront les quelques premières);
□ livres, magazines, cartes à jouer, activités pour vous distraire;
□ un livre sur les prénoms, si votre décision n'est pas prise à ce sujet;
□ raisins secs, noix, biscuits secs.

Pour rentrer à la maison : maman

□ Un vêtement ample;
□ un soutien-gorge (spécial pour l'allaitement si nécessaire);
□ petite culotte;
□ souliers et bas;
□ chandail ou manteau, si nécessaire;
□ grands sacs à magasinage pour rapporter vos cadeaux à la maison.

Pour rentrer à la maison : bébé

□ 2 couches jetables, ou 4 couches de tissu, épingles et petite culotte à l'épreuve de l'eau;
□ 1 camisole;
□ 1 combinaison élastique ou pyjama;
□ chaussettes ou petites pattes;
□ 1 couverture;
□ chandail et bonnet si l'air est frais;
□ molleton ou couverture épaisse s'il fait froid (si le molleton est trop gros pour le siège de bébé, attachez-le bien dedans et couvrez-le avec la couverture épaisse);
□ siège d'auto pour bébé (vous *devez* l'avoir pour sortir bébé de l'hôpital).

---

2. Le premier livre de cette série. Vous y trouvez quantité d'informations sur tout ce qui touche à l'accouchement.

Parce que la peau de bébé est fine, elle prendra probablement une apparence rosée (même pour les bébés noirs), à cause des vaisseaux sanguins. Elle sera le plus souvent recouverte de résidus de *vernix caseosa* (un enduit laiteux et épais) qui la protège tout le temps que le foetus baigne dans le liquide amniotique : plus bébé tardera à naître, moins il restera de cet enduit à sa naissance. Plusieurs bébés, particulièrement ceux qui viennent au monde prématurément, sont aussi couverts de lanugo, un fin duvet recouvrant entièrement le foetus pendant la vie intra-utérine et qui disparaîtra durant les premières semaines de vie. À cause du haut taux d'hormones de la mère qui passent le placenta juste avant leur naissance, plusieurs bébés, garçons et filles, présentent un écoulement aux seins ou aux organes génitaux. Il peut sortir quelques gouttes de lait des petits mamelons ou, chez les filles, des pertes vaginales (parfois de sang).

Ces allures de nouveau-né disparaîtront en l'espace de quelques semaines. Très bientôt, votre bébé sera joli comme une rose.

- vérifier le placenta pour s'assurer qu'il est complet et en évaluer la condition;

- évaluer l'état général de bébé à partir des tests Apgar (on évalue son état général à la naissance et cinq minutes plus tard);

- administrer des gouttes pour les yeux ou un onguent spécial (nitrate d'argent ou antibiotique; voir page 80) pour prévenir les infections gonococciques ou chlamydiales;

- compter les doigts et les orteils, et s'assurer que toutes les parties observables du corps de bébé sont normales;

- noter le passage ou l'absence d'urines et des selles ou des deux (pour écarter le plus tôt possible tout problème d'élimination);

- injecter de la vitamine K, pour accroître la capacité de coagulation du sang de bébé;

- peser bébé (le poids moyen est de 3,4 kilos [7,5 livres]; 95 p. cent des nouveau-nés pèsent entre 2,5 et 4,5 kilos [5,5 et 10 livres]);

- mesurer bébé (la grandeur moyenne des nouveau-nés est de 51 centimètres [20 pouces]; 95 p. cent d'entre eux se situent entre 46 et 56 centimètres [18 et 22 pouces]);

- mesurer la circonférence de la tête (la moyenne est de 35 centimètres [13,8 pouces environ]; la normale se situe entre 32,5 et 37,5 centimètres [12,9 à 14,7 pouces]);

- faire une prise de sang à partir du talon de l'enfant, pour les tests de phénylcétonurie (test de «Guthrie») et d'hypothyroïdisme à partir du cordon ombilical, pour détecter les anticorps contre le facteur Rhésus; pour tous les autres tests du métabolisme (taux de sucre dans le sang, par exemple); et pour détecter la drépanocytose[1];

- établir l'âge «gestationnel» (le temps passé dans l'utérus) des bébés venus au monde avant terme.

Avant que vous ne quittiez la salle d'accouchement ou la chambre de naissance, des draps chauds seront placés sur vous et sur votre enfant. Le pédiatre de l'hôpital l'examinera plus en détails au cours des prochaines 24 heures; si vous (et votre conjoint) pouvez assister à cet examen, ce

1. Les tests peuvent varier selon les hôpitaux, les provinces, les états et les pays. La plupart de ces tests sont plus précis lorsqu'ils sont faits après les premières 24 heures de vie d'un nouveau-né. Le test de la drépanocytose (maladie familiale et héréditaire appelée également «anémie à hématies falciformes» s'applique essentiellement aux sujets de race noire, quoique certains experts souhaitent que tous les nouveau-nés y soient soumis.

sera l'occasion de poser des questions. Le docteur vérifiera les points suivants :

■ le poids du bébé (qui sera probablement moins élevé qu'à la naissance de près de 10 p. cent), la circonférence de sa tête (elle peut être plus grosse qu'auparavant), et sa grandeur (qui n'aura pas changé en réalité, bien qu'on pourrait parfois le croire parce qu'il est malaisé de mesurer un bébé qui ne peut se tenir debout ou coopérer);

■ les battements du coeur et la respiration;

■ les organes internes, comme les reins, le foie, et la rate (examen externe, par palpitation);

■ les réflexes du nouveau-né;

■ les hanches, en cas de dislocation;

■ les mains, les pieds, les bras et les jambes;

■ les organes génitaux;

■ le nombril.

LE TEST APGAR

Le premier test auquel la plupart des bébés sont soumis — et que la majorité passent avec de très bons résultats — est le test Apgar, mis au point par la pédiatre Virginia Apgar. Les résultats, compilés à une minute puis à cinq minutes après la naissance, reflètent la condition générale du nouveau-né et se basent sur des observations qui se divisent en cinq catégories (respiration, fréquence cardiaque, coloration, tonus musculaire, réaction à une stimulation). Les bébés notés entre 7 et 10 sont dans une condition variant de bonne à excellente, et ne requièrent normalement que des soins de routine; ceux qui ont des notes entre 4 et 6, en condition acceptable, et pourraient avoir besoin de mesures de réanimation; et ceux qui ont moins que 4, en mauvaise condition, nécessiteront de toute urgence un maximum d'efforts de la

part du personnel médical pour que leur vie soit sauvée. On a déjà cru que les bébés qui obtenaient de mauvais résultats après 5 minutes souffriraient plus tard de problèmes neurologiques, mais des recherches récentes démontrent que la plupart de ces enfants sont normaux et en santé.

LES RÉFLEXES DE VOTRE NOUVEAU-NÉ

Le réflexe de Moro. Un bruit soudain ou très fort ou la sensation de tomber provoqueront chez bébé l'extension des jambes, des bras et des doigts, la tête se renversera vers l'arrière, puis les bras, et les poings se refermeront sur la poitrine.
Durée : de 4 à 6 mois.

Le réflexe Babinski. Lorsque vous lui caressez la plante du pied, des orteils au talon, bébé contracte ses orteils vers le haut.
Durée : de 6 mois à 2 ans, après quoi les orteils se contractent vers le bas.

Le réflexe de succion. Si vous lui chatouillez doucement la joue ou le coin de la lèvre, bébé se retournera dans la direction du stimulus, la bouche ouverte, prêt à téter.
Durée : de 3 à 6 mois, et il peut persister pendant son sommeil.

Le réflexe de la marche ou du saut. Si vous le tenez debout sur une table ou une surface lisse, en le soutenant sous les bras, le nouveau-né (cela fonctionne mieux après le quatrième jour de vie) lèvera une jambe après l'autre, comme pour faire ses premiers pas.
Durée : variable, mais normalement environ 2 mois (l'existence de ce réflexe n'annonce aucunement que bébé marchera tôt).

Le réflexe de préhension. Les pédiatres l'appellent le «*grasping reflex*». Tenez bébé devant vous, les bras fléchis et posez vos index dans ses paumes, il refermera ses doigts dès qu'il sentira vos doigts l'effleurer. Un bébé ainsi agrippé est assez fort pour supporter tout le poids de son corps.

Durée : 3 à 4 mois.

Le réflexe tonique du cou. Couché sur le dos, un jeune bébé peut prendre une «position d'escrime», la tête d'un côté, avec le bras et la jambe du même côté tendus et les membres opposés pliés.

Durée : peut être présent dès la naissance ou n'apparaître que vers 2 mois pour disparaître à 6.

Vous pouvez tenter de faire survenir ces réflexes de votre bébé, mais n'oubliez pas que vos résultats pourraient s'avérer beaucoup moins fiables que ceux qu'obtient le médecin ou l'examinateur d'expérience. De plus, la réponse de votre enfant peut être influencée par des facteurs tels la fatigue et la faim. Si vous n'arrivez pas à obtenir une réponse appropriée à l'un ou à plusieurs de ces tests que vous pratiquerez à la maison, il y a de fortes chances que cet échec relève plus de votre technique et du moment choisi que du sujet. Essayez encore quelques jours plus tard, et si la réponse ne vient pas, mentionnez-le au pédiatre de votre bébé, qui l'a probablement déjà testé avec succès et se fera un plaisir de répéter l'expérience pour vous à son bureau. Si l'on vérifie une absence de réflexe et qu'elle persiste jusqu'à l'âge où le réflexe devrait normalement disparaître, il sera nécessaire de procéder à des examens plus poussés.

TABLE APGAR

SIGNE	POINTS		
	0	**1**	**2**
Apparence (coloration*)	Pâle ou bleu	Corps rose, extrémités bleues	Rose uniformément
Pouls (battements de coeur)	Non détectable	Moins de 100 à la minute	Plus de 100 à la minute
Grimace (réflexe d'irritabilité)	Pas de réponse aux stimuli	Grimace	Cri vigoureux
Activité (tonus musculaire)	Mou (pas ou peu d'activité)	Quelques mouvements aux extrémités	Grande activité
Respiration (souffle)	Aucune	Lente, irrégulière	Bonne (pleurs)

* Chez les enfants non blancs, la couleur des membranes muqueuses de la bouche, du blanc des yeux, des lèvres, des paumes des mains et de la plante des pieds sera examinée.

L'ÉCHELLE BRAZELTON POUR L'ÉTUDE DU COMPORTEMENT NÉONATAL

Plus complexe et plus long à administrer que le test Apgar, le test Brazelton, mis au point par le Dr T. Berry Brazelton, est réputé (du moins certains médecins le croient) être un meilleur indicateur du développement futur des enfants. Il dure 30 minutes — on l'applique souvent après plusieurs jours — et comporte une variété de stimuli (clochettes, couleurs, formes, lumières, hochets) pour établir la réponse et l'adaptation du bébé à son environnement. Il s'intéresse à quatre types de comportements : interactif (les rapports de bébé avec les personnes, incluant les mouvements vifs et doux); moteur (incluant les réflexes, le tonus musculaire, l'activité main-

bouche); contrôle de l'état physiologique (incluant la capacité de bébé de se consoler lui-même ou d'être consolé); et réaction au stress (incluant le réflexe de Moro). Plutôt que de se fier à la moyenne des résultats obtenus pendant le test, la méthode Brazelton établit la meilleure performance de bébé, et les examinateurs s'appliquent (souvent avec l'aide de la maman) à obtenir le meilleur de leurs sujets nouveau-nés. La plupart des médecins réservent ce test aux cas problématiques potentiels, par exemple un bébé né avec un poids bien au-dessous de la normale ou manifestant des signes de troubles neurologiques.

NOURRIR VOTRE BÉBÉ : un bon début

Que vous ayez décidé d'allaiter ou de nourrir votre bébé au biberon, vous réaliserez très vite que l'heure du repas ne se limite pas à alimenter votre enfant. C'est un moment privilégié pour apprendre à se connaître et à s'aimer l'un l'autre.

COMMENCER À ALLAITER

Les femmes que vous avez vu allaiter vous ont donné l'impression que c'était tellement facile : sans modifier le rythme de leur conversation et tout en mangeant leur

salade, elles ouvrent leur blouse et portent bébé à leur poitrine. Machinalement, nonchalamment, comme si c'était la chose la plus naturelle au monde.

Mais voilà : la première fois que vous faites ces gestes, rien ne semble venir si naturellement. Même avec la meilleure concentration et le maximum d'efforts, vous n'arrivez pas à convaincre bébé d'attraper le mamelon et de le tenir, encore moins de téter. Le bébé est embarrassé; vous êtes frustrée; bientôt vous serez en larmes tous les deux. Si vous échouez aux fonctions maternelles fondamentales comme l'allaitement, vous vous demandez ce que ce sera pour tout le reste des soins à prodiguer à votre petit.

Ne jetez pas tout de suite votre soutien-gorge d'allaitement. Ce n'est pas un échec, c'est seulement un début. L'allaitement n'est pas instinctif, comme la plupart des fonctions fondamentales de la maternité : il s'apprend. Donnez-vous un peu de temps, et ce geste finira bien aussi par vous venir tout naturellement. N'oubliez pas les quelques conseils qui suivent, ils vous aideront.

Commencez le plus tôt possible. Si vous et votre bébé êtes en forme et que bébé n'est pas déjà en route pour la pouponnière, essayez d'allaiter dans la salle d'accouchement ou dans la chambre de naissance. Mais ne vous inquiétez pas si vous ne réussissez pas tout de suite. Vouloir forcer la première tétée lorsque vous êtes tous les deux épuisés d'un accouchement difficile pourrait vous causer des déceptions. Tenir bébé sur votre poitrine peut vous procurer autant de satisfaction que de l'allaiter, pendant les tout premiers moments de sa vie. Si vous ne parvenez pas à allaiter sur la table d'accouchement, demandez que l'on vous apporte bébé à votre chambre dès que possible, lorsque tous les soins médicaux nécessaires auront été complétés. Souvenez-vous cependant que le fait de débuter l'allaitement le plus tôt possible, même s'il est idéal, ne constitue pas une garantie de réussite. Pour atteindre la perfection, vous aurez tous les deux besoin de beaucoup de pratique.

Devancez le système. Les services hospitaliers sont habituellement pensés en fonction du bien-être de la majorité, mais cette approche générale ne coïncide pas nécessairement avec les besoins de la maman qui allaite et de son nouveau-né. Pour que le manque de sensibilité, l'ignorance, ou les règles arbitraires n'entravent pas vos efforts, demandez à votre médecin de signifier vos préférences (allaiter à la demande de bébé, pas de biberon, pas de sucette) au personnel *à l'avance* ou expliquez-les gentiment aux infirmières. Si vous pouviez avoir la complicité d'une infirmière de la pouponnière, vos chances de succès seraient certainement plus grandes. Vous aurez toutefois besoin de l'appui de votre médecin si vous êtes fiévreuse et que vous tenez tout de même à allaiter.

Cohabitez. Vous ne pourrez pas allaiter si vous êtes sans cesse séparée de votre bébé. Le fait de partager la même chambre vous paraîtra idéal, puisque vous ne dépendrez pas du personnel de la pouponnière pour vous apporter bébé et voir à ce que personne ne lui offre un biberon d'eau plate ou d'eau additionnée de glucose. Si vous vous sentez épuisée après un accouchement difficile ou que vous n'êtes pas assez confiante pour vous occuper de votre bébé 24 heures sur 24, la cohabitation partielle (bébé est avec vous pendant le jour et à la pouponnière durant la nuit) pourrait s'avérer le meilleur choix. Ce système vous permet de nourrir votre bébé sur demande pendant le jour et de vous en remettre à l'horaire de l'hôpital pour la nuit.

S'il vous est impossible de cohabiter (certains hôpitaux ne vous le permettront que si vous occupez une chambre privée ou si la personne qui partage votre chambre accepte cette formule) ou que vous n'en avez pas vraiment envie, vous pouvez demander que l'on vous apporte votre bébé lorsqu'il se réveille et qu'il a faim, plutôt qu'à la convenance du personnel présent (pour cela, votre médecin devra prendre des arrangements à l'avance). Votre nourrisson pourrait même alors ne vous être apporté que sporadiquement, surtout si la pouponnière est bondée et, comme c'est souvent le cas, que le personnel est réduit au minimum.

Si rien de tout cela ne semble vouloir fonctionner, vous pourrez prendre congé de l'hôpital rapidement et rentrer à la mai-

PRINCIPES DE BASE DE L'ALLAITEMENT

▪ Buvez quelque chose. Un verre de lait, de jus, ou simplement d'eau, avant ou pendant chaque séance d'allaitement, vous donnera le supplément de liquide dont vous avez besoin pour produire le lait maternel. Quelque chose de plus fort (boisson alcoolisée) peut vous aider à vous détendre une fois par jour, mais n'en prenez pas trop.

▪ Mettez-vous à l'aise. Pour les premiers boires, il est plus facile de se coucher sur le côté (voir illustration). Plus tard, vous préférerez peut-être vous asseoir dans le lit ou dans un fauteuil. Mais ne vous penchez pas vers l'avant pour placer votre mamelon dans la bouche de votre bébé; posez plutôt un coussin ou un oreiller sur vos genoux pour supporter le bras qui soutient bébé, et pour porter celui-ci à votre poitrine. Essayez toutes les positions pour trouver la plus confortable. Vous devez pouvoir garder cette position pendant assez longtemps sans sentir de contrainte ou d'engourdissement.

▪ Tenez votre sein entre le pouce et l'index ou entre l'index et le majeur, juste au-dessous de l'aréole. En le tenant de cette manière, vous portez le mamelon près du menton de bébé de façon

La position «football», pour les tout petits bébés.

Une position qui vous permet d'allaiter et de vous reposer.

Servez-vous de votre main libre pour diriger votre mamelon.

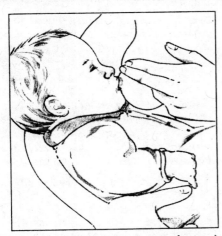

Servez-vous de vos doigts pour donner à bébé assez d'espace pour respirer.

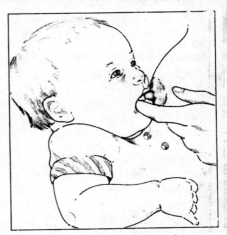

Arrêtez la succion en protégeant le mamelon de votre index.

qu'il effleure le coin de la bouche. Ce geste stimulera le réflexe de succion (l'un des multiples réflexes de survie du nouveau-né) qui dirigera sa bouche vers votre poitrine. Vous pouvez aussi vous servir d'un doigt libre pour stimuler ce réflexe, ou chatouiller les lèvres de bébé avec votre mamelon pour lui faire ouvrir grand la bouche. Mais ne pincez pas les joues pour forcer la bouche à s'ouvrir, parce que votre enfant ne saura pas de quel côté tourner la tête. Une fois la bouche ouverte, placez le mamelon au centre pour que bébé puisse s'y agripper. Si nécessaire, répétez ces gestes jusqu'à ce que votre enfant attrape le mamelon dans sa bouche. Mais ne le forcez pas. Si vous lui en donnez la chance, votre nourrisson finira bien par prendre l'initiative.

■ Assurez-vous que votre bébé tient aussi l'aréole dans sa bouche, en plus du mamelon. Non seulement votre bébé resterait sur sa faim en ne tétant que le mamelon (parce que les glandes mammaires ne seront pas compressées), mais

cela pourrait vous causer un sérieux inconfort. De plus, assurez-vous que bébé n'a pas complètement raté la cible et commencé à téter une autre partie de votre poitrine. Les nouveau-nés sont avides de téter même lorsqu'il n'y a pas de lait, et ces forts mouvements de succion pourraient causer des contusions douloureuses à la peau sensible de votre poitrine.

■ Assurez-vous que votre bébé ne suce pas sa lèvre inférieure ou sa langue. Cela se vérifie en tirant la lèvre inférieure du nourrisson vers le bas pendant que vous allaitez. S'il vous semble bien que bébé tète sa langue, arrêtez la succion du doigt, retirez votre mamelon, et assurez-vous que la langue a été écartée avant de recommencer. S'il s'agit de la lèvre, tirez-la doucement à l'extérieur pendant que bébé tète.

■ Une fois bébé bien agrippé, voyez que votre poitrine ne bouche pas ses narines. Si cela se produit, exercez, du doigt, une pression sur votre sein et donnez à votre

(suite page suivante)

(suite de la page précédente)

enfant tout l'espace qu'il lui faut pour bien respirer.

- Si vous percevez un mouvement fort, régulier et rythmique du menton de bébé, la succion progresse. Plus tard, quand le lait aura monté, vous écoutez le bruit qu'émet bébé lorsqu'il avale (parfois même goulûment) pour vous assurer qu'il ne tète pas en vain. Si le lait s'écoule trop rapidement et que bébé s'étouffe et se rebiffe, cessez d'allaiter et extrayez un peu de lait à la main ou avec un tire-lait pour réduire le flux.

- Le premier jour, n'allaitez pas plus de 2 à 3 minutes de chaque côté, à chaque boire de bébé, et calculez le nombre de fois que bébé reste au sein sans téter. Ajoutez 2 minutes chaque jour jusqu'à ce que vous atteigniez 10 minutes. Allaitez pendant 10 minutes avec le premier sein et aussi longtemps que bébé en aura envie avec l'autre; revenez au premier si bébé a encore faim après avoir vidé le second. Si bébé s'endort avant le changement de sein, un bon rot pourrait lui donner le goût d'y revenir.

Offrez chaque sein en alternance, c'est-à-dire, si vous avez commencé avec le sein gauche la dernière fois, commencez avec le sein droit cette fois-ci et ainsi de suite. Pour ne pas oublier, attachez une épingle de sûreté à votre soutien-gorge du côté où vous avez commencé lors du dernier boire, ou alors placez un coussinet d'allaitement ou un papier-mouchoir dans le bonnet de votre soutien-gorge de ce côté. Ce coussinet servira aussi à absorber les fuites de lait lorsque vous allaiterez de l'autre sein.

- Dès que bébé a terminé, séchez bien vos mamelons et, quand cela vous sera possible, exposez-les à l'air pendant 10 ou 15 minutes : cela les endurcira. Il ne sera plus nécessaire de les faire sécher ainsi une fois que vous serez habituée à l'allaitement.

- Quand le lait aura monté, nourrissez souvent, en offrant vos deux seins à bébé et en vidant au moins un des deux seins chaque fois. Si votre enfant ne tète pas assez vigoureusement ou assez longtemps et que vos seins ne se vident pas, vous pourriez peut-être exprimer ce qui reste (voir page 114), surtout si votre production de lait est insuffisante. Ainsi exprimé, le lait peut être gardé au réfrigérateur ou au congélateur pour des repas supplémentaires.

son partager votre propre chambre avec bébé. S'il vous est impossible de quitter l'hôpital et que toutes vos demandes pour faciliter l'allaitement restent sans réponse, donnez le sein selon l'horaire de la pouponnière jusqu'à votre sortie. Si l'on vous apporte un bébé à moitié endormi, ne le laissez pas sommeiller : réveillez-le et donnez-lui le sein quelques minutes.

Pratique, pratique, pratique. Avant vos premières montées de lait, considérez les séances de repas comme des «voyages à sec», et ne vous inquiétez pas du fait que bébé ne soit pas nourri suffisamment. Votre production lactée correspond exactement aux besoins de votre bébé. En ce moment, ces besoins sont infimes — en fait, l'estomac d'un nouveau-né ne peut tolérer beaucoup de nourriture —, et la petite quantité de colostrum que vous produisez lui convient parfaitement. Servez-vous de ces premières séances d'allaitement pour vous familiariser avec cette technique plutôt que pour remplir le ventre de votre bébé, et dites-vous bien qu'il ne souffre pas de la faim pendant que vous

vous habituez tous les deux à ce nouveau rôle.

Ne laissez passer aucune chance. L'allaitement sur demande — chaque fois que bébé a faim — reste, sans contredit, la meilleure chose pour un nourrisson. Cela peut ne s'avérer possible, cependant, que si vous cohabitez, ou si la pouponnière compte assez de personnel pour que l'on vous apporte bébé dès qu'il en exprime le besoin. Si ce n'est pas le cas, vous devrez allaiter chaque fois que vous en aurez la chance, ce qui peut vouloir dire ne pas laisser dormir un bébé assoupi.

Bannissez le biberon. Considérez les repas supplémentaires à l'eau additionnée de glucose — offerts systématiquement, dans certaines pouponnières, aux bébés nourris au sein — comme un sabotage de vos efforts pour allaiter. Même quelques gorgées d'eau sucrée pourront satisfaire l'appétit d'un nouveau-né et son besoin de téter, laissant votre bébé plus ensommeillé qu'affamé lorsqu'on vous l'apportera un peu plus tard. De plus, vous pourriez trouver que bébé répugne à se battre avec le mamelon, après quelques expériences avec une tétine artificielle, qui donne de bons résultats tout en exigeant beaucoup moins d'efforts de sa part. Si votre bébé ne tète pas ou s'il tète à peine en n'y mettant pas beaucoup de coeur, vos seins manqueront de stimulation pour la production du lait, et vous connaîtrez un cycle d'allaitement douteux et compliqué.

Bien que vous ayez entendu dire que les nouveau-nés nourris au sein ont besoin de ce supplément de liquide (bouteille d'eau sucrée), parce que tout ce qu'ils reçoivent de leur maman se résume à quelques cuillerées de colostrum, cette affirmation n'est vraie que dans les cas de déshydratation ou d'hypoglycémie, tous deux très rares.

Mettez-y le temps. Aucune relation d'allaitement ne s'établit en un seul jour. Bébé n'a certainement pas d'expérience, et vous non plus, si c'est la première fois. Vous avez donc beaucoup à apprendre tous les deux, et vous devrez y mettre énormément de patience. Vous ferez sans doute plusieurs essais et plus encore d'erreurs, avant que la donneuse et le receveur ne travaillent enfin de concert.

Dites-vous bien que les choses peuvent aller encore plus lentement si vous (l'un, l'autre ou les deux) avez éprouvé des difficultés pendant le travail et au moment de la naissance, ou si vous avez dû être anesthésiée. La maman somnolente et le bébé léthargique ne sont peut-être pas en état de s'initier à l'art de l'allaitement. Prenez quelques heures de sommeil (et laissez bébé en faire autant) avant de penser sérieusement à la nouvelle tâche qui vous attend.

Faites-vous conseiller. Il y a une centaine d'années, les nouvelles mamans recevaient beaucoup d'aide lors de leurs premières tentatives d'allaitement. Soeurs, tantes et grand-mères se tenaient à proximité, prêtes à communiquer leur expérience; les sages-femmes étaient présentes et se chargeaient de compléter cet enseignement. Parce que votre bébé est né à l'hôpital plutôt qu'à domicile et que, non seulement votre mère et vos tantes ne demeurent pas tout près, mais qu'elles n'ont aucune expérience d'allaitement, cela ne veut pas dire que vous soyez condamnée à apprendre seule et sans aide. Certains hôpitaux offrent des cours d'allaitement, une formation individuelle, des dépliants informatifs, ou les trois. Si personne ne vous offre cette aide au postpartum, prenez la peine de la demander, soit à une infirmière, à un médecin ou à des conseillères en allaitement affiliées à l'hôpital. Si l'aide ne vient pas ou qu'elle ne vous semble pas suffisante, appelez la Ligue internationale la Leche de votre ville (vous trouverez le numéro de téléphone dans les *Pages jaunes*) pour de bons conseils ou des références. Une visite au pédiatre, lors de la première ou de la deuxième semaine du postpartum, pour lui permettre de constater vos progrès en matière d'allaitement, peut vous aider et vous rassurer. De même que le fait de parler à des mamans qui allaitent avec succès.

Gardez votre calme. Ce n'est pas si facile lorsque vous êtes une toute nouvelle maman, mais c'est absolument indispensable si vous voulez réussir votre allaitement. L'excès de tensions peut contribuer à inhiber la sortie du lait, ce qui veut dire que, même si vous en produisez, il est possible que le lait ne soit pas dispensé avant que vous n'ayez réussi à vous détendre. Si vous vous sentez nerveuse, n'acceptez plus de visiteurs dans votre chambre au moins 15 minutes avant le moment de l'allaitement, où, si vous nourrissez sur demande, priez vos invités de quitter la chambre dès que bébé donne des signes de faim. Faites quelques exercices de relaxation, si vous croyez qu'ils peuvent vous aider; feuilletez un livre ou un magazine; regardez la télé; ou, simplement, fermez les yeux et écoutez une musique douce pendant quelques minutes.

COMMENCER À DONNER LE BIBERON

Bizarrement, le biberon semble plus naturel — ou du moins plus facile — que l'allaitement au sein. Les bébés éprouvent peu de difficulté à apprendre à téter à une tétine artificielle, et les mamans (les papas aussi) leur donnent le biberon tout aussi aisément. Il est un peu plus compliqué de préparer les formules et de stériliser les bouteilles, mais même ces gestes sont facilement maîtrisés avec un minimum d'efforts. (Voir p. 49 pour en savoir plus long sur les types de bouteilles et de tétines disponibles sur le marché, et pour connaître vos besoins en ce domaine.)

CHOISIR UNE PRÉPARATION LACTÉE

Avec l'aide du pédiatre de votre bébé, choisissez une formule dont la composition se rapproche le plus possible du lait humain : types et proportions des protéines, gras, sucres, sodium, et autres éléments nutritifs devraient ressembler autant que possible à ceux du lait humain. Une formule additionnée de fer est importante si vous ne donnez pas de supplément de fer à votre bébé. Il existe des formules spéciales pour les enfants présentant des allergies ou certains désordres du métabolisme, comme la phénylcétonurie. Les préparations lactées commerciales viennent comme suit :

Prête à servir. Disponible en boîtes de conserves de différentes grosseurs; vous n'aurez qu'à verser cette préparation lactée dans des bouteilles stérilisées.

Prête à mélanger. Moins coûteuse, mais un peu plus longue à préparer, cette préparation concentrée liquide ou en poudre doit être diluée dans des bouteilles d'eau plate ou stérilisée. Vous la trouverez en boîtes ou en portions individuelles.

N'utilisez pas de préparations faites à la maison. Les préparations de lait frais ou évaporé additionné de sucre et d'eau ne se rapprochent ni du lait humain, ni des préparations commerciales : elles ne nourriront pas votre bébé de façon adéquate, et demanderont à ses petits reins novices des efforts trop grands. *N'utilisez* aucune préparation ou aucun substitut sans l'approbation de votre médecin.

BIBERON ET SÉCURITÉ

Il fut un temps où le fait de donner un biberon à un nouveau-né comportait certains risques. Il arrivait fréquemment que des bébés tombent malades ou ne prennent pas de poids; certains mouraient même des suites d'une infection. Aujourd'hui, les préparations lactées commerciales sont conçues pour imiter le lait maternel autant qu'il est scientifiquement possible d'y parvenir. De plus, elles sont sécuritaires et tout à fait appropriées aux besoins des bébés. Ceci n'exclut pas qu'il faille procéder à la préparation des mélanges lactés en respectant les meilleures règles d'hygiène possible, pour vous assurer que le lait que boit bébé ne comporte aucun danger.

■ Vérifiez toujours la date d'expiration sur chacune des boîtes de préparation commerciale et n'achetez ou n'utilisez jamais le contenu d'une boîte dont la date est expirée. N'achetez aucune boîte ou autre contenant endommagé de quelque façon que ce soit.

■ Lavez-vous les mains avant de mélanger et de mettre la préparation lactée en bouteille.

■ Avant d'ouvrir une boîte de conserve, lavez bien le couvercle à l'eau savonneuse; rincez à fond et séchez. Brassez avant d'ouvrir et de verser.

■ Utilisez un ouvre-boîte propre et bien coupant, que vous réserverez préférablement à ce seul usage. Lavez-le après chaque usage et assurez-vous qu'il n'y a ni rouille ni dépôt de nourriture avant de vous en servir la prochaine fois.

■ Au moment de remplir quelques biberons à l'avance pour les prochains repas de bébé, remplissez aussi une ou deux bouteilles d'eau stérile pour donner à bébé entre les biberons. Lorsque votre enfant aura atteint trois mois environ, le médecin vous permettra probablement de lui faire boire une eau non bouillie[2].

■ Lavez tout ce qui aura servi aux repas de bébé dans une casserole propre en vous servant d'une brosse à biberons, de détergent à vaisselle et d'eau chaude. (Tous les objets doivent absolument être lavés avant leur premier usage.) Faites passer de l'eau savonneuse à travers les trous des tétines, puis rincez en y faisant passer de l'eau chaude et claire plusieurs fois. Si les trous semblent obstrués, percez-les avec une épingle à couche chauffée. (Les tétines en silicone transparent sont plus faciles à nettoyer mais il ne faut pas tenter de les perforer.) Rincez tous les ustensiles sous un jet d'eau très chaude.

■ Suivez les indications du manufacturier avec précision, lorsque vous mélangez les préparations lactées. Si elles diffèrent de celles que vous aura données votre médecin ou la pouponnière, demandez pourquoi avant de préparer le mélange; c'est peut-être que les informations que l'on vous avait données s'appliquent à une autre sorte de préparation. *Vérifiez toujours sur la boîte si la préparation doit être diluée : diluer une formule qui ne devrait pas l'être ou ne pas diluer une formule qui en a besoin pourrait être dangereux.* Continuez de tout stériliser aussi longtemps que le pédiatre vous le recommandera. La plupart des médecins vous suggéreront deux ou trois mois de stérilisation, quoique certains sont d'avis que l'on peut se contenter de tout laver à l'eau chaude et au savon dès la fin du premier mois. Voir p. 69 les techniques de stérilisation.

■ Si nécessaire, vous pouvez réchauffer un biberon de lait maternisé en le plaçant sous un robinet d'eau chaude pendant quelques

---

2. Si la qualité de l'eau du robinet dans votre région est discutable (voir page 237, achetez de l'eau en bouteille qui n'a pas été distillée (des minéraux importants disparaissent à la distillation) pour préparer les biberons de bébé et pour boire.

minutes. (La plupart des bébés sont tout aussi heureux avec un lait qui n'a pas été réchauffé.) Vérifiez la température souvent en faisant tomber quelques gouttes sur l'intérieur de votre poignet. Le lait a atteint la température idéale lorsque vous ne sentez plus le froid : il n'est pas nécessaire qu'il soit chaud, la température du corps (37° C [98° F]) suffit.

Une fois qu'elle a été réchauffée, il vaut mieux utiliser la préparation lactée immédiatement, parce que les bactéries se développent rapidement à cette température. Ne chauffez pas le lait maternisé dans le four à micro-ondes : le liquide pourrait ne pas se réchauffer uniformément, ou bien le contenant risquerait de rester froid alors que le lait serait assez chaud pour brûler la bouche ou la gorge de bébé.

■ Ne gardez pas les restes d'un boire, ce sont des foyers de bactéries dont il vaut mieux se débarrasser sans hésiter.

■ Rincez les bouteilles et les tétines tout de suite après usage pour rendre le nettoyage plus facile.

■ Les boîtes et les bouteilles remplies de préparation liquide devraient être recouvertes hermétiquement et gardées au réfrigérateur *sans dépasser* la date limite spécifiée sur l'étiquette. Les boîtes de préparation en poudre doivent être couvertes et gardées dans un endroit frais et sec pour usage dans les 30 jours.

■ Ne gardez aucune formule liquide, ouverte ou non, sous 0 °C (32 °F) ou au-dessus de 30 °C (90 °F). N'utilisez pas de préparation qui a gelé (les produits au soya gèlent plus vite) ou qui laisse paraître des stries ou des taches blanches sur le dessus, même après le brassage.

■ Gardez au réfrigérateur les bouteilles de préparation jusqu'au moment de les utiliser. Si vous partez en voyage, apportez des biberons prêts-à-servir ou des bouteilles d'eau stérilisée et des paquets d'une portion de préparation que vous mélangerez

à l'eau. Vous pouvez aussi ranger des biberons de lait maternisé dans un contenant bien isolé ou dans un sac de plastique où vous aurez pris la peine de mettre un petit paquet de glace artificielle ou une douzaine de cubes de glace (les formules resteront fraîches aussi longtemps que la glace n'aura pas fondu). Ou encore, empaquetez les biberons préparés avec une boîte de jus que vous aurez fait congeler (quand vous ou un enfant plus âgé aurez envie d'une petite collation, le jus aura en partie fondu et le lait sera toujours frais). N'utilisez pas de préparation qui ne vous semble plus fraîche au toucher.

DONNER LE BIBERON AVEC AMOUR

Peu importe le sentiment d'impuissance qu'éprouve la nouvelle maman lorsqu'elle tente sans réel succès de faire téter son nouveau-né, elle ne manquera jamais de donner à son nourrisson le plus doux contact charnel qui soit, l'un des aspects les plus importants de l'allaitement maternel. Malheureusement, celle qui nourrit au biberon risque de ne pas offrir ce contact direct à son enfant, car beaucoup de mamans bien attentionnées mais tourmentées donnent le biberon de façon parfois trop expéditive, compromettant ainsi ces premiers moments d'intimité. Aussi, s'il y a une chose qui demande plus d'efforts aux mamans qui commencent à donner le biberon qu'à celles qui allaitent, c'est bien de ne pas perdre de vue l'aspect de la maternité qui consiste à toucher bébé autant que possible au moment de le nourrir. Voici quelques conseils qui vous aideront à faire des repas au biberon des moments privilégiés aussi gratifiants pour la mère que pour le nourrisson :

N'appuyez pas la bouteille sur l'oreiller. Pour un tout-petit, avide de démons-

TECHNIQUES DE STÉRILISATION

La méthode aseptique à utiliser avec les liquides concentrés et les préparations en poudre. Placez les bouteilles propres, les tétines, les collets, les capuchons, les ustensiles à mélanger, l'ouvre-boîte, le pichet, la tasse à mesurer et les pinces (assurez-vous que tous ces objets peuvent être bouillis) sur un support ou sur une serviette pliée dans un stérilisateur ou une grande casserole. Couvrez le tout avec de l'eau et refermez avec un couvercle. Amenez à ébullition et laissez bouillir 5 minutes. Versez la quantité d'eau nécessaire à la préparation dans une autre casserole. Couvrez, amenez à ébullition et laissez bouillir 5 minutes. Retirez du feu et laissez le temps aux deux casseroles d'atteindre la température de la pièce sans retirer les couvercles. Mesurez la préparation lactée dans un pichet stérilisé et ajoutez-la à l'eau stérilisée dans la seconde casserole. Versez le mélange dans des bouteilles stérilisées; mettez dessus les tétines, les collets et les capuchons en vous servant des pinces stérilisées pour éviter de les contaminer avec vos doigts. Se garde au réfrigérateur jusqu'à 48 heures. Brassez avant usage.

La méthode des biberons individuels peut servir aux liquides concentrés et aux préparations en poudre. Ajoutez la quantité d'eau indiquée à chaque biberon propre et bouclez-les légèrement avec les tétines et les collets. Placez-les sur un support de métal ou sur une serviette pliée dans un stérilisateur ou une grande casserole. Versez-y de l'eau pour atteindre le même niveau que l'eau contenue dans les bouteilles. Amenez à ébullition, couvrez, et laissez bouillir 25 minutes. Retirez du feu. Lorsqu'elles ont refroidi, enlevez les bouteilles de la casserole et serrez bien les collets. Gardez à la température de la pièce. Utilisez dans les 48 heures. Au moment de nourrir bébé, retirez le capuchon et la tétine, versez-y la quantité indiquée de liquide concentré ou de poudre, remettez le capuchon et brassez pour bien mélanger. (Les préparations en poudre se dissoudront mieux dans l'eau chaude, aussi voudrez-vous peut-être réchauffer un peu avant de mélanger.)

Les méthodes de préparation prêtes-à-servir. Les préparations prêtes-à-servir que l'on trouve en boîtes de 250 ml (8 oz) ou de 500 ml (16 oz) exigent la stérilisation des bouteilles et des tétines légèrement vissées. Suivez la méthode aseptique mentionnée plus haut. Lorsque les bouteilles ont refroidi, serrez bien les rondelles et gardez dans un endroit propre. Ajoutez la préparation au moment de nourrir bébé, ou préparez la quantité de biberons nécessaires pour la journée et réfrigérez-les. Bien mélanger avant usage.

---

trations d'affection sous forme de tendresse, et de récompenses sous forme de nourriture, le biberon sur l'oreiller peut être source de grandes frustrations. Le fait de boire ainsi appuyé aura en outre des répercussions physiques et émotives sur votre enfant. Bébé s'étouffe plus facilement lorsqu'il boit couché sur le dos. Cette position peut causer de sérieux problèmes si la maman n'est pas tout près pour surveiller. De plus, cette position encourage les infections des oreilles et, plus tard, la carie dentaire, s'il s'endort trop souvent avec le biberon dans la bouche.

Au début, ne laissez pas trop de gens nourrir bébé. Votre bébé commence à peine à s'habituer à l'idée de sucer une tétine de caoutchouc pour s'alimenter. Étant donné que chaque adulte a des manières différentes de tenir bébé, de le manipuler, de lui parler, il n'est pas recommandé que trop de personnes (maman, papa, grand-maman, grand-papa, puéricultrice, enfants plus âgés, etc.) donnent le biberon au nourrisson, car ces changements nombreux pourraient empêcher maman et bébé de s'adapter l'un à l'autre. Au début, essayez de donner la plupart des biberons vous-même en vous faisant assister d'une seule autre personne, si nécessaire. Plus tard, quand bébé aura pris de l'expérience, vous pourrez laisser d'autres personnes partager avec vous le plaisir de nourrir votre adorable rejeton.

Peau contre peau. Il se passe quelque chose de très spécial lorsque la joue de bébé touche la poitrine de sa maman. Même si vous donnez le biberon, vous pouvez vivre ce contact charnel en ouvrant votre chemise et en plaçant bébé contre votre peau lorsque vous l'alimentez. Bien sûr, ce n'est pas très pratique en public, mais c'est très facile à la maison.

Changez de bras. Donnez à votre nourrisson la chance de voir le monde sous des angles différents, en le tenant sur chaque bras en alternance. Vous éviterez ainsi la douleur que provoque inévitablement une position gardée trop longtemps.

Laissez bébé décider de la fin du repas. Si vous constatez que bébé n'a ingurgité que 100 ml (3 oz) plutôt que les 200 ml (6 oz) habituels, vous pourriez être tentée de lui en faire avaler plus. Ne le faites pas. Un enfant en santé sait quand s'arrêter. C'est justement ce genre d'attitude incitative qui rend les bébés nourris au biberon beaucoup plus enclins à devenir potelés que ceux qui sont nourris au sein maternel.

Prenez votre temps. Le bébé nourri au sein peut continuer de téter le mamelon vide longtemps après la fin de son boire, pour le simple plaisir de le faire et le confort que lui procure le contact avec le corps de sa mère. Le bébé nourri au biberon ne peut pas se permettre la même chose avec une bouteille vide, mais il y a des moyens de suppléer à ce manque : gardez-le sur vous et parlez-lui encore après la fin de son repas, à condition bien sûr qu'il ne se soit pas endormi. S'il semble vouloir continuer à téter après chaque boire, essayez des tétines avec des trous plus petits pour rendre la tétée plus ardue et donc plus longue, ou offrez-lui une bouteille d'eau ou une sucette pendant quelques minutes. Si bébé désire plus de lait à la fin de chaque biberon, prenez la peine de réévaluer la quantité de préparation que vous lui donnez. Avec la permission du pédiatre, ajoutez 25 à 50 ml (1 à 2 oz) à la portion normale, pour savoir si c'est vraiment la faim qui rend votre enfant maussade.

Acceptez votre choix. Si vous aviez hâte d'allaiter votre enfant et que la chose ne vous a pas été possible pour une raison ou pour une autre, ne vous sentez pas coupable ni frustrée. Vous pourrez donner à votre enfant une bonne alimentation et autant de tendresse avec le biberon. Il vaut mieux ne pas communiquer votre déception et vos frustrations à votre bébé.

DONNER LE BIBERON AVEC AISANCE

Si vous avez déjà eu l'occasion de donner le biberon à un bébé ou à un jeune enfant chez des amis ou en allant garder les enfants du voisin, ces gestes vous reviendront tout naturellement à l'instant où vous prendrez votre bébé dans vos bras. Sinon, voici quelques conseils qui pourront vous être utiles :

■ Avertissez bébé que le lait est prêt en effleurant sa joue avec votre doigt ou avec le bout de la tétine. Ce geste l'incitera à tourner la bouche du côté d'où vient la caresse. Placez alors la tétine doucement entre les lèvres du nourrisson : bébé devrait commencer à téter.

■ Pressez sur la bouteille de façon que la préparation lactée remplisse complètement la tétine. Si vous omettez ce geste et que l'air pénètre dans la tétine, bébé avalera de l'air et pourrait avoir des gaz ou le hoquet, ce qui risque de gâcher votre plaisir et le sien. Cette précaution est superflue quand vous utilisez des sacs de plastique jetables qui s'aplatissent automatiquement pour éliminer les bulles d'air.

■ Ne vous inquiétez pas si, les premiers jours, votre bébé ne semble pas avaler une grande quantité de préparation lactée. Les besoins nutritionnels des nouveau-nés sont minimes au début : un bébé nourri au sein ne prendra que quelques cuillerées à thé de colostrum à chaque boire, selon les règles de Mère Nature. Le personnel de la pouponnière vous donnera sans doute des biberons de 125 ml (4 oz) pleins, mais n'allez pas croire que bébé doive les vider absolument. L'enfant qui s'endort après avoir bu seulement 45 ml de lait (1 1/2 oz) se dit probablement : «J'en ai eu assez.» Par contre, le bébé qui s'agite après avoir bu un tout petit peu, qui détourne la tête ou laisse tomber la tétine en refusant de la reprendre a peut-être besoin de faire un rot. Si, après un bon rot, votre enfant rejette toujours le biberon, c'est que son repas est probablement terminé.

À mesure qu'il prendra du poids, votre bébé augmentera sa consommation. D'à peine quelques millilitres au début, ses boires peuvent augmenter jusqu'à 250 ml (8 oz), pour atteindre un total quotidien de 1 litre (32 oz) à l'âge de 12 semaines. Ne vous inquiétez donc pas si votre bébé consomme un peu plus ou un peu moins de lait que la moyenne, du moment que son gain de poids reste normal.

■ Assurez-vous que la préparation lactée passe dans la tétine à la bonne vitesse. Cela se vérifie en donnant à la bouteille renversée quelques mouvements rapides vers le bas. Si le lait coule ou éclabousse, le flux est trop rapide. S'il en sort seulement une goutte ou deux, le flux est trop lent. S'il en sort un petit jet, puis quelques gouttes, le flux est juste parfait. Vous pouvez également le vérifier en observant votre bébé lorsqu'il tète. S'il déploie de grands efforts pour téter pendant quelques instants, et qu'il semble frustré après coup ou qu'il laisse tomber la tétine pour se plaindre, c'est que le flux est trop lent. Si au contraire, il ingurgite et crache sans cesse et que le lait coule aux commissures de ses lèvres, c'est que le flux est trop rapide.

Le problème vient peut-être de l'ajustement du collet. Un bouchon très serré retient le flux en créant un mouvement de vacuum partiel. Il suffit de le relâcher pour que le lait se remette à couler plus facile-

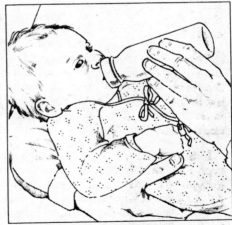

Le biberon donne à papa et aux autres membres de la famille la chance de se rapprocher de bébé, de prendre le temps de le dorloter et de communiquer avec lui; la nourriture n'a pas absolument besoin de provenir du sein maternel pour être servie avec amour.

TRUCS POUR LES REPAS DE BÉBÉ

Pendant les premières semaines, nourrir bébé n'est pas une sinécure, quelle que soit la méthode d'allaitement privilégiée. Que le sein ou la bouteille serve à remplir le ventre de votre nouveau-né, les conseils qui suivent devraient vous faciliter la tâche et la rendre agréable.

Minimiser les dégâts. Votre bébé et vous devrez vous concentrer au moment des repas. Vous serez plus en mesure de le faire si vous évitez les distractions. Si l'on n'admet pas les visiteurs à l'hôpital au moment d'alimenter les nourrissons, acceptez cette règle comme une bénédiction puisqu'elle vous permet de prendre tout le temps dont vous avez besoin pour bien établir la relation avec votre nouveau-né. Si ce règlement n'est pas de mise, prenez sur vous de refuser les visites. Lorsque vous serez de retour à la maison, continuez à éviter les distractions aux heures des boires de bébé, au moins jusqu'à ce que vous vous sentiez tout à fait à l'aise d'allaiter ou de donner le biberon. Retirez-vous dans votre chambre à coucher pour nourrir bébé lorsque vous avez des invités ou lorsque l'atmosphère du séjour ressemble à celle d'un parc d'attractions. Débranchez le téléphone ou installez le répondeur. Si vous avez d'autres enfants, essayez de les intéresser à des activités plus tranquilles.

Changez bébé. Si votre bébé est relativement calme, vous avez le temps de le changer. Une couche propre rendra le repas plus douillet et réduira le besoin d'un changement de couche juste après, ce qui pourrait s'avérer un réel avantage si votre devoir vous a expédiée au pays des rêves et que vous espériez que bébé reste là quelque temps. Mais ne changez pas votre petit de couche pendant la nuit si ce n'est pas nécessaire; bébé pourrait éprouver plus de difficulté à se rendormir après ce genre d'interruption.

Lavez-vous. Même si ce n'est pas vous qui mangez, vous devriez vous laver les mains à l'eau et au savon avant chaque repas de bébé. Si vous allaitez, il n'est pas nécessaire de laver vos mamelons avant chaque tétée. Un seul lavage quotidien suffira, au moment de la douche ou du bain.

Installez-vous confortablement. Les douleurs musculaires et les muscles endoloris sont fréquents chez les parents dont les muscles ne sont pas habitués à porter des enfants en pleine croissance. Nourrir bébé dans une position inconfortable ne fera qu'aggraver ce problème. Aussi, avant de mettre bébé au sein ou au biberon, installez-vous confortablement, le dos et le bras qui supporte l'enfant bien appuyés.

Ne laissez pas bébé emmailloté. Si votre bébé est emmailloté jusqu'au cou, défaites ses vêtements pour le caresser et le dorloter pendant que vous le nourrissez.

Calmez votre enfant. Le bébé qui pleure a du mal à prendre un bon repas et encore plus à digérer. Chantez-lui une berceuse ou quelque chanson douce.

Réveillez bébé. Certains bébés sont assoupis lorsque l'heure du repas arrive, et vous devrez faire des efforts pour les arracher à leur sommeil et les intéresser au sein ou au biberon. Si votre tout petit est un gros dormeur, essayez les techniques de réveil que vous trouverez à la page 73.

Établissez le contact. Parlez à votre bébé et caressez-le avec vos mains, vos yeux, votre voix. Souvenez-vous que le moment du repas ne sert pas qu'à alimenter bébé : il est aussi l'occasion de lui prodiguer tout votre amour.

N'oubliez pas les rots. Avant de passer au second sein ou lorsque la bouteille est à moitié vide, faites faire un rot à votre bébé. Faites aussi passer un rot si votre enfant semble vouloir cesser de boire prématurément : ce pourraient être des gaz, et non la nourriture, qui remplissent l'estomac de bébé.

---

ment. Si l'ajustement du collet ne corrige pas le flux de liquide, le problème vient sans doute de l'ouverture de la tétine. Si le lait coule trop vite, l'ouverture est trop grande. Vous pouvez faire bouillir la tétine de caoutchouc pour réduire la grandeur des trous, mais si cela ne fonctionne pas, vous mettrez celle-ci de côté jusqu'à ce que bébé soit plus âgé et vous la remplacerez par une tétine munie de trous plus petits. Si le flux de lait est trop lent, l'ouverture de la tétine est trop petite. À moins qu'elle ne soit en silicone, vous pouvez l'agrandir en piquant le bout avec une épingle à couche ou avec une aiguille à coudre à large diamètre dont vous aurez chauffé la pointe, ou en y enfonçant un cure-dents rond en bois et en faisant bouillir la tétine pendant cinq minutes. Vous pouvez aussi faire un nouveau trou.

■ Facilitez-vous la tâche pour les boires de nuit en investissant dans un porte-biberon qui s'installe près du lit de bébé pour garder la bouteille au froid jusqu'au moment de l'utiliser et qui en réchauffe le contenu à la température de la pièce en quelques minutes. Ou alors posez le biberon sur un lit de glace dans la chambre de bébé, prêt à servir froid ou à réchauffer sous le robinet de la salle de bains dès que votre nourrisson commencera à montrer quelque signe de faim.

CE QUI POURRAIT VOUS INQUIÉTER

BÉBÉ SAUTE DES REPAS

«Le docteur dit que je devrais nourrir mon bébé toutes les trois ou quatre heures, mais il arrive que je ne l'entende pas avant cinq ou six heures. Devrais-je le réveiller?»

Certains bébés sont parfaitement heureux de dormir à l'heure des repas, particulièrement durant les quelques premiers jours de leur jeune vie. Si le vôtre est l'un de ceux-là, essayez cette technique de réveil quand arrive le temps de boire : placez-le en position assise sur vos genoux, une main soutenant son menton, l'autre supportant son dos. Maintenant, penchez bébé vers l'avant au niveau de la taille. Dès qu'il remue, mettez-vous en position de le nourrir. S'il se rendort avant que vous n'ayez eu la chance de commencer à l'alimenter, répétez les mêmes gestes une autre fois. Essayez aussi de lui enlever ses langes, et même tous ses vêtements, sauf sa couche (les très jeunes bébés n'aiment pas beaucoup être nus). Essayez de le changer de couche, de masser le dessous de son menton avec vos doigts, de chatouiller ses pieds, de lui faire faire un rot.

Si votre bébé se réveille, attrape le mamelon ou la tétine, et se rendort aussitôt, taquinez-le avec le sein ou la bouteille, caressez-lui la joue, changez-le de position ou modifiez la vôtre pour l'inciter à recommencer à téter. Vous devrez peut-être taquiner bébé à plusieurs reprises, pendant toute la période du repas, pour réussir à le nourrir adéquatement; certains jeunes bébés tètent et sommeillent en alternance, du début à la fin de leur boire. Si vous ne réussissez pas à lui faire reprendre la tétée, essayez quelques-unes des techniques de réveil mentionnées plus haut. Si rien n'y fait, laissez rêver votre petit endormi un peu plus longtemps. La faim finira bien par le tirer du sommeil.

Il vaut mieux le laisser dormir s'il retourne au pays des rêves après un petit apéritif et que vos efforts pour le faire téter ont échoué. Peut-être ne désirait-il qu'un goûter de 5 minutes? Toutefois, il ne serait pas bon de laisser votre bébé faire la sieste à des intervalles de 15 ou 30 minutes tout au long du jour. Si la situation se présente ainsi, tâchez de le réveiller dès qu'il s'assoupit au milieu de son boire, et de lui faire prendre un repas complet avant qu'il ne succombe à la tentation de se rendormir.

Si son sommeil semble chronique au point de compromettre son alimentation et que vous craignez que son bien-être finisse par s'en ressentir, consultez votre médecin.

BÉBÉ NE DORT PAS APRÈS LES REPAS

«J'ai peur que mon bébé ne devienne un petit réactionnaire. Presque tout de suite après l'avoir déposé dans son lit pour qu'il dorme, il se remet à pleurer pour manger.»

Votre enfant pourrait devenir sujet à l'obésité si vous le nourrissez encore après qu'il ait ingurgité un repas complet. Les bébés pleurent pour d'autres raisons que la faim, et peut-être interprétez-vous mal ses plaintes. Dites-vous qu'il peut simplement éprouver quelque difficulté à s'endormir profondément. Si vous lui donnez l'occasion de se débrouiller tout seul pendant quelques minutes, il pourrait régler son problème lui-même. Peut-être n'est-il pas encore prêt à s'endormir et cherche-t-il seulement une présence ou un peu de divertissement? Essayez de communiquer avec lui. Peut-être a-t-il de la difficulté à se calmer? Aidez-le en le berçant ou en pratiquant une technique de relaxation. Votre bébé pourrait aussi être incommodé par des gaz. Si c'était le cas, un surplus de nourriture ne ferait qu'aggraver cet état. Tentez de lui faire faire un rot en le plaçant sur vos genoux ou en l'appuyant sur votre épaule et en lui frottant le dos doucement. (Répétez ces gestes fréquemment pendant les boires.) Le problème pourrait aussi dépendre de la façon dont vous le placez dans sa couchette (voir page 149 pour des trucs ou pour savoir comment coucher un bébé pour qu'il reste endormi). Peut-être est-ce seulement temporaire; votre bébé traverse possiblement une poussée de croissance et a besoin de manger un peu plus.

Si vous offrez plus de nourriture à votre enfant chaque fois qu'il pleure à la fin d'un repas (même lorsqu'il n'est pas réellement affamé) non seulement aura-t-il tendance à l'embonpoint, mais encore pourrait-il prendre l'habitude de grignoter à toute occasion, manie dont il aurait du mal à se défaire plus tard.

Assurez-vous toutefois que votre bébé prend du poids à un rythme normal. Sinon, ce peut être signe de faim, ce qui suppose que vous ne produisez pas assez de lait. Voir page 124 pour savoir ce qu'il faut faire quand votre enfant ne prend pas suffisamment de poids.

SON POIDS À LA NAISSANCE

«Toutes mes amies ont eu des bébés qui pesaient 3,5 à 4 kg (8 à 9 lb) à la naissance. Le mien pesait à peine 3 kg (6,5 lb) et il est né à terme. Il est tellement petit!»

Les bébés en santé arrivent dans des formats différents : longs et minces, gros et trapus, menus et délicats. Un enfant né à terme et dont le poids se situe sous les 2,5 kg (5,5 lb) n'a peut-être pas été bien nourri pendant la gestation, ou alors sa croissance a pu être compromise (pour des raisons inconnues et incontrôlables, ou parce que la mère buvait, fumait ou prenait des drogues), mais celui de 3 kg (6,5 lb) peut être tout aussi vigoureux qu'un gros bébé de 4 kg (9 lb).

Plusieurs facteurs peuvent affecter le poids d'un nouveau-né, en voici quelques-uns :

La diète de la mère durant la grossesse. Peu ou trop peu de nourriture adéquate peut contribuer à former un tout petit bébé; trop de nourriture produira l'effet contraire.

Le gain de poids de la mère durant la grossesse. Un gain de poids plus important chez la maman peut produire un plus gros bébé. Si ce poids est le résultat de mauvaises habitudes alimentaires, de «junk food», le bébé pourrait naître tout petit alors que la mère ferait de l'embonpoint.

Le style de vie de la mère en période prénatale. L'habitude de fumer, de boire ou de consommer des drogues ou des médicaments peut entraver la croissance du foetus.

La santé de la mère. Le diabète mal contrôlé (même le diabète de grossesse) peut être responsable de la naissance d'un bébé trop gros. La toxémie (prééclampsie ou éclampsie) ou un placenta inadéquat peuvent compromettre la croissance du foetus et produire un nouveau-né trop petit.

Le poids de la mère avant la grossesse. En général, les femmes fortes donnent naissance à des enfants plus lourds, et les femmes délicates, à des enfants plus légers.

Le poids de la mère à sa naissance. Si la maman pesait 3,2 kg (7 lb) lors de sa naissance, il y a de bonnes chances que son premier enfant naisse à ce poids. Les bébés que nous mettons au monde sont souvent du même modèle que nous.

Les gènes. Les parents grands et forts ont généralement des enfants grands et forts. Quand la mère est petite et que le père est costaud, le bébé a plus de chances de naître petit, car la Nature cherche toujours à minimiser les souffrances de l'accouchement. Si le bébé est génétiquement destiné à ressembler à son père, de rapides poussées de croissance durant la première année (et plus tard) compenseront le petit poids de la naissance.

Le sexe de bébé. En moyenne, les garçons ont tendance à naître un peu plus lourds et plus grands que les filles.

L'ordre de naissance. Les premiers-nés sont souvent plus petits que les cadets.

Le nombre de foetus. Les enfants issus d'une grossesse multiple sont, en général, moins lourds que ceux d'une grossesse simple.

La race. Les bébés orientaux, noirs ou indiens sont généralement plus petits à la naissance (bien que les différences entre bébés blancs et bébés noirs puissent bien plus provenir des conditions socioéconomiques que de la race; les enfants noirs de classe moyenne pèsent, à la naissance, à peu près le même poids que les enfants blancs de la même classe).

FAIRE CONNAISSANCE

«J'ai dû subir une césarienne d'urgence et mon bébé était déjà en route pour l'unité de soins intensifs avant que j'aie eu la chance de le voir. J'ai peur que cela n'affecte notre relation.»

Communiquer dès la naissance : voilà une idée qui a fait son chemin et… son temps. La théorie selon laquelle la relation mère-enfant est meilleure quand ils passent 16 des 24 premières heures de bébé ensemble, à faire tendrement connaissance, a été proposée dans les années 1970. Bien que des recherches récentes n'aient rien démontré à cet effet, et que même ceux et celles qui ne juraient que par cette théorie soutiennent maintenant que cette notion a été galvaudée, elle continue d'être populaire.

Les conséquences sont diverses. D'un côté, plutôt que d'expédier le nouveau-né à la pouponnière dès que le cordon ombilical a été coupé, plusieurs hôpitaux permettent maintenant aux nouvelles mamans (et souvent aux papas) de prendre leur bébé dans leurs bras juste après la naissance, pour le caresser et l'allaiter, et ce, pour une période de 10 à 60 minutes. Cette rencontre donne à la mère et à son enfant une chance de faire connaissance tôt, peau contre peau, les yeux dans les yeux, ce qui représente un changement positif. D'un autre côté, bien des mères ont subi un accouchement chirurgical ou un traumatisme vaginal lors du passage de bébé; le nouveau-né de bien d'autres exigeait des soins spéciaux; par conséquent, ces nouvelles mamans n'ont pas pu tenir leur

enfant dans leurs bras tout de suite après la naissance, et elles sont portées à croire qu'elles ont manqué l'unique chance d'établir une relation privilégiée avec leur rejeton. Certaines personnes deviennent tellement obsédées par la nécessité d'établir un contact immédiat avec leur nouveau-né, qu'elles l'exigent, même au risque de la santé de leur bébé.

Plusieurs experts rejettent absolument la possibilité qu'une réelle communication entre parents et enfants puisse s'établir dès la naissance. Ils croient que le nouveau-né est une créature trop primitive pour communiquer instantanément avec qui que ce soit. Il se passe normalement une semaine ou deux avant qu'un bébé puisse reconnaître sa maman, peu importe qu'elle ait établi ou non un contact immédiat avec lui à la naissance. Bien que, de son côté, la maman ne soit pas trop primitive pour s'attacher à son bébé dès les premiers instants, plusieurs raisons peuvent faire qu'elle ne se sent pas prête à cette rencontre : l'épuisement dû à un travail long et à un accouchement difficile, l'engourdissement dû à la médication, la douleur due aux contractions ou à une épisiotomie, ou simplement le manque de préparation à l'expérience de la maternité. De plus, rien ne montre vraiment qu'un attachement mère-enfant doive être fermement établi (ou qu'il doive même commencer) dès le premier jour de la vie de bébé. Certaines gens croient même que cet attachement ne se produira réellement que durant la seconde moitié de la première année.

L'apprivoisement mutuel, dès la naissance, peut certes constituer une facette de l'attachement mère-enfant, mais ce n'en est que le commencement. Ce début pourrait aussi bien se produire quelques heures après la naissance, sur un lit d'hôpital, ou à travers la paroi d'un incubateur, voire des semaines plus tard, à la maison. Quand vos parents sont venus au monde, il y a de fortes chances qu'ils aient à peine entrevu leur mère (et encore moins leur père) avant leur arrivée à la maison (habituellement 10 jours après la naissance). La grande majorité des «dégénérés» de cette génération a pourtant grandi avec de fortes attaches filiales et familiales. Les mères qui ont eu la chance de nouer des liens avec l'un de leurs enfants dès l'instant de sa naissance et qui n'ont pas pu profiter de cette même chance avec un autre enfant ne notent généralement aucune différence entre l'amour qu'elles portent à l'un et celui qu'elles éprouvent pour l'autre. Que dire des parents adoptifs, qui ne rencontrent leurs futurs enfants qu'à leur sortie de l'hôpital (parfois même beaucoup plus tard) et qui réussissent à susciter chez eux des liens filiaux très forts?

L'amour qui dure toute une vie ne s'installe pas de façon magique en quelques heures, ou même en quelques jours. Les premiers moments après la naissance peuvent devenir des souvenirs mémorables pour certains, mais pour d'autres, ils peuvent évoquer des déceptions qu'ils préféreraient oublier derechef. De toute façon, ces moments ne marqueront pas de façon indélébile le caractère et la qualité de votre future relation avec votre enfant.

Le processus complexe de la relation parent-enfant s'instaure pour les adultes durant la grossesse, lorsqu'ils commencent à éprouver des sentiments et à adopter certaines attitudes par rapport à l'enfant à naître. Cette relation ne cesse d'évoluer et de se transformer pendant la petite enfance, l'enfance et l'adolescence, et même au cours de la vie adulte. Alors ne vous inquiétez pas inutilement : vous aurez tout le temps de nouer cette relation qui vous liera à jamais à votre enfant.

«J'ai entendu dire que de communiquer avec son enfant dès l'instant de sa naissance faisait que maman et bébé se sentaient plus près l'une de l'autre. J'ai tenu mon nouveau-né dans mes bras pendant près d'une heure immédiatement après l'accouchement, mais il m'est apparu comme un pur étranger, et c'est toujours le cas trois jours plus tard.»

L'amour au premier regard est une idée que l'on rencontre abondamment dans les romans et au cinéma, mais il se matérialise rarement dans la vie réelle. L'amour qui dure toujours se développe et grandit avec le temps, beaucoup d'attention et énormément de patience. Ce principe se vérifie autant pour l'amour entre un nouveau-né et ses parents que pour l'amour entre un homme et une femme.

Le rapprochement physique entre la mère et son enfant, immédiatement après la naissance, ne garantit pas (malgré ce que les garants de «la rencontre à la naissance» peuvent vous en dire) un rapprochement émotif instantané. Ces moments très particuliers du début du postpartum ne baignent pas automatiquement dans le rayonnement de l'amour maternel. En fait, la première chose qu'éprouve une femme après l'accouchement, est un sentiment de délivrance, bien plus que d'amour : elle se sent soulagée que son bébé soit normal et, surtout si l'accouchement a été difficile, que ce moment soit enfin passé. Il n'est pas du tout inhabituel qu'une nouvelle maman voie en ce petit être braillard et asocial un pur étranger qui ne ressemble en rien à l'image idéale qu'elle a chérie pendant neuf mois, et reste froide à sa présence soudaine. Une étude a montré que les nouvelles mères mettent en moyenne deux semaines (et souvent même jusqu'à neuf semaines) à commencer à éprouver des sentiments positifs face à leur nouveau-né.

La réaction d'une mère à sa rencontre avec son bébé peut dépendre de plusieurs facteurs : la longueur et l'intensité des contractions, ses expériences précédentes (ou leur absence) avec d'autres enfants, ses sentiments à l'idée de mettre un enfant au monde, la nature de sa relation avec son conjoint, les préoccupations de tous ordres, l'état général de sa santé, et, sans doute le plus important de ces facteurs, sa personnalité.

Votre réaction est normale pour *vous*. Tant et aussi longtemps que vous vous sentirez plus à l'aise avec votre enfant et plus attachée à lui à mesure que passeront les jours, vous pouvez vous rassurer : les meilleures relations peuvent démarrer très lentement. Donnez-vous une chance (à vous et à votre rejeton) de vous connaître et de vous apprécier, et laissez grandir l'amour entre vous, sans chercher à rien précipiter.

Si vous ne sentez pas que votre relation évolue dans le sens de l'affection mutuelle après quelques semaines, ou si vous vous sentez irritée et que vous éprouvez une réelle antipathie pour votre bébé, parlez-en à votre pédiatre. Il est absolument nécessaire de tout tenter pour vous débarrasser de ces sentiments négatifs le plus tôt possible, pour empêcher que les dommages qu'ils pourraient causer à votre relation ne s'incrustent des années durant.

COHABITER

«L'idée de vivre dans la même chambre que mon bébé me semblait paradisiaque avant mon accouchemement. À présent, je dirais plutôt que c'est l'enfer : mon bébé n'arrête pas de pleurer. Mais quel genre de mère aurai-je l'air d'être si je demande à l'infirmière de le garder à la pouponnière?»

Vous êtes humaine, c'est tout. Vous venez à peine de donner la vie, et vous vous préparez à relever un plus grand défi encore : éduquer un enfant. Votre besoin de repos entre ces deux tâches n'a rien de déshonorant : il n'y a pas lieu de vous sentir coupable.

Bien sûr, certaines femmes réussissent sans difficulté la cohabitation. Elles ont probablement vécu des accouchements plus excitants qu'épuisants, ou elles ont eu la chance de vivre d'autres expériences du genre, personnellement ou par le biais d'autres femmes. Pour ces femmes, un enfant inconsolable à trois heures du matin n'est pas un cauchemar non plus. Pour celle qui n'a pas dormi depuis 48 heures, qui a été accablée par un travail long et pénible et qui n'a jamais entendu parler des bébés que dans les publicités télévisées de couches, la situation peut laisser songeuse : «Pourquoi donc ai-je voulu avoir un enfant?»

Vous risquez de développer du ressentiment envers votre bébé si vous vous laissez aller à jouer les martyres; votre enfant est aussi capable de percevoir ces mauvais sentiments. Si, au contraire, vous laissez votre bébé à la pouponnière entre les boires de nuit, vous serez tous les deux plus disponibles pour faire connaissance après une bonne nuit de repos. Le matin est le moment idéal pour profiter de l'un des avantages de la cohabitation diurne : c'est votre chance d'apprendre à soigner votre nouveau-né dans un environnement sécuritaire avec des personnes-ressources à proximité pour vous assister et vous donner de bons conseils. Même si vous avez choisi la compagnie de votre poupon toute la journée, il n'est pas défendu de demander de l'aide lorsque vous en ressentez le besoin. Le personnel de l'hôpital est là pour ça.

La nuit qui suivra, essayez de garder votre bébé avec vous et voyez comment vont les choses : vous pourriez être étonnée. Si vous sentez que vous avez besoin de repos, n'hésitez pas à profiter de la pouponnière encore une fois. La cohabitation à temps plein est une merveilleuse option, mais pas nécessairement pour chacune de nous. Vous n'avez *pas* échoué et vous n'êtes pas une mauvaise mère, si vous n'avez pas apprécié cette expérience, ou si vous vous sentez trop fatiguée pour cohabiter. Ne vous laissez pas influencer si ce n'est pas ce que vous désirez. Une fois que vous avez décidé d'essayer, vous avez encore le droit de changer d'idée et d'opter pour du temps partiel.

Soyez flexible. Préoccupez-vous de la qualité des moments que vous passez avec votre bébé à l'hôpital, plutôt que de leur quantité. La cohabitation jour et nuit commencera bien assez tôt à votre retour à la maison. De nos jours, les hôpitaux donnent leur congé de plus en plus rapidement aux nouvelles mamans et à leurs nourrissons, sachez profiter de ces quelques heures de sursis. D'ici là, si vous ne vous fatiguez pas trop, vous devriez être en mesure, émotivement et physiquement, de faire face à votre nouveau rôle.

BÉBÉ NE MANGE PAS ASSEZ

«Il y a deux jours que j'ai donné naissance à mon bébé, et rien ne sort de mes seins lorsque je les presse, même pas le colostrum. J'ai peur qu'il ne meure de faim.»

Non seulement votre bébé ne meurt pas de faim, mais il n'a même pas encore éprouvé le besoin de manger. Les bébés ne naissent pas affamés, ni avec l'envie de manger. Au moment où votre bébé commencera à se sentir prêt pour une bonne tétée, habituellement vers le troisième ou quatrième jour de postpartum, vous serez certainement en mesure de le satisfaire. (Occasionnellement, et particulièrement pour celles qui accouchent pour la deuxième fois, le lait maternel arrive plus tôt. Il est assez rare que le lait ne monte que le septième jour. Mais si cela se présente, le pédiatre peut recommander de donner un peu de préparation lactée à bébé après chaque tétée, par simple mesure de précaution.)

Cela ne veut pas dire que vos seins sont vides. Le colostrum (qui fournit à bébé la nourriture dont il a besoin à ce moment précis et les anticorps importants que son organisme ne produit pas encore, tout en aidant à vider son système digestif du méconium et des excès de mucus) est presque certainement présent, bien qu'en toute petite quantité (la moyenne des premiers boires est de moins de 2,5 ml [0,5 c. à thé]; au troisième jour, elle passera à moins de 55 ml [3 c. à table] par repas, pour 10 repas). Tant que vos seins n'ont pas commencé à gonfler et à se remplir pourtant, indiquant la première montée de lait, il n'est pas si facile d'en exprimer manuellement. Pour certaines femmes, ce ne le sera jamais. Même un bébé d'un seul jour, sans expérience préalable, est mieux équipé que vous pour extraire le colostrum de votre poitrine.

BÉBÉ DORT TOUT LE TEMPS

«Mon nouveau-né semblait très éveillé tout de suite après sa naissance, depuis il dort si profondément, que je peux difficilement le réveiller pour boire, encore moins pour communiquer avec lui.»

Vous avez attendu neuf longs mois pour connaître votre bébé; maintenant qu'il est là, tout ce qu'il sait faire, c'est dormir. Il ne fait cependant que ce qui lui vient naturellement. Un éveil total pendant la première heure suivant la naissance, suivi d'un long sommeil (souvent 24 heures d'affilée) très profond, est normal pour un nouveau-né (cela lui donne sans doute la chance de reprendre des forces après le travail épuisant qu'a exigé de lui sa venue au monde).

Ne vous attendez pas à ce que bébé devienne d'une compagnie très stimulante immédiatement après être sorti de ce long sommeil réparateur. Pendant les premières semaines, ses périodes de sommeil (d'une durée de deux à quatre heures) se termineront abruptement par des pleurs. Il voudra manger alors qu'il sera encore dans un état de demi-sommeil, et retombera endormi lorsque rassasié. Il fera peut-être même une petite sieste en tétant, et vous devrez secouer le mamelon dans sa bouche pour qu'il continue à boire. Il tombera finalement profondément endormi, tout en exécutant quelques petits mouvements de succion au moment où vous retirerez le sein de sa bouche.

Il ne sera réellement éveillé que pendant trois minutes de chaque heure durant la journée, et moins encore (enfin c'est à espérer) la nuit. Ainsi bébé aura à peu près une heure par jour pour communiquer socialement. Il n'est pas assez développé pour bénéficier de plus longues périodes d'éveil; ses périodes de sommeil, particulièrement de sommeil paradoxal (de rêve) l'aident apparemment à mûrir. Graduellement, ses périodes d'éveil s'allongeront. Dès la fin du premier mois, la plupart des bébés restent éveillés pendant deux ou trois heures chaque jour, et, surtout en fin d'après-midi, pendant une période plus longue que les autres. Certaines de leurs siestes, plutôt que de durer de deux à trois heures, pourront s'étirer jusqu'à six heures, six heures et demie.

D'ici là, vous pouvez vous attendre à de la contrariété si vous espérer apprendre à connaître rapidement votre bébé. Plutôt que d'attendre, penchée au-dessus de sa couchette, que bébé se réveille enfin pour que vous puissiez jouer avec lui, profitez de son sommeil pour vous reposer de votre côté. Vous en aurez besoin pour les jours (et les nuits) à venir, quand bébé sera sans doute plus éveillé que vous ne le souhaiteriez.

LES MÉDICAMENTS ANALGÉSIQUES

«J'ai ressenti de vives douleurs après ma césarienne, surtout au niveau de l'incision. Mon obstétricien m'a prescrit des médicaments pour calmer ces symptômes, mais j'ai peur, en les prenant, qu'ils ne passent dans mon lait et n'affectent mon bébé.»

Vous feriez plus de tort à votre bébé si vous vous absteniez de prendre ces médicaments. La fatigue et les tensions des douleurs postcésariennes ne feraient qu'entraver votre capacité d'établir une bonne relation d'allaitement avec votre bébé (vous devez être détendue) et compromettre votre production de lait (vous devez être reposée). De toute façon, les traces du médicament n'apparaîtront dans le colostrum qu'en minuscules quantités. Lorsque surviendront vos premières montées de lait, vous n'aurez probablement plus besoin de médicaments analgésiques. Votre bébé, qui en aura reçu une très petite dose, dormira comme un loir, sans en être affecté de quelque façon que ce soit.

BÉBÉ N'EST PAS BEAU

«Les gens me demandent à qui ressemble notre bébé. Ni mon conjoint ni moi n'avons une tête pointue, des yeux bouffis, des oreilles en portes de grange et un nez de boxeur. Quand notre enfant changera-t-il d'aspect?»

Les bébés que l'on voit dans les publicités télévisées sont toujours âgés d'au moins deux ou trois mois (même lorsqu'on veut représenter un nouveau-né) pour une excellente raison : la plupart des bébés naissants ne sont pas ce qu'il y a de plus photogéniques. Même si l'amour que les parents portent à leurs enfants les rend souvent aveugles, il est difficile de ne pas remarquer les multiples imperfections que présentent les nouveau-nés. Heureusement, la plupart des caractéristiques qui les empêchent aujourd'hui de prendre la vedette des films et des commerciaux de couches ne sont que temporaires.

L'allure que vous décriviez plus haut n'est pas l'héritage de quelque lointain parent : elle est le résultat du séjour de bébé dans votre utérus, de son passage houleux à l'intérieur de votre bassin osseux et du traumatisme final dans le vagin étroit au moment de la naissance.

Sans la miraculeuse faculté qu'ont les os du crâne du foetus de ne pas se souder trop vite, ce qui leur permet de s'ajuster à mesure que bébé amorce sa descente, il y aurait plus d'accouchements chirurgicaux. Alors soyez reconnaissante à la petite tête pointue qui est apparue à la sortie de votre vagin, et soyez certaine que le crâne de bébé se replacera tout aussi miraculeusement pour retrouver sa belle rondeur dans quelques jours!

L'enflure autour des yeux de votre enfant est aussi due, du moins en partie, à la bataille qu'il a livrée lors de son fantastique voyage vers le monde extérieur. (Un autre facteur a pu contribuer à ce gonflement des yeux : ce sont les gouttes de nitrate d'argent qui servent à prévenir les infections mais qui peuvent avoir un effet irritant.) Certains prétendent que ce boursouflement constitue une protection naturelle pour les nouveau-nés, dont les yeux sont exposés à la lumière pour la première fois. L'inquiétude que les yeux enflés n'empêchent bébé de bien apercevoir mère et père et ne compromettent par le fait même leurs relations n'est pas fondée. Bien qu'il ne soit pas capable de distinguer qui est qui, le nouveau-né peut tout voir en flou à sa naissance, même avec des yeux enflés.

Les oreilles trop proéminentes sont sans doute un autre effet du séjour de bébé dans votre utérus. Comme le foetus se déve-loppe pour se trouver de plus en plus à l'étroit dans la douillette poche amniotique (amnios) de sa maman, l'oreille est sans cesse poussée vers l'avant, et il ne faut pas vous étonner qu'elle reste dans cette position quelque temps après la naissance. Tout ceci est temporaire. Vous vous acharneriez inutilement à essayer de la recoller, disent les experts, et le pansement pourrait causer de l'irritation. Vous pouvez tout de même contribuer à son retour à la normale, en vous assurant que l'oreille est parallèle à la tête lorsque vous placez bébé sur son matelas. Évidemment, il y a des oreilles qui sont génétiquement destinées à rester plus ou moins écartées des côtés de la tête. Les cheveux pourront éventuellement aider à camoufler ce petit problème esthétique, et pour ceux qui veulent y remédier définitivement, une chirurgie plastique très simple reste toujours possible. (N'allez cependant pas croire que ce soit un handicap sérieux, pensez à Geneviève Bujold, par exemple.)

Le nez épaté est fort probablement le résultat d'une pression trop forte au moment de l'accouchement, et devrait revenir à la normale tout naturellement. Parce que les nez des bébés diffèrent tellement de ceux des adultes (l'arête est large, presque non existante; la forme, indéterminée), il faudra encore du temps avant que vous ne puissiez voir quelle sorte de nez aura votre bébé.

LA COULEUR DES YEUX

«J'espérais que mon bébé ait les yeux verts comme ceux de mon compagnon, mais ils sont plutôt d'un gris-bleu sombre. Y a-t-il des chances pour que leur couleur change?»

La devinette favorite des couples pendant la grossesse : «Est-ce que ce sera une fille ou un garçon?» est remplacée, durant les premiers mois de bébé, par : «De quelle couleur seront ses yeux?»

Il est définitivement trop tôt pour le dire maintenant. La plupart des bébés occidentaux viennent au monde avec des yeux bleu foncé ou bleu ardoise; les Noirs et les Orientaux ont les yeux sombres, bruns le plus souvent. Alors que les yeux sombres des enfants à la peau foncée resteront sombres, la couleur des yeux des bébés blancs peut varier à plusieurs reprises (ce qui rend le pari plus intéressant) avant d'adopter une teinte définitive aux environs de trois à six mois, ou même plus tard. Comme la pigmentation de l'iris peut continuer à se transformer au cours de la première année, vous ne saurez probablement pas dire exactement la couleur des yeux de votre enfant avant son premier anniversaire.

BÉBÉ TOUSSE ET SUFFOQUE

«Quand on m'a apporté mon bébé ce matin, il toussait et suffoquait, et puis, il a craché une substance liquide. Je ne l'avais pas encore nourri, alors il ne pouvait pas régurgiter du lait. Qu'est-ce qui ne va pas?»

Votre bébé a passé neuf mois dans un environnement liquide. Il ne respirait pas d'air, mais il ingurgitait de grandes quantités de liquide. Bien qu'une infirmière ou un médecin ait dû nettoyer ses voies respiratoires quelques instants après sa naissance, il est possible que du mucus ou du liquide soit resté dans les poumons de votre enfant, et que sa toux actuelle soit sa façon à lui de se débarrasser de ces résidus.

BÉBÉ SURSAUTE SOUVENT

«J'ai peur que le système nerveux de mon enfant ne présente de sérieux problèmes. Même lorsqu'il dort, il a des sursauts qui m'inquiètent.»

En tenant pour acquis que votre bébé n'a pas pu faire d'abus de café noir, les sursauts dont vous parlez sont sans doute dus au réflexe de sursaut dont nous avons déjà parlé. Également connu sous le nom de réflexe de Moro, il peut se produire pour des raisons évidentes, plus fréquemment chez certains bébés, le plus souvent en réponse à un bruit très fort, à une secousse soudaine, ou à une sensation de chute, comme lorsqu'un jeune enfant est soulevé sans soutien adéquat. Le bébé contracte alors tout son corps, écarte les bras symétriquement en les étirant vers le haut, ouvre très grand ses petits poings, relève les genoux et finalement ramène ses bras, les poings serrés comme à l'habitude, près de son corps, dans un mouvement d'enlacement, tout cela en l'espace de quelques secondes. Il peut aussi se mettre à pleurer. Le réflexe de Moro est l'un des multiples réflexes d'autoprotection avec lesquels les bébés viennent au monde, une sorte d'instinct primitif qui les pousse à retrouver l'équilibre perdu.

Alors que de tels soubresauts inquiètent souvent les parents, les pédiatres s'inquiètent pour leur part davantage de leur absence. Tous les nouveau-nés sont soumis à un test de routine visant à vérifier ce réflexe dont la présence signale que le système neurologique des bébés fonctionne correctement. Vous vous apercevrez que votre bébé perdra graduellement ce réflexe qui disparaîtra complètement entre quatre et six mois. (Votre bébé peut bien sûr sursauter occasionnellement à tous les âges, mais ses réactions ne seront pas les mêmes.)

UN MENTON QUI TREMBLE

«Quelquefois, spécialement lorsqu'il a pleuré, le menton de mon bébé tremble.»

Bien que le tremblement du menton de votre enfant puisse ressembler à une autre de ses astuces pour faire vibrer vos cordes sensibles, il s'agit, en réalité, d'un signe que son système nerveux, tout comme celui de tous les bébés de son âge, n'est pas complètement au point. Accordez-lui l'attention qu'il désire et amusez-vous de ce menton fébrile pendant que cela dure, car cela ne durera pas très longtemps.

TACHES DE NAISSANCE

«La première chose que j'ai remarquée sur mon bébé, après m'être rendu compte que c'était une fille, c'est une marque rouge clair sur sa cuisse. Est-ce que cette tache de naissance disparaîtra un jour?»

Bien avant que votre enfant ne décide de porter son premier bikini, cette marque framboise — comme le sont la plupart des taches de naissance — ne sera plus qu'un souvenir du passé. Il est vrai que lorsqu'on regarde une tache de naissance sur un nouveau-né, ça peut sembler difficile à croire! Il arrive que la marque grandisse un peu avant de s'estomper, et il arrive aussi parfois qu'on ne la retrouve même pas quelque temps après la naissance. Lorsqu'elle commence à rapetisser ou à disparaître, on peut difficilement noter le changement graduel. Pour cette raison, plusieurs médecins prennent la peine de photographier et de mesurer les taches de naissance régulièrement. Si le pédiatre de votre enfant ne le fait pas, vous pouvez mesurer la tache de naissance de votre bébé vous-même : cela peut vous rassurer.

Les marques de naissance varient en formes, en couleurs, et en textures, et on les classe habituellement comme suit :

Hémangiome framboise. Cette tache de naissance douce, un peu soulevée et de couleur framboise, aussi petite qu'une tache de rousseur ou aussi grande qu'un sous-verre, se compose de tissus vasculaires immatures qui se sont échappés du système circulatoire durant le développement du foetus. Elle peut se remarquer dès la naissance ou apparaître soudainement au cours des premières semaines de vie. C'est une marque courante qu'un bébé sur 10 risque de présenter. Ces taches framboises peuvent grossir pendant quelque temps, mais elles s'estomperont éventuellement jusqu'à devenir gris perle. Elles finissent presque toujours par disparaître complètement entre cinq et 10 ans. Quoique certains parents soient tentés de demander que ces taches soient traitées lorsqu'elles sont très visibles (surtout dans la figure), il est préférable de les laisser ainsi, à moins qu'elles ne continuent de s'agrandir ou qu'elles n'entravent une fonction vitale, comme la vision. Les traitements peuvent entraîner plus de complications qu'une approche conservatrice voulant qu'on laisse le temps faire son oeuvre.

Si le médecin de votre enfant est d'avis que le traitement est souhaitable, plusieurs options sont à envisager. La plus simple consiste en compresses et en massages, qui semblent hâter l'involution des taches. Il existe des formes de thérapie plus agressives comme l'administration de stéroïdes, la chirurgie, les ultraviolets ou le laser, la cryothérapie (qui consiste à geler la marque avec de la glace sèche), et les injections d'agents sclérosants (comme ceux qui servent au traitement des varices). Beaucoup d'experts croient que pas plus de 0,1 p. cent de ces taches de naissance nécessitent des thérapies aussi radicales. D'ordinaire, lorsqu'un hémangiome framboise déjà réduit par le temps ou par des traitements laisse des traces ou des cicatrices, la chirurgie plastique peut l'éliminer.

Il peut arriver qu'une tache framboise se mette à saigner, de façon spontanée ou parce qu'on l'a heurtée par inadvertance. Il suffit d'une pression du doigt pour calmer le flux de sang.

Hémangiome caverneux. Cette tache est moins courante que l'hémangiome framboise : seulement un ou deux bébés sur 100 en sont atteints. Souvent combiné au type framboise, cet hémangiome se compose d'éléments vasculaires plus gros, plus mûrs, et met en cause des couches de peau plus profondes. La masse grumeleuse, habituellement bleue ou d'un rouge bleuâtre, avec des bords moins distincts que les taches framboises, peut paraître presque plate au début. Elle grossit rapidement au cours des six premiers mois, puis plus lentement durant les six mois suivants. Entre 12 et 18 mois, elle commence à diminuer. Un bon 50 p. cent des hémangiomes caverneux ont disparu à l'âge de cinq ans, 70 p. cent à sept, 90 p. cent à neuf ans, et 95 p. cent avant que l'enfant n'ait atteint l'âge de 10 ou 12 ans. Le plus souvent, aucune marque ne perdure, mais il se peut qu'une mince cicatrice persiste à l'occasion. Les traitements potentiels ressemblent à ceux de l'hémangiome framboise.

Tache saumon ou naevus simplex. Ce sont les morsures de la cigogne (stork bites). Ces pastilles couleur saumon peuvent apparaître sur le front, sur la paupière supérieure, et autour du nez et de la bouche, mais on les remarque le plus souvent sur la nuque (c'est à cet endroit que la cigogne tenait le bébé qu'elle transportait). Elles deviennent invariablement plus claires au cours des deux premières années, et ne sont visibles que lorsque l'enfant pleure ou s'excite. Étant donné que plus de 95 p. cent de ces lésions disparaissent complètement, ces taches de naissance causent moins d'inquiétudes esthétiques que les autres.

Tache de vin ou naevus flammeus. Ces marques pourpres, qui peuvent apparaître n'importe où sur le corps, se composent de vaisseaux capillaires mûrs dilatés. À la naissance, ce sont de petites lésions roses ou rougeâtres, à peine soulevées. Bien qu'elles puissent s'estomper légèrement, ces taches sont permanentes. Des crèmes cosmétiques à l'épreuve de l'eau peuvent les couvrir; vers l'âge de 13 ans, un traitement au laser peut les faire disparaître. Il peut arriver, mais rarement, que ces lésions soient associées à la croissance excessive du tissu sous-jacent ou des os, ou, lorsqu'elles se trouvent dans la figure, à une anomalie du développement cérébral. Demandez à votre médecin de vous rassurer si vous avez des inquiétudes à ce sujet.

Tache café au lait. Ces petites marques plates sur la peau, qui peuvent varier du marron clair (café avec beaucoup de lait) au marron foncé (café avec un soupçon de lait), peuvent apparaître n'importe où sur le corps. Elles sont assez courantes, et deviennent apparentes dès la naissance ou au cours des premières années de vie, pour ne plus disparaître. Si votre enfant présente plusieurs taches café au lait (six ou plus), faites-les remarquer à votre médecin.

Tache mongoloïde. De teinte bleutée, appelées aussi taches «bleues sacrées» ou taches «mongoliques», elles sont de dimensions variables. On les observe sur les régions fessière et lombaire de certains enfants en bas âge. Les taches mongoloïdes atteignent surtout les enfants asiatiques, noirs ou de descendance indienne (neuf sur 10) mais on les observe également chez certains enfants de race blanche. Elles disparaissent spontanément après quelques années. Elles n'ont rien à voir avec le mongolisme, et sont considérées comme un phénomène tout à fait normal et dépourvu de tout inconvénient. Il arrive parfois qu'elles apparaissent tard et qu'elles persistent jusqu'à la vie adulte.

Naevus congénital pigmenté. Ce genre de grain de beauté prend parfois une teinte marron clair, ou presque noire et peut être poilu. Les petits naevi sont très courants, mais les gros «naevi géants pigmentés» sont rares et susceptibles de se transformer en tumeur maligne. On recommande souvent d'enlever les gros grains de beauté et certains autres, plus petits, qui ont une apparence douteuse, quand cela peut se faire facilement. Il est également souhaitable que les naevi qui n'ont pas été enlevés soient suivis de près par un médecin familiarisé avec leur traitement.

PROBLÈMES DE TEINT

«Mon bébé a des petits boutons blancs (milia) sur tout le visage. Est-ce qu'un brossage peut les enlever?»

La jeune maman qui s'attendait à voir arriver un bébé au teint de pêche peut se retrouver très déçue à la vue d'une petite figure criblée de minuscules points blancs, surtout autour du nez et du menton. Bébé peut aussi en être affecté sur le tronc ou les extrémités, parfois même sur le pénis. Pour ces boutons causés par l'obstruction des glandes immatures des nouveau-nés, le meilleur traitement est encore de ne pas administrer de traitement. Même si vous êtes très tentée de les pincer ou de les brosser, ne le faites pas : ils disparaîtront spontanément, habituellement en l'espace de quelques semaines.

«Je m'inquiète des boutons rouges à tête blanche sur la figure de mon bébé.»

Rares sont les bébés qui traversent la période néonatale sans affection cutanée. Votre bébé est affligé d'un érythème toxique commun aux nouveau-nés. Malgré ce

nom savant et cette apparence alarmante — bébé est couvert de taches rouges de formes irrégulières aux centres blancs —, l'érythème toxique est tout à fait bénin et ne dure pas. Il ressemble à une multitude de morsures d'insectes et disparaîtra sans traitement.

KYSTES OU TACHES DANS LA BOUCHE

«Pendant que mon bébé pleurait à fendre l'âme, j'ai aperçu quelques petits boutons blancs sur ses gencives. Est-il déjà en train de faire des dents?»

Pas la peine d'appeler les grands-parents pour leur annoncer la nouvelle. Bien que certains bébés puissent faire des dents bien avant les autres, ces petites protubérances blanches sur les gencives de votre enfant sont probablement de minuscules papilles remplies de liquide, ou des kystes. Ce genre de kyste est courant chez les nouveau-nés et disparaîtra très rapidement, laissant les gencives claires et nettes pour nombre de sourires édentés.

À la naissance, certains bébés présenteront aussi des petites taches d'un blanc jaunâtre sur le palais. Comme les kystes, ces taches sont normales, sans aucune signification médicale, et elles disparaîtront sans traitement.

LES DENTS QUI ARRIVENT TÔT

«J'ai été secouée de voir naître mon enfant avec deux dents en avant. Le médecin prétend qu'il faudra les lui extraire, et cette idée nous agace beaucoup, mon conjoint et moi.»

Il arrive de temps en temps que des bébés viennent au monde avec une dent ou deux.

Si ces dents ne sont pas bien ancrées dans les gencives, il se peut que l'on doive les extraire pour éviter que bébé ne s'étouffe ou ne les avale. Ces dents qui arrivent trop tôt peuvent être des dents supplémentaires qui seront remplacées par les premières dents de lait, comme si de rien n'était. Le plus souvent pourtant, ce sont les dents de lait; si l'on doit les extraire, bébé pourrait avoir besoin de petites dents artificielles en remplacement, jusqu'à ce que les dents permanentes leur succèdent.

MUGUET

«Mon bébé semble avoir du lait caillé dans la bouche. Je croyais qu'il régurgitait du lait, mais quand j'ai essayé de l'enlever, sa bouche s'est mise à saigner.»

Cette maladie bénigne est due à un champignon du type des levures, le *Candida albicans,* un locataire bien connu de la bouche et du vagin. Elle a été causée par une infection aux moniliases qui a probablement commencé à faire son oeuvre au moment où bébé a emprunté le canal de la naissance. Sans cesse surveillé par d'autres micro-organismes, ce champignon cause rarement des problèmes. Mais si cet équilibre est perturbé — par la maladie, l'usage d'antibiotiques, un changement hormonal (comme cela se produit pendant la grossesse) —, les conditions deviennent favorables à l'apparition du muguet, ce qui peut causer des symptômes d'infection.

Le muguet se traduit par une éruption de points blancs pareils à du fromage cottage ou à du lait caillé, sur la face interne des joues, et parfois sur la langue, le palais et les gencives. Si vous tentez de l'enlever, une surface rouge vif apparaît, et il peut y avoir écoulement de sang. Le muguet est plus fréquent chez les nouveau-nés, mais des enfants plus âgés peuvent en être atteints, particulièrement lorsqu'ils prennent des antibiotiques.

Bien que ce champignon ne soit pas dangereux, il est douloureux et peut compromettre l'alimentation de bébé. Il peut y avoir des complications si les symptômes ne sont pas traités, mais c'est assez rare.

PERTE DE POIDS

«Je m'attendais à ce que mon bébé perde un peu de poids à l'hôpital, mais il est passé de 3,4 kg (7,5 lb) à moins de 3 kg (moins de 7 lb). N'est-ce pas excessif?»

Les nouvelles mamans, pressées d'inscrire les gains de poids de leur nouveau-né dans leur grand livre de naissance, sont souvent déçues lorsque leur bébé quitte l'hôpital moins lourd qu'à la naissance. Presque tous les nouveau-nés sont pourtant destinés à perdre entre 5 et 10 p. cent de leur poids dans les quelques jours suivant leur naissance. Ce phénomène ne relève pas d'une diète insuffisante à la pouponnière, mais bien d'une perte de liquide après la naissance, qui ne sera pas immédiatement comblée, parce que les besoins alimentaires de bébé sont minimes durant cette période. En général, les bébés allaités au sein, qui n'ingurgitent que quelques millilitres de colostrum au cours des premiers jours, perdront plus de poids que les bébés nourris au biberon. La majorité des enfants cessent de perdre du poids après cinq jours, et ont regagné et surpassé leur poids initial à 10 ou 14 jours; les mamans peuvent alors commencer à inscrire ces gains dans leur grand livre.

LA JAUNISSE (OU ICTÈRE)

«Le docteur dit que mon bébé a la jaunisse et qu'il devra passer plus de temps sous l'incubateur avant de quitter l'hôpital. Il m'assure que ce n'est pas grave,

mais tout ce qui nécessite un séjour prolongé à l'hôpital me semble inquiétant.»

Promenez-vous dans une pouponnière, et vous verrez que plus de la moitié des nouveau-nés ont commencé à jaunir dès leur deuxième ou troisième jour! Ce changement de couleur n'est pas dû à l'âge, mais à la jaunisse. Cette affection, qui commence à la tête et se rend jusqu'au bout des orteils[3], changeant même la teinte du blanc des yeux, est due à un excès de bilirubine dans le sang. La bilirubine, ce pigment jaune de la bile qui provient de la destruction de l'hémoglobine, est habituellement retirée du système circulatoire et prise en charge par le foie, puis elle passe dans les reins pour être éliminée. Mais les nouveau-nés produisent souvent plus de bilirubine que leurs petits reins novices ne peuvent en assimiler. La bilirubine imprègne alors les tissus sanguins, causant par le fait même la teinte jaunâtre, et, ce qui est reconnu comme un effet normal, la jaunisse des nouveau-nés (ou ictère).

Dans les cas de jaunisse physiologique, qui apparaît vers le deuxième ou troisième jour après la naissance, la couleur jaune commencera à s'estomper lorsque le bébé aura atteint l'âge de sept ou 10 jours. Chez les prématurés, elle apparaîtra un peu plus tard (vers le troisième ou quatrième jour) et durera plus longtemps (souvent 14 jours ou plus), parce que leurs reins sont extrêmement immatures. La jaunisse atteint plus souvent les garçons, les bébés qui perdent beaucoup de poids tout de suite après la naissance, ceux dont la mère est atteinte de diabète, et ceux qui sont nés d'un accouchement provoqué.

Il arrive qu'un médecin décide de garder un bébé atteint de jaunisse quelques jours de plus, pour causes d'observation et de traitement. Dans la plupart des cas, le taux de bilirubine (déterminé grâce à des tests de sang) baissera graduellement, et le bébé rentrera à la maison tout à fait en santé. Une augmentation rapide de la bilirubine peut parfois se produire, ce qui pourrait indiquer que la jaunisse est anormale ou pathologique.

La jaunisse de type pathologique est extrêmement rare. Elle peut commencer plus tôt ou plus tard que la jaunisse physiologique, et dans ce cas, le taux de bilirubine est beaucoup plus élevé. Si elle se manifeste dès la naissance ou qu'elle se développe rapidement au cours de la première journée de bébé, c'est peut-être l'indication d'un ictère hémolytique, causé par une incompatibilité sanguine entre le sang du foetus et celui de la mère (facteur Rhésus). La jaunisse qui ne se développe que plus tard (habituellement entre une et deux semaines après la naissance), peut indiquer la présence d'un ictère obstructif, c'est-à-dire que l'obstruction du foie entrave le processus de la bilirubine. La jaunisse pathologique peut aussi être causée par d'autres maladies du foie ou du sang, souvent héréditaires, et par diverses infections intra-utérines et néonatales. Il faut absolument abaisser un taux de bilirubine anormalement élevé, pour empêcher que cette substance n'atteigne le cerveau et ne cause un état appelé *kernictère*. Chez un enfant atteint de jaunisse, les signes du kernictère sont des pleurs faibles, de mauvais réflexes et peu d'appétit. Laissé sans traitement, le kernictère peut causer de graves dommages au cerveau ou même la mort.

Une jaunisse physiologique légère ne requiert habituellement aucun traitement. Certains cas plus graves répondent cependant bien à la photothérapie (sous une lampe à rayons ultraviolets). Durant le traitement, les bébés sont nus et leurs yeux sont protégés des rayons lumineux. On leur donne un surplus de liquide pour compenser la perte d'eau par les pores; ils ne quit-

---

3. Le processus est le même chez les bébés blancs et chez les bébés noirs, mais alors la couleur jaune n'est visible que dans les paumes des mains, sous les pieds, et dans le blanc des yeux.

tent la pouponnière que pour prendre leurs repas. Certaines lampes ultraviolettes sont portables et peuvent être transportées à la maison : ce système sert beaucoup aux mamans qui allaitent.

Le traitement de la jaunisse pathologique dépend de sa cause, mais il peut inclure la photothérapie, l'exsanguino-transfusion, ou une chirurgie visant à enlever les éléments obstruants. On peut aussi utiliser un nouveau médicament servant à inhiber la production de bilirubine.

Chez un bébé plus vieux ou chez un jeune enfant, la jaunisse peut indiquer l'anémie, l'hépatite, ou quelque autre infection ou mauvais fonctionnement du foie, et devrait être rapportée au médecin le plus tôt possible.

«J'ai entendu dire que l'allaitement maternel pouvait causer la jaunisse. Mon bébé a pris un aspect jaunâtre, dois-je cesser de le nourrir au sein?»

Le taux de bilirubine dans le sang est en moyenne plus élevé chez les bébés nourris au sein que chez ceux qui sont nourris au biberon, et il le restera probablement plus longtemps (près de six semaines). Il semble que ce ne soit là qu'une forme exagérée de jaunisse physiologique sans réelle importance médicale. On recommande habituellement de poursuivre l'allaitement au sein, car son interruption ou le remplacement du lait maternel par de l'eau additionnée de glucose ne fait qu'accroître le taux de bilirubine et peut aussi compromettre la production de lait. Certains croient même que le fait d'allaiter au cours de la première heure suivant la naissance peut réduire le taux de bilirubine chez les nouveau-nés.

On croit que le lait maternel cause la jaunisse lorsque le taux de bilirubine dans le sang monte rapidement, *tard* au cours de la première semaine de vie, et que les autres causes possibles ont été écartées. On croit que ce phénomène provient d'une substance contenue dans le lait de certai-

nes femmes et qui viendrait compromettre l'élimination de la bilirubine. On estime que cela se produit chez 2 p. cent des bébés allaités au sein. Le diagnostic se confirme par une chute draconienne du taux de bilirubine, après le remplacement du lait maternel par une préparation lactée, pendant environ 36 heures. À la reprise de l'allaitement au sein, la bilirubine monte encore, mais elle n'atteint plus de tels taux. Tout rentre dans l'ordre en l'espace de quelques semaines.

L'USAGE DES SUCETTES

«Dans la pouponnière, les infirmières donnent une sucette aux bébés chaque fois qu'ils font mine de pleurer. J'ai toujours détester voir un jeune enfant avec une sucette dans la bouche, et j'ai peur que cela n'arrive à mon bébé si on commence à lui en donner maintenant.»

Même si l'on se sert d'une sucette pour calmer votre bébé durant les deux ou trois jours qu'il passe à la pouponnière, il n'y sera pas accroché éternellement pour autant. Vous pouvez cependant avoir d'excellentes raisons pour refuser que l'on ne donne la sucette à votre bébé dès les premiers jours :

■ Si vous allaitez, bébé peut confondre sein et tétine (sucer une tétine artificielle requiert des mouvements différents de ceux que nécessite la tétée au sein) et cette confusion peut compromettre l'établissement d'une bonne relation entre la maman et son bébé.

■ Que vous nourrissiez votre petit au sein ou au biberon, il est possible que la sucette lui procure tellement de satisfaction qu'il refuse de téter au moment des repas.

■ Il est préférable de combler les attentes réelles de votre nouveau-né lorsqu'il pleure que de lui donner la sucette pour le consoler.

Si vous préférez que votre enfant ne s'habitue pas à la sucette, avertissez-en le personnel de la pouponnière. S'il pleure et qu'aucune infirmière n'est disponible pour le consoler, demandez qu'on vous l'amène pour lui prodiguer l'attention dont il a besoin, et peut-être même pour une tétée, ce qui pourra sûrement satisfaire son besoin de succion. Ou bien voyez si vous ne pourriez pas cohabiter pour le reste de votre séjour à l'hôpital. Si votre bébé semble éprouver un plus grand besoin de téter une fois à la maison, et que vous songez à lui donner une sucette, voir page 146.

LA COULEUR DES SELLES

«Lorsque j'ai changé mon bébé de couche la première fois, j'ai été très étonnée de constater que ses selles étaient d'un noir verdâtre.»

C'est seulement une des nombreuses découvertes que vous ferez dans les couches de votre bébé au cours des deux ou trois prochaines années. La plupart du temps, ce que vous y trouverez — bien que les natures sensibles puissent parfois s'en inquiéter — sera parfaitement normal. Ce que vous avez vu cette fois-ci, c'est le méconium, une substance goudronneuse d'un noir verdâtre qui a graduellement rempli les intestins de bébé durant son séjour dans votre utérus. Que le méconium se trouve maintenant dans sa couche plutôt que dans ses intestins devrait vous rassurer : maintenant vous savez que ses entrailles ne sont pas obstruées.

Après les premières 24 heures, quand tout le méconium a été évacué, vous apercevez des selles de transition[4], molles, jaune foncé et verdâtre, parfois de texture granuleuse (particulièrement chez les enfants nourris au sein), et pouvant occasionnellement contenir du mucus. Il peut même y avoir des traces de sang dans ces selles, probablement parce que bébé a avalé un peu du sang de sa mère au moment de l'accouchement (montrez une couche contenant du sang à une infirmière ou à un médecin, juste pour vous assurer qu'aucun problème n'est à redouter).

Après trois ou quatre jours de selles de transition, ce qui sortira de votre bébé dépendra de ce que vous y aurez fait entrer. Si c'est votre lait, les selles seront d'un jaune doré (comme de la moutarde), parfois molles, voire liquides, et parfois granuleuses, spongieuses ou grumeleuses, ou de la consistance de la moutarde. Si bébé est nourri à la préparation pour nourrisson, les selles seront molles, mais d'une meilleure consistance que celles du bébé nourri au sein, et leur apparence variera du jaune pâle au marron jaunâtre, au marron clair ou au brun-vert. Si vous donnez à bébé une préparation avec supplément de fer, ou si votre bébé prend des gouttes vitaminiques contenant du fer, les selles pourraient être vertes, verdâtres, marron foncé ou noires.

Quoi que vous fassiez, ne comparez pas les couches de votre bébé avec celles du nourrisson de la couchette voisine. Tout comme les empreintes digitales, il n'y a pas de selles identiques. En outre, contrairement aux empreintes digitales, elles diffèrent non seulement d'un bébé à un autre, mais d'une journée à l'autre (voire d'une fois à l'autre). Leurs différences seront de plus en plus prononcées — comme vous

---

4. Si tout le méconium contenu dans les entrailles de bébé a été évacué avant la naissance, comme cela peut arriver lorsque le fœtus est en danger durant les contractions ou au moment de l'accouchement, les premières selles pourraient être des selles de transition.

pourrez le constater lorsqu'il commencera à manger de la nourriture solide — à mesure que la diète de bébé deviendra plus variée.

LES SÉCRÉTIONS DES YEUX

«Il s'est formé une petite croûte jaunâtre autour des yeux de mon bébé. Est-ce une infection?»

L'écoulement responsable de la formation de cette croûte n'est pas dû à une infection, il est plutôt le résultat des efforts du personnel hospitalier pour prévenir une infection au gonocoque dans les yeux de votre nouveau-né. Autrefois l'une des causes majeures de cécité, cette infection a été virtuellement éliminée grâce à ce traitement prophylactique. Toutefois, lorsque l'on administre des gouttes de nitrate d'argent dans les yeux des nouveau-nés (routine que la plupart des hôpitaux pratiquent), il peut se produire une conjonctivite chimique (une fois sur cinq), caractérisée par une enflure et un écoulement jaunâtre qui disparaîtront autour du quatrième ou cinquième jour après la naissance. Beaucoup d'hôpitaux préfèrent utiliser un onguent ou des gouttes antibiotiques, moins susceptibles de déclencher des réactions (ou de causer une tache grise temporaire sur la joue de bébé, [due aux gouttes de nitrate d'argent]), et capables de prévenir, en plus des infections gonococciques, les conjonctivites chlamydiales néonatales.

Si l'enflure et les écoulements ne cessent pas, ou s'ils apparaissent *après* les premières 24 heures suivant l'administration du nitrate d'argent, ils pourraient être dus à une infection. Informez alors immédiatement l'infirmière responsable de la pouponnière ou le pédiatre de votre bébé des symptômes que vous avez notés. Les yeux qui pleurent ou qui coulent, ou toute infection survenant après votre retour à la maison, peuvent aussi relever de l'obstruction d'un conduit lacrymal (voir page 135).

CE QU'IL IMPORTE DE SAVOIR: l'ABC des soins pour bébé

Vous avez mis la couche de bébé sens devant derrière? Vous avez mis cinq minutes à installer bébé dans une position adéquate pour lui faire faire un rot? Vous avez oublié de le laver sous les bras à l'heure du bain? Soyez sans crainte. Non seulement bébé vous le pardonnera, mais il ne s'en rendra même pas compte! Quoi qu'il en soit, tous les nouveaux parents voudraient tout faire à la perfection du premier coup. Cet ABC des soins pour bébé vous aidera à atteindre ce but. Souvenez-vous toutefois que ces conseils ne sont que des suggestions et que vous pourriez trouver des trucs bien à vous qui donneraient d'aussi bons résultats, sinon de meilleurs.

BAIGNER BÉBÉ

Avant que bébé ne commence à se traîner à quatre pattes et à se salir, il n'est pas indispensable de le baigner quotidiennement. Du moment que vous le lavez adéquatement lors de chaque changement de couche et après chaque repas, un bain deux ou trois fois par semaine durant les premiers mois gardera bébé propre et tout à fait présentable. Un horaire aussi flexible sera particulièrement bienvenu durant les premières semaines, alors que le rituel du bain est souvent redouté, autant du baigné que du baignant. Vous pourrez continuer à baigner bébé à ce rythme, s'il ne semble pas tellement apprécier ce moment, même lorsqu'il commencera vraiment à se salir. Dans ce cas, il suffira de le laver à la débarbouillette aux endroits critiques comme la figure, le cou, les mains et les fesses, entre les séances de bain (voir page 322 pour des trucs visant à diminuer la crainte de l'eau). Toutefois, pour les bébés qui s'amusent et en redemandent, le bain quotidien deviendra vite un rituel indispensable.

À peu près n'importe quelle heure du jour peut s'avérer un moment pour le bain. Le bain qui précède le dodo de bébé l'aide à se détendre et à sombrer dans le sommeil. Évitez de baigner votre enfant juste avant ou juste après un repas : bébé refuserait peut-être de coopérer si son estomac était vide; par ailleurs, les manipulations excessives, lorsqu'il a l'estomac plein, pourraient provoquer des régurgitations. Réservez une longue période sans interruption à l'heure du bain, de sorte que rien ne presse et que vous ne soyez pas tentée de laisser bébé sans surveillance, ne serait-ce que quelques secondes, pour vous occuper d'autre chose. Si vous possédez un répondeur automatique, branchez-le, sinon, ne répondez pas au téléphone pendant le bain de bébé.

Si vous avez une baignoire portative, n'importe quelle pièce de la maison peut se prêter à ce rituel, quoique la cuisine et la salle de bains vous paraîtront sans doute plus pratiques, surtout pour parer aux éclaboussures et à l'eau renversée. Votre surface de travail doit se situer à une bonne hauteur pour vous permettre de manoeuvrer aisément, et être assez grande pour recevoir tout le matériel nécessaire au bain. Pour le confort de votre enfant, surtout durant les premiers mois, prenez la peine d'arrêter les ventilateurs et l'air climatisé jusqu'à la fin du bain et assurez-vous que la pièce que vous choisirez est assez chaude (22 °C à 23 °C [75 °F à 80 °F]) et exempte de courants d'air. Si vous avez du mal à atteindre cette température, essayez de réchauffer la salle de bains en faisant couler la douche chaude pendant quelques instants, ou munissez-vous d'un calorifère portatif.

Le bain à la débarbouillette. Jusqu'à ce que le nombril et la circoncision (si c'est le cas) soient bien cicatrisés (deux semaines, plus ou moins), le bain dans la baignoire est à proscrire, et la seule façon de laver bébé sera la débarbouillette. Pour un bon bain à la débarbouillette, voici quelques conseils :

1. Choisissez un endroit pour le bain. La table à langer, le comptoir de la cuisine, votre lit ou la couchette de bébé (si le matelas est assez haut) sont tous des endroits adéquats pour un bain à la débarbouillette. N'oubliez pas de protéger votre lit ou celui de bébé avec une alaise en caoutchouc, ou de mettre une serviette ou un piqué sur le comptoir.

2. Préparez tous ces accessoires *avant* de découvrir votre bébé :

- savon et shampooing pour bébé;
- deux débarbouillettes (une seule fera l'affaire si vous vous servez de vos mains pour savonner);
- deux boules de coton stériles pour nettoyer les yeux;
- une serviette, de préférence avec capuchon;
- une couche propre et des vêtements;

onguent contre les irritations de la peau (si nécessaire);

■ alcool à friction et boules de coton pour nettoyer le cordon ombilical;

■ eau chaude (36 °C à 37 °C [98 °F environ]), si vous n'avez pas facilement accès à l'évier.

3. Préparez bébé. Si la pièce est chaude, vous pouvez enlever tous les vêtements de votre petit avant de commencer, en le couvrant légèrement avec une serviette pendant que vous le nettoyez (la plupart des bébés n'aiment pas se trouver complètement nus); si la pièce est fraîche, dévêtez chaque partie du corps à mesure que vous vous apprêtez à la laver. Peu importe la température de la pièce, n'enlevez pas la couche de bébé avant qu'il ne soit temps de laver son petit derrière : pour votre sécurité, n'oubliez pas qu'un bébé nu est armé et dangereux!

4. Commencez par laver les parties les plus propres du corps de votre enfant, en allant vers les parties les plus sales, de sorte que la débarbouillette et l'eau que vous utiliserez restent propres le plus longtemps possible. Savonnez avec les mains ou une débarbouillette, mais servez-vous d'un linge propre pour le rinçage. Voici une méthode qui fonctionne habituellement très bien :

■ Tête. Une ou deux fois par semaine, utilisez du savon ou du shampooing pour bébé, en rinçant soigneusement. Les autres jours, prenez seulement de l'eau. La position «football» (voir illustration page 62) sur le bord de l'évier pourrait s'avérer la plus facile et la plus confortable quand viendra le temps de rincer la tête de votre petit. Séchez ses cheveux à la serviette (c'est une question de quelques secondes) avant de continuer.

■ Visage. D'abord, avec une boule de coton stérile trempée dans une eau tiède, nettoyez les yeux doucement à partir du nez, vers les côtés de la tête. Utilisez *une* boule de coton pour chaque oeil. Pas besoin de savon pour le visage. Lavez autour de l'oreille externe, mais pas à l'intérieur. Séchez toutes les parties du visage.

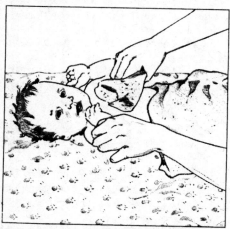

En couvrant le ventre et les jambes de bébé vous le gardez bien au chaud et content pendant que vous le lavez, et cette précaution vous protège, surtout si votre petit est un garçon, contre un jet soudain.

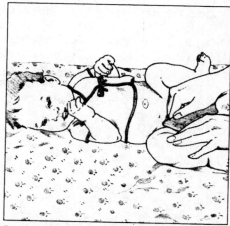

La région fessière nécessitera les plus grands efforts de nettoyage de votre part, et il est préférable de la réserver à la fin, pour que les bactéries qui y logent ne se propagent pas aux autres parties du corps.

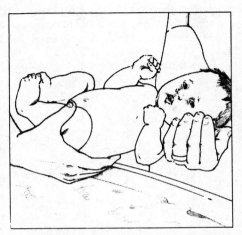

La majorité des bébés hésitent beaucoup et pleurnichent les toutes premières fois qu'ils font l'expérience de la baignoire. Alors soyez toujours là pour encourager votre bébé avec une intonation et des mots rassurants et soutenez-le fermement.

■ Cou et poitrine. Le savon n'est pas nécessaire, à moins que bébé ne transpire ou ne se salisse beaucoup. Lavez bien tous les plis du corps sans en oublier. Asséchez.

■ Bras. Étirez les bras pour laver les plis intérieurs des coudes, et pressez les paumes pour faire ouvrir les petits poings. Il faudra un peu de savon pour les mains, mais rincez-les soigneusement avant qu'elles ne retournent dans la bouche de bébé. Séchez.

■ Dos. Retournez bébé sur le ventre en plaçant sa tête de côté, et lavez le dos en vous assurant de ne pas omettre les plis du cou. Étant donné que cette région ne se salit pas beaucoup, le savon ne sera sans doute pas une nécessité. Séchez, et couvrez le haut du corps avant de continuer, si la pièce n'est pas bien chauffée.

■ Jambes. Allongez les jambes pour atteindre l'arrière des genoux, même si bébé résiste. Séchez.

■ Fesses. Suivez les indications spéciales pour les soins du pénis circoncis et du nombril (pages 170 et 108) jusqu'à ce que la cicatrisation soit complète, et les informations sur les soins à donner aux pénis non circoncis à la page 119. Nettoyez les parties génitales des petites filles à l'eau et au savon, d'avant en arrière, afin d'éviter de ramener des impuretés vers les lèvres. Des pertes vaginales blanches sont normales, n'essayez pas de les enlever. Lavez les garçons soigneusement à l'eau et au savon, en n'omettant aucun pli, mais n'essayez pas de tirer le prépuce en arrière. Séchez bien la région fessière, et appliquez de l'onguent au besoin.

5. Mettez une couche à votre bébé et habillez-le.

Le bain dans la baignoire de bébé. Bébé est prêt pour la baignoire aussitôt que l'ombilic et le pénis circoncis sont bien cicatrisés. S'il ne semble pas apprécier l'eau, reprenez les bains à la débarbouillette pendant quelques jours, puis retentez l'expérience. Assurez-vous que la température de l'eau est agréable et tenez bébé fermement pour éviter qu'il n'éprouve la peur innée de tomber.

1. Choisissez un bon endroit pour la baignoire portative. Le comptoir de la salle de bains ou de la cuisine, ou la grande baignoire (quoique, en position penchée, vous puissiez éprouver quelque difficulté à manipuler bébé) sont tous des choix possibles. Assurez-vous que vous serez à l'aise et prévoyez un espace assez grand et à portée de la main pour tous les accessoires nécessaires. Si vous préférez, vous pouvez omettre le savon lors des premiers bains de bébé (les bébés savonnés glissent).

2. Préparez tous les accessoires *avant* de dévêtir bébé et de remplir la baignoire :

■ baignoire, lavabo ou évier, propre et prêt au remplissage[5];

■ savon et shampooing pour bébé, si vous les utilisez;

■ deux débarbouillettes;

■ boules de coton stériles pour les yeux;

■ serviette, de préférence avec un capuchon;

■ couche et vêtements propres;

■ onguent pour les irritations de la peau, si nécessaire;

■ un grand tablier de ratine avec doublure de plastique pour vous garder bien au sec, si le coeur vous en dit bien sûr.

3. Faites couler 5 cm (2 po) d'eau dans la baignoire de bébé. Du coude, assurez-vous que l'eau est à la bonne température. Ne faites pas couler l'eau du robinet quand bébé se trouve dans la baignoire, parce qu'un soudain changement de température pourrait se produire. N'ajoutez pas de savon pour bébé ou de mousse à l'eau du bain, parce qu'ils pourraient assécher la peau de votre tout petit.

4. Dévêtez bébé complètement.

5. Pieds devant, faites glisser bébé graduellement dans la baignoire, en lui parlant, en le cajolant et en le rassurant pour lui faire oublier sa peur. Tenez-le fermement pour éviter qu'il ne sursaute (réflexe de Moro). Soutenez la tête et le cou d'une main, à moins que la baignoire ne soit munie d'un support spécial, ou que votre bébé ne semble préférer les bras de sa maman, jusqu'à ce qu'il contrôle bien sa tête. Tenez-le fermement en position semipenchée, car un soudain glissement pourrait provoquer chez lui une peur affreuse.

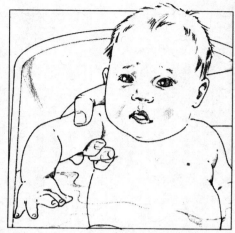

Si la baignoire n'offre pas de support adéquat pour le corps glissant et pour la tête ballottante de votre bébé, vous devrez les soutenir, doucement, mais fermement.

6. Lavez bébé de votre main libre, des parties les plus propres aux plus souillées. D'abord, avec une boule de coton stérile trempée dans l'eau tiède, nettoyez doucement les yeux, du nez vers les côtés de la tête. Servez-vous d'une boule de coton propre pour chaque oeil. Puis lavez le visage, les oreilles (extérieur) et le cou.

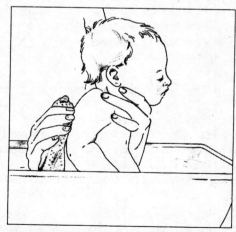

Jusqu'à ce que le cou de bébé ait un meilleur contrôle du poids de la tête, vous devrez lui soutenir la tête d'une main pendant que vous lui laverez le dos en vous servant de l'autre main.

---

5. Si vous utilisez un tapis éponge au fond de la baignoire, assurez-vous de bien le sécher au soleil ou dans la sécheuse entre chaque bain de bébé. Informez-vous auprès du manufacturier pour connaître la température recommandée. Les serviettes servant aux mêmes fins que les tapis devront aussi être lavées et séchées entre chaque séance de bain.

Beaucoup de bébés feront de meilleurs rots penchés sur votre épaule, mais n'oubliez pas de vous protéger avec un linge propre.

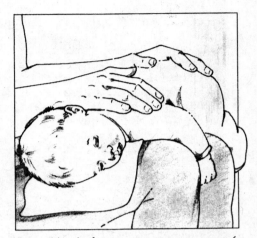

La position à plat ventre sur vos genoux présente un avantage additionnel : elle sert à calmer la douleur provoquée par les coliques.

Bien que le savon ne soit pas nécessaire sur les autres parties du corps tous les jours (à moins que votre bébé ne soit porté aux «accidents» qui le salissent des pieds à la tête), utilisez-le pour les mains et les fesses quotidiennement. Tous les deux jours, savonnez-lui (avec la main ou une débarbouillette) les bras, le cou, les jambes, l'abdomen, moins souvent si bébé a la peau très sèche. Après avoir bien nettoyé le devant de bébé, retournez-le en vous aidant de votre bras et lavez-lui le dos et les fesses.

7. Rincez bébé soigneusement à l'aide d'une débarbouillette propre.

8. Une ou deux fois la semaine, lavez les cheveux de votre enfant avec un savon doux ou du shampooing pour bébé. Rincez en profondeur et séchez avec la serviette.

9. Enveloppez bébé dans une grande serviette, séchez encore et mettez-lui des vêtements propres.

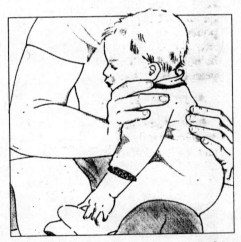

Même un nouveau-né peut s'asseoir pour faire un rot, mais assurez-vous que sa tête bénéficie d'un support adéquat.

BÉBÉ FAIT DES ROTS

Lorsqu'il tète, bébé n'avale pas seulement du lait. L'air pénètre en même temps que le liquide nutritif, ce qui peut incommoder bébé et lui donner une impression de satiété avant la fin de son repas. C'est pourquoi il importe tellement de faire faire des rots à votre enfant : chaque 60 ml (2 oz), si vous lui donnez le biberon, et environ toutes les cinq minutes, si vous l'allaitez. Il existe trois manières de faire éructer bébé : sur votre épaule, couché sur vos genoux, ou assis. La meilleure méthode consiste à les essayer toutes pour choisir celle que vous et votre bébé apprécierez le plus. Bien qu'une petite tape ou qu'un simple massage du dos parvienne à faire éructer la plupart des bébés, certains ont besoin d'une main un peu plus ferme.

Sur votre épaule. Tenez bébé fermement contre votre épaule en soutenant ses fesses de votre bras, et tapez ou massez le dos de votre main libre.

Couché sur vos genoux. Couchez bébé sur vos genoux, l'estomac contre l'une de vos cuisses et la tête penchée par-dessus l'autre. En le tenant prudemment d'une main, donnez des petites tapes ou massez le dos de l'autre main.

Assis. Assoyez bébé sur vos genoux, la tête penchée en avant, en soutenant sa poitrine de votre bras que vous passerez sous son aisselle. Tapez ou massez le dos, en vous assurant que la tête de bébé ne retombe pas vers l'arrière.

CHANGER LA COUCHE DE BÉBÉ

Surtout au cours des tout premiers mois, les changements de couche peuvent s'avérer très fréquents, parfois toutes les heures lorsque bébé reste éveillé. Malgré votre manque d'enthousiasme mutuel à ce sujet, les changements fréquents (avant ou après chaque repas et chaque fois que bébé va à la selle) constituent certes la meilleure assurance contre les irritations cutanées des fesses sensibles des tout petits. Si vous utilisez des couches jetables, vous ne pourrez pas vous fier à l'humidité de la couche

pour décider que bébé a besoin d'être changé, puisque ces couches absorbent une quantité incroyable de liquide et qu'elles seront saturées de pipi bien avant que vous ne constatiez que bébé est mouillé. Il n'est toutefois pas nécessaire de réveiller un enfant pour le changer de couche, et, à moins que bébé ne ressente un réel inconfort ou que sa couche ne soit souillée de selles, vous n'aurez pas à le changer après son repas de nuit : trop d'activité et de lumière pourrait empêcher bébé de se rendormir.

Quelques conseils pour vous aider à changer bébé de la meilleure façon possible pour lui et pour vous :

1. Avant de commencer un changement de couche, assurez-vous que vous avez tout à portée de la main, que ce soit sur votre table à langer, ou dans le sac à couches si vous êtes à l'extérieur. Sans quoi, vous pourriez vous apercevoir qu'il vous manque le nécessaire pour tout nettoyer, après avoir enlevé à bébé une couche souillée. Vous aurez besoin de ces accessoires, ou du moins de quelques-uns parmi ceux-ci :

- une couche propre;

- des boules de coton et de l'eau tiède pour les bébés de moins d'un mois (ou pour ceux dont la peau est irritée) et une petite serviette ou débarbouillette sèche pour essuyer; des serviettes humides jetables pour les enfants plus âgés;

- des vêtements propres si la couche a débordé (ce sont des choses qui arrivent), une culotte à l'épreuve de l'eau si vous utilisez des couches de tissu;

- de l'onguent, si nécessaire, pour contrer les irritations cutanées, les lotions et les poudres ne sont pas indispensables et elles peuvent même présenter certains dangers;

- de la fécule de maïs, si nécessaire, pour garder bébé bien au sec, surtout les jours de grande chaleur.

LA SÉCURITÉ DE BÉBÉ EN VOITURE

Les nouveaux parents qui sortent avec leur bébé pour la première fois prennent la peine de bien les emmailloter (souvent trop) pour les protéger des éléments extérieurs, soucieux des conséquences néfastes d'un violent coup de vent ou d'une averse soudaine. Pourtant, des milliers d'entre eux négligent de protéger leurs rejetons là où il importe vraiment de le faire : à bord de la voiture. Alors qu'une brève exposition à l'eau de pluie ne mettra pas la santé d'un nouveau-né en danger, une installation précaire dans la voiture de ses parents pourrait lui être fatale. Un siège d'auto mal fixé ou pas de siège d'auto du tout représente certes un plus grand risque; ce n'est pas la maladie que les parents doivent redouter le plus, mais bien les accidents d'automobile : ceux-ci causent en effet annuellement plus de blessures graves et de morts chez les enfants que toutes les maladies infantiles réunies. (La loi impose de toute façon l'utilisation du siège d'enfant jusqu'à cinq ans.)

Aussi, en vue de son premier voyage à la maison familiale, assurez-vous que le siège de sécurité de votre bébé est *soigneusement* fixé dans votre voiture, et que le petit y est installé adéquatement au moment du démarrage. Même si votre maison est située à quelques rues seulement de l'hôpital, utilisez le siège d'auto (la plupart des accidents se produisent à moins de 25 km (12 mi) du foyer, et non sur les autoroutes, comme beaucoup le croient). Ne vous fiez pas au fait que vous roulerez très lentement (une collision à 30 km/heure [13 mi/heure] produit le même impact qu'une chute du troisième étage). Ne vous imaginez pas non plus que vous pourrez protéger bébé de vos bras en le gardant sur vous, même si vous avez bouclé votre ceinture de sécurité (lors d'une collision, votre enfant serait projeté et pourrait se trouver écrasé par le poids de votre corps). Souvenez-vous qu'un choc minime peut se muer en catastrophe : beaucoup de blessures graves ont été causées par des freinages brusques visant à éviter un accident.

Bébé acceptera plus facilement d'être attaché à un siège d'auto si vous lui en faites prendre l'habitude dès le début. D'ailleurs cette contrainte imposée aujourd'hui pour sa sécurité vous paraîtra un peu plus tard très pratique, alors que vous pourrez conduire en toute tranquillité, sans être dérangée par un enfant turbulent et trop libre de ses mouvements.

Une fois que vous aurez acheté un siège répondant à toutes les exigences fédérales en matière de sécurité, voyez à l'installer correctement :

■ Suivez les instructions du manufacturier pour l'installation du siège et la sécurité de votre bébé. Avant chaque randonnée, assurez-vous que le siège est bien fixé et que les attaches ou courroies de sûreté qui le supportent sont bien ajustées. Utilisez des attaches qui se bouclent, disponibles avec la plupart des sièges sur le marché, pour ajuster les ceintures relâchées.

■ On recommande que les enfants soient assis la face vers l'arrière, jusqu'à ce qu'ils aient atteint les 8 ou 9 kg (18 à 20 lb) et qu'ils soient capables de se tenir bien droit. Les enfants de 13,5 kilos et plus (30 livres) peuvent s'asseoir dans un siège portatif conçu pour la voiture, et se servir d'une ceinture de sécurité pour adultes, bien que cette méthode ne soit pas aussi efficace que celle du siège spécialement conçu à cette fin.

■ Pour assurer le maximum de sécurité à votre enfant, la meilleure place se trouve au milieu, sur la banquette arrière de la voiture, mais vous pouvez aussi placer bébé sur la banquette avant, au centre, si vous tenez absolument à l'observer et à mieux communiquer. Autant que possible, évitez d'installer le siège de votre enfant sur les côtés de la voiture, parce que ces positions exposent bébé aux impacts qui peuvent survenir. De plus, vous pourriez éprouver plus de difficultés à utiliser les ceintures de sécurité sur les côtés.

■ Voyez à ce que les objets gros et lourds (haut-parleurs, valises, boîte à outils) soient attachés fermement dans la voiture, pour éviter qu'ils ne se transforment en objets volants dangereux lors d'un freinage brusque ou d'une collision.

■ Si la chose est possible, veillez à régler les courroies pour les épaules de votre automobile à la taille de votre enfant. Assurez-vous que toutes les attaches sont bien ajustées. Pour un très jeune bébé, placez une couverture épaisse dans le fond de son petit siège, pour donner un meilleur support à son corps et à sa tête (des coussins spécialement conçus à cette fin sont disponibles sur le marché). Quand le siège est très profond, bébé sera encore plus à son aise si vous enroulez une serviette pliée autour de la courroie de l'entrecuisse.

■ Pour les bébés plus âgés, attachez des jouets doux avec de courtes ficelles, et arrangez-vous pour qu'ils ne volent pas trop haut et pour qu'ils ne tombent pas, ce qui pourrait fâcher bébé et distraire le conducteur (ou alors utilisez des jouets conçus spécialement à cette fin).

2. Si possible, lavez et séchez vos mains avant de commencer.

3. Pensez à donner un jouet à bébé pour l'occuper : un hochet, ou un mobile au-dessus de sa tête, n'importe quel jouet sécuritaire à portée de son regard, histoire de l'occuper assez longtemps pour lui enlever sa couche et lui en mettre une autre. Mais ne le laissez pas jouer avec des contenants de poudre ou autres objets du genre, qu'il pourrait éventuellement porter à sa bouche.

4. Installez une alaise de protection en caoutchouc sur la surface où vous changez bébé, si ce n'est pas sur sa table à langer. Où que vous soyez installée pour changer bébé, ne le laissez pas une seconde sans attention. Même lorsqu'il est attaché à la table à langer, votre enfant ne devrait jamais se trouver hors de la portée de la main.

5. Détachez la couche, mais ne l'enlevez pas tout de suite. Voyez d'abord ce qu'elle contient. Si elle est pleine de selles, servez-vous de la couche pour essuyer la plus grande partie des dégâts, tout en évitant de toucher au pénis (si vous avez un fils bien sûr). Repliez ensuite la couche sous votre bébé en cachant la partie souillée, et lavez le devant de l'enfant soigneusement à l'eau tiède et au savon en n'omettant aucun pli; levez ensuite les jambes, lavez les fesses, retirez la couche souillée et pliée et glissez-en une autre bien ouverte sous les fesses de bébé avant de laisser retomber les jambes. (Protégez-vous des jets soudains en posant une couche propre sur le pénis de votre fils pendant les changements de couche!) Séchez bien bébé. Si vous constatez quelque irritation cutanée, consultez la page 119 pour trucs et traitements[6].

---

6. Il arrive souvent que les garçons aient des érections durant les changements de couche : c'est une réaction normale, ce n'est pas un signe de stimulation sexuelle.

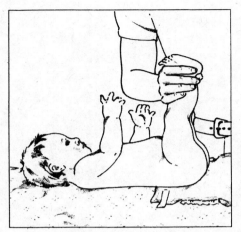 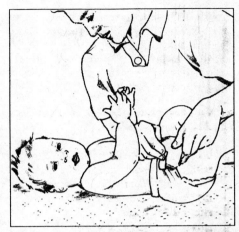

Les couches jetables vous permettent de procéder rapidement, à condition d'éviter que le petit derrière de bébé ne colle aux attaches adhésives. Une fois bébé bien en place, ramenez simplement le devant de la couche entre ses jambes et refermez, en vous assurant que les attaches sont soigneusement rabattues.

6. Si vous vous servez de couches de tissu, elles sont probablement pliées à l'avance et prêtes à utiliser. Mais il se pourrait que vous ayez à leur donner un pli supplémentaire jusqu'à ce que votre bébé ait grossi. La plus grosse épaisseur de tissu devrait se trouver sur le devant pour les garçons et à l'arrière pour les filles. Pour éviter de piquer votre enfant lorsque vous attachez les couches avec des épingles de sûreté, glissez vos doigts entre la peau et le tissu au moment de faire pénétrer l'épingle. Si vous plantez les épingles dans une barre de savon pendant que vous changez la couche de votre enfant, elles deviendront plus glissantes et s'enfonceront sans peine dans le tissu. Dès qu'une épingle se fait plus lâche, jetez-la.

Si vous vous servez de couches de papier, suivez les instructions du manufacturier (elles peuvent varier légèrement d'une marque à l'autre) de façon à en tirer le maximum d'efficacité. Faites attention de ne pas fixer le papier adhésif sur la peau de votre bébé.

Les couches et les culottes protectrices doivent être bien ajustées pour minimiser l'écoulement de liquide, mais tout de même pas trop serrées, car elles risqueraient de frotter et d'irriter la peau délicate de bébé. Des marques dénonciatrices vous avertiront qu'une couche est trop ajustée.

Il y a de meilleures chances que votre petit garçon ne mouille pas ses vêtements propres si vous prenez la peine de diriger son pénis vers le bas avant de refermer la couche. Si le cordon ombilical n'est pas encore tombé, voyez à ce que le bord de la couche passe dessous, pour garder cette partie exposée à l'air et empêcher que le nombril ne soit mouillé.

7. Débarrassez-vous des couches souillées d'une manière hygiénique. Si possible, jetez les selles solides (vous en trouverez fort probablement dans les couches dès que bébé se mettra à manger des aliments solides) dans les toilettes. Vous pouvez plier et bien attacher les couches de papier usagées et les mettre dans un grand sac de plastique (un sac réservé aux couches de toute une journée est préférable écologiquement) que vous déposerez dans une poubelle à l'extérieur. Les couches de tissu souillées seront gardées dans un seau à couches couvert hermétiquement (le vôtre ou celui que vous fournira le service à domicile) jusqu'au jour du ramassage ou du lavage. Si vous vous absentez, conservez-les dans un sac de plastique jusqu'à votre retour.

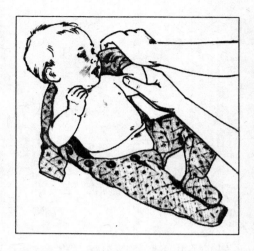

8. Changez les vêtements de bébé et son lit lorsque nécessaire.

9. Lavez-vous les mains à l'eau et au savon si possible ou nettoyez-les soigneusement avec une petite serviette humide jetable.

HABILLER BÉBÉ

Avec ses bras mous, ses jambes qui se raidissent et ruent énergiquement, sa tête qui semble toujours plus grosse que les ouvertures des vêtements, et une sainte horreur de se retrouver nu, le bébé peut devenir un cauchemar à habiller et à déshabiller. Il existe pourtant des trucs qui vous simplifient ces manoeuvres.

1. Choisissez des vêtements faciles à enfiler et à enlever. Préférez les grandes ouvertures pour le cou ou les encolures avec boutons-pression. Des manches amples et un minimum d'attaches (surtout dans le dos) seraient idéales. En général, les vêtements élastiques ou les tricots sont plus faciles à passer.

2. Ne changez bébé que lorsque c'est nécessaire. Si les odeurs laissées par la salive et les régurgitations fréquentes vous incommodent, nettoyez les taches localement, avec une petite serviette humide, plutôt que de vous astreindre à changer bébé chaque fois qu'il fait un rot ou qu'il régurgite. Ou alors protégez votre petit avec une grande bavette pendant et après chaque repas.

3. Habillez bébé sur une surface plane, comme une table à langer, un lit ou une couchette. Pensez aussi à le distraire d'une façon ou d'une autre.

4. N'oubliez pas que le temps de changer bébé est un excellent moment pour établir la communication. Une conversation légère et chaleureuse pourra sans doute lui faire oublier l'inconfort et l'humiliation de cette bousculade, et l'aidera à collaborer avec vous. Vous pourriez allier stimulation et distraction en profitant de cette séance pour jouer à cache-cache.

5. Étirez l'ouverture du cou avec vos mains avant d'y faire passer la tête de bébé.

Gardez l'ouverture aussi large que possible durant le passage de la tête, pour éviter d'accrocher les oreilles ou le nez. Dès que le vêtement recouvre la figure de bébé, jouez le jeu : «Où est maman? Coucou!» pour lui faire oublier la peur ou l'inconfort que ces quelques instants d'inconnu peuvent représenter pour lui. Plus tard, lorsque bébé sera en mesure de se rendre compte qu'il est aussi invisible à vos yeux, vous pourrez jouer ainsi : «Où est Mimi? Coucou, Mimi est là!»

6. Pour ce qui est des manches, tirez-y les petits bras de bébé en mettant votre main à l'intérieur, plutôt que d'essayer de faire entrer les petits bras de caoutchouc en repoussant le cylindre de tissu. Une autre occasion de jouer : «Où est le bras de Sophie? Ici, je l'ai!» qui vous aidera à distraire et à éduquer votre enfant.

7. Lorsque vous baissez ou remontez une fermeture éclair, tenez le vêtement loin du corps de bébé pour éviter d'y coincer sa peau fragile.

SOINS DES OREILLES

Il est très dangereux de faire pénétrer un petit objet dans l'oreille de bébé, que ce soit lui qui, par espièglerie, cherche à y enfoncer un bouton, ou un adulte bien intentionné qui cherche à y insérer un coton-tige. Nettoyez l'oreille externe de votre enfant avec une débarbouillette ou une boule de ouate, mais n'essayez jamais de pénétrer le canal interne avec les doigts ou quoi que ce soit. L'oreille se nettoie naturellement toute seule; en vous acharnant à l'enlever, vous ne réussiriez qu'à enfoncer la cire qui s'accumule plus loin. Si les oreilles de bébé ressemblent à une manufacture de cire, parlez-en à votre médecin lors de votre prochaine visite.

SOULEVER ET PORTER BÉBÉ

Pour tous ceux et celles qui n'ont jamais porté un tout petit bébé dans leurs bras, les premières expériences peuvent s'avérer très déconcertantes. En outre, elles peuvent être tout aussi déroutantes pour votre

Assurez-vous de supporter fermement le cou et le dos avec votre bras lorsque vous soulevez un bébé couché sur le dos.

Glissez une main sous le menton et le cou et l'autre sous les fesses, pour soulever le bébé couché sur le ventre.

Porter bébé sur la hanche laissera l'une de vos mains libre.

La position frontale est l'une des préférées des bébés, car elle leur offre une meilleure vision du monde extérieur.

bébé. Après des mois de déplacements en douceur et en toute sécurité dans le ventre de sa maman, la naissance, la respiration de l'air ambiant et les manipulations peuvent causer un réel choc au nouveau-né. Si l'on ne soutient pas adéquatement son cou et sa petite tête, cette expérience peut prendre l'allure terrifiante d'une chute et provoquer le réflexe de Moro (sursauts). C'est pourquoi la bonne manière de porter bébé n'équivaut pas seulement à une façon *sécuritaire* de le prendre, mais aussi à une façon rassurante qui procure à votre enfant un *sentiment* de sécurité.

Éventuellement, vous développerez vos propres techniques pour porter bébé et trouverez des positions confortables qui sauront vous satisfaire tous les deux, et des gestes qui vous deviendront tout à fait naturels. Vous glisserez bébé sur votre épaule ou sous votre bras avec désinvolture au moment de passer la balayeuse, de sortir les vêtements de la sécheuse, de lire les étiquettes sur les produits du supermarché, et bébé se sentira aussi rassuré qu'il l'était dans votre utérus. Entre-temps, voici quelques trucs qui pourront vous aider :

Soulever bébé. Avant même de toucher votre enfant, avertissez-le de votre présence en lui faisant entendre le son de votre voix, ou en attirant son regard sur vous. Être emporté soudainement par des mains invisibles vers une destination inconnue peut s'avérer très insécurisant pour un tout petit.

Donnez à votre bébé le temps de s'habituer au transfert de son poids du matelas à vos bras en glissant vos mains sous son corps (l'une soutenant le cou et la tête, l'autre soutenant les fesses) et en les y laissant quelques instants avant de commencer à le soulever.

Descendez la main qui soutient la tête de bébé jusqu'à son dos, de sorte que le bras sert de support au cou et au dos, et que les fesses prennent appui sur la main. Servez-vous de l'autre main pour soutenir les jambes, et soulevez bébé doucement en l'amenant près de votre corps tout en le caressant. En vous penchant vers l'avant pour rapprocher votre corps, vous raccourcirez la distance que bébé devra parcourir; le moment d'inconfort diminuera d'autant.

Transporter bébé confortablement. On peut soutenir très facilement un petit bébé avec un seul bras (la main sous les fesses, et l'avant-bras supportant le dos, le cou et la tête) si l'on se sent à l'aise et sûr de soi.

Quand le bébé est plus lourd, vous vous sentirez sans doute plus à l'aise tous les deux si vous gardez une main sous les jambes et les fesses, tandis que l'autre main supporte le dos, le cou et la tête (votre main enserre les bras de bébé, votre poignet sous sa tête).

Certains bébés préfèrent qu'on les transporte bien calés dans le creux de l'épaule presque tout le temps. Il est très facile d'emporter bébé en douceur sur votre épaule en plaçant une main sous les fesses et l'autre sous la tête et le cou. Il est nécessaire de soutenir la tête de bébé jusqu'à ce qu'il puisse, de lui-même, la tenir bien droit. Mais vous pouvez le faire d'une seule main si vous placez les fesses de bébé dans le creux de votre bras et que vous ramenez la main dans son dos pour supporter la tête et le cou.

Même les très jeunes bébés apprécient la position frontale, parce qu'elle leur permet de regarder ce qui se passe autour d'eux; bien des bébés plus âgés la préfèrent à toutes les autres. Tenez le dos de votre enfant contre votre poitrine, une main passée sous ses bras et l'autre, sous ses fesses.

Lorsque vous transportez un bébé plus âgé, la position sur la hanche vous donne la possibilité de vous servir de l'autre main pour vaquer à votre train-train. (Évitez cette position si vous avez des problèmes de dos.) Tenez votre enfant fermement près de votre corps en appuyant ses fesses sur votre hanche.

Déposer bébé. Tenez votre enfant près de votre corps au moment où vous vous penchez sur la couchette ou le landau pour l'y déposer (toujours pour limiter la distance entre deux points d'appui), une main sous les fesses, l'autre, supportant le dos, le cou et la tête. Laissez vos bras en place quelques instants jusqu'à ce que bébé perçoive bien le confort et la sécurité que lui fournit le matelas, puis retirez-les doucement et rectifiez sa position avant qu'il ne s'endorme (habituellement sur le ventre). Quelques petites tapes d'affection ou des pressions légères de vos mains (selon les préférences de bébé), quelques paroles d'encouragement si bébé est éveillé, et l'heure de la détente sonnera pour vous.

L'ENTRETIEN DES ONGLES

Bien que l'idée d'avoir à couper les petits ongles d'un nouveau-né puisse rendre bien des jeunes mamans nerveuses, il est indispensable de le faire, parce que ces menottes sans contrôle sur leurs allées et venues pourraient lui causer bien des égratignures au visage.

Les ongles d'un nouveau-né sont souvent trop longs à sa naissance, et si tendres qu'il est aussi facile de les couper que de donner un coup de ciseau dans une feuille de papier. Mais il n'est pas si aisé d'immobiliser bébé pour y arriver. Vous pouvez essayer de lui couper les ongles pendant son sommeil, si votre enfant dort profondément ou si vous ne craignez pas de le réveiller. Si bébé est réveillé, il est préférable de demander l'aide d'une autre personne qui lui tiendra les mains pendant que vous procéderez à la taille. Servez-vous toujours d'un ciseau spécial avec bouts arrondis. Si bébé s'agite au mauvais moment, personne ne sera blessé avec un objet pointu. Pour éviter de couper la peau, pressez le bout des doigts vers le bas pendant que vous taillez les ongles. Malgré cette précaution, il peut arriver qu'une petite coupure fasse jaillir le sang au bout des doigts. Si c'est le cas, pressez avec une gaze stérile jusqu'à ce que le sang cesse de couler, et bébé se passera sans doute de pansement.

SOINS DU NEZ

Comme pour l'intérieur des oreilles, l'intérieur du nez se nettoie tout seul et ne demande pas de soins spéciaux. Si le nez de bébé coule, essuyez-le, mais n'y insérez aucun objet tel un coton-tige, un bout de mouchoir roulé ou même votre petit doigt pour essayer d'en retirer les sécrétions, car vous ne feriez qu'obstruer plus profondément les narines et risqueriez d'endommager des membranes délicates. Si bébé a un vilain rhume et que son nez est rempli de mucus, servez-vous d'un aspirateur nasal (poire nasale).

VOS SORTIES AVEC BÉBÉ

Vous ne quitterez jamais plus la maison les mains vides; en tout cas, pas tant que bébé y sera. En général, vous devrez emporter les objets suivants :

Un sac à couches. Ne quittez jamais la maison sans cet outil. Ce peut être un sac conçu spécialement à cet usage ou n'importe quel sac qui vous convient. Les plus pratiques comprennent : une partie à l'épreuve de l'eau qui s'ouvre pour y placer bébé lors des changements de couche, plusieurs pochettes (incluant un espace réservé à vos papiers personnels), une poche isolée pour les biberons, et au moins un compartiment à l'épreuve de l'humidité. Pour parer à toute éventualité, préparez votre sac à couches et gardez-le à la portée de la main, plein et prêt-à-partir sur-le-champ.

Un piqué. Si votre sac à couches n'en est pas déjà pourvu, emportez un piqué à l'épreuve de l'eau. Vous pouvez bien sûr utiliser une serviette ou une couche de tissu, mais ils ne protégeront pas les tapis, les lits et autres meubles des pipis de bébé lorsque vous devrez le changer de couche au cours d'une visite.

Couches. Le nombre de couches que vous emporterez dépendra évidemment de la durée de votre sortie. Pensez à en emporter au moins une de plus que le nombre prévu (il est fort possible que vous en ayez besoin). La plupart des gens se servent de couches jetables pour leurs sorties, mais vous pouvez très bien préférer les couches de tissu.

Petites serviettes humides jetables. Dans le sac à couches, le petit format est plus pratique que le format familial, mais il faudra le remplir ou le remplacer régulièrement. Ces petites serviettes serviront à mille et un usages : pour vous laver les mains avant et après les repas de bébé et après chaque changement de couche, pour enlever salive et régurgitation sur les mains et autour de la bouche de votre enfant ou pour nettoyer les taches sur les vêtements et les meubles. Dans un petit sac de plastique, vous pouvez aussi bien placer une débarbouillette humide.

Petits sacs de plastique. Vous en aurez besoin pour vous débarrasser des couches jetables — surtout si vous ne disposez pas d'une poubelle — et pour placer les vêtements salis de bébé.

Une bouteille d'eau. Un biberon d'eau entre les boires de bébé est une excellente manière de le faire patienter, particulièrement si vous n'aimez pas allaiter en public ou que vous prévoyez vous retrouver dans un endroit qui ne se prête pas tellement à ce geste familier (une église, par exemple). L'eau ne requiert ni glace ni précaution particulière, et si elle est fluorée, elle assurera à votre enfant une bonne dose de ce sel minéral. Si le médecin le recommande, faites-la bouillir et apportez une bouteille d'eau fraîche à chacune de vos sorties.

Une préparation lactée. Si votre sortie avec votre bébé nourri au biberon peut se prolonger au-delà de l'heure prévue pour son prochain boire, il ne faudrait pas oublier d'apporter un biberon. Si vous apportez une formule prête-à-servir (mettez une tétine stérilisée et un biberon dans un petit sac de plastique), vous n'avez pas besoin de la réfrigérer. La même chose vaut pour la bouteille d'eau stérilisée à laquelle vous ajouterez une préparation en poudre. Si vous préparez un biberon à la maison avant de partir, il faudra par contre le garder dans un contenant isolé, avec un petit paquet de glace artificielle ou des cubes de glace.

Un linge-protecteur. Vos amis aiment sans doute tenir votre enfant, mais ils n'apprécient guère que bébé salive sur leurs vêtements. En plus de vous protéger contre les odeurs désagréables, la couche de tissu pliée vous évitera ces embarras.

Des vêtements de rechange pour bébé. Bébé est adorable dans son mignon petit ensemble neuf et vous partez pour vous rendre à une réunion de famille spéciale. À votre arrivée, au moment où vous retirez bébé de son siège d'auto, vous vous apercevez que bébé a mis la touche finale à son costume avec un beau gros caca mou couleur moutarde. À cause de surprises de ce genre, vous devez apporter au moins un ensemble de rechange; davantage, si vous prévoyez une longue sortie.

Une couverture ou un chandail supplémentaire. Surtout à la mi-saison, lorsque la température peut fluctuer de manière imprévisible, cette précaution est essentielle.

Une sucette, si bébé les aime. Apportez-la dans un sac de plastique propre.

Des distractions. Apportez des objets susceptibles de stimuler le regard de votre petit, surtout lorsqu'il est assis dans le siège d'auto ou dans la poussette. Pour les bébés plus âgés, les jouets légers, qu'ils peuvent secouer, frapper et gruger, conviennent parfaitement. Les jeunes enfants aiment les livres, les camions, les poupées, les animaux de peluche et autres petits jouets faciles à manipuler.

Un écran solaire. Dès que bébé a atteint six mois, un écran solaire est indispensable à l'année longue (pendant l'hiver, les rayons du soleil qui se reflètent sur la neige peuvent causer de sérieuses brûlures au bébé).

Une collation pour maman. Si vous allaitez et que vous prévoyez vous absenter assez longtemps, et surtout si vous ne croyez pas pouvoir trouver facilement de quoi vous nourrir convenablement, apportez une collation : un fruit, des cubes de fromage, des biscuits soda au blé entier ou du pain, des fruits secs. Un petit jus de fruit en boîte ou un thermos contenant une boisson chaude ou froide seront également très appréciés, si vous vous rendez dans un parc où il est peu probable que vous trouviez de l'eau ou des rafraîchissements.

Une collation (ou deux, ou trois) pour bébé. Dès que bébé mangera des aliments solides, apportez des petits contenants de nourriture pour bébé (aucune réfrigération nécessaire s'ils n'ont pas été ouverts et aucun besoin de réchauffer avant de servir) si vous prévoyez vous trouver à l'extérieur à l'heure de son repas. Mettez une petite cuillère dans un sac de plastique et rapportez la cuillère souillée dans le même sac. Pensez aussi à apporter une bavette et plusieurs serviettes de papier. Plus tard, un choix d'aliments secs (non périssables en cas de grande chaleur) comme les fruits frais, les biscuits, le pain, rempliront les petits creux entre les repas. Ils garderont aussi bébé occupé lors de vos sorties. Ne faites toutefois pas l'erreur de vous servir de ces aliments pour distraire un bébé qui s'ennuie ou pour consoler un enfant qui pleure. La mauvaise habitude de manger pour les mauvaises raisons pourrait lui rester sa vie durant.

SOINS DU PÉNIS

Le pénis se compose d'une verge de forme cylindrique se terminant par un renflement conique nommé *gland,* que recouvre plus ou moins complètement un repli cutané appelé *prépuce.* La verge et le gland sont séparés par un bord appelé *scissure.* À l'extrémité du gland se trouve une ouverture (le *méat*) à travers laquelle circulent l'urine et le sperme. Le prépuce est fait de deux peaux : la partie externe et une autre peau semblable à une membrane muqueuse.

À la naissance, le prépuce est fermement attaché au gland. Avec le temps, le prépuce et le gland commencent à se séparer, et les deux parties de peau se débarrassent des cellules en trop. Ces cellules, qui

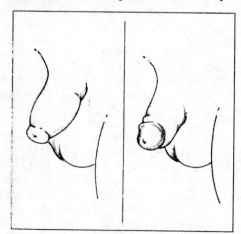

Le pénis non circoncis (à gauche) nécessite une hygiène méticuleuse; un pénis circoncis, c'est-à-dire auquel on a enlevé le prépuce, ne requiert aucun soin spécial.

seront sans cesse remplacées durant toute la vie, s'accumulent en petites perles blanchâtres qui avancent graduellement pour atteindre le bout du prépuce.

Normalement, à la fin de la deuxième année (mais parfois pas avant cinq ans, 10 ans, ou plus après la naissance), chez neuf garçons non circoncis sur 10, le prépuce et le gland sont complètement séparés. À ce moment, le prépuce peut se rétracter sans peine loin du gland.

Soins des pénis non circoncis. Contrairement à une vieille croyance populaire, un pénis non circoncis ne requiert aucune précaution particulière durant l'enfance. Il suffit, pour le garder propre, de le laver à l'eau et au savon comme vous le faites du reste du corps. Il est non seulement inutile de forcer le prépuce de bébé à se rétracter, mais le fait de tenter de le nettoyer avec un coton-tige, par irrigation ou avec des antiseptiques, risque de lui nuire. Une fois que le prépuce est visiblement séparé du gland, vous pouvez le rétracter occasionnellement pour nettoyer sous la peau. À l'âge de la puberté, la plupart des prépuces sont «rétractables», et bien avant cet âge, les garçons peuvent apprendre à le repousser et à le nettoyer eux-mêmes.

Soins des pénis circoncis. Après sa cicatrisation, il suffira de laver un pénis circoncis à l'eau et au savon. Pour les soins après la circoncision, voir page 170.

DONNER UN SHAMPOOING À BÉBÉ

Il n'est guère compliqué de laver la tête de bébé lorsqu'il est tout petit. Mais si vous ne voulez pas compromettre vos chances pour plus tard, veillez à ce que ni savon ni shampooing ne pénètrent dans ses yeux. Faites un shampooing une ou deux fois la semaine seulement, à moins que bébé ne

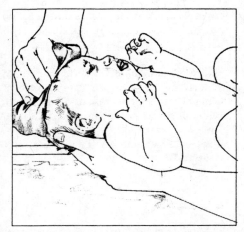

Il est parfois plus facile de rincer les cheveux de bébé en essuyant la mousse soigneusement et en douceur avec une débarbouillette mouillée.

fasse du chapeau ou que ses cheveux ne soient graisseux au point d'exiger des lavages plus fréquents.

1. Mouillez les cheveux de bébé au vaporisateur ou laissez couler un peu d'eau que vous aurez versée dans un verre sur le dessus de sa tête. Appliquez une goutte de shampooing ou de savon pour bébé (une trop grande quantité rendrait le rinçage difficile), et faites mousser en frottant doucement.

2. Rincez soigneusement à l'eau claire (au verre ou avec un vaporisateur doux).

Si bébé est plus âgé (il se tient assis), vous pouvez lui donner son bain et lui faire son shampooing dans la grande baignoire, mais ne donnez le shampooing à un bébé fille qu'à la fin du bain, car l'eau pleine de shampooing pourrait causer une infection vaginale. En réalité, le problème vient du fait que la plupart des enfants détestent pencher leur tête vers l'arrière au moment du shampooing — ils se sentent alors trop vulnérables — et que, de cette façon, la séance risque de se terminer sur des pleurs ou de la mauvaise humeur. La douche télé-

phone, si votre baignoire en est pourvue, vous donne un meilleur contrôle et peut plaire à certains bébés, bien qu'elle puisse aussi en effrayer quelques-uns. La visière spécialement conçue pour les shampooings (disponible en pharmacie, dans les magasins de meubles pour enfants et dans les boutiques de jouets) et qui protège les yeux des fuites d'eau et de savon peut être l'idéal, à condition que votre enfant accepte de la porter. Si votre bébé résiste à la visière comme au vaporisateur d'eau, vous pouvez terminer le shampooing (ou du moins le rinçage, après avoir fait mousser les cheveux dans la baignoire) dans l'évier, jusqu'à ce qu'il se montre plus coopératif. Bien que cette méthode ne soit pas parfaite (et ça pourrait s'agraver à mesure que bébé grandit), elle est rapide et contribue à raccourcir cette séance peu agréable.

EMMAILLOTER BÉBÉ

Chez certains bébés, le fait d'être emmaillotés produit un effet calmant et peut même limiter leurs pleurs; par contre, d'autres petits n'apprécient guère que l'on entrave leur liberté de mouvement. Si vous constatez que votre bébé aime être emmailloté, voici comment procéder :

1. Étendez une couverture sur une surface plane, avec un coin replié vers le bas sur 15 cm (6 po). Placez bébé en diagonale sur la couverture, la tête sur le coin replié.

2. Attrapez le coin de la couverture situé du côté gauche de votre bébé et croisez-le sur son corps. Levez son bras droit et poussez le coin de la couverture sous le dos de bébé, du côté droit.

3. Levez le coin du bas et ramenez-le vers le haut en le fixant au premier pan de la couverture.

4. Lever le dernier coin, ramenez-le par-dessus le bras droit de bébé, et repliez-le sous le dos, du côté gauche.

Si votre enfant semble préférer bouger davantage des mains, croisez la couverture sous les bras pour les laisser libres. Étant donné que l'emmaillotement limite les ébats et qu'il peut compromettre le développement des bébés plus âgés, cessez cette pratique dès que votre petit atteint un mois.

ENTRETIEN DU NOMBRIL

Le dernier vestige de l'incomparable attachement d'un enfant à sa mère pendant la vie utérine, c'est la plaie laissée par la coupure du cordon ombilical. Elle tourne au noir quelques jours à peine après la naissance, et son résidu devrait tomber de une à quatre semaines plus tard. Vous pouvez hâter la cicatrisation et prévenir l'infection en gardant cette partie du corps exposée à l'air. Voici quelques conseils qui vous aideront :

1. Lorsque vous mettez une couche à bébé, pliez le devant sous le nombril pour empêcher l'urine d'y toucher et pour le laisser à l'air libre. Repliez ou roulez la camisole ou la chemise vers le haut.

2. Ne songez pas à laver bébé dans la baignoire, et évitez de mouiller l'ombilic lorsque vous lavez votre nourrisson à la débarbouillette, jusqu'à ce que le cordon soit tombé.

3. Tamponnez le nombril avec de l'alcool à friction (sur une boule d'ouate, une gaze stérile, ou une petite éponge imbibée) pour aider à garder cette partie propre et hâter la cicatrisation.

4. Si la partie entourant le nombril devient rouge ou si elle suinte, consultez le médecin.

DOCUMENTS IMPORTANTS

Tout au long de sa vie, votre enfant aura besoin périodiquement de certains documents importants. En tout premier lieu, le certificat de naissance est indispensable : c'est la preuve officielle de sa naissance et de sa citoyenneté. Votre enfant en aura besoin au moment de faire son inscription à l'école, pour passer un permis de conduire, pour obtenir un passeport, pour se marier, et pour bien d'autres choses encore. En général, l'hôpital vous remet un certificat non officiel de naissance. Dans les trois mois qui suivent, vous devrez vous présenter à l'hôtel de ville pour qu'on établisse, à partir de ce document, le certificat de naissance de votre enfant. Si vous choisissez de le faire baptiser (vous avez quatre mois pour le faire, à moins que vous ne possédiez déjà un certificat de naissance), la paroisse se chargera aussi du certificat de naissance, que l'on vous remettra à la fin de la cérémonie, avec l'une des copies du formulaire de l'hôpital.

Votre enfant aura aussi besoin d'un carnet de santé (que l'hôpital vous remet à votre départ) et d'une carte d'assurance-maladie. Pour obtenir cette dernière, vous devrez compléter le formulaire de demande et y joindre une autre copie du certificat de naissance non officiel ainsi qu'une copie officielle du certificat de naissance de votre enfant. Vous recevrez la carte par la poste au cours des semaines suivantes. Si vous devez consulter le médecin avant d'avoir reçu la carte d'assurance-maladie, rassurez-vous : vous n'avez qu'à présenter *votre* carte personnelle (et ceci jusqu'à ce que le bébé ait un an).

CHAPITRE 4

Le premier mois

CE QUE BÉBÉ POURRAIT FAIRE

D'ici la fin de ce mois, bébé devrait pouvoir (voir note)

- lever la tête brièvement lorsque couché sur le ventre sur une surface plane;
- fixer son regard sur un visage.

Note : Si vous remarquez que votre bébé n'a pas encore réussi l'un ou l'autre de ces exploits (ou les deux), consultez un médecin. Il arrive, mais c'est assez rare, qu'un tel délai signale un problème, mais, le plus souvent, votre bébé sera tout à fait normal. Généralement, les prématurés réussissent les mêmes exploits plus tard que les autres enfants de leur âge, c'est-à-dire qu'ils y arrivent au moment où ils auraient atteint cet âge, s'ils étaient nés à terme, et parfois plus tard.

pourra probablement

- réagir au son d'une cloche, soit en sursautant, en pleurant ou en s'immobilisant;

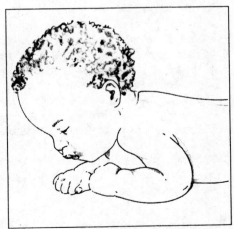

D'ici la fin de ce premier mois, bébé devrait pouvoir lever sa tête à un angle de 45°.

■ suivre des yeux un objet mobile dessinant un arc, à environ 15 cm (6 po) au-dessus de son visage, jusqu'à la ligne médiane (droit devant);

... pourra peut-être

■ relever la tête à 45°, lorsque couché sur le ventre;

■ s'exprimer autrement que par des pleurs; au moyen de gazouillements, par exemple;

■ suivre des yeux un objet mobile dessinant un arc, à environ 15 cm (6 po) au-dessus de son visage, et *dépassant* la ligne médiane (droit devant)

■ répondre à votre sourire par un sourire.

... pourra peut-être même

■ relever la tête à 90°, lorsque couché sur le ventre;

■ tenir la tête bien droite, lorsque assis en position verticale;

■ placer les mains paume contre paume;

■ sourire spontanément;

■ rire aux éclats;

■ pousser des petits cris de joie;

■ suivre des yeux un objet dessinant un arc, à environ 15 cm (6 po) au-dessus de son visage, à 180°, c'est-à-dire allant d'un côté à l'autre.

CE QUE L'EXAMEN MÉDICAL VOUS RÉSERVE CE MOIS-CI

Chaque médecin a sa façon bien personnelle de procéder à l'examen de routine de bébé. De plus, les besoins particuliers de chaque enfant peuvent influencer le déroulement de l'examen ainsi que le nombre et le genre de contrôles effectués. Voici tout de même le genre d'examen auquel vous pouvez vous attendre, si votre bébé est âgé de deux à quatre semaines. (La première visite peut avoir lieu plus tôt dans certains cas particuliers, par exemple quand le nouveau-né a eu la jaunisse, qu'il est né prématurément, ou que vous éprouvez des problèmes à établir une bonne relation d'allaitement.)

■ Série de questions pour savoir comment se portent bébé et le reste de la famille; comment bébé mange, dort, et quels progrès il a faits.

■ Prise des mensurations : poids, taille, circonférence de la tête, et croissance depuis sa naissance.

■ Contrôles de la vue et de l'ouïe.

■ Un examen physique. Le médecin procédera à la plupart de ces vérifications de routine, et beaucoup de ces examens se feront à l'oeil ou par le toucher, et ne nécessiteront aucun commentaire :

□ battements de coeur, à l'aide d'un stéthoscope et *de visu,* en observant le rythme cardiaque à travers la cage thoracique (idéalement, bébé ne pleurera pas durant cet examen);

□ abdomen, par palpitation ou à l'aide du stéthoscope, pour déceler toute masse anormale;

□ hanches, vérification d'une dislocation possible en imprimant aux jambes un mouvement circulaire;

□ mains et bras, pieds et jambes, pour vérifier leur développement et leur motricité;

□ dos et colonne vertébrale, pour y déceler toute anomalie;

□ yeux, examen avec un ophtalmoscope ou une petite lampe, pour vérifier les réflexes oculaires, la capacité de fixer et le bon fonctionnement des canaux lacrymaux;

□ oreilles, avec un otoscope, vérification de la couleur, des fluides et de la mobilité;

□ nez, avec un otoscope, couleur et condition des membranes muqueuses et détection des anomalies possibles;

□ bouche et gorge, avec un dépresseur de bois, pour vérifier les irritations, les bosses et la coloration;

□ cou, vérification de sa mobilité, des ganglions lymphatiques (ils sont plus évidents chez les bébés) et de la glande thyroïde;

□ aisselles, pour détecter l'enflure possible des ganglions lymphatiques;

□ fontanelles (parties tendres sur le dessus de la tête), vérification par palpation;

□ respiration et fonctions respiratoires, par simple observation et parfois avec le stéthoscope et avec de légères tapes sur la poitrine et dans le dos;

□ parties génitales, pour déceler toute anomalie, comme les hernies ou la non-descente des testicules; vérification des fissures au niveau de l'anus et du pouls fémoral (au niveau de l'aine), pour s'assurer d'une pulsation forte et régulière;

□ peau, coloration, tonus, démangeaisons et lésions, taches de naissance;

□ réflexes spécifiques à l'âge de votre bébé;

□ motricité et comportement général, capacité de répondre aux caresses et de communiquer avec les adultes.

■ Aperçu de ce qui arrivera au cours du prochain mois, en ce qui a trait à l'alimentation, au sommeil, au développement et à la sécurité de votre enfant.

■ Recommandations à propos des suppléments fluorés (si nécessaire) et de vitamine D, si votre bébé est nourri au sein.

Avant que la visite ne se termine :

■ Demandez que l'on vous dicte une ligne de conduite lorsque bébé est malade. (Qu'est-ce qui peut susciter un appel au beau milieu de la nuit? Comment joindre le médecin en dehors des heures régulières?)

■ Parlez des inquiétudes que vous avez ressenties au cours du mois qui se termine, relativement à la santé de votre bébé, à son comportement, à son sommeil, à son alimentation, etc.

■ Prenez note (ou enregistrez) les informations et les instructions du pédiatre (autrement, vous risquez de les oublier)[1].

---

1. L'hôpital vous fournira un carnet de santé pour votre enfant, que vous devrez apporter à chaque visite médicale et où l'on inscrira les dates de chaque vaccin et la dose administrée, en plus de toutes les informations pertinentes.

L'ALIMENTATION DE BÉBÉ CE MOIS-CI : Expression du lait maternel

Vous les rencontrez partout sans les voir nécessairement : dans les salles d'attente, les aéroports, au forum, au stade olympique, dans les bureaux, les manufactures, au restaurant, dans les magasins à rayons, les écoles et les hôpitaux : les jeunes mamans qui doivent exprimer leur lait vont partout sans qu'on les remarque.

POURQUOI LES MAMANS EXPRIMENT-ELLES LEUR LAIT?

Contrairement aux femmes des tribus primitives, qui portaient leurs petits en bandoulière pour qu'ils puissent téter à n'importe quelle heure du jour et de la nuit, les mamans affairées d'aujourd'hui ne peuvent pas toujours compter sur la proximité. Pour cela, et pour bien d'autres raisons, la plupart des femmes qui allaitent devront exprimer leur lait à un moment ou à un autre. En général, on exprime son lait pour l'une ou l'autre des raisons suivantes :

- Pour faire saillir des mamelons rétractés vers les derniers mois de la grossesse.

- Pour provoquer la lactation chez une maman dont le lait tarde à monter.

- Pour soulager les engorgements dus aux montées de lait.

- Pour augmenter ou maintenir la production de lait.

- Pour faire provision de lait destiné aux boires de bébé en cas d'absence.

- Pour prévenir l'engorgement ou l'obstruction dus à des seins trop pleins.

- Pour faire provision de lait en vue de l'allaitement au biberon ou à la sonde de gavage gastrique lorsque bébé (prématuré ou autre) est trop faible pour téter ou qu'il présente un défaut buccal quelconque gênant la succion.

- Pour fournir du lait maternel à un bébé hospitalisé à cause d'une maladie ou à un bébé prématuré.

- Pour prévenir l'engorgement et maintenir la production de lait lorsque l'allaitement est temporairement suspendu suite à une maladie (de la mère ou de l'enfant).

- Pour stimuler la lactation chez une maman qui a changé d'idée à propos de l'allaitement ou quand bébé présente une allergie au lait de vache après le sevrage.

TECHNIQUES D'EXPRESSION DU LAIT MATERNEL

Il fut un temps où le seul moyen d'exprimer son lait était la pression des mains, un procédé long et pénible qui ne donnait pas toujours des résultats significatifs quant à la quantité de lait obtenue. De nos jours, encouragés par le retour à l'allaitement au sein, les manufacturiers ont mis sur le marché une grande variété de tire-lait, du simple modèle manuel qui ne coûte que quelques dollars, aux modèles électriques les plus sophistiqués pouvant coûter une centaine de dollars. Ces nouveaux tire-lait rendent l'expression du lait maternel beaucoup plus facile et efficace. Bien que certaines femmes exprimeront encore manuellement leur lait à l'occasion (au moins pour soulager leurs seins engorgés), la plupart investiront dans l'achat de l'un de ces produits :

■ Le tire-lait à poire ou pompe, qui fait jaillir le lait à chaque pression en provoquant un mouvement d'aspiration. Ce genre de tire-lait n'est pas très coûteux, mais son efficacité laisse à désirer. Il est difficile à nettoyer (ce qui veut dire que votre lait pourrait être facilement contaminé) et désagréable à l'usage : il cause souvent des douleurs aux mamelons. Pas utile si vous voulez exprimer du lait pour l'alimentation de votre nourrisson, il peut toutefois servir à vous soulager d'un engorgement occasionnel.

■ Le tire-lait à gâchette crée une succion à chaque pression des doigts. Plus coûteux que le tire-lait à poire, mais encore très abordable, il présente l'avantage de se manipuler d'une seule main. Parce qu'il exige cependant beaucoup de dextérité et de force, les femmes aux petites mains éprouvent de la difficulté à s'en servir et plusieurs n'arrivent pas à exprimer le lait du sein du côté opposé à leur main dominante. Un autre inconvénient : il est fait de verre. Non seulement ce tire-lait est-il cassable, mais encore les substances immunisantes du lait peuvent-elles adhérer aux parois de verre (elles n'adhèrent pas au plastique), et priver bébé de leurs bienfaits.

■ Le tire-lait seringue est composé de deux cylindres concentriques (l'un dans l'autre). Le cylindre intérieur est placé sur le mamelon et le cylindre extérieur, grâce à un mouvement de va-et-vient, crée une succion qui aspire le lait à l'intérieur. C'est le modèle le plus populaire : il est d'un prix abordable, facile à utiliser et à nettoyer, portatif, et peut aussi se transformer en biberon. On dit que la succion qu'il provoque se rapproche beaucoup de celle d'un enfant au sein, ce qui rendrait l'expression du lait plus agréable.

■ La pompe manuelle convertible que l'on peut brancher, si désiré, à un système élec-

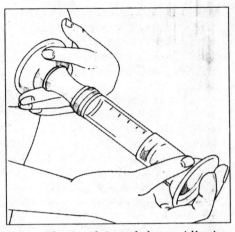

Bien qu'il puisse fatiguer le bras qui l'active, le tire-lait en forme de seringue est l'un des plus abordables et des plus efficaces pour l'expression du lait.

trique. Ce modèle versatile offre plus de rapidité et d'efficacité lorsqu'on l'utilise avec l'électricité et il est aussi portatif, de sorte que vous pouvez vous en servir partout où il y a une fiche.

■ Le tire-lait à piles. Son prix est modéré, mais il n'est pas aussi puissant que les modèles électriques et, comme les piles s'épuisent rapidement, il peut aussi devenir très dispendieux à l'usage. On peut donc s'interroger sur son aspect pratique. Communiquez avec la Ligue la Leche de votre localité pour obtenir des informations relatives aux derniers modèles sur le marché.

■ La pompe électrique est puissante, rapide et facile à utiliser. De plus, elle laisse vos mains libres pour tenir bébé en allaitant de l'autre sein ou pour vaquer à d'autres activités au moment du pompage. Elle est normalement très chère et peut coûter quelques centaines de dollars. Si votre temps est précieux, vous pourriez trouver avantage à investir dans l'achat d'une telle pompe. Si la portabilité d'un tire-lait doit influencer votre choix, la pompe électrique peut vous sembler malcommode, mais il vous sera possible de vous procurer un tire-lait portatif pour la route, moyennant quelques dollars.

Il vous est également possible de louer une pompe électrique à la Ligue la Leche de votre localité et peut-être même à un hôpital ou dans les pharmacies (renseignez-vous). Certaines femmes achètent une pompe électrique avec une ou plusieurs autres femmes. D'autres achètent une pompe pour la revendre plus tard, lorsqu'elles ont cessé d'allaiter. Le coût de la pompe électrique pourrait éventuellement vous être remboursé par votre assurance-maladie personnelle, si le médecin prescrit l'allaitement maternel pour votre bébé et que, pour une raison ou pour une autre, vous ne pouvez pas lui donner le sein (normalement, prescrit aux mamans d'enfants malades ou prématurés). Des ensembles de tire-lait personnels se trouvent sur le marché (ils comprennent bouclier, tasse, tube et couvercle), stérilisables ou jetables, ce qui rend le partage d'une pompe ou l'usage d'une pompe d'hôpital plus pratique.

Avant de choisir un tire-lait, parlez-en à vos amies, à quelqu'un de la Ligue la Leche, au pédiatre de votre bébé pour connaître les avantages et les inconvénients des différents modèles. Si possible, essayez celui qui vous inspire le plus confiance — empruntez-le ou louez-le — avant d'en faire l'achat. Vous préférerez un tire-lait facile à utiliser et à nettoyer, ne créant pas trop d'inconfort et efficace, et, si vous prévoyez vous en servir loin de la maison, portatif.

COMMENT EXPRIMER VOTRE LAIT

Préparatifs. Quelle que soit la méthode que vous choisirez pour exprimer votre lait, la pratique pourrait vous sembler difficile les tout premiers jours. Voici quelques conseils qui vous aideront à prendre un bon départ dans cette nouvelle expérience :

■ Choisissez un moment de la journée où vous sentez normalement vos seins gorgés de lait : pour la plupart des femmes, ce sera le matin. Prévoyez faire la collecte de votre lait toutes les trois ou quatre heures. Chaque collecte durera de 20 à 40 minutes, parfois même plus.

■ Voyez à ce que votre équipement soit très propre et stérilisé, selon les instructions du manufacturier. Lavez votre tire-lait immédiatement après chaque pompage pour un nettoyage plus facile. Si vous utilisez votre tire-lait loin de votre foyer, prenez soin d'emporter avec vous une brosse à bouteilles, du détergent et des serviettes de papier.

■ Tant que vous êtes novice en la matière, choisissez un environnement tranquille où la température est agréable, où vous ne serez pas interrompue par le téléphone ou la sonnette d'entrée, et où vous aurez toute l'intimité désirée pour exprimer votre lait. Au travail, un bureau privé ou la salle réservée aux femmes pourrait vous convenir. Si vous êtes à la maison, l'idéal serait que quelqu'un d'autre s'occupe du bébé de façon que vous soyez libre de vos mouvements et mieux concentrée sur votre tâche.

■ Lavez-vous les mains à l'eau et au savon, et lavez vos seins uniquement à l'eau. N'utilisez ni savon, ni crème, ni onguent sur vos mamelons.

■ Buvez un grand verre d'eau, de jus, de lait, de thé ou de café sans caféine, ou encore mangez une soupe avant de commencer. Pour la détente, une boisson chaude peut être plus stimulante qu'un breuvage froid.

■ Mettez-vous à l'aise, les jambes relevées, si possible.

- Détendez-vous quelques minutes avant de commencer. Pratiquez la méditation ou une autre technique de relaxation : musique, télé, ou ce qui peut vous sembler relaxant.

- Pensez à votre bébé, à l'allaitement ou regardez des photos de votre enfant pour stimuler votre montée de lait. Vous pourriez peut-être atteindre cet état en gardant votre bébé près de vous au moment d'exprimer votre lait. L'idéal serait vraiment que quelqu'un d'autre prenne soin du tout petit dès que vous commencerez à pomper. Si vous vous servez d'une pompe électrique qui vous laisse les mains libres, vous pouvez même tenir votre bébé au moment d'exprimer votre lait (mais certains bébés se sentent très frustrés de se trouver à la fois si près et si loin de leur repas). Des compresses d'eau chaude sur les mamelons et les seins pendant 5 ou 10 minutes, une douche chaude, un massage

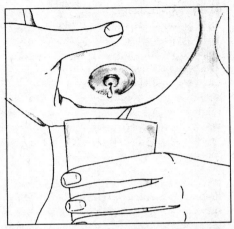

L'expression manuelle du lait est un procédé lent, parfois douloureux. Cette méthode convient surtout aux moments où vous ne devez collecter qu'une petite quantité de lait, par exemple quand les seins sont trop engorgés pour que bébé puisse se gaver sans inconfort.

des seins sont autant de méthodes susceptibles d'aider l'écoulement (ou penchez-vous en avant en secouant vos seins).

- Si vous éprouvez de la difficulté à obtenir de bons résultats, demandez un vaporisateur nasal de syntocinon endonasal à votre médecin : ce produit stimule l'écoulement du lait. Suivez les instructions à la lettre.

Expression manuelle du lait. Pour commencer, placez votre main sur un sein, au bord de l'aréole, le pouce opposé aux autres doigts. Tenez bien le sein dans votre main en exerçant une pression égale du pouce et des doigts. (Gardez les doigts sur l'aréole en évitant de toucher au mamelon.) Répétez ce geste de façon rythmique pour que le lait commence à circuler, avec une constante rotation des doigts pour atteindre tous les canaux lactifères. Procédez de la même manière avec l'autre sein, en massant entre deux expressions, comme il est requis. Recommencez avec le premier sein, et encore une fois avec le second.

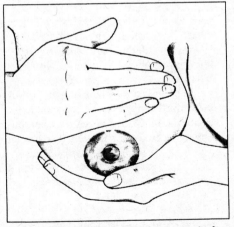

Pour un massage efficace, tenez votre sein dans le creux de votre main et placez l'autre main au-dessus. Faites glisser les paumes de vos mains (une à la fois ou les deux ensemble) dans la direction du mamelon en y appliquant une pression douce. Donnez à vos mains un mouvement de rotation autour du sein et répétez l'opération de façon à stimuler tous les canaux lactifères.

Si vous voulez recueillir votre lait, servez-vous d'une tasse stérilisée dotée d'une large ouverture, que vous placerez sous vos seins au moment de l'expression. Vous pouvez même recueillir les quelques gouttes qui s'écouleront de l'autre sein en plaçant un petit gobelet stérilisé dans votre soutien-gorge. Vous devrez immédiatement verser le lait ainsi recueilli dans des biberons stérilisés que vous réfrigérerez aussitôt que possible.

Expression du lait avec une pompe manuelle ou électrique. Il suffit de suivre les instructions du fabricant du tire-lait que vous utilisez. Soyez patiente. Il est parfois long de devenir compétente dans l'expression de son lait! Si vous désirez utiliser une pompe manuelle sur l'un de vos seins pendant que vous allaitez bébé de l'autre, vous pouvez installer bébé sur un oreiller (en vous assurant qu'il ne tombera pas), ou demander à quelqu'un d'autre de procéder au pompage pendant que vous tenez votre enfant. Comme vous n'avez aucun besoin de vos mains pour faire fonctionner une pompe électrique, il vous sera facile d'allaiter bébé d'un côté et d'exprimer votre lait de l'autre.

COLLECTE ET CONSERVATION DU LAIT MATERNEL

Les contenants de plastique sont meilleurs que ceux de verre pour recueillir et conserver le lait maternel, non seulement parce que le verre est cassable, mais aussi parce que les globules blancs qui contiennent des anticorps servant à combattre les maladies adhèrent plus au verre qu'au plastique, et que, malheureusement, bébé ne profitera jamais des anticorps qui auront adhéré au verre. Plusieurs genres de tire-lait fournissent des contenants qui peuvent servir à la fois de bouteille, pour conser-

ver le lait, et de biberon. Avec les autres modèles, vous devrez utiliser une bouteille de type standard pour recueillir votre lait. Les bouteilles de 125 ml (4 oz) sont très pratiques pour les tout petits bébés, dont l'appétit est encore limité; les bouteilles de 250 ml (8 oz) serviront aux bébés plus âgés. Un thermos, rempli de cubes de glace jusqu'au moment du remplissage, peut très bien servir à garder le lait maternel frais lorsque vous vous absentez de la maison, mais il présente l'inconvénient des parois de verre.

Stérilisez contenants et bouteilles, ou lavez-les au lave-vaisselle à des températures atteignant au moins 87 °C (180 °F), si le lait doit être conservé à la température de la pièce pendant plus de 30 minutes, au réfrigérateur ou au congélateur pendant plus de 48 heures. Autrement, un bon nettoyage à l'eau et au savon avec une brosse à biberon devrait suffire.

Réfrigérez le lait recueilli dès que vous le pouvez. Si la chose vous est impossible, versez-le dans un contenant stérilisé dans lequel il se gardera frais à la température de la pièce (loin des calorifères, des rayons du soleil ou autres sources de chaleur) jusqu'à un maximum de six heures. Vous pouvez conserver votre lait au réfrigérateur jusqu'à 48 heures, ou l'y laisser refroidir 30 minutes avant de le mettre au congélateur. Ne remplissez les contenants devant aller au congélateur qu'aux trois-quarts, pour laisser place à l'expansion du liquide et inscrivez la date (utilisez toujours le lait le plus ancien en premier). Le lait maternel restera frais au congélateur de une à deux semaines, si le modèle de votre réfrigérateur n'a qu'une porte; il gardera sa fraîcheur trois mois dans un modèle sans givre à deux portes qui conserve les aliments surgelés et jusqu'à six mois dans un modèle maintenant une température constante de zéro degré.

Pour faire dégeler le lait maternel, secouez la bouteille sous un robinet d'eau chaude, et utilisez dans les 30 minutes. Ou alors, faites dégeler au réfrigérateur et servez dans les trois heures. Ne dégelez pas votre lait dans un four à micro-ondes, sur un rond de cuisinière ou à la température de la pièce. Ne le faites jamais recongeler. Quand votre bébé a fini de boire un biberon, jetez le reste du lait tout de suite. Débarrassez-vous aussi de toute quantité de lait conservée plus longtemps que recommandé.

Si vous prévoyez transporter votre lait régulièrement, munissez-vous d'un sac à biberons isolant, d'un thermos, ou d'un sac isolé pouvant contenir une bouteille et un paquet de glace sèche.

CE QUI POURRAIT VOUS INQUIÉTER

«CASSER» BÉBÉ

«J'ai affreusement peur de manipuler mon bébé : il est tellement petit et il a l'air tellement vulnérable.»

Les nouveau-nés ont souvent l'air aussi fragiles et cassables que des poupées de porcelaine, mais ils ne le sont pas. En fait, ils sont vraiment très robustes. Même pour des parents inexpérimentés, en plein apprentissage, et dont les gestes sont souvent hésitants, il est à peu près impossible de les blesser en les tenant tout naturellement, du moment que leur tête est bien soutenue. Vous apprendrez à connaître peu à peu les meilleures façons de tenir bébé dans vos bras, car ces manières varient considérablement d'un parent à un autre.

L'ACNÉ DES TOUT-PETITS

«J'ai toujours cru que les bébés devaient avoir un teint de pêche. Mais mon petit de deux semaines présente un terrible cas d'acné.»

Même si cela peut sembler injuste, certains bébés se retrouvent avec une peau d'«adolescents» aux tout premiers jours de leur vie. En fait, nombre de leurs problèmes cutanés sont dus aux mêmes causes que les problèmes de teint des adolescents : les hormones. Sauf que pour les nouveau-nés, ce ne sont pas les hormones qui occasionnent tant de problèmes, mais bien celles de leur maman qui circulent toujours dans leur système. Il y a aussi le fait que les pores des nouveau-nés ne sont pas entièrement développés, ce qui en fait des cibles parfaites pour l'infiltration de la saleté. Il en résulte des imperfections de toutes sortes.

Ne frottez pas, ne pincez pas, n'appliquez ni lotion ni traitement sur l'acné de votre nouveau-né. Lavez-le seulement à l'eau deux ou trois fois par jour, séchez en tamponnant, et il disparaîtra dans quelques mois, sans laisser de marques.

L'OUÏE

«Mon bébé ne réagit pas beaucoup aux bruits. En fait, il dort sans peine lorsque le chien aboie et même pendant les crises de colère de ma fille aînée. Se peut-il qu'il entende mal?»

S'il dort ainsi, c'est sans doute qu'il est habitué aux aboiements du chien et aux cris de sa soeur, et non parce qu'il ne les entend pas. Bien qu'il ait vu le monde pour la première fois lorsqu'il a quitté votre utérus, ce n'était pas la première fois qu'il l'entendait. Beaucoup de bruits — depuis la musique que vous écoutez et jusqu'aux concerts de klaxons et de sirènes dans la rue — ont traversé les murs de son petit univers utérin, et bébé a fini par s'y habituer.

Les premières semaines, la plupart des bébés réagissent aux bruits forts en sursautant; vers trois mois, ils le font en tournant leur attention du côté de la source du bruit. Tous les sons qui font déjà partie de l'environnement «musical» de l'existence de bébé ne reçoivent pas toujours une réponse de sa part. Il se peut aussi que la réponse soit si subtile qu'elle échappe aux yeux peu entraînés (par exemple, le changement de position ou d'activité).

Si l'ouïe de votre bébé vous inquiète essayez ce petit test : tapez des mains près de sa tête et voyez s'il sursaute. Si oui, vous saurez qu'il peut entendre. Sinon, essayez encore une fois. Les enfants (et même les nouveau-nés) ont la merveilleuse faculté d'ignorer leur environnement à volonté; peut-être que votre bébé s'est servi de ce talent la première fois. Une répétition du test pourrait provoquer la réaction que vous attendez. Si bébé ne réagit pas, essayez d'observer de quelle autre manière votre enfant pourrait s'intéresser aux bruits : semble-t-il apaisé, répond-il de quelque façon au doux son de votre voix, même lorsqu'il ne vous regarde pas directement? Répond-il aux chansons ou à la musique d'une manière ou d'une autre? Sursaute-t-il en entendant un bruit fort qui ne lui est pas familier? Si votre bébé semble ne jamais répondre aux bruits, discutez-en avec son pédiatre aussitôt que possible. Plus on dépiste tôt les problèmes d'audition et plus on les traite tôt, meilleures sont les chances de les enrayer.

Certains enfants sont considérés «à risques» en ce qui concerne les problèmes d'ouïe, et on devrait les soumettre à un examen de routine d'évaluation audiologique. Ce sont les bébés qui pesaient moins de 2500 g (5,5 lb), ou qui ont fait l'expérience de complications graves pendant ou tout de suite après la naissance (comme l'asphyxie, l'hémorragie intracrânienne ou l'apoplexie); ceux qui ont été exposés aux médicaments, aux drogues ou aux infections susceptibles d'affecter l'ouïe (la rubéole par exemple); ceux qui ont des antécédents familiaux de surdité congénitale inexpliquée; ceux qui présentent des anomalies visibles au niveau des oreilles; et ceux qui sont retardés mentalement, aveugles, autistiques, ou qui souffrent de paralysie cérébrale.

LA VUE

«J'ai installé un mobile au-dessus de la couchette de mon bébé dans l'espoir que ses couleurs vives le stimulent. Mais il ne semble même pas le remarquer. Se peut-il que quelque chose n'aille pas avec ses yeux?»

Il est plus probable que quelque chose n'aille pas avec votre mobile, ou du moins avec l'endroit où il est suspendu. Les nouveau-nés fixent mieux les objets éloignés de 20 à 35 cm (8 à 14 po) de leurs yeux, ce qui n'est pas un hasard, mais un choix délibéré de l'ingénieuse Nature, puisque c'est la distance qui sépare un enfant nourri au sein du visage de sa mère. Les objets beaucoup plus rapprochés ou beaucoup plus éloignés des yeux d'un bébé étendu dans sa couchette lui paraîtront très flous, bien qu'il pourra fixer son attention sur un objet éloigné qui brille ou qui bouge, si, dans son champ de vision normal, rien d'autre ne l'intéresse.

De plus, au cours des premiers mois, il passera plus de temps à regarder à droite et à gauche, fixant rarement droit devant lui. Aussi, un mobile suspendu directement au-dessus de sa tête dans sa couchette a peu de chance d'attirer son attention, qu'il soit installé d'un côté ou de l'autre. Toutefois, certains bébés ne s'intéressent pas aux mobiles avant trois ou quatre semaines, et parfois même plus tard.

Aussi votre nouveau-né peut-il voir, mais pas de la même manière qu'il verra à trois ou quatre semaines. Si vous désirez évaluer sa capacité de vision, tenez une petite lumière d'un côté de son champ de vision, à environ 25 ou 30 cm (10 à 12 po) de son visage. Durant le premier mois, un bébé peut généralement fixer la lumière pendant un court instant, mais assez longtemps pour vous en rendre compte. Vers la fin du premier mois, certains bébés peuvent suivre la lumière lorsque vous la déplacez lentement jusqu'au centre de leur champ de vision. En général, un bébé ne peut suivre un objet sur un arc de 180° (d'un côté à l'autre) avant trois mois.

Les yeux de votre bébé continueront de se développer tout au long de la première année. Il sera probablement presbyte pendant plusieurs mois et incapable de percevoir la profondeur réelle des objets (c'est sans doute pour cette raison qu'il est le parfait candidat aux chutes près des tables et des lits) avant d'avoir atteint neuf mois. Même si sa vue n'est pas parfaite maintenant, il adore pourtant regarder les objets, et ce passe-temps constitue la meilleure avenue pour ses multiples apprentissages. Fournissez-lui donc une grande quantité de stimuli visuels, mais ne surchargez pas ses circuits : un ou deux points d'attraction suffisent à sa capacité de fixer. Parce que son attention s'épuise vite, changez fréquemment son centre d'intérêt.

La plupart des bébés se plaisent à étudier les visages, on pourrait même dire qu'ils dévisagent certaines personnes. Ils préfèrent le noir et blanc aux couleurs vives, et les objets complexes aux objets trop simples. Ils adorent regarder la lumière : chandelles, lampes, fenêtres (surtout celles où filtre la lumière à travers des stores verticaux ou horizontaux) sauront attiser leur désir scrutateur. Ils sont d'ailleurs habituellement plus heureux dans une pièce bien éclairée que dans une chambre aux lumières tamisées.

Les tests de vision feront partie des examens réguliers de routine chez le médecin. Si vous persistez à trouver que votre enfant ne fixe pas bien les objets et les visages ou qu'il ne s'intéresse pas à la lumière, parlez-en au pédiatre lors de votre prochaine visite.

RÉGURGITATIONS

«Mon bébé régurgite tellement que j'ai peur qu'il n'avale pas assez de nourriture.»

Même si vous avez l'impression que tout ce que votre bébé ingurgite en ressort aussitôt, ce n'est sans doute pas le cas. Le repas de lait que vous croyez complet n'équivaut en réalité qu'à environ 15 à 30 ml (1 à 2 c. à table), mélangés à la salive et au mucus, ce qui n'est certes pas assez pour compromettre l'alimentation de votre enfant. (Si vous voulez voir exactement quelle quantité de lait donne cette quantité, renversez 30 ml de lait sur le comptoir de la cuisine). Ce qui sort de la bouche de votre bébé aura relativement peu changé de forme, comparativement à ce qui y est entré, quand le lait ne s'est pas rendu plus loin que l'oesophage avant d'être recraché. Mais s'il a fait un court séjour dans l'estomac avant son voyage de retour, le lait aura l'air caillé et dégagera une odeur de sur. La plupart des bébés régurgitent au moins occasionnellement; quelques-uns régurgitent à chaque repas. Chez les nouveau-nés, ce processus peut être dû à un sphincter immature entre l'oesophage et l'estomac, et à un excès de mucus dont il faudra débarrasser le tube digestif. Chez les bébés plus âgés, les régurgitations se produisent lorsque le lait se mélange à l'air pour être régurgité dans un rot. Il arrive aussi qu'un bébé renvoie un trop-plein, lorsqu'il sent qu'il a trop mangé.

Il n'existe pas de cure efficace pour régler les problèmes de régurgitation. Vous pouvez par contre minimiser l'infiltration d'air durant les repas : ne nourrissez pas votre bébé lorsqu'il pleure (prenez une pause pour lui permettre de se calmer); tenez-le aussi droit que possible pendant toute la durée du repas et encore quelque temps après la fin de son boire; assurez-vous que les trous de la tétine ne sont ni trop grands, ni trop petits, et que la bouteille est inclinée de façon que le lait (et non l'air) remplisse la tétine. Il serait également bon d'aider votre enfant à ne pas se transformer en glouton, et de ne pas le faire sauter sur vos genoux quand il mange ou juste après (lorsque c'est possible, attachez-le dans son siège pour bébé ou dans sa poussette pendant quelques minutes). N'oubliez pas de lui faire faire son rot au cours d'un repas, au lieu d'attendre à la toute fin alors qu'un seul gros rot peut provoquer un renvoi.

Dites-vous bien toutefois que, quoi que vous fassiez, si votre bébé a tendance à régurgiter, il régurgitera, et vous devrez vivre avec cette habitude pendant au moins six mois. (Votre vie sera plus nette, cependant, si vous prenez la précaution de mettre une couche de tissu pliée sur votre épaule ou sur vos genoux lorsque votre bébé fait son travail de bébé.) La plupart des enfants perdront peu à peu l'habitude de régurgiter dès qu'ils commenceront à se tenir bien droit, quoique certains continueront à rendre des substances malodorantes jusqu'à leur tout premier anniversaire.

Les régurgitations ordinaires ne présentent habituellement aucun risque (autre que pour les vêtements et les meubles)[2]. Étant

---

2. Pour nettoyer les taches laissées par les renvois et les régurgitations, gardez une petite bouteille de plastique remplie d'eau et d'un peu de soda à pâte à la portée de la main. Ce mélange, en plus de faire disparaître les taches, élimine les odeurs nauséabondes. Vous pouvez aussi utiliser une petite serviette humide jetable.

donné toutefois qu'un tout petit bébé peut s'étouffer ou régurgiter lorsqu'il est étendu sur le dos, le bébé qui régurgite beaucoup devrait toujours être placé sur le ventre pour dormir ou pour jouer.

Certaines formes de régurgitation peuvent tout de même signaler quelque problème. Consultez votre médecin si les renvois de votre bébé s'associent à un faible gain de poids, à des étranglements prolongés, si son vomi est brun ou vert ou s'il éclabousse toute la pièce (en jet). Cela pourrait indiquer un problème médical, comme une obstruction intestinale (traitable par chirurgie).

L'EMMAILLOTEMENT

«J'ai essayé de garder mon bébé emmailloté comme ils me l'ont montré à l'hôpital, mais il n'arrête pas de donner des coups de pieds dans la couverture qui se défait toujours. Devrais-je cesser de l'emmailloter?»

Les quelques premiers jours de vie à l'extérieur peuvent désorienter bébé et peut-être même l'effrayer. Après avoir passé neuf mois confortablement enfoui dans le cocon utérin, le nouveau-né doit forcément s'habituer aux grands espaces de son nouvel environnement. Plusieurs experts en néonatalité croient que la transaction peut se passer plus en douceur si l'on arrive à simuler la sécurité et la chaleur du foyer initial des bébés, en les emmaillotant dans une couverture moelleuse. L'emmaillotement empêche également que l'enfant soit dérangé par ses propres mouvements incontrôlés pendant son sommeil, tout en le gardant bien au chaud durant les premiers jours de son existence, alors que son thermostat interne ne fonctionne pas encore à pleine capacité.

Toutefois, ce n'est pas parce qu'on emmaillote systématiquement les bébés à l'hôpital que vous devez absolument perpétuer cette pratique une fois à la maison. Beaucoup de bébés continueront à tirer leur confort de l'emmaillotement (et par conséquent dormiront mieux) pendant quelques semaines, et parfois plus longtemps. Cette habitude peut aussi contribuer à calmer les coliques. Les bébés finiront cependant par ne plus éprouver ce besoin dès qu'ils seront devenus plus actifs, et ils vous le feront remarquer en donnant des coups de pieds dans leur enveloppe. Quelques bébés n'en ont pas besoin; ils s'en passent volontiers et expriment vigoureusement leur désaccord lorsqu'on les emmaillote. La meilleure façon de décider s'il faut ou non emmailloter bébé : s'il semble l'apprécier, faites-le; sinon, abstenez-vous.

PRODUIRE ASSEZ DE LAIT

«Quand j'ai eu mes premières montées de lait, mes seins coulaient trop. À présent que l'engorgement est terminé, ça ne coule plus du tout et j'ai peur de ne pas produire assez de lait pour bien nourrir mon bébé.»

Étant donné que le lait maternel n'arrive pas équipé d'une mesure indiquant le nombre de millilitres par repas, il est à peu près impossible de déterminer *de visu* que la quantité de lait qu'absorbe bébé convient à ses besoins. Le seul qui puisse vous renseigner là-dessus, c'est votre bébé. Si votre petit a l'air heureux et en santé, s'il prend du poids régulièrement, vous produisez assez de lait. Pas besoin de gicler comme une fontaine ou de couler comme un robinet pour allaiter avec succès. Le seul lait vraiment important, c'est celui que votre bébé avale. Si à un moment ou à un autre vous trouvez que votre nourrisson ne prend pas suffisamment de poids, des boires plus fréquents et d'autres trucs que vous trou-

verez à la page 116 pourront vous aider à augmenter votre production de lait.

«Mon bébé tétait régulièrement aux trois heures et tout allait très bien. Puis soudainement, il s'est mis à demander à boire toutes les heures. Peut-il être arrivé quelque chose à ma production de lait?»

Contrairement à un puits, il n'y a aucune raison pour que votre production de lait se tarisse complètement si vous allaitez régulièrement. En fait, c'est tout à fait le contraire : plus votre bébé tète, plus vous produisez de lait. Les tétées fréquentes de votre bébé signalent plutôt que votre nourrisson traverse une poussée de croissance. Ce genre de recrudescence se produit normalement à trois semaines, six semaines et trois mois, mais ça peut aussi arriver à n'importe quel moment du développement d'un enfant. Parfois, au grand désagrément des parents, même un bébé qui commence à faire ses nuits peut recommencer à se réveiller pour boire au beau milieu de la nuit pendant l'une de ces poussées de croissance. Dans ce cas, le grand appétit d'un nourrisson est la meilleure façon pour mère Nature d'assurer que la maman produit assez de lait pour pourvoir aux besoins grandissants de son petit.

Détendez-vous et gardez vos seins prêts à nourrir à la demande jusqu'à ce que cette poussée de croissance se soit calmée. Ne soyez pas tentée d'offrir une préparation lactée à votre bébé (ou pis encore, des aliments solides) pour apaiser son appétit, parce qu'une baisse dans votre fréquence d'allaitement pourrait entraver votre production de lait, ce qui serait tout à fait contraire aux désirs de votre bébé. Ce déroulement — bébé qui désire boire plus souvent, maman qui s'inquiète de sa production de lait, qui offre un supplément, et qui voit ensuite sa production de lait diminuer — est l'une des raisons que l'on invoque le plus souvent pour abandonner prématurément l'allaitement maternel.

Il arrive parfois qu'un bébé demande à boire plus souvent le jour lorsqu'il commence à faire ses nuits, mais, là encore, ces besoins plus fréquents passeront avec le temps. Si, contre toute attente, votre bébé continue de vouloir boire à chaque heure (ou à peu près) pendant plus qu'une semaine, vérifiez son gain de poids et voyez plus bas. Ça pourrait vouloir dire qu'il ne mange pas assez.

L'ENFANT QUE VOUS ALLAITEZ NE PREND PAS DE POIDS

«À trois semaines, mon bébé a l'air plus maigre qu'à sa naissance. Il semble téter beaucoup, alors j'imagine mal qu'il puisse ne pas avaler assez de lait. Qu'est-ce qui ne va pas?»

S'il y a une chose qui peut causer plus d'angoisse que le cours de votre gain de poids durant la grossesse, c'est certainement le cours du gain de poids de votre bébé pendant les premiers mois de sa vie. Sauf que, dans la plupart des cas, les femmes enceintes s'inquiètent d'un trop grand gain pondéral, alors que les nouvelles mamans s'inquiètent lorsque leur bébé ne prend pas assez de poids.

Il arrive qu'un bébé, dont le visage était tout boursouflé à la naissance, ait tout à coup l'air plus maigre lorsque l'enflure commence à disparaître. Toutefois, la plupart des nouveau-nés ont déjà commencé à se «rembourrer» à trois semaines, ressemblant moins à des poulets sur leurs ergots et plus à de jolis poupons bien dodus (quoique ceux qui les voient chaque jour en soient moins conscients que d'autres personnes qui ne les voient qu'occasionnellement). Dans la plupart des cas, vous pouvez vous attendre à ce qu'un bébé nourri au sein retrouve son poids de naissance en deux semaines et qu'il continue

à gagner entre 200 et 250 grammes (6 à 8 oz) chaque semaine pendant les deux prochains mois. Si vous avez le moindre doute quant aux progrès de votre bébé, procurez-vous un pèse-bébé et pesez-le. Vous serez probablement rassurée. Si votre inquiétude persiste et que vous n'avez pas trouvé de pèse-bébé, demandez à votre médecin de recevoir votre enfant pour un contrôle impromptu de son poids, pour vous rassurer et pour détecter et corriger le problème, s'il y a lieu.

Le fait que votre bébé tète fréquemment n'est pas, en soi, une assurance qu'il se nourrit assez : ça pourrait tout aussi bien indiquer le contraire. Le bébé insatisfait peut demander le sein à tout moment, essayant ainsi de prendre la nourriture qui lui manque. Ce peut être temporaire, comme lorsqu'un enfant traverse une poussée de croissance et cherche à augmenter sa consommation de lait (voir page 139). Ou alors ce peut être l'indication d'un réel problème de production. Certains signes devraient toutefois vous rassurer, si ce n'est pas votre cas :

Bébé a au moins cinq grosses selles par jour, grumeleuses et de la couleur de la moutarde. Les enfants nourris au sein peuvent faire des selles après chaque boire, parfois même jusqu'à une douzaine chaque jour. Moins de cinq selles par jour durant les premières semaines pourrait indiquer un apport inadéquat de lait maternel.

Sa couche est mouillée lorsque vous le changez avant chaque repas et son urine n'a aucune couleur. Si votre bébé urine moins que huit à dix fois par jour, que son urine est jaunâtre, peut-être même avec une odeur de poisson, ou encore que son pipi contient des cristaux d'urate (ces cristaux ressemblent à de la brique poudreuse, donnent aux couches mouillées une teinte rouge-rose, et sont normaux avant que la maman n'ait ses premières montées de lait, mais pas après), il ne consomme pro-bablement pas assez de liquide. Cependant, ces indices de déshydratation ne feront leur apparition que lorsque le problème de votre bébé sera devenu assez grave.

Vous entendez beaucoup de bruits de déglutition lorsque bébé tète. Si vous ne percevez pas ces bruits, c'est peut-être que votre bébé n'a pas grand-chose à avaler. Ne vous inquiétez cependant pas de ces repas silencieux si votre bébé prend du poids normalement.

Il semble heureux et satisfait après la plupart de ses boires. Les gémissements et les pleurs, une frénétique succion des doigts après un boire complet pourraient signifier que bébé a encore faim. Bien sûr, tous ces symptômes ne sont pas nécessai-rement reliés à la faim. Après un repas, ces humeurs peuvent annoncer des gaz ou une tentative de faire une selle (bébé force).

Vous avez connu l'engorgement des seins lors d'une montée de lait. L'engor-gement signale que vous pouvez produire du lait. Les seins gorgés au lever et après quatre ou cinq heures sans allaiter indi-quent qu'ils se remplissent régulièrement et que votre bébé les vide comme il se doit. Si bébé prend du poids normalement, vous n'avez aucune raison de vous inquiéter des seins qui ne sont pas engorgés.

Vous éprouvez la sensation de «mon-tée de lait» et faites l'expérience du lait qui coule (ou les deux). Toutes les fem-mes éprouvent la montée de lait différem-ment. Certaines ressentent des picote-ments, des brûlures, des pincements, des crampes, d'autres ont l'impression que leurs seins sont pleins à craquer, avec ou sans jet, avec ou sans écoulement. Tous ces symptômes, lorsque vous commencez à allaiter, que vous entendez pleurer votre bébé ou même que vous pensez à votre nourrisson, indiquent que le lait a com-mencé à circuler en direction de vos mamelons pour le bonheur de votre petit. Certaines femmes ne s'aperçoivent pas de la montée de lait lorsqu'elle se produit. L'absence de montée de lait (ajoutée au fait que bébé ne prend pas de poids) devrait être considérée comme une alerte.

Vous n'avez pas de menstruations durant les trois premiers mois de post-partum. Les règles ne reviennent habi-tuellement pas chez les femmes qui nourrissent exclusivement au sein, surtout durant les trois premiers mois. Un retour prématuré des règles pourrait relever d'un taux d'hormones trop bas, ce qui serait le reflet d'une production de lait inadéquate.

En plus de la pesée de routine, le méde-cin pourrait demander à peser votre bébé avant et après l'allaitement, sans change-ment de couche entre les deux. Cette façon de faire vous donnerait une idée du nom-bre de millilitres que bébé avale à chaque tétée, ce qu'une maman qui donne le bibe-ron sait toujours automatiquement.

Si à l'examen le médecin conclut que votre bébé ne prend pas suffisamment de poids avec l'allaitement au sein, ce peut être dû à une foule de raisons. On peut remédier à certaines :

Vous ne donnez pas le sein assez sou-vent. Dans ce cas, augmentez le nombre de boires à 8 ou 10 toutes les 24 heures. Ne passez pas plus de trois heures le jour et pas plus de cinq la nuit entre les allaite-ments (les horaires de quatre heures ont été inventés pour les nourrissons au biberon, pas pour les bébés nourris au sein). Cela veut dire réveiller un bébé qui dort pour qu'il ne saute pas un repas, ou nourrir un bébé affamé, même s'il vient de terminer un boire il y a à peine une heure. Si votre bébé est «content d'avoir faim» (des nouveau-nés le sont parfois) et ne demande jamais à manger, vous devrez prendre l'initiative à sa place et lui préparer un horaire d'allaitement bien chargé. Les tétées fréquentes n'aideront pas seulement bébé à se gaver (et à rembourrer sa petite ossature), elles auront aussi pour effet de stimuler votre production de lait.

Vous ne videz pas au moins un sein complètement à chaque boire. Le fait d'allaiter pendant au moins 10 minutes au premier sein devrait suffire à le vider. Si votre bébé accomplit cette tâche, laissez-le téter autant (ou aussi peu) qu'il le désire au second sein. Souvenez-vous qu'il faut alterner les seins à chaque boire. Pour certaines femmes (et pour leurs bébés), il semble que le fait de changer de sein toutes les cinq minutes donne de meilleurs résultats, parce que bébé reçoit la part du lion de chaque sein avant de se sentir rassasié. Assurez-vous alors que bébé tète pendant au moins 10 minutes au premier sein. Si bébé ne fait pas son travail, videz votre sein au tire-lait pour améliorer votre production.

Votre bébé est paresseux ou inefficace à la tétée. Ce peut être parce qu'il est né prématurément, qu'il est malade, ou qu'il souffre d'un développement anormal de la bouche (un palais fendu ou une langue entravée). Moins la tétée est efficace, moins la production de lait est suffisante, ce qui peut vouloir dire que bébé restera sur sa faim. Avant de réussir à téter convenablement, bébé aura besoin que vous l'aidiez à stimuler vos seins à produire assez de lait pour le nourrir adéquatement. Cela peut se faire au moyen d'un tire-lait dont vous vous servirez pour vider vos seins après chaque boire (gardez le lait ainsi recueilli dans des biberons pour usage ultérieur). Jusqu'à ce que votre production de lait suffise, il est fort possible que le médecin vous recommande, parallèlement à l'allaitement, un supplément alimentaire à donner au biberon, ou encore un système de supplément nutritionnel illustré dans cette page (lequel présente l'avantage de ne pas causer la confusion propre à l'intro-duction d'une tétine artificielle dans la bouche de bébé).

Si votre bébé se fatigue facilement, on vous conseillera probablement de nourrir seulement cinq minutes avec chaque sein, et de continuer avec un supplément de lait déjà exprimé ou de préparation commerciale — à la bouteille ou avec le système nutritionnel — qui demande de moins grands efforts au nourrisson.

Votre bébé n'a pas encore appris à coordonner les muscles de ses machoires pour téter. Cet enfant inefficace à la

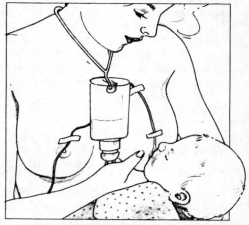

Système de nutrition supplémentaire : *Ce petit appareil extrêmement pratique offre au bébé un supplément alimentaire adéquat, tout en contribuant à stimuler la production de lait maternel. Une bouteille pend au cou de la mère : des petits tubes provenant de la bouteille sont attachés à ses seins et dépassent à peine les mamelons. La bouteille est remplie de lait maternel, exprimé au tire-lait, de lait provenant d'une banque de lait, ou d'une préparation lactée recommandée par le pédiatre. Pendant que le bébé tète au sein de sa maman, il avale un supplément nutritionnel coulant à travers le petit tube. Ce système permet d'éviter la confusion qui se produit lorsqu'un supplément est donné au biberon (le bébé tète différemment au biberon et au sein) et stimule la production de lait de la mère, même lorsqu'elle offre à son bébé un supplément artificiel.*

tétée aura aussi besoin de l'aide d'un tire-lait pour stimuler une production accrue de lait dans les seins de sa maman. De plus, il aura besoin de leçons pour améliorer sa technique de tétée : le médecin pourrait même, dans son cas, recommander une thérapie physique. Pendant son apprentissage, votre bébé aura probablement besoin d'un supplément nutritionnel. Pour plus de conseils sur les techniques visant à améliorer la tétée, consultez la Ligue la Leche de votre localité.

Vos mamelons sont douloureux ou vos seins sont infectés. Non seulement la douleur pourrait-elle influencer votre désir de nourrir votre enfant, en réduisant la fréquence d'allaitement et votre production de lait, mais elle peut aussi contribuer à inhiber vos montées de lait. Prenez les moyens d'enrayer la douleur des mamelons ou de soigner les mastites. Surtout, n'utilisez pas de tétrelles : elles pourraient empêcher votre enfant de s'accrocher à vos mamelons, et accroître vos problèmes.

Vos mamelons sont invaginés. Le bébé a souvent du mal à attraper ce genre de mamelons. Cette situation peut mener au cycle décevant : manque de succion — manque de lait — encore moins de succion. Aidez bébé à obtenir une meilleure prise pendant l'allaitement, en tenant l'aréole entre le pouce et l'index et en compressant toute cette surface pendant qu'il tète. Servez-vous de boucliers de Woolwich entre les boires pour faire ressortir vos mamelons plus facilement, mais évitez les tétrelles pendant l'allaitement. Bien qu'elles puissent aider les mamelons, elles peuvent empêcher bébé d'attraper le mamelon correctement et causer un problème à plus long terme.

D'autres facteurs peuvent venir contrecarrer vos montées de lait. La montée de lait est une fonction physique qui peut être inhibée aussi bien que stimulée par votre état d'esprit. Si l'idée d'allaiter vous embarrasse ou vous angoisse — en général ou dans une situation particulière —, cette seule gêne peut contribuer à réprimer vos montées de lait, et affecter votre quantité de lait ainsi que son apport calorique. Aussi, tachez d'allaiter votre bébé là où vous serez le plus à l'aise : en privé, si le fait d'allaiter devant d'autres personnes vous gêne. Pour vous aider à relaxer, assoyez-vous dans une chaise confortable, écoutez de la musique douce, servez-vous un jus frais, ou allez-y d'une technique de relaxation apprise dans vos cours prénatals. Le massage des seins ou l'application de compresses chaudes juste avant de nourrir bébé peut aussi stimuler la montée de lait. Si ces exercices ne donnent pas de résultat, demandez à votre médecin de vous prescrire de l'oxytocine en vaporisateur (syntocinon endonasal). L'oxytocine n'augmentera pas votre production, mais elle permettra au lait que vous produisez de monter jusqu'à vos mamelons pour la tétée de bébé.

Votre bébé trouve assez de satisfaction à téter ailleurs qu'à vos seins. Si votre tout petit va chercher une grande part de satisfaction à téter une sucette ou une autre source nutritionnelle, il se peut qu'il s'intéresse peu à vos seins. Débarrassez-vous de la sucette et allaitez votre bébé lorsqu'il exprime le désir de téter. Ne lui offrez pas de biberon d'eau supplémentaire.

Vous omettez de faire éructer bébé au milieu de la tétée. Un bébé qui a avalé de l'air peut cesser de téter avant d'être rassasié parce qu'il se sent trop repu et que cette sensation lui cause de l'inconfort. En faisant sortir l'air qu'il a ingurgité, vous ferez de la place pour plus de lait. Assurez-vous de lui faire faire son rot entre deux seins, qu'il en ait besoin ou non, et plus souvent encore s'il semble très embarrassé lorsqu'il tète.

Votre bébé dort toute la nuit. Une nuit de sommeil sans interruption peut vous paraître idéale, mais elle ne l'est pas nécessairement pour votre production de lait. Après quelques jours d'engorgement désagréable et quelque sept ou huit (ou même 10) heures d'affilée de sommeil de bébé, votre production de lait peut diminuer considérablement et un supplément peut s'avérer nécessaire. Pour éviter que cela ne se produise, vous devrez peut-être vous résigner à réveiller bébé au milieu de la nuit. Il ne devrait pas dépasser cinq heures sans boire, dans cette situation.

Vous avez recommencé à travailler à l'extérieur. Le retour au travail et la période de huit à 10 heures sans allaiter pendant la journée peuvent aussi contribuer à diminuer votre production de lait. Vous pouvez prévenir cette situation en exprimant votre lait sur votre lieu de travail aux quatre heures.

Vous en faites trop, trop tôt. La production de lait demande une grande quantité d'énergie. Si vous dépensez vos forces à toutes sortes d'activités et que vous ne vous reposez pas assez, votre production diminuera sans doute. Essayez de rester au lit toute une journée, puis prenez trois ou quatre jours de totale détente, et voyez si votre bébé n'est pas plus satisfait.

Vous dormez sur le ventre. Lorsque vous vous allongez sur le ventre — une chose que bien des femmes ont hâte de refaire après les derniers mois de grossesse — vous vous couchez aussi sur vos seins. La pression exercée sur votre poitrine pourrait, autant qu'un bandage servant à empêcher la lactation, entraver votre production de lait. Retournez-vous donc, du moins en partie, pour enlever la pression sur vos glandes mammaires.

Votre utérus est encore embarrassé de fragments placentaires. Votre corps ne voudra pas croire que vous avez vraiment accouché avant que tous les produits de la grossesse n'en aient été expulsés, y compris la masse placentaire. Tant qu'il ne sera pas tout à fait convaincu, votre corps ne produira peut-être pas le taux nécessaire de prolactine (l'hormone qui stimule la production de lait). Si vous remarquez des saignements anormaux ou d'autres signes que des fragments placentaires ont pu rester dans votre utérus, consultez votre obstétricien. Une dilatation et un curetage pourraient vous remettre sur la voie du succès en matière d'allaitement, tout en évitant les dangers que ce genre de complication peut représenter pour votre santé.

Même avec la meilleure volonté du monde, dans les conditions idéales, avec les encouragements de votre conjoint et l'appui de votre médecin, il pourrait arriver que vous ne réussissiez toujours pas à allaiter avec succès. Bien qu'on les ait souvent assurées du contraire, un mince pourcentage de femmes sont tout simplement incapables de nourrir leurs bébés sans supplément nutritionnel. Quelques-unes n'y arrivent pas du tout. La raison de cette incapacité peut être physique (déficience en prolactine, insuffisance au niveau de la glande mammaire, des seins présentant une asymétrie marquée, ou des dommages aux nerfs des mamelons dus à des chirurgies antécédentes). La raison peut aussi être psychologique; une attitude négative face à l'allaitement, par exemple, est susceptible d'inhiber la montée du lait. Occasionnellement, la raison peut n'être pas évidente du tout. Vos seins ne seront peut-être pas en mesure de répondre à la demande de votre bébé, s'ils n'ont pas pris de volume pendant la grossesse. Cet indice n'est toutefois pas infaillible et sera encore moins significatif lors de la deuxième grossesse ou des grossesses subséquentes.

Si votre bébé ne prend pas de poids, et à moins que le problème ne puisse se régler en l'espace de quelques jours, il est à peu près certain que le pédiatre prescrira des boires supplémentaires en préparations commerciales. Ne désespérez pas. L'important est que votre bébé soit nourri adéquatement, et non que vous lui donniez le sein ou le biberon. La plupart du temps, en offrant un supplément nutritionnel, vous bénéficiez tout de même du contact direct que garantit l'allaitement maternel, qui permet à bébé de téter pour le plaisir (le sien et le vôtre) lorsque le sein est vide, dès qu'il en a terminé avec le biberon, ou grâce au système de supplément nutritionnel mentionné plus haut.

Les ardents défenseurs de l'allaitement maternel peuvent désapprouver l'utilisation des préparations commerciales et vous recommander de changer vos habitudes alimentaires de façon radicale en vous encourageant à y ajouter de la levure de bière, de la bière ou n'importe quelle autre panacée. Bien qu'il soit important de prendre chaque jour les vitamines et suppléments capables de refaire vos forces au fur et à mesure et d'assurer la qualité de votre lait, il n'existe aucune preuve scientifique que de telles diètes règlent vos problèmes d'allaitement.

Dès qu'un enfant qui ne se débrouille pas très bien au sein est nourri à la préparation commerciale, il commence presque invariablement à prendre du poids. Dans les rares cas où cela ne se produit pas, une nouvelle visite au médecin s'impose pour déterminer le plus tôt possible la raison véritable de l'arrêt du développement de votre bébé.

LES FONTANELLES

«Je suis tellement nerveuse lorsque je touche la tête de mon bébé : les parties molles ont l'air si vulnérables. Parfois, on peut y voir des pulsations, et c'est assez effrayant.»

Ces «parties molles» — il y en a deux et on les appelle «fontanelles» — sont plus résistantes qu'elles n'y paraissent. La solide membrane qui les recouvre est capable de protéger le nouveau-né des investi-gations des petits doigts avides de curiosité des enfants plus âgés, et certainement des manipulations quotidiennes.

Ces ouvertures dans la boîte crânienne, où les os ne se sont pas encore soudés, n'ont pas pour fonction de rendre les nouveaux parents nerveux; elles ont deux raisons d'être importantes. Au moment de l'accouchement, les fontanelles permettent à la tête du foetus de se modeler de façon à passer sans trop de peine dans le canal de la naissance, ce qu'un crâne solidement fusionné ne pourrait réussir. Plus tard, elles permettent l'incroyable croissance crânienne de la première année.

La plus grande des deux ouvertures, la fontanelle antérieure, se trouve sur le dessus de la tête du nouveau-né; elle a la forme d'un diamant et peut atteindre 5 cm (2 po). Elle commence à se refermer à partir de six mois et se referme habituellement aux environs de 18 mois. La fontanelle paraît normalement plate, quoiqu'elle se bombe un peu lorsque bébé pleure, et si les cheveux de votre enfant sont épars et fins, le pouls cérébral peut être perçu à travers sa paroi. Une fontanelle antérieure enfoncée signale habituellement la déshydratation, elle vous avertit que bébé à un urgent besoin de liquide. (Appelez le pédiatre immédiatement pour lui faire part de ce symptôme). Une fontanelle qui se bombe sans arrêt peut indiquer une augmentation de la pression intracrânienne et demande aussi une prompte consultation médicale.

La fontanelle postérieure, une ouverture plus petite, de forme triangulaire tout près de la nuque, mesure moins de 2,5 cm (1 po) de diamètre, est moins apparente et peut être plus difficile à localiser. En général, elle sera complètement refermée dès le troisième mois.

DEUX FOIS PLUS DE PROBLÈMES
DEUX FOIS PLUS DE PLAISIR

Au cours des générations précédentes, alors que le stéthoscope était encore la méthode la plus sophistiquée pour poser un diagnostic prénatal, il arrivait souvent que les jumeaux prennent leurs parents par surprise dans la salle d'accouchement, ne leur laissant aucune chance de se préparer. De nos jours, même s'ils voient tout à coup double au moment de l'échographie qui a lieu au cours des premiers mois de la grossesse (le 5e normalement) la plupart des futurs parents ne seront pas pris au dépourvu et n'auront pas à se précipiter dans les magasins, à l'assaut d'un double de tout le nécessaire. Toutefois, malgré un avertissement de plusieurs mois d'avance, il est à peu près impossible de tout préparer en prévision du jour où les rejetons se présentent en quadruplés (sans compter les autres enfants de la famille, s'il y a lieu). Savoir comment planifier un tel événement et à quoi s'attendre lorsque les bébés seront là peut être d'un grand secours dans ce genre de situation qui semble tout à fait incontrôlable.

Soyez doublement préparée. Puisque les chérubins qui se présentent en double arrivent souvent avant leur temps, il est bon de commencer à tout préparer longtemps avant la date prévue. Avant votre admission à l'hôpital, tâchez d'avoir à la portée de la main tout ce qu'il faut pour prendre soin des enfants. (Tous les préparatifs suggérés au chapitre un comptent doublement pour vous.) Même s'il est bon de prendre tout le temps nécessaire à une bonne préparation, il est très mauvais de vous épuiser à le faire (surtout si votre gynécologue vous a recommandé de vous reposer). Reposez-

vous autant que vous le pourrez avant l'arrivée des bébés, car c'est un luxe que vous ne pourrez pas vous offrir souvent quand ils seront là.

Doublez la routine. Faites le plus possible pour vos enfants en tandem. Cela signifie les réveiller en même temps pour les nourrir au même moment, les baigner ensemble (dès qu'ils pourront se tenir assis), les promener ensemble dans la poussette à deux places. Tenez-les tous les deux sur vos genoux, ou alors un sur vos genoux et l'autre sur votre épaule. S'il vous est impossible de doubler la routine, alternez. Baignez le premier un soir et l'autre le lendemain. Ou alors coupez les bains. Baignez-les tous les deux ou trois soirs (pour les tout-petits, les bains de jour ne sont pas nécessaires) et lavez-les à la débarbouillette entre temps.

Partagez la routine. C'est-à-dire, partagez-vous le travail. Lorsque papa se trouve à la maison, partagez-vous les tâches ménagères (repas, lavage, entretien de la maison, marché) et les bébés (vous vous occupez d'un bébé et lui de l'autre). Voyez à vous «échanger» les bébés pour que les deux enfants apprennent à bien connaître les deux parents, et vice versa.

Essayez le double allaitement. Allaiter des jumeaux demande un très grand effort physique, mais cela élimine les multiples tracas que peuvent représenter les douzaines de biberons et de tétines et les sempiternelles formules à préparer. Allaiter deux bébés simultanément vous sauvera du temps et vous évitera un marathon alimentaire quotidien.

Vous pouvez tenir vos bébés, soutenus par des oreillers, dans la position du ballon de football avec leurs pieds à vos côtés ou, avec un bébé à chaque sein, leurs corps croisés devant vous. Changez les bébés de sein à chaque boire pour éviter qu'il n'y ait de favori (et pour éviter un déséquilibre, au cas où l'un des enfants serait plus habile à téter que l'autre). Si votre production de lait ne semble pas assez importante pour deux, vous pouvez en allaiter un pendant que l'autre sera nourri au biberon, en alternant toujours de l'un à l'autre. Pour vous assurer de bonnes provisions d'énergie et de lait, voyez à vous nourrir en conséquence (400 à 500 calories additionnelles par bébé) et à prendre le repos nécessaire.

Arrangez-vous pour avoir une autre paire de mains, si vous choisissez le biberon. Nourrir des jumeaux au biberon exige ou bien des miracles d'ingéniosité ou bien une autre paire de mains. Si vous vous retrouvez avec deux bébés et seulement deux mains au moment des repas, vous pouvez vous asseoir sur le canapé entre les deux enfants, leurs pieds contre le dossier, en tenant un biberon de chaque main. Ou alors tenez-les tous les deux dans vos bras, avec les biberons dans des appui-bouteille soutenus par des coussins. Vous pouvez aussi tenir le biberon pour l'un, bien installé dans un porte-bébé (mais jamais étendu sur le dos), pendant que vous nourrissez l'autre de la manière traditionnelle. Les nourrir l'un après l'autre est une autre possibilité, mais ce choix représente une coupure importante dans les moments — déjà bien courts — réservés à d'autres activités. De plus, en procédant de la sorte, vos bébés auront des horaires de sommeil différents — s'ils s'endorment après leur boire — ce qui

peut être bon si vous désirez passer un peu de temps seule avec chacun, ou mauvais, si vous dépendez de ce sommeil en tandem pour vous occuper de vous et de la maison.

N'accomplissez que la moitié du travail. Coupez les coins ronds pour le non-essentiel. Utilisez de la vaisselle de carton et des mets préparés, ignorez la poussière et le désordre, profitez des couches de papier ou d'un service de couches à domicile, et n'achetez que des vêtements faciles d'entretien pour tous les membres de votre famille. Servez-vous de bavoirs et de culottes de plastique (si vous êtes déterminée à utiliser des couches de tissu) pour protéger les vêtements et diminuer d'autant votre lessive.

Prenez et conservez le double de notes. Qui a pris quoi à quel repas? Qui a été baigné hier? Qui doit l'être aujourd'hui? À moins de tenir un journal de bord (un carnet de notes agrafé sur le mur de la chambre des bébés ou sur un tableau noir), vous oublierez. Bien que la plupart du temps, vos bébés attraperont en même temps tous les maux qui courent, il peut arriver qu'un seul des deux souffre de l'un de ces maux, et vous pourriez oublier lequel sans vos carnets de santé.

Volez du sommeil. Inévitablement, les bonnes heures de sommeil se feront plutôt rares au cours des quelques premiers mois, mais elles risquent de l'être encore plus si vous permettez à vos bébés de se réveiller au hasard pendant la nuit. Pour éviter ce genre de situation, lorsque le premier pleure, réveillez l'autre et nourrissez-les tous les deux. Chaque fois que vos deux amours font la sieste durant la journée, profitez-en pour faire de

(suite page suivante)

(suite de la page précédente)

même, ou au moins, allongez-vous un peu.

Doublez l'aide extérieure. Toutes les nouvelles mamans ont besoin d'aide; *vous* en avez doublement besoin. Acceptez toute l'aide qui vous est offerte, de qui que ce soit : conjoint, père et mère, autres membres de la famille, amies et amis, adolescentes et adolescents de votre voisinage, gardiennes d'enfants payées à l'heure. Si vos moyens financiers vous le permettent, engagez deux gardiens ou gardiennes lorsque vous devez vous absenter pendant le jour. Ou réservez les services de deux amis, deux parents ou deux adolescents des environs. De cette manière, quand vous vous absenterez pour quelques heures, vous saurez que chacun de vos bébés reçoit une attention particulière.

Apprenez à rester sourde à une partie des pleurs et des gémissements. Vous ne pouvez pas vous trouver à deux endroits en même temps, et vous, comme vos jumeaux, devrez apprendre à accepter cette réalité. Bientôt, ils commenceront à se distraire l'un l'autre, ce qui vous laissera plus de temps pour vaquer à d'autres occupations.

Doublez votre équipement. Quand il n'y a pas une autre paire de mains tout près pour vous aider, servez-vous d'objets comme le porte-bébé (un bébé dans le porte-bébé, l'autre dans vos bras), la balançoire (mais pas avant que vos enfants aient atteint six semaines), et les sièges d'enfants. Un parc est un espace de jeu sécuritaire pour les jumeaux qui vieillissent, et comme ils se tiendront compagnie, ils accepteront de s'y trouver pendant plus longtemps et plus fréquemment qu'un enfant seul. Choisis-

sez une poussette à deux places correspondant à vos besoins (si vous avez à traverser des allées très étroites au supermarché, par exemple, un modèle en face-à-face sera plus pratique qu'un modèle côte-à-côte); vous trouverez sans doute qu'un landau serait une perte d'argent. N'oubliez pas que vous aurez besoin de deux sièges d'auto.

Faites partie d'une association de parents de jumeaux. Les parents de jumeaux qui ont déjà traversé les quelques premiers mois seront votre meilleure source d'appuis et de conseils; joignez-vous à eux. Trouvez un groupe de soutien pour les parents de jumeaux dans votre voisinage, et s'il n'en existe aucun, formez-en un, en affichant un avis dans le bureau de votre pédiatre. Évitez toutefois l'esprit de caste en ne fréquentant que des parents de jumeaux et en ne faisant participer vos bébés qu'aux activités organisées expressément pour les groupes de jumeaux. Quoiqu'il y ait quelque chose d'indiscutablement différent chez les jumeaux, le fait d'exclure vos enfants des relations qu'ils pourraient établir avec d'autres enfants compromettra un développement social normal, avec leurs pairs, dont la majorité ne sera assurément pas constituée de jumeaux.

Soyez doublement aux aguets, une fois que vos jumeaux commencent à se déplacer. Toutes les situations impossibles qu'un bébé peut imaginer, deux bébés peuvent à plus forte raison les inventer, et encore, deux fois plus souvent. Dès que vos bébés commenceront à ramper et à se traîner, vous vous apercevrez que, ce à quoi l'un d'eux ne pense pas en matière d'invention diabolique, l'autre y songera. Conséquemment, ils auront besoin d'être surveillés de deux fois plus près.

Attendez-vous à ce que les choses s'améliorent doublement. Les quatre premiers mois avec des jumeaux sont les plus difficiles. Bien que ce ne sera jamais facile, prendre soin de vos jumeaux deviendra de plus en plus simple à mesure que vous prendrez de l'expé-rience. Souvenez-vous aussi que les jumeaux constituent souvent, l'un pour l'autre, le meilleur compagnon. Leur façon de s'occuper ensemble fera l'envie des mamans d'enfants uniques qui demandent sans cesse énormément d'attention, et vous libérera de plus en plus au cours des mois et des années à venir.

BLESSURES DES LÈVRES

«Pourquoi mon bébé a-t-il un bobo sur la lèvre supérieure? Est-ce qu'il tète trop vigoureusement?»

Aucun bébé ne tète trop vigoureusement, même pas celui dont l'appétit vous impressionne, quoique puisse en penser la jeune maman aux mamelons sensibles. Bien que les «bobos d'allaitement» — qui apparaissent au centre de la lèvre supérieure de plusieurs nouveau-nés, qu'ils soient nourris au sein ou au biberon — soient causés par une tétée vigoureuse, ils n'ont aucune signification médicale, ne causent à l'enfant aucun inconfort, et disparaîtront sans traitement en quelques mois. Ils semblent parfois même disparaître entre les boires.

CICATRISATION DU CORDON OMBILICAL

«Le nombril de mon bébé n'est pas encore tombé, et son apparence est vraiment affreuse. Est-il possible qu'il soit infecté?»

Les nombrils en voie de cicatrisation présentent presque toujours une apparence et une odeur capables de nous induire en erreur. Ce qui est «parfaitement normal» en termes médicaux peut facilement vous mettre dans un état proche de l'évanouissement, au même titre que le dernier film d'horreur.

Si vous avez prodigué des soins minutieux au nombril de votre tout petit (voir page 108), l'infection est peu probable. Toutefois, si vous remarquez des rougeurs sur la peau qui l'entoure (conséquence possible de l'application d'alcool ou une infection), ou un écoulement du centre ou de la base du nombril, particulièrement si cette substance dégage une odeur nauséabonde, consultez le pédiatre. S'il y a infection, il vous prescrira sans doute des antibiotiques pour l'enrayer.

Le cordon, qui est mou et brillant à la naissance, sèche et tombe habituellement en moins de deux semaines, mais l'heureux événement peut se produire plus tôt ou beaucoup plus tard : certains bébés semblent ne pas vouloir s'en séparer. Jusqu'à ce que le cordon soit tombé, gardez cette partie bien sèche (pas de bain dans la baignoire), exposée à l'air (roulez la couche sous le nombril et la camisole, au-dessus), et nettoyée à l'alcool (mais essayez de protéger la peau environnante, par exemple, en appliquant une lotion pour bébé avant d'appliquer l'alcool sur le nombril).

LA HERNIE OMBILICALE

«Chaque fois que mon bébé pleure, son nombril veut sortir. Notre puéricultrice dit que c'est une hernie et veut mettre un bandage autour de sa taille.»

Le diagnostic est probablement bon, mais le traitement est définitivement erroné. Avant la naissance, tous les bébés ont une ouverture dans la paroi abdominale, à travers laquelle les vaissaux sanguins s'étirent jusqu'au cordon ombilical. Dans certains cas (plus souvent chez les bébés noirs que chez les bébés blancs), cette ouverture ne se referme pas complètement à la naissance. Lorsque ces enfants pleurent ou forcent, un petit rouleau d'intestin vient gonfler l'ouverture, faisant saillir l'ombilic et souvent même la partie qui l'entoure, sur une surface de la grosseur d'une empreinte digitale ou de celle d'un citron. Quoique, en apparence, cette protubérance (surtout si on lui attribue le nom de très mauvais augure de «hernie») peut sembler alarmante, il n'y a là, en réalité, aucune raison d'inquiétude. Contrairement aux autres types de hernies, la hernie intestinale ne s'étranglera jamais dans l'ouverture et, dans la plupart des cas, elle se résorbera sans intervention. Habituellement, les petites ouvertures se referment spontanément ou deviennent inapparentes en l'espace de quelques mois; les plus grandes mettront un an et demi ou deux avant de disparaître.

Les bandages, gaines et pièces de monnaie appliquées sur le nombril avec du papier adhésif sont passés de mode et inefficaces. Le papier adhésif peut en outre irriter la peau. L'absence de traitement reste encore habituellement le meilleur traitement. Bien que la chirurgie visant à corriger les hernies ombilicales soit simple, sans danger et efficace, elle n'est pas recommandée à moins que l'ouverture abdominale ne soit large, qu'elle grossisse constamment, qu'elle incommode bébé ou qu'elle obsède sa mère. Il arrive souvent que le pédiatre suggère d'attendre que l'enfant ait atteint six ou sept ans avant de songer à une chirurgie, parce que, dans presque tous les cas, l'ouverture se sera refermée entre temps. De toute évidence, il est préférable d'éviter la chirurgie autant que possible.

Ne confondez pas nombril proéminent et hernie. Une hernie prend de l'expansion lorsque bébé pleure, un nombril proéminent normal n'en prend pas. Le nombril peut saillir avant que le cordon ne soit tombé, mais cela n'est pas une hernie non plus.

ÉTERNUEMENTS

«Mon bébé éternue constamment. Il n'a pas l'air malade, mais j'ai peur qu'il n'ait attrapé un rhume.»

Ne préparez pas de soupe au poulet : votre bébé n'a pas attrapé un rhume, mais un excès de liquide et de mucus entrave encore ses voies respiratoires, ce qui est très courant chez les jeunes bébés. Pour éliminer cet excès, la nature a pourvu votre enfant d'un réflexe protecteur : l'éternuement. Les éternuements fréquents (de même que la toux, autre réflexe protecteur), aident aussi le nouveau-né à se débarrasser des particules étrangères présentes dans son environnement — et qui se fraient un chemin jusqu'à son nez — autant que le fait de renifler du poivre fait éternuer les adultes.

LES YEUX QUI LOUCHENT

«L'enflure a disparu des yeux de mon bébé. Maintenant, on dirait qu'il a les yeux croches.»

Les bébés sont très obligeants : ils donnent toujours à leur maman de nouvelles raisons de s'inquiéter. La plupart des mères s'inquiètent sérieusement lorsqu'elles s'aperçoivent que les yeux de leur petit ont l'air de loucher. Dans la plupart des cas, cette réaction est causée par un repli de la peau du coin intérieur de l'oeil. Ces plis se rétractent à mesure que bébé grandit, et les yeux regardent dans la même direction.

Durant les premiers mois, vous pourriez aussi remarquer que les yeux de votre bébé ne bougent pas toujours parfaitement à l'unisson. Ces mouvements hasardeux prouvent que bébé apprend encore à se servir de ses yeux et que leurs muscles se renforcent; à environ trois mois, la coordination des yeux devrait s'être beaucoup améliorée. Sinon, ou si les yeux de votre enfant ne sont toujours pas synchronisés, parlez-en à son pédiatre. S'il y a une possibilité de strabisme (ce qui veut dire que bébé n'utilise qu'un seul oeil pour fixer les objets), il faudra consulter un pédiatre ophtalmologiste. Le traitement précoce est important, parce que tout ce qu'un enfant acquiert, il l'apprend par ses yeux; le fait d'ignorer ce problème pourrait conduire votre bébé à l'amblyopie, ou «oeil paresseux» (dans lequel cas l'oeil qui ne sert pas devient paresseux et conséquemment, plus faible, parce que bébé ne l'utilise pas).

LES YEUX LARMOYANTS

«Au début, aucune larme ne sortait quand mon bébé pleurait. Maintenant, ses yeux se remplissent de larmes lorsqu'il ne pleure pas. Il arrive même qu'ils débordent.»

Les nouveau-nés pleurent couramment sans larmes. C'est seulement vers la fin du premier mois de la vie de bébé que les glandes lacrymales commencent à produire le liquide qui baigne ses yeux (appelé larmes) et apparaît sur ses pupilles. Le liquide coule normalement à travers les petits conduits lacrymaux (situés dans le coin intérieur de chaque oeil) et dans le nez, ce qui explique que les pleurs peuvent entraîner un écoulement nasal. Les conduits sont particulièrement minuscules chez les bébés, et dans un cas sur 100, l'un de ces conduits ou les deux sont obstrués à la naissance.

Étant donné qu'un conduit obstrué n'est pas adéquatement drainé, les yeux se remplissent de larmes et débordent souvent, produisant par le fait même des yeux larmoyants, même chez les bébés heureux. La plupart des conduits obstrués vont se nettoyer d'eux-mêmes vers la fin de la première année, sans traitement, quoique le médecin de votre bébé pourrait vous recommander de masser ces conduits pour hâter leur dégagement. (Si vous procédez effectivement à de tels massages et que les yeux de votre bébé enflent ou rougissent, mettez tout de suite fin à cette pratique et informez-en le médecin.)

Lorsque les conduits lacrymaux sont bloqués, il se forme parfois une petite accumulation de mucus d'un blanc jaunâtre dans les coins intérieurs des yeux, et il arrive que les paupières restent collées lorsque bébé se réveille le matin. Vous pouvez laver le mucus et les croûtes à l'eau bouillie tiédie appliquée à la boule d'ouate. Toutefois, un écoulement épais et d'un jaune plus foncé, ou des rougeurs dans le blanc des yeux peuvent signaler une infection et le besoin de soins médicaux. Le médecin pourrait prescrire un onguent ou des gouttes antibiotiques, et, en cas d'infection chronique, référer votre bébé à un ophtalmologiste. Celui-ci pourrait recommander d'insérer dans les conduits lacrymaux un minuscule tube visant à normaliser l'écoulement lacrymal ou suggérer d'attendre que votre enfant ait un an. Il est très rare que l'installation de tubes ne donne pas de résultat et que l'on doive passer par la chirurgie.

PREMIERS SOURIRES

«Tout le monde prétend que les sourires de mon bébé ne sont que des gaz, mais il a l'air si heureux lorsqu'il fait ça. Est-il possible que ce soient de vrais sourires?»

Elles le lisent dans les magazines. Elles l'entendent dire par leur belle-mère, leurs amies et amis qui ont des enfants, leur pédiatre, par de parfaits étrangers dans les parcs. Malgré tout, les nouvelles mamans se refusent à croire que les premiers sourires de leur bébé ne sont que le résultat d'un bulle de gaz passagère, plutôt que l'expression d'une vague d'amour qui leur est tout spécialement destinée.

Hélas! ce fait est scientifiquement prouvé et véridique : la plupart des bébés ne sourient pas socialement avant quatre ou six semaines. Cela ne veux pas dire que les sourires ne sont que des gaz. Ils peuvent également signaler le bien-être et la satisfaction. Bien des bébés sourient en s'endormant, en faisant pipi, ou lorsqu'on leur pince les joues.

Le jour où bébé vous gratifiera de son premier vrai sourire, vous le saurez, et vous fondrez littéralement de bonheur. En attendant, profitez de ces sourires passagers, indéniablement adorables, peu importe leur cause réelle.

GARDER BÉBÉ À LA BONNE TEMPÉRATURE

«Ça a l'air vraiment trop chaud dehors pour un chandail et un chapeau, mais lorsque je sors avec mon bébé vêtu d'un t-shirt et de sa couche, tous les gens que je croise dans la rue s'offusquent qu'il ne soit pas assez habillé.»

Si l'on se fie aux étrangers bien-pensants des autobus, des magasins et de la rue, les nouvelles mamans (même si elles en sont à leur deuxième ou à leur troisième enfant) ne font jamais rien de bien. Habituez-vous donc aux critiques. La plupart du temps, ne laissez pas ces avis affecter votre façon de prendre soin de votre bébé. Les grands-mamans et celles qui leur ressemblent monteront sur leurs grands chevaux en proclamant le contraire, mais une fois que le thermostat naturel d'un tout petit est réglé (dès les quelques premiers jours de vie), il est inutile de l'habiller plus chaudement que vous ne vous habillez vous-même. (D'ailleurs l'excès, autant que le manque de vêtements, peu nuire au mécanisme de réglage de la température du nouveau-né.)

En général, fiez-vous à votre propre bien-être (à moins que vous ne soyez le type de personne qui a constamment chaud alors que tout le monde gèle, ou vice versa) pour déterminer si bébé jouit du confort mérité. Si vous n'êtes pas rassurée, ne vérifiez pas la température de ses mains pour y trouver une confirmation (comme ces personnes bien-pensantes le feront, avec des mines de désapprobation : «Voyez! Ses mains sont glacées!»). Les mains et les pieds d'un bébé sont habituellement plus froids que le reste de son corps, et ceci est dû à un système circulatoire immature. Ne vous fiez pas au fait que votre bébé a éternué à quelques reprises pour en déduire qu'il a attrapé un rhume; il pourrait éternuer en réaction à la lumière du soleil ou parce qu'il a besoin que son nez soit nettoyé. S'il fait chaud dehors, votre bébé est assez vêtu.

Vous n'avez aucune raison d'écouter les étrangers, mais vous les avez toutes d'écouter votre bébé. Les bébés vous diront qu'ils ont froid (comme ils vous disent à peu près tout) en pleurant ou en se plaignant. Lorsque vous recevez ce genre de message, touchez, du dos de la main, la nuque, les bras, le tronc (les parties les plus faciles à toucher sous les vêtements) de votre enfant pour en lire la température. Si bébé est bien au chaud, peut-être ses pleurs disent-ils qu'il a faim ou qu'il est fatigué. (S'il transpire, il est sans doute trop habillé.) Si sa peau est froide, habillez-le davantage, couvrez-le ou remontez le thermostat. Si un tout petit bébé semble avoir extrêmement froid, emmenez-le dans un endroit chaud sur-le-champ, parce que son corps ne peut produire assez de chaleur pour se réchauffer tout seul, même s'il est enveloppé de plusieurs couvertures. Entre temps, tenez-le contre votre corps pour lui communiquer votre chaleur (sous votre chemise si nécessaire).

La seule partie du corps de bébé qui a vraiment besoin de protection additionnelle, peu importe le climat, c'est la tête, en partie parce qu'une grande quantité de chaleur se perd lorsque la tête est découverte, et en partie parce que la plupart des bébés ont très peu de protection en matière de chevelure. Même durant les rares journées de fraîcheur, le bébé de moins d'un an a besoin d'un bonnet. Pendant les journées chaudes et ensoleillées, le chapeau à rebord protégera la tête de bébé, sa figure et ses yeux. Même avec cette protection toutefois, l'exposition au plein soleil ne devrait être que passagère.

Le tout petit bébé a également besoin d'une bonne protection contre la perte de chaleur lorsqu'il dort. Pendant le sommeil profond, son mécanisme de production de chaleur fonctionne au ralenti. Lorsque la température est fraîche, apportez toujours une couverture pour l'heure de la sieste. S'il dort dans une chambre fraîche le soir, un molleton ou une couverture de laine le gardera au chaud.

Quand vient le temps de vêtir bébé pour les grands froids, plusieurs épaisseurs de couvertures ne sont pas du luxe, mais une question de sens pratique. Plusieurs couvertures légères ont la propriété de conserver la chaleur du corps plus efficacement qu'une seule couverture épaisse. Vous pouvez en outre enlever ces couvertures superposées l'une après l'autre, selon le besoin du moment, lorsque vous entrez dans un magasin surchauffé, lorsque vous montez dans un autobus bondé, ou quand la température extérieure monte rapidement.

Il arrive parfois qu'un bébé s'écarte de la norme en ce qui concerne le contrôle de la température, comme cela arrive occasionnellement à certains adultes. Si votre bébé vous semble plus froid ou plus chaud que vous en tout temps, acceptez l'évidence. Vous pourriez vous apercevoir, en parlant à vos beaux-parents, que votre conjoint faisait la même chose lorsqu'il était bébé. Pour le bébé plus froid, plus de couvertures et des vêtements plus chauds; Pour le bébé plus chaud (vous le découvrirez probablement à cause d'une irritation due à la chaleur en plein coeur de l'hiver), peu de couvertures et des vêtements plus légers.

SORTIR AVEC BÉBÉ

«Il y a déjà 10 jours que je suis sortie de l'hôpital avec mon bébé, et je commence à devenir folle, enfermée comme ça dans la maison. Quand pourrais-je sortir avec lui?»

À moins que l'hôpital et votre maison ne soient reliés par un tunnel souterrain, vous êtes déjà sortie avec votre bébé. Sans nécessairement braver le blizzard, la pluie torrentielle, ou des températures bien en dessous du point de congélation, il est fort probable que vous soyez sortie avec votre bébé depuis cette toute première fois. Les vieilles histoires de bonnes femmes (qui se perpétuent encore, même si les mères et les belles-mères ne sont pas si vieilles que cela) qui ont longtemps gardé les mamans et les nouveau-nés captifs au foyer pendant plus de deux semaines de postpartum sont complètement désuètes. N'importe quel bébé assez fort pour quitter l'hôpital est assez vigoureux pour survivre à une randonnée au parc, à une course au supermarché, ou même à une excursion plus longue pour rendre visite à grand-maman (quoique, durant la saison des grippes, vous ne devriez pas exposer votre tout petit aux bains de foule, surtout les premiers mois). En tenant pour acquis que vous êtes assez en forme pour faire un peu d'exercice (il est fort probable que vous ayez besoin de repos plus que votre bébé, et que vous deviez passer beaucoup de temps étendue à relaxer au moins pendant la première semaine de postpartum), sentez-vous tout à fait libre d'échapper à votre foyer.

Quand vous sortirez, habillez bébé convenablement et emportez toujours une couverture supplémentaire s'il y a le moindre risque de baisse de température. En cas de vent ou de pluie, couvrez la poussette ou le landau d'un dais; s'il fait très froid ou extrêmement chaud et humide, limitez la durée du séjour de votre enfant à l'extérieur : si vous grelottez ou si vous transpirez, ce sera aussi son cas. Évitez d'exposer bébé au soleil direct trop longtemps, même en saison tempérée. Si vous sortez en voiture, assurez-vous que votre petit est bien attaché dans son siège pour enfant.

BÉBÉ ET LES ÉTRANGERS

«Tout le monde veut toucher à notre enfant. Le facteur, la caissière au supermarché, les vieilles personnes dans les magasins, les visiteurs à la maison. J'ai peur des microbes.»

Rien n'est plus agréable à toucher qu'un bébé : ses joues, ses doigts, son menton, ses orteils, tout est irrésistible. C'est pourtant exactement ce que les jeunes mamans aimeraient que les étrangers fassent lorsqu'il s'agit de leur nouveau-né : résister.

Votre crainte que votre bébé n'attrape quelque microbe est tout à fait légitime. Un très jeune bébé est beaucoup plus vulnérable aux infections, parce que son système immunitaire n'est pas encore mûr et qu'il n'a pas encore eu la chance de fabriquer ses propres anticorps. Demandez poliment, du moins pour le moment, aux étrangers de regarder sans toucher, particulièrement les mains, qui finissent toujours par se retrouver dans la bouche de bébé. Vous prétendez que c'est le médecin qu'il l'a demandé : «Le pédiatre recommande de ne laisser personne, en dehors de la famille, le toucher pour le moment.» En ce qui concerne les amis et les membres de la famille, demandez-leur de se laver les mains avant de prendre bébé, au moins durant le premier mois. Les personnes atteintes d'une maladie contagieuse devraient se prêter à cette précaution indéfiniment. Ceux et celles qui présentent une maladie de peau ou des plaies ouvertes devraient éviter tout contact tactile.

Malgré ce que vous pourrez dire ou faire, attendez-vous que votre enfant ait des contacts avec les étrangers. Tout n'est pas perdu cependant. Si au supermarché quelqu'un s'amuse à tester amicalement la capacité de votre bébé de s'aggriper à son doigt, lavez la main de votre enfant avec une petite serviette humide. Discrètement, il va sans dire.

Dès que votre bébé sera un peu plus âgé, il serait inutile — et dommage — de le faire vivre dans une bulle de plastique. Il a besoin d'être exposé à une grande variété de «bébêtes» pour commencer à s'immuniser lui-même contre tous les microbes qui circulent dans votre communauté. Après le premier mois, relâcher tout simplement votre surveillance et laissez les microbes tomber où ils peuvent.

CHANGEMENTS DANS LA COULEUR DE LA PEAU

«Mon bébé a soudain pris deux teintes : d'un bleu rougeâtre en bas et pâle en haut. Qu'est-ce qui ne va pas?»

Rien ne risque probablement de vous effrayer autant que de voir votre bébé changer de couleur sous vos yeux. Il n'y a pourtant rien à craindre lorsqu'un nouveau-né prend soudain cet aspect étrangement contrastant, que ce soit de haut en bas ou d'un côté à l'autre. Le sang a tout simplement afflué dans une moitié du corps de votre bébé, et la cause de ce phénomène est un système circulatoire encore immature. Mettez-lui la tête en bas (ou, si la différence de couleur est d'un côté à l'autre, retournez-le) momentanément, et sa couleur reviendra à la normale.

Vous pourriez également vous apercevoir que les mains et les pieds de votre bébé sont bleuâtres, même si le reste de son corps est rosé. Ce phénomène relève aussi d'une circulation immature et disparaît habituellement vers la fin de la première semaine.

«Lorsque je change mon nouveau bébé, il arrive parfois que sa peau ait une apparence tachetée des pieds à la tête. Pourquoi?»

Des taches pourpres (parfois plus rouges, parfois plus bleues), sur la peau d'un tout petit bébé suscitent toujours des questions dans la tête des parents. Mais cette pigmentation particulière de la peau du nouveau-né qui a froid ou qui pleure n'est pas du tout inhabituelle. Ces changements transitoires signalent encore une fois l'immaturité du système circulatoire, visible à travers la peau très mince des bébés. Ce phénomène devrait se résorber d'ici quelques mois. Entretemps, lorsque cela se produit, vérifiez sa nuque ou le milieu de son corps pour voir si ces parties sont froides. Si oui, habillez-le plus chaudement ou augmentez le nombre de ses couvertures. Sinon, détendez-vous et attendez que cette apparence tachetée disparaisse, comme ce sera probablement le cas dans quelques minutes.

HORAIRE DES BOIRES

«J'ai l'impression d'allaiter mon nouveau-né sans arrêt. Qu'est-il arrivé à l'horaire de quatre heures dont j'avais entendu parler?»

Malheureusement, votre bébé (et tous les autres bébés nourris au sein que vous verrez continuellement accrochés à leur maman au cours des premiers mois) n'a jamais entendu parler de l'horaire de quatre heures. La faim lui lance un message et il veut manger, beaucoup plus souvent que ne le lui permettraient la plupart des horaires[3].

Laissez-le faire, du moins pour le moment. Les horaires de trois et quatre heures ont été établis pour répondre aux besoins des bébés nourris au biberon, qui fonctionnent normalement très bien avec un tel régime. Mais la plupart des bébés nourris au sein ont besoin d'être allaités plus souvent. Tout d'abord, parce que le lait maternel se digère plus rapidement que les préparations commerciales : les bébés ressentent ainsi la faim plus vite. Ensuite, parce que les allaitements fréquents aident à établir une bonne production de lait, fondement d'une relation d'allaitement réussie entre maman et bébé.

---

3. Souvenez-vous toutefois que, comme c'est le cas pour les contractions, les intervalles entre les boires sont calculés du commencement de l'un au commencement de l'autre. Alors un bébé qui tète pendant 40 minutes à partir de 22 heures, puis qui dort pendant une heure et 20 minutes avant de prendre un autre boire, suit un horaire de deux heures et non un horaire d'une heure et 20 minutes.

Nourrissez à volonté durant les premières semaines. Si votre enfant demande encore d'être nourri toutes les heures après trois semaines, consultez le pédiatre pour savoir si son gain de poids est normal. Sinon, demandez l'avis de votre médecin et lisez «L'enfant que vous allaitez ne prend pas de poids», page 128. Cependant, si votre petit semble prendre du poids, il est temps de penser à vous. Allaiter toutes les heures n'est pas seulement un effort émotif pour vous, c'est aussi un effort physique qui aura sans doute pour résultat des mamelons douloureux et beaucoup de fatigue. Ce n'est pas non plus ce qu'il y a de mieux pour votre bébé, qui aurait besoin de plus longues périodes de sommeil et d'éveil sans téter, de périodes où il pourrait s'intéresser à autre chose qu'à vos seins.

En tenant pour acquis que votre production de lait est bien établie, vous pouvez commencez à penser à soumettre bébé à différents horaires. Essayez d'étirer les périodes entre les tétées (ce qui peut également aider votre bébé à dormir la nuit). Quand bébé se réveille en pleurs une heure après son boire, ne vous empressez pas de le nourrir. S'il semble encore tout endormi, essayez de le laisser se rendormir sans lui donner le sein. Avant de le prendre, caressez-le ou massez-lui le dos, remontez le mécanisme d'un jouet musical, et voyez s'il retombera dans le sommeil. Sinon, prenez-le, fredonnez une berceuse, marchez en le tenant dans vos bras, bercez-le, toujours dans l'espoir qu'il se rendorme. S'il semble bien réveillé, ne vous hâtez pas de le nourrir. Changez-le, parlez-lui, distrayez-le de n'importe quelle façon, emmenez-le faire un tour de poussette à l'extérieur. Il pourrait s'intéresser tellement à vous et au reste du monde qu'il en oublierait de penser à vos seins, du moins pendant quelques minutes.

Lorsque finalement vous l'allaitez, n'acceptez pas l'approche *fast-food* que veulent adopter certains bébés; encouragez-le à téter au moins 10 minutes chacun de vos seins (20 minutes seraient préférables). S'il refuse de téter aussi longtemps, commencez par cinq minutes de chaque côté de manière qu'il se rassasie avec le maximum de lait des deux seins en l'espace de 10 minutes, puis remettez-le au premier sein pour qu'il continue à téter aussi lontemps qu'il en aura envie. S'il s'endort, essayez de le réveiller pour poursuivre son repas. Si vous pouvez vous arranger pour étirer un peu plus chaque jour les périodes entre les boires, il est fort possible que vous et votre bébé accédiez à un horaire plus raisonnable; de deux ou trois heures, et peut-être même de quatre. Mais cet horaire devrait tout de même tenir compte de sa faim, et non de l'heure qu'indique l'horloge.

LES HOQUETS

«Mon bébé à tout le temps le hoquet, sans raison apparente. Est-ce que ça le dérange autant que ça me dérange moi?»

Non seulement dirait-on que certains bébés sont nés avec le hoquet, encore l'avaient-ils bien avant de naître. Si bébé hoquetait beaucoup dans votre ventre il y a de bonnes chances qu'il hoquette aussi énormément durant les quelques premiers mois de sa vie extérieure. Contrairement à ceux des adultes, les hoquets des nouveau-nés n'ont pas de cause connue. On croit qu'ils sont un autre des réflexes des bébés, quoique plus tard, ils seront souvent déclenchés par les accès de rire. De plus, et encore une fois contrairement aux hoquets des adultes, ils ne sont pas désagréables, du moins pas pour les bébés. S'ils vous dérangent, essayez de les faire cesser en faisant boire de l'eau à votre petit.

LES SELLES

«Je m'attendais à une, peut-être deux selles par jour, de la part de mon bébé nourri au sein. Mais il semble y en avoir dans chacune de ses couches, parfois même jusqu'à 10 par jour. Et ses cacas sont très mous. Peut-il avoir la diarrhée?»

Votre bébé n'est pas le premier enfant nourri au sein qui semble vouloir battre le record Guinness du remplissage de couches. Non seulement une élimination aussi active n'est pas mauvaise, elle est même excellente pour le nouveau-né. Étant donné que, quantitativement, ce qui sort est directement proportionnel, à ce qui entre, toute maman qui allaite et dont le nouveau-né fait cinq selles ou plus par jour reçoit la preuve que son bébé mange suffisamment. (Pour les nouveau-nés nourris au sein et dont les selles sont rares, voir page 124.) Le nombre de selles ira progressivement décroissant et pourrait diminuer jusqu'à une par jour, ou une tous les deux jours, le mois prochain, quoique certains bébés continueront à avoir plusieurs selles par jour durant toute la première année. Il n'est pas nécessaire de les compter : leur nombre peut varier d'un jour à l'autre, et c'est tout aussi normal.

Également normales chez les enfants nourris au sein sont les selles très molles, parfois même liquides. Mais la diarrhée — selles liquides, fréquentes, dégageant une forte odeur, et pouvant contenir du mucus, souvent accompagnées de fièvre, d'une perte de poids, ou des deux — est rare chez les enfants nourris au lait maternel. S'il arrive tout de même qu'ils souffrent de diarrhée, les enfants nourris au sein ont des selles moins fréquentes et plus petites que les enfants nourris à la bouteille. Ils se rétablissent par ailleurs plus rapidement, probablement à cause des propriétés anti-bactériennes du lait maternel.

CONSTIPATION

«J'ai peur que mon bébé ne soit constipé. Il n'a fait en moyenne qu'une selle tous les deux ou trois jours. Est-ce que cela peut être causé par la préparation lactée que nous lui donnons?»

D'une manière plutôt désinvolte, on a défini la constipation comme le fait d'aller à la selle moins souvent que sa propre mère. Évidemment, cette mesure n'est pas fiable, puisque chaque individu à un rythme d'élimination bien personnel, et que la constipation n'est pas nécessairement un cas de «telle mère, tel enfant». Certains enfants nourris au biberon passent deux ou trois jours sans aller à la selle. Mais on ne les considère pas constipés, à moins que ces selles, peu fréquentes, ne soient très fermes, expulsées en petites boules très dures, ou causes de douleurs ou de saignements (venant d'une fissure anale due à de fortes poussées). Si les selles de votre bébé sont molles et ne causent aucun problème, ne vous inquiétez pas. Mais si vous craignez la constipation, consultez son médecin. Il est possible qu'un changement de préparation ou que l'ajout de 15 à 30 ml (1 à 2 c. à table) de jus dilué (prune ou autre fruit) à la diète de votre enfant aide à résoudre ce problème. (Les jus d'agrumes ne devraient pas être introduits trop tôt dans l'alimentation des nourrissons, parce qu'ils sont très acides et hautement allergènes.) N'allez jamais donner de laxatif (spécialement d'huile minérale), de lavement, ou de tisane sans avis médical.

«Je croyais que les bébés nourris au sein n'étaient jamais constipés, mais le mien grogne, gémit et force chaque fois qu'il se prépare à aller à la selle.»

Il est vrai que les bébés nourris au sein sont rarement constipés, parce que le lait maternel constitue le mélange parfait pour l'appareil digestif humain. Il est cependant aussi vrai que certains enfants doivent pousser et forcer pour faire sortir leurs selles, même lorsqu'elles sont molles et qu'il semble qu'elles auraient dû sortir aisément[4]. Pourquoi est-ce ainsi? Nul ne sait de façon certaine. Certaines théories prétendent que les selles molles des bébés nourris au lait maternel n'exercent pas une pression assez forte sur l'anus. D'autres croient que les muscles de l'anus ne sont ni assez forts, ni assez bien coordonnés pour éliminer les selles facilement. D'autres encore affirment que les jeunes bébés, qui défèquent à l'horizontale, ne bénéficient pas de la gravité.

Quelle qu'en soit la raison, cette difficulté devrait être surmontée en grande partie lorsque les aliments solides s'ajouteront à la diète de votre enfant. D'ici là, ne vous inquiétez pas. Ne vous servez surtout pas de laxatifs (particulièrement d'huile minérale), de lavements ou de tout autre remède pour régler le problème. Lorsqu'un adulte est constipé, les promenades fréquentes peuvent l'aider à régler ce problème; vous pouvez imprimer aux jambes de votre bébé des mouvements de flexion et d'extension (mouvements de bicyclette), lorsqu'il est couché sur le dos, pour l'aider à se débarrasser de cet inconfort. Dès qu'il commencera à manger comme vous, assurez-vous que sa diète contienne des grains entiers, des légumes, des fruits frais et des légumineuses, et qu'il se livre à certains exercices.

LES SELLES EXPLOSIVES

«Les selles de mon enfant sortent avec tant de force et de bruits explosifs, que

j'ai peur qu'il n'ait quelque problème de digestion. Est-ce mon lait qui ne va pas?»

Les nouveau-nés nourris au sein sont rarement discrets quand vient le temps de faire une selle. L'incroyable bruit qui emplit la pièce lorsqu'un bébé souille sa couche peut s'entendre de l'appartement d'à côté et alarmer les parents inexpérimentés. Ces selles, dont l'étonnante variété de bruits viennent ponctuer le passage, sont normales, et ne sont que le résultat de gaz expulsés avec force d'un système digestif immature. Les choses devraient se calmer d'ici un mois ou deux.

DES GAZ ET DES GAZ

«Mon bébé a des gaz très bruyants toute la journée. Se peut-il qu'il ait des troubles d'estomac?»

Les exclamations de digestion qui explosent fréquemment dans le minuscule ventre d'un nouveau-né — avec au moins autant de vigueur que leur équivalent adulte — peuvent inquiéter les parents et, parfois même, les embarrasser. Tout comme les selles explosives, elles sont cependant parfaitement normales. Une fois le système digestif de votre nouveau-né tout à fait au point, les gaz passeront plus silencieusement et moins souvent.

ALLERGIE AU LAIT

«Mon bébé pleure beaucoup, et une amie m'a dit qu'il pourrait être allergique à sa préparation lactée. Comment savoir si c'est bien ça?»

Les amies sincères préfèrent alléguer que les pleurs de bébé sont dus à une allergie au lait, et les mères aiment tellement trouver ailleurs que chez elles la cause de ces pleurs, qu'elles acceptent souvent ce genre

---

4. Si votre bébé nourri au sein va rarement à la selle et qu'il ne prend pas assez de poids, consultez votre médecin et voyez la page 124. Il est possible qu'il ne mange pas assez et que, par conséquent, il n'élimine pas beaucoup.

d'explication. Les médecins se montrent plus sceptiques. Le lait est la cause d'allergie la plus fréquente chez les tout-petits, mais cela se produit moins souvent que la plupart des gens ne le croient. La majorité des médecins ne soupçonneront pas d'allergie chez un bébé dont les parents ne souffrent pas d'allergies, pas plus que chez les bébés dont les seuls symptômes sont les pleurs. Habituellement, le nourrisson qui réagit au lait par une allergie grave vomira fréquemment et fera des selles molles, liquides, possiblement teintées de sang. (Il importe de découvrir la cause de ces symptômes rapidement, car ils peuvent mener à la déshydratation et à un grave déséquilibre chimique.) D'autres réactions moins violentes peuvent inclure des vomissements occasionnels et des selles molles contenant du mucus. Parmi les enfants allergiques au lait, certains peuvent même souffrir d'eczéma, d'urticaire, d'asthme, avoir des écoulements, des congestionnements nasals ou les deux, lorsqu'ils sont exposés aux protéines du lait.

Malheureusement, il n'existe aucun test simple capable de détecter avec certitude l'hypersensibilité (allergie) au lait. Si vous soupçonnez ce genre d'allergie chez votre enfant, parlez-en à son pédiatre avant de tenter quoi que ce soit. S'il n'y a aucun antécédent allergique dans votre famille, et s'il n'y a pas d'autre symptôme que les pleurs, il est probable que le médecin vous suggère de soigner votre bébé comme pour de simples coliques (voir page 153).

S'il y a déjà eu des cas d'allergies dans votre famille ou s'il y a d'autres symptômes que les pleurs, le médecin pourrait prescrire un changement de préparation lactée. Le substitut de lait à base d'hydrolysat de protéines (dans lequel les protéines sont moins nombreuses ou prédigérées) ou de soya vous sera peut-être recommandé. Une amélioration rapide de l'état de votre bébé et la disparition des autres symptômes (s'il y en avait) pourraient signifier une possible allergie au lait, mais cela pourrait tout aussi bien n'être qu'une coïncidence. En reservant à votre enfant sa préparation lactée habituelle, vous serez en mesure de vérifier ce diagnostic : si les symptômes réapparaissent, bébé est fort probablement allergique.

Dans bien des cas, aucun changement ne se produit lorsque vous remplacez la préparation de votre bébé par un mélange à base de soya. Cela peut vouloir dire qu'il est aussi allergique au soya, que son état n'a rien à voir avec le lait et que son cas requiert un diagnostic, ou, simplement, que son système digestif n'est pas encore mûr. Le changement du soya à l'hydrolysat pourrait améliorer la situation si bébé est aussi sensible au soya qu'au lait. Dans certains cas, on vous recommandera du lait de chèvre, mais, à cause de sa carence en acide folique, il sera alors nécessaire de lui donner un supplément.

Très rarement, le problème peut être dû à une carence en lactose, un enzyme indispensable à la digestion du lactose contenu dans le lait. Les enfants qui présentent cette carence souffrent de diarrhée persistante dès le début et ne prennent pas de poids. Une préparation contenant peu ou pas de lactose résoudra normalement le problème. Contrairement à l'intolérance temporaire au lactose qui se développe parfois durant une entérite infectueuse, la carence congénitale en lactose est habituellement permanente. Le bébé qui en est affligé ne tolérera probablement jamais les produits à base de lait ordinaire, mais il pourra sans doute tolérer les produits à faible teneur en lactose.

Si le problème ne relève pas d'une allergie ou d'une intolérance au lait, vous devrez probablement opter pour la préparation au lait de vache, étant donné que c'est encore le meilleur substitut au lait humain.

L'allergie infantile au lait de vache disparaît normalement dès la fin de la première année, sinon, presque toujours à la fin de la deuxième. Si vous avez retiré les préparations au lait de vache du régime alimentaire de votre bébé, son médecin pourrait vous suggérer d'y revenir après six mois de substitut, ou vous recommander d'attendre son premier anniversaire.

LAVER LES VÊTEMENTS DE BÉBÉ AU DÉTERGENT

«J'utilise des flocons de savon pour bébé pour laver les vêtements de mon enfant. Mais j'ai l'impression que rien ne devient vraiment propre de cette façon et puis, je commence à être fatiguée de faire sa lessive séparément. Quand puis-je commencer à utiliser du détergent?»

Bien que les manufacturiers de savons spéciaux pour la lessive de bébé préféreraient que cela ne s'ébruite pas trop, bien des bébés n'ont probablement pas besoin que leurs vêtements soient lavés séparément de ceux du reste de la famille. Même les détergents à capacité ultranettoyante, capables d'éliminer la plupart des taches et toutes les odeurs, n'irritent pas la peau des bébés après un bon rinçage. (Les rinçages sont mieux réussis, et les ingrédients actifs servant à enrayer les taches sont plus efficaces dans les détergents liquides).

Si vous voulez tester la sensibilité de votre enfant à votre détergent favori, ajoutez un vêtement que bébé portera (un t-shirt, par exemple) à votre prochaine brassée de linge familial, en faisant bien attention de ne pas mettre trop de détergent ou de ne pas mettre assez de produit rinçant. Si la peau de bébé ne présente ni irritation ni éruption, n'hésitez plus à laver ses vêtements avec les vôtres. En cas d'éruption, essayez une autre marque de détergent, de préférence sans couleur et sans odeur, avant de décider de vous en tenir aux flocons de savon.

SOMMEIL AGITÉ

«Notre bébé, qui partage notre chambre, tourne et s'agite toute la nuit. Est-ce que notre proximité pourrait l'empêcher de dormir profondément?»

Même si le dicton «dormir comme un bébé» désigne souvent le sommeil profond et réparateur auquel nous aspirons tous, le sommeil des bébés n'est pas réparateur du tout. Les nouveau-nés dorment effectivement beaucoup, mais ils se réveillent aussi très souvent pendant leur sommeil. Ceci est dû au fait que le plus gros de leur sommeil est paradoxal, c'est un sommeil actif ponctué de bien des rêves et de beaucoup de mouvements. À la fin de chaque période de sommeil paradoxal, le dormeur se réveille habituellement un bref instant. Lorsque vous entendez votre bébé pleurnicher ou geindre la nuit, c'est sans doute qu'il termine une période de sommeil paradoxal, et non parce que vous partagez une chambre avec lui.

À mesure qu'il vieillira, son sommeil prendra de la maturité. Il aura moins de périodes de sommeil paradoxal et de plus longues périodes de plus profond «sommeil tranquille», duquel il est plus difficile de le faire sortir. Il continuera de tourner et de geindre périodiquement, mais moins fréquemment.

Quoique le partage de la chambre ne trouble sans doute pas son sommeil à ce stade-ci (ça pourrait arriver bientôt), cela trouble certainement le vôtre. Non seulement vous réveillez-vous à la moindre plainte, mais vous êtes également tentée de le prendre plus souvent que nécessaire durant la nuit. Essayez d'ignorer les murmures de minuit de votre bébé; ne le prenez que lorsqu'il commence à pleurer sans arrêt et sérieusement. Vous dormirez tous mieux ainsi. Si vous trouvez cela difficile, peut-être devriez-vous songer à dormir dans des chambres séparées, si vous avez assez d'espace.

Soyez attentive au réveil et aux pleurs soudains, à l'agitation anormale, et à tout changement dans les habitudes de sommeil de votre enfant, qui ne semble pas relié à des événements précis de sa vie (comme la percée des dents, ou une journée particulièrement stimulante). Si vous notez de tels changements, vérifiez les signes de maladie comme la fièvre, la perte d'appétit ou la diarrhée. Voyez votre médecin si les symptômes persistent.

GENRES DE SOMMEIL

«Je croyais que les nouveau-nés étaient censés dormir tout le temps. Notre bébé de trois semaines a plutôt l'air de ne pas dormir du tout.»

Les nouveau-nés ont souvent l'air de ne pas savoir ce qu'ils sont «censés faire». Ils mangent n'importe quand alors qu'ils sont «supposés» suivre un horaire de trois ou quatre heures, ou bien ils dorment 12 heures par jour (ou 22), quand ils sont «supposés» en dormir 16,5. C'est parce qu'ils savent ce que nous oublions souvent : il n'y a à peu près rien qu'un bébé soit censé de faire à un moment précis. Les bébés «moyens», qui font tout comme dans les livres, existent, mais ils sont en minorité. La moyenne de sommeil de seize heures et demie pour les bébés à leur premier mois de leur vie tient compte de ceux qui dorment 10 heures par jour et de ceux qui en dorment 23, aussi bien que de tous les autres entre ces deux chiffres. Le bébé qui arrive au début ou à la fin de cet échantillon n'est pas moins normal que celui qui se rapproche de la moyenne. Certains enfants, comme certains adultes, ont besoin de plus de sommeil que les autres, certains en demandent moins.

En tenant pour acquis que votre bébé est en santé, ne vous inquiétez pas de son peu de sommeil, et tâchez de vous y habituer. Les tout petits qui dorment très peu ont tendance à devenir des jeunes enfants dormant très peu, et ils ont des parents qui — et ce n'est pas une coïncidence — dorment aussi très peu.

«Mon bébé se réveille plusieurs fois pendant la nuit. Ma mère me dit que si je ne lui fait pas prendre des habitudes régulières de sommeil maintenant, il se pourrait qu'il ne développe jamais de bonnes habitudes de sommeil. Elle prétend que je devrais le laisser pleurer plutôt que de le nourrir chaque fois.»

N'importe quelle mère expérimentée, particulièrement celle qui a eu des problèmes avec un bébé qui ne voulait pas faire ses nuits ou qui avait du mal à s'endormir, connaît l'importance d'encourager les bonnes habitudes de sommeil chez les tout petits bébés. Votre nouveau-né commence seulement à connaître le monde. La plus importante leçon qu'il doive apprendre maintenant, c'est que vous êtes là dès qu'il vous appelle, même à trois heures du matin, même si c'est la quatrième fois qu'il se réveille en six heures. Laisser pleurer bébé pourra l'aider à comprendre qu'il doit s'endormir de lui-même, mais pas avant quelques mois, c'est-à-dire pas avant qu'il ne soit tout à fait sécurisé et qu'il ait acquis un certain contrôle sur son environnement.

Si vous allaitez, l'établissement d'un horaire de sommeil rigide à ce moment-ci pourrait compromettre votre production de lait et, par conséquent, la croissance de votre enfant. Les nouveau-nés nourris au sein ont besoin de s'alimenter plus souvent que les bébés nourris au biberon, souvent aux deux heures, ce qui les empêche, en général, de faire leurs nuits avant trois ou six mois. Comme pour l'horaire de boires de quatre heures, la croyance selon laquelle les bébés devraient faire leurs nuits à partir de deux mois se fonde sur le comportement des enfants nourris au biberon, et ne convient pas souvent aux bébés nourris au lait maternel.

Comme votre mère vous le recommande, commencez à songer à instaurer une bonne discipline en ce qui concerne les habitudes de sommeil de votre enfant, mais ne le laissez pas verser toutes les larmes de son corps maintenant.

LES BRUITS QUAND BÉBÉ DORT

«J'ai une amie qui décroche le téléphone quand son bébé dort, qui met une note sur sa porte pour demander aux visiteurs de frapper plutôt que de sonner, qui marche sur la pointe des pieds à l'heure de la sieste. N'est-ce pas un peu exagéré?»

Votre amie est en train de programmer son enfant pour qu'il ne puisse pas dormir ailleurs que dans un environnement aux conditions contrôlées, conditions qu'elle ne pourra sans doute pas maintenir en permanence, à moins que la chambre de son bébé ne soit hermétiquement capitonnée.

Pis encore, ses efforts produiront probablement l'effet contraire à celui recherché. Quoique un bruit fort et soudain puisse réveiller certains bébés, d'autres enfants arrivent à dormir au milieu d'un feu d'artifice, de bruits de sirènes et d'aboiements. Cependant, pour la majorité des enfants, un bruit de fond constant — télé, radio, ventilateur ou air climatisé, jouet musical ou imitant les bruits utérins — semble mener plus certainement à un sommeil réparateur que le parfait silence, particulièrement pour celui qui est tombé endormi au rythme de ces bruits.

Le volume de bruit qu'un bébé peut supporter lorsqu'il dort — tout comme le genre de bruit — dépend en partie des sons auxquels il a été accoutumé avant sa naissance et en partie de son tempérament personnel. C'est pourquoi les parents doivent trouver chez leurs bébés les indices qui leur permettront de déterminer jusqu'où ils peuvent aller pour protéger leurs enfants des interruptions inutiles au moment de la sieste ou pendant la nuit. Si un bébé se montre spécialement sensible aux bruits durant son sommeil, il est probablement bon de régler la sonnerie du téléphone au niveau le plus bas, de changer la sonnette d'entrée par une autre dont la sonnerie serait moins stridente, ou de baisser le son de la télé ou de la radio. Ces tactiques ne sont toutefois pas nécessaires si votre bébé dort sans se soucier des bruits qui l'entourent.

En voulant enrayer tous les bruits dans la vie de son bébé, il est fort probable que votre amie lui prépare un avenir où il aura de la difficulté à s'endormir lorsqu'il aura à vivre dans le vrai monde.

LES SUCETTES

«Mon bébé a de vrais accès de pleurs les après-midi. Devrais-je lui donner une sucette pour le réconforter?»

À long terme, il est probablement préférable que les bébés apprennent, jusqu'à un certain point, à se réconforter eux-mêmes, plutôt que de dépendre d'une aide artificielle comme la sucette. Un pouce (ou un poing) peut très bien combler le besoin de téter et d'être réconforté de votre tout petit, mais c'est bébé qui décide de cela, pas les parents. Son pouce est là quand il en a besoin, il le retire lorsqu'il veut sourire, pleurer, jouer à cache-cache ou chaque fois qu'il veut exprimer quelque chose; cela ne causera aucune confusion avec les tétines, comme c'est parfois le cas avec les sucettes pour les jeunes bébés qui apprennent à téter au sein.

À cause de cette confusion, il n'est pas très bon d'offrir une sucette à un bébé nourri au sein avant que la lactation ne soit bien établie. Vous ne devriez même pas y songer si votre bébé ne prend pas assez de poids ou s'il tète paresseusement, parce que la sucette pourrait lui donner assez de satisfaction pour lui faire perdre tout intérêt à l'allaitement.

À l'occasion, une sucette peut répondre aux besoins d'un bébé qui pleure beaucoup et qui n'a pas trouvé d'autre moyen de se calmer, ou à ceux d'un bébé qui cherche plus de satisfaction à téter et qui n'a pas encore trouvé comment porter ses doigts à sa bouche. Souvenez-vous pourtant que l'utilisation d'une sucette peut facilement se transformer en abus. Ce qui peut servir de béquille à un enfant peut aussi facilement devenir une béquille pour sa mère. Il y a toujours la tentation de se servir de la sucette comme d'un substitut facile à l'attention qu'elle devrait porter à son enfant. La maman bien intentionnée qui offre la sucette à son bébé par souci de lui procurer encore plus de plaisir à téter peut facilement se laisser prendre à la facilité de lui donner la sucette dès qu'il commence à pleurnicher, plutôt que d'essayer de trouver la raison de ces pleurs ou une autre manière de le calmer. Elle pourrait s'en servir pour endormir bébé, plutôt que de lui lire une histoire; pour profiter du silence lorsqu'elle parle au téléphone, plutôt que de le prendre dans ses bras et de le consoler; pour acheter son silence alors qu'elle essaie une nouvelle paire de chaussures plutôt que de le faire participer à l'action. Cela peut en faire un enfant qui n'est heureux que lorsqu'il a quelque chose dans la bouche, et qui est absolument incapable de se consoler lui-même, de s'amuser ou de s'endormir tout seul.

Si vous la lui donnez le soir, la sucette peut empêcher bébé d'apprendre à s'endormir lui-même, et même interrompre son sommeil s'il vient à la perdre au milieu de la nuit et qu'il ne réussit pas à retourner au pays des rêves sans elle. Qui devra se lever pour la lui remettre dans la bouche?

Un autre inconvénient, quoique temporaire : comme pour le pouce, la sucette peut contribuer à déformer la bouche, mais cette distorsion se corrige bien vite quand l'habitude est abandonnée avant l'apparition des dents permanentes.

Si vous jugez qu'il est bon de donner la sucette à votre bébé occasionnellement, faites-le intelligemment. Assurez-vous que celle que vous achetez est de type orthodontique (pour minimiser les dommages possibles à la bouche), que son bouclier contient des trous d'aération et qu'elle est faite d'une seule pièce (si elle se brise, bébé ne pourra pas s'étouffer avec les morceaux). (Les sucettes de silicone sont plus souples que celles de caoutchouc; elles durent longtemps, résistent au lave-vaisselle et ne deviennent pas collantes.) N'attachez *jamais* une sucette à la couchette, au landau, au parc, à la poussette, au cou ou au poignet de votre enfant avec un ruban, une ficelle ou avec quelque cordelette que ce soit : des bébés se sont étranglés de cette façon. Pour éviter que bébé ne développe une réelle habitude, commencez à la lui enlever dès qu'il aura atteint trois mois. D'ici là, chaque fois que vous penserez à donner la sucette à votre tout petit, prenez la peine de vous demander si c'est bien ce dont il a besoin, s'il n'a pas plutôt besoin de vous.

VÉRIFICATION DE LA RESPIRATION DE BÉBÉ

«Tout le monde fait des farces à propos des parents qui se glissent dans la chambre de leur bébé pour voir s'il respire. Je me surprends à faire exactement la même chose, parfois même au beau milieu de la nuit. Quelquefois, on arrive à peine à l'entendre respirer; d'autres fois, il respire très bruyamment.»

Le nouveau parent qui écoute nerveusement la respiration de son bébé apportera toujours de l'eau au moulin des farceurs, au moins jusqu'à ce que leur tour de nouveau parent arrive. Il n'y aura alors plus de farce à faire. Cinq heures après avoir mis bébé au lit, vous vous réveillez dans un silence profond et inquiétant. Pourrait-il être arrivé quelque chose? Pourquoi ne s'est-il pas réveillé? Ou alors vous pouvez aussi passer près de sa couchette et le trouver si tranquille et tellement silencieux que vous le secouerez délicatement pour vous assurer qu'il vit encore. Ou encore il grogne et renifle si fort que vous êtes persuadée qu'il a du mal à respirer.

Il est normal que vous vous inquiétiez, tout comme il est normal que la respiration de votre enfant change souvent d'aspect. Une grande partie du repos du nouveau-né est faite de sommeil paradoxal, un sommeil pendant lequel il respire régulièrement, grogne, ronfle et se tortille beaucoup, vous pouvez même voir bouger ses yeux sous ses paupières. Le reste du temps, bébé repose tranquille, respire profondément et silencieusement et semble très calme, sauf pour d'occasionnels sursauts et mouvements de succion. À mesure qu'il vieillira, il connaîtra moins de sommeil paradoxal, et ses périodes de sommeil tranquille ressembleront de plus en plus à celles des adultes. Éventuellement, vous cesserez de paniquer en vous demandant si bébé se réveillera ou non le lendemain matin, et vous serez par conséquent plus détendue lorsque vous et lui pourrez enfin dormir huit heures d'affilée.

Mais encore, peut-être ne perdrez-vous jamais complètement l'habitude de vérifier la respiration de votre enfant (vous le ferez à l'occasion) jusqu'au jour où il ira au collège et où il dormira dans un dortoir, hors de votre vue, sinon de votre pensée.

BÉBÉ CONFOND LE JOUR ET LA NUIT

«Mon bébé de trois semaines dort presque toute la journée et veut rester éveillé lorsque vient la nuit. Comment arriver à renverser cet horaire, pour que nous puissions nous reposer un peu?»

Les bébés qui travaillent (ou jouent) pendant la nuit, prenant une part importante de leur sommeil le jour, peuvent changer des parents normalement en forme et très actifs en véritables zombies. Heureusement, cette merveilleuse ignorance de la différence entre le jour et la nuit n'est pas un état permanent. Le nouveau-né qui, avant de faire son entrée dans ce monde au jour lumineux et à la nuit sombre, à vécu pendant neuf mois dans le noir complet n'a besoin que d'un peu de temps pour s'adapter.

Il y a de bonnes chances pour que votre enfant cesse lui-même de confondre les jours et les nuits d'ici quelques semaines. Si vous désirez accélérer le processus, veillez que ses siestes de jour ne dépassent pas trois ou quatre heures chacune. Quoiqu'il puisse être compliqué de réveiller un enfant qui dort — sauf lorsque vous ne le voulez pas —, il est normalement possible d'y arriver. Tenez-le bien droit, essayez de lui faire faire un rot, enlevez-lui ses vêtements, frottez-le sous le menton ou chatouillez-lui la plante des pieds. Une fois qu'il vous semblera éveillé, essayez de le stimuler un peu plus : parlez-lui, chantez des airs enjoués, faites bouger un jouet dans son champ de vision, c'est-à-dire de 20 à 36 cm (8 à 14 po) de ses yeux. (Pour d'autres moyens de garder bébé réveillé, voir page 60.) Cependant, ne vous arrangez pas pourqu'il ne puisse pas faire de sieste durant le jour, dans l'espoir qu'il dormira la nuit venue. Le bébé épuisé, voire trop stimulé, a peu de chances de bien dormir durant la nuit.

UN MEILLEUR SOMMEIL POUR BÉBÉ

Que votre bébé soit un bon ou un mauvais dormeur, vous pouvez améliorer son sommeil grâce aux moyens suivants, dont plusieurs peuvent aider à recréer le confort dont bénéficiait votre bébé lorsqu'il était encore dans votre ventre:

Un espace chaleureux. Une couchete est une merveilleuse invention moderne, mais durant les premières semaines, nombre de nouveau-nés sentent, d'une certaine manière, que la place est trop vaste et sont contrariés lorsque relégués à la solitude, confinés au centre du matelas, si loin des parois. Si votre bébé semble mal à son aise dans la couchette, un berceau antique, un moïse ou un landau peut très bien lui convenir au cours des premiers mois, recréer la sensation de chaleur et d'étreinte qu'il a connue pendant les neuf mois passés dans l'utérus de sa maman. Pour accroître encore cette sensation de sécurité, emmaillotez votre bébé, repliez les couvertures sous le matelas jusqu'à ce qu'elles s'ajustent bien à son petit corps, mettez-lui une combinaison longue avec des pattes et utilisez un sac de couchage pour bébé plutôt qu'une couverture.

Température contrôlée. Le fait d'avoir trop chaud ou trop froid peut déranger le sommeil d'un bébé. Si vous voulez des trucs pour assurer à bébé le plus grand confort durant les grandes chaleurs, ou les périodes de grand froid, consultez le Tome II.

Les mouvements qui le calment. Dans l'utérus, le bébé est plus actif lorsque la mère est au repos; dès que la mère se lève, qu'elle s'occupe, il se calme, bercé par le mouvement. Une fois bébé sorti de la matrice, les mouvements exercent toujours sur lui un effet calmant. Bébé sera content si vous le bercez, le balancez ou le tapotez doucement, et il s'endormira satisfait.

Les sons qui le calment. Pendant plusieurs mois, les battements de votre coeur, les gazouillis de votre estomac et le ton de votre voix ont distrait et réconforté votre bébé. À présent, il peut éprouver de la difficulté à dormir sans ces bruits de fond. Essayez le bourdonnement d'un ventilateur ou d'un purificateur d'air, la musique douce de la radio ou du tourne-disque, les notes claires d'une boîte à musique ou d'un mobile musical, ou le son de l'un de ces objets conçus spécialement pour recréer les sons qu'il entendait dans l'utérus.

Isolement. Les bébés dorment mieux lorsqu'ils se trouvent dans une chambre bien à eux. Ce n'est pas vraiment que votre présence les dérange, mais plutôt qu'il y a plus de chances que vous ne les souleviez au moindre gémissement, interrompant ainsi bien inutilement leur sommeil.

Routine. Étant donné que votre nouveau-né tombera le plus souvent endormi quand vous lui donnerez le biberon ou le sein, une routine du dodo pourrait s'avérer inutile. Il n'est toutefois jamais trop tôt pour commencer ce genre de routine puisque, de toute façon, vers six mois, elle devra se répéter tous les soirs. Le rituel du bain chaud, suivi de l'habillement dans des vêtements de nuit, d'un petit moment de jeu sur votre lit, d'une chanson ou d'une comptine tirée d'un livre d'images produisent un effet calmant et soporifique, même sur

(suite page suivante)

(suite de la page précédente)

les tout petits bébés. Le sein ou le biberon peuvent être les derniers éléments à l'horaire pour les bébés qui s'endorment encore de cette façon, mais ils peuvent survenir bien plus tôt pour ceux qui ont déjà appris à s'endormir eux-mêmes.

Repos adéquat pendant la journée. Certaines mamans tentent de résoudre le problème du bébé qui ne dort pas la nuit en le gardant éveillé la journée durant, même lorsque leur petit a besoin de sommeil. C'est une grosse erreur (bien que c'est une bonne idée de raccourcir un peu les siestes durant le jour, de façon à marquer le contraste entre le jour et la nuit), parce qu'un bébé trop fatigué a un sommeil plus troublé que le nourrisson bien reposé.

La distinction réelle entre le jour et la nuit peut aider en ce sens. Durant la journée, faites-le dormir dans sa poussette ou dans son landau, si possible à l'extérieur. S'il fait la sieste dans sa chambre, n'empêchez pas la lumière d'y filtrer et le bruit d'y pénétrer. Lorsqu'il se réveille, occupez-le à des activités stimulantes. Le soir, faites le contraire. Mettez bébé au lit dans sa couchette ou dans son berceau et arrangez-vous pour que la pièce soit bien sombre (utilisez des toiles opaques), tranquille et sans activité. Même si la tentation est très forte, ne jouez pas avec lui et ne lui parlez pas lorsqu'il se réveille; communiquez seulement en chuchotant ou en murmurant de douces berceuses; assurez-vous, en le remettant dans son lit, qu'il bénéficie des meilleures conditions de sommeil possibles (voir «Un meilleur sommeil pour bébé», page 149).

Vous pouvez tout aussi bien considérer cela comme une bénédiction du ciel, si vous vous trouvez chanceuse que bébé dorme de longues périodes, même si c'est pendant le jour. C'est le signe qu'il est capable de bien dormir, et qu'une fois son horloge interne réglée correctement, il dormira bien durant la nuit.

POSITIONS POUR DORMIR

«Lorsque j'installe mon bébé sur le ventre pour dormir, j'ai peur qu'il ne suffoque, mais lorsque je le place sur le dos, il ne semble pas tellement à son aise.»

Bien que beaucoup de mères s'inquiètent que leur bébé ne suffoque lorsqu'il dort sur le ventre, cela n'est pas possible sur une surface ferme, étant donné que même un bébé naissant peut tourner la tête des deux côté et le fera instinctivement pour éviter l'obstruction de ses narines. *Il existe* un risque, cependant, s'il y a des oreillers, des jouets tendres ou des pare-chocs ballottants près de sa tête; laissez donc ces objets hors de sa couchette.

Étant donné qu'un nouveau-né reste en grande partie immobile, il se réveillera exactement dans la position que vous lui aurez donnée en le couchant. Aussi est-il important que cette position lui assure le meilleur confort et ne le porte pas a se réveiller prématurément. La plupart des bébés, pour compenser leur incapacité de parler, informeront leurs parents de leurs préférences, soit en pleurant ou en gémissant plus fort dans une position qu'ils n'apprécient pas, soit en dormant mieux et plus longtemps dans une position qu'ils aiment. Pour la majorité non silencieuse des bébés, le ventre est le grand gagnant.

Il y a plusieurs avantages pratiques à dormir ainsi. Premièrement, les enfants sont moins portés à sursauter couchés sur le ventre et, puisque ce reflexe normal peut les réveiller, ils dormiront probablement plus longtemps et plus paisiblement dans cette position. Deuxièmement, si les coliques posent problème, le fait de dormir sur le ventre peut produire un effet calmant. Troisièmement, la position sur le ventre est plus sécuritaire que la position sur le dos, s'il arrive que bébé vomisse pendant son sommeil, car il y a moins de chance que bébé n'avale ce qu'il rend. Finalement, les bébés étendus sur le dos, la tête tournée dans une seule direction peuvent se retrouver avec un petit cercle chauve ou plat sur le dessus de la tête, qui pourrait mettre un ou deux ans à revenir à la normale.

Malgré tout, certains bébés préfèrent dormir sur le dos. Si le vôtre est l'un de ceux-là, inversez les directions (la tête aux pieds) chaque dodo, de telle façon que, s'il est porté à toujours fixer le même endroit dans la chambre (peut-être une fenêtre), la pression sur sa tête ne s'exercera pas toujours du même côté. Changer la position de la couchette périodiquement peut donner le même résultat. Cette précaution convient autant au bébé qui dort sur le ventre et qui tourne sans cesse la tête du même côté. Si votre enfant préfère une position latérale, vous pourriez éprouver quelque difficulté à le faire tenir ainsi. Même avec des couvertures bien enroulées contre le dos, les bébés glissent habituellement sur le ventre ou sur le dos, surtout lorsqu'ils ne sont pas emmaillotés.

Dans quelques mois, quand votre bébé commencera à se retourner tout seul, cette discussion ne sera plus que rhétorique. Peu importe dans quelle position vous l'installerez, il sera capable de trouver lui-même celle qu'il préfère.

EMPORTER UN BÉBÉ QUI DORT JUSQU'À SON LIT

«Je deviens très nerveuse lorsqu'arrive le temps de transporter mon bébé endormi dans sa couchette. J'ai toujours peur de le réveiller, et c'est habituellement ce qui arrive.»

Après ce qui vous a semblé des heures à allaiter avec des mamelons douloureux, à le bercer dans vos bras engourdis, à chanter d'une voix de plus en plus rauque, il a fini par s'endormir. Vous vous levez le plus lentement possible de votre fauteuil, vous approchez avec mille précautions de la couchette, retenant votre respiration et ne bougeant que les muscles indispensables au mouvement que vous osez faire. Puis, en priant avec ferveur mais silencieusement, vous le soulevez au-dessus de la barrière de la couchette et commencez la périlleuse descente vers le matelas. Finalement, vous le déposez, mais une fraction de seconde trop vite. Aussitôt couché, aussitôt réveillé. Il tourne la tête d'un côté puis de l'autre, reniflant et pleurnichant doucement, puis se met à pleurer à gros sanglots. Sur le point de vous mettre à pleurer vous-même, vous le reprenez et recommencez depuis le début.

Avec un tout petit bébé, le scénario est le même dans presque tous les foyers. Si vous avez des problèmes à mettre bébé au lit sans qu'il se réveille, essayez ceci:

Un matelas plus haut. Si vous étiez un gorille, vous seriez sans doute capable d'installer votre bébé sur un matelas aussi bas, sans avoir à descendre la barrière ou, seconde alternative, à le laisser tomber sur les dernier quinze cm (6 pouces). Étant donné que vous êtes un être humain, vous trouverez plus facile de remonter le matelas au niveau le plus élevé (mais à au moins 10 cm (4 po) du haut de la barrière). Voyez cependant à remonter le côté avant que votre bébé soit assez âgé pour s'asseoir. Ou alors, pour les quelques premières semaines, servez-vous d'un landau, d'un moïse ou d'un berceau, de ce qui peut vous faciliter la tâche de déposer ou de soulever votre tout petit. Ces substituts de couchette offrent souvent l'avantage de la berceuse, de sorte que le mouvement de balancement qui a commencé dans vos bras peut continuer après que vous avez déposé bébé dans son petit nid douillet.

Le bon éclairage. Bien qu'il soit bon de mettre bébé au lit dans une chambre sombre, assurez-vous qu'il y a assez de lumière (une veilleuse fera l'affaire) pour vous permettre de vous diriger jusqu'à la couchette sans heurter une commode et sans marcher sur un jouet, ce qui vous ferait certainement sursauter tous les deux.

La proximité. Plus la distance séparant l'endroit où bébé tombe endormi et celui où vous devez le déposer est grande, plus les chances que votre bébé ne se réveille en route le sont aussi. Allaitez-le ou bercez-le aussi près que possible de sa couchette ou de son berceau.

Une chaise dont vous pouvez vous relever facilement. Allaitez ou bercez toujours votre bébé dans une chaise ou un fauteuil d'où vous pouvez vous relever en douceur, sans déranger le sommeil de votre enfant.

Un lit prêt. Préparez le terrain d'atterrissage avant l'heure du dodo, à moins que vous n'ayez une assez bonne coordination pour relever les couvertures ou enlever un curson avec vos orteils. Il est moins probable que bébé reste endormi si vous devez vous contorsionner pour libérer le lit avant de le déposer.

Un lit chaud. Le choc des draps froids sous les joues chaudes peut suffire à réveiller le meilleur dormeur. Lorsque les nuits sont froides, réchauffez les draps avec un sac d'eau chaude ou une couverture chauffante au plus bas, mais veillez à l'enlever et à vérifier la température des couvertures avant d'y déposer bébé. Ou encore, servez-vous de couvertures de flanelle ou de laine, plus confortables que la simple toile.

Le bon côté. Allaitez ou bercez bébé sur le bras qui vous permettra de le déposer dans sa couchette sans avoir d'abord à le retourner. S'il tombe endormi prématurément du mauvais côté, changez-le doucement de côté et bercez ou allaitez-le encore un peu avant de tenter de l'installer pour la nuit. Autrement, installez la couchette loin du mur, ou préparez les couvertures de façon à pouvoir déposer votre petit ange d'un côté comme de l'autre.

Un contact ininterrompu. Lorsque bébé est bien installé et sécurisé dans vos bras, le manque soudain d'appui, ne serait-ce que l'espace de quelques centimètres, le fera sursauter et se réveiller. Caressez-le sans cesse pendant la descente, et retirez la main qui tient le bas de son corps tranquillement (en le retournant doucement comme vous le feriez pour un dormeur sur le ventre), juste avant d'atteindre le matelas. Gardez les mains posées sur son corps pendant quelques instants, en le caressant légèrement s'il remue.

Quelques notes d'une berceuse. Hypnotisez bébé avec un berceuse traditionnelle (*la Poulette grise*, par exemple); il ne se plaindra pas si vous faussez un peu. Improvisez une berceuse sur un air monotone (aah-ah aah-ah, bébé, aah-ah, aah-ah bébé). Continuez à murmurer ainsi pendant que vous le portez jusqu'à sa couchette, au moment où vous le déposez, et pendant quelques instants encore. S'il commence à remuer, chantez encore un peu, jusqu'à ce qu'il soit tout à fait tranquillisé.

LES PLEURS

«À l'hôpital, nous nous félicitions d'avoir un aussi bon bébé. Ça faisait à peine 24 heures que nous étions rentrés à la maison quand il s'est mis à hurler.»

Si les bébés de un ou deux jours pleuraient autant que cela leur arrivera une ou deux semaines plus tard, les nouveaux parents y penseraient plus longtemps avant de quitter l'hôpital avec leur nouveau-né. Une fois à l'abri à la maison, les bébés n'hésitent plus à afficher leurs vraies couleurs, et tous y vont de quelques pleurs, et plusieurs en produisent une quantité considérable. Après tout, pleurer est la seule façon de communiquer leurs besoins et leurs sensations; les pleurs sont les toutes premières paroles de l'enfant. Votre bébé ne peut pas vous dire qu'il se sent seul, qu'il a faim, qu'il est mouillé, fatigué, mal à son aise, qu'il a trop chaud ou trop froid, ou qu'il est frustré d'une manière ou d'une autre. Bien que cela puisse sembler impossible maintenant, vous pourrez bientôt (du moins en partie) décoder les différents pleurs de votre bébé et vous comprendrez ce qu'il demande.

Toutefois, certains pleurs de nouveaunés semblent n'avoir aucun rapport avec leurs besoins primaires. Quatre bébés sur cinq (certaines études indiquent 9 sur 10), en fait, tiennent des séances de pleurs quotidiennes difficilement explicables dont la durée varie de 15 minutes à une heure. Ces appels larmoyants, tout comme ceux que l'on associe aux coliques, une forme persistante et plus grave de pleurs inexpliqués, ont souvent lieu le soir. Ce phénomène est dû au fait que c'est la période la plus trépidante de la journée — avec le souper que l'on prépare, papa qui revient du travail, les parents qui essaient de se mettre à table, les autres enfants, s'il y en a, qui essaient d'attirer l'attention — et que tout le tohubohu est plus que ce que bébé peut tolérer. Peut-être aussi qu'après une longue journée à recevoir et à assimiler toutes les aires de la maison, bruits, odeurs, et autres stimuli de son environnement, un bébé a besoin de dévider la bobine en pleurant.

Certains tout-petits parfaitement heureux ont besoin de tarir leurs larmes pour s'endormir, peut-être à cause de la fatigue. Si votre bébé pleure pendant 5 à 10 minutes avant de s'endormir, ne vous inquiétez pas. Ça lui passera éventuellement, et le fait de le prendre pour le calmer ou de lui donner une sucette ne pourrait que lui rendre la tâche plus difficile lorsqu'il sera un peu plus âgé. Un bon rituel de préparation au coucher et assez de repos pendant la journée, pour qu'il ne soit pas trop fatigué le soir venu, peuvent sûrement l'aider.

D'ici là, tenez bon. Étant donné que vous aurez à sécher une bonne quantité de larmes au cours des 18 prochaines années (plus ou moins), les pleurs sans larmes de votre nouveau-né ont de bonnes chances de devenir un souvenir du passé avant que votre bébé n'ait atteint l'âge de trois mois. À mesure qu'il deviendra un communicateur plus efficace et un individu plus autonome, à mesure que vous deviendrez plus capable de comprendre ses besoins, il pleurera moins souvent, pendant de plus courtes périodes, et sera plus facilement consolé.

L'accès soudain de larmes chez le bébé qui n'a pas l'habitude de pleurer beaucoup, pourrait cependant signifier qu'il est malade ou qu'il commence à percer des dents. Assurez-vous qu'il n'est pas fiévreux, ou qu'il ne présente pas d'autres signes de malaise ou de percée d'une dent, et consultez le médecin si vous remarquez quoi que ce soit d'anormal.

LES COLIQUES

«Mon mari et moi n'avons pas réussi à prendre un repas ensemble depuis que notre bébé a eu trois semaines. Nous

devons nous relayer pour avaler notre nourriture à toute vitesse et promener bébé dans nos bras par toute la maison, alors qu'il hurle, quatre heures durant, tous les soirs.»

Pour les parents d'un enfant à coliques, même un souper au filet mignon se transforme en *fast-food*. Le médecin qui leur affirme que ces accès passeront bien un jour ou l'autre ne les console pas beaucoup de leur malheur actuel.

Comme un malheur n'arrive jamais seul, les parents d'enfants à coliques sont servis. On estime qu'un bébé sur cinq présente ce genre de pleurs — commençant normalement vers la fin de l'après-midi et se prolongeant parfois jusqu'à l'heure du dodo —, assez graves pour se valoir le nom de coliques. Les coliques diffèrent des pleurs habituels (voir plus haut) en ceci que le bébé est inconsolable, que ses pleurs se changent en hurlements, et que le supplice peut durer de deux à quatre heures, parfois plus longtemps (occasionnellement presque 24 heures sur 24). La plupart de ces périodes de coliques se produisent quotidiennement, quoique certains bébés s'accordent une nuit de relâche à l'occasion.

Le bébé qui présente un cas de coliques typique relève les genoux, serre les poings et augmente généralement son activité. Il ferme les yeux bien serrés ou les ouvre bien grands, fronce les sourcils, et va jusqu'à retenir sa respiration quelques secondes. Ses mouvements intestinaux augmentent et il passe des gaz. Ses pleurs affectent sa routine pour manger et dormir. Bébé attrape le mamelon frénétiquement pour le rejeter une fois qu'il a commencé à téter; il s'assoupit quelques instants pour se réveiller en hurlant. Peu d'enfants se conforment pourtant exactement à la description. Il n'y a pas deux bébés qui présentent les mêmes symptômes, la même intensité de pleurs, et le même comporte-ment, et il n'y a pas deux parents qui réagissent de la même manière.

Les coliques commencent généralement au cours de la deuxième ou de la troisième semaine de vie (plus tard chez les prématurés), et atteignent leur paroxysme vers la sixième semaine. On a parfois l'impression que le cauchemar ne se terminera jamais, mais le problème commence habituellement à s'estomper vers la douzième semaine. À trois mois (encore une fois, plus tard pour les prématurés), la plupart des enfants à coliques semblent miraculeusement guéris, et seulement quelques-uns continueront à pleurer jusqu'au quatrième ou cinquième mois. Les coliques peuvent disparaître graduellement ou soudainement, avec des bons et des mauvais jours, jusqu'à ce qu'il ne subsiste que de bons jours.

Quoique ces périodes quotidiennes de cris et de pleurs, genre marathon ou plus facilement tolérables, soient habituellement appelées «coliques», il n'existe pas de réelle définition des coliques ou de ce qui les différencie, si c'est vraiment le cas, des autres types de crises de larmes, comme les pleurs périodiques dus à l'irritabilité, ou les crises paroxystiques. En vérité, définitions et différences importent bien peu aux parents qui désespèrent de jamais réussir à calmer leur tout petit.

La cause des coliques reste mystérieuse, mais les théories abondent. La plupart de celles qui suivent ont déjà été (totalement ou partiellement) rejetées : les bébés à coliques pleurent pour exercer leurs poumons (il n'y a pas d'évidence médicale là-dessus); ils pleurent à cause d'un inconfort gastrique provoqué par une allergie ou une sensibilité à quelque produit provenant du lait maternel, s'ils sont nourris au sein, ou de la préparation lactée, s'ils sont nourris au biberon (ceci n'est qu'une cause occasionnelle de coliques); ils pleurent à cause de l'inexpérience de leurs parents (les coliques ne sont pas moins courantes chez les deuxièmes bébés ou chez les bébés suivants, bien que les parents soient capables d'accepter les pleurs avec plus de sang froid; les coliques sont héréditaires (elles ne semblent pas se perpétuer dans les familles); les coliques sont plus courantes chez les bébés dont la maman a connu des complications durant la grossesse ou à l'accouchement (les statistiques ne le prouvent pas); l'exposition à l'air frais peut causer les coliques (en pratique, beaucoup de parents trouvent que l'air frais est la seule manière de calmer les pleurs de leur bébé).

La théorie qui veut que les bébés souffrent de coliques parce que la maman est tendue reste l'une des plus controversées. Quoique nombre d'experts croient plutôt que ce sont les pleurs des enfants qui rendent les mères nerveuses, certains persistent à dire que les mères très angoissées peuvent inconsciemment communiquer leur nervosité à leur bébé, et par conséquent le porter à pleurer. Il est possible que l'anxiété maternelle ne cause pas les coliques, mais qu'elle finisse par les aggraver.

Une théorie courante veut que les coliques soient tout simplement une manifestation normale de l'immaturité physiologique du nouveau-né : tous les bébés pleurent, et les coliques ne seraient en fait que la forme extrême d'un comportement tout à fait normal. Une autre théorie suggère que l'appareil digestif immature se contracte violemment pour laisser passer les gaz, causant ainsi la douleur des coliques. Une troisième théorie prétend que les douloureux spasmes intestinaux se manifestent à cause de la disparition de la progestérone, due à la chute du taux d'hormones maternelles dans le corps de l'enfant. Voici enfin une autre explication : le système nerveux immature du bébé n'a pas encore appris à inhiber les comportements indésirables, tels les pleurs.

La théorie la plus plausible soutient que les nouveau-nés, qui habituellement ne pleurent pas beaucoup, possèdent un mécanisme de blocage automatique enfermant les stimuli, ce qui leur permet de dormir et de manger sans porter trop d'attention à leur entourage. Vers la fin du premier mois (alors que les coliques commencent), ce mécanisme disparaît pour laisser les bébés plus éveillés et plus intéressés au monde qui les entoure. Bombardés de sensations (bruits, formes et odeurs) la journée durant, et incapables de s'en départir avant saturation, ils arrivent à la fin de l'après-midi hyperstimulés et accablés. Le résultat : les pleurs inexplicables et, dans des cas extrêmes, les coliques. À trois ou quatre mois (parfois même cinq), ces bébés ont acquis la capacité de se débarrasser de leur trop-plein avant saturation, et leurs accès de coliques cessent.

Il est un facteur environnemental qui semble contribuer à une augmentation du comportement de colique (quoique la raison n'en soit pas très claire), c'est la présence de fumée de cigarette dans la maison. Plus il y a de fumeurs à la maison, plus grandes sont les chances de coliques, et pires en seront les accès.

Ce qui est rassurant, quand on pense aux coliques et aux pleurs paroxystiques, c'est que les bébés ne semblent pas s'en trouver plus mal après coup (quoique l'on ne puisse pas en dire autant de leurs parents), autant émotionnellement que physiquement : ils grandissent habituellement aussi bien, sinon mieux, que les bébés qui pleurent peu. Plus tard, ils ne présentent pas plus de problèmes de comportement que les autres enfants.

En fait, les enfants qui pleurent vigoureusement lorsqu'ils sont bébés paraissent plus vigoureux et plus actifs quand arrive le temps des premiers pas que ceux qui pleurent à peine. Ce qui est encore plus rassurant, c'est la certitude que cet état ne durera pas toujours. D'ici là, les trucs des pages 95-96 devraient vous aider à surmonter ce problème.

PRESCRIPTION POUR LES COLIQUES

Le parent désespéré de l'enfant souffrant de coliques compte souvent sur le médecin pour lui prescrire une potion magique capable d'enrayer ces terribles pleurs. Malheureusement, aucun médicament ne peut soulager complètement les coliques de tous les enfants. Parce que tous les médicaments provoquent des effets secondaires, la plupart des médecins préfèrent s'abstenir lorsque vient le moment de prescrire un quelconque traitement. Il existe toutefois un remède, largement utilisé en Europe pour le traitement des coliques, et que l'on trouve ici sur les comptoirs des pharmacies pour soigner les gaz. Ce médicament semble réduire ou soulager les symptômes chez beaucoup d'enfants à coliques. L'ingrédient actif qu'il contient est le simethicone, le même ingrédient anti-gaz que l'on retrouve dans les préparations pour adultes. Bien qu'il n'y ait aucune preuve que les gaz soient la cause des coliques chez les enfants, il est reconnu que bien des enfants à coliques passent souvent des gaz (que ce soit la cause des pleurs ou seulement un effet, cela n'est pas clair), et les études démontrent que le fait de réduire les gaz contribue aussi à réduire l'inconfort chez plusieurs bébés. Parce que ce produit n'est pas absorbé par le corps, il est complètement sécuritaire et ne présente aucun effet secondaire. Alors si votre bébé à coliques a des gaz, informez-vous auprès de votre médecin au sujet des gouttes de simethicone.

AIDER FRÈRES ET SOEURS À VIVRE AVEC UN BÉBÉ À COLIQUES

«Les pleurs incessants de notre nouveau-né dérangent beaucoup notre fille de trois ans. Que faire?»

S'il se trouve, dans la famille, une victime des coliques d'un nouveau-né, c'est bien l'enfant plus âgé. Voici donc arrivé ce bébé que votre fille ne vous avait sans doute pas commandé, par la faute de qui, selon toute probabilité, elle se sent rejetée et remplacée dans votre coeur, et qui réussit à faire, pendant l'un de ses meilleurs moments avec maman et papa (l'heure du souper), un vacarme infernal pour attirer l'attention. Non seulement ces cris sont-ils insoutenables pour elle, mais, avec eux, toute l'agitation qu'ils entraînent. Autrefois périodes du repas, du partage et du jeu tranquille, les débuts de soirée se transforment en un moment fou de repas constamment interrompu, où l'on berce et dorlote bébé exagérément, et où les parents sont sans cesse distraits. Le pis dans tout cela, c'est peut-être le sentiment d'impuissance que votre petite victime ressent devant la situation. Alors que les adultes tentent d'apaiser les coliques d'une manière ou d'une autre (bien que cela ne donne pas toujours de résultats), et cherchent à se réconforter mutuellement, tout ce qu'elle peut faire, c'est de rester assise là, impuissante.

Vous ne pourrez pas faciliter ces moments de coliques à votre enfant plus âgée, pas plus que vous ne pourrez vous les alléger. Vous pourrez cependant peut-être l'aider à surmonter cette épreuve en suivant ces conseils :

Parlez-en. Expliquez-lui, dans un vocabulaire qui lui est accessible, ce que sont les coliques. Rassurez-la en lui disant qu'elles ne dureront pas, que, dès que le bébé se sera habitué à vivre dans ce monde nouveau et si étrange, le plus gros des pleurs cessera. Si elle aussi était une enfant à coliques, dites-le lui, elle aura plus de facilité à croire que les petits monstres braillards peuvent devenir de gentils enfants relativement calmes en vieillissant.

Faites-lui comprendre que ce n'est pas sa faute. Les petits enfants ont tendance à se rendre responsables de tout ce qui peut aller mal dans la maison : des disputes de leurs parents, en passant par la mort de leur grand-père jusqu'aux pleurs du nouveau bébé. Ils ont besoin qu'on les rassure en leur disant que ce n'est la faute de personne, et encore moins celle de tout le monde.

Montrez-lui et dites-lui que vous l'aimez. Tenter de calmer un enfant à coliques tout en s'occupant de l'alimentation, des vêtements et de tous les autres besoins de votre famille peut vous prendre tellement de temps que vous pourriez en oublier de prodiguer les petites attentions spéciales capables de montrer à votre enfant que vous l'aimez. Aussi, faites-vous un devoir d'accomplir au moins une de ces activités (la coiffer différemment, jouer au «petit canard» dans la baignoire, fabriquer des biscuits avec elle, l'aider à peindre une murale sur une feuille de papier de format géant) chaque jour. Bien sûr, pensez aussi à lui répéter plusieurs fois par jour à quel point elle est merveilleuse et combien vous l'aimez.

Gardez-vous du temps seule à seule. Même si c'est seulement une demi-heure, trouvez le moyen de consacrer chaque jour du temps à votre enfant plus âgée sans que son petit frère (ou sa petite soeur) vienne vous déranger. Profitez du moment où bébé fait la sieste (c'est plus important que de faire votre époussetage), où votre conjoint fait les cent pas avec bébé dans les bras, où votre mère vous rend visite, ou alors, si vous pouvez vous le permettre, quand vous avez une gardienne d'enfant à la maison.

Comment tenir bébé en cas de coliques. *Il est possible de calmer certains bébés à coliques en les tenant ainsi : la pression que cette position exerce sur l'abdomen aide en effet à les soulager.*

SURVIVRE AUX COLIQUES

«C'est notre premier enfant, et il pleure tout le temps. Que faisons-nous de mal?»

Calmez-vous. Vous n'êtes pas coupables. La théorie à l'effet que les parents soient responsables des coliques d'une manière ou d'une autre des bébés ne tient pas. En fait, la situation serait sans doute exactement la même si vous faisiez tout à la perfection (mais voilà, personne n'est parfait; et ce qui est correct varie d'un parent à l'autre et d'un bébé à l'autre). La situation ne serait sans doute pas vraiment pire si vous faisiez un tas de choses à l'envers (aucun parent ne fait *tout* à l'envers). Les plus récentes recherches le prouvent, les

COMMENT VENIR À BOUT DES PLEURS DE BÉBÉ

Aucune médication, aucun remède pharmaceutique ou naturel et aucun traitement n'est absolument garanti quand il s'agit de guérir les pleurs des bébés (il y en a même qui peuvent les aggraver). Il y a tout de même un certain nombre de choses que les parents peuvent faire à ce sujet; aucun de ces trucs ne fonctionnera chaque fois, quelques-uns ne fonctionneront pas du tout, il se peut même parfois qu'aucun ne donne de résultats, mais tous valent la peine qu'on les essaie.

Prévenez. Dans les sociétés où l'on porte les bébés contre soi (sur son dos ou sur sa poitrine), les enfants en santé ne connaissent pas ces longues périodes de pleurs ou de gémissements. Une étude récente démontre que les bébés qui sont transportés, dans les bras ou dans un sac ventral, pendant au moins trois heures chaque jour, pleurent beaucoup moins que ceux que l'on ne transporte pas ou presque pas. Non seulement le fait d'être porté procure à bébé le plaisir de la promiscuité physique avec sa maman (ce qu'il aimait déjà dans l'utérus), mais il peut encore aider la mère à mieux sentir les besoins de son bébé.

Répondez. Pleurer est la seule façon pour bébé d'exercer un certain contrôle sur son nouvel environnement, aussi vaste qu'étrange, et de provoquer une réaction : «Quand j'appelle, quelqu'un répond.» Si vous omettez de répondre régulièrement, non seulement bébé peut-il se sentir impuissant, mais encore sentira-t-il qu'il n'est rien pour vous («Je suis si peu important que personne ne répond quand j'appelle»). Quoique vous puissiez parfois avoir l'impression de répondre en vain (parce que, peu importe ce que vous faites, rien ne réussit), le fait de réagir rapidement à l'appel de votre bébé peut contribuer à alléger sa peine. En fait, des études ont démontré que les enfants auxquels les mamans répondaient promptement lorsqu'ils étaient tout petits pleurent moins en grandissant. De plus, les pleurs que l'on a laissé s'intensifier pendant plus de cinq minutes sont plus difficiles à interpréter : bébé devient si bouleversé, qu'il n'arrive pas à se rappeler pourquoi il s'est mis à pleurer. Plus bébé pleure longtemps, plus ses pleurs mettront de temps à cesser. Évidemment, il n'est pas question de tout laisser tomber pour répondre aux larmes de votre bébé si vous êtes au beau milieu d'une douche, en train d'égoutter les spaghettis, ou si vous accueillez un visiteur à la porte d'entrée. Le fait de laisser pleurer bébé pendant quelques minutes de temps à autre ne peut pas lui faire de tort, du moment qu'il ne court aucun danger pendant son attente.

N'ayez pas peur de gâter votre bébé en répondant rapidement à ses pleurs. Il est impossible de gâter un jeune bébé. Ceux qui reçoivent beaucoup d'attention durant les premiers mois sont plus précoces. Ils ne dépendront pas toujours de vous en devenant de plus en plus exigeants.

Dans les cas particulièrement difficiles de pleurs inconsolables, certains experts suggèrent d'établir une routine : vous laissez pleurer bébé pendant 10 ou 15 minutes dans un endroit sécuritaire (comme une couchette) avant de le prendre et de tenter de le calmer pendant une autre période de 15 minutes, pour le remettre ensuite dans sa couchette, et ainsi de suite. Si cette méthode vous convient, elle ne causera apparemment aucun problème à long terme.

Analysez la situation. Avant de décider que votre bébé pleure pour le seul plaisir de pleurer, cherchez à déterminer si ses plaintes pourraient avoir une cause simple, à laquelle vous pourriez remédier facilement. Si vous croyez que ce peut être la faim, offrez-lui le sein ou le biberon, mais ne faites pas l'erreur de toujours répondre aux pleurs par de la nourriture. Même à cet âge si tendre, la nourriture devrait répondre à un besoin de nourriture, non à un besoin d'attention. Si vous pensez que bébé peut être fatigué, bercez-le jusquà ce qu'il s'endorme, dans vos bras, dans un landau, dans un berceau ou dans un sac ventral. Si une couche mouillée peut provoquer les pleurs, changez-la (évidemment, si vous vous servez de couches de tissu assurez-vous qu'il n'y a pas d'épingle ouverte). Si votre bébé semble avoir trop chaud (la transpiration est un indice), enlevez une épaisseur ou deux de vêtements, ouvrez la fenêtre, ou bien actionnez un ventilateur ou l'air climatisé. S'il semble avoir froid (la nuque, les bras ou le corps sont froids au toucher), couvrez-le davantage ou réglez le chauffage. Si bébé s'est mis à pleurer lorsque vous lui enleviez ses vêtements pour le bain (la plupart des nouveau-nés détestent être nus), couvrez-le vite d'une serviette ou d'une couverture. Si vous pensez que le fait qu'il soit resté dans la même position pendant un bon moment a pu lui causer de l'inconfort, changez sa position. S'il fixe le même endroit depuis plus d'une demi-heure, changez-le de place.

Instaurez un rituel. Pour les bébés à qui la routine réussit bien, un horaire aussi régulier que possible (repas, bain, changements de couche et de vêtements, sorties et ainsi de suite jusqu'à l'heure du dodo) peut aider à réduire les pleurs. Soyez constante jusque dans la méthode utilisée pour calmer bébé ou pour faire cesser ses pleurs : n'allez pas en promenade un jour, faire un tour de voiture le jour suivant, et installer bébé dans une balançoire le troisième jour. Une fois que vous avez trouvé le meilleur moyen de calmer bébé, tenez-vous en à ce moyen presque tout le temps.

Allez-y d'un peu de réconfort C'est parfois tout ce dont un bébé a besoin et la seule raison de ses pleurs : être séparé de sa maman après neuf mois de contact constant peut laisser une impression de solitude. Essayez les techniques de l'encadré de la page 162, «Réconforter un petit braillard».

Donnez à téter. Les bébés ont parfois besoin de téter pour le plaisir, plutôt que pour se nourrir. Certains bébés apprécient que vous les aidiez à porter leurs doigts (particulièrement le pouce) à leur bouche, pour la satisfaction qu'ils éprouvent à les téter. D'autres préféreront un doigt adulte (ongles propres, coupés court et bien soignés). Il y en a aussi qui trouvent plaisir à avoir une sucette dans la bouche, mais voyez à ce qu'elle soit du type orthodontique; n'y attachez *jamais* une corde (qui pourrait s'enrouler autour du cou du bébé); offrez-la à votre enfant dans le seul but de le calmer, après avoir répondu à tous ses autres besoins; ne l'utilisez que le temps que dureront les coliques.

Procurez à bébé une figure fraîche et une nouvelle paire de bras. Le parent qui s'est acharné pendant une heure pour tenter de calmer un bébé sanglotant peut commencer presque invariablement à montrer des signes de fatigue et de

(suite page suivante)

(suite de la page précédente)

stress, que l'enfant ressentira et auxquels il réagira par des pleurs accrus. Déposez bébé dans les bras de quelqu'un d'autre — l'autre parent, une amie, une gardienne — et les pleurs cesseront peut-être.

Procurez de l'air frais. L'air frais peut souvent changer miraculeusement l'humeur d'un bébé. Faites une promenade en voiture, dans son sac ventral ou dans sa poussette. Même s'il fait noir, bébé trouvera certainement à se distraire à la vue des phares des automobiles et des lumières que projettent les lampadaires.

Contrôlez l'air que bébé avale. L'inconfort des nouveau-nés est souvent dû au fait qu'ils avalent de l'air. Les bébés avaleront moins d'air si vous les tenez aussi droits que possible en les nourrissant et en leur faisant faire leurs rots. La grandeur adéquate des trous dans les tétines aidera aussi à réduire l'entrée d'air; assurez-vous que le trou n'est pas trop grand (ce qui encourage le passage de l'air dans les préparations), ou trop petit (de trop grands efforts de succion pour avaler le lait entraînent aussi le passage de l'air). Tenez la bouteille de façon que l'air ne pénètre pas dans la tétine (voir page 70), et assurez-vous que la préparation n'est ni trop chaude, ni trop froide (bien que la plupart des bébés s'accommodent bien du lait non réchauffé, cela peut en incommoder quelques-uns). Faites éructer bébé fréquemment pendant ses repas pour en faire sortir l'air avalé. Une suggestion pour les rots : aux 15 ou 30 ml (0,5 ou 1 oz) lorsque vous nourrissez au biberon, aux cinq minutes si vous allaitez, et, dans les deux cas, à la fin du repas.

Limitez l'agitation. Avoir un nouveau bébé peut parfois être très agréable : tout le monde veut le voir et vous voulez l'emmener partout pour le montrer. Vous voulez que votre enfant connaisse de nouvelles expériences, qu'il ait accès à des environnements stimulants. Ça va avec certains bébés, mais ce peut être *trop* stimulant pour d'autres. Si votre tout petit souffre de coliques, limitez l'agitation, les visiteurs et la stimulation, particulièrement en fin d'après-midi et le soir.

Vérifiez sa diète. Certains bébés pleurent beaucoup parce qu'ils ne mangent pas assez. Si votre enfant nourri au biberon ne prend pas assez de poids, demandez conseil au médecin pour augmenter la quantité de préparation que vous lui offrez. Si votre enfant nourri au sein ne semble pas suivre sa courbe de poids normal consultez la page 128 pour vous en assurer et essayer de remédier à ce problème. N'ajoutez toutefois pas d'aliments solides à son alimentation, parce que cette technique n'est pas recommandée pour les très jeunes bébés. Occasionnellement, une allergie ou une sensibilité à certains produits contenus dans les préparations ou dans le lait maternel peut causer de l'inconfort et des pleurs, mais habituellement d'autres symptômes viennent s'ajouter à cela.

Divertissez-le. Au cours des premiers mois, certains enfants sont contents de s'asseoir pour regarder tourner le monde, alors que d'autres pleurent de frustration et d'ennui parce que, jusqu'ici, ils peuvent faire tellement peu tout seuls. Vous pouvez les aider à s'occuper en les emmenant avec vous, en leur expliquant ce que vous faites quand vous vous occupez à mille et une choses, en vous efforçant de dénicher des jouets et autres objets qu'ils peuvent observer dans leur environnement, que, plus tard, ils pourront toucher et avec lesquels ils s'amuseront.

Procurez-vous une aide extérieure. Voilà une situation où il n'est pas raisonnable de dire : «Je préfère le faire moi-même.» Ne laissez pas passer l'occasion de partager la tâche avec quelqu'un d'autre (voir page 20).

Acceptez. Ayez la sagesse d'accepter les choses que vous ne pouvez changer. Vous ne pouvez pas soigner les coliques de votre bébé et, très souvent, vous ne réussirez pas du tout à calmer ses cris. Le seul choix qui vous reste, et il n'est peut-être pas facile de l'accepter, c'est de vivre avec ses coliques.

coliques sont reliées au développement des bébés, pas au vôtre.

La meilleure chose que vous puissiez faire, c'est encore d'essayer de surmonter les pleurs de votre bébé aussi calmement et rationnellement que possible. Comme le savent tous ceux qui ont eu un bébé à coliques, ce n'est pas facile, mais les trucs que nous vous donnons dans les pages précédentes pourront vous aider. Bien que vous ne soyez pas responsable des pleurs de votre bébé, le seul fait de garder votre calme pourrait l'aider à se calmer lui aussi.

«Parfois, quand je berce le bébé qui en est à sa troisième heure de coliques et qui n'arrête pas de hurler, j'éprouve une terrible envie de le jeter par la fenêtre. Bien sûr, je ne le fais pas, mais quelle espèce de mère suis-je donc, pour oser seulement penser à cela?»

Vous êtes une mère parfaitement normale. Même les plus saintes femmes ne survivraient pas au supplice et à la frustration de vivre avec un bébé qui ne cesse de hurler, sans faire l'expérience de ces sentiments de colère — et même, momentanément, de haine — envers lui. Bien que peu l'admettent franchement, nombre de parents de braillards chroniques doivent régulièrement combattre ce genre d'impulsion horrifiante. Si vous vous apercevez que ces sentiments perdurent et si vous craignez de finir par vraiment faire du mal

à votre enfant, demandez de l'aide *immédiatement*.

Il n'y a pas d'erreur : ce sont les parents qui pâtissent le plus des coliques. Bien que l'on puisse affirmer avec certitude que les pleurs ne font pas de mal aux bébés, ils laissent certainement des marques sur les mamans et les papas. Écouter pleurer un bébé peut irriter et causer de l'anxiété. Des études objectives montrent que chacun de nous — même les enfants — réagit aux pleurs constants d'un jeune bébé par une augmentation de la pression sanguine, une accélération du rythme cardiaque, et des changements au niveau de la circulation du sang. Si le bébé est né prématurément, s'il n'a pas été nourri adéquatement dans l'utérus, ou si la mère présentait un cas de toxémie (prééclampsie/éclampsie), le cri de bébé peut être particulièrement aigu et difficile à tolérer[5].

Pour rester saine d'esprit pendant les deux ou trois mois de coliques, voici quelques conseils :

Prenez une pause. Si vous êtes seule à essayer de venir à bout des coliques de votre bébé sept soirs par semaine, vos relations avec votre bébé, avec votre mari, et votre santé en subiront les conséquences. Prenez donc une pause au moins une fois par semaine, chaque jour, si c'est possi-

5. Si les hurlements d'un bébé sont inexplicablement aigus, consultez le médecin, de tels cris pourraient signaler une maladie.

RÉCONFORTER UN PETIT BRAILLARD

Pour un nouveau-né, le réconfort peut se présenter sous plusieurs emballages, et ce qui peut réussir à calmer l'un peut contribuer à augmenter les pleurs de l'autre. Utilisez une méthode à la fois, en y mettant le meilleur de vous-même avant de passer à autre chose. Vous pourriez autrement essayer pendant des heures pour vous apercevoir que bébé pleure, pleure, et pleure. Vous pouvez laisser tomber une méthode pour y revenir ensuite, ou en essayer plusieurs à la fois, pour ne réussir qu'à stimuler votre bébé outre mesure et à accroître son malheur. Vous pouvez par contre généralement bercer bébé (ou tenter un autre genre de mouvement) tout en fredonnant doucement. Essayez ceci :

■ Bercez-le en cadence, dans vos bras, un landau, un berceau, ou une balançoire automatique pour bébé (mais pas avant qu'il n'ait atteint six semaines). Certains bébés réagissent mieux à un balancement rapide qu'à un mouvement lent, mais ne le bercez ou ne le secouez pas trop vigoureusement parce que cela pourrait entraîner de graves blessures. Les mouvements latéraux stimulent certains bébés, que, par ailleurs, calment les balancements de haut en bas. Testez la réaction de votre bébé aux différents types de balancement.

■ Une promenade en poussette, en landau ou dans la voiture familiale.

■ Un tour de la maison avec le petit dans un sac ventral, en bandoulière ou simplement dans les bras. Croyez-le ou non, c'est ennuyant, mais ça fonctionne souvent.

■ L'emmaillotement. Le fait d'être soigneusement enveloppés réconforte beaucoup certains tout-petits.

■ L'étreinte. Comme l'emmaillotement, les étreintes donnent à bébé une impression de sécurité; tenez-le fermement contre votre poitrine, en l'enserrant de vos bras. Les petites tapes d'affection sont facultatives.

■ Un bain à l'eau chaude. Seulement si votre bébé aime prendre son bain. Certains bébés hurlent encore plus fort dès qu'ils touchent l'eau.

■ Une chanson. Essayez de savoir si votre bébé se calme au son des berceuses douces, des comptines qui riment ou des chansons populaires; s'il préfère un filet de voix aux notes très claires ou une voix forte et grave. Si vous trouvez une chanson que votre bébé aime particulièrement, n'hésitez pas à la chanter encore et encore : la plupart des enfants adorent la répétition qui les sécurisent.

■ Les bruits rythmiques. Beaucoup de bébé se calment, par exemple, au vrombissement d'un ventilateur ou d'un aspirateur, à l'écoute de la bande sonore des glouglous utérins, ou des bruits de la nature, comme celui des vagues venant mourir sur la plage, ou celui du vent dans les arbres.

■ L'imposition des mains. Pour les bébés qui aiment les caresses, un massage peut avoir un effet calmant; mais il peut aussi augmenter les pleurs de l'enfant qui ne les aime pas. Procurez-vous un livre de technique de massage pour enfants, si vous voulez-vous perfectionner, ou caressez simplement le dos de votre bébé, son ventre, ses bras et ses jambes, fermement, mais doucement et avec amour. Attention : en massant trop doucement, vous risquez de le chatouiller. Cette séance sera sans doute tout aussi relaxante pour vous que pour votre bébé, si vous vous étendez sur le dos, votre tout petit à plat ventre sur votre poitrine.

■ Techniques de pression. Bien des bébés qui souffrent de coliques adorent se trouver à plat ventre sur les genoux d'un adulte qui leur frotte le dos et les fesses; c'est l'une des positions qui leur procurent le plus de confort. D'autres bébés préfèrent se tenir droits contre une épaule, mais toujours avec une pression qui s'exerce sur l'abdomen, et des petites tapes ou un léger massage dans le dos.

QUAND CONSULTER LE MÉDECIN AU SUJET DES PLEURS

Les séances de sanglots de votre bébé sont sans doute des accès normaux de coliques ou des pleurs paroxystiques. Au cas où un problème médical sérieux leur serait sous-jacent cependant, mentionnez-les au médecin, en précisant leur durée, leur intensité, leur aspect et, spécialement, tout changement dans ce qui a été, jusqu'à ces derniers temps, le comportement normal de votre bébé. Comme la communauté médicale en apprend toujours plus au sujet des pleurs, elle découvre que certains aspects particuliers, par exemple les cris aigus, peuvent indiquer une maladie.

Il arrive parfois qu'un bébé pleure en réaction à quelque chose que sa mère mange, ou parce qu'il est allergique à une préparation commerciale. S'il y a déjà eu des cas d'allergie dans votre famille ou celle de votre conjoint, parlez-en au pédiatre. Il ou elle pourrait vous suggérer de rayer tel aliment de votre régime alimentaire (souvent les produits laitiers) si vous allaitez, ou de changer de préparation si bébé est au biberon. Si le changement réduit les coliques de manière significative, il est possible qu'une allergie en ait été la cause. Pour en avoir la preuve irréfutable (si vous avez des nerfs d'acier et des dispositions scientifiques), vous pouvez reprendre la consommation de l'aliment ou de la préparation en question, et voir si les pleurs recommencent. Les pleurs qui persistent plus de trois mois peuvent aussi vous faire redouter l'allergie. Les sanglots soudains et continus chez le bébé qui ne pleurait pas beaucoup auparavant pourraient signaler la douleur ou la maladie. Consultez le médecin.

ble, pendant la période de pleurs de votre bébé, en le confiant à une aide rémunérée (si vous pouvez vous le permettre), à grand-maman, ou à d'autres amis ou parents. (Mais évitez les personnes qui affirment d'une manière ou d'une autre que vous êtes responsable des pleurs de votre bébé, parce que c'est faux.)

Si votre petit braillard vous empêche de profiter d'un bon souper tranquille avec votre conjoint, allez souper au restaurant de temps en temps. Il n'est pas si difficile de réserver quelques heures à ce genre de sortie entre deux boires, quoique une sortie plus longue pourrait compliquer les choses si vous allaitez. Si la sortie au restaurant ne vous convient pas vraiment, essayez de faire une promenade, de rendre visite à une amie (de préférence quelqu'un qui n'a pas de tout petit bébé), de jouer au tennis ou de vous faire donner un bon massage.

Faites prendre une pause à votre bébé. Bien sûr, il est important de répondre aux pleurs de votre bébé. Mais une fois que tous ses besoins ont été comblés (nourriture, rot, changement de couche, réconfort, etc.) sans que change l'intensité de ses cris, vous pouvez lui donner congé quelque temps en le laissant dans sa couchette. Il ne souffrira pas de pleurer dans son lit (plutôt que dans vos bras) pendant 10 ou 15 minutes, tandis que vous tâchez de relaxer, en vous étendant, en lavant la vaisselle, en préparant une recette de muffins, en regardant la télévision, ou en lisant quelques pages d'un livre. En réalité, il aimera bien trouver une mère fraîche et dispose au lieu d'une maman excédée.

Bouchez-vous les oreilles. Pour diminuer l'impact des lamentations de votre bébé, utilisez des boules Quies : ils ne bloqueront pas complètement les sons, mais ils les rendront plus sourds, de sorte qu'ils vous seront plus tolérables. Placés dans vos oreilles, ces bouchons vous aideront à vous détendre pendant l'une de vos pauses, ou même lorsque vous faites les cent pas avec bébé.

Faites de l'exercice. L'exercice est une excellente façon d'abaisser les tensions, et vous en avez votre lot. Faites des exercices à la maison tôt le matin, avec votre bébé, nagez ou entraînez-vous dans un centre de santé (fracassez un *punching-bag* s'il y en a un) qui offre un service de garderie, ou allez faire une promenade avec votre bébé dans sa poussette lorsqu'il pleurniche (ce qui peut l'aider à se détendre pendant que vous vous calmez).

Appelez à l'aide. Étant donné que la majeure partie des soins à donner à votre bébé peut reposer sur vos épaules, si vous êtes en congé de maternité ou si vous avez choisi de rester à la maison alors que votre mari vaque à ses affaires comme d'habitude, il se peut que vous décidiez sous peu de laisser la maternité à temps plein comme on laisse tomber un emploi décevant, à moins que vous ne trouviez de l'aide. En ce cas votre toute première ressource devrait être votre conjoint. La plupart des papas sont très bons quand vient le temps de calmer les bébés (s'ils s'en donnent seulement la peine, quoiqu'une petite minorité n'en viendra jamais à bout). Si vous avez la chance d'avoir des parents proches, appelez-les aussi. Grâce à leurs années d'expérience, bien des grands-mamans semblent posséder la touche magique avec les bébés, même si, bien sûr, certaines peuvent éprouver de la difficulté avec un petit braillard. Votre soeur, votre belle-soeur, votre bonne amie peuvent aussi vous apporter leur concours quand vous souhaitez prendre un moment de relâche. Si la personne qui vous vient en aide a un enfant qu'elle doit emmener, du moins a-t-elle aussi une expérience des bébés. Si elle n'a pas d'enfant, elle apportera son enthousiasme, son enjouement et sa fraîcheur.

Si vous ne trouvez pas de volontaire, vous devrez vous tourner vers l'aide rémunérée (puéricultrice ou une gardienne d'enfants expérimentée, par exemple) qui s'occupera de votre petit pleurnichard pendant une heure ou deux (ou plus) une fois par semaine. L'adolescente ou l'adolescent à l'aise avec les bébés se révèle souvent une aide peu coûteuse et efficace, capable d'emmener votre bébé en promenade dans la poussette ou de le balader dans la maison pendant que vous prenez votre douche et préparez le repas, ou même pendant que vous mangez.

Parlez-en. À votre tour, laissez couler quelques larmes sur une épaule compréhensive : votre conjoint, votre médecin, le pédiatre, un membre de votre famille, une amie. Le fait d'en parler ne guérira pas les coliques de votre bébé, mais vous vous sentirez un peu mieux du seul fait de partager votre triste histoire. Il pourrait être plus profitable de discuter de votre situation avec d'autres parents de bébés à coliques, particulièrement avec ceux qui ont bravé la tempête avec succès et qui naviguent désormais sur des eaux plus calmes.

Si vous vous sentez vraiment violente, demandez de l'aide. Les pleurs constants d'un bébé réussissent à irriter tout le monde, ou presque. Pour certaines personnes, ces sessions de cris de pleurs sont insupportables. C'est ainsi que, parfois, des enfants sont maltraités. Si votre désir de lancer bébé par la fenêtre persiste, si vous sentez que vous êtes sur le point de vous laisser aller à secouer vivement votre bébé ou à le blesser d'une manière ou d'une autre, demandez de l'aide *immédiatement.* Allez frapper chez la voisine, si possible, et demandez-lui de prendre votre bébé jusqu'à ce que vous ayez repris vos esprits. Téléphonez ensuite à quelqu'un qui peut vous aider : votre mari, votre mère, votre belle-mère, une amie intime, le pédiatre, votre médecin, ou Parents anonymes (demandez le numéro à l'opératrice). À moins que vous ne trouviez conseil rapidement, et même si vos sentiments ne vous entraînent pas à commettre ce genre d'abus, ils pourraient contribuer à altérer votre relation avec votre enfant et votre confiance en vous en tant que mère.

GÂTER BÉBÉ

«Nous prenons toujours notre bébé lorsqu'il pleure. Sommes-nous en train de le gâter?»

La générosité du réconfort que vous prodiguez ne gâtera pas votre bébé, du moins pas avant qu'il n'ait atteint six mois. En fait, les études démontrent que, en prodiguant beaucoup de réconfort maintenant — en le prenant dans vos bras sans attendre lorsqu'il pleure et en répondant à tous ses besoins — non seulement votre enfant ne deviendra pas un petit monstre, mais qu'il sera plus heureux et autonome, et, que à long terme, il pleurera moins et demandera moins d'attention. Il sera également plus attaché à vous (ou à la personne qui répondra à ses besoins) et plus confiant. Un autre avantage : comme vous le nourrissez une fois qu'il s'est calmé, il n'a pas avalé trop d'air en pleurant, et il s'alimente beaucoup mieux.

Bien sûr, tout n'est pas perdu si, de temps en temps, vous ne prenez pas bébé immédiatement : vous pourriez vous trouver dans le bain, au téléphone, en train de sortir un plat du four. Il n'y a pas de mal à ça, du moment que vous répondez à son appel aussitôt que possible. Les résultats ne seront pas catastrophiques non plus si vous vous accordez périodiquement des congés d'une quinzaine de minutes.

DU SANG DANS LES RENVOIS

«Lorsque mon bébé de deux semaines a régurgité aujourd'hui, il y avait quelques stries rouges dans le lait caillé. Je suis très inquiète à ce sujet.»

Toute perte de sang chez un bébé de deux semaines, surtout si vous en trouvez dans un renvoi, suffit à vous alarmer. Avant de paniquer cependant, essayez de savoir s'il s'agit de votre sang (ce qui est probable), ou de celui du bébé. Si vous allaitez et que vos mamelons sont fissurés, même très peu, chaque fois qu'il tète, votre bébé peut avaler une petite quantité de sang avec le lait. Puisque ce que bébé absorbe doit ressortir — parfois sous forme de vomi — le même phénomène pourrait jouer pour le sang que vous avez remarqué.

Si vos mamelons n'en sont pas la cause évidente (ils peuvent l'être, même si vous ne voyez pas les minuscules fissures), téléphonez au pédiatre pour résoudre ce mystère.

VOUS AVEZ CHANGÉ D'AVIS À PROPOS DE L'ALLAITEMENT

«J'avais décidé de ne pas allaiter mon bébé, et j'ai laissé mon lait se tarir. Maintenant, en voyant d'autres mères allaiter leur bébé, j'aurais le goût d'essayer. Est-il trop tard pour faire revenir mon lait?»

La nature nous permet de changer d'avis, du moins la plupart du temps. Aussi tôt dans le processus, particulièrement lorsque leur bébé a entre quatre et sept semaines, les femmes qui désirent allaiter après avoir laissé leur lait se tarir (ou celles qui ont sevré leur bébé pour le regretter quelques semaines plus tard), peuvent réussir à allaiter avec un certain succès.

Cependant avant de penser à essayer, assurez-vous que ce revirement soudain est sincère. Le succès ne viendra pas facilement et vous aurez besoin d'énormément de motivation pour y arriver. Vous pouvez vous attendre à ce que la relactation prenne beaucoup de temps, du moins au cours des premières semaines (vous devrez nourrir votre bébé très fréquemment), et beaucoup d'efforts (vous pourriez avoir besoin d'exprimer votre lait manuellement ou mécaniquement), et cela donnera lieu à beaucoup de stress (pour vous et pour votre bébé, qui pourrait d'abord résister à cette nouvelle forme d'alimentation). Même si vous réussissez à produire du lait, il se pourrait que vous ne puissiez répondre à tous les besoins nutritionnels de votre bébé, et vous pourriez devoir recourir à un supplément commercial. Mais pour plusieurs femmes et pour leurs bébés, les résultats récompensent amplement leurs efforts.

«Ça fait déjà trois semaines que j'allaite mon enfant, et je n'y trouve aucun plaisir. J'aimerais changer pour le biberon, mais je me sens tellement coupable.»

Vous n'avez aucune raison de vous sentir coupable ou de regretter votre décision, du moment que vous savez l'avoir prise pour les bonnes raisons. Les débuts d'allaitement sont habituellement faits d'une série d'essais et d'erreurs. Pour ce qui est du plaisir que l'on peut en tirer, après une si courte période d'essai, il est encore difficile de l'évaluer, pour vous autant que pour votre tout petit. Si vous êtes convaincue que votre insatisfaction ne relève pas que d'un début cahoteux (qui se transforme presque toujours en balade agréable vers le milieu du deuxième mois), et si vous avez donné à l'allaitement le meilleur de votre temps et de vos efforts, l'entêtement en ce sens ne vous rendrait probablement pas plus heureuse. Tâchez tout de même d'attendre que votre bébé ait six semaines (deux mois seraient préférables). D'ici là, il aura joui des plus importants bienfaits de l'allaitement maternel. À ce moment, si vous n'appréciez pas l'allaitement maternel plus qu'au début, sentez-vous tout à fait libre — et libérée de tout remords — de sevrer votre bébé.

LES «FLASHES» DES APPAREILS PHOTO

«J'ai remarqué que notre bébé clignait des yeux au moment du flash, lorsque nous prenons une photo. Est-ce que cela peut lui faire mal aux yeux?»

Seules les célébrités les plus en vue sont aussi pourchassées par l'explosion des flashes qu'un nouveau-né, dont les paparazzi de parents sont bien décidés à ne rater aucun détail des premiers jours de vie. Contrairement aux célébrités, les petits enfants ne peuvent pas se cacher derrière d'épais verres fumés lorsqu'ils sont bombardés de flashes. Pour protéger les yeux de votre bébé contre les éventuelles blessures que pourrait lui causer un flash explosif et contre une lumière trop intense provenant de la caméra, prenez quelques précautions avant la séance de photo. Essayez de tenir l'appareil à au moins un mètre (40 po) du bébé, et placez un écran diffuseur sur le flash pour en réduire l'éclat. Si votre équipement de photographie vous le permet, projetez la lumière sur un mur ou au plafond plutôt que directement dans la figure de votre enfant. Si vous n'avez pas pris ces précautions lors des premières photos, ne vous inquiétez pas : le risque de dommages est minime.

MUSIQUE TRÈS FORTE

«Mon mari aime écouter de la musique rock très fort. J'ai peur que cela n'affecte les oreilles de notre bébé.»

Toutes les oreilles, jeunes et vieilles, ont beaucoup à perdre lorsqu'elles sont exposées pendant de longues périodes à de la musique très forte (que ce soit du rock, du classique ou n'importe quel autre genre de musique), notamment, un certain degré de capacité auditive. Quoique certaines oreilles soient naturellement plus sensibles et sujettes aux blessures que les autres, en général, l'ouïe des petits bébés et des jeunes enfants est plus vulnérable aux effets nuisibles des sons violents. Les dommages aux oreilles peuvent être temporaires ou permanents, selon le volume du bruit, la durée et la fréquence de l'exposition.

Quel volume est «dangereusement fort»? Le fait qu'un bébé pleure peut signaler que la musique (ou un autre bruit) est trop forte pour lui. N'attendez pas ses protestations pour baisser le volume; les oreilles d'un bébé n'ont pas besoin d'être «dérangées» pour subir des dommages. D'après les experts, le volume maximum de bruit sécuritaire pour les adultes est de 90 décibels : certains systèmes de son dépassent ce volume facilement. Si vous n'avez pas l'équipement pour mesurer les décibels du système de son lorsque votre mari fait jouer sa musique rock, vous pouvez le régler à un niveau qui vous permet de vous entendre parler : si vous devez crier, c'est que le volume est trop élevé.

SUPPLÉMENT VITAMINIQUE

«Toutes les personnes à qui nous parlons ont une opinion différente à propos des vitamines pour bébé. Nous n'arrivons pas à décider si nous devons ou non en donner à notre nouveau-né.»

Lorsqu'elle était jeune maman, votre arrière-grand-mère n'a probablement jamais entendu parler de supplément vitaminique ou même de vitamines (l'appellation date de 1912); on a sans doute dit à votre grand-mère de donner de l'huile de foie de morue à ses enfants, et il se peut que votre mère n'ait jamais entendu parler de suppléments. Comme la diététique en est encore à ses balbutiements, vous pouvez vous attendre à ce que les recommandations continuent de changer aussi rapidement qu'afflueront les nouvelles informations. Étant donné les différents courants au sein de la communauté scientifique, il ne faut pas s'étonner de la confusion qui règne entre collègues, même quant à ce qui a du sens.

Des recherches récentes montrent que les nouveau-nés en santé n'ont normalement pas besoin de supplément vitaminique. Ils reçoivent la plupart des vitamines et des minéraux dont ils ont besoin du lait maternel, ou de la préparation commerciale, si elle est approuvée médicalement et qu'il ne s'agit pas d'un mélange maison. Les seules exceptions sont les bébés dont les problèmes de santé compromettent l'état nutritionnel (ceux qui sont incapables de bien absorber certaines substances nutritives, qui sont soumis à une diète restrictive, ou les deux), et les bébés des mamans végétariennes qui allaitent sans prendre elles-mêmes de supplément. Ces derniers devraient recevoir, pour le moins, de la vitamine B_{12} (qui pourrait être totalement absente du lait de leurs mères) et probablement aussi de l'acide folique; mais un supplément vitaminique complet (vitamines et minéraux), additionné de fer, serait sans doute une bonne idée.

Quant à savoir s'il est nécessaire de donner un supplément à un bébé de quelques mois, la réponse est moins évidente. Une préparation commerciale additionnée de fer continuera à fournir toutes les substances nutritives dont bébé a besoin, tout ce que l'on retrouve dans les gouttes (vitamines) et bien plus. D'un autre côté, le lait maternel est instable et beaucoup moins facile à analyser; son contenu nutritif dépend en partie de l'alimentation de la mère, en partie de sa santé, et en partie de facteurs que nous ne comprenons pas encore.

Une fois que les aliments solides y ont été introduits, le régime alimentaire d'un bébé devient encore plus difficile à évaluer et à contrôler. Un jour il prend un grand bol de céréales nutritives pour déjeuner, une trentaine de millilitres (environ 2 c. à table) de yogourt pour le lunch, et refuse de manger ses carottes et ses pois au souper. Le lendemain, il peut ne rien vouloir d'autre que son biberon. Le jour suivant, le gruau atterrit sur le plancher, le plus gros du yogourt s'étale sur la chaise haute, et le repas du soir, composé de viande, est goûté du bout des lèvres, puis recraché.

Il est vrai que quelques-unes des vitamines que vous laissez tomber soigneusement dans la gorge de votre bébé peuvent, certains jours, être excrétées dans son urine (on a dit que les Nord-Américains avaient l'urine la plus en santé du monde, grâce à la grande quantité de suppléments vitaminiques qu'ils consomment). Des médecins recommandent tout de même d'en donner des gouttes quotidiennement, à titre d'assurance-maladie. D'autres affirment que ce n'est pas nécessaire. Si le vôtre insiste : «Tout ce dont bébé a besoin, c'est d'un régime alimentaire équilibré», mais que vous vous sentiriez plus tranquille à l'idée que votre bébé est chaque jour «assuré» contre les défaillances nutritionnelles, il n'y a pas de mal (probablement y a-t-il même quelque bien) à donner à votre enfant un supplément vitaminique ne fournissant *pas plus* que la dose recommandée de vitamines et de minéraux.

Il existe quelques éléments nutritifs, toutefois, dont on croit largement qu'ils ont besoin d'être administrés sous forme de supplément :

La vitamine D. Au moins 30 minutes de soleil par jour, alors que bébé est en couche seulement, ou deux heures par semaine, autour de 17 minutes par jour, tout habillé, sans chapeau : c'est la quantité de soleil dont bébé a besoin pour prévenir le rachitisme. Étant donné qu'il est non seulement hasardeux de se fier à un apport adéquat en vitamine D dispensé de cette façon (une période de pluie peut empêcher le soleil de nous parvenir pendant une semaine entière, et il est impossible de laisser bébé sans chapeau sous un soleil ardent ou dans un froid intense), mais aussi potentiellement dangereux de le faire (voir les risques du soleil pour les enfants dans le tome II), il est recommandé de donner un supplément de vitamine D aux bébés, à partir de deux à quatre semaines. Ce genre de supplément est contenu dans les préparations commerciales pour bébés (et dans le lait entier auquel votre enfant sera promu plus tard), mais on n'a jamais pu établir que le lait maternel contient de la vitamine D même lorsque la mère prend un supplément. Si vous allaitez, il est probable que le pédiatre vous recommande un supplément à donner à votre bébé sous forme de gouttes vitaminiques. *Ne donnez pas* à un bébé (ou à qui que ce soit) plus que la dose recommandée : les vitamines peuvent être toxiques à des doses à peine plus élevées. Le bébé nourri avec une préparation lactée contenant déjà de la vitamine D *ne devrait pas* recevoir de supplément additionnel.

Le fer. Étant donné qu'une carence en fer au cours des 18 premiers mois de vie peut causer de graves problèmes de développement et de comportement, les mères doivent s'assurer que l'apport en fer est adéquat pour leur bébé. Votre nouveau-né — sauf les prématurés ou les bébés dont le poids à la naissance était anormalement bas — est probablement venu au monde avec une réserve de fer considérable, mais cette réserve s'épuisera entre le quatrième et le sixième mois.

Il est recommandé d'ajouter une source de fer à la diète d'un tout petit, dès qu'il atteint deux mois, et pas plus tard. Les préparations additionnées de fer (mais pas le lait de vache ordinaire) offriront le supplément nécessaire aux bébés nourris au biberon. Les bébés nourris au sein seulement auront par contre besoin d'une autre source de fer. Une fois que les aliments solides ont été introduits dans la diète de bébé, vous pouvez lui présenter des céréales enrichies de fer. Le médecin peut aussi vous recommander un supplément de fer (le sulfate de fer, dont les doses sont calculées en vertu du poids de votre bébé, est peu coûteux et efficace), seul ou dans un supplément de vitamines pour bébé et de minéraux.

Un apport adéquat de vitamine C améliorera l'absorption de fer. Dès que votre bébé commencera à manger des aliments solides, il serait bon de lui offrir un aliment riche en vitamine C à chaque repas, pour qu'il puisse profiter des bienfaits du fer (voir page 461). En dépit de ce que vous avez pu entendre là-dessus, des études cliniques ont prouvé que les suppléments de fer ne causent pas de dérangements d'estomac aux bébés. Souvenez-vous toutefois que les minéraux peuvent devenir toxiques lorsqu'on les administre en trop fortes doses. Pour plus de sécurité, vous pourriez décider de ne pas en garder plus à la maison que la quantité nécessaire pour un mois. N'oubliez pas de ranger ces produits hors de la portée des enfants.

Le fluor. Ce sel minéral offre une excelente protection contre la carie dentaire, et il est recommandé que tous les enfants en reçoivent d'une manière ou d'une autre, à partir de deux ou quatre semaines. Il existe plusieurs façons de vous assurer que votre bébé se conforme à ces recommandations : celle que vous choisirez dépendra du fluor contenu dans l'eau de votre robinet. Le médecin de votre enfant pourrait vous informer à ce sujet; sinon, communiquez avec votre département de santé communautaire ou votre CLSC. Si votre eau provient d'un puits ou de n'importe quelle autre source privée, il est possible de faire évaluer son contenu en fluor par un laboratoire (renseignez-vous auprès de votre département de santé communautaire pour savoir qui contacter à cet effet).

Si l'eau de votre robinet est adéquatement fluorée (le minimum recommandé pour une bonne protection est de 0,3 partie par million /PPM), essayez l'un des suppléments suivants pour assurer à votre bébé une consommation adéquate de fluor.

■ Mélangez une préparation liquide ou en poudre (*pas* prête-à-servir, que vous n'avez pas à diluer) à l'eau du robinet. Quand viendra le moment du jus de bébé, diluez-le avec l'eau du robinet.

■ Habituez votre bébé à boire de l'eau tous les jours. Servez-la-lui dans un biberon, ou dans une petite tasse, une fois qu'il aura commencé à boire ainsi.

■ Demandez au médecin de vous prescrire du fluor ou des gouttes de vitamines et minéraux contenant du fluor, si votre bébé ne boit pas d'eau.

Si l'eau de votre robinet n'est pas fluorée, ou si elle contient moins que la quantité recommandée de fluor de sodium, demandez à votre médecin de vous prescrire du fluor, seul ou dans une multivitamine sous forme de gouttes. Lorsque les dents font leur apparition, le même genre de supplément, en plus de la pâte dentifrice au fluor, peut être utile. On déterminera la dose nécessaire à partir de l'apport en fluor de l'eau dans votre région.

Il en va du fluor comme de toute bonne chose : l'excès peut être mauvais. L'excès de fluor, alors que les dents se forment dans les gencives — comme cela peut arriver au bébé qui boit de l'eau fluorée en très grande quantité *en plus* de prendre un supplément — peut causer la «fluorose» ou les dents tachetées. Les formes les moins graves de taches (stries blanches) ne sont pas apparentes et ne sont pas inesthétiques. Les formes plus graves, toutefois, ne se contentent pas de défigurer, elles peuvent prédisposer à la carie dentaire.

Parce qu'ils sont petits et en pleine croissance, les bébés et les jeunes enfants sont particulièrement sujets à la fluorose. Avant de donner un supplément de fluor, assurez-vous que l'eau du robinet n'est pas déjà adéquatement fluorée. Une fois que votre enfant a commencé à se brosser les dents, ne vous servez pas de pâte dentifrice, à moins que votre enfant n'insiste; contentez-vous alors d'en étaler une mince couche. Refermez bien le tube lorsque

vous ne l'utilisez pas, et rangez-le hors de la portée des enfants : certains bébés adorent en manger.

Bien qu'il puisse être bon de donner à votre bébé un supplément vitaminique ne dépassant pas la dose recommandée pour enfants, une fois que vous aurez ajouté à son régime alimentaire les aliments solides, il ne serait pas bon d'ajouter n'importe quel supplément de vitamines ou de minéraux. La diététicienne ne devrait *pas* vous recommander de donner des vitamines, des minéraux ou des herbes à votre bébé sans l'approbation du médecin. Des doses excessives de vitamines ou d'herbes ont déjà causé de graves maladies à des enfants dont les parents croyaient bien faire.

SOINS AUX GARÇONS CIRCONCIS

«Mon fils a été circoncis hier, et il me semble que la plaie suinte aujourd'hui. Est-ce normal?»

Le corps ne peut perdre l'une de ses parties sans réagir à cette perte. Dans le cas d'une circoncision, il y a habituellement douleur, parfois écoulement de sang, et suintement à l'endroit où la chirurgie a été pratiquée, signe que les fluides de cicatrisation font leur travail.

En mettant deux couches (l'une pardessus l'autre) à votre bébé, vous protégerez son pénis et garderez ses cuisses écartées de sorte qu'il ne pourra pas les presser contre son petit sexe douloureux; cette précaution n'est habituellement pas nécessaire plus tard. En général, le pénis sera enveloppé de gaze par le médecin ou le mohel (un circonciseur rituel de la religion juive). On vous demandera de la remplacer par de la gaze propre, enduite de gelée de pétrole ou d'un autre onguent, et d'en enrouler le pénis à chaque changement de couche, pour éviter aussi qu'il ne soit

BÉBÉ EN SÉCURITÉ

Malgré leur apparente fragilité, les bébés sont drôlement robustes. Ils ne «cassent» pas lorsque vous les soulevez, leur tête ne se décroche pas si vous oubliez de la soutenir, et ils subissent la plupart des chutes sans se blesser. Ils peuvent toutefois être vulnérables. Même les très jeunes bébés à l'air si angélique peuvent s'exposer au danger, parfois la toute première fois qu'ils se retournent ou qu'ils essaient d'attraper un objet. Pour protéger votre bébé des accidents qui ne devraient pas se produire, veillez à suivre *toutes* ces précautions de sécurité en *tout* temps :

- Servez-vous toujours d'un siège d'auto lorsque vous faites une promenade en voiture (c'est la loi, de toute façon). Portez une ceinture de sécurité vous-même. Si vous ne conduisez pas, assurez-vous que le conducteur a bien bouclé la sienne : personne ne se trouve vraiment en sécurité quand le conducteur ne l'est pas d'abord. Ne prenez jamais de boisson si vous devez conduire, et ne laissez jamais bébé monter dans la voiture de quelqu'un qui a bu.

- Si vous baignez bébé dans la grande baignoire, déposez une serviette ou une couverture dans le fond pour qu'il ne glisse pas. Gardez sans cesse une main sur lui pendant toute la durée du bain.

- Ne laissez jamais votre bébé sans surveillance sur la table à langer, un lit, une chaise, un canapé, ne serait-ce que pour un instant. Même un nouveau-né incapable de se retourner peut soudainement étirer son corps et tomber. Si votre table à langer n'est pas munie de courroies de sûreté, vous devriez toujours garder une main sur votre bébé.

- Lorsque vous vous servez d'un porte-bébé, ne le placez jamais sur une petite table, une table à langer, le comptoir de la cuisine, ou sur n'importe quelle surface élevée trop étroite.

- Ne laissez jamais un bébé seul avec un animal, même si le comportement de cet animal est irréprochable.

- Ne laissez jamais bébé seul dans une pièce avec un autre enfant de moins de cinq ans. Une partie de cache-cache toute empreinte d'affection fraternelle pourrait se terminer tragiquement pour le tout-petit. Un câlin débordant d'amour, mais un peu trop enthousiaste, pourrait lui casser une côte.

- Ne confiez pas bébé à une gardienne de moins de 14 ans, que vous ne connaissez pas bien, ou dont vous n'avez pas vérifié les références. Toutes les jeunes gardiennes devraient avoir reçu une formation spéciale (le cours «Gardiens avertis» de la Croix-Rouge, par exemple) et connaître les règles de sécurité de la maison.

- Ne laissez jamais bébé seul à la maison, même si c'est seulement pour aller chercher votre courrier, déplacer l'auto ou vérifier votre lessive dans la chambre de lavage de votre immeuble : le feu peut prendre en l'espace de quelques secondes seulement.

- Ne laissez jamais un bébé ou un jeune enfant seul dans une automobile. Durant les grosses chaleurs, même le fait de laisser les fenêtres baissées n'empêcherait pas bébé de succomber à une attaque de chaleur. Sous n'importe quel climat, les freins peuvent lâcher, ou alors un voleur d'enfants (ou d'auto-

(suite page suivante)

(suite de la page précédente)

mobiles) pourrait démarrer en trombe avec votre précieuse voiture.

■ Gardez sans cesse un oeil sur votre bébé lorsque vous magasinez, que vous faites une promenade ou que vous êtes assise sur la pelouse du parc. Une poussette ou un landau constituent des cibles particulièrement faciles pour le kidnappeur d'enfants.

■ Ne secouez jamais votre bébé vigoureusement et ne le projetez jamais dans les airs.

■ Évitez d'attacher toutes sortes de rubans, de cordelettes ou de chaînettes sur votre bébé ou sur n'importe lequel de ses jouets ou des objets qui lui appartiennent, c'est-à-dire pas de colliers, pas de rubans pour tenir la sucette ou le hochet, pas de médailles ou de chaînettes, pas de rubans de plus de 7,5 cm (environ 3 po) dans la couchette ou le berceau. Veillez à ce que les bouts des cordes et des rubans des vêtements soient noués de façon qu'ils ne puissent pas se détacher, et ne laissez jamais traîner de cordelettes, ou de chaînettes dans des endroits accessibles à votre bébé.

Assurez-vous de plus que la couchette, le berceau, le parc ou la table à langer ne sont pas trop près des fils électriques (qui représentent un double danger), des fils téléphoniques, ou des cordes des stores vénitiens ou des draperies : tous ces objets représentent un danger d'étranglement.

■ N'utilisez pas de pellicules de plastique comme celles dont les nettoyeurs à sec recouvrent les vêtements; ne vous en servez jamais pour recouvrir un matelas où n'importe quel objet que bébé pourrait atteindre. Ne placez jamais d'oreillers, de coussins ou de jouets mous dans la couchette ou dans le parc de bébé : tous ces objets peuvent causer une suffocation accidentelle.

■ Ne placez jamais bébé sur une surface proche d'une fenêtre non protégée, même pour une seconde, et même s'il dort.

■ Installez des détecteurs de fumée dans votre maison, selon les recommandations de votre service d'incendie. Gardez-les en bon état de fonctionnement.

---

mouillé lors du bain (vous ne baignerez probablement pas votre tout-petit de toute façon, parce que le cordon ombilical ne sera pas encore tombé à ce moment-là), jusqu'à ce que la cicatrisation soit totale.

L'ENFLURE DU SCROTUM

«On dirait presque que notre fils a trois testicules.»

Les testicules de votre fils sont recouverts d'une poche protectrice appelée scrotum,

contenant une petite quantité de liquide formant un coussin. Il arrive parfois qu'un enfant naisse avec une quantité excessive de liquide dans le sac scrotal, lui donnant l'apparence de l'enflure. Appelé hydrocèle, cet état n'a rien d'inquiétant puisqu'il se resorbe graduellement au cours de la première année, presque toujours sans traitement.

Vous devriez toutefois faire remarquer l'enflure au médecin de votre fils, pour vous assurer que ce que vous voyez n'est pas une hernie inguinale (plus probable si cette partie est également tendre, rougeâtre et décolorée; voir page 195), qui peut ressembler à l'hydrocèle ou apparaître en même temps. En éclairant le scrotum, le docteur peut voir si l'enflure scrotale relève d'un excès de liquide ou d'une hernie.

L'HYPOSPADIAS

«Nous avons été très perturbés en apprenant que l'urètre se présentait au milieu de la face inférieure du pénis de notre fils, plutôt qu'a son extrémité.»

De temps à autre il arrive que quelque chose aille de travers dans le développement prénatal du pénis et de l'urètre. Dans le cas de votre fils, l'urètre (le tube où circulent l'urine et le sperme, mais pas en même temps), plutôt que de se rendre jusqu'au gland, ou à l'extrémité du pénis, s'arrête ailleurs. Cette malformation s'appelle hypospadias et se produit de une

à trois fois pour 1000 garçons qui viennent au monde. On considère l'hypospadias au premier degré (l'ouverture de l'urètre se trouve à l'extrémité du pénis, mais pas exactement à la bonne place) comme un défaut mineur qui ne demande aucun traitement. On corrige l'hypospadias au second degré (l'ouverture se trouve le long de la partie inférieur de la verge) au moyen d'une chirurgie reconstructive. On peut habituellement remédier à celui du troisième degré (l'ouverture se trouve près du scrotum), mais cela peut demander deux opérations.

Parce que la peau du prépuce peut servir à la reconstruction, on ne procédera pas à la circoncision d'un bébé présentant un hypospadias, même s'il s'agit d'une circoncision rituelle.

Occasionnellement, une fillette vient au monde avec un hypospadias; l'urètre s'ouvre alors dans le vagin. Cette malformation se corrige également chirurgicalement.

CE QU'IL IMPORTE DE SAVOIR: Les bébés se développent différemment

Le jour où un enfant naît, la lignée se perpétue, et il y a fort à parier que la plupart des parents, cherchant les marques de leurs propres racines chez leur rejeton, seront déçus si l'arrivée du bébé ne produit pas l'effet escompté. Si la courbe du développement infantile montre que certains bébés commencent à se retourner seuls à 10 semaines, pourquoi leur bébé n'a-t-il pas encore accompli cet exploit alors qu'il en a 12? Au parc, si le bébé dans la poussette d'à côté a attrapé un objet entre ses doigts alors qu'il est âgé d'à peine trois mois et demi, pourquoi le

leur ne l'a-t-il pas encore fait? Si grand-maman persiste à dire que tous ses enfants se tenaient assis à cinq mois, pourquoi le leur s'effondre-t-il aussi pathétiquement à six?

Dans cette lignée, l'enfant, qui arrive premier dans la maîtrise des aptitudes liées au développement, ne finira pas nécessairement gagnant, alors que celui qui va son petit bonhomme de chemin en cette matière ne finira pas nécessairement perdant. Quoiqu'un bébé très éveillé puisse de toute façon devenir un enfant brillant et un adulte accompli, les tentatives pour mesurer l'intelligence des enfants dans l'espoir de présager de leur intelligence n'ont pas été très fructueuses. Le bébé qui montre une certaine lenteur peut, semble-t-il, tout aussi bien devenir un adulte brillant et accompli. Dans les faits, des études ont démontré qu'un enfant sur sept gagne 40 points de quotient intellectuel depuis le milieu de sa troisième année jusqu'à 17 ans. Bref, un enfant «moyen» peut devenir un adolescent «doué».

Évidemment, une bonne partie de la difficulté vient du fait que nous ne savons pas comment l'intelligence se manifeste durant l'enfance, ou même si, effectivement, elle se manifeste. Si nous le savions, il serait malgré tout très difficile de l'évaluer, parce que les enfants en bas âge ne parlent pas. Nous ne pouvons pas poser des questions et attendre des réponses; nous ne pouvons pas donner un passage à lire pour ensuite évaluer la compréhension de l'enfant; nous ne pouvons pas poser un problème de logique pour juger de son pouvoir de raisonnement. Tout ce que nous pouvons faire, c'est d'évaluer les aptitudes sociales et motrices; or, ces aptitudes ne ressemblent tout simplement pas à ce que nous appellerons plus tard l'intelligence. Même lorsque nous évaluons les capacités précoces en matière de développement, les résultats obtenus sont souvent remis en question; nous ne savons jamais si un bébé échoue parce qu'il est malhabile, malchanceux, ou parce qu'il manque momentanément d'intérêt.

Tous ceux qui ont eu l'occasion de passer du temps avec plus d'un enfant savent que les enfants se développent à des niveaux différents. Il est en outre probable que ces différences relèvent plus de la nature que de l'éducation. Chaque individu semble avoir été programmé pour sourire, lever la tête, se tenir assis et faire ses premiers pas à un âge particulier. Les études démontrent qu'il n'y a pas grand-chose à faire pour accélérer le développement, quoique nous puissions le ralentir en ne

fournissant pas à l'enfant un environnement adéquat, en ne le stimulant pas assez, en ne le nourrissant pas assez bien, en négligeant sa santé (certains problèmes médicaux ou émotifs peuvent entraver le développement), ou simplement en ne lui donnant pas assez d'amour.

Le développement des tout-petits se divise normalement en quatre parties :

L'aspect social. La rapidité avec laquelle bébé apprend à sourire, à jouer à cache-cache, à répondre à la voix et au visage humains vous en apprendra beaucoup sur lui en tant qu'être social. Un retard important en ces matières pourrait indiquer un problème de vision ou d'ouïe, de développement émotif ou intellectuel.

Le langage. L'enfant qui possède très jeune un vocabulaire étendu ou qui fait des phrases complètes avant le temps normal est probablement doué pour les mots. Celui qui exprime par contre ses besoins en gesticulant et en grognant à deux ans pourrait se rattraper et faire tout aussi bien plus tard. Étant donné que le développement du langage réceptif (la compréhension de ce qui se dit autour de bébé) mesure mieux le progrès que le développement du langage expressif (l'expression verbale), l'enfant qui «comprend tout» mais parle peu ne connaîtra sans doute pas de retard dans son développement. Encore une fois, un développement très lent en cette matière peut occasionnellement indiquer des problèmes de vision ou d'ouïe qu'il faudra évaluer.

Motricité globale. Certains bébés semblent physiquement actifs dès leur premier coup de pied dans l'utérus; une fois nés, ils tiennent leur tête droite très tôt, s'assoient, se mettent debout, marchent tôt, et peuvent s'avérer plus athlétiques que la plupart des bébés. Mais il y a aussi des petites tortues qui finissent par exceller sur le terrain de football ou sur le court de tennis. Toutefois, ceux et celles qui débutent vraiment très lentement devraient être évalués pour s'assurer qu'aucun empêchement physique ou physiologique ne peine leur développement.

Motricité fine. La coordination précoce des yeux et des mains, la capacité de chercher, d'attraper et de manipuler les objets avant l'âge moyen *pourraient* vouloir dire qu'une personne sera habile de ses mains. Toutefois, le bébé qui met plus de temps à devenir adroit n'aura pas nécessairement «les mains pleines de pouces» plus tard.

La plupart des indices du développement intellectuel — créativité, sens de l'humour, et capacité de régler des problèmes, par exemple — ne se manifestent normalement pas avant la fin de la première année, au plus tôt. Éventuellement, si on donne à l'enfant toutes sortes d'occasions, d'encouragement et de renforcement, ses habiletés innées s'amalgameront pour créer, chez l'adulte, le peintre talentueux, le mécanicien hors-pair, le comptable efficace, le financier perspicace, le professeur sensible, ou l'étoile de cinéma.

Le rythme du développement dans toutes ces matières est habituellement inégal. Un enfant peut sourire à six semaines mais être incapable d'attraper un jouet avant six mois, alors qu'un autre peut marcher à huit mois mais ne pas parler avant un an et demi. Occasionnellement, lorsqu'un enfant se développe de manière égale dans toutes les matières, on peut y voir un indice révélateur de son potentiel futur. L'enfant qui accomplit tout très tôt, par exemple, sera probablement plus brillant que la moyenne; l'enfant qui semble extrêmement lent dans chacune de ces matières présente un problème de santé ou de développement grave, et dans ce cas, l'avis et l'intervention d'un professionnel pourraient s'avérer nécessaires[6].

Quoique les enfants se développent à des rythmes différents, chaque développement — en tenant pour acquis qu'il n'existe aucun empêchement physique ou enrironnemental — suit les trois mêmes modèles de base. Premièrement, l'enfant se développe de haut en bas, c'est-à-dire de la tête aux pieds. Les bébés se tiennent la tête droite avant de pouvoir tenir leur dos droit pour s'asseoir, et ils s'assoient bien avant de réussir à se tenir sur leurs jambes. Deuxièmement, ils se développent du tronc vers les membres. Les enfants se servent de leurs bras avant de se servir de leurs mains, et de leurs mains avant de se servir de leurs doigts. Le développement se fait, il ne faut pas s'en étonner, du plus simple au plus complexe.

Un autre aspect de l'apprentissage infantile, c'est la profonde concentration des bébés lorsqu'ils apprennent un mouvement spécifique. L'enfant peut ne pas se montrer intéressé à commencer à babiller alors qu'il s'exerce à se tenir debout. Une fois qu'il maîtrise un mouvement, il s'intéresse à un autre, au point d'avoir l'air d'oublier, du moins pour un moment, celui qu'il vient de maîtriser, tellement il se concentre sur le nouveau. Votre bébé finira par réussir à assimiler les différents mouvements, à s'en servir spontanément et de façon appropriée. D'ici là, ne désespérez pas s'il semble oublier ce qu'il a appris récemment, ou s'il vous regarde confusément lorsque vous lui demandez de répéter l'exploit qu'il vient tout juste d'accomplir.

Peu importe à quel rythme votre enfant se développe, ses prouesses de la première année sont absolument remarquables : plus rien ne sera jamais assimilé aussi rapidement. Profitez de cette étape et laissez savoir à votre bébé que vous l'appréciez. En acceptant le rythme de votre enfant,

---

6. La classification de Denver sert souvent à établir le développement des tout petits. Si un enfant est incapable de réussir un exploit particulier à l'âge où 90 pour cent des autres enfants y arrivent, il accuse un retard de développement en cette matière. Si l'on enregistre un retard dans deux matières ou plus, il est probablement temps de rechercher la cause sous-jacente de ces retards et de prendre les moyens d'y remédier. Une intervention rapide peut parfois signifier une différence importante dans la vie future des enfants qui se développent lentement.

vous lui montrez que vous l'acceptez aussi. Évitez de comparer votre enfant aux autres bébés (les vôtres ou ceux de quelqu'un d'autre) ou avec les échelles de développement. Les bébés ne devraient jamais être comparés qu'à eux-mêmes, une semaine plus tôt ou un mois auparavant.

CHAPITRE 5

Le deuxième mois

CE QUE BÉBÉ POURRAIT FAIRE

D'ici la fin de ce mois, bébé devrait pouvoir (voir note plus bas)

- répondre à votre sourire par un sourire;
- suivre des yeux un objet mobile dessinant un arc, situé à environ 15 cm (6 po) au-dessus de son visage, jusqu'à la ligne médiane (droit devant);
- réagir au son d'une cloche, soit en sursautant, en pleurant ou en s'immobilisant (vers 1 1/2 mois);
- s'exprimer autrement que par des pleurs (par exemple par des gazouillis).

Note : Si vous remarquez que votre bébé n'a pas encore réussi l'un ou l'autre de ces exploits, consultez un médecin. Il arrive (rarement, faut-il dire) qu'un délai de ce genre indique un problème. Le plus souvent cependant, votre bébé sera tout à fait normal. Généralement, les prématurés réussissent les mêmes exploits plus tard que les autres enfants de leur âge, c'est-à-dire qu'ils y arrivent au moment où ils

À la fin du deuxième mois, bébé devrait pouvoir répondre à votre sourire par un sourire.

auraient atteint cet âge, s'ils étaient nés à terme, et parfois plus tard.

pourra probablement

■ relever la tête à 45 degrés lorsque couché sur le ventre;
■ suivre des yeux un objet mobile dessinant un arc, situé à environ 15 cm (6 po) au-dessus de son visage, et *dépassant* la ligne médiane (droit devant).

pourrait même

■ tenir sa tête droite et la garder ainsi;
■ sur le ventre, relever sa poitrine, en se tenant sur ses bras;
■ se retourner (dans un sens);
■ agripper un hochet du bout des doigts ou l'appuyer sur le dos de sa main;
■ s'intéresser à un raisin sec ou à des objets très petits;

■ toucher un objet;
■ dire «ah-gou» ou une combinaison similaire de voyelles et de consonnes;

pourrait peut-être même

■ sourire spontanément;
■ joindre les deux mains, paume contre paume (2 2/3 mois);
■ sur le ventre, lever la tête à 90 degrés (2 1/4 mois);
■ rire aux éclats;
■ pousser des cris de joie;
■ suivre des yeux un objet dessinant un arc, à environ 15 cm (6 po) au-dessus de son visage, à 180 degrés, c'est-à-dire allant d'un côté à l'autre.

CE QUE L'EXAMEN MÉDICAL VOUS RÉSERVE CE MOIS-CI

Chaque médecin, chaque infirmière a sa manière de procéder à l'examen de routine du bébé. De plus, les besoins particuliers de chaque enfant peuvent influencer le déroulement de l'examen ainsi que le nombre et le genre de contrôles effectués. Voici le genre d'examen auquel vous pouvez vous attendre si votre bébé est âgé d'environ deux mois.

■ Série de questions pour savoir comment se portent bébé et le reste de la famille; comment bébé mange, dort, et quels progrès il a faits depuis votre dernière visite. Également questions sur vos intentions relativement à la garde de bébé si vous songez à retourner au travail.
■ Prise des mensurations : poids, taille,

circonférence de la tête, et progrès depuis sa naissance.
■ Examen physique, y compris un suivi des problèmes précédents, s'il y a lieu.
■ Vérification du développement. L'examinateur pourrait faire passer à votre bébé une série de tests pour vérifier sa vision, son ouïe, son port de tête, sa dextérité, ainsi que sa capacité de communiquer socialement. Il peut aussi se fier seulement sur l'observation et sur ce que vous aurez noté de votre côté.
■ Première série d'immunisations contre la diphtérie, le tétanos et la coqueluche (DCT) et contre la poliomyélite (Sabin), si bébé est en bonne santé et qu'il n'y a aucune contre-indication.
■ Informations quant à ce qui se produira au cours du prochain mois, en matière

d'alimentation, de sommeil, de développement, et de sécurité.

■ Recommandations au sujet des suppléments de fluor (si l'eau du robinet n'est pas déjà fluorée dans votre région), et de vitamine D si vous allaitez. Recommandations sur les suppléments de fer si vous donnez à votre bébé une préparation commerciale qui n'en contient pas.

Questions que vous pourriez poser à votre médecin s'il n'y a pas déjà répondu :

■ Comment pourrait réagir votre bébé aux immunisations? Comment traiter ces réactions? Quel genre de réaction pourrait justifier une consultation?

Parlez aussi des inquiétudes que vous avez eues au sujet de la santé de votre bébé, durant le mois qui vient de se terminer : problèmes d'alimentation ou d'organisation familiale. Prenez note des informations et des conseils du médecin. Inscrivez (ou faites inscrire) toutes les informations pertinentes (poids, taille, circonférence de la tête, taches de naissance, immunisations, maladies, médicaments prescrits et administrés, résultats des tests, etc.) dans son carnet de santé.

L'ALIMENTATION DE BÉBÉ CE MOIS-CI
Biberons en supplément (allaitement mixte)

La maman kangourou n'a pas beaucoup le choix : son bébé vient au monde, grimpe dans sa poche, attrape une mamelle et commence à téter, ce qu'il continuera à faire tant qu'il en aura besoin, jusqu'à ce qu'il soit prêt pour le sevrage. Le système est très similaire chez les tribus primitives : les bébés sont attachés à la poitrine de leur mère dans un sac quelconque et tètent aussi souvent qu'ils le désirent. Il n'y a jamais besoin de supplément alimentaire. Dans nos sociétés, où l'on vénère l'indépendance, même les tout petits bébés sont souvent éloignés du corps de leur mère pendant assez longtemps pour avoir besoin d'un ou de plusieurs suppléments alimentaires. Avec un nombre toujours croissant de jeunes mamans réintégrant le marché du travail très vite après l'arrivée de bébé, les suppléments sont de plus en plus courants. Grâce au développement de préparations commerciales adaptées aux enfants et de tire-lait faciles à utiliser, il devient sans cesse plus aisé de pallier les absences maternelles.

POURQUOI DONNER UN SUPPLÉMENT?

La maman qui allaite peut commencer à donner des suppléments de repas pour une ou plusieurs des raisons suivantes :

■ Elle prévoit retourner au travail ou aux études alors que son bébé est encore très jeune.

■ Elle prévoit sevrer son bébé avant qu'il ne soit capable de boire son lait au gobelet (habituellement à huit ou neuf mois, au plus tôt).

■ Elle désire prendre un après-midi ou une soirée à l'occasion sans son bébé (seule, ou avec son conjoint, une amie ou un autre enfant), pour aller à ses rendez-vous (avec son médecin, son dentiste, des clients), ou assister à des réunions ou à des cours sans avoir à emmener un enfant avec elle.

■ Elle veut se préparer aux cas d'urgence : si elle tombe malade et qu'elle ne peut allaiter; si elle est coincée au beau milieu d'une réunion et ne peut arriver à temps pour le prochain boire; si elle doit quitter la ville pour une journée ou deux.

Les mères qui choisissent de ne pas donner de supplément seront plus prises que celles qui le font, mais la plupart s'en sortent bien et trouvent l'occasion d'aller manger au restaurant entre les boires, ou d'aller voir un bon film après avoir mis bébé au lit pour la nuit. Parmi les raisons pour ne pas donner de supplément, on trouve :

■ Si bébé s'habitue au biberon, la crainte que le sevrage doive se faire en double : d'abord pour le sein, ensuite pour la bouteille. Ces mères commencent normalement à faire boire leur bébé au gobelet aussitôt qu'il peut se tenir assis, et elles se servent du gobelet pour les repas supplémentaires de lait maternel ou de préparation;

■ le désir de n'influencer leur production de lait d'aucune manière;

■ le bébé qui refuse le biberon. Les mères qui ne voient pas la nécessité d'insister peuvent décider qu'il n'y a aucune urgence.

COMMENT OFFRIR UN SUPPLÉMENT

Quand commencer. Certains bébés n'éprouvent aucune difficulté à passer du sein au biberon, et à tout reprendre du début, mais la plupart réussissent mieux quand le biberon ne leur est pas imposé avant cinq ou six semaines. Avant cette date, les suppléments peuvent compromet-

tre l'établissement d'une bonne relation d'allaitement, et les bébés peuvent confondre les tétines, étant donné que le sein et la bouteille exigent des techniques de succion différentes. Après cette période, bien des bébés refusent les tétines de caoutchouc ou de silicone pour leur préférer la douce chaleur du sein maternel.

Quel supplément offrir à bébé. Étant donné que le lait de vache n'est pas tout à fait approprié à un jeune bébé, les mères qui veulent offrir un supplément ont le choix entre deux possibilités : le lait maternel ou la préparation commerciale.

■ Le lait maternel. Il présente l'avantage d'être gratuit, après l'achat de l'équipement nécessaire au pompage (cet investissement varie du moins cher pour les tire-lait manuels, au plus coûteux, pour les modèles électriques sophistiqués). Il vous faudra cependant passer régulièrement beaucoup de temps à procéder au pompage (de 45 à 60 minutes au début, et entre 15 et 30 minutes lorsque vous serez habituée; certaines femmes réussissent à vider leurs deux seins en mois de 10 minutes, une fois qu'elles ont pris de l'expérience). Bien sûr, le lait maternel offre l'avantage d'une qualité nutritionnelle maximale et d'une meilleure résistance à la maladie; bien qu'à l'occasion un biberon de préparation commerciale ne puisse pas nuire à cette qualité, de fréquents biberons de préparation le pourraient.

■ La préparation lactée. Votre investissement en temps et en argent dépend du type de préparation que vous choisissez. Les préparations prêtes-à-utiliser coûtent plus cher, mais elles sont rapidement servies; c'est souvent le premier choix de celles qui offrent un supplément seulement à l'occasion. Les préparations qui ont besoin d'être mélangées sont moins chères, mais plus longues à préparer. Au point de vue nutritif, les préparations commerciales n'ont pas la qualité du lait maternel, mais elle

RÉSERVE D'URGENCE

Même si vous ne prévoyez pas donner de biberon supplémentaire, il serait bon d'exprimer assez de lait de vos seins pour emplir six bouteilles. De cette façon, vous aurez une réserve en cas de maladie, si vous devez temporairement prendre des médicaments susceptibles de passer dans votre lait, ou si un imprévu vous appelle à l'extérieur de la ville. Même si votre bébé n'a jamais pris un seul biberon, il lui sera plus facile de l'accepter, s'il est rempli de lait maternel, plutôt que de préparation commerciale.

sont certes un supplément tout à fait adéquat[1].

Que vous choisissiez de suppléer avec une préparation ou avec votre propre lait, vous devrez quand même probablement exprimer votre lait afin de prévenir l'obstruction des conduits lactifères, les écoulements, et une diminution de votre lactation, si vous prévoyez être séparée de votre bébé pendant plus de trois ou quatre heures. Le lait peut être, soit recueilli et conservé pour des boires futurs, soit jeté. Si vous prévoyez utiliser une préparation, offrez-la d'abord dans une bouteille échantillon pour que bébé puisse s'habituer à ce nouveau goût.

Quelle quantité utiliser. L'une des merveilles de l'allaitement maternel est le fait que vous n'avez jamais à vous inquiéter de la quantité de lait, grande ou petite, que votre nourrisson ingurgite. Dès que vous commencez à vous servir d'un biberon, il devient facile de succomber au jeu des quantités. Résistez. Avertissez celui ou celle qui s'occupe de votre bébé en votre absence de lui faire prendre seulement la quantité qu'il veut bien prendre, sans l'encourager ou le pousser à finir une quantité spécifique de liquide. Le bébé moyen de 4 kilos (9 lb) peut boire jusqu'à 180 ml (6 oz) en un repas, ou moins de 65 ml (2 oz). Rappelez-lui aussi que vous offrirez à bébé quelques tétées supplémentaires lorsque vous serez de retour à la maison; elle ou il ne doit donc pas se sentir obligé(e) de gaver votre petit, ce qui pourrait le mener à des problèmes d'embonpoint, ou le porter à refuser de téter lorsque l'occasion se présente.

Comment le faire accepter à bébé. Pour initier bébé au biberon, choisissez un moment où il aura très faim (mais n'attendez pas qu'il soit affamé tout de même), et où il sera particulièrement de bonne humeur. Les toutes premières bouteilles seront probablement mieux acceptées si vous prenez la peine de réchauffer les tétines à la température du corps sous un robinet d'eau chaude, et si elles sont offertes par quelqu'un d'autre que vous. Il serait aussi préférable que vous ne vous trouviez pas dans la même pièce que bébé, qui pourrait en profiter pour se plaindre. Votre substitut devrait le caresser et lui parler pendant qu'il le nourrit, de la même façon que vous le faites lorsque vous lui donnez le sein. Si vous devez le faire vous-même, vous trouveriez peut-être avantage à gar-

---

1. Très rarement, un bébé qui a été sensibilisé au lait dans l'utérus de sa mère, ou lorsqu'on lui en a donné accidentellement à la pouponnière, réagit mal aux premières gorgées de lait de vache (en préparation ou à l'état pur). Si votre bébé pleure comme s'il avait mal, ou si vous remarquez une enflure des lèvres, de la langue et des muqueuses de la bouche, ou s'il a de l'asthme quelques minutes après avoir pris du lait, appelez le médecin immédiatement. Composez le **911** si bébé respire difficilement.

der vos seins bien camouflés (ne lui donnez pas le biberon sans porter de soutiengorge ou en portant seulement une blouse courte), et à distraire bébé avec une musique de fond, un jouet, ou un autre genre de divertissement. Trop de distractions, toutefois, et il pourrait vouloir jouer, et non téter. Si votre bébé goûte à la tétine et la laisse tomber avec une moue de désapprobation, essayez un autre genre de tétine la prochaine fois. Pour un bébé qui prend un sucette, une tétine qui aurait la même forme que sa sucette fonctionnera probablement.

Un horaire régulier. Si votre emploi du temps vous oblige à sauter régulièrement deux boires par jour, remplacez une tétée à la fois par le biberon, en commençant au moins deux semaines avant la date prévue pour votre retour au travail ou aux études. Donnez à votre bébé une semaine complète pour s'habituer à un repas au biberon avant de lui en faire prendre deux. Bébé et votre corps se feront graduellement à la situation, si vous prévoyez donner un supplément sous forme de préparation plutôt que de lait maternel. Le merveilleux mécanisme de l'offre et de la demande, qui contrôle votre production de lait, s'adaptera en conséquence, et vous vous sentirez ainsi plus à votre aise lorsque vous recommencerez enfin à travailler.

S'accommoder d'un biberon occasionnel. Si vous prévoyez donner un biberon à l'occasion, vous aurez moins de problèmes d'écoulement et de «trop-plein» en allaitant et en vidant vos deux seins avant de sortir. (Mais placez des coussinets dans votre soutien-gorge, juste au cas.) Veillez à ce que votre bébé ne soit pas nourri à une heure trop proche (moins de deux heures) de votre retour, de sorte que, si vous avez la désagréable sensation de trop-plein, vous puissiez allaiter dès que vous rentrez.

DONNER UN SUPPLÉMENT À UN BÉBÉ QUI NE PREND PAS DE POIDS

Il peut arriver occasionnellement que l'on recommande un supplément à un bébé à qui le lait maternel seul ne semble pas tellement réussir. Cela laisse souvent une jeune maman incertaine de ce qu'elle doit faire. D'un côté, elle entend dire que le fait de donner un biberon dans une telle situation peut complètement gâcher ses chances d'allaiter avec succès. D'un autre côté, son médecin lui affirme que si elle ne commence pas à donner à son bébé un supplément sous forme de préparation commerciale, la santé de son enfant pourrait en subir des conséquences graves. La meilleure solution, dans plusieurs des cas, est le système de nutrition supplémentaire déjà montré à la page 126 : on alimente bébé avec une préparation lactée tout en assurant une stimulation adéquate des mamelons pour activer la production de lait maternel.

CE QUI POURRAIT VOUS INQUIÉTER

LE CHAPEAU

«Je lave les cheveux de mon bébé tous les jours, mais je ne réussis jamais à débarrasser son cuir chevelu des flocons qui le parsèment.»

Inutile de vous débarrasser de tous les vêtements noirs de bébé sur-le-champ. Le «chapeau», une dermatite séborrhéique du cuir chevelu commune aux jeunes bébés, ne risque pas de condamner votre enfant à vivre toute sa vie avec des pellicules. Un chapeau léger — où des écailles huileuses apparaissent sur le cuir chevelu — réagit souvent bien à un massage ferme à l'huile minérale ou à la gelée de pétrole (pour en décoller les flocons), suivi d'un bon shampooing pour les enlever en même temps que l'huile. Dans des cas plus graves de desquamation, quand les écailles sont plus épaisses et prennent l'apparence de plaques brunâtres ou de croûtes jaunâtres, l'usage quotidien d'un shampooing antiséborrhéique, ou d'un onguent contenant du salicylate de soufre (attention aux yeux de bébé) après le traitement à l'huile pourrait s'avérer efficace. (Certains cas peuvent être aggravés par de telles préparations. Si cela se produit, cessez le traitement et parlez-en au médecin.) Comme le chapeau peut s'aggraver avec la transpiration du cuir chevelu, vous auriez avantage à garder bébé au frais et au sec. Ne faites porter de bonnet à votre enfant qu'en cas d'absolue nécessité, et alors enlevez-le-lui dès que vous serez à l'intérieur ou dans une voiture chauffée.

Dans les cas très graves de chapeau, l'accès séborrhéique peut se répandre jusque dans le visage, dans le cou ou sur les fesses. Si cela se produit, le pédiatre de votre bébé prescrira probablement un onguent topique.

Occasionnellement, le chapeau persistera pendant toute la première année, et dans quelques cas, longtemps après qu'un enfant aura reçu son congé du berceau. Étant donné que cette affection ne cause aucun inconfort et que, par conséquent, on la considère comme un banal problème esthétique, une thérapie trop radicale (comme le traitement à la cortisone, capable de faire se résorber la desquamation pendant quelque temps) n'est habituellement pas recommandée. Il vaut cependant la peine que vous en parliez à votre médecin en dernier ressort.

LE SOURIRE

«Mon bébé a cinq semaines, et je croyais qu'il ferait de vrais sourires à cet âge, mais il ne semble pas y arriver.»

Souriez. Même parmi les plus heureux, il se trouve des bébés qui ne commencent pas à faire de vrais sourires avant la sixième ou la septième semaine après leur naissance. Une fois qu'ils commencent à sourire, certains sont naturellement plus souriants que d'autres. Vous distinguerez les premiers vrais sourires des simples tentatives par la façon dont bébé se sert de tout son visage, et pas seulement de sa bouche. Quoique les bébés ne sourient pas avant d'être prêts à le faire, ils seront prêts plus vite si on leur parle, si on joue avec eux et si on les caresse beaucoup. Alors souriez à votre bébé et parlez-lui souvent; il ne tardera pas à vous rendre votre sourire.

LES BALBUTIEMENTS

«Mon bébé de six semaines émet beaucoup de sons qui ressemblent à des voyelles, mais il ne prononce jamais de consonnes. Est-ce que cela peut présager un défaut de langage?»

Les «aye», et les a, e, o, et u ont la faveur des tout petits bébés. Les premiers sons qu'ils émettent sont les voyelles, et cela arrive normalement entre les premières semaines et la fin du deuxième mois. Au début, les gazouillis et les adorables balbutiements qui sortent de leur gorge semblent être le fruit du hasard, puis vous commencez à vous apercevoir qu'ils vous sont adressés lorsque vous parlez à votre bébé, à un animal en peluche avec lequel il partage son parc, à un mobile suspendu au-dessus de sa tête et qui a attiré son regard, ou même à une fleur sur le tissu du canapé. Bébé vocalise pour votre plaisir autant que pour le sien; en fait, les bébés adorent écouter le son de leur voix. Ces vocalises sont en même temps éducatives : bébé découvre quelles combinaisons de gutturales, de labiales et de nasales permettent l'émission des différents sons.

Pour maman et papa, ces premiers balbutiements prouvent que bébé grimpe allègrement à l'échelle sociale et qu'il a dépassé le stade des seuls pleurs. Et ce n'est que le début. D'ici quelques semaines ou quelques mois, bébé ajoutera à son répertoire de grands éclats de rire (habituellement vers trois mois et demi), des cris aigus (vers quatre mois et demi), et quelques consonnes. L'échelle d'initiation à l'émission de consonnes est très large. Certains émettront quelques sons semblables à des consonnes vers le troisième mois, d'autres, pas avant cinq ou six mois; la moyenne se situe aux environs de quatre mois.

Quand les bébés commencent à faire l'expérience des consonnes, ils en découvrent normalement une ou deux en même temps, et répètent sans relâche la même

combinaison (ba, ga ou da). La semaine suivante, ils peuvent changer de combinaison, tout en donnant l'impression qu'ils ont complètement oublié la précédente. Ce n'est pas le cas, mais, étant donné que leur capacité de concentration est limitée, ils s'appliquent habituellement à maîtriser une chose à la fois.

Puis, vers les six mois en moyenne, suivent les syllabes doubles, les sons composés d'un consonne et d'une voyelle (a-ga, a-ba, a-da), et les suites chantées de consonantes (da-da-da-da-da-da), appelées «babillage». Autour de huit mois, plusieurs bébés arrivent à prononcer des consonnes doubles semblables à de vrais mots (da-da, ma-ma, ba-ba). Ils le font généralement sans y associer de signification, ce qu'ils feront toutefois deux ou trois mois plus tard. (À la grande joie des pères, pa-pa se présente normalement avant ma-ma.) La maîtrise de toutes les consonnes ne surviendra que beaucoup plus tard, souvent pas avant quatre ou cinq ans. Quelques jeunes enfants parfaitement normaux éprouvent de la difficulté à prononcer certaines consonnes (souvent les «l» les «s» ou les «r») pendant leurs années de primaire.

«Notre bébé n'émet pas le même genre de balbutiements que son frère aîné à l'âge de six semaines. Devons-nous nous en inquiéter?»

Certains bébés normaux développent leur capacité de langage plus tôt que la moyenne, d'autres le font plus tard. Environ 10 p. cent des bébés commencent leurs balbutiements avant la fin du premier mois; un autre 10 p. cent ne commencent pas avant trois mois. Certains émettent des suites de consonnes avant quatre mois et demi; d'autres n'y arrivent pas avant huit mois. Ceux qui verbalisent précocement peuvent appréhender le langage avec une réelle facilité (quoique l'évidence ne soit pas si clairement établie); ceux qui restent loin derrière, c'est-à-dire dans les derniers 10 p. cent, peuvent présenter un problème de l'ordre du physique ou du développement, mais cela n'est pas très clair non plus. Quoi qu'il en soit, il est certainement trop tôt pour vous inquiéter du cas de votre enfant, étant donné qu'il fait fort probablement partie de la moyenne.

Au cours des prochains mois, s'il vous semble que votre bébé, malgré vos encouragements, arrive constamment loin derrière les exploits mensuels décrits à chaque chapitre, confiez vos inquiétudes au médecin. Une évaluation de sa capacité auditive ou d'autres tests pourraient s'avérer nécessaires. Il se peut que vous soyez si occupée que vous ne remarquiez pas vraiment les réussites vocales de votre bébé (cela arrive parfois avec un deuxième enfant). Dans le cas, fort peu probable, où il y aurait effectivement un problème, une intervention rapide pourrait sans doute remédier à la situation.

LES PIEDS TOURNÉS VERS L'INTÉRIEUR

«Les pieds de notre bébé semblent toujours repliés vers l'intérieur. Est-ce qu'ils se redresseront d'eux-mêmes?»

La réponse est presque certainement oui. La plupart des bébés ont des jambes arquées et des pattes de pigeon. Cela est dû à la courbe rotatrice normale des jambes du nouveau-né, et au fait que l'étroitesse de l'utérus force souvent un pied ou les deux dans des positions bizarres. Lorsqu'il émerge, à la naissance, après avoir passé plusieurs mois dans cette position, les pieds sont encore pliés ou ont l'air de se tourner vers l'intérieur.

Dans les prochains mois, alors que les petits pieds de votre bébé profiteront de leur nouvelle liberté et qu'il apprendra à se soulever, à ramper, puis à marcher, ses pieds se redresseront. Ils le font presque toujours sans besoin de chaussures spécia-

les ou d'appareils, qui constituèrent, pendant un certain temps, le traitement de routine. C'est d'ailleurs sans doute pour cette raison que ces traitements, dont la plupart sont maintenant considérés complètement inefficaces, ont longtemps semblé résoudre ce genre de problème.

Pour vous assurer que les pieds croches de votre bébé ne sont pas causés par une quelconque anomalie, parlez-en à votre prochaine visite chez le pédiatre. Celui-ci a probablement déjà vérifié les pieds de votre enfant pour y déceler toute anomalie possible, mais une nouvelle vérification ne peut pas lui faire de mal. Le médecin s'intéressera également au progrès des pieds de votre bébé à mesure qu'il grandira. Si ses pieds ne semblent pas se redresser d'eux-mêmes, un plâtre ou des chaussures spéciales seront peut-être nécessaires plus tard, au moment jugé opportun par le médecin, selon le problème diagnostiqué.

COMPARER LES BÉBÉS

«Je rencontre un groupe de nouvelles mamans régulièrement, et, inévitablement, elles se mettent toutes à comparer ce que leurs bébés ont fait. Cela me rend folle et je m'inquiète que mon bébé ne se développe pas normalement.»

S'il y a une chose capable de générer plus d'angoisse qu'une pièce remplie de femmes enceintes comparant leur ventre, c'est bien une pièce remplie de nouvelles mamans comparant leurs bébés. Deux nouveau-nés sont tout aussi différents l'un de l'autre que deux ventres de femmes enceintes. Les échelles de développement (comme celles que vous pouvez trouver dans chacun des chapitres de ce livre) servent à comparer votre bébé à une large moyenne d'enfants normaux, de manière à établir ses progrès et à identifier quelque défaillance. Mais le fait de comparer votre bébé à celui de quelqu'un d'autre, ou à l'un de vos enfants plus âgés, ne peut que vous apporter craintes et frustrations inutiles. Deux bébés parfaitement «normaux» peuvent se développer de manières complètement différentes dans diverses matières : l'un peut être bon gagnant au point de vue vocal et social, alors que l'autre réussira des exploits physiques, comme de se retourner très tôt. Ces différences entre enfants deviendront même de plus en plus évidentes à mesure que passera la première année : l'un peut ramper très tôt et ne pas marcher avant 15 mois; un autre peut ne jamais apprendre à ramper et se mettre tout à coup à faire quelques pas vers 10 mois à peine. De plus, l'avis d'une mère est toujours hautement subjectif lorsqu'elle établit les progrès de son bébé, et pas nécessairement tout à fait précis. Une mère pourrait même ne pas reconnaître les fréquents balbutiements de son bébé comme le début du langage, alors qu'une autre s'écriera au moindre babillage : «Il a dit «maman»!»

Ceci dit, il est plus facile, théoriquement, d'affirmer qu'il n'est pas bon de comparer les bébés, que de cesser de le faire réellement ou d'éviter celles qui le font. Plusieurs «comparatrices» compulsives sont incapables de s'asseoir à quelques mètres de vous dans un autobus, dans une salle d'attente ou dans un parc sans vous assaillir de petites questions bien innocentes qui mèneront subrepticement aux inévitables comparaisons entre bébés : «Quel adorable bébé! Il se tient déjà assis? Quel âge a-t-il?». Le meilleur avis que l'on puisse donner, si vous ne pouvez éviter ce genre de rencontre, c'est de toujours vous souvenir de la totale futilité de ces comparaisons. Votre bébé est unique en son genre, tout comme le fut votre ventre avant lui.

UTILISER UN SAC VENTRAL

«Nous avons l'habitude de transporter notre enfant dans un sac ventral. Croyez-vous que ce soit une bonne idée?»

Quoique les sacs ventraux — poches de tissu dans lesquelles vous glissez bébé pour le porter contre votre corps — soient populaires depuis quelques années seulement dans nos sociétés modernes, ils ont servi (d'une manière ou d'une autre) au transport des bébés dans plusieurs cultures depuis des temps préhistoriques. Il y a au moins trois bonnes raisons à cela. Premièrement, les bébés sont habituellement très heureux de se promener dans une poche; ils apprécient le mouvement doux et régulier de la marche et la proximité d'un corps chaud. Deuxièmement, les bébés sont portés à moins pleurer le reste de la journée, lorsqu'on les transporte beaucoup, ce qui est plus facile quand on utilise un sac ventral. Troisièmement, les sacs ventraux assurent aux mamans, papas et autres personnes responsables des enfants, une plus grande liberté de mouvement pour s'occuper de leurs tâches journalières tout en transportant bébé.

Mais si les sacs ventraux sont une bénédiction pour les parents d'aujourd'hui, ils présentent aussi certains inconvénients :

Surchauffement. Pendant une journée très chaude, même le bébé vêtu très légèrement peut mijoter dans un sac ventral, surtout dans un modèle qui cache les jambes, les pieds et la tête, ou qui est fait d'un tissu très épais, comme le velours côtelé. Il peut en résulter de l'irritabilité ou un coup de chaleur. Si vous utilisez un sac ventral pendant l'été ou dans des pièces surchauffées, assurez-vous souvent que votre bébé ne transpire pas ou que son corps n'est pas plus chaud que le vôtre. S'il semble souffrir d'une chaleur excessive, enlevez-lui quelques vêtements ou sortez-le complètement du sac ventral.

Manque de stimulation. Le bébé qui se trouve constamment enfermé dans un sac ventral, avec votre poitrine pour seul horizon, ou, s'il relève la tête, votre visage, n'a pas les occasions dont il a besoin pour voir le monde qui l'entoure. Ce n'est pas un problème majeur au cours des quelques premières semaines de sa vie, alors que les intérêts d'un bébé se limitent habituellement à ses besoins primaires de confort, mais ça peut l'être maintenant, alors qu'il est prêt à élargir ses horizons. Procurez-vous plutôt un sac ventral convertible, dans lequel bébé sera tourné vers vous au moment de la sieste, et vers l'extérieur pour s'intéresser à ce qui se passe autour de lui. Sinon limitez ses séjours aux seuls moments ou il veut dormir, ou lorsque c'est l'unique moyen de le calmer et que vous avez besoin de vos bras pour vaquer à d'autres occupations. Autrement, servez-vous d'une poussette ou d'un porte-bébé.

Trop de sommeil. Les enfants que l'on transporte dans un sac ventral sont enclins à dormir beaucoup, souvent bien plus qu'ils n'en ont réellement besoin, ce qui entraîne deux résultats dont on se passerait bien. D'abord, les bébés s'habituent à faire de petites siestes ici et là (15 minutes pour une course au supermarché, 20 lorsque vous sortez le chien) plutôt que de faire de plus longues siestes dans leur couchette. Ensuite, ils peuvent arriver à si bien se reposer pendant le jour qu'ils n'y parviendront pas la nuit. Si votre bébé tombe immédiatement endormi lorsque vous le mettez dans le sac ventral, abstenez-vous, à moins que vous n'espériez qu'il fasse une sieste et seulement si vous prévoyez le transporter ainsi pendant toute la durée de sa sieste.

Trop de secousses. Le cou d'un tout petit bébé n'est pas encore assez fort pour soutenir sa tête lorsque vous le secouez et le balancez beaucoup. Quoique le fait de faire votre jogging avec votre petit bien en sécurité dans un sac ventral puisse vous sembler la manière idéale de faire de l'exercice tout en contenant votre bébé, les secousses qu'il subira pourraient présenter certains risques. Attachez-le plutôt dans sa poussette lorsque vous allez courir; vous l'apprécierez mieux tous les deux.

Alors qu'une utilisation judicieuse du sac ventral peut être excellente pour la mère et pour son bébé, il est encore trop tôt pour commencer à vous servir d'un sac de dos. Le bébé n'est pas prêt pour ce moyen de transport avant de pouvoir s'asseoir de lui-même.

LA VACCINATION

«Le pédiatre de mon enfant dit que la vaccination ne présente aucun danger. Mais j'ai entendu beaucoup d'histoires d'horreur à propos de réactions très graves, voire fatales; et j'ai peur de le laisser donner les doses nécessaires à mon bébé.»

Nous vivons dans une société où l'on considère qu'une bonne nouvelle est de n'avoir pas de nouvelle du tout. Une histoire qui raconterait les effets positifs de la vaccination ne pourrait jamais entrer en compétition avec celle d'un cas extrêmement rare de complications fatales qui lui seraient associées. Aussi est-il probable que les parents d'aujourd'hui aient beaucoup plus entendu parler des dangers de la vaccination que de ses bienfaits. D'ailleurs, comme votre pédiatre vous l'a sans doute dit, pour la plupart des enfants, ces bienfaits continuent, et de loin, à surpasser les risques.

Il n'y a pas si longtemps, les causes les plus courantes de mortalité infantile étaient les maladies infectieuses, comme la diphtérie, la fièvre typhoïde et la variole. La rougeole et la coqueluche étaient si courantes que l'on s'attendait que tous les enfants en soient atteints. De fait, des centaines de bébés, spécialement les tout-petits, mouraient ou restaient handicapés en permanence à cause de ces maladies. Les parents redoutaient l'arrivée de l'été et les épidémies de paralysie infantile (polio), qui surgissaient presque invariablement avec la belle saison, tuant ou estropiant des milliers de bébés et de jeunes enfants. De nos jours, la variole a été pratiquement enrayée, et la diphtérie et la typhoïde sont extrêmement rares. Chaque année, seul un faible pourcentage d'enfants sont atteints de rougeole ou de coqueluche, et la paralysie infantile est désormais une maladie que les jeunes mamans ne redoutent plus ou même dont elles ont à peine entendu parler. Il y a maintenant plus de probabilités qu'un bébé meure de n'avoir pas été bien attaché dans une voiture en marche, que d'avoir attrapé une maladie contagieuse. Et c'est grâce à la vaccination.

Le principe de la vaccination est basé sur le fait que des germes morts, vivants ou atténués (sous forme de vaccins) ou les poisons (toxines atténuées) qu'ils produisent, rendus inoffensifs par une exposition à des températures très élevées, par des substances ou traitements chimiques (alors appelés toxoïdes), ou par broyage, forceront l'individu à produire des anticorps qui se développeraient si la personne avait effectivement contracté la maladie. Munis d'une mémoire spéciale unique au système immunitaire, ces anticorps reconnaîtront le germe spécifique, s'il venait à attaquer plus tard, et le détruiront.

Même les anciens reconnaissaient que lorsqu'une personne survivait à une maladie particulière, il était peu probable qu'elle contracte cette maladie encore une fois; par conséquent, les survivants d'un fléau s'occupaient souvent des soins aux nouvelles victimes. Bien que certaines sociétés aient expérimenté des formes sommaires de vaccination, ce fut Edward Jenner, un médecin écossais, qui, le premier, décida de tester la vieille croyance voulant qu'une personne qui a contracté la vaccine

(très bénigne chez l'homme), ne serait jamais atteinte de petite vérole (beaucoup plus virulente) : la vaccination venait d'être inventée. Jenner retira du pus des plaies d'un marchand de lait infecté par la vaccine et l'injecta dans deux petites coupures pratiquées dans le bras d'un garçon de huit ans en parfaite santé. L'enfant eut un léger accès de fièvre une semaine plus tard, et deux petites cicatrices sur le bras. Ensuite, lorsqu'on lui inocula la petite vérole, il ne contracta pas la maladie : il était immunisé.

Aujourd'hui, la vaccination sauve des centaines de vies humaines chaque année. Mais elle n'est pas parfaite. La plupart des enfants réagissent à peine à la vaccination. Quoi que certains deviennent malades, très peu présentent des complications sérieuses. Avec certains types de vaccins, il peut y avoir un risque extrêmement mince de séquelles graves ou permanentes, voire de mort. Comme les avantages de traverser la rue ou de faire une promenade dans la voiture familiale dépassent toutefois les risques que ces activités représentent, les bienfaits de la protection contre les maladies graves surpassent largement les risques de la vaccination pour chacun, sauf dans le cas des enfants à risques élevés (voir page 191). Et tout comme vous prenez des mesures visant à diminuer les risques lorsque vous traversez la rue (en attendant le feu vert et en regardant de chaque côté) ou que vous faites une promenade en automobile (en conduisant prudemment et en vous servant des sièges d'auto et des ceintures de sécurité), vous devriez prendre des mesures de précaution lorsque votre enfant se fait vacciner (en étant attentifs et en rapportant les effets secondaires, et en vous assurant que votre petit est en bonne santé avant de recevoir ses premières doses).

Le premier type de vaccin administré à une très grande échelle, le vaccin contre la variole, a eu un tel succès qu'il n'est plus nécessaire de nos jours. La maladie semble avoir complètement disparu d'un bout à l'autre de la planète. Il est à espérer que la vaccination enrayera un jour tous les fléaux de la Terre. D'ici là, sauf pour quelques exceptions, votre bébé recevra probablement les vaccins suivants, à partir de deux mois, et tout au cours de son enfance :

DCT. Le premier vaccin que devrait recevoir votre bébé est le DCT, contre la diphtérie, la coqueluche et le tétanos. Alors que les réactions à d'autres toxoïdes sont extrêmement rares, il est très courant que les bébés réagissent au vaccin contre la coqueluche (voir page 190). La plupart des parents ne sont pas particulièrement inquiets des fréquentes réactions mineures ou modérées provoquées par ce vaccin. Toutefois plusieurs sont tout à fait déroutés par les cas occasionnels de lésions cérébrales et de mort résultant des réactions plus violentes, dont les experts croient maintenant qu'elles sont moins courantes qu'ils ne l'avaient d'abord soupçonné. Un nouveau vaccin contre la coqueluche, dont on espère qu'il causera moins d'effets secondaires, est présentement à l'étude et sera mis sur le marché dès que son efficacité et sa sécurité (qui posent encore quelques problèmes) seront prouvées. D'ici là, aussi minces que puissent être les risques, il est bon de prendre les précautions qui suivent pour vous assurer que votre bébé est vacciné en toute sécurité :

■ Veillez à ce que votre médecin procède à un examen complet de votre bébé avant l'inoculation du DCT, pour vous assurer qu'aucune maladie encore non apparente ne commence à se développer.

■ Observez votre bébé soigneusement au cours des 72 heures suivant la vaccination (surtout les premières 48 heures), et informez *immédiatement* le médecin si vous notez des réactions violentes. Pendant sept jours, continuez à l'observer pour une possible inflammation du cerveau (voir page 190).

■ Demandez au médecin d'inscrire le nom du manufacturier et le numéro du lot du vaccin dans le dossier de votre enfant, en même temps que toute réaction dont vous l'aurez informé. Demandez une copie pour vos dossiers personnels. Les réactions violentes devraient être rapportées au DSC (département de santé communautaire).

■ Lors de votre prochain rendez-vous pour la deuxième dose du DCT, rappelez au médecin ou à l'infirmière *toute* réaction antérieure provoquée par ce vaccin.

■ Si vous éprouvez des craintes au sujet de la sécurité des vaccins, parlez-en avec le pédiatre.

Il est bien de prendre toutes les précautions possibles, mais paniquer et refuser que l'on administre, à un enfant qui ne présente pas de risques, un vaccin capable de le protéger contre la diphtérie, le tétanos et la coqueluche, ne constituent pas une solution logique. Si les parents se mettaient à boycotter le DCT sur une large échelle, nous devrions bientôt faire face à un retour de ces maladies dans des proportions épidémiques, avec les morts et les séquelles graves que cela entraîne souvent. Récemment, en Angleterre et au Japon, une baisse énorme des vaccinations contre la coqueluche, due à la crainte du public, fut suivie d'une augmentation tout aussi grande des cas de coqueluche. La même chose pourrait survenir ici.

Sabin. Le vaccin contre la polio sauve des vies depuis plus de 30 ans; il n'y a eu que quelques rares cas de polio au pays, depuis l'institution de ce vaccin à l'échelle nationale. Habituellement, les enfants en reçoivent quatre doses (orales) avant d'entrer à l'école primaire : à deux et quatre mois, à dix-huit mois et entre quatre et six ans. Certains médecins donnent une dose additionnelle à six mois, soit parce que l'enfant vit dans une région à haut

CE QU'IL IMPORTE DE SAVOIR À PROPOS DU DCT

RÉACTIONS COURANTES AU DCT

Les réactions au DCT suivantes s'inscrivent par ordre de fréquence, en commençant par les trois plus courantes, que présentent environ la moitié des enfants immunisés. Toutes ces réactions ne durent habituellement qu'une journée ou deux.

- Douleur à l'endroit de l'injection;
- perte d'appétit;
- fièvre faible à moyenne (38 à 40 °C [100 à 104 °F], vérifiée rectalement);
- pleurnicheries;
- rougeurs à l'endroit de l'injection;
- vomissements.

On peut donner de l'acétaminophène pour bébés en cas de fièvre ou de douleur. Administrée tout de suite après la vaccination comme mesure prophylactique, elle semble diminuer les réactions de manière significative. Des compresses d'eau chaude à l'endroit de l'injection peuvent également aider à réduire l'inconfort chez le tout-petit. Fièvre et douleur locale causeront sans doute plus de problèmes lors de l'administration des doses subséquentes de DCT, mais les pleurnicheries et les vomissements devraient être moins fréquents.

QUAND APPELER LE MÉDECIN

Si votre bébé montre n'importe laquelle des réactions suivantes dans les 48 heures suivant une injection de DCT, avisez-en votre médecin, ou le DSC. Plus on peut amasser d'informations en vue d'évaluations scientifiques, plus grandes sont les chances que l'on réussisse à abaisser les risques éventuels que représentent les vaccins.

- Pleurs et cris aigus ininterrompus pendant plus de trois heures d'affilée;
- ensommeillement excessif (bébé est difficile à réveiller);
- manque d'énergie ou pâleur inhabituels;
- température rectale de 40 °C (104 °F) ou plus;
- convulsions.

Les symptômes d'inflammation cérébrale, comme les convulsions ou un changement dans l'état de conscience, pourraient ne pas apparaître au cours de la semaine suivant l'immunisation. (Une étude récente indique que des réactions aussi violentes que celles-là entraînent rarement d'importantes lésions neurologiques permanentes.)

DANS QUELS CAS NE PAS DONNER LE VACCIN ANTI-COQUELUCHEUX

On recommande de ne pas administrer la composante anticoquelucheuse du vaccin DCT aux enfants des catégories suivantes, et de leur administrer un substitut, le DT, ne contenant que les composantes antidiphtériques et antitétaniques :

- Les enfants avec des antécédents de convulsions, à moins que leurs problèmes neurologiques n'aient été réglés, ou jusqu'à ce qu'ils le soient.
- Les enfants chez qui l'on soupçonne une affection du système nerveux, ou chez qui une telle maladie a déjà été diagnostiquée, l'épilepsie, par exemple.
- Les enfants qui ont fait de graves réactions à une première dose de DCT, comme des convulsions, ou une tempé-

rature rectale de 40,6 °C (104,9 °F) ou plus.

• Possiblement, mais en les prenant cas par cas, les enfants qui ont réagi à une dose précédente par des pleurs d'une intensité inhabituelle, par des pleurs persistants pendant plus de trois heures d'affilée, par un ensommeillement ou un manque d'énergie excessif, ou par une pâleur anormale. Parlez de la signification de telles réactions avec le médecin de votre bébé.

• Les enfants qui prennent des médicaments ou qui reçoivent d'autres traitements diminuant la résistance corporelle aux infections (cortisone, certains médicaments contre le cancer ou une thérapie aux radiations).

La politique d'administration du DCT peut varier d'un médecin à l'autre, et il serait bon que vous demandiez à celui de votre enfant quelle est la sienne. La plupart retarderont la dose pour un bébé qui présente de la fièvre, et certains le feront même pour un simple rhume. Beaucoup attendent jusqu'à un mois après un accès de fièvre pour administrer le DCT. En général, on ne retarde pas la vaccination quand un enfant présente fréquemment de la congestion nasale causée par des allergies plutôt que par une quelconque infection.

Durant une épidémie, même les enfants à risque élevé sont généralement immunisés, étant donné que les dangers, que représente la coqueluche elle-même, qui tue 1 enfant infecté de plus de six mois sur 100, est beaucoup plus grave que celui encouru en recevant le vaccin.

On recommande habituellement que les doses de rappel administrées après l'âge de sept ans ne contiennent pas le vaccin anticoquelucheux, étant donné que la maladie est alors moins dangereuse et moins courante passé cet âge et que les dangers reliés au vaccin s'accentuent. On suggère aussi de réduire la dose du vaccin antidiphtérique après sept ans, alors que les réactions ont tendance à être plus violentes. Le vaccin combiné pour les enfants plus âgés est appelé DT, et des doses de rappel sont recommandées à tous les 7 ou 10 ans, durant toute la vie.

risque, ou parce qu'il est possible qu'il ait perdu une partie de la précédente dose (peut-être a-t-il craché ou vomi le vaccin, ou peut-être est-il passé dans une diarrhée).

On reconnaît que ce vaccin ne présente à peu près pas de danger, et les enfants ont rarement des réactions à la suite d'une dose. Il existe cependant un risque minime (environ 1 sur 8,7 millions) de paralysie et un autre, à peine plus élevé (1 sur 5 millions) qu'un parent, ou un autre membre de la famille particulièrement sensible, ne contracte la polio de l'enfant immunisé.

L'administration du vaccin vivant et oral de la polio est habituellement retardée quand un bébé souffre d'un maladie plus grave qu'un rhume. On ne devrait pas le donner à un enfant atteint de cancer, ou dont le système immunitaire est soit déficient, soit neutralisé par la maladie ou par un traitement médical, ou à un enfant vivant dans une maison où habite une personne dont le système immunitaire est affaibli. Il existe un vaccin injectable et non activé, passant directement dans le sang, pour ceux qui pourraient communiquer, à travers des selles infectées, un vaccin oral à un membre prédisposé de la famille, ou pour les bébés qui ont eux-mêmes un système immunitaire défaillant.

Rougeole, rubéole et oreillons (MMR). Il est possible que vous n'ayez pas été immunisée contre ces maladies infantiles courantes durant votre enfance. Votre bébé, lui, le sera fort probablement, habituellement avec un vaccin combiné à l'âge de 12 à 15 mois, parce qu'il serait moins efficace administré plus tôt. La rougeole, quoique l'on s'en moque souvent, est en réalité une maladie grave qui peut parfois avoir des complications sérieuses et même fatales. De son côté, la rubéole, également connue sous le nom de rougeole allemande, est souvent si bénigne que l'on n'en reconnaît même pas les symptômes. Mais parce qu'elle peut causer des malformations congénitales chez le foetus d'une femme enceinte infectée, on recommande l'immunisation des très jeunes enfants, d'abord pour protéger les foetus futurs des bébés filles, puis pour réduire les risques que des enfants infectés n'exposent leur maman enceinte à la maladie. Il est rare que les oreillons causent de graves problèmes durant l'enfance, mais étant donné qu'ils peuvent avoir des conséquences très graves (comme la stérilité ou la surdité) chez les adultes, on recommande une immunisation précoce.

Les réactions au MMR sont assez courantes, mais elles sont en général bénignes et n'apparaissent habituellement pas avant une ou deux semaines après l'injection. Environ 1 enfant sur 5 présentera une éruption cutanée ou une faible fièvre durant quelques jours, en réaction aux composantes de la rougeole. Environ 1 bébé sur 7 présentera une éruption ou une enflure des ganglions situés dans le cou, et 1 enfant sur 20, un malaise ou une enflure au niveau des jointures, à cause des composantes de la rubéole, parfois aussi tard que trois semaines après l'injection. À l'occasion, les composantes des oreillons peuvent causer l'enflure des glandes salivaires. Les oreilles qui tintent, les sensations d'engourdissement, ou la douleur dans les mains et les pieds, difficiles à diagnostiquer chez les tout-petits, sont beaucoup moins courantes, tout comme les allergies. Il est égale-

ment possible (mais les experts n'en sont pas certains), que le vaccin MMR cause l'encéphalite (inflammation du cerveau), des convulsions accompagnées de fièvre, ou de rares cas de surdité neurosensorielle.

La prudence est de mise si l'on veut administrer ce vaccin à un enfant atteint d'une maladie plus grave qu'un rhume léger, à quelqu'un atteint de cancer ou d'une maladie qui diminue sa résistance aux infections, à quiconque prend des médicaments susceptibles de diminuer sa résistance, ou à quiconque a reçu des gammaglobulines au cours des trois mois précédents. Le MMR pourrait également représenter un danger pour ceux qui ont fait une allergie *violente* aux oeufs ou à un antibiotique appelé néomycine requérant une intervention médicale.

Vaccin contre la varicelle. La varicelle est une maladie infectieuse bénigne, à virus, qui ne présente pas d'effets secondaires graves. Toutefois, il peut y avoir des complications, comme le syndrome de Reye et des infections bactériennes; la maladie peut s'avérer fatale pour les enfants à risque élevé, comme ceux atteints de leucémie ou d'une immunodéficience, ou dont la mère avait été infectée juste avant la naissance. Un vaccin contre la varicelle, qui assurerait une protection à long terme, est présentement à l'étude, mais son usage systématique sur les enfants en santé n'est pas encore recommandé.

Vaccins contre l'Hémophylus B. Ce type de vaccins veut contrecarrer les bactéries morbides de l'Hémophylus B, qui sont la cause d'une grande quantité d'infections graves chez les bébés et les jeunes enfants. En Amérique du Nord, ce germe est responsable annuellement d'environ 12 000 cas de méningite chez les enfants (tuant 15 p. cent de ceux-ci et causant des séquelles neurologiques une fois sur trois), et de presque tous les cas d'épiglottite (une infection parfois fatale obstruant les voies respiratoires). C'est aussi la cause principale de la septicémie (infection sanguine), de la cellulitite (infection de la peau et des tissus conjonctifs), de l'ostéomyélite (infection des os et des articulations), et de la péricardite (infection de la membrane entourant le coeur).

Étant donné la forte probabilité que ce micro-organisme frappe les bébés et les enfants de moins de deux ans, l'autorisation d'un vaccin conjugué capable de le vaincre chez les enfants a été un grand pas en avant. Les tests ont montré qu'il était plus efficace que les vaccins qui l'ont précédé et qu'il présentait peu (sinon pas du tout) d'effets secondaires (l'une des études n'enregistrait pas plus d'effets secondaires dans le cas du vaccin que dans celui du placebo). On recommande l'administration de ce vaccin à 18 mois, mais il est probable que l'on révise cette recommandation dès que l'on recevra l'autorisation de l'administrer à des petits bébés[2].

Comme pour les autres vaccins, les vaccins contre l'Hémophylus ne devraient pas être administrés à l'enfant atteint d'une maladie plus grave qu'un simple rhume, ou qui peut présenter des allergies à l'une des composantes (vérifiez auprès de votre médecin). Quoique les effets secondaires soient rares, un faible pourcentage d'enfants seront fiévreux, auront des rougeurs ou une certaine sensibilité à l'endroit de la piqûre, souffriront de diarrhée, régurgiteront et seront portés à pleurer après avoir reçu le vaccin contre l'Hémophylus.

Si, pour quelque raison que ce soit, n'importe lequel des vaccins de votre bébé

était retardé, il n'y a pas lieu de vous inquiéter. L'immunisation peut être reprise où on l'a laissée, sans qu'il soit nécessaire de tout recommencer.

VACCIN CONTRE LA GRIPPE

«Tout le monde parle d'une grande épidémie de grippe qui s'en vient et de la nécessité d'un vaccin. Est-ce que mon bébé de deux mois devrait être vacciné?»

En général, la grippe est une maladie bénigne comportant très peu de complications graves chez les personnes en santé, et ne s'attaquant pas à tout le monde, même lors d'épidémies. À cause de cela, et parce que le vaccin contre la grippe n'agit qu'à court terme et seulement contre les virus actifs durant l'année (et non pour l'année suivante), on le recommande seulement pour les enfants à risque élevé : ceux qui sont atteints d'une maladie grave du coeur ou des poumons, ceux qui présentent une déficience du système immunitaire ou qui souffrent de dépranocytose (anémie à hématies falciformes) ou d'une maladie du sang semblable. Bien que les nouveau-nés soient particulièrement sensibles aux virus de la grippe, il n'est actuellement pas recommandé de les immuniser, parce que nous en savons encore bien peu sur les bienfaits et les risques encourus par les bébés de moins de six mois qui reçoivent ce vaccin.

Si votre bébé est en bonne santé, votre médecin vous dira probablement que le vaccin contre la grippe n'est pas nécessaire. Si, pour quelque raison que ce soit, votre médecin suggérait que votre enfant soit immunisé contre la grippe, assurez-vous qu'on ne lui injectera pas ce vaccin en même temps que le DCT. Ces vaccins

---

2. Le vaccin précédent n'était pas uniformément efficace à travers les États-Unis, durant sa première année d'utilisation. Quoiqu'il diminuait avec succès les cas d'infections à l'Hémophylus dans presque tous les coins du pays, pour des raisons inconnues, il semblait augmenter les risques de la maladie dans certaines régions (l'État du Minnesota, par exemple). On a bon espoir que cela ne se produise pas avec le nouveau vaccin conjugué.

TABLEAU DES VACCINATIONS AU QUÉBEC

ÂGE	DCT	SABIN	MMR	dT
2 mois	•	•		
4 mois	•	•		
6 mois	•			
12 à 15 mois			•	
18 mois	•	•		
4 à 6 ans	•	•		
14 à 16 ans				•

Note : Les vaccinations contre la typhoïde, la tuberculose, l'influenza, le choléra, l'hépatite B et la fièvre jaune sont recommandées à certains groupes particuliers. Consultez votre médecin ou votre CLSC à ce sujet.

combinés augmenteraient les risques de réactions[3].

Ne confondez pas le vaccin contre la grippe avec celui de l'Hémophylus Influenza de type B (Hib), qui fait partie de la routine recommandée.

TESTICULES NON DESCENDUS

«Mon fils est venu au monde avec des testicules non descendus. Le médecin a dit qu'ils descendraient probablement de l'abdomen lorsqu'il aurait atteint un mois ou deux, mais ils ne sont pas encore descendus.»

3. Le vaccin contre la grippe ne devrait jamais être administré aux personnes présentant une allergie aux oeufs, ce qu'il est impossible de savoir quand on a un bébé de six mois, mais que l'on connaît quand l'enfant est immunisé à un âge plus avancé.

On pourrait trouver bizarre que les testicules se situent dans l'abdomen, mais c'est tout à fait normal. Les testicules chez les garçons et les ovaires chez les filles se développent dans l'abdomen du foetus à partir du même tissu embryonnaire. Les ovaires, évidemment, y demeurent. Les testicules sont censés descendre dans l'aine à travers le canal inguinal, jusqu'au sac scrotal à la base du pénis, aux environs du huitième mois de gestation. Dans 3 ou 4 p. cent des cas de garçons nés à terme pourtant, et dans le tiers des cas de garçons prématurés, ils ne descendent pas avant la naissance. Le résultat : des testicules non descendus (ectopie testiculaire).

À cause des habitudes migratoires des testicules, il n'est pas toujours facile de déterminer s'ils sont descendus ou non. Normalement, les testicules se tiennent loin du corps lorsqu'ils sont menacés ou surchauffés (mécanisme protégeant la production de sperme des températures trop chaudes). Mais ils se rétractent à l'intérieur du corps lorsqu'ils ont froid (mécanisme protégeant la production de sperme des températures trop basses) ou lorsqu'ils sont manipulés (autre réaction de protection, pour éviter les mauvais traitements). Chez certains garçons, les testicules sont particulièrement sensibles et passent beaucoup de temps cachés à l'intérieur du corps. Chez la plupart, le testicule gauche descend plus bas que le droit, pouvant faire croire que celui-ci n'est pas descendu (ce qui peut inquiéter beaucoup de jeunes garçons). On diagnostiquera un ou deux testicules non descendus, seulement lorsque l'un ou les deux n'ont jamais été aperçus dans le scrotum, pas même lorsque le bébé est dans un bain d'eau chaude.

Un testicule non descendu ne cause aucune douleur et aucune difficulté à uriner et, comme vous l'assurera votre médecin, il descendra habituellement de lui-même. À l'âge de un an, seulement 3 à 4 garçons sur 1000 ont encore les testicules non descendus. Dans les rares cas où les testicules restent plus de cinq ans dans l'abdomen, il est recommandé de procéder à une chirurgie, et cela se passe normalement avec succès.

LES HERNIES

«J'ai été très bouleversée lorsque le pédiatre m'a appris que mes jumeaux présentaient tous les deux une hernie inguinale nécessitant une intervention chirurgicale.»

On s'imagine souvent qu'une hernie ne peut arriver qu'à un homme adulte qui aurait tenté de soulever une charge trop lourde. Mais les hernies ne sont pas inhabituelles chez les nouveau-nés, tout spécialement chez ceux qui sont venus au monde prématurément (comme cela arrive souvent aux jumeaux).

Dans le cas d'une hernie inguinale, une partie de l'intestin glisse dans l'un des canaux inguinaux (les mêmes canaux à travers lesquels les testicules descendent jusqu'au scrotum) et vient gonfler l'aine. On remarquera d'abord ce défaut à la présence d'une petite protubérance au niveau du pli qui se forme à la jonction de la cuisse et de l'abdomen, surtout lorsqu'un bébé pleure ou qu'il est très actif; la bosse se rétracte normalement lorsque bébé est tranquille. Lorsque la partie d'intestin glisse complètement jusqu'au scrotum, cela peut ressembler à une enflure ou à un grossissement du scrotum, et on peut diagnostiquer une hernie scrotale.

Quoique, la plupart du temps, l'hernie inguinale ne cause aucun problème, il arrive occasionnellement qu'elle s'«étrangle». La partie où se trouve l'hernie se trouvera pincée par la doublure musculaire du canal inguinal, obstruant ainsi le flux du sang et la digestion au niveau des intestins. Il peut en résulter des vomissements, des douleurs violentes et même un choc. Pour cette raison, toute personne qui remarque une bosse ou une enflure au niveau de l'aine ou du scrotum de son enfant devrait en informer le médecin aussitôt que possible. Étant donné que l'étranglement d'une hernie inguinale est plus courant chez les bébés de moins de six mois, les médecins procéderont habituellement à une intervention dès qu'une hernie aura été diagnostiquée, en tenant pour acquis, bien sûr, que le bébé est apte à subir une chirurgie. Ce genre de chirurgie est normalement simple et couronné de succès, et ne requiert qu'une très brève hospitalisation (parfois une journée). Il est très rare qu'une hernie inguinale réapparaisse après une intervention chirurgicale, quoique chez certains enfants, une autre hernie pourrait apparaître plus tard, sur le côté opposé.

Parce que la majorité des hernies inguinales chez les bébés sont diagnostiquées très tôt, la plupart des cas d'étranglement se produisent chez les enfants dont l'hernie n'a pas été préalablement diagnostiquée. C'est pourquoi les parents qui notent chez leur bébé des pleurs soudains de douleur, des vomissements et l'absence de selles, devraient s'assurer que leur enfant n'a pas de bosse au niveau de l'aine. S'il y a effectivement une petite protubérance, il faut appeler le médecin immédiatement. Si l'on n'arrive pas à le joindre, il faudra rapidement transporter bébé jusqu'à la clinique d'urgence la plus proche. Le fait de soulever légèrement le bas du corps de l'enfant et d'y appliquer un sac de glace pendant le trajet pourrait aider l'intestin à se rétracter, mais n'essayez pas de le repousser à l'intérieur avec vos mains. N'offrez ni sein, ni biberon à bébé pour le réconforter, étant donné qu'une intervention chirurgicale sera probablement nécessaire et qu'il est préférable, dans ce cas, d'avoir un système disgestif vide.

LES MAMELONS RÉTRACTÉS

«L'un des mamelons de ma petite fille est rentré par en dedans. Qu'est-ce qui ne va pas?»

Il semble que son mamelon soit rétracté (invaginé ou creux), ce qui est assez courant chez les tout-petits. Il arrive souvent qu'un mamelon rétracté à la naissance se corrige spontanément plus tard. Sinon, cela ne peut pas causer de problème fonctionnel à votre fille, avant qu'elle ne soit prête à allaiter elle-même. À ce moment-là, elle pourra prendre certains moyens pour faire saillir ses mamelons creux.

BÉBÉ REFUSE LE SEIN

«Mon bébé tétait très bien, puis soudainement, il refuse le sein depuis les dernières huit heures. Est-il possible que quelque chose n'aille pas avec mon lait?»

Il se peut que *quelque chose* n'aille pas, mais pas nécessairement avec votre lait. Le refus temporaire du sein n'est pas exceptionnel, et il y a presque toujours une cause spécifique à cela. Voici les raisons les plus courantes de refus du sein :

L'alimentation de la mère. Avez-vous abusé de pâtes au pesto ou de quelque autre mets regorgeant d'ail? Vous êtes-vous gavée de côtes levées à la sauce forte? Avez-vous agrémenté votre fricassée de viande fumée et de choux? Si c'est le cas, votre bébé proteste probablement contre les saveurs très relevées qui altèrent le goût du lait que vous lui offrez. Si vous pouvez déterminer l'aliment qui incommode votre bébé à ce point, évitez d'en manger jusqu'au sevrage.

Un rhume. Les bébés qui n'arrivent pas à respirer à cause de narines embarrassées ne peuvent certes pas téter et respirer par la bouche en même temps, et, ce qui est tout à fait compréhensible, ils choisiront de respirer plutôt que de manger. Servez-vous d'un vaporisateur nasal, débarrassez les narines avec un aspirateur nasal pour enfants, ou demandez au pédiatre de vous prescrire des gouttes pour le nez.

Bébé fait des dents. Quoique la plupart des bébés ne commencent pas leur lutte pour les dents avant cinq ou six mois, quelques-uns commencent plus tôt, et, dans de rares cas, une ou deux dents peuvent apparaître à deux mois à peine. La succion exerce souvent une pression sur les gencives enflées, ce qui peut occasionner des douleurs. Lorsque les dents sont à l'origine du refus du sein, bébé se met habituellement à téter avidement, seulement pour oublier la douleur.

Un mal d'oreilles. Parce qu'un mal d'oreilles peut se répercuter jusqu'aux gencives, les mouvements de succion pendant l'allaitement peuvent aggraver l'inconfort de bébé. Voir le Tome II pour des trucs en cas d'infection des oreilles.

Écoulement du lait trop lent. Le bébé très affamé peut s'impatienter quand le lait ne coule pas immédiatement (chez certaines femmes, l'écoulement peut prendre jusqu'à cinq minutes avant de se produire), et repousser le mamelon furieusement avant que le lait n'ait eu le temps de commencer à jaillir. Pour éviter que cela ne se produise, extrayez un peu de lait avant de mettre bébé au sein, de sorte qu'il sera récompensé de ses efforts dès qu'il se mettra à téter.

Un changement hormonal chez vous. Une nouvelle grossesse (peu probable si vous nourrissez exclusivement au sein, plus susceptible de se produire si vous avez commencé à donner des aliments solides à votre bébé ou de nombreux biberons en supplément) peut produire des hormones venant altérer le goût de votre lait, et suscitant le refus du sein de la part de votre tout petit. Le retour des règles peut donner le même résultat, mais là encore, cela ne se produit habituellement pas avant le début du sevrage.

Vous êtes tendue. Si vous êtes inquiète ou contrariée, vous pouvez communiquer vos tensions à votre bébé, ce qui aurait pour effet de le rendre trop agité pour téter. Détendez-vous.

Bébé est prêt pour le sevrage. Un bébé plus âgé qui refuserait le sein peut essayer de vous dire : «Maman, j'en ai assez de l'allaitement. Je suis prêt à passer à autre chose.» Ironiquement, il semble que les bébés se comportent ainsi alors que les mamans ne sont pas du tout intéressées à cesser d'allaiter, plutôt qu'au moment où la mère est prête à mettre un terme à l'allaitement.

Il arrive parfois qu'il n'y ait pas d'explication évidente au refus soudain du lait maternel. Comme cela arrive aux adultes, un bébé peut ressentir le besoin de sauter un repas ou deux. Heureusement, ce genre d'interruption est le plus souvent temporaire. Si le désintérêt persiste, ou s'il se produit en même temps que d'autres signes de maladie, parlez-en au médecin.

PRÉFÉRENCE POUR UN SEIN

«Il est rare que mon bébé accepte de téter à mon sein gauche, et je remarque qu'il a rapetissé considérablement par rapport au sein droit.»

Certains bébés ont des préférences. Nous ne savons pas vraiment pourquoi un bébé préfère un sein à l'autre. Ce pourrait être que le bras préféré et sans doute le plus robuste de sa mère lui semble plus confortable. Ou que sa mère droitière, est portée à le mettre au sein gauche, de sorte que sa main droite reste libre pour lui permettre de manger, de tenir un livre ou le récepteur du téléphone, laissant ainsi le sein droit diminuer en grosseur et en production. Il se peut aussi que l'un des seins produise mieux que l'autre, parce que le bébé ou la mère favorisait déjà un sein dès l'établissement de la relation d'allaitement, pour des raisons aussi diverses que l'endroit de la douleur provenant d'une césarienne, ou que la place qu'occupe le téléviseur dans la chambre des maîtres.

Quelle qu'en soit la raison, la préférence pour un sein est toute naturelle pour certains bébés, et l'asymétrie des seins l'est autant pour leurs mamans. Bien que vous puissiez essayer d'accroître la production de lait dans le sein délaissé, en vous servant d'un tire-lait quotidiennement ou en commençant chaque séance d'allaitement avec ce sein (si bébé veut bien coopérer), ou en prenant ces deux moyens à la fois, ces efforts pourraient s'avérer inutiles.

Dans plusieurs cas, les mères traversent l'expérience de l'allaitement avec un sein plus gros que l'autre. L'asymétrie diminuera après le sevrage, quoiqu'une différence plus marquée que la normale restera toujours visible. La seule solution efficace entre temps : remplir le bonnet trop grand de votre soutien-gorge avec un coussinet, pour que vos seins paraissent de la même grosseur et que vos vêtements vous aillent mieux.

Il arrive parfois, mais ce sont des cas isolés, qu'un enfant refuse un sein où se développe quelque affection maligne. Alors mentionnez ce soudain penchant de votre enfant à votre médecin.

BÉBÉ CAPRICIEUX

«Notre bébé est adorable, mais il pleure à la moindre contrariété. S'il y a trop de bruit, s'il fait trop clair, ou même lorsqu'il est à peine mouillé. Mon mari et moi sommes en train de devenir fous. Faisons-nous quelque chose de mal?»

Aucun parent ne s'attend à avoir un bébé capricieux. Les jolis rêves de la grossesse vous présentent toujours un bébé qui gazouille, sourit, dort paisiblement, pleure quand il a faim, et devient un jeune enfant au tempérament doux et coopératif. Les bébés criards, inconsolables et désagréables, les enfants qui hurlent sont toujours ceux des étrangers : leurs parents ont tout fait de travers et payent pour leurs erreurs.

Et alors, pour des parents dans votre genre, seulement quelques semaines après la naissance du bébé parfait, la réalité prend le pas sur le rêve. Tout à coup, c'est votre bébé qui pleure tout le temps, qui refuse de dormir, ou qui a l'air perpétuellement malheureux et insatisfait. Alors comment ne pas vous demander : «Qu'est-ce que nous avons fait de mal?»

La réponse est fort probablement «rien», sauf peut-être pour quelque malheureux

gène dont aura hérité votre rejeton, étant donné que le tempérament d'un bébé semble dépendre beaucoup plus de l'hérédité que de l'environnement. Toutefois, la structure de cet environnement peut faire une différence quant à la façon dont ce caractère inné affectera le développement futur de votre enfant. Par exemple, un enfant capricieux, parce qu'il serait plus sensible à la stimulation, aura souvent un quotient intellectuel au-dessus de la normale. L'enfant à problèmes qui, avec l'aide de maman et papa, apprend à orienter et à développer quelques traits innés de sa personnalité, faisant de ses dispositions de réels atouts, aura de bonnes chances de devenir un adulte accompli[4].

Dans cette métamorphose, le rôle des parents est d'une importance primordiale. La première chose à faire est d'identifier lequel de plusieurs types différents de personnalités a pu mener votre bébé au comportement qui pose problème (ce peut être une combinaison). Votre enfant semble être ce que l'on appelle un bébé au seuil de tolérance sensoriel très bas. Une couche mouillée, une robe empesée, un col roulé, une lumière éblouissante, des parasites dans le poste de radio, une couverture piquante, une couchette froide, n'importe lequel ou chacun de ces éléments peuvent déranger indûment un enfant particulièrement sensible aux stimulations sensorielles. Chez certains enfants, les cinq sens — l'ouïe, la vue, le goût, le toucher et l'odorat — sont très facilement saturés; chez d'autres, seulement un ou deux sont à ce point sensibles. Quand on a un enfant au seuil de tolérance sensoriel très bas, on garde le niveau de stimulation sensorielle au plus bas, et on évite les situations spécifiques qui, apparemment, dérangent bébé, comme :

---

4. Pour des conseils judicieux quant au comportement à adopter avec un bébé difficile, voir *Comprendre l'enfant difficile*, Dr Stanley Turecki, M.D., Paris, Marabout, M7, 1990.

■ La sensibilité aux sons. Abaissez le niveau du son dans votre maison en gardant le volume de la radio, du système de son, de la télévision au plus bas ou éteints; en ajustant la sonnerie du téléphone; en demandant aux gens de frapper plutôt que de sonner lorsqu'ils vous rendent visite; en installant des tapis et des draperies où cela est possible, de manière à absorber le bruit. Parlez et chantez doucement à votre enfant, et demandez aux autres d'en faire autant. Assurez-vous qu'aucun dispositif musical ou autre source de bruit ne dérange votre bébé. Si les bruits de l'extérieur font problème, installez un purificateur d'air ou une machine à bruit blanc dans sa chambre, de manière à les empêcher d'y pénétrer.

■ Sensibilité à la lumière ou sensibilité visuelle. Servez-vous de toiles ou de rideaux opaques pour que bébé dorme plus tard le matin et fasse la sieste durant le jour, et évitez les lumières très claires dans les pièces où il se trouve. Ne l'exposez pas à un excès de stimulation visuelle; ne faites pendre qu'un seul jouet au-dessus de sa couchette, et n'en mettez pas plus de deux à la fois dans son parc. Choisissez des jouets doux et aux motifs pastels plutôt que brillants et bigarrés.

■ Sensibilité aux goûts. Si votre bébé est nourri au sein et qu'il passe une mauvaise journée après que vous ayez mangé un repas contenant de l'ail ou de l'oignon, dites-vous que le goût inhabituel de votre lait peut en être la cause. S'il est nourri au biberon et qu'il semble de très mauvaise humeur, présentez-lui une préparation au goût différent. Lorsque vous ajouterez des aliments solides à son régime alimentaire, admettez le fait que votre bébé peut ne pas apprécier toutes les saveurs et même en refuser carrément quelques-unes.

■ Sensibilité au toucher. Certains bébés perdent leur calme dès qu'ils mouillent leur couche; ils s'impatientent lorsqu'ils ont trop chaud ou que les vêtements qu'ils portent sont fabriqués de tissus rugueux; ils crient lorsqu'on les installe dans la baignoire ou qu'on les couche sur un matelas froid; ou, plus tard, lorsque vous lacerez leurs espadrilles sur des chaussettes mal enfilées. Veillez à ce que leurs vêtements soient agréables à porter (tricots de coton aux coutures et aux boutons doux et petits, à agrafes, étiquettes et cols dont la grosseur, la forme ou la situation ne risquent pas d'irriter la peau), à ce que la température de l'eau du bain et celle de la chambre leur soient agréables, et changez les couches fréquemment (les couches jetables absorbantes seront mieux acceptées que les couches de tissu).

Un très faible pourcentage de bébés sont tellement sensibles au toucher qu'ils fuient même les caresses et les étreintes. Ne manipulez pas trop ces enfants; caressez-les avec des mots et communiquez avec eux par des paroles et un contact visuel, plutôt que par des attouchements physiques. Lorsque vous tenez votre bébé, essayez de trouver la manière qui l'ennuie le moins (par exemple, avec fermeté ou tout en douceur).

■ Sensibilité aux odeurs. Il est peu probable qu'une odeur inhabituelle dérange un petit bébé, mais certains enfants peuvent réagir négativement à des senteurs spécifiques avant la fin de la première année. L'arôme des oignons en train de frire, la senteur d'un onguent contre les éruptions cutanées, la fragrance du nouveau parfum de maman ou de la nouvelle lotion après-rasage de papa peuvent toutes rendre un bébé malheureux et agité. Si l'odorat de votre enfant semble particulièrement sensible, évitez les odeurs fortes autant que possible.

■ Sensibilité à la stimulation. Trop de stimulation de quelque sorte que ce soit peut être source de problèmes chez certains enfants. Ces bébés ont besoin d'être manipulés doucement et avec lenteur. Les conversations animées, les mouvements

AVEZ-VOUS UN BÉBÉ CAPRICIEUX?

Le bébé actif. Il arrive souvent que les bébés signalent qu'ils seront plus actifs que la plupart des autres alors qu'ils se trouvent encore dans votre utérus; vos soupçons se confirment peu après la naissance, lorsque les couvertures sont repoussées d'un coup de pied, que les séances de changement de couche et de vêtements se transforment en matches de boxe, et que bébé se retrouve toujours à l'autre bout de la couchette après la sieste. Les bébés actifs représentent un défi constant (ils dorment moins que la plupart, s'agitent lorsque vous les nourrissez, et frôlent constamment le danger de se blesser), mais ils peuvent également être une vraie source de joie (ils sont habituellement très éveillés, intéressés et intéressants, et ils font des progrès rapides). Même si vous ne voulez pas réprimer un tel enthousiasme et une nature aussi aventureuse, vous aurez sans doute autant à coeur de prendre certaines mesures de sécurité, que de trouver des manières de calmer votre bébé pour le nourrir et le mettre au lit. Les conseils qui suivent pourraient vous être utiles :

■ Pour un bébé qui repousse les couvertures à coups de pieds, servez-vous de pyjamas à pattes chauds pendant la saison froide et de pyjamas légers lorsqu'il fait chaud.

■ Soyez particulièrement prudente et ne laissez jamais un enfant actif sur un lit, sur une table à langer, ou sur toute surface élevée, même pour une seconde : il arrive souvent qu'ils apprennent à se retourner très tôt, et parfois lorsque vous vous y attendez le moins. La courroie de sûreté peut devenir très utile lorsque bébé se trouve sur la table à langer, mais vous ne devez pas vous y fier si vous vous tenez à plus d'un pas de votre tout-petit.

■ Ajustez le matelas de la couchette à son plus bas niveau dès que votre bébé actif peut se tenir assis tout seul, même pendant quelques secondes seulement : la prochaine étape pourrait consister à se soulever et à passer par-dessus les barreaux de la couchette. Gardez tout objet sur lequel un bébé peut grimper hors de son lit et de son parc.

■ Ne laissez jamais un bébé actif dans un porte-bébé, sauf au milieu d'un lit double (ou plus grand) ou sur le plancher : ce genre d'enfant bouge assez pour faire basculer le siège de façon inquiétante. Bien sûr, bébé devrait toujours y être attaché.

■ Apprenez à reconnaître ce qui peut ralentir votre bébé actif : de la musique douce (votre propre voix, un disque ou une cassette), un bain chaud (mais ne le laissez jamais seul dans la baignoire), ou un joli livre d'images (quoique les enfants actifs ne soient peut-être pas prêts à ce genre d'activité aussi jeunes que les enfants plus tranquilles). Inscrivez les activités tranquillisantes à l'horaire de votre bébé avant les séances d'allaitement ou l'heure du dodo.

Le bébé irrégulier. Entre 6 et 12 semaines, au moment où les autres semblent s'habituer à un horaire et devenir plus prévisibles, ces bébés deviennent plus imprévisibles. Non seulement ne suivent-ils pas leur propre horaire, mais encore refusent-ils absolument tous les horaires que vous pouvez essayer de leur faire adopter.

Plutôt que vous plier aux caprices de ce genre d'enfant et de laisser le chaos s'installer dans votre foyer, plutôt que de prendre vous-même les cordeaux et d'imposer un horaire rigide contraire à la nature de votre tout-petit, essayez de trouver un juste milieu. Pour l'amour de vous et de votre enfant, il est indispensable d'instaurer un minimum d'ordre dans vos vies, mais essayez, autant que possible, d'organiser votre horaire en tenant compte de toute tendance naturelle chez votre bébé. Vous devriez peut-être tenir un journal dans lequel vous noteriez le moindre détail susceptible de vous mettre sur la piste de certains aspects récurrents d'une journée de votre bébé, comme le besoin d'être nourri aux environs de 11 heures tous les matins, l'habitude de pleurnicher tous les soirs à 19 heures, etc.

Essayez de parer à ce qui est imprévisible avec ce qui est prévisible. Cela veut dire essayer, autant que possible, de faire les choses à la même heure et de la même manière jour après jour. Allaitez dans la même chaise lorsque la chose est possible, donnez le bain à la même heure chaque jour, utilisez toujours la même méthode pour le calmer (chanter ou le bercer; n'importe quel truc qui fonctionne bien). Essayez de nourrir bébé aux mêmes heures (ou environ) chaque jour, même s'il ne semble pas avoir faim, et tenez-vous-en à cet horaire, même s'il présente des signes de faim entre les repas, en lui offrant une petite collation si nécessaire. Facilitez l'intégration de votre enfant à une journée structurée, plutôt que de le forcer. Ne vous attendez pas à ce qu'il devienne vraiment régulier : contentez-vous d'un peu moins de chaos.

Les nuits peuvent devenir une réelle torture avec un bébé imprévisible, parce qu'il ne différencie pas le jour de la nuit.

Vous pouvez essayer les trucs pour tenter de régler les problèmes de sommeil (page 149) et les problèmes de différenciation du jour et de la nuit (page 148), mais il est fort possible que ces trucs ne fonctionne pas pour le bébé qui voudra rester éveiller toute la nuit. Pour survivre à cela, maman et papa devront peut-être alterner les nuits de veille ou se partager un horaire de relève jusqu'à ce que les choses s'améliorent, ce qui arrivera probablement si vous persistez et que vous gardez votre calme. Dans des situations extrêmes, le médecin pourrait recommander un sédatif (pour le bébé, pas pour vous) pour calmer votre enfant assez pour vous permettre de travailler à l'établissement d'une quelconque routine de sommeil.

Le bébé qui s'adapte difficilement. Ce genre de bébé refuse systématiquement tout ce qui n'est pas familier : nouveaux objets, nouvelles personnes, nouveaux aliments. Certains se contrarient de toute modification, même des changements aussi banals que le transport de la maison à la voiture. Si votre bébé se conforme à cette description, essayez d'instaurer un horaire quotidien sans trop d'imprévus. Boires, bains et siestes devraient toujours avoir lieu au même moment et au même endroit, avec aussi peu d'accrocs à la routine que possible. Introduisez-y des jouets nouveaux et des personnes inconnues (et des aliments, lorsque bébé sera prêt), très graduellement. Par exemple, faites pendre un nouveau mobile au-dessus de son lit pendant une minute ou deux seulement. Enlevez-le, puis rapportez-le quelques instants plus tard et laissez-le en place un peu plus longtemps. Continuez à augmenter le temps d'exposition de l'objet jusqu'à ce que

(suite page suivante)

(suite de la page précédente)

bébé semble prêt à l'accepter et à s'en amuser. Introduisez tous les autres nouveaux objets et jouets de la même manière. Arrangez-vous pour que les personnes qui lui sont encore inconnues passent beaucoup de temps dans la même pièce que lui sans s'en approcher, puis permettez-leur de lui parler à distance et ensuite de communiquer d'un peu plus près, avant de tenter le moindre contact physique avec votre bébé. Plus tard, lorsque le temps sera venu d'ajouter les aliments solides à son alimentation, introduisez tout nouvel aliment très graduellement, en commençant par de toutes petites portions et en augmentant la portion chaque jour pendant une semaine ou deux. N'ajoutez pas de nouvel aliment avant que le dernier ne soit tout à fait accepté. Évitez tout changement inutile lorsque vous faites des achats : un biberon de forme et de couleur différente, un nouveau gadget sur la poussette, une nouvelle couverture dans la couchette. Si un élément s'use ou se brise, essayez de le remplacer par un modèle identique ou similaire.

Le bébé stéréo. Vous l'aviez probablement remarqué dès le début : votre bébé pleurait plus fort que tous les autres enfants dans la pouponnière de l'hôpital. Les pleurs aigus et les hurlements, les crises capables de venir à bout des nerfs d'acier, ont continué lorsque vous êtes rentrée à la maison avec votre nouveau-né. Malheureusement, vous ne pouvez tourner un bouton pour baisser le volume de votre bébé, mais vous pourriez l'aider à baisser le ton en prenant la peine de diminuer le volume du bruit et de l'activité de son environnement. Vous voudrez, de la même manière, prendre quelques mesures purement pratiques pour empêcher le bruit de déranger toute la famille et les voisins. Si possible, isolez la chambre de votre bébé en installant sur les murs des panneaux isolants ou capitonnés, et en y ajoutant du tapis, des rideaux capables d'absorber les bruits. Vous pouvez essayer les boules Quies, une machine à bruit blanc, un ventilateur ou un appareil de climatisation pour réduire les agressions faites à vos oreilles et à vos nerfs, sans toutefois vous couper totalement des cris de bébé. Étant donné que les pleurs diminuent à mesure que passent les mois, ce problème diminuera d'autant, mais votre enfant pleurera probablement toujours plus fort et plus intensément que les autres.

Le bébé négatif ou «malheureux». Plutôt que de sourire et de gazouiller, certains bébés ont l'air misérables tout le temps. Cet état ne reflète pas l'attitude des parents (à moins, bien sûr, qu'ils n'aient été négligents), mais il peut avoir un impact important sur eux. Si rien ne semble satisfaire bébé (et qu'aucune source médicale n'a expliqué le problème), faites de votre mieux pour lui donner amour et soins d'une manière ou d'une autre, en vous disant que l'un de ces jours, lorsque votre bébé apprendra d'autres façons de s'exprimer, les pleurs et l'air malheureux s'estomperont, quoique votre enfant pourrait conserver le type «sérieux» sa vie durant.

brusques, le surplus de jouets, le trop grand nombre de personnes, l'excès d'activités dans une journée peuvent tous irriter bébé. Pour l'aider à mieux dormir, évitez l'agitation avant l'heure d'aller au lit, en y substituant un bain chaud et calmant, suivi d'une histoire ou d'une comptine tranquille. Un enregistrement de musique douce peut également aider ce genre de bébé à se calmer.

Il n'est pas facile de vivre avec un enfant capricieux, mais avec beaucoup d'amour, de patience et de compréhension, c'est possible. À long terme, cela peut même devenir très gratifiant. Toutefois, avant que vous ne décidiez que votre bébé est l'un de ces enfants capricieux, assurez-vous qu'il n'y a pas de cause physique sous-jacente à ce comportement trouble. Décrivez son attitude à votre médecin, de sorte que toute explication médicale possible — maladie ou allergie, par exemple — puisse être donnée rapidement. Il arrive qu'un bébé capricieux soit simplement allergique à la préparation commerciale qu'on lui donne, qu'il fasse des dents, ou qu'il soit malade. Pour une description des autres types de bébés capricieux, voir l'encadré de la page 162.

UNE LANGUE SECONDE

«Mon conjoint est anglophone, et il veut parler exclusivement anglais à notre bébé; moi je parle français. Je pense qu'il serait merveilleux que notre enfant apprenne une langue seconde, mais est-ce que ça ne pourrait pas le mêler à cet âge?»

On s'entend généralement pour dire que l'apprentissage d'une langue seconde donne à l'enfant un avantage incalculable, qu'il peut l'aider à penser de façon différente, et même améliorer sa perception de soi. Si cette langue est celle de ses ancêtres, elle lui procurera également un fort sentiment d'appartenance.

Toutefois, on s'entend moins bien sur le moment opportun pour l'introduction d'une seconde langue. Certains experts suggèrent de commencer dès la naissance, mais d'autres croient que cet empressement pourrait nuire à l'apprentissage des deux langues, quoique ce ne soit probablement que temporaire. Ils recommandent en général d'attendre que l'enfant ait atteint deux ans et demi ou trois ans avant de lui imposer le Berlitz. D'ici là, l'enfant aura normalement acquis d'excellentes notions de français, mais il sera encore capable d'apprendre une nouvelle langue facilement et tout naturellement. On s'accorde aussi pour dire qu'attendre qu'un enfant sache lire pour l'initier à une seconde langue peut entraver son apprentissage de cette langue.

Que vous commenciez maintenant ou dans quelques années, il existe plusieurs manières d'encourager un enfant à apprendre une langue seconde. L'un des parents peut parler français et l'autre la langue étrangère (comme le suggérait votre conjoint); les deux parents peuvent aussi parler la langue étrangère (en espérant que l'enfant apprendra le français à l'école et ailleurs), ou un grand-parent, une gardienne; une employée au pair peut également parler la langue seconde alors que les parents s'expriment en français (c'est habituellement la méthode la moins efficace). Aucune de ces méthodes n'est particulièrement efficace, si «l'enseignant» ne se sent pas parfaitement à l'aise dans cette langue.

Les experts recommandent d'oublier «l'enseignement» d'une langue seconde et d'opter plutôt pour *l'immersion*: jouez dans cette langue, lisez des livres, chantez des chansons, écoutez des enregistrements et regardez des vidéos, rendez visite à des amis qui la parlent couramment et, si possible, visitez des lieux dont c'est la langue officielle. Quelle que soit la personne qui parle cette langue, elle ne devrait jamais se servir d'une autre langue pour s'adresser à l'enfant. Résistez à la tentation de revenir au français ou de traduire quand l'enfant semble avoir de la difficulté à comprendre. Pendant ses années d'école, l'enfant devrait apprendre à lire et à écrire

COMMENT FAUT-IL PARLER À UN BÉBÉ?

Avec un bébé, les avenues de la communication sont illimitées, et chaque parent explore un peu plus que les autres. En voici quelques-unes que vous pourriez suivre, maintenant ou dans les mois à venir :

Commentez tout ce que vous faites. Ne faites pas un geste, du moins lorsque bébé est près de vous, sans commenter ce geste. Expliquez le processus d'habillement : «Maintenant je te mets ta couche... et voici le t-shirt par-dessus ta tête... maintenant, je boutonne ta combinaison.» Dans la cuisine, décrivez le lavage de la vaisselle, ou l'assaisonnement de la sauce à spaghetti. Pendant le bain, expliquez-lui que le shampooing rendra ses cheveux propres et brillants. Le fait que votre bébé n'ait pas la moindre idée de ce que vous lui dites n'a aucune espèce d'importance. Les descriptions mot à mot vous aident à parler, et incitent bébé à écouter, et c'est ainsi qu'il avancera vers la compréhension des choses.

Posez beaucoup de questions. N'attendez pas que bébé commence à vous donner des réponses pour commencer à lui poser des questions. Imaginez-vous reporter et pensez à votre bébé comme à un mystérieux interviewé. Les questions peuvent être aussi variées que votre journée : «Qu'est-ce que tu aimerais porter, les pantalons verts ou la combinaison rouge?» «N'est-ce pas que le ciel est d'un bleu superbe aujourd'hui?» «Devrais-je acheter des pois mange-tout pour le souper, ou du brocoli?» Après chaque question, faites une pause comme si vous attendiez une réponse (un de ces jours votre bébé vous fera la surprise), puis répondez vous-même, bien fort : «Du brocoli? Bonne idée!»

Donnez une chance à bébé. Les études démontrent que si vous parlez *avec* votre enfant, plutôt que de parler *à* votre enfant, il apprendra à parler plus jeune. Donnez-lui une chance de gazouiller, de gargouiller ou de balbutier de temps en temps. Si vous commentez ce que vous faites, veillez à laisser planer quelques instants de silence pour permettre à bébé de s'exprimer à son tour.

Exprimez-vous simplement, de temps en temps. Bien que, pour le moment, votre bébé tirerait probablement autant de plaisir à vous entendre lire les noms dans l'annuaire du téléphone qu'un compte rendu détaillé de la situation économique actuelle, dès qu'il aura vieilli de quelques mois, vous voudrez sans doute faciliter son apprentissage de mots à sa portée. Aussi, du moins de temps en temps, faites sciemment l'effort de vous servir de phrases simples et brèves : «Regarde la lumière», «Au revoir», «Les doigts de bébé, les orteils de bébé», et «Beau chien».

Mettez les pronoms de côté. Pour un jeune bébé, il est difficile de comprendre que «je», «moi» ou «toi» peut représenter maman, ou papa, ou grand-maman, ou même bébé, selon la personne qui parle. Aussi, la plupart du temps, faites référence à vous-même en tant que «maman» (ou «papa» ou «grand-maman») et à votre bébé par son prénom. «Maintenant maman va changer la couche de David.»

Haussez le ton. La plupart des bébés préfèrent une voix claire, ce qui explique peut-être pourquoi les voix féminines sont habituellement plus claires que celles des hommes, et pourquoi les voix maternelles montent d'une octave ou deux lorsqu'elles s'adressent à leurs enfants. Essayez de hausser le ton lorsque vous vous adressez directement à bébé, et attendez sa réaction. (Quelques rares enfants préfèrent un ton plus bas; faites l'expérience pour connaître le genre de voix qui intéresse le plus votre bébé.)

Tenez-vous-en au moment présent. Quoique vous puissiez vous inspirer de tout et de rien pour parler à votre bébé, il ne comprendra pas ce que vous lui dites avant quelque temps. Lorsque sa compréhension se développera, vous voudrez-vous en tenir à ce que votre bébé peut voir et expérimenter au moment même. Le jeune bébé n'a aucune mémoire du passé et aucune idée de ce que peut être l'avenir.

Imitez-le. Les bébés adorent qu'on les flatte en les imitant. Lorsque bébé gazouille, gazouillez en retour; lorsque bébé balbutie un «ahh», balbutiez aussi. Les imitations deviendront vite un jeu qui vous amusera tous les deux, et ce jeu fondera rapidement l'apprentissage du langage chez votre enfant qui voudra vous imiter.

Faites-le en chantant. Ne vous inquiétez pas de votre manque de voix, il est de notoriété publique que les bébés ne font aucune discrimination quand il s'agit de musique. Ils adorent ce que vous leur chantez, que ce soit une vieille chanson de la Bolduc, le dernier succès au palmarès, ou n'importe quelle rengaine familière sur laquelle vous mettrez des paroles sans queue ni tête. Si votre sensibilité (ou celle de vos voisins) ne peut souffrir une chanson, contentez-vous de fredonner. La plupart des berceuses intéressent même les plus petits bébés (achetez un disque de la Poulette grise si votre mémoire vous fait défaut). En accompagnant les paroles d'une chanson de gestes des mains, vous doublez le plaisir de votre tout-petit. Celui-ci vous fera savoir rapidement quelles chansons il préfère, et celle qu'il veut vous entendre reprendre encore, encore et encore.

Lisez à voix haute. Bien qu'au début les mots ne voudront rien dire, il n'est jamais trop tôt pour commencer à lire des rimettes à votre bébé. Quand vous n'êtes pas d'humeur à lui parler et que vous avez plutôt envie d'une stimulation à votre niveau d'adulte, partagez avec lui votre amour de la littérature (ou de recettes, des potins, ou de la politique) en lisant ce que vous aimez lire à voix haute.

Attention aux messages de votre bébé. Les chansons et le babillage incessants peuvent devenir ennuyeux, même pour un petit enfant. Lorsque bébé porte moins attention à vos jeux de mots, qu'il ferme un oeil ou cligne des yeux, qu'il pleurniche ou s'agite, ou qu'il vous informe de quelque autre manière qu'il a atteint son point de saturation, laissez-le se reposer.

dans la langue seconde, de manière à en acquérir une meilleure compréhension et une réelle maîtrise. S'il s'agit d'une autre langue que l'anglais, qui est enseigné systématiquement dans nos écoles françaises dès le primaire, il serait peut-être bon de procéder par tutorat ou par système informatisé.

LANGAGE POUR BÉBÉ

«Les autres mères ont l'air de savoir comment parler à leur bébé. Pour ma part, je ne sais pas quoi dire à mon bébé de six semaines, et quand j'essaie, je me sens parfaitement idiote. J'ai peur que mes inhibitions ne ralentissent son apprentissage de la langue.»

Ils sont menus. Ils sont passifs. Ils ne peuvent pas vous répondre. Et pourtant, pour nombre de nouvelles mères et de nouveaux pères, les nouveau-nés sont l'auditoire le plus intimidant qu'ils aient jamais dû affronter. Les paroles dépourvues de dignité et le ton de voix élevé qu'empruntent naturellement les autres parents pour parler à leurs enfants les écrasent, les laissant bouche bée et aux prises avec un sentiment de culpabilité face au silence embarrassant qui règne dans la pouponnière.

Bien que votre bébé apprendra votre langage même si vous n'apprenez jamais le sien, il l'assimilera mieux et plus rapidement si vous vous efforcez d'établir la communication le plus tôt possible. Les bébés avec lesquels on ne communique pas du tout accusent un retard non seulement en ce qui a trait au langage, mais dans tous les aspects de leur apprentissage. Mais cela arrive rarement. Même la mère timide devant son enfant communique avec lui tout le long du jour : quand elle le câline, qu'elle répond à ses pleurs, qu'elle lui chante une berceuse, qu'elle lui dit : «C'est l'heure d'aller faire un tour», ou qu'elle s'exclame : «Oh non! pas encore le téléphone!», juste au moment où elle s'apprêtait à le nourrir. Les parents montrent autant à parler à leur enfant quand ils s'adressent la parole mutuellement que lorsqu'ils s'adressent directement à lui. Les bébés retiennent presque autant des dialogues dont ils sont témoins que des conversations auxquelles ils prennent une part active.

Bien qu'il soit peu probable que votre bébé passe sa première année en compagnie d'une maman muette comme une carpe, il existe des manières d'élargir votre pouvoir sur les mots destinés aux enfants, même si vous faites partie des adultes à qui ce genre de langage ne vient pas naturellement. Le truc consiste à vous exercer en privé, de sorte que l'embarras de vous adresser à votre bébé en babillant et en zozotant devant d'autres adultes ne vienne pas nuire à votre nouveau style de conversation. Si vous ignorez où commencer, laissez-vous guider par les conseils de la page 204. À mesure que vous vous sentirez plus à l'aise avec ce babillage, vous vous surprendrez à parler ainsi par inadvertance, même en public.

CE QU'IL IMPORTE DE SAVOIR:
Stimuler votre bébé au cours des premiers mois

Dans notre société de plus en plus orientée vers la réussite personnelle, bien des parents s'inquiètent de produire des bébés incapables de toute compétition, et ils commencent à s'en faire très tôt à ce sujet. S'il n'arrive pas à sourire à trois semaines, il n'arrivera peut-être pas à temps à la maternelle. S'il ne réussit pas à se retourner à deux mois, il ne pourra pas appartenir au club de tennis pour les enfants d'âge préscolaire. Puis ils se disent qu'à moins de parvenir à faire tout correctement, ils ne réussiront jamais à transformer ce petit être lourdaud qu'ils ont ramené à la maison en un étudiant brillant de l'Université de Montréal.

Actuellement, ils ont peu de raisons de s'inquiéter. Les bébés se développent à des niveaux différents, et ceux qui démarrent lentement ont de bonnes chances d'exceller plus tard dans un domaine ou dans l'autre. Les parents — même ceux qui souffrent d'insécurité chronique — accomplissent habituellement avec beaucoup de compétence leur travail de stimulation et ce, souvent sans fournir d'effort conscient.

Pourtant, aussi rassurant que cela puisse paraître, ils ne cesseront pas nécessairement de s'inquiéter. Pour bien des parents, il y aura toujours la crainte obsédante que ce qui nous vient tout naturellement ne suffit jamais lorsqu'il s'agit de se comporter en parents responsables. Si vous voulez vous assurer que vous êtes sur la bonne voie quant à ce que vous avez fait instinctivement, les conseils qui suivent pourraient vous servir et vous aider à créer une atmosphère adéquate pour les apprentissages de votre enfant et la stimulation sensorielle nécessaire.

CRÉER UN ENVIRONNEMENT STIMULANT

Aimez votre bébé. Rien n'aide plus un bébé à grandir et à profiter que l'amour que vous lui donnez. La relation privilégiée avec un parent, avec des parents, ou avec un parent substitut est cruciale pour un développement normal.

Communiquez avec votre bébé. Sautez sur toutes les occasions de parler, de chanter et de roucouler pour votre enfant : pendant que vous changez sa couche, à l'heure du bain, en faisant votre marché, ou en conduisant la voiture. Ces échanges fortuits et pourtant stimulants feront plus pour l'évolution de votre enfant que n'importe quelle méthode pédagogique. Les meilleurs jouets du monde resteront inutiles si vous ne jouez pas avec votre enfant de temps à autre. Votre but n'est pas d'«enseigner» à votre bébé, mais de partager avec lui.

Apprenez à connaître votre bébé. En étant plus attentive à ce qu'il est qu'à n'importe quel livre ou conseiller, apprenez ce qui rend bébé heureux ou malheureux, ce qui l'excite ou ce qui l'ennuie, ce qui le calme ou le stimule. Fiez-vous à son caractère unique pour combler ses attentes en matière de stimulation, plutôt que sur n'importe quel modèle livresque. Si le bruit et le chahut dérangent votre bébé, divertissez-le avec de la musique douce et des jeux tranquilles. Si l'excès de stimulation le met hors de lui, limitez la durée des périodes de jeu et l'intensité des activités.

Laissez tomber la pression et amusez-vous. Ni votre enfant ni vous ne tirerez avantage de vos préoccupations relatives à son niveau de performance. Aucune pression ne pourra jamais hâter l'apprentissage et le développement d'un enfant, mais cela pourrait les entraver. Vous lui envoyez un message très nuisible à son estime de soi — même avec le meilleur camouflage — quand vous lui montrez que vous n'êtes pas satisfaits des progrès de son développement. Plutôt que de penser au temps que vous passez à stimuler votre bébé comme à d'intensives séances de bourrage de crâne, détendez-vous et profitez-en, pour l'amour de votre enfant et le vôtre.

Donnez de l'espace à votre bébé. Une attention adéquate est vitale; mais trop d'attention peut devenir suffocant. Quoique les enfants aient besoin de savoir qu'une aide est toujours disponible quand ils la demandent, ils ont également besoin d'apprendre à chercher cette aide. Votre constante intervention privera votre bébé de la chance de chercher et de trouver à s'occuper ailleurs, avec l'ourson en peluche qui partage se couchette, du dessin que projette sur le mur la lumière qui filtre à travers les stores vénitiens, de ses doigts et de ses orteils, du vrombissement d'un avion qui passe au-dessus de sa tête, du camion à incendie dans la rue, du chien qui aboie chez le voisin. Plus tard, votre intervention importune pourrait aussi gêner sa capacité de jouer et d'apprendre de manière indépendante; sans compter que le bébé qui demande constamment de l'attention vous rendra la tâche difficile, lorsque vous voudrez vous intéresser à autre chose. De toute manière, jouez avec votre enfant et passez des moments de qualité avec lui, mais laissez-le parfois seul avec ses jouets et éclipsez-vous pour leur donner le temps de faire connaissance.

Suivez le guide. Le guide, c'est votre bébé, pas vous. S'il est fasciné par le mobile, ne lui proposez pas le centre d'activités; intéressez-vous au mobile avec lui. En lui laissant tenir la bride de temps à autre, non seulement vous l'encouragez à apprendre en tirant avantage des moments propices, mais vous renforcez, par le fait même, son sentiment naissant d'estime de soi, parce que vous lui faites savoir que ses intérêts valent la peine que maman ou papa s'y intéresse.

Laissez-le également décider du moment de mettre fin à une activité, même s'il n'a pas encore attrapé son hochet. Votre bébé vous dira : «Ça suffit comme ça», en geignant, en pleurant, ou en montrant son désintérêt d'une manière ou d'une autre. En ignorant son message et en le forçant à continuer, vous privez votre bébé de son impression de contrôler la situation, vous lui enlevez tout intérêt en cette matière (du moins pour quelque temps), et vous risquez même de rendre la période de jeu beaucoup moins intéressante pour vous et pour lui.

Choisissez le bon moment. Le bébé se trouve toujours dans l'un de ces six états de conscience : 1. sommeil profond, ou tranquille; 2. sommeil léger, ou actif; 3. somnolence; 4. veille active avec intérêt pour les activités physiques; 5. pleurnicheries et pleurs; et 6. veille tranquille. C'est durant l'état de veille active que vous pouvez, le plus efficacement, encourager son développement physique, alors que l'état de veille tranquille convient aux autres types d'apprentissages. Souvenez-vous que les enfants ne restent attentifs que pendant de très brèves périodes. Le bébé qui se désintéresse du livre d'images après deux minutes ne refuse pas les activités intellectuelles, il est tout simplement incapable de se concentrer plus longtemps.

Procurez-lui un renforcement positif. Lorsque votre bébé commence à réussir certains exploits (lorsqu'il sourit, qu'il secoue son hochet, qu'il soulève ses épaules et ses bras sur le matelas, se retourne, ou attrape un jouet), exprimez votre approbation : étreignez-le, souriez-lui, applaudissez, tout ce qui vous passera par la tête pour lui faire comprendre qu'il est formidable!

TRUCS PRATIQUES POUR APPRENDRE EN S'AMUSANT

Sans avoir jamais lu sur la question ou pris un cours sur la façon de stimuler les enfants, certains parents semblent avoir plus de facilité que d'autres à organiser des activités d'apprentissage par le jeu avec leur bébé. Plus réceptifs que la normale, certains bébés ont plus de facilité à participer à ce genre d'activités. Mais n'importe quelle équipe parent-bébé peut réussir l'apprentissage par le jeu avec quelques bons conseils.

Les qualités à nourrir et à encourager sont :

Le goût. À ce moment-ci, vous n'avez pas besoin de chercher bien loin pour stimuler ce sens. Les papilles gustatives de votre bébé sont chatouillées à chaque repas au sein ou au biberon. À mesure que bébé vieillit, «goûter» deviendra une manière d'explorer, et tout ce qu'il pourra attraper finira dans sa bouche. Résistez à la tentation de le lui interdire, sauf, bien sûr, lorsque ce qu'il veut porter à sa bouche est poison, coupant, ou assez petit pour qu'il l'avale et s'étouffe.

L'odorat. Dans la plupart des environnements, ce sens très aiguisé des bébés reçoit une multitude de stimuli. Il y a le lait maternel, le parfum de maman, le poulet qui rôtit, le poisson qui frit, etc. À moins que votre bébé ne montre des signes d'hypersensibilité aux odeurs, considérez les diverses senteurs comme autant d'occasions pour lui d'apprendre à connaître son environnement.

La vue. Quoique l'on ait déjà cru que les bébés ne pouvaient pas voir en venant au monde, nous savons maintenant que non seulement ils peuvent voir, mais encore qu'ils commencent déjà à apprendre à partir de ce qu'ils voient. Grâce à ce sens, ils apprennent très rapidement à faire la différence entre les objets et les êtres humains (et entre deux objets et deux êtres humains), à comprendre, un peu plus chaque jour, le monde qui les entoure.

Décorez la chambre ou le coin de bébé dans le but de lui fournir toute la stimulation visuelle nécessaire, plutôt que pour satisfaire vos propres goûts. Lorsque vous choisirez le papier peint, les couvertures, les décorations murales, les jouets ou les livres, souvenez-vous que les bébés aiment les contrastes, et que les dessins gros et voyants attirent plus leur attention que les dessins doux et délicats (les motifs noir et blanc conviennent mieux durant les six premières semaines ou environ; les couleurs éclatantes, plus tard). Limitez le nombre de jouets dans la couchette, le landau, le parc et le porte-bébé à un ou deux à la fois. L'excès de jouets peut mener à la confusion et à une surstimulation.

Nombre d'objets, des jouets avant tout, peuvent stimuler la vue de votre bébé :

• Les mobiles. Les motifs d'un mobile devraient être complètement visibles d'en dessous (la perspective de bébé) plutôt que de côté (la perspective des adultes). Le mobile ne devrait pas pendre à moins de 38 cm (15 po) au-dessus de la figure de bébé, et se trouver d'un côté ou de l'autre de son champ de vision, plutôt que droit au-dessus (la plupart des enfants préfèrent se tourner vers la droite, mais observez votre enfant pour découvrir ce qui lui plaît personnellement).

• Tous les objets qui bougent. Vous pouvez faire bouger un hochet ou un autre objet brillant dans le champ de vision de votre bébé, pour l'inciter à suivre le mouvement des yeux. Faites un saut à la boutique d'animaux, et installez bébé en face d'un aquarium rempli de poissons ou d'un oiseau en cage, pour lui permettre de suivre l'action. Ou alors faites des bulles de savon pour lui.

▪ Objets inanimés. Les bébés passent beaucoup de temps à observer les choses. Ils ne sont pas oisifs : ils apprennent de tous leurs yeux. Ils préfèrent les formes géométriques ou les simples visages en noir et blanc, dessinés à la main ou achetés en magasin. Ils privilégient les couleurs éclatantes et les gros contrastes aux motifs délicats et peu colorés.

▪ Les miroirs. Les miroirs donnent aux bébés une vision qui change sans cesse, et la plupart les adorent. Veillez à utiliser des miroirs sécuritaires pour bébés, plutôt que des miroirs de verre; installez-les dans la couchette, dans le landau, près de la table à langer.

▪ Les gens. Les bébés adorent regarder les visages de très près, aussi avec les autres membres de la famille, devriez-vous passer beaucoup de temps à proximité du tout-petit. Vous pouvez également lui montrer des portraits de famille, en pointant du doigt les gens que vous nommez.

▪ Les livres. Montrez à votre bébé des images simples de bébés, d'enfants, d'animaux ou de jouets et nommez-les. Les dessins devraient être clairs et bien définis, sans détails inutiles (pour un bébé).

▪ Le monde extérieur. Votre bébé s'intéressera très tôt à ce qui se passe plus loin que le bout de son nez. Procurez-lui de multiples occasions de voir le monde, de sa poussette, de son siège d'auto, ou du sac ventral, le regard tourné vers l'extérieur. De temps en temps, montrez-lui les autos, les arbres, les gens, et tout le reste. Mais ne le bombardez pas sans arrêt durant tou-

tes ses sorties; vous finiriez par vous ennuyer et bébé s'impatienterait aussi.

L'ouïe. C'est grâce à l'ouïe que les enfants apprennent ce que sont le langage, le rythme, le danger, les émotions et les sensations, et les mille et une petites choses qui les entourent. Les stimulations auditives peuvent provenir d'à peu près n'importe quelle source.

▪ La voix humaine. C'est évidemment le type de son le plus significatif dans la vie du nouveau-né, alors servez-vous-en : parlez, chantez et babillez pour votre bébé. Essayez les comptines, les berceuses, les rimettes et n'importe quelle chansonnette de votre cru. Imitez les cris des animaux, spécialement ceux que votre bébé entend souvent, comme les aboiements du chien ou les miaulements du chat. Mais le plus important, c'est encore de répéter les sons qu'il émet avec sa bouche.

▪ Bruits de la maison. Beaucoup de petits bébés sont fascinés par une musique de fond douce ou très enjouée, par le bourdonnement de l'aspirateur ou du mélangeur électrique, le sifflet de la bouilloire ou le bruit d'éclaboussement d'un robinet qui coule, le froissement du papier (mais ne lui donnez pas de papier journal pour qu'il le froisse, car l'encre d'imprimerie pourrait être toxique), le tintement d'une cloche ou le souffle du vent, quoiqu'ils peuvent se mettre à craindre plusieurs de ces bruits plus tard, au cours de la première année.

▪ Hochets et autres jouets qui tintent doucement. Inutile d'attendre que votre bébé puisse secouer un hochet. Les premiers mois, faites-le vous-même, mettez le hochet dans la main de bébé et aidez-le à le secouer, ou encore, attachez un hochet à son poignet. La coordination entre la vue et l'ouïe se développera à mesure que bébé apprendra à se retourner du côté du son.

▪ Boîtes à musique. Vous serez étonnée de la rapidité avec laquelle bébé reconnaîtra un air de musique. Les boîtes à musique agréables à regarder sont particulièrement intéressantes, mais si vous en placez une à la portée de votre enfant, assurez-vous qu'elle ne contient aucun petit morceau cassable que bébé pourrait porter à sa bouche et avaler.

■ Jouets musicaux. Voyez à ce que les clés et autres pièces ne présentent pas de danger pour les enfants. Les jouets qui procurent une stimulation visuelle et qui fonctionnent à l'aide d'un petit moteur, en plus de faire de la musique (comme un lapin qui saute et chante lorsque bébé tire sur une ficelle), sont particulièrement bons. Évitez les jouets qui produisent des bruits forts, susceptibles d'endommager l'ouïe, et ne placez pas de jouets musicaux (même ceux dont le son est modéré) près des oreilles de bébé.

■ Disques et cassettes pour enfants. Essayez de les écouter avant de les acheter, pour vous assurer qu'ils sont agréables à entendre. La petite enfance est aussi un excellent moment pour faire écouter de la musique classique à votre enfant (faites-la jouer doucement, alors qu'il s'amuse dans sa couchette, ou pendant le souper ou le bain); malgré tout, bien des bébés semblent préférer les rythmes plus enjoués du rock et de la musique country. Observez toujours votre enfant pour savoir comment il réagit à la musique; s'il vous semble ennuyé par ce que vous faites jouer, arrêtez la musique.

Le toucher. Le toucher, quoique souvent sous-estimé, est en réalité l'un des sens les plus valables pour permettre à bébé d'explorer et d'apprendre à connaître le monde qui l'entoure. Grâce au toucher, bébé apprend la douceur de maman, la robustesse (relative) de papa, le moelleux d'un ourson, la rugosité d'une brosse, et, le plus important de tout, l'amour de ceux qui prennent soin de lui, message qui lui parvient chaque fois que vous le baignez,

le changez de couche, le nourrissez ou le bercez.

Vous pouvez procurer à votre bébé encore plus d'expériences tactiles au moyen de :

■ Touchers. Essayez de savoir de quelle manière bébé aime que vous le preniez : fermement ou doucement, rapidement ou lentement. La plupart des bébés adorent être caressés et embrassés, que l'on chatouille ou mordille leur petit bedon du bout des lèvres, que l'on souffle doucement sur leurs doigts ou leurs orteils. Ils aiment la différence entre le toucher de maman et celui de papa, la maladresse d'une soeur ou d'un frère plus âgé qui les étreint ou les chatouille et la manière experte de grand-maman lorsqu'elle les berce.

■ Le massage. Les bébés auxquels on donne chaque jour un massage d'au moins 20 minutes prennent du poids plus rapidement et progressent mieux que les autres (on ne sait pas vraiment si cela est dû au massage ou au simple fait qu'ils sont plus touchés); les bébés que l'on ne touche pas du tout ne prennent pas de poids normalement. Découvrez quel genre de caresses fait le plus plaisir à votre enfant et évitez celles qui semblent l'ennuyer.

■ Les textures. Passez différents tissus sur la peau de bébé (satin, velours, laine, coton, fourrure, ouatine) pour qu'il connaisse la sensation que procure chacun; plus tard, encouragez-le à explorer par lui-même. Installez-le sur le ventre sur des surfaces aux textures différentes : le tapis de la salle de séjour, une serviette de ratine, le manteau de fourrure de grand-maman, votre jupe de velours côtelé, le chandail de laine de papa, la table à café au dessus de marbre; les possibilités sont illimitées.

■ Jouets texturés. Offrez des jouets aux textures intéressantes pour bébé. Un ourson de peluche moelleux et un petit âne aux poils rugueux; des blocs de bois dur et d'autres de tissu rembourré; une cuillère de bois et un bol de métal léger; un coussin satiné et un autre tissé.

Développement social. Votre bébé devient un être humain sociable en vous observant, en communiquant avec vous et le reste de la famille et, plus tard, avec les autres. Ce n'est pas le moment de lui apprendre à organiser une soirée réussie, ou à placer un commentaire intéressant sur la saveur de la nouvelle trempette à l'oignon, c'est plutôt le temps de lui enseigner par l'exemple comment les êtres humains doivent se comporter les uns envers les autres. Dans quelques années, lorsque votre enfant en pleine croissance parlera à ses amis, à ses professeurs, aux voisins, ou qu'il commencera à jouer à l'adulte, vous l'entendrez souvent répéter de sa petite voix l'exemple que vous lui aurez donné; il est à espérer que vous serez alors satisfaits (et non choqués ou déçus) de ce que vous entendrez.

Les jouets qui aident les petits enfants en matière de développement social sont les animaux de peluche, les mobiles d'animaux et les poupées. Quoiqu'il faudra encore plusieurs mois avant qu'ils ne puissent les étreindre et jouer avec eux, ils peuvent déjà commencer à «socialiser» avec ces jouets. Constatez-le en observant la conversation de votre bébé avec les animaux imprimés sur les coussins protecteurs de sa couchette ou sur le mobile qui pend au-dessus de son lit. Plus tard, les livres et toutes les occasions de déguisements et de «faire-semblant» l'aideront aussi à développer des aptitudes sociales.

Motricité fine. En ce moment, les mouvements manuels de votre bébé sont totalement incontrôlables, mais dans quelques mois, ses menottes bougeront avec plus de détermination et de contrôle. Vous pouvez contribuer à l'acquisition de mouvements volontaires en donnant aux mains de votre bébé toute la liberté possible; ne les empri-

sonnez pas sous une couverture ou dans une enveloppe (sauf dehors lorsqu'il fait froid). Offrez-lui une variété d'objets de taille assez réduite, pas trop difficiles à manipuler, pour que ses petites mains puissent les attraper et les retourner en tous les sens. Comme les tout petits bébés ne s'emparent habituellement pas d'objets placés directement devant eux, présentez-les par le côté.

Donnez à votre bébé de multiples occasions de mettre la main sur ce genre d'objets :

- Hochets que les petites mains peuvent tenir sans problème. Ceux qui sont munis de deux poignées permettent aux enfants de les faire passer d'une main à l'autre, ce qui est une aptitude importante. Ceux que bébé peut porter à sa bouche et mâchouiller l'aideront à soulager ses gencives lorsque les premières dents commenceront à se manifester.

- Barre gymnique. Ces barres s'installent en travers de la couchette, du landau ou du parc, et sont munies d'un choix de pièces que bébé peut toucher, attraper, tirer, tourner et secouer. Attention à celles dont les attaches dépassent 15 cm (6 po), et enlevez tout genre de barre gymnique dès que bébé peut se tenir assis tout seul.

- Centre d'activités. Il permet une grande variété d'opérations manuelles, que, pour une bonne part, votre bébé ne pourra accomplir avant quelque temps; il pourra par contre activer le mouvement d'un coup de pied ou de poing accidentel. En plus de la capacité de faire tourner, de pousser un bouton, de tirer une manette ou de la pousser de côté, ces centres d'activités aident l'assimilation des relations de cause à effet.

Motricité globale. En installant bébé devant une projection vidéo d'exercices destinés aux enfants, vous ne lui permettrez pas d'accroître sa force musculaire ni d'accélérer son développement moteur. De bonnes aptitudes motrices, un corps bien développé et la forme physique des enfants dépendent plutôt de ce qui suit : une bonne alimentation; des soins de santé adéquats (autant pour les bébés en santé que pour ceux qui sont malades); et beaucoup d'occasions d'activités physiques automotivées. Les enfants que l'on garde attachés dans une balançoire ou un porte-bébé, prisonniers d'un landau ou d'une poussette, emmaillotés dans une couverture ou une enveloppe, auront peu d'occasions d'apprendre comment fonctionne leur corps. Ceux que l'on ne place jamais à plat ventre seront lents à apprendre à lever la tête et les épaules ou à se retourner sur le dos. Changez souvent votre bébé de position au cours de la journée (faites-le asseoir bien droit, installez-le sur le ventre, puis sur le dos) dans le but de multiplier les occasions d'activité physique.

Encouragez son développement physique en le tirant vers vous pour le faire asseoir, en le laissant «voler» (ce qui permet aux bras et aux jambes de faire de l'exercice), ou «galoper» (sur votre jambe). Incitez-le à se retourner en lui présentant un objet intéressant sur le côté, lorsqu'il est étendu sur le dos ou sur le ventre; si bébé commence à se retourner, donnez-lui un petit coup de main lui permettant de se retourner complètement. Encouragez-le à ramper en le laissant tirer sur vos mains lorsqu'il est étendu sur le ventre.

Développement intellectuel. Encouragez le développement de tous les sens, aussi bien que la motricité fine et la motricité globale; cela contribuera à l'évolution intellectuelle de votre enfant. Parlez-lui beaucoup, dès le premier jour. Nommez les objets, les animaux et les personnes que bébé voit, nommez les parties du corps en les pointant du doigt, expliquez ce que vous faites au moment où vous le faites. Lisez des rimettes ou des histoires simples, en lui montrant les illustrations à mesure que vous tournez les pages. Faites-lui voir de multiples endroits (supermarché, églises ou synagogues, magasins à rayons, musées). Voyagez dans les autobus, le métro, en taxi, en voiture. Même à la maison, offrez-lui différents points de vue; placez son siège près d'une fenêtre (mais *seulement* si elle est munie d'un garde-fou) ou devant un miroir; couchez-le au centre de la salle de séjour pour qu'il s'intéresse à l'action, ou au milieu de votre lit pour qu'il vous regarde plier votre linge, ou installez son berceau, son parc ou sa poussette dans la cuisine pendant que vous préparez le souper.

Quoi que vous fassiez, toutefois, ne poussez pas trop. L'idée est de jouer, et cela devrait être amusant. L'apprentissage qui vient avec le jeu arrive de surcroît, mais c'est un surcroît important.

CHAPITRE 6

Le troisième mois

Ce que bébé pourrait faire

D'ici la fin de ce mois, bébé devrait pouvoir (voir note)

■ sur le ventre, lever la tête à 45 ° (2 2/3 mois);
■ suivre des yeux un objet dessinant un arc, à environ 15 cm (6 po) au-dessus de son visage, passé la ligne médiane (droit devant) [vers 2 1/2 mois].

Note : Si vous remarquez que votre bébé n'a pas encore réussi l'un ou l'autre de ces exploits (ou les deux), consultez un médecin. Il arrive (rarement) qu'un délai de ce genre indique un problème. Le plus souvent cependant, votre bébé sera tout à fait normal. Généralement, les prématurés réussissent les mêmes exploits plus tard que les autres enfants de leur âge, c'est-à-dire qu'ils y arrivent au moment où ils auraient atteint cet âge, s'ils étaient nés à terme, et parfois plus tard.

pourra probablement

■ rire aux éclats;
■ sur le ventre, lever la tête à 90°;
■ pousser des petits cris de joie;

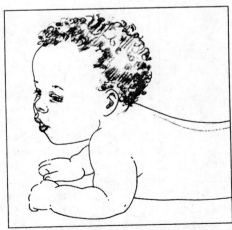

Certains bébés de trois mois arrivent à lever la tête à un angle de 90°.

- mettre les mains paume contre paume;
- sourire spontanément;
- suivre des yeux un objet mobile dessinant un arc à environ 15 cm (6 po) au-dessus de son visage, à 180°, c'est-à-dire allant d'un côté à l'autre (3 1/4 mois).

pourrait même

- garder la tête droite sans arrêt lorsqu'il est tenu debout;
- sur le ventre, lever la poitrine en se tenant sur ses bras;
- se retourner (dans un sens);
- tenir un hochet en s'aidant du dos de la main ou du bout des doigts (3 1/3 mois);

- s'intéresser à un raisin sec ou à d'autres très petits objets (3 1/3 mois).

pourrait peut-être même

- porter son poids sur ses jambes lorsque vous le tenez debout;
- attraper un objet (3 2/3 mois);
- tenir la tête au même niveau que le corps lorsque vous le tirez pour qu'il s'assoie;
- se retourner dans la direction d'une voix, surtout celle de sa maman;
- dire «ah-gou» ou une combinaison similaire de voyelles et de consonnes;
- émettre des sons remplis de bulles.

CE QUE L'EXAMEN MÉDICAL VOUS RÉSERVE CE MOIS-CI

La plupart des médecins ne vous donneront pas de rendez-vous de routine ce mois-ci. Toutefois, si votre inquiétude ne peut attendre le mois prochain, téléphonez au médecin de votre bébé.

L'ALIMENTATION DE BÉBÉ CE MOIS-CI
Allaiter tout en travaillant à l'extérieur

Il existe une responsabilité additionnelle, que l'on ne trouve pas dans les descriptions des fonctions maternelles, mais que plusieurs mères au travail choisissent d'assumer. Cette responsabilité demande du temps; elle est ardue et parfois même fastidieuse. Elle empiète sur les moments de loisirs et sur les heures de lunch, et rend la vie deux fois plus trépi-

dante qu'elle ne l'était déjà. Pourtant, la plupart des femmes qui ont ajouté l'allaitement à leur journée de travail sont contentes de l'avoir fait. Si c'était à recommencer d'ailleurs, elles n'hésiteraient pas un instant.

Les raisons qu'elles invoquent sont convaincantes. D'abord, les mères au travail qui allaitent peuvent continuer à procurer à leur bébé la plupart des bienfaits physiques de l'allaitement (moins de maladies, moins de risques d'allergies), ou tous les bienfaits, si elles ne donnent pas de supplément de préparation commerciale. Deuxièmement, elles se sentent moins coupables de quitter leur bébé pour la journée : elles savent qu'elles peuvent faire quelque chose d'important pour lui, même lorsqu'elles en sont séparées. Troisièmement, étant donné qu'elles doivent allaiter leur bébé avant de partir pour le travail et à leur retour à la maison, elles ont l'occasion de se rapprocher de leur petit et d'établir un bon contact avec lui au moins deux fois par jour. Peu importe qu'elles soient très occupées, elles ne peuvent pas installer bébé seul dans son lit avec un biberon ou demander à quelqu'un d'autre de tenir le biberon alors qu'elles sont dans la douche ou à préparer le souper. Finalement, et c'est peut-être le point le plus important, les mères qui continuent d'allaiter quand elles retournent au travail peuvent, avec leur bébé, jouir des bienfaits émotionnels de l'allaitement pendant plus longtemps.

CONCILIER TRAVAIL ET ALLAITEMENT

Lorsqu'il y a un jeune enfant à la maison, il faut tout prévoir à l'avance pour votre retour au travail. Pour arriver à concilier travail et allaitement au sein, n'oubliez pas ceci :

■ Ne commencez pas à donner des biberons avant que votre lactation ne soit bien établie. Il peut être tentant de commencer tôt dans l'espoir que bébé ne refusera pas le biberon. Mais cela pourrait mener à la confusion des tétines (voir page 126) et à une production de lait inadéquate. Attendez d'avoir résolu les problèmes d'allaitement (comme les mamelons douloureux) avant d'introduire le biberon, et ne dou-

tez pas de la qualité de votre lait. La plupart des femmes seront prêtes après environ six semaines, même si certaines peuvent trouver que les choses se passent plus facilement un peu plus tôt ou un peu plus tard.

■ Introduisez le biberon assez longtemps avant le jour prévu pour votre retour au travail. Bien que vous ne vouliez sans doute pas habituer bébé au biberon avant six semaines, n'attendez pas beaucoup plus longtemps, même si vous ne prévoyez pas reprendre le travail tout de suite. Plus les bébés sont âgés et éveillés, plus il est difficile de les persuader d'accepter le biberon. Appliquez-vous à habituer votre bébé à prendre au moins un biberon de supplément par jour — de préférence à un moment du jour où vous travaillez normalement — dès que vous commencez à songer à votre retour au travail. Servez-vous de préparation commerciale ou de lait maternel, selon ce que vous prévoyez offrir à bébé plus tard.

■ Si vous optez pour le lait maternel plutôt que pour la préparation commerciale, habituez-vous à exprimer adéquatement votre lait bien avant votre retour au travail. Congelez quelques bouteilles de lait en trop afin de constituer une réserve d'urgence destinée aux premiers jours de travail affairés. Si vous prévoyez vous servir de préparation lactée, vous devrez tout de même apprendre à exprimer votre lait, car cela pourrait s'avérer nécessaire au travail pour prévenir l'engorgement des canaux lactifères et la diminution de votre production.

■ Attendez, si possible, que votre bébé soit âgé d'au moins 16 semaines avant de retourner au travail. En général, plus un bébé est âgé lorsque sa mère s'absente pour travailler, plus il est facile de continuer à allaiter, probablement parce que la maman et son bébé ont bénéficié de plus de temps pour établir une bonne relation d'allaitement.

■ Travaillez à temps partiel si vous le pouvez, du moins au début. Plus d'heures avec votre bébé renforcent les liens d'allaitement. Pour plusieurs raisons, il est plus pratique de travailler quatre ou cinq demi-journées que deux ou trois jours complets. En travaillant des demi-journées, vous pourriez, dans certains cas, ne pas sauter un seul boire, ou pas plus d'un par jour. Vous aurez peu de problèmes d'écoulement et ne serez sans doute pas obligée d'exprimer votre lait au travail. Vous passerez la majeure partie de vos journées avec bébé, une situation bénéfique pour vous deux, selon l'avis de bien des experts. Le travail de nuit est un autre choix qui n'influence pas trop vos possibilités d'allaiter, surtout si votre enfant fait ses nuits. Toutefois, cela peut influencer votre repos et vos relations amoureuses.

■ Restez fidèle à votre diète. Vous en aurez besoin, non seulement pour votre production de lait, mais aussi pour conserver vos énergies et une bonne stabilité émotive.

■ Cherchez un soutien moral sur le lieu de votre travail. Si votre employeur ou votre associé ne comprend ni n'accepte votre décision de continuer d'allaiter après votre retour au travail, vos chances de succès seront dangereusement compromises. Essayez de vous organiser à l'avance, en prévoyant le moment et l'endroit où vous pourrez exprimer votre lait. Planifiez aussi vos besoins de réfrigération, si nécessaire. Si vous ne trouvez aucun moyen de conserver ou de transporter le lait que vous pompez, jetez-le. Pour nourrir l'enfant, utilisez le lait que vous pourrez exprimer à la maison le matin, la nuit et les fins de semaine, ou des préparations commerciales[1].

_____

1. Des études récentes ont démontré que le lait maternel pouvait être conservé sans problème pendant six heures à la température de la pièce. Mais pour plus de sécurité, il vaut mieux conserver le lait dans des biberons ou des contenants stérilisés et le réfrigérer, autant que possible.

■ Lorsque vous engagerez quelqu'un pour prendre soin de votre bébé, assurez-vous que cette personne comprenne bien votre désir de continuer d'allaiter et qu'elle saura vous soutenir dans cette démarche. Sinon, vous pourriez trouver votre bébé nourri depuis peu et tout à fait rassasié, lorsque vous rentrerez à la maison, heureuse et empressée de mettre bébé au sein. Donnez à votre gardienne un cours rapide sur l'allaitement et les bébés nourris au sein, si elle n'est pas familiarisée avec cette question. Expliquez-lui les différences entre les selles d'un bébé allaité et celles d'un bébé nourri au biberon et les horaires d'allaitement, ainsi que l'importance des allaitements fréquents pour garder une production de lait adéquate. Donnez-lui des instructions très précises pour qu'elle n'offre pas de biberon de lait (de jus, ou d'eau) à votre bébé pendant au moins les deux dernières heures précédant votre retour à la maison.

■ Cherchez également le soutien de votre conjoint. Il devra partager avec vous les tâches ménagères de sorte que vous puissiez profiter du temps nécessaire à l'allaitement lorsque vous rentrerez à la maison.

■ Ne dérogez pas à vos priorités. Vous ne pouvez pas tout faire vite et bien. Placez toujours votre bébé et votre conjoint (et vos autres enfants s'il y a lieu) en début de liste. Coupez les coins ronds ailleurs, sauf bien sûr au travail, si c'est très important pour vous, que ce soit pour des raisons financières, émotives ou professionnelles.

■ Restez flexible. Une mère calme et heureuse est plus nécessaire au bien-être de son bébé que le régime alimentaire composé exclusivement de lait maternel. Quoiqu'il soit tout à fait possible de continuer à nourrir votre enfant au lait maternel seulement (si c'est ce que vous désirez), il est tout aussi possible que vous n'y arriviez pas. Le stress physique et émotif lié au travail et à l'allaitement simultanés abrège parfois la production de lait. Si votre lait ne suffit pas à nourrir votre bébé, essayez d'allaiter plus souvent lorsque vous êtes à la maison et, si cela peut se faire, de revenir chez vous à l'heure du lunch pour allaiter et ainsi rétablir votre production de lait. Si cela ne fonctionne pas, vous devrez sans doute vous résigner à suppléer avec des biberons de préparation commerciale.

■ Habillez-vous en conséquence. Pour éviter que l'on ne voie des taches d'écoulement sur vos vêtements, portez des chemises amples et très colorées faites de coton opaque et facile d'entretien. Évitez les couleurs pâles, les tissus collants ou diaphanes et les hauts moulants qui pourraient provoquer l'écoulement (en frottant contre vos mamelons) ou l'inhiber (en recréant l'effet d'un bandage). Assurez-vous que votre chemise s'ouvre ou se relève facilement pour le pompage au travail et qu'il ne soit pas tout déformé ou affreusement froissé d'avoir été relevé pendant quelques minutes. Doublez votre soutien-gorge d'allaitement de coussinets pour protéger vos vêtements et emportez des coussinets de rechange dans votre sac à main pour remplacer ceux qui seraient mouillés.

■ Faites deux ou trois essais de routine. Répétez une journée de travail selon l'horaire que vous aurez planifié, en faisant exactement ce que vous feriez si vous deviez vraiment vous rendre au travail (incluant l'expression de votre lait hors de la maison). Quittez votre foyer pour quelques heures la première fois, et un peu plus longtemps la fois suivante. Notez les problèmes que vous rencontrez, et essayez de voir comment vous pourriez les régler.

Si vous reprenez le travail à temps plein, vous pourriez aussi faire un essai un jeudi ou un vendredi, pour vous donner une chance de voir comment vont les choses. Vous pourrez évaluer la situation pendant la fin de semaine. Ce sera aussi un peu moins accablant que de vous replonger dans le travail sans préparation.

■ Organisez votre horaire de manière à maximiser le nombre d'allaitements. Rapprochez deux boires si possible avant de partir travailler et deux ou trois (ou plus) pendant la soirée. Si vous travaillez tout près de la maison, pensez à vous y rendre pendant l'heure du lunch, ou demandez à votre gardienne de vous rejoindre quelque part avec votre bébé. Si vous déposez bébé chez la gardienne le matin, allaitez-le en arrivant chez elle ou dans votre auto avant de rentrer, si ça va mieux ainsi. Essayez aussi de l'allaiter chez la gardienne lorsque vous le reprenez après le travail, plutôt que d'attendre votre retour à la maison.

■ Pensez à apporter à la maison du travail que vous pourriez faire en dehors du bureau ou de la manufacture (avec l'accord de votre employeur, évidemment). Cela vous donnera plus de flexibilité et vous permettra d'être à la maison plus souvent aux moments où votre enfant est éveillé. Même si vous laissez la gardienne s'occuper de votre bébé pendant que vous accomplissez des tâches ménagères, vous devriez pouvoir allaiter au besoin.

■ Si votre travail exige certains déplacements, essayez d'éviter les voyages qui vous éloigneraient de votre bébé pendant plus d'une journée, jusqu'à ce qu'il soit sevré; si vous devez voyager, essayez d'exprimer et de congeler assez de lait pour toute la durée de votre absence, ou accoutumez votre enfant à une préparation commerciale à l'avance. Pour votre confort personnel et pour protéger votre production de lait, apportez un tire-lait (ou louez-en un sur place) et exprimez votre lait toutes les trois ou quatre heures. Il se peut que votre production de lait ait diminué lorsque vous reviendrez à la maison. Mais des allaitements plus fréquents que d'habitude, conjugués à une diète et au repos, devraient y remédier. Sinon, vous devrez probablement vous fier aux préparations commerciales, du moins pour les boires correspondant à vos heures de travail.

■ Si, pour vous assurer que votre bébé reçoit les éléments nutritifs nécessaires à sa croissance et à son développement, vous devez utiliser des suppléments de préparation, allaitez avant de donner la prépa-ration commerciale. Ainsi, il y aura moins d'interférences sur votre lactation.

■ Faites ce qui fonctionne et qui vous semble correct pour vous et votre bébé : suppléer par une préparation commerciale, allaiter exclusivement au sein; travailler à temps partiel ou à temps plein; ne pas allaiter ou ne pas retourner au travail.

CE QUI POURRAIT VOUS INQUIÉTER

INSTAURER UN HORAIRE RÉGULIER

«Je sais bien que l'on désapprouve l'idée de soumettre un bébé à un horaire régulier, mais je suis épuisée. Mon bébé me demande à boire chaque heure et je passe mes journées à le nourrir.»

Les femmes de la génération actuelle ne sont pas gênées de revendiquer leurs droits sur la place publique. Cependant, elles oublient parfois qu'elles ont des droits face à leurs enfants. Graduellement, à mesure que votre enfant vieillira, vous pourrez commencer à exiger qu'il respecte vos droits à son tour.

Avant de revendiquer, assurez-vous que cette attitude de petit glouton de la part de bébé n'est pas sa seule façon de demander qu'on le nourrisse adéquatement. Peut-être ne produisez-vous pas assez de lait ou peut-être que bébé est plus actif que jamais et qu'il est en pleine poussée de croissance. Semble-t-il se développer comme il le devrait? Est-ce que son petit corps se forme bien? Devient-il trop grand pour son pyjama de nouveau-né? Sinon, revenez à la page 123 pour obtenir des conseils visant à améliorer votre production de lait. Si ces trucs ne fonctionnent pas, demandez con-seil auprès d'un médecin pour obtenir un supplément de préparation commerciale.

Une fois assurée que bébé se développe bien et que la faim n'est pas la raison de ses fréquentes demandes, «s'il te plaît, maman, est-ce que je peux en avoir un peu plus?» il est temps de penser un peu à vous et d'espacer un peu les heures de boire. Les séances d'allaitement heure après heure sont très contraignantes, tant physi-quement qu'émotivement. Elles peuvent être douloureuses pour vos mamelons et pourraient faire naître en vous un ressen-timent à l'égard de bébé qui accapare vos jours et vos nuits avec ses habitudes gour-mandes; ce serait tout à fait compréhensi-ble. Pour vous comme pour votre nour-risson, de trop fréquentes tétées sont inu-tiles et malsaines. Cela compromet le som-meil de bébé puisqu'il aurait besoin de plus longues périodes de sommeil pour favori-ser son développement. Le fait de boire pendant toute la journée ne lui laisse aucune chance de faire autre chose.

À trois mois, plusieurs bébés ont déjà un rythme quotidien très régulier. Voici un exemple typique d'horaire journalier: bébé se lève à peu près à la même heure chaque matin, mange, reste éveillé pendant une courte période de temps, fait la sieste, se réveille pour la collation fait une autre sieste, joue avec vous un peu, mange. Il peut avoir une période assez longue d'éveil vers la fin de l'après-midi, suivie d'un repas et d'une sieste tôt en début de soirée. Si la sieste tend à dépasser l'heure du coucher des parents, ils peuvent le réveiller pour le nourrir avant de se retirer pour la nuit, vers 23 heures. À ce moment, bébé devrait pouvoir dormir jusqu'au petit matin, puisque les bébés de cet âge arrivent souvent à dormir six heures d'affilée et parfois plus.

Certains bébés ont un horaire particulier adapté à leurs besoins et aux besoins de leur mère. Par exemple, un bébé peut se réveiller à six heures du matin, manger et se rendormir pour une heure ou deux. Au réveil, il peut être content de jouer pendant quelques minutes avant son repas. Mais une fois qu'il commence à téter, il ne veut plus s'arrêter pour les trois prochaines heures. Cependant, après une sieste de trente minutes, il se réveille prêt à s'amuser tout l'après-midi avec une seule période d'allaitement et une autre sieste de cinq minutes. Il mange encore à 18 heures et à 19 heures, puis il s'endort profondément jusqu'à ce que maman le réveille pour un petit goûter avant de le remettre au lit pour la nuit. Si ce bébé n'a pas un horaire traditionnel de quatre heures, il est tout de même un enfant bien soigné dont la mère peut organiser sa journée de manière fonctionnelle.

Plusieurs bébés, malheureusement, ne s'habituent pas à un horaire régulier, même après trois mois. Ils se réveillent, mangent et dorment tout à fait au hasard des jours, mangent fréquemment ou peu souvent, parfois mélangeant les deux de manière imprévisible. Si votre bébé est l'un d'eux, il ne tient qu'à vous de prendre l'initiative d'organiser autant que possible les périodes de son temps de façon contrôlée. Bains, sorties et dodos devraient être prévus à peu près à la même heure chaque jour. Essayez d'étirer les périodes entre les boires en parlant, en chantant ou en jouant avec bébé avant de l'allaiter ou

de lui donner le biberon. Bercez bébé quelques minutes ou laissez-le s'amuser dans son parc avec un mobile musical, une barre gymnique ou un petit hochet sécuritaire, amusant et divertissant, pour l'aider à patienter jusqu'au prochain repas. Voyez également à divertir bébé entre les boires. Ses tétées fréquentes sont probablement causées par l'ennui. Ce n'est plus un nouveau-né et il a besoin d'un style de vie plus actif (voir page 207 pour connaître des trucs stimulants pour bébé).

Une fois que vous aurez réussi à diminuer la fréquence d'allaitement et à établir une routine quotidienne, vous disposerez de plus de temps pour votre vie personnelle et vous dirigerez mieux bébé.

«Les gens me trouvent étrange ou insouciante lorsque je leur dis que je n'ai pas d'horaire précis avec mon bébé, pas d'heure spéciale pour le bain, le dodo ou les séances d'allaitement. Toutefois, je me sens très à l'aise ainsi.»

Bien que presque tout dans notre société fonctionne selon un horaire — horaire de train, horaire de travail, horaire de stationnement en alternance —, il y en a parmi nous qui fonctionnent parfaitement sans horaire ou avec un horaire flexible. Si bébé n'a pas de difficulté à s'endormir quand vient la nuit et si bébé a l'air tout à fait satisfait, actif et intéressé pendant le jour, une attitude de laisser-faire quant à la question de l'horaire peut très bien être de mise pour le moment.

Il y a toutefois certains pièges à élever un enfant dans un environnement peu structuré. Attention à ces problèmes si vous optez pour un horaire flexible ou si vous n'avez pas d'horaire :

■ Certains bébés veulent un horaire dès le début. Ils s'agitent si leur boire est retardé et sont épuisés si on tarde à les mettre au lit pour la sieste ou pour la nuit. Si bébé réagit ainsi pendant vos journées et vos soirées sans horaire précis, il a peut-être besoin d'être plus encadré, même si ce n'est pas votre cas.

■ À mesure que le temps passe, un horaire bien établi devient de plus en plus important pour la stabilité familiale et pour le bien-être d'un bébé. Beaucoup d'enfants semblent parfaitement s'accommoder d'une vie sans horaire précis durant la petite enfance, alors qu'ils sont extrêmement flexibles et arrivent à dormir en tous lieux et à manger en tout temps. Plus tard, ils peuvent réagir à des heures de repas et de sommeil irrégulières par une agitation et des pleurs réguliers.

■ Les parents qui ne mettent pas bébé au lit à des heures régulières trouvent souvent qu'ils n'ont pas beaucoup de temps pour se retrouver seuls. Ils ont tellement de plaisir à trois durant la soirée qu'ils oublient le plaisir qu'on peut — et qu'on devrait — avoir à deux.

■ Les familles qui omettent d'instaurer un horaire de sommeil et de repas régulier privent parfois bébé en oubliant inconsciemment les rituels des repas et les rituels de début de nuit dont semblent avoir besoin la plupart des tout-petits.

■ Pour les mères qui projettent de retourner travailler à un moment ou à un autre des deux premières années de vie de bébé, le fait de ne pas avoir d'horaire précis à donner à la personne qui s'occupera de l'enfant laisse supposer que, non seulement bébé n'aura pas sa mère tout près pour s'en occuper, mais qu'il n'aura même pas de routine qui lui soit familière pour l'aider à s'adapter.

■ Pour tous les bébés, l'absence de structure très tôt dans leur vie peut interférer avec leur développement et dans l'exercice d'une autodiscipline plus tard. Arriver à l'école à l'heure, compléter ses devoirs et ranger tous ses papiers à temps peut s'avérer particulièrement difficile pour un enfant à qui on n'a jamais imposé un horaire auparavant.

Malgré les pièges possibles, un bébé peut se développer et se développe effectivement dans une famille où un horaire est inexistant. En vérité, un horaire extrêmement rigide peut s'avérer aussi étouffant qu'une absence d'horaire peut s'avérer troublante. Le degré d'organisation que vous mettrez dans la vie de bébé peut tenir compte de son rythme naturel pour manger et dormir, de ses traits de caractère innés (semble-t-il avoir plus ou moins besoin de planification?), et des besoins du reste de la famille. Comme dans la plupart des cas, ce qui fonctionne le mieux pour les autres peut ne pas être l'idéal pour vous. Si c'est bébé qui s'oppose à un horaire, voir page 200.

METTRE BÉBÉ AU LIT

«Mon bébé s'endort toujours en tétant. J'ai entendu dire que c'était une mauvaise habitude de le laisser s'endormir ainsi.»

C'est une idée qui a l'air excellente dans les livres : mettre bébé au lit alors qu'il n'est pas encore endormi, de sorte qu'une fois sevré, il soit capable de s'endormir de lui-même, sans le sein ou le biberon. En pratique, comme le sait toute mère qui a essayé d'empêcher bébé de s'endormir pendant qu'il tète, cette idée n'est pas nécessairement compatible avec la réalité. Il y a très peu de choses à faire pour garder bébé éveillé lorsqu'il veut dormir. Même si vous pouviez le réveiller, le voudriez-vous vraiment? Au fait, pourquoi voulez-vous empêcher bébé de s'endormir en tétant?

Pour montrer à bébé comment s'endormir sans l'aide du sein ou du biberon, si tel est votre désir, il est plus pratique d'attendre qu'il soit plus âgé — entre six et neuf mois — et que les séances d'allaitement soient moins fréquentes. Si cette habitude persiste, vous pourrez certainement l'en défaire assez rapidement une fois qu'il sera sevré.

Toutefois, lorsque l'occasion se présente, essayez de mettre bébé au lit pour une sieste ou pour la nuit alors qu'il est encore éveillé (pas trop tout de même) et dans un état de somnolence propice au sommeil. Le fait de le bercer un peu pendant qu'il tète, ou de lui chanter une berceuse, peut normalement l'amener à un état d'assoupissement (mais veillez à ne pas prolonger ces gestes réconfortants au point de le plonger dans un sommeil profond, si vous ne voulez pas que votre enfant dorme à ce moment précis).

BÉBÉ NE DORT PAS TOUTE LA NUIT

«Le bébé de ma copine dormait toute la nuit dès sa sortie de l'hôpital, mais le mien se réveille encore pour manger en plein milieu de la nuit, aussi souvent que les premiers jours.»

Les bébés sont des créatures routinières. Donnez-leur une habitude et ils la prendront, particulièrement si cette habitude leur procure nourriture et attention.

Chez les tout-petits, l'habitude de manger fréquemment pendant la nuit répond souvent à un besoin nutritionnel réel et nécessaire. Quoique certains bébés, comme celui de votre copine, n'aient plus besoin de boire pendant la nuit dès le troisième mois (et parfois plus tôt), la plupart des bébés de deux ou trois mois — particulièrement ceux nourris au sein — ont encore besoin de manger une ou deux fois pendant la nuit. Cependant, si l'habitude de se réveiller la nuit persiste au-delà du cinquième ou du sixième mois, vous pouvez douter que bébé se réveille pendant la nuit parce qu'il s'est accoutumé à être nourri à ce moment précis. Bébé n'a peut-être pas besoin de manger la nuit : il en a

pris l'habitude. Un estomac habitué d'être rempli à des intervalles réguliers criera famine, même lorsqu'il est rassasié.

Bien qu'il soit tout à fait légitime pour bébé d'être nourri en plein milieu de la nuit, il n'a certes pas besoin de trois ou quatre boires. En tout premier lieu, vous devrez réduire graduellement le nombre des repas tardifs de bébé, si vous voulez le préparer à dormir pendant la nuit. Voici comment procéder :

■ Augmentez la quantité de lait à offrir à bébé avant de le mettre au lit pour la nuit. Beaucoup de bébés s'endorment en buvant avant même d'avoir complètement rempli leur petit estomac pour la nuit; réveillez-le en lui faisant faire un rot ou en le balançant doucement et continuez de l'allaiter jusqu'à satiété. Dans un ou deux mois, lorsque bébé sera prêt à manger de la nourriture solide, vous pourrez probablement compléter le repas du soir avec des céréales ou un autre aliment. Il n'est pas scientifiquement prouvé que le fait de manger aide les bébés à dormir pendant la nuit, mais il arrive que cela fonctionne.

■ Réveillez bébé pour le nourrir avant d'aller vous coucher pour la nuit; cela pourrait le satisfaire assez pour qu'il vous laisse dormir pendant six ou huit heures. Malheureusement, certains bébés sont trop somnolents lorsque vous les réveillez ainsi et ils ne réussissent pas à boire beaucoup. Toutefois, il arrive qu'une petite collation tardive prolonge leur nuit d'une ou deux heures. (Évidemment, si bébé se réveille plus souvent, même s'il a été bien nourri, mettez fin à la collation.)

■ Assurez-vous que bébé a suffisamment mangé au cours de la journée. Sinon, il peut se servir de ces repas nocturnes pour absorber les calories manquantes. Si vous croyez que c'est la seule raison qui le pousse à se réveiller pendant la nuit, pensez à le nourrir plus fréquemment pendant le jour, de façon à augmenter votre production de lait (voyez aussi les trucs de la page 90). Si bébé est nourri au biberon, augmentez la quantité de préparation à chaque boire. Souvenez-vous toutefois que, pour certains bébés, le fait d'être nourris aux deux heures pendant la journée peut créer l'habitude de manger toutes les deux heures, même pendant la nuit.

■ S'il se réveille et demande à manger toutes les deux heures (ce qui peut s'avérer nécessaire pour un nouveau-né, mais pas pour un bébé de deux ou trois mois qui se développe bien), essayez d'étirer les périodes entre les boires, en ajoutant une demi-heure chaque soir, ou chaque deux soirs. Plutôt que de vous précipiter pour le prendre au moindre petit gémissement, laissez-le se rendormir par lui-même : vous pourriez être agréablement étonnée. Si ce n'est pas le cas et que le pleurnichement se change en vrais pleurs, essayez de le calmer sans le prendre : massez-lui le dos, chantez une berceuse douce et monotone ou remontez un jouet musical. S'il ne cesse pas ses pleurs après une quinzaine de minutes, alors prenez-le et tentez de le calmer dans vos bras en le berçant, en chantant ou en le caressant. Si vous donnez le sein, les tactiques pour le calmer auront plus de chances de réussir si c'est papa qui en prend soin. Il n'est pas facile de faire oublier la nourriture à un enfant nourri au sein qui voit ou sent l'objet de sa satisfaction. Laissez la chambre dans la pénombre et évitez les conversations animées et une trop grande stimulation.

Si, après tous ces efforts, bébé ne se rendort pas et demande toujours à manger, nourrissez-le. Vous aurez probablement réussi à étirer les intervalles entre les boires d'une bonne demi-heure. Il est à espérer que bébé dépassera ce temps d'une autre demi-heure au cours des prochaines soirées. Essayez d'étirer graduellement le temps entre les boires, jusqu'à ce que bébé ne demande qu'un repas nocturne, ce qu'il pourrait continuer à demander pendant encore deux ou trois mois.

■ Diminuez la quantité de lait à offrir sur les boires de nuit que vous désirez éliminer. Diminuez de quelques millilitres ce que boit habituellement bébé au biberon, ou écourtez le temps qu'il tète au sein d'environ deux minutes. Diminuez les quantités chaque soir ou tous les deux soirs. Vous pouvez aussi diluer la préparation lactée d'un bébé nourri au biberon en ajoutant graduellement un peu plus d'eau, jusqu'à ce qu'il ne reste plus que de l'eau dans la bouteille. À ce moment-là, certains bébés décideront qu'il est inutile de se réveiller pour une bouteille d'eau et choisiront plutôt de dormir. Cependant, la plupart préféreront un biberon d'eau à pas de biberon du tout et contineront à se réveiller pour ce boire. Mais puisque la faim d'un bébé ne peut être comblée avec de l'eau, vous aurez au moins éliminé le cycle des boires avec appétit, ce qui devrait éventuellement vous rendre la tâche plus facile lorsque viendra le moment d'abandonner ce boire. (Vérifiez auprès du pédiatre avant de diluer la préparation lactée, pour vous assurer que vous ne le priverez pas de calories indispensables.)

■ Augmentez la quantité de lait pour le repas du soir que vous prévoyez conserver. Par exemple, si bébé se réveille à minuit, deux heures et quatre heures, votre intention est peut-être d'éliminer le premier et le dernier boire. Vous y parviendrez plus facilement si vous augmentez la quantité que bébé ingurgite pendant le boire du milieu, qu'il soit nourri au biberon ou au sein. Quelques gorgées de lait au sein ou quelques millilitres au biberon ne réussiront sans doute pas à endormir bébé pendant très longtemps. Voyez à la page 73 les conseils pour garder un bébé éveillé au moment du boire.

■ Ne changez pas la couche de votre enfant pendant la nuit, à moins que cela ne soit absolument nécessaire; une vérification rapide vous le dira. (Évidemment, moins vous le gratifierez de boires tardifs, moins il aura besoin d'être changé pendant la nuit). S'il porte des couches de tissu (lesquelles deviennent très humides et inconfortables), pensez à ajouter une doublure de couche de papier ou à opter pour les couches jetables superabsorbantes pendant la nuit. Si bébé est entre deux grandeurs, la grandeur au-dessus lui procurera une plus grande surface d'absorption, si vous ajustez bien la couche (à moins que bébé ne soit sujet aux éruptions cutanées). Ditesvous bien aussi que si vous devez changer bébé pendant la nuit, cela se fera plus rapidement et en douceur avec une couche jetable.

■ Si vous partagez une chambre avec bébé, c'est le bon moment de penser à faire chambre à part (voir page 85). Cette promiscuité peut être la cause de ses fréquents réveils et de votre tendance à le prendre à tout moment.

BÉBÉ A ENCORE BESOIN D'UNE SUCETTE

«Je me proposais de donner la sucette à mon bébé seulement pendant les trois premiers mois, mais il semble si dépendant de sa sucette, que je ne suis pas certaine de pouvoir la lui enlever maintenant.»

Les bébés sont également des créatures qui aiment le confort. Le confort qu'ils recherchent peut prendre plusieurs formes : le sein de maman, un biberon, une tendre berceuse ou une sucette. Plus ils s'habituent à une source particulière de réconfort, plus il sera difficile de les en priver. Si vous ne voulez pas vous retrouver, plus tard, aux prises avec des habitudes bien ancrées, c'est le moment de lui donner de bonnes habitudes. En tout premier lieu, les enfants de cet âge ont la mémoire courte et bébé oubliera vite la sucette si elle disparaît de sa vie. Ensuite, bébé étant plus

réceptif au changement à cet âge qu'il ne le serait plus vieux, il sera plus disposé à remplacer la sucette par un autre objet de réconfort. Non seulement un jeune enfant n'oubliera pas sa sucette, mais il la revendiquera avec force volonté et crises de colère. Bien sûr, une habitude de trois mois est plus facile à corriger qu'une habitude qui dure depuis un an ou plus.

Pour réconforter bébé sans l'aide de sa sucette, bercez-le, chantez une berceuse, offrez-lui un doigt bien propre à sucer (ou aidez-le à trouver son pouce). Voir d'autres techniques mentionnées à la page 158. Il faut l'admettre, ces méthodes exigeront de vous plus de temps et d'efforts que de mettre la sucette dans sa bouche, mais bébé se sentira bien à long terme, surtout si toutes ces méthodes sont graduellement éliminées pour donner la chance à votre enfant de se réconforter de lui-même. (Voir page 88 pour les avantages et les désavantages de l'usage d'une sucette.)

MOUVEMENTS SPASMODIQUES

«Quand mon bébé essaye d'attraper un objet, il n'y arrive pas et alors ses mouvements deviennent si spasmodiques que je crains que son système nerveux soit déficient.»

Il n'a sans doute aucun problème avec son système nerveux, sauf qu'il est très jeune et inexpérimenté. Quoiqu'il ait fait beaucoup de chemin depuis le temps où vous pouviez ressentir des petits pincements dans votre utérus, le système nerveux de bébé ne s'est pas encore débarrassé de tous ses nœuds. Lorsque ses bras se tendent vers un jouet qui a attiré son regard, le manque de coordination peut inquiéter un nouveau parent, mais il s'agit d'une étape tout à fait normale du développement moteur de l'enfant. Il ne tardera pas à acquérir un meilleur contrôle : ses gestes déterminés et malhabiles seront vite remplacés par des mouvements précis et agiles. Quand sera venu le moment où plus aucun objet ne lui échappera, vous vous souviendrez sans doute avec nostalgie du temps où il devait se contenter de regarder sans toucher.

Si vous ressentez le besoin d'être rassurée à ce sujet, parlez-en au pédiatre lors de votre prochaine visite de routine.

DU LAIT DE VACHE POUR BÉBÉ

«J'allaite et j'aimerais offrir un supplément à mon bébé, mais je ne veux pas me servir de préparation commerciale. Est-ce que je peux lui donner du lait de vache?»

Le lait de vache est excellent pour les jeunes veaux, mais il ne contient pas le mélange d'éléments nutritifs dont les petits humains ont besoin. Il contient plus de sel (beaucoup plus) et de protéines que le lait maternel ou les préparations commerciales, et ces excès font forcer les jeunes reins. De plus, le lait de vache accuse une carence en fer. Les bébés nourris exclusivement au lait de vache, tout comme ceux à qui l'on donne une préparation à faible teneur en fer, ont besoin d'un supplément de fer sous forme de gouttes, de vitamines et de minéraux (plus tard, des céréales additionnées de fer pourront combler ce besoin). La composition du lait de vache peut également varier considérablement, tout comme le lait maternel humain. Pour couronner le tout, le lait de vache peut provoquer un petit écoulement de sang dans les intestins chez un faible pourcentage d'enfants. Quoique le sang contenu dans les selles ne soit généralement pas visible à l'œil nu, ces saignements peuvent causer de l'anémie chez un bébé.

Alors si vous optez pour l'allaitement mixte (sein et biberon), il est préférable de vous servir de votre lait, que vous aurez préalablement extrait, ou d'une préparation commerciale recommandée par le médecin, jusqu'à ce que bébé ait atteint six mois (au moins). Les préparations prêtes-à-servir sont plus faciles à utiliser, car il suffit de dévisser le capuchon et de mettre une tétine. Une fois que vous aurez introduit les aliments solides dans l'alimentation de votre enfant, si le fait d'extraire votre lait ou d'ajouter une préparation commerciale aux céréales vous semble incommode, demandez au pédiatre s'il est possible de servir les céréales avec une petite quantité de lait entier de vache.

ÉRYTHÈME FESSIER

«Je change fréquemment les couches de mon bébé, mais il fait toujours de l'érythème fessier et j'ai de la difficulté à l'en guérir.»

Il y a une très bonne raison pour que bébé (ainsi que de 7 à 35 p. cent des bébés portant des couches) présente un érythème fessier. Enveloppé dans une couche à humidité élevée, avec peu d'air, avec une diversité d'irritants chimiques et d'organismes infectieux dans les selles et l'urine, et souvent exposé aux frottements des couches et des vêtements sur la peau, le fessier de bébé est une cible pour une grande variété de problèmes. Les érythèmes fessiers peuvent demeurer un problème aussi longtemps que bébé portera des couches. Leur incidence atteindra toutefois des sommets vers sept à neuf mois, alors qu'une alimentation plus variée se révélera plus irritante dans ses selles. Les érythèmes fessiers diminueront au fur et à mesure que la peau de bébé s'endurcira.

Malheureusement, cette affection tend à se répéter chez certains enfants, peut-être à cause d'une prédisposition innée ou d'une tendance aux allergies, ou encore à cause d'un pH anormal des selles (un déséquilibre entre acidité et alcalinité), un excès d'ammoniaque dans l'urine, ou simplement parce qu'une fois que la peau a été irritée, elle est plus sujette aux érythèmes.

On ignore la cause exacte de l'érythème fessier, mais on croit que cela se produit lorsque la peau délicate de bébé devient irritée par une humidité constante. Si la peau devient encore plus fragile par la friction des couches ou des vêtements, ou par des substances irritantes contenues dans l'urine ou les selles, les bactéries auront le champ libre pour s'infiltrer dans la peau, les selles ou l'urine. Des nettoyages fréquents et profonds de la partie irritée avec savons et détergents peuvent exacerber la sensibilité de la peau d'un enfant, tout comme les couches ou les culottes de caoutchouc trop ajustées, qui empêchent la circulation d'air tout en emprisonnant l'humidité. L'ammoniaque dans l'urine, longtemps considérée comme la raison majeure de l'érythème fessier, ne semble pas être la cause première, mais elle peut irriter la peau déjà endommagée. Les éruptions ont tendance à se déclarer à l'endroit où l'urine se concentre le plus dans la couche, c'est-à-dire vers le bas chez les filles et sur le devant chez les garçons.

L'érythème fessier englobe les différents aspects que prend la peau sous les couches. Les spécialistes médicaux ne s'accordent pas pour reconnaître les différences d'un genre d'érythème à un autre (peut-être l'érythème n'intéresse-t-il pas assez les gens pour justifier des études visant à une meilleure définition de cette affection), mais on les différencie souvent comme suit :

Dermatite périanale. Les rougeurs autour de l'anus sont généralement causées par des selles alcalines chez un bébé nourri au biberon et ne se présentent habituellement pas chez les bébés nourris au sein avant que les aliments solides n'aient été introduits dans leur alimentation.

Dermatite d'échauffement. Il s'agit de la forme la plus courante d'érythème fessier et elle se présente sous forme de rougeurs à l'endroit où la friction est la plus forte, mais pas dans les plis de la peau de bébé. En général, cette dermatite va et vient, ne causant qu'un simple inconfort, si elle n'est pas compliquée par une infection secondaire.

Dermatite atopique. Ce genre d'irritation cause de la démangeaison et peut apparaître d'abord sur d'autres parties du corps. Elle commence normalement dans la région fessière vers six à douze mois.

Dermatite séborrhéique. Cette irritation rouge et profonde, présentant souvent des écailles jaunâtres, se déclare habituellement au niveau du cuir chevelu sous forme de chapeau, quoiqu'elle apparaisse parfois dans la région fessière pour se propager vers le haut. Comme la plupart des érythèmes, elle incommode les parents bien plus qu'elle n'incommode leurs petits.

Dermatite fongique (ou «champignons»). Molle, rouge et brillante, cette désagréable irritation apparaît dans les plis inguinaux (les plis qui se forment à la rencontre de l'abdomen et des cuisses), avec des pustules-satellites s'éloignant de l'aine. Un érythème fessier se prolongeant au-delà de 72 heures sera souvent infecté par un germe appelé *candida albicans*, le même champignon causant le muguet. Ce genre d'éruption peut également se développer chez les enfants soignés aux antibiotiques.

Impétigo. Causé par une bactérie (streptocoque ou staphylocoque), l'impétigo peut prendre deux formes différentes dans la région fessière : premièrement, des cloques apparaissent puis se dessèchent en formant des croûtes jaunâtres : deuxièmement, aucune cloque n'est apparente mais des croûtes épaisses sont entourées de nombreuses rougeurs. Cet érythème peut couvrir les cuisses, les fesses et le bas de l'abdomen et s'étendre à d'autres parties du corps.

Intertrigo. Ce type d'érythème qui prend la forme d'une partie rougeâtre mal définie, est le résultat de la friction de la peau contre la peau. Chez les enfants, il se déclare dans les plis inguinaux profonds entre les cuisses et le bas de l'abdomen et souvent au niveau des aisselles. L'intertrigo peut parfois provoquer des écoulements jaunâtres et peut brûler au contact de l'urine, causant ainsi les pleurs des bébés.

Dermatite de friction. C'est une irritation causée par la friction des bords d'une couche contre la peau d'un bébé. Le traitement le plus efficace pour l'érythème fessier est la prévention, quoique cela ne soit pas toujours possible. L'un des plus importants principes de prévention est de garder la région fessière sèche et propre. Voir page 96 pour des techniques de changements de couches qui vous aideront dans cette démarche. Si les mesures préventives ne donnent pas de résultats, les conseils suivants pourraient vous aider à éliminer l'érythème léger sur la peau de bébé et à le prévenir :

Moins d'humidité. Pour réduire l'humidité de la peau, changez les couches fréquemment, même au milieu de la nuit, si bébé se réveille. Arrangez-vous pour changer la couche de bébé pendant la nuit même s'il dort jusqu'à ce que l'érythème soit complètement enrayé. En cas d'érythème durable, changez la couche de bébé dès que vous vous apercevez qu'elle est mouillée ou qu'elle contient des selles. Votre enfant ne devrait pas ingurgiter de liquide superflu. Boire biberon après biberon peut provoquer des excès d'écoulement urinaire et, conséquemment, causer plus d'irritation cutanée. Utilisez plutôt un

gobelet pour faire boire du jus à votre enfant, ce qui évitera les excès.

Plus d'air. Laissez bébé les fesses nues à certains moments de la journée, en plaçant une ou deux couches de tissu repliées ou un piqué sur la surface où il est installé. Si nécessaire, laissez-le dormir ainsi, mais assurez-vous que la chambre est assez chaude pour que bébé ne prenne pas froid. S'il porte des couches de tissu, servez-vous de doublures de tissu, plutôt que de culottes de plastique ou de caoutchouc, ou bien oubliez couche et culotte pour le mettre sur un piqué. S'il porte des couches jetables, pratiquez quelques trous dans la doublure de plastique. Cela permettra à l'air de pénétrer et à l'humidité de se dégager quelque peu, ce qui vous vaudra des changements de couche plus fréquents.

Moins d'irritants. Vous ne pouvez pas limiter les irritants naturels comme l'urine et les selles, si vous ne changez pas les couches fréquemment. Vous pouvez toutefois limiter les enduits irritants que vous appliquez sur les fesses de bébé. Le savon assèche et irrite la peau, alors ne l'utilisez qu'une seule fois par jour. Les savons Dove et Johnson pour bébé sont généralement recommandés pour les tout-petits (la plupart des savons dits doux ne le sont pas), ou alors demandez l'avis d'un médecin. Lorsque vous changez la couche de bébé après une selle, lavez la peau soigneusement (de 30 secondes à une minute) avec des boules d'ouate trempées dans l'eau chaude, plutôt qu'avec des petites serviettes humides (*Wet-Ones*). Ces serviettes peuvent contenir des substances irritantes pour la peau de bébé (différents bébés réagiront à différentes substances); celles qui contiennent de l'alcool sont particulièrement desséchantes. Si celles que vous utilisez semblent causer un problème, changez-les, mais n'utilisez aucune serviette humide ainsi imbibée lorsque bébé présente un érythème. Une selle qui a causé de grands dégâts sera sans doute mieux nettoyée dans la baignoire ou dans l'évier, lorsque cela est possible. Veillez à bien sécher bébé en l'épongeant après chaque lavage. Un bébé à peine mouillé n'a aucun besoin d'être nettoyé. Contentez-vous de le changer.

Des couches différentes. Si l'érythème de bébé est récurrent, pensez à changer de genre de couche (des couches de tissu aux couches jetables, ou vice versa, ou d'une marque de couches jetables à une autre) pour voir si un changement fait une différence. Si vous nettoyez vos couches de tissu à la maison, ajoutez 125 ml (1/2 t) de vinaigre à l'eau de rinçage, ou un produit de rinçage conçu spécialement pour les couches et si nécessaire, faites-les bouillir dans un grand contenant pendant dix minutes.

Des tactiques de blocage. Étendre une couche protectrice d'onguent (A & D, Desitin, oxyde de zinc, pâte Lassar, Eucerin, Nivea, ou ce que votre médecin vous recommandera) sur les fesses propres de bébé avant de lui mettre un couche. L'onguent empêchera l'urine d'atteindre la région affectée. Si vous achetez ces produits dans un gros format, vous économiserez et vous vous sentirez plus libre d'en étendre allègrement, ce qui est préférable. Toutefois, n'enduisez pas les fesses de bébé d'onguent lorsque vous voulez les laisser à l'air libre.

N'utilisez ni talc ni acide borique lorsque vous traitez un érythème fessier. Quoique l'acide borique puisse aider à soulager un érythème léger, ce produit est très toxique et la plupart des médecins suggèrent de ne pas le garder à portée des enfants et même d'éviter d'en avoir chez soi. Le talc peut aider à absorber l'humidité et à garder bébé au sec, mais il peut également être inhalé et engendrer une pneumonie. De plus, il peut développer un cancer des poumons. Le fécule de maïs est un substitut

sécuritaire et efficace. N'utilisez aucun autre médicament qui aurait été prescrit pour d'autres membres de la famille; certains mélanges d'onguents (ceux contenant des stéroïdes ou des agents antibactériens ou antifongiques) sont la cause majeure des réactions allergiques de la peau et vous pourriez sensibilisez la peau de bébé en les utilisant.

Si l'érythème fessier de bébé ne disparaît pas et ne montre aucune amélioration après un ou deux jours, si des cloques ou des pustules font surface, montrez-le au médecin. Il cherchera la cause de cette affection pour ensuite la traiter en conséquence. En cas de dermatite séborrhéique, une crème à base de stéroïdes peut être nécessaire (elle ne doit pas être utilisée à long terme); en cas d'impétigo, on recommande d'administrer des antibiotiques oralement; en cas d'intertrigo, des nettoyages soigneux, une crème à l'hydrocortisone et un onguent protecteur constituent les traitements requis; et en cas de candida, l'érythème fessier le plus courant, une crème ou un bon onguent topique antifongique sont recommandés. Demandez en combien de temps l'érythème devrait disparaître et retournez chez le médecin si l'affection ne s'améliore pas ou si le traitement semble empirer l'état de bébé. Si l'érythème persiste, le médecin pourrait vérifier l'alimentation de bébé ou tout autre facteur pouvant causer cet état. Dans de rares cas, l'expertise d'un pédiatre dermatologue pourrait s'avérer nécessaire pour élucider la cause de l'érythème fessier du tout-petit.

DOULEURS DU PÉNIS

«Je suis très inquiète de l'aspect rouge vif à l'extrémité du pénis de mon fils.»

Ce que vous voyez n'est probablement rien de plus qu'un érythème localisé. Cette affection est courante et peut parfois causer une enflure empêchant bébé d'uriner. Si cet érythème venait à s'étendre jusqu'à l'urètre, il pourrait éventuellement y laisser une cicatrice. C'est pourquoi il vous faudra faire tout ce qui est en votre pouvoir pour le guérir le plus rapidement possible. Si, jusqu'ici, vous vous serviez de couches de tissu nettoyées à la maison, changez pour celles fournies par un service à domicile ou pour des couches jetables, jusqu'à ce que le problème soit résolu. Suivez ensuite les conseils précités pour traiter l'érythème fessier, en y ajoutant des bains chauds si bébé éprouve de la difficulté à uriner. Si l'érythème persiste après deux ou trois jours de traitement domestique, consultez le médecin.

Si vous recommencez à nettoyer les couches à la maison, veillez à utiliser un produit de rinçage spécialement conçu pour les désinfecter.

SYNDROME DE LA MORT SUBITE (SMS) CHEZ LES JEUNES BÉBÉS

«Depuis que le bébé d'une voisine a été retrouvé mort dans sa couchette, je suis si nerveuse que je réveille mon enfant plusieurs fois par nuit pour m'assurer qu'il est encore en vie. Serait-ce une bonne idée de demander au médecin de prescrire un moniteur à respiration?»

La crainte qu'un bébé puisse mourir subitement, sans raison apparente au milieu de la nuit, a obsédé les mères depuis la nuit des temps, bien avant que ce genre de décès ne reçoive un nom médical : Syndrome de la mort subite (SMS) chez les jeunes enfants (SIDS Sudden Infant Death Syndrome). D'anciens écrits mentionnent ces morts subites; le bébé décrit dans le *Livre des Rois* comme étant un bébé trop emmailloté par sa mère était fort pro-

bablement une victime de mort subite au berceau.

À moins que votre enfant n'ait déjà passé à travers une étape menaçante pour sa vie, où il aurait cessé de respirer au point d'avoir dû recourir à une réanimation (dans ce cas, voir page 232), ses chances de succomber au syndrome de la mort subite sont de moins de 2 sur 1000. Que vous soyez constamment préoccupée par la possibilité que votre enfant soit l'un de ceux-ci sera plus néfaste que profitable pour vous deux.

Pour la plupart des mères, aucune assurance ne viendra jamais remplacer le besoin qu'elles ressentent occasionnellement de vérifier si bébé respire pendant la nuit. En fait, beaucoup s'inquiéteront tant que bébé n'aura pas au moins un an, l'âge où les enfants semblent avoir dépassé les problèmes de SMS. L'inquiétude est normale, du moment que vous ne la ressentez pas dans tous vos actes.

Bien que l'achat d'un moniteur — un appareil capable de vous signaler si bébé cesse soudainement de respirer, quoique coûteux — puisse calmer vos craintes, cela peut causer plus de problèmes à un bébé normal qu'il ne risque effectivement d'en résoudre. Un moniteur vient chambarder la dynamique familiale et peut affecter négativement la relation entre une mère et son bébé. Les fausses alarmes, qui surviennent avec ce genre d'appareil, peuvent causer beaucoup plus d'inquiétude que de soulagement. Les moniteurs ne sont recommandés que pour les bébés ayant déjà été victimes d'une apnée prolongée (arrêt de la respiration), qui ont des problèmes cardiaques et pulmonaires les rendant particulièrement vulnérables au SMS, ou dont deux (ou plus) frères ou soeurs (nés précédemment) sont morts du SMS ou ont failli mourir du SMS.

Il est possible de sécuriser mères et jeunes bébés en apprenant les techniques de réanimation CPR (Cardio Pulmonary Resuscitation) destinées aux enfants en détresse et en vous assurant que papa, la

QU'EST-CE QUE LE SMS?

Le SMS, ou syndrome de la mort subite chez les tout-petits, est habituellement défini comme la mort subite d'un enfant, ne pouvant s'expliquer autrement que par l'histoire médicale du bébé ou un examen postmortem. C'est la cause majeure des morts infantiles entre deux semaines et douze mois, emportant plus de 7 000 vies par années aux États-Unis seulement. Quoique l'on ait d'abord cru que les victimes étaient en parfaite santé, et qu'elles étaient emportées subitement sans raison, les chercheurs sont maintenant convaincus que les bébés ainsi atteints ont seulement une apparence de bonne santé et qu'effectivement, ils présentent quelque problème sous-jacent — pas encore identifié jusqu'à maintenant — les prédisposant à une mort subite.

Les risques qu'un bébé moyen meure du SMS sont très minces : environ 2 sur 1 000. Le risque est plus mince encore pour la majorité des bébés en santé. Mais il est plus élevé pour certains petits groupes d'enfants : ceux qui ont survécu à un événement très menaçant pour leur vie, n'étant pas relié à une blessure ou à un accident et pendant lequel ils ont cessé de respirer, sont devenus bleus et ont dû être réanimés. Il n'a pas été établi clairement si les bébés qui ont subi de brefs moments d'apnée pendant moins de vingt secondes présentent un risque élevé. Les bébés présentant un risque léger, mais tout de même plus important que les bébés sans risque, sont les bébés venus au monde sous le poids acceptable, par exemple les prématurés, les jumeaux, les triplets et les enfants nés d'une gestation multiple.

La théorie stipulant que le SMS prendrait racine dès le développement prénatal du fœtus est soutenue par le fait que les bébés de mères ayant reçu peu de soins prénatals ou qui fumaient ou faisaient l'usage de drogues, particulièrement de cocaïne, pendant la grossesse et possiblement celles qui présentaient un cas grave d'anémie pendant la grossesse, ont engendré, d'une certaine manière, des bébés à risque plus élevé. Les bébés de jeunes mères (moins de vingt ans) sont également considérés à risque élevé, mais cela est probablement davantage dû à des soins prénatals inadéquats plutôt qu'à l'âge.

Que l'hérédité puisse être un facteur majeur dans le SMS n'a pas été confirmé par les recherches. Il semblerait qu'il y ait une très mince augmentation des risques chez les frères et sœurs des victimes du SMS, possiblement parce que les mêmes facteurs — insuffisance de soins médicaux ou consommation de cigarettes, par exemple — se répètent à chaque grossesse. Les différences raciales — le SMS se produit plus souvent chez les Noirs que chez les Blancs, plus souvent chez les Américains d'origine et moins souvent chez les Orientaux — laissent présager un facteur génétique. Toutefois, on ne sait pas si ces différences sont dues en partie ou entièrement à des inégalités économiques, étant donné que le SMS est également plus répandu dans les familles à faibles revenus.

Il ne semble *pas* y avoir de corrélation entre le SMS et l'usage de médicaments anesthésiants ou calmants lors de l'accouchement, la durée de l'accouchement, les césariennes, les infections urinaires, les vaginites ou une maladie vénérienne contractée par la mère et susceptible d'être transmise au bébé.

(suite à la page suivante)

Il est très important de souligner que même dans le groupe présentant un risque plus élevé, seulement 1 bébé sur 100 succombera effectivement au SMS. Dans un groupe à risque peu élevé, cette éventualité est très mince.

Beaucoup de recherches tentent présentement de déterminer la cause du SMS; on pourrait trouver qu'il y a plus d'un type de SMS, chacun relevant d'une cause différente ou de plusieurs facteurs se potentialisant pour déclencher le syndrome de la mort subite. L'une des plus importantes théories suggère qu'un délai dans la maturation du cerveau prédispose bébé au SMS. Une autre théorie veut que la chaleur excessive puisse être un facteur dans certains cas. Une autre théorie suggère encore que certains cas isolés peuvent survenir par suite de mauvais traitements dont seraient victimes les bébés. On amasse toutes les informations possibles concernant les caractéristiques propres aux bébés atteints par ce syndrome (incluant certains types de changements dans leur système tissulaire et les signes d'asphyxie inexpliquée) et d'autres facteurs relatifs aux morts subites (plus susceptibles de se produire entre le deuxième et le quatrième mois, à la maison, dans la couchette, le plus souvent, à des températures froides et, souvent, entre minuit et huit heures du matin).

personne substitut, la personne préposée au ménage et toute personne susceptible de se trouver seule avec bébé, connaissent également ces techniques de réanimation. Ainsi, si bébé cesse de respirer, pour quelque raison que ce soit, il sera réanimé immédiatement (voir dans le Tome II). Si vous êtes sans cesse en proie à une crainte irraisonnable, demandez au médecin d'évaluer les fonctions cardiaque et pulmonaire de votre enfant dans le but de vous rassurer sur le SMS. Si l'évaluation confirme que votre enfant ne présente pas un risque élevé de SMS, détendez-vous. Si vous n'y arrivez pas, parlez à un thérapeute expérimenté qui saura vous aider à vous débarrasser de vos craintes.

«Hier après-midi, je suis allée dans la chambre de mon bébé dont la sieste semblait se prolonger indûment. Il gisait dans la couchette absolument tranquille et bleu. Énervée, je l'ai pris dans mes bras pour le secouer, pour finalement m'apercevoir qu'il allait bien. À présent, le pédiatre veut l'hospitaliser pour lui faire passer une série de tests et je suis terrifiée.»

Même si cette expérience vous a traumatisée, vous pouvez en réalité considérer que vous avez eu de la chance d'arriver dans la chambre de bébé au moment opportun. Non seulement bébé à survécu, mais il vous a averti que ce genre d'événement pourrait se reproduire (quoique cela n'arrive pas habituellement) et qu'il est nécessaire de chercher une aide médicale pour prévenir une récurrence plus grave.

La suggestion de votre médecin d'hospitaliser l'enfant — qui a subi une «apnée infantile» — est justifiée. Cet événement met un enfant dans une situation de risque élevé au SMS, bien que les possibilités soient de 99 pour 1 dans le cas de bébé. Un bref séjour à l'hôpital permettra au personnel d'évaluer la santé de bébé, en établissant son histoire médicale complète et en lui faisant passer des examens. En vérifiant le diagnostic et en lui installant un moniteur pour détecter toute nouvelle apnée prolongée (lorsqu'un bébé cesse de respirer plus de vingt secondes), il sera possible de trouver une cause sous-jacente. Il arrive que l'apnée soit due à une infection, à un dérèglement neurologique ou à une obstruction des voies respiratoires. L'apnée est facilement traitable et doit l'être pour éviter les risques de problèmes ultérieurs.

Malheureusement, les tests ne peuvent pas toujours affirmer avec exactitude si l'enfant présente un risque élevé de SMS. Une évaluation adéquate indiquera au médecin si un enfant doit ou ne doit pas être branché sur un moniteur à la maison ou être traité avec des médicaments.

Une évaluation peut également être requise pour un enfant n'ayant jamais présenté d'apnée, mais dont deux ou plus des frères et sœurs ont succombé au SMS ou dont l'un est mort alors que les autres ont ressenti aussi des apnées graves menaçant leur vie; on évalue aussi un enfant dont plusieurs cousins ou cousines ont déjà été victimes du SMS.

Si les tests passés au centre hospitalier de votre région ne sont pas concluants, le médecin pourrait vous diriger vers un centre médical spécialisé pour enfants (par exemple, l'hôpital Sainte-Justine.

Si l'on s'aperçoit que l'apnée de bébé a été causée par une maladie, on le traitera en conséquence. Si la cause est indéterminée, ou si l'on découvre que des problèmes cardiaques ou pulmonaires présentent, pour votre enfant, un risque élevé de SMS, le médecin peut recommander que bébé soit relié à un dispositif de surveillance respiratoire et cardiovasculaire à la maison, par l'entremise d'un moniteur. Le moniteur est habituellement attaché au bébé par des électrodes, ou est enfoui dans le matelas de la couchette, du berceau ou du parc de bébé. Vous, et toute personne qui s'occupe de bébé, serez entraînés à brancher le moniteur aussi bien qu'à réagir rapidement en cas d'urgence à l'aide des techniques de réanimation CPR (Cardio Pulmonary Resuscitation). Le moniteur ne fournira pas à bébé une protection absolue contre le SMS, mais il permettra à votre médecin d'en apprendre plus sur son état général et vous aidera à vous sentir utile, plutôt que de rester assise, incapable de faire quoi que ce soit, en attendant que le pire se produise.

Ne laissez toutefois pas les problèmes et le moniteur de bébé devenir le centre de votre vie. Cela pourrait détériorer votre santé et changer votre bébé normal en invalide, interférant dans sa croissance et son développement, mettant ainsi en danger vos relations avec lui et tout le reste de la famille. Cherchez de l'aide auprès de votre médecin ou d'un conseiller qualifié, si le moniteur semble ajouter une tension familiale au lieu de la réduire.

Quoique les critères puissent varier d'un médecin à un autre et d'une communauté à une autre, les bébés qui n'ont vécu aucun autre moment critique depuis la première fois n'ont habituellement plus besoin de moniteur si aucun événement n'a occasionné une stimulation ou une réanimation vigoureuse et prolongée depuis deux mois. Pour ceux qui ont connu un second épisode critique, les exigences pour quitter le moniteur seront plus strictes. Bien que les bébés soient rarement séparés du moniteur avant d'avoir plus de six mois, alors que la période la plus dangereuse pour le syndrome de mort subite est passée, 90 p. cent des bébés resteront reliés à leur moniteur jusqu'à l'âge d'un an.

«Mon bébé prématuré a eu des périodes d'apnée occasionnelles pendant les premières semaines de sa vie, mais le médecin dit que je ne dois pas m'inquiéter, qu'il n'a pas besoin de moniteur.»

L'apnée est très courante chez les bébés prématurés. En fait, à peu près 50 p. cent de ceux qui sont nés avant 32 semaines de gestation ont présenté une apnée. Mais l'«apnée de la prématurité», lorsqu'elle se produit avant la date originellement prévue pour l'arrivée de bébé, semble n'avoir absolument rien à voir avec le SMS; il n'y aucune augmentation de risque de syndrome ou d'autres périodes d'apnée à long terme. Aussi, à moins que bébé ne connaisse de sérieux épisodes apnéiques après la date originellement prévue pour sa naissance, il n'y a aucune raison de vous inquiéter ou de le faire suivre médicalement.

Même chez les bébés nés à terme, de brefs arrêts respiratoires ne provoquant pas une apparence bleue ou amorphe chez bébé ou n'occasionnant pas une réanimation ne sont pas considérés par les experts comme des indicateurs de risques du SMS; très peu de bébés présentant ce genre d'apnée mourront du SMS; et la plupart des bébés qui meurent de ce syndrome n'avaient pas connu de période d'apnée préalablement.

«J'ai entendu dire que le vaccin DCT-P peut causer le syndrome de la mort subite et j'ai très peur de faire immuniser mon enfant.»

On a effectivement avancé la théorie que le syndrome de la mort subite pourrait être relié aux injections de DCT-P, mais même si cela était possible, ce ne serait qu'une cause parmi tant d'autres, étant donné que les morts subites chez les enfants précèdent considérablement la vaccination. Jusqu'ici, la seule étude importante de contrôle déjà menée à ce sujet n'a trouvé aucune relation entre le SMS et le vaccin DCT-P. Ce n'est pas étonnant, bien sûr, que certains bébés qui reçoivent le DCT-P meurent du SMS, puisque ces injections sont administrées de façon routinière à deux et quatre mois, et que le syndrome de la mort subite atteint un point culminant entre deux et quatre mois. Si malgré cela vous demeurez inquiète,

AVISER VOTRE MÉDECIN DE TOUTE URGENCE EN MATIÈRE DE RESPIRATION

De très brèves périodes d'arrêt de la respiration (moins de vingt secondes) peuvent être normales. Mais des arrêts plus longs, ou des arrêts courts durant lesquels bébé pâlit, bleuit ou devient amorphe avec un ralentissement du pouls, nécessitent une surveillance médicale. Si bébé a besoin d'être réanimé, appelez le médecin ou l'équipe d'urgence-santé immédiatement. Si vous n'arrivez pas à réanimer bébé en le secouant doucement, essayez les techniques de réanimation CPR (Tome II) et appelez ou demandez à quelqu'un d'appeler le 911. Essayez de prendre note d'observations pour en informer votre médecin :

• L'arrêt respiratoire s'est-il produit pendant le sommeil de bébé, ou pendant qu'il était éveillé?

• Est-ce que bébé dormait, mangeait, pleurait, crachait, s'étouffait ou toussait lorsque cet événement s'est produit?

• Bébé a-t-il changé de couleur? Son visage était-il pâle, bleu ou rouge?

• Avez-vous noté un changement dans les pleurs de bébé (des cris aigus, par exemple)?

• Bébé semblait-il amorphe, raide ou normal?

• La respiration de bébé est-elle souvent bruyante (lire les informations relatives aux bruits striduleux dans le Tome II)? Ronfle-t-il?

• Bébé a-t-il dû être réanimé? Comment l'avez-vous ramené à la vie et combien de temps cela vous a-t-il pris?

parlez-en au pédiatre de votre enfant. Son avis positif vous ralliera sans doute à l'idée de faire administrer le DCT-P à votre bébé.

SEVRAGE PRÉCOCE

«Je retourne travailler à temps plein à la fin du mois et je voudrais cesser d'allaiter mon bébé. Est-ce que ce sera difficile pour lui?»

En général, les bébés de trois mois sont plutôt agréables et s'adaptent facilement. Bien que l'enfant ait déjà dépassé le stade du nouveau-né avide de lait et que sa personnalité commence à se définir, il est encore loin d'avoir des opinions personnelles (et parfois tyranniques). Alors si vous devez choisir un moment de sevrage facile à accepter pour bébé, c'est sans doute maintenant. Quoiqu'il puisse adorer téter au sein, il ne s'y accrochera pas avec autant d'entêtement qu'un bébé de six mois qui n'a jamais vu un biberon et qui est soudainement soumis au sevrage. De toute façon, vous vous apercevrez sans doute que le sevrage à trois mois est moins difficile pour bébé qu'il ne l'est pour vous.

Idéalement, les mères qui veulent sevrer tôt leur bébé devraient commencer à donner des biberons en supplément, avec leur propre lait ou une préparation commerciale, vers cinq ou six semaines, de sorte que l'enfant puisse s'habituer à boire au biberon aussi bien qu'au sein. Si vous ne l'avez pas fait, la première chose à faire est d'habituer bébé à une tétine artificielle; les tétines de silicone sont plus attrayantes que les tétines de caoutchouc et vous pourriez essayer plusieurs tétines avant de trouver celle que bébé appréciera. À ce moment-là, il serait préférable d'utiliser une préparation commerciale, de manière à diminuer graduellement votre production de lait. Soyez persévérante, mais ne forcez pas bébé à accepter la tétine. Offrez le biberon avant d'offrir le sein; si bébé refuse la bouteille la première fois, essayez encore au prochain boire. Bébé acceptera le biberon plus facilement si quelqu'un d'autre que la mère le lui offre. (Voir page 181 pour prendre connaissance des trucs servant à familiariser l'enfant au biberon.)

Persistez dans vos efforts pour que bébé prenne au moins de 30 à 60 millilitres (1 ou 2 onces) de lait au biberon. Une fois qu'il y sera parvenu, remplacez un boire au sein par un boire au biberon, avec une préparation commerciale, au milieu de la journée. Quelques jours plus tard, remplacez un autre boire de jour. En changeant graduellement des boires au sein par des boires au biberon, un boire à la fois, vous donnerez à vos seins une chance de s'adapter sans éprouver l'inconfort de l'engorgement. Éliminez l'allaitement de fin de soirée en tout dernier lieu, ce qui vous dennera — à vous et à bébé — un moment de détente tranquille ensemble, lorsque vous rentrerez à la maison après une journée de travail. Si vous préférez — en tenant pour acquis que votre lactation ne s'assèche pas complètement et que le tout-petit est toujours intéressé — vous pouvez sans doute continuer cet unique boire au sein pendant quelque temps, en remettant le sevrage total à plus tard ou lorsque vous aurez cessé de produire du lait.

PARTAGER UNE CHAMBRE AVEC BÉBÉ

«Notre bébé de dix semaines dort dans notre chambre depuis sa naissance. Quand faudra-t-il l'installer dans sa chambre?»

Durant les premières semaines de sa vie, alors que bébé boit au sein ou au biberon aussi souvent qu'il est au lit et que les nuits sont ponctuées d'une suite de tétées, de changements de couches et de consolation dans la chaise berçante, interrompues seulement occasionnellement par des légères périodes de sommeil, c'est une très bonne idée de garder bébé tout près, à portée de la main. Une fois qu'il aura dépassé le besoin physiologique de manger fréquemment pendant la nuit (entre deux semaines et trois mois, ou parfois plus tard), le fait de cohabiter dans la même chambre peut engendrer de sérieux problèmes :

Moins de sommeil pour les parents. En passant toute la nuit dans la même chambre que bébé, vous serez tentés de le prendre au moindre petit gémissement. Même si vous résistez à la tentation de le prendre, il est à parier que vous resterez éveillés en attendant que le gémissement se transforme en hurlements. Vous risquez aussi de perdre quelques bonnes nuits de sommeil parce que bébé bouge et se retourne sans cesse; les bébés sont reconnus pour être des dormeurs très agités.

Moins de sommeil pour bébé. Le fait que vous le preniez plus souvent pendant la nuit s'il occupe la même chambre que vous ne signifie pas seulement un manque de sommeil pour vous mais pour votre enfant aussi. De plus, pendant ses périodes de sommeil léger, il est fort probable que vos activités le réveillent, même si vous marchez sur la pointe des pieds et que vous grimpez sur votre lit dans le plus parfait silence.

Moins de relations amoureuses. Évidemment vous savez (ou du moins le souhaitez-vous) que bébé est endormi lorsque vous commencez une relation amoureuse. À quel point pourrez-vous réussir à faire abstraction de sa présence dans ces précieux moments d'intimité (il respire bruyamment, tourne la tête de tous les côtés, gémit doucement pendant son sommeil), alors qu'il est si près de vous?

Plus de problèmes d'adaptation à long terme. Dans les sociétés où la famille entière dort dans une seule pièce, il n'y a aucun besoin d'habituer les enfants à dormir seuls. Cependant, par notre culture, nous souhaitons que nos enfants dorment seuls. Le fait de garder bébé dans votre chambre pour une période prolongée vous rendra la tâche plus difficile lorsque vous vous déciderez de faire dormir bébé dans sa chambre.

Bien sûr, une chambre pour chacun n'est pas possible dans tous les foyers. Si vous habitez un appartement avec une seule chambre à coucher, ou une petite maison avec plusieurs enfants, vous n'avez peut-être pas le choix. Si c'est le cas, installez une division fictive comme un paravent ou un rideau accroché à un rail au plafond (le rideau est également un excellent isolant, ou alors, laissez la chambre à coucher à bébé et servez-vous d'un canapé-lit dans la salle de séjour. Vous pouvez aussi aménager un coin de séjour pour bébé et regarder la télévision ou converser dans votre chambre en fin de soirée.

Si bébé doit partager la chambre d'un autre de vos enfants, cela fonctionnera plus ou moins bien selon que chacun dort bien ou pas. Si l'un d'eux ou les deux ont le sommeil léger et ont tendance à se réveiller pendant la nuit, vous pourriez tous passer une période d'adaptation difficile avant que les deux n'apprennent à rester endormis alors que l'autre est éveillé. Encore là, un rideau peut offrir plus d'intimité à l'enfant plus âgé, en atténuant le bruit.

PARTAGER UN LIT

«J'ai entendu beaucoup de bien sur le fait que l'enfant partage le lit de ses parents. Si l'on songe à toutes les fois que notre bébé se réveille pendant la nuit, il semble que ce genre d'arrangement puisse signifier plus de sommeil pour chacun de nous.»

Parents et enfants dormant ensemble fonctionnent effectivement bien dans d'autres sociétés, semble-t-il. Dans une société comme la nôtre, qui prône l'indépendance et l'intimité, dormir ensemble est associé à une grande gamme de problèmes :

Problèmes de sommeil. L'un des problèmes les plus significatifs, est que le partage d'un lit avec bébé augmente les risques de désordres du sommeil chez les enfants. Une étude menée chez les bébés de six mois à quatre ans a démontré que des problèmes de sommeil sont présents chez 50 p. cent des bébés qui ne dorment pas seuls, comparée à seulement 15 p. cent des bébés qui dorment dans leur lit; une autre étude démontre que 35 p. cent des jeunes enfants qui ont dormi avec leurs parents avaient des problèmes de sommeil, comparée à 7 p. cent de ceux qui ont dormi seuls. Une théorie suggère que le fait de dormir ensemble prive les enfants de la chance d'apprendre comment s'endormir d'eux-mêmes, une aptitude importante pour tout le reste de ses jours.

Problèmes de dentition. Il semble que le fait pour un bébé de dormir avec ses parents encourage, plutôt qu'il ne décourage, l'habitude chronique de téter la nuit. Pour le nourrisson à qui l'on permet de dormir dans le lit des parents pour lui procurer l'avantage de téter et de faire des siestes en alternance pendant la nuit, la carie dentaire peut, malheureusement, en résulter, particulièrement si l'allaitement de nuit se prolonge au-delà de la première année. On sait que la carie est causée, comme chez les bébés au biberon, par le lait qui reste dans la bouche pendant le sommeil.

Problème de développement. Des recherches plus avancées seraient nécessaires pour analyser les effets d'un partage du lit avec les parents sur le développement émotionnel des enfants. Toutefois, certains experts croient que cet arrangement pourrait interférer dans l'acquisition ou sentiment d'être une personne à part entière, d'une saine indépendance et d'un sens de l'intimité. Cela pourrait également conduire à un sentiment d'anxiété relié à la séparation, qui durerait plus longtemps que la normale; un enfant pourrait se sentir esseulé et développer un sentiment d'insécurité dès qu'il est séparé de ses parents.

Problèmes avec les autres enfants du même âge. Si l'enfant continue à partager le lit de ses parents alors qu'il a déjà commencé l'école, il risque d'être ridiculisé par les autres enfants de son âge.

Problèmes conjugaux. Si le fait de partager la même chambre que bébé peut contribuer à inhiber les relations amoureuses des parents, le fait de dormir dans le même lit peut leur être néfaste. Quoiqu'il n'y ait aucune évidence qu'un bébé puisse être émotivement affecté à la vue de ses parents amoureusement enlassés, ce n'est peut-être pas la même chose pour un enfant plus âgé.

Problèmes de sécurité. Bien que le risque soit mince, il y a la possibilité qu'un parent puisse écraser et blesser le bébé en se tournant ou le pousser accidentellement hors du lit. La crainte d'un tel accident pourrait empêcher les parents de dormir.

Problèmes de juste mesure. C'est une chose d'avoir un bébé, ou même un jeune enfant avec vous dans votre lit, mais où trouver la juste mesure? Si vous cherchez à faire la part des choses, comment faire comprendre à l'enfant qui a toujours dormi avec vous qu'il doit dormir seul, tout à coup? Est-ce juste d'habituer un enfant à avoir un corps chaud auprès de lui la nuit, pour finir par le bannir et le laisser dormir seul dans un lit froid? Même si vous croyez que cela est correct, vous pourriez trouver que c'est à peu près impossible : lorsqu'un enfant s'est accoutumé à dormir avec ses parents, essayez de chasser le naturel et il reviendra au galop.

Bien qu'il soit préférable d'avoir des lits et des chambres séparés pour les bébés de plus de trois mois (alors que les pleurs nocturnes se sont calmés), cela reste un choix très personnel. Il est vrai que le partage du lit familial a fonctionné dans de multiples sociétés pendant des générations et des générations, et que les enfants font ainsi l'expérience de la chaleur et du confort lorsqu'ils dorment avec leurs parents. Certaines familles décideront de ne pas se laisser influencer par les pressions sociales et opteront pour le lit familial. C'est bien, du moment que vous êtes conscients des risques que ce choix représente. Les parents qui choisissent de dormir séparément peuvent se retrouver en famille, en apportant le bébé dans leur lit, certains matins ou chaque soir, pour un boire ou quelques caresses.

CHAHUTER UN ENFANT

«Mon mari aime chahuter notre bébé de douze semaines qui adore cela. Toutefois, j'ai entendu dire que de trop secouer un enfant, même pour s'amuser, peut causer de graves blessures.»

Lorsque l'on regarde s'illuminer le visage d'un enfant que son adorable papa lance dans les airs, il est difficile d'imaginer qu'autant de joie puisse se transformer en tragédie. Pourtant, cela pourrait arriver. Deux genres de dommages peuvent survenir pendant ces jeux. Le premier est un détachement de la rétine pouvant causer de graves problèmes de vision ou même la cécité. Le deuxième est un impact cinglant, capable de provoquer des dommages graves au cerveau chez un enfant dont le cou n'est pas encore très stable et même, dans de rares cas, la mort.

De telles blessures se produisent plus souvent lorsqu'un adulte secoue l'enfant

sur le coup de la colère, mais elles peuvent arriver pendant le jeu. Évitez alors de secouer vigoureusement ou de bousculer le cou ou la tête sans soutien d'un bébé. Évitez également la course à pied ou les activités sautillantes avec un petit enfant soutenu dans un sac ventral (faites plutôt votre course matinale en poussant la poussette de bébé). Cela ne veut pas dire qu'il ne faut plus jouer avec votre enfant; les petits enfants adorent un léger vol en douceur dans les airs et d'autres jeux physiques sans trop de secousses, soutenus par des mains robustes.

Donc, à partir de maintenant, évitez de chahuter votre enfant, mais ne vous inquiétez pourtant pas des secousses qu'il a pu subir par le passé. Si cela avait entraîné certains dommages, vous vous en seriez déjà aperçus.

MOINS DE SELLES

«J'ai peur que mon bébé nourri au sein ne souffre de constipation. Il faisait toujours de six à huit selles par jour et maintenant il en fait rarement plus d'une; il lui arrive même parfois de sauter une journée.»

Ne vous inquiétez pas, soyez plutôt reconnaissante. Non seulement ce ralentissement dans la production de selles est normal, mais il vous confinera moins souvent à la table à langer. Assurément, voilà un changement pour le mieux.

Il est normal pour beaucoup de bébés nourris au sein de commencer à avoir moins de selles entre un et trois mois. Certains passeront même quelques jours entre deux selles. D'autres continueront leur prodigieuse production aussi longtemps que vous les allaiterez. C'est tout aussi normal.

La constipation est rarement un problème pour les bébés nourris au sein et la rareté des selles n'en est aucunement le signe; les selles dures et difficiles à passer le sont (voir page 141).

LAISSER BÉBÉ À UNE GARDIENNE

«Nous aimerions avoir une soirée à nous, mais nous avons peur de laisser notre bébé avec une jeune gardienne.»

Allez en ville, et vite. Si vous désirez passer quelque temps seuls ensemble (ou simplement seule) au cours des dix-huit prochaines années, le fait de faire garder bébé occasionnellement par une personne qui n'est pas de la famille sera important pour son développement. Dans ce cas, plus tôt bébé s'adaptera, mieux ce sera. Les bébés de deux ou trois mois peuvent bien reconnaître leur mère, mais... loin des yeux, loin du coeur. Et si leurs besoins sont comblés, les jeunes bébés sont généralement heureux avec n'importe quelle personne qui leur donne l'attention qu'ils recherchent. À neuf mois (et beaucoup plus tôt dans certains cas), la plupart des bébés connaîtront ce que l'on appelle la peur de la séparation des parents ou la peur des étrangers. Non seulement sont-ils malheureux d'être séparés de leur mère ou de leur père, mais ils se méfient des étrangers.

Au début, vous ne ferez sans doute que de courtes sorties, surtout si vous allaitez et que vous devez planifier votre souper entre deux repas de bébé. Mais le temps que vous mettrez à choisir et à entraîner une gardienne est important, si vous voulez être certains que bébé recevra les soins adéquats. Le premier soir, demandez à la gardienne d'arriver au moins une demi-heure à l'avance, de sorte qu'elle puisse se familiariser aux besoins et aux habitudes de bébé et qu'ils aient le temps de faire connaissance tous les deux. (Voir les informations utiles pour la gardienne, pages 240 et 241.)

«Nous emmenons presque toujours notre bébé avec nous lorsque nous sortons; nous le laissons avec une gardienne seulement lorsqu'il dort et c'est pour quelques heures tout au plus. Des amis prétendent que cela le rendra trop dépendant de nous.»

De nos jours, les gens semblent plus inquiets lorsque les parents ne laissent jamais leurs enfants, que lorsqu'ils les quittent régulièrement. Mais aucun motif ne vient justifier ces inquiétudes. Quoiqu'il y ait certains avantages à habituer bébé à une gardienne dès maintenant (avant que la peur des étrangers ne s'accroisse et à ne pas vous sentir trop rivée à votre rôle de mère, un bébé dont la maman est toujours présente à ses côtés ne deviendra pas nécessairement dépendant. En fait, il arrive souvent qu'un bébé qui passe sa tendre enfance entouré de l'un de ses parents ou des deux, s'avère plus tard très confiant. Il aura la conviction inébranlable d'être aimé, que n'importe quelle gardienne à qui ses parents le confieront pendant quelques heures prendra grand soin de lui et que lorsqu'ils s'absenteront, ils reviendront à l'heure prévue.

Alors faites ce que vous avez envie de faire à votre plus grande satisfaction; n'essayez pas de faire plaisir à vos amis en suivant leurs conseils.

ÊTRE RIVÉE SUR PLACE PAR UN BÉBÉ NOURRI AU SEIN

«J'étais heureuse de ma décision de ne pas donner à mon bébé des biberons supplémentaires, jusqu'à ce que je m'aperçoive que c'est à peu près impossible de passer toute une soirée à l'extérieur.»

Rien n'est jamais parfait, pas même la décision de nourrir exclusivement au sein. Bien sûr, cela présente des avantages, mais

LES INSTRUCTIONS POUR LA GARDIENNE

Même la meilleure des gardiennes d'enfants a besoin d'instructions. Avant de confier la garde de votre bébé, assurez-vous que la gardienne est au courant de ce qui suit :

▪ quelle est la meilleure manière de calmer bébé (en le berçant, en lui fredonnant une chanson, en l'amusant avec son mobile favori ou en le promenant dans un sac ventral);

▪ quel est son jouet préféré;

▪ comment bébé aime dormir (sur le dos, sur le ventre, sur le côté);

▪ quelle est la meilleure manière de le faire éructer (en le soutenant contre votre épaule, en l'assoyant sur vos genoux, après que bébé a bu ou au milieu d'un boire);

▪ comment changer bébé de couche et le nettoyer (utilisez-vous des serviettes humides ou des boules d'ouate, une couche double ou une couche simple, des culottes de caoutchouc, un onguent pour l'érythème fessier?), et où trouver les couches et les autres objets utiles;

▪ où trouver les vêtements de rechange de bébé au cas où il souillerait les vêtements qu'il porte;

▪ comment lui donner le biberon (bébé doit-il prendre un supplément de votre lait ou de préparation commerciale?);

▪ ce que bébé peut et ne peut pas manger ou boire (précisez bien qu'aucun aliment, aucun liquide ou médicament ne doit être administré à bébé sans votre consentement ou celui du médecin);

▪ quelle est l'organisation de votre cuisine, de la chambre de bébé et de toute la maison, ainsi que tout autre détail pertinent concernant votre maison ou votre appartement (comme l'emplacement des détecteurs et alarmes pour le feu et celui des sorties de secours);

▪ quelles sont les habitudes ou les caractéristiques typiques de bébé dont la gardienne devra tenir compte (il régurgite beaucoup, a des selles fréquentes, pleure lorsqu'il est mouillé, s'endort seulement avec de la lumière, peut tomber de la table à langer);

▪ quelles sont les habitudes des animaux domestiques que la gardienne devrait connaître et vos recommandations quant à la présence des animaux près du bébé;

▪ quelles sont les règles de sécurité à observer (voir page 171); vous pourriez photocopier ces règles et les mettre bien à la vue de la gardienne;

▪ où trouver la trousse de premiers soins (ou d'objets précis);

▪ où trouver une lampe de poche (ou des chandelles) en cas de panne d'électricité;

▪ quoi faire si le détecteur ou l'alarme pour le feu se déclenche, si elle aperçoit de la fumée ou du feu, ou si un visiteur inattendu vient sonner à la porte;

▪ à qui permettez-vous d'aller chez vous lorsque vous n'y êtes pas et quelle est votre politique quant aux visiteurs éventuels de la gardienne.

Vous devriez également laisser ces informations à la gardienne :

▪ les numéros de téléphone importants (des parents, du pédiatre, d'un voisin, des grands-parents, d'un centre hospitalier, d'un centre anti-poison, du concierge, du plombier ou d'un entrepreneur) et du papier et un crayon pour prendre les messages;

▪ l'adresse de la salle d'urgence la plus proche et le meilleur chemin pour s'y rendre;

▪ de l'argent pour prendre un taxi en cas d'urgence (si la gardienne doit emmener bébé chez le médecin le plus vite possible) et le numéro d'un service de taxi;

• un formulaire de consentement signé de votre main, avec des limites spécifiques, au cas où il serait impossible de vous joindre (cela devrait être préparé à l'avance avec les recommandations du médecin de bébé).

Il est très utile de réunir toutes les informations nécessaires aux soins de votre enfant — numéros de téléphone, conseils de sécurité et de santé et tout ce que vous jugerez indispensable — dans un petit cartable de feuilles détachables. De cette manière, les informations pourront facilement être remplacées ou ajoutées au besoin et votre gardienne aura toujours tout à portée de la main. L'argent laissé en cas d'urgence peut être inséré dans une enveloppe que vous glisserez sous le couvercle du cartable.

certaines occasions ratées pourraient vous faire regretter cette décision. Plusieurs femmes ont tout de même survécu à ce choix et ont réussi à s'organiser une vie sociale malgré tout. D'abord, quoique cela puisse être difficile de sortir maintenant, ce sera plus facile dès que bébé commencera à dormir toutes les nuits. Vous pourrez planifier à partir de 20 ou 21 heures une longue soirée en ville. De plus, une fois que les aliments solides auront été ajoutés à son alimentation, une gardienne aura quelque chose à lui offrir, s'il se réveille affamé. Finalement, une fois que vous l'aurez habitué à boire au gobelet, bébé sera capable de boire s'il a soif.

D'ici là, si un événement spécial devait vous retenir loin de la maison pendant plus de deux heures, essayez ceci :

• Emmenez bébé et la gardienne avec vous s'il y a un endroit où ils peuvent s'installer, comme un hall d'entrée ou un couloir. Cela peut être incommode, mais bébé pourra faire sa sieste dans une poussette ou un landau pendant que vous profitez de cette occasion spéciale. S'il venait à se réveiller, la gardienne pourrait vous avertir et vous n'auriez qu'à vous absenter quelque temps pour le nourrir dans une salle de repos ou dans un endroit tranquille.

• Si l'événement en question a lieu en dehors de la ville, emmenez votre petite famille avec vous. Vous pouvez demander à votre gardienne habituelle de venir avec vous ou trouver une gardienne sur place. Si vous êtes installés assez près de l'endroit où la réception a lieu, vous pourrez retourner à votre chambre pour l'heure du boire de bébé.

• Si possible, modifiez l'heure de sommeil de bébé pendant la journée. Si bébé a l'habitude de s'endormir à vingt et une heures et que vous deviez partir à dix-neuf heures, essayez de lui faire sauter sa sieste de l'après-midi et mettez-le au lit deux heures plus tôt. Donnez-lui un repas complet au sein avant de partir et prévoyez un autre boire à votre retour à la maison, si nécessaire.

• Laissez un biberon d'eau ou de lait déjà extrait et soyez rassurés, maman et papa. Si bébé se réveille affamé, il peut boire ce biberon. À ce stade, la confusion des tétines ne dérangera pas sa tétée, alors inutile de vous en inquiéter. S'il ne veut pas du biberon, il pourrait pleurer pendant quelque temps, mais se rendormira fort probablement. En arrivant à la maison, nourrissez-le si nécessaire. Évidemment, soyez parés à toute éventualité et n'hésitez pas à revenir à la maison plus tôt que prévu, si la gardienne vous avise que bébé est très agité et nerveux.

CE QU'IL IMPORTE DE SAVOIR
Le choix d'une bonne gardienne

Le fait de confier votre enfant à une gardienne pour la première fois est assez traumatisant en soi. Vous voulez partir sans inquiétude en laissant bébé à la bonne personne et au bon moment. La recherche de la personne en qui vous aurez une totale confiance n'est pas facile, du moins, pas pour la plupart d'entre nous. Il ne suffit pas de prendre le téléphone et d'enrôler grand-maman ou la voisine d'à côté. Avec les familles dispersées dans tout le pays et même à l'extérieur, avec les grands-mamans travaillant à l'extérieur, il faudra souvent chercher une gardienne étrangère à la famille.

Quand grand-maman était la gardienne attitrée, la plus grande inquiétude d'une mère, par exemple, se résumait à l'idée que son enfant pourrait se gaver de biscuits plus qu'à la maison. Toutefois, le fait de confier son enfant à une étrangère (ou à plusieurs étrangères) peut faire surgir beaucoup d'inquiétudes chez une mère. Sera-t-elle responsable et fiable? Pourra-t-elle combler les besoins de bébé d'une façon attentive et empressée? Sera-t-elle capable de lui procurer le genre de stimulation par le jeu qui l'aidera à développer son corps et son esprit au maximum de leur potentiel? Est-ce que sa conception des soins à donner à un enfant sera compatible avec la vôtre? Acceptera-t-elle vos idées et se pliera-t-elle à vos attentes? Sera-t-elle assez chaleureuse et aimante pour vous remplacer sans prétendre prendre votre place?

Vous séparer de bébé — que ce soit pour un travail de 9 h à 17 h ou pour une sortie du samedi soir — ne sera jamais facile et surtout pas les premières fois. Mais en se séparant de bébé, si les parents sont convaincus de le confier à la meilleure personne possible, ils se sentiront apaisés et confiants.

LE CHOIX D'UNE GARDIENNE À LA MAISON

La plupart des experts sont d'accord pour dire que si une mère ne peut rester avec son bébé tout le temps (à cause de son travail, de ses études ou de ses sorties), la deuxième meilleure option est la mère-substitut (une nourrice, une gardienne, une personne au pair) qui s'occupera du bébé à la maison.

Les avantages sont nombreux. Bébé est dans un environnement familier, avec sa propre couchette, sa chaise haute, ses jouets; il n'est pas exposé aux microbes de plusieurs autres enfants; il n'a pas à être transporté aller et retour. Bref, il reçoit toute l'attention de la gardienne, à condition que vous ne lui demandiez pas de s'acquitter d'une multitude de tâches ménagères. Il y a de bonnes chances qu'une relation affective très étroite se développe entre bébé et la gardienne.

Toutefois, il y a certains inconvénients à cette formule. Si la gardienne est malade, qu'elle est incapable de se rendre chez vous pour quelque raison que ce soit, ou si elle abandonne soudainement, vous ne trouverez pas systématiquement une remplaçante. Un réel attachement entre la gardienne et le bébé pourrait mener à une crise si celle-ci disparaît du jour au lendemain, ou si la mère se met à jalouser la gardienne. Pour certains parents, la perte d'intimité si la gardienne demeure à la maison sera une complication additionnelle. Cette formule peut coûter cher si vous engagez un nourrice ayant reçu un entraînement professionnel, mais probablement un peu moins si vous trouvez une étudiante ou quelqu'un possédant peu d'expérience.

Le début des recherches

Trouver la personne idéale pour prendre soin de bébé peut vous prendre beaucoup de temps, aussi devriez-vous commencer les recherches deux mois à l'avance. Il y a plusieurs manières de procéder par l'entremise de diverses personnes.

Le pédiatre. Il est à parier que personne de votre entourage ne connaît autant de bébés — et leurs mamans et leurs papas — que le pédiatre de votre enfant. Demandez-lui s'il peut vous recommander quelqu'un. Vérifiez le tableau d'affichage de son bureau pour y lire les offres de services de gardiennes. (Certains pédiatres exigent que les références soient laissées à la réception avant d'accepter que de tels avis soient affichés.) Peut-être pouvez-vous aussi placer une annonce sur le babillard. Vous pouvez aussi demander aux personnes dans la salle d'attente si elles connaissent des gardiennes fiables.

Les parents. Au parc, dans une classe d'exercices pour bébé, dans un cocktail ou dans une réunion d'affaires, il peut se trouver des gens qui connaissent une bonne gardienne et qui peuvent vous recommander une gardienne fiable.

L'église. À l'église, le tableau d'affichage peut s'avérer une ressource très valable. Le curé ou le prêtre de la paroisse pourrait connaître une personne dévouée, intéressée à prendre soin de bébé.

La garderie. Les préposés en garderie — spécialisés dans les soins donnés aux tout-petits — connaissent souvent des personnes qui travaillent à temps partiel et qui ont une bonne expérience dans les soins à donner aux bébés. Il peut même arriver

que ces personnes soient disponibles elles-mêmes les soirs et les fins de semaine.

La ligne des parents. S'il y a lieu, ce genre d'organisation peut vous procurer une liste des gardiennes d'expérience soucieuses de prendre soin d'un bébé à la maison. Informez-vous ou vérifiez dans l'annuaire téléphonique pour voir s'il y a ce genre de service dans votre quartier.

Les agences d'emploi pour gardiennes diplômées. Des puéricultrices entraînées et diplômées (et habituellement très coûteuses) sont disponibles en passant par ces agences. En sélectionnant ainsi une gardienne pour prendre soin de votre enfant, vous vous épargnez beaucoup de recherches téléphoniques et d'entrevues inutiles. (Malgré tout, vérifiez les références vous-même.)

Le service de gardiennes à domicile. Des gardiennes dont les références ont déjà été vérifiées sont disponibles si vous vous adressez à ce service, à temps plein, partiel ou occasionnel.

Le centre hospitalier local. Certains centres hospitaliers offrent un service de références pour gardiennes d'enfants. En général, toutes les gardiennes référées ont déjà suivi un cours spécial offert par le centre hospitalier, incluant les techniques de réanimation CPR et des informations sur les premiers soins. Dans d'autres centres hospitaliers ou écoles de soins infirmiers, vous trouverez peut-être des étudiants disponibles pour garder bébé à domicile.

Le journal local. Vous trouverez dans la colonne des petites annonces de votre journal local (ou dans un journal spécialement conçu pour les parents) une section spéciale pour les gardiennes à domicile à la recherche d'un emploi. Vous pouvez aussi faire paraître une petite annonce en précisant vos exigences.

Le bureau d'emploi des collèges et des universités. À temps partiel ou à temps plein, à l'année ou pour l'été, vous pourriez trouver de l'aide dans les bureaux d'emploi des collèges et des universités.

Les clubs de l'âge d'or. Une personne âgée bien portante et dynamique pourrait être une gardienne dévouée et jouer le rôle de grand-parent par surcroît.

L'organisation de travail au pair ou de nourrices. Ces organisations particulières peuvent trouver pour vous une personne au pair, habituellement une jeune femme étrangère, venue au pays pour étudier ou dans l'espoir d'immigrer, ou une nourrice bien entraînée.

Une enquête minutieuse sur toutes les gardiennes fiables

Vous ne voudrez pas passer des journées interminables à interroger des candidates visiblement incapables de satisfaire vos exigences. Ainsi, éliminez-les dès la lecture de leur résumé d'expérience ou lors d'une conversation téléphonique. Avant de commencer à passer des entrevues, préparez une description détaillée des tâches dont votre gardienne devra s'acquitter, de manière à connaître exactement vos priorités. Cela peut inclure la responsabilité du lavage et du marché. Toutefois, faites attention de ne pas exiger de votre gardienne trop d'activités susceptibles de la distraire de sa tâche principale, qui est de prendre soin de bébé. Lors d'une première entrevue téléphonique, demandez-lui son nom, son adresse, son âge, sa scolarité, son expérience de travail, ses exigences salariales (en prenant soin de vérifier à l'avance quels sont les tarifs en cours) et les raisons qui l'amènent à désirer cet emploi. Expliquez-lui en quoi consistera le travail et voyez si elle est toujours intéressée. Fixez une entrevue personnelle avec les candidates qui vous font une bonne impression au téléphone.

Pendant une entrevue, recherchez les qualités d'enthousiasme et de dévouement perceptibles chez la gardienne. Cherchez certains indices dans les questions et les commentaires des candidates («Est-ce que le bébé pleure beaucoup?» peut laisser présager de l'impatience face au comportement normal d'un enfant) aussi bien que dans ses silences (la femme qui ne parle pas de son amour pour les enfants et qui ne fait aucun commentaire sur le vôtre pourrait également vous dire quelque chose), pour en apprendre le plus possible sur la personne. Pour en savoir plus long, posez des questions et formulez-les de manière à recevoir une réponse plus élaborée qu'un simple oui ou non. Un simple «oui» à la question «Aimez-vous les bébés?» ne vous renseignera pas beaucoup. Posez les bonnes questions :

- Pourquoi voulez-vous cet emploi?
- Quel a été votre dernier emploi et pourquoi l'avez-vous quitté?
- D'après vous, quels sont les besoins primordiaux d'un enfant du même âge que le mien?
- Comment entrevoyez-vous une journée avec un enfant de cet âge?
- Comment voyez-vous votre rôle dans la vie de mon enfant?
- Que pensez-vous de l'allaitement au sein? (Ceci est important seulement si vous allaitez et que vous désirez continuer à le faire, car vous aurez alors besoin de son appui.)
- Quand bébé deviendra plus actif et qu'il se mettra dans des situations difficiles, comment vous comporterez-vous avec lui? Quelle sorte de discipline imposez-vous aux jeunes enfants?
- Comment vous rendrez-vous au travail les jours de mauvais temps?
- Avez-vous un permis de conduire et vous sentez-vous à l'aise derrière un volant? (Si son travail requiert des déplacements en voiture.)

• Pendant combien de temps envisagez-vous garder cet emploi? (La gardienne qui ne veut plus garder aussitôt que bébé commence à s'y adapter peut créer une multitude de problèmes à vous et à toute la famille.)

• Avez-vous des enfants? Leurs besoins viendront-ils interférer dans votre travail? (Accepter qu'une gardienne emmène ses propres enfants chez vous comporte des avantages et des inconvénients. D'un côté, votre enfant aura la chance de se faire des petits compagnons sur une base quotidienne. D'un autre côté, il sera exposé chaque jour aux microbes des autres enfants; et le fait d'avoir à s'occuper d'autres enfants peut affecter la qualité et la quantité de soins et d'attention que la gardienne pourra prodiguer au vôtre. Il peut également en résulter plus de cris et de grincements de dents dans votre foyer.)

• Préparez-vous les repas, ou faites-vous l'entretien ménager? (Si certaines tâches ménagères peuvent être assumées par quelqu'un d'autre, vous pourrez passer plus de temps avec bébé lorsque vous serez à la maison. Si la gardienne passe beaucoup de temps à s'acquitter de tâches ménagères, elle pourrait négliger bébé.)

• Êtes-vous en bonne santé? Si vous le jugez nécessaire, demandez un examen médical complet (comprenant test de tuberculose) et demandez-lui si elle a l'habitude de fumer (il est préférable qu'elle ne fume pas), de boire de l'alcool ou de prendre des drogues ou des médicaments. La personne qui abuse de drogues ne vous l'avouera probablement pas, mais soyez attentive aux indices de grande agitation, de débit rapide, de nervosité, de pupilles dilatées, de manque d'appétit (usage de stimulants, comme les amphétamines ou la cocaïne), de mauvaise articulation, de désorientation, de titubation, de manque de concentration et d'autres signes d'ivresse avec ou sans odeur d'alcool, de barbituriques et d'autres tranquillisants. Surveillez les goûts prononcés pour les sucreries (dépen-

dance à l'héroïne); l'euphorie, le relâchement des inhibitions, l'appétit insatiable, la perte de mémoire, le blanc des yeux rouge et les signes de paranoïa (marijuana). Une gardienne qui essaie de ne pas consommer de drogues ou d'alcool au travail peut montrer des signes de sevrage, comme des yeux qui bougent sans cesse et se remplissent d'eau, des bâillements, de l'irritabilité, de l'angoisse, des tremblements, des frémissements ou de la transpiration. Évidemment, plusieurs des symptômes peuvent aussi être des signes de maladie mentale ou physique plutôt que d'un abus de drogues. D'une manière ou d'une autre, si ces symptômes apparaissent chez une personne qui doit prendre soin de bébé, vous avez de bonnes raisons de vous en inquiéter. Vous éviterez également une personne dont la santé précaire pourrait compromettre son assiduité au travail.

• Avez-vous récemment suivi, ou seriez-vous d'accord pour suivre un cours de premiers soins destinés aux enfants (par exemple, les techniques de réanimation CPR [Cardio Pulmonary Resuscitation])?

• La candidate s'est-elle présentée à l'entrevue bien mise et habillée convenablement? Vous n'exigerez sans doute pas qu'elle porte un uniforme fraîchement empesé au travail, mais des vêtements souillés, des cheveux malpropres et des ongles mal entretenus sont de très mauvais augure.

• Semble-t-elle avoir un sens de l'ordre compatible avec le vôtre? Si elle doit fouiller dans son sac à main pendant cinq minutes avant de trouver ses papiers de références et que vous êtes une maniaque de l'organisation, vous risquez de ne pas vous entendre. Vous ne vous accorderez pas plus si elle vénère l'ordre et que vous êtes désordonnée.

• Vous paraît-elle fiable? Si elle arrive en retard à l'entrevue, méfiez-vous. Elle pourrait bien être une incorrigible retardataire. Vérifiez ce détail auprès d'employeurs précédents.

■ Est-elle physiquement capable d'assumer cet emploi? Une vieille dame frêle n'est peut-être pas en état de transporter bébé partout, pendant la journée, ou de suivre un jeune enfant qui commence à marcher.

■ A-t-elle l'air d'aimer les enfants? L'entrevue doit permettre à la candidate de passer un peu de temps avec bébé, de sorte que vous puissiez observer leur communication ou leur manque de communication. Vous semble-t-elle patiente, gentille, intéressée, attentive et sensible aux besoins de bébé? Vous obtiendrez la confirmation de ses aptitudes à prendre soin des enfants auprès d'employeurs précédents.

■ Vous paraît-elle intelligente? Vous recherchez certainement quelqu'un capable d'éduquer et de divertir votre enfant comme vous le feriez vous-même, et qui fera preuve de bon jugement dans des situations délicates.

■ Êtes-vous à l'aise avec elle? Le rapport que vous aurez ensemble est presque aussi important que celui qu'elle aura avec votre enfant. Pour l'amour de bébé, il est important qu'une communication franche et constante s'installe entre votre gardienne et vous; assurez-vous que cela soit évident et facile.

Si la première série d'entrevues ne vous a pas permis de trouver la candidate idéale, n'abandonnez pas, recommencez vos recherches. Si vous avez le choix entre quelques candidates, la deuxième chose à faire est de vérifier les références de chacune. Ne vous fiez pas sur la parole d'une amie ou d'un membre de la famille de la personne qui postule un emploi pour vous faire confirmer ses capacités et sa fiabilité; insistez pour avoir les coordonnées d'employeurs précédents s'il y a lieu ou, si la personne n'a aucune expérience de travail préalable ou que son expérience est très limitée, demandez-lui le nom d'un professeur ou d'un membre du clergé qui la connaît et dont l'opinion pourrait être plus objective.

Faire connaissance

Vous seriez probablement malheureuse d'avoir à passer une journée entière avec une pure étrangère. Aussi attendez-vous que bébé — qui fera, en plus, l'expérience de l'absence de sa mère — soit tout aussi malheureux, sinon plus. Pour minimiser son malaise, présentez-lui sa gardienne d'avance. Si c'est une gardienne pour la soirée, demandez-lui d'arriver au moins une demi-heure à l'avance la première fois (et d'arriver une heure avant, si bébé a plus de cinq mois), de sorte que bébé ait le temps de s'adapter. Arrangez-vous pour qu'ils fassent connaissance graduellement, en tenant d'abord bébé dans vos bras, puis en le mettant dans un siège d'enfant ou dans une balançoire. Ainsi, la gardienne pourra s'en approcher sur un terrain neutre. Finalement, lorsque bébé semblera plus confiant avec la nouvelle venue, mettez-le dans ses bras. Après cette adaptation initiale, ne quittez pas bébé pour plus d'une ou deux heures. La prochaine fois, demandez à la gardienne d'arriver encore une demi-heure avant votre départ et absentez-vous un peu plus longtemps. La troisième fois, une période de quinze minutes avec vous à la maison devrait suffire et, après cela, la gardienne et bébé devraient être très amicaux. (Si ce n'est pas le cas, révisez votre position quant au choix de votre gardienne.)

Une gardienne de jour nécessitera une plus longue période d'apprivoisement mutuel. Elle devra passer au moins une journée complète avec vous et bébé pour se familiariser non seulement avec votre enfant, mais aussi avec la maison, votre manière de prendre soin de bébé et votre routine ménagère. Cela vous donnera la chance de faire des suggestions et donnera à la gardienne l'occasion de poser des questions. Vous aurez également le loisir de l'observer en plein action et la possibilité de changer d'avis à son sujet si vous n'aimez pas tellement ce que vous voyez.

(Ne jugez pas la gardienne d'après les réactions de bébé, mais plutôt sur la façon dont *elle* y réagit. Peu importe que ce soit la meilleure des gardiennes, les enfants — même les très jeunes enfants — contestent souvent le fait d'être avec quelqu'un d'autre, aussi longtemps que leur maman est tout près.)

Bébé s'adaptera probablement beaucoup plus facilement à une gardienne, avant l'âge de six mois, c'est-à-dire avant que ne se déclare chez lui la peur des étrangers.

La période d'essai

Embauchez toujours une gardienne pour une période d'essai préalable, de manière à pouvoir évaluer son attitude avec bébé avant de décider si vous l'engagerez ou pas à temps plein. Ce sera plus équitable pour vous deux si vous l'avisez d'avance que les deux premières semaines ou le premier mois (le temps que vous spécifierez) constitueront la période de probation. Pendant ce temps, observez bébé. Semble-t-il heureux, propre, bienveillant, lorsque vous revenez à la maison? Est-il, au contraire, plus fatigué qu'à l'accoutumée et plus agité? A-t-il été changé de couche récemment? Il est également important de vérifier l'état d'esprit de votre gardienne à la fin d'une journée de travail. Est-elle détendue et confiante? Semble-t-elle plutôt tendue et irritable, visiblement heureuse d'être libérée de sa tâche? S'empresse-t-elle de vous raconter sa journée avec bébé, vous informant de ses derniers exploits, aussi bien que de certains problèmes qu'elle aurait pu remarquer, ou vous raconte-t-elle de façon routinière combien de temps bébé a dormi ou quelle quantité de lait il a bu; ou pire, pendant combien de temps il a pleuré? Se souvient-elle que l'enfant dont elle a la charge est encore *votre* bébé et est-elle prête à accepter que vous preniez les décisons importantes à son sujet? Ou semble-t-elle convaincue qu'elle en a l'entière responsabilité maintenant?

Si votre évaluation démontre que la nouvelle gardienne est loin d'être la meilleure, commencez à chercher quelqu'un d'autre. Si vous n'êtes pas certaine, arrangez-vous pour rentrer à la maison plus tôt que prévu sans vous annoncer, pour avoir une meilleure idée de ce qui se passe vraiment en votre absence. Peut-être pouvez-vous demander à des amis ou à des voisins qui rencontrent votre gardienne au parc ou au supermarché, ou lorsqu'elle déambule sur le trottoir avec bébé dans sa poussette, comment elle se débrouille. Si un voisin vous avise que votre enfant habituellement heureux pleure énormément en votre absence, cela pourrait être l'indication que quelque chose ne va pas.

Si, de votre point de vue, la bonne gardienne à temps plein n'est pas encore de ce monde, peut-être devriez-vous réviser votre décision de retourner sur le marché du travail, plutôt que d'imposer à votre enfant une série de gardiennes incompétentes et insoucieuses.

LES GARDERIES DE JOUR

Quoique cela ne soit pas l'idéal pour les enfants, certaines mères font tout de même affaire avec un service de garderie de jour, lorsqu'elles n'ont pas vraiment d'autre choix.

Cependant, un bon programme de soins de jour peut offrir certains avantages importants. Dans les meilleures garderies, un personnel bien entraîné assurera un programme bien organisé conçu spécialement pour la croissance et le développement des tout-petits, tout en leur fournissant l'occasion de jouer et d'apprendre avec d'autres bébés et jeunes enfants. Étant donné que ces activités ne dépendent pas d'une seule personne, comme c'est le cas avec une gardienne à domicile, il ne se produit généralement aucune crise grave si un éducateur est malade ou abandonne son poste, bien que l'enfant puisse avoir à s'adapter à une nouvelle éducatrice. Comme au Québec, ces garderies ont besoin d'un permis pour exercer, le programme peut comporter des règles précises et un entraînement spécifique en matière de sécurité, de santé et d'éducation.

Les inconvénients pour les bébés peuvent être tout aussi importants. D'abord, tous les programmes ne sont pas nécessairement bons. Même dans une bonne garderie, les soins sont moins personnalisés qu'ils ne le sont dans l'environnement familial de bébé, le ratio enfants/gardienne est plus élevé et il se peut qu'il y ait un personnel changeant et instable. Les horaires sont moins flexibles que dans une organisation moins formelle, et si la garderie suit le même calendrier annuel que les écoles publiques, il se peut qu'elle ferme ses portes pendant les vacances et les jours fériés, alors que vous devrez vous rendre au travail. Le prix des services offerts en garderie est habituellement assez élevé, sauf pour les personnes admissibles à des subventions gouvernementales ou autres, mais ils peuvent aussi coûter moins cher qu'une gardienne à la maison. Un plus gros risque d'infection est sans doute le plus sérieux inconvénient de la garderie. Étant donné que beaucoup de parents qui ont un travail à temps plein n'ont pas d'autre choix, il arrive souvent qu'ils conduisent tout de même leur enfant à la garderie, lorsqu'il a un rhume ou une maladie bénigne.

Il existe certainement une garderie capable de combler les besoins de bébé pendant le jour; l'idéal est de trouver celle qui pourra recevoir votre enfant au moment que vous aurez choisi.

Où chercher

Vous pouvez demander à des amis ou à des connaissances de vous recommander une bonne garderie de jour (à but lucratif ou non lucratif, en coopérative ou autre). Vous pouvez également consulter l'annuaire téléphonique de votre localité sous la rubrique «Garderies».

Quoi chercher

En cherchant une garderie pour votre tout-petit, vous vous apercevrez qu'en ce domaine, comme dans tous les autres, il y a du bon et du mauvais, mais que la grande majorité se situe dans une moyenne médiocre. Si vous désirez le meilleur pour bébé, il vous faudra examiner toutes les possibilités. Recherchez :

Un permis officiel. Au Québec, les garderies publiques doivent obtenir un permis du ministère de l'Éducation pour ouvrir leurs portes. L'Office de garde à l'enfance assure le contrôle des garderies, en faisant respecter les règles d'hygiène, de sécurité et d'installations des lieux, en plus de former des comités-conseils pour assurer une qualité des soins et des activités d'apprentissage qui sont fournis.

Un personnel entraîné et expérimenté. Il serait préférable que les éducateurs et éducatrices soient diplômés en éducation préscolaire et que tout le personnel ait une expérience de travail auprès des enfants. Depuis quelques années, les éducateurs et éducatrices de garderie doivent obtenir un permis spécial de l'Office de garde à l'enfance. Les changements du personnel devraient être peu fréquents; s'il y a plusieurs nouveaux éducateurs chaque année, prenez garde.

Un personnel sain et irréprochable. Tous les éducateurs de garderie devraient avoir subi un examen médical complet, incluant un test de tuberculose. Une vérification de leurs antécédents devrait certifier qu'ils ont un comportement irréprochable.

Un bon rapport éducateur/bébé. Il faudrait compter au moins une personne responsable pour trois enfants. S'il y en a moins, un bébé qui pleure devra attendre que quelqu'un soit disponible pour que ses besoins soient enfin comblés.

Une garderie de grandeur moyenne. Une immense garderie risque d'être moins bien surveillée et organisée qu'une garderie plus petite, quoiqu'il puisse y avoir des exceptions à cette règle. De plus, plus il y a d'enfants, plus grandes sont les occasions de maladies contagieuses. Mais quelle que soit la grandeur de la garderie, elle doit fournir un espace adéquat pour chaque enfant qu'elle accueille. Des pièces bondées sont le signe d'un programme inadéquat.

Des groupes séparés selon l'âge des enfants. Les bébés de moins d'un an ne devraient pas être mêlés aux jeunes enfants et aux enfants plus âgés.

Une atmosphère chaleureuse. Le personnel doit véritablement aimer les enfants et en prendre grand soin. Les enfants doivent avoir l'air heureux, enjoués et propres. Faites un saut à la garderie au beau milieu de l'après-midi sans vous annoncer, de manière à vous faire une idée plus précise de l'atmosphère réelle qui y règne, ce que vous n'arriverez peut-être pas à détecter en laissant bébé le matin. (Méfiez-vous des garderies qui n'acceptent pas les parents qui arrivent à l'improviste.)

Une atmosphère stimulante. Même un bébé de deux mois peut retirer les bienfaits d'une atmosphère stimulante, où les interactions physiques et verbales sont omniprésentes avec les éducateurs, et où des jouets appropriés sont disponibles. À mesure que les bébés vieillissent et sont capables de tenir des objets, ils devraient avoir maintes occasions de manipuler des jouets, aussi bien que d'être exposés à la lecture, à la musique et aux activités de plein air. Les meilleurs programmes prévoient des randonnées occa-sionnelles : trois ou six enfants accompagnés d'un ou de deux éducateurs se rendent au supermarché, à la buanderie, ou en d'autres endroits que bébé pourrait fréquenter s'il avait une gardienne à la maison.

Un engagement de la part des parents. Les parents sont-ils invités à participer au programme de quelque manière que ce soit? Y a-t-il un comité de parents pour instaurer et faire respecter les règlements?

Une philosophie compatible avec la vôtre. Êtes-vous confiant vis-à-vis de l'orientation de la garderie : éducation, religion et idéologie?

De bonnes occasions de repos. La plupart des bébés, à la garderie ou à la maison, font encore plusieurs siestes pendant la journée. La garderie devrait fournir une pièce tranquille et des couchettes individuelles, et les enfants devraient être en mesure de faire la sieste selon leur horaire personnel et non selon celui de la garderie.

Des règles de sécurité et d'hygiène très strictes. Dans votre maison, il n'a pas lieu de vous inquiéter du fait que bébé porte tout à sa bouche. Mais dans une garderie où les enfants se côtoient chaque jour, chacun apportant sa collection de microbes personnels, ce n'est pas la même situation. Les garderies peuvent devenir l'endroit idéal pour la circulation des microbes et la prolifération des maladies intestinales et respiratoires. Pour minimiser la prolifération des microbes et sauvegarder la santé des enfants, une garderie bien organisée aura un conseiller médical attitré et des règlements précis :

■ Les éducateurs sont tenus de laver soigneusement leurs mains (avec un savon liquide) après chaque changement de couche ou après avoir aidé un enfant à utiliser la toilette, après avoir essuyé un nez qui coule ou s'être occupés d'un enfant enrhumé, et avant de servir les repas.

■ Les lieux pour les changements de couches et pour préparer les repas doivent être complètement séparés, et chaque pièce doit être nettoyée après chaque utilisation.

■ Les couches doivent être jetées dans un contenant avec couvercle, hors de la portée des enfants.

■ Les jouets doivent être rincés avec une solution désinfectante, entre chaque manipulation par des enfants différents, où une boîte de jouets séparée sera mise à la disposition de chaque enfant.

■ Les animaux de peluche ne doivent pas être partagés et devraient être lavés à la machine fréquemment.

■ Hochets, sucettes, serviettes, débarbouillettes, brosses et peignes ne devraient jamais être partagés.

■ Les ustensiles pour les repas devraient être lavés au lave-vaisselle ou, mieux, devraient être jetables (les biberons devraient être identifiés au nom de chaque enfant pour éviter qu'ils ne soient mélangés).

■ La préparation des aliments solides devrait se faire dans les meilleures conditions d'hygiène possibles (voir page 292).

■ Chaque enfant devrait avoir reçu tous les vaccins nécessaires aux dates prévues.

■ Les enfants qui sont assez ou très malades, présentant des cas de diarrhée, des vomissements, de la fièvre et certains types d'érythèmes, devraient être gardés à la maison (cela n'est pas nécessaire en cas de rhume, étant donné que le rhume est plus contagieux avant qu'il ne devienne évident) ou dans une infirmerie spécialement aménagée à cet effet, à l'intérieur de la garderie.

■ Les médicaments pour les enfants sous traitement médical devraient être administrés selon une politique écrite de la garderie.

■ Lorsqu'un bébé est atteint d'une maladie contagieuse, tous les parents d'enfants fréquentant la garderie devraient en être avisés le plus tôt possible; dans les cas de grippes hémophiliques, un vaccin ou des médicaments devraient être administrés pour prévenir la prolifération de la maladie[2].

Vérifiez auprès de l'Office de garde à l'enfance si la garderie n'est pas à l'origine d'aucune plainte ou infraction importante.

Des règles de sécurité strictes. Les blessures, mineures pour la plupart, sont assez fréquentes dans les garderies de jour. Les dangers en tête de liste sont les glissoires, les échelles, les blocs, les jouets manipulables, les appareils de jeu au sol, les portes et les planchers intérieurs. Même un bébé qui ne fait que ramper peut se mettre dans une position précaire avec des objets; tous les petits objets (sur lesquels ils peuvent se faire mal ou qu'ils peuvent avaler) et les objets pointus ou coupants sont dangereux pour tous les petits bébés, de même que tous les matériaux toxiques. Une infirmerie pour les enfants devrait satisfaire aux mêmes exigences de sécurité que vous maintenez à la maison. Les escaliers devraient recevoir une attention toute spéciale; les portes devraient être surveillées pour éviter qu'elles ne se referment sur les petits doigts ou ne s'ouvrent sur les petits minois; les fenêtres au-dessus du niveau du sol ne devraient pas pouvoir s'ouvrir de plus de 15 cm (6 po) ou devraient être munies d'un grillage, les calorifères et les autres dispositifs de

---

2. Un problème particulier se pose aux femmes qui prévoient une autre grossesse sous peu et qui ne sont pas immunisées contre le cytomégalovirus (CMV). Chez une femme enceinte non immunisée, le CMV peut représenter un risque pour l'enfant à naître. Le CMV, dont les études démontrent qu'il se propage chez 1 parent sur 5 qui ne sont pas immunisés, ne cause habituellement aucun symptôme chez les adultes ou les enfants. Par ailleurs, étant donné le risque qu'il représente pour le fœtus, les femmes qui envisagent une nouvelle grossesse et qui ne sont pas immunisées contre le CMV devraient éviter de fréquenter les garderies pour ne pas exposer les enfants sains au virus CMV.

chauffage, les installations électriques, les produits nettoyants et les médicaments ne devraient pas être à la portée des enfants (il arrive souvent que les éducateurs doivent administrer des médicaments à plusieurs enfants ou à ceux qui ont un problème de santé chronique), et les planchers ne devraient pas être encombrés de jouets sur lesquels un éducateur pourrait glisser alors qu'il tient un enfant dans ses bras. Les objets utilisés par des enfants plus âgés (peinture, pâte à modeler, jouets constitués de pièces petites ou pointues) devraient être gardés hors de la portée des petits bébés. Les détecteurs de fumée, les passages menant aux sorties de secours, les extincteurs d'incendie et les autres appareils et services de sécurité devraient être mis en évidence et faciles d'accès en cas d'incendie. Le personnel devrait avoir reçu un entraînement relatif aux techniques de réanimation CPR et un cours de premiers soins. Une trousse de premiers soins remplie de tout le nécessaire d'urgence devrait être disponible à tout moment.

Une attention spéciale à une saine nutrition. Tous les repas et collations devraient comprendre une nourriture saine, appropriée à l'âge des enfants. Les instructions des parents relatives aux boires (préparation lactée ou lait maternel), aux aliments et aux horaires des repas devraient être observées. Les biberons ne devraient jamais être appuyés sur un oreiller et les bébés laissés à eux-mêmes au moment du boire.

LA GARDE EN MILIEU FAMILIAL OU EN FOYER PRIVÉ

Certains parents se sentent plus confiants en laissant bébé chez une gardienne privée, en compagnie de deux ou trois enfants tout au plus, plutôt que dans une garderie de jour. Pour ceux qui ne peuvent avoir une gardienne à la maison, la garde en foyer privé est souvent la solution idéale.

La garde en foyer privé présente plusieurs avantages : elle peut procurer à bébé un environnement chaleureux, semblable à celui de votre propre foyer, à un coût moins élevé. Les enfants étant moins nombreux que dans une garderie publique, les risques d'infections sont moins élevés et le potentiel de stimulation et de soins individualisés sont plus grands (quoique cela ne se réalise pas toujours). Les horaires sont souvent plus flexibles : il est possible d'y laisser bébé très tôt ou de le reprendre plus tard, en cas d'absolue nécessité.

Les désavantages varient avec la situation. Ce genre de garde en foyer familial ne requiert aucun permis, ce qui assure peu de protection pour la santé et la sécurité des bébés. La personne qui s'occupe des enfants est souvent peu expérimentée et mal entraînée, et peut avoir une approche éducationnelle très différente de la vôtre. Si elle ou l'un de ses enfants est malade, il n'y aura probablement personne pour la remplacer. Quoique les risques soient moins élevés que dans une garderie publique, il y a toujours la possibilité de propagation des microbes d'un enfant à un autre, surtout si l'hygiène est plus ou moins rigoureuse.

LA GARDERIE CORPORATIVE

Cette formule, adoptée depuis déjà plusieurs années dans les pays européens, est malheureusement rarement offerte chez nous. Il s'agit de garderies aménagées sur les lieux mêmes de votre travail.

Les avantages de la garderie corporative sont attrayants. Votre enfant est près de vous en cas d'urgence. Vous pouvez lui rendre visite à l'heure du lunch ou à la pause-café, et l'allaiter si vous le désirez.

Cela peut ainsi vous permettre de passer plus de temps ensemble. Ce genre de garderie emploie habituellement des professionnels et est équipée de tout le nécessaire. L'assurance que votre enfant est tout près et qu'il reçoit les meilleurs soins possibles vous permet de vous concentrer mieux sur votre travail. Cette formule est habituellement peu coûteuse.

Il peut aussi y avoir certains inconvénients à ce genre d'arrangement. Si vos échanges avec bébé sont difficiles, cela peut être pénible pour votre enfant. Dans certains cas, le fait de vous voir pendant la journée, si cela fait partie du programme, peut rendre chaque séparation plus difficile à accepter pour bébé, surtout dans les périodes de stress. Le fait de lui rendre visite peut vous enlever de la concentration au travail.

De toute évidence, la garderie corporative devrait satisfaire à toutes les exigences de santé, de sécurité et d'éducation auxquelles doivent se soumettre les garderies publiques. Si les soins organisés par votre employeur ne peuvent remplir ces exigences, parlez-en aux personnes responsables pour tenter de trouver une solution aux lacunes existantes.

EMMENER BÉBÉ AU TRAVAIL

Occasionnellement, une mère peut emmener son bébé sur les lieux de son travail, même lorsque aucun service de garde n'est disponible. Très rarement, cela fonctionne. Cela fonctionne mieux avant que bébé ne soit mobile, si les coliques ne sont pas un problème. La mère peut aménager un coin spécial pour un petit lit portatif et tous les autres accessoires nécessaires, près de son aire de travail, si elle reçoit l'appui de son employeur et des autres membres du personnel. Idéalement, elle aura aussi une gardienne sur les lieux, du moins à temps partiel. Ce genre de situation est parfait pour la mère qui allaite, ou pour toute maman qui désire avoir son bébé et travailler à la fois.

QUAND BÉBÉ EST MALADE

Aucune mère n'aime voir son enfant malade. Toutefois, la mère qui travaille redoute particulièrement les premiers signes de fièvre ou de maladie. Elle sait qu'un bébé malade peut représenter beaucoup de problèmes : qui en prendra soin, et où?

Idéalement, vous ou votre conjoint devriez être capable de prendre un congé de maladie, lorsque votre enfant est malade, de sorte que vous puissiez vous en occuper vous-même à la maison. Le second meilleur choix est d'avoir une gardienne fiable ou un autre membre de la famille disponible pour rester à la maison avec bébé. Certaines garderies de jour ont les soins d'une infirmerie où l'enfant restera dans un environnement familier avec des visages connus. Il existe également des garderies spéciales pour les enfants malades, dans les maisons ou dans de grands centres privés. Dans ces endroits, l'enfant doit s'habituer à se faire soigner par des étrangers, dans un environnement inconnu, au moment où il est le moins en mesure d'accepter ce genre de changement. Certaines entreprises, soucieuses de garder les parents au travail autant que possible, assumeront les frais de soins pour les enfants malades, que ce soit par le biais d'une infirmerie aménagée spécialement, ou en payant les services d'un personnel infirmier à domicile pour s'occuper de votre enfant (ce qui exigera également de bébé qu'il s'adapte à une ou à plusieurs nouvelles personnes).

VOTRE ENFANT EST LE MEILLEUR BAROMÈTRE

Quelle que soit la formule de garde que vous aurez choisie pour votre enfant, soyez attentifs, parents, aux signes de mécontentement de la part de bébé. Des changements subits dans sa personnalité ou dans son humeur peuvent vous mettre sur une piste : bébé s'accroche à vous plus qu'à l'accoutumée ou vous semble irritable. Vous ne pouvez attribuer ce genre d'attitude à rien d'autre. Si bébé semble malheureux, prenez la peine de réviser vos positions quant à la formule privilégiée au départ; la solution serait peut-être d'opter pour une nouvelle formule de garde.

Toutes ces options sont mieux que de ne pas donner de soins du tout, évidemment. Toutefois, comme le sait chaque enfant malade, il n'y a rien de mieux que d'avoir maman à son chevet pour tenir sa petite main chaude dans la sienne, pour éponger son front fiévreux et pour administrer des doses spéciales d'amour et d'attention.

CHAPITRE 7

Le quatrième mois

CE QUE BÉBÉ POURRAIT FAIRE

D'ici la fin de ce mois, bébé devrait pouvoir (voir note)

- lever la tête à 90° lorsqu'il est couché sur le ventre;
- rire aux éclats (3 2/3 mois);
- suivre des yeux un objet dessinant un arc, situé à environ 15 cm (6 po) au-dessus de son visage, et allant d'un côté à l'autre.

Note : Si vous remarquez que bébé n'a pas encore réussi l'un ou l'autre de ces exploits, consultez un médecin. Il arrive, (rarement toutefois), qu'un tel délai indique un problème. Le plus souvent cependant, bébé sera tout à fait normal. Généralement, les prématurés réussissent plus tard les mêmes exploits que les autres enfants de leur âge, c'est-à-dire qu'ils y arrivent au moment où ils auraient atteint cet âge, s'ils étaient nés à terme, et parfois plus tard.

pourra probablement
- tenir la tête bien droite, lorsqu'il est assis en position verticale;

Bébé devrait pouvoir arriver à soulever son corps par la force de ses bras.

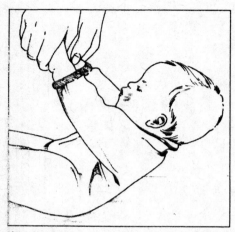 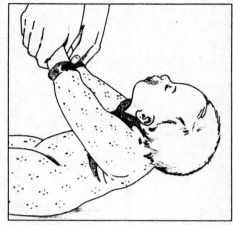

À la fin du quatrième mois, la plupart des bébés ne réussissent pas encore à garder leur tête au même niveau que leur corps lorsque vous les tirez vers l'avant dans une position assise (à gauche). Leur tête retombe habituellement vers l'arrière (à droite).

- sur le ventre, relever la poitrine, en poussant avec ses bras;
- se retourner (dans un sens);
- empoigner un hochet du bout des doigts ou l'appuyer sur le dos de sa main;
- s'intéresser à un raisin sec ou à tout autre objet minuscule (4 1/2 mois);
- attraper un objet;
- pousser des petits cris de joie.

=====

pourrait même

- tenir la tête au même niveau que le corps lorsque vous tirez pour qu'il s'assoie (4 1/2 mois);

- se retourner dans la direction d'une voix, surtout celle de maman;
- dire «ah-gou» ou une combinaison similaire de voyelles et de consonnes;
- émettre des sons remplis de bulles (4 1/2 mois).

=====

pourrait peut-être même

- porter son poids sur ses jambes lorsque vous le tenez debout;
- rester assis sans appui;
- s'opposer si vous voulez lui enlever un jouet;
- se retourner dans la direction d'une voix.

=====

CE QUE L'EXAMEN MÉDICAL VOUS RÉSERVE CE MOIS-CI

Chaque médecin, chaque infirmière a sa manière de procéder à l'examen de routine de bébé. De plus, les besoins particuliers de chaque enfant peuvent influencer le déroulement de l'examen ainsi que le nombre et le genre de contrôles effectués. Voici tout de même le genre d'examen auquel vous pouvez vous attendre si bébé est âgé d'environ quatre mois.

■ Série de questions pour savoir comment se portent bébé et le reste de la famille; comment bébé mange, dort, et quels progrès il fait en général. Il y aura également des questions portant sur les soins qui lui sont prodigués, si vous le faites garder pour travailler.

■ Prise des mensurations : poids, taille, circonférence de la tête et progrès depuis sa naissance.

■ Examen physique, y compris un suivi des problèmes notés préalablement : la petite fontanelle postérieure, derrière la tête, devrait s'être refermée; la grande fontanelle, sur le dessus de la tête, a pu s'agrandir depuis la dernière visite.

■ Vérification du développement : il se peut que le médecin fasse passer une série de tests à bébé pour évaluer comment il contrôle sa tête, ses capacités de se servir de ses mains, sa vision, son audition et sa capacité de communiquer avec les gens. Il se peut aussi qu'il le fasse par simple observation, en y ajoutant votre avis sur les progrès de bébé.

■ Deuxième séance de vaccination contre la diphtérie, le tétanos et la coqueluche, contre la polio (DCT-P) : bébé est-il en bonne santé et ne présente-t-il aucune contre-indication? Veillez à informer le médecin de toute réaction de votre enfant dès la première séance de vaccins.

■ Informations relatives aux progrès du prochain mois : l'alimentation, le sommeil, le développement et la sécurité de bébé suivent-ils un cours normal?

■ Recommandations relatives aux suppléments de fluor, si cela est nécessaire dans votre région, et de vitamine D, si bébé est nourri au sein et recommandations pour un supplément de fer pour les bébés à qui l'on donne une préparation commerciale qui n'en contient pas.

Voici des questions que vous aimeriez poser au médecin s'il n'y a pas déjà répondu :

■ Quelles réactions pourrait avoir bébé à la suite de la deuxième séance de vaccination? Quel genre de réaction pourrait motiver un appel au bureau du médecin?

■ Quand serait-il bon d'ajouter des aliments solides au repas de bébé?

Parlez également de ce qui a pu vous inquiéter pendant le mois qui se termine. Notez les informations et les conseils du médecin (autrement, vous les oublierez). Gardez toute information pertinente (poids, taille, circonférence de la tête, taches de naissance, vaccins, maladies, médicaments administrés, résultats des tests, etc.) dans un dossier permanent.

L'ALIMENTATION DE BÉBÉ CE MOIS-CI
Penser aux aliments solides

Les conseils donnés à la mère d'aujourd'hui en ce qui concerne l'introduction des aliments solides dans le repas des bébés, sont nombreux et confondants. La grand-maman dit : «Je t'ai donné des céréales à deux semaines. Qu'est-ce que tu attends pour en donner à ton bébé?» Pour appuyer ses dires, grand-maman ajoutera : «*Tu es* en santé, n'est-ce pas?» Le pédiatre a dit d'attendre que bébé ait atteint cinq ou six mois. Pour corroborer ses recommandations, il fait valoir une recherche menée dans la région. Ensuite une amie bien intentionnée essaie de convaincre maman que bébé dormira pendant toute la nuit plus rapidement s'il commence à manger des aliments solides plus tôt. La preuve : son bébé dort pendant toute la nuit depuis qu'il a reçu sa première cuillerée de céréales.

Qui croire? Grand-maman, le médecin, les amies? En réalité, la seule personne capable de vous dire sans se tromper de quoi bébé a besoin, c'est lui. Votre médecin peut vous donner d'excellents conseils, mais nul ne saurait mieux vous informer que votre propre enfant. Des recherches récentes montrent que le développement individuel d'un enfant, plutôt que n'importe quel paramètre arbitraire, devrait être le seul facteur décisif dans l'ajout des solides au repas de bébé.

On croit que le fait d'introduire les solides très tôt (c'était la mode du temps de grand-maman et c'est encore très courant en Europe) dans le repas d'un bébé peut être physiquement très nuisible dans la plupart des cas. Des recherches médicales indiquent que le système digestif d'un très jeune bébé — en commençant par la langue qui repousse toute substance étrangère qui la touche, jusqu'aux intestins qui souffrent d'un manque d'enzymes digestives — n'est pas prêt pour les solides au point de vue de son développement. Si elle affecte certains des bienfaits de l'allaitement maternel et l'absorption du fer, l'introduction des aliments solides ne devrait pas être retardée à la fin de la première année.

Il est très important de choisir juste le bon moment — ni trop tôt, ni trop tard — pour introduire les aliments solides. L'introduction très précoce des solides n'est pas nuisible physiquement, mais cela peut miner les habitudes alimentaires futures. Lorsqu'un enfant qui n'est pas prêt pour les solides les repousse, la frustration ressentie par le parent et par l'enfant peut être le premier pas vers la pagaille à l'heure des repas, plus tard, durant l'enfance. Pourtant, attendre trop longtemps pour introduire les aliments solides (jusqu'à la seconde moitié de la première année) peut également mener à certaines difficultés. Le bébé plus âgé pourrait refuser d'apprendre les nouveaux trucs comme mastiquer et avaler des solides s'il a été accoutumé trop longtemps à recevoir nourriture et satisfaction orale en tétant. Comme toute habitude, le goût peut être difficile à changer à ce moment-là. Un bébé d'un an pourrait ne pas être aussi ouvert aux nouvelles expériences gastronomiques qu'un bébé de quatre à six mois.

Pour savoir si bébé est prêt à consommer des aliments solides (la plupart le seront entre quatre et six mois), prenez note des conseils suivants, puis consultez votre médecin :

■ Bébé peut tenir sa tête droite sans problème. Même les purées très claires ne devraient pas être offertes à bébé avant qu'il ne tienne la tête bien droite alors qu'on le tire pour l'aider à s'asseoir; pour les aliments en morceaux, il faudra attendre que bébé se tienne assis tout seul, habituellement vers le septième mois.

■ Le réflexe de repousser les aliments avec sa langue a disparu. Par ce réflexe, les petits bébés repoussent toute matière étrangère hors de la bouche (un mécanisme inné qui les empêche de s'étouffer avec des corps étrangers). Essayez ce test : donnez une minuscule cuillerée de céréale de riz délayée avec du lait maternel ou une goutte de préparation à bébé, avec le bout d'une cuillère pour bébé ou avec le doigt. Si l'aliment ressort aussitôt, repoussé par la langue, et que bébé continue de le repousser après plusieurs essais, le réflexe est toujours présent et bébé n'est pas prêt à être nourri à la cuillère.

■ Bébé s'intéresse à un autre genre de divertissement sur la table. Le bébé qui vous prend la fourchette des mains ou qui attrape le pain dans votre assiette, qui surveille attentivement chaque bouchée que vous prenez et qui s'excite à chacun de vos mouvements, est sans doute en train de vous dire qu'il est avide de nouvelles expériences.

■ Bébé est capable d'exécuter des mouvements de va-et-vient avec sa langue, aussi bien que des mouvements de haut en bas. Vous pouvez découvrir ces capacités par l'observation.

■ Bébé arrive à ramener sa lèvre inférieure dans sa bouche, de sorte que la nourriture peut être prise à la cuillère.

Il y a cependant des cas où même un bébé prêt pour les solides devra attendre. Le plus souvent, ce sera à cause d'antécédents familiaux d'allergies graves. À défaut d'être suffisamment renseigné sur le développement des allergies, il est généralement recommandé que les enfants allergiques soient nourris exclusivement au sein pendant presque toute la première année, en y ajoutant des solides avec beaucoup de précautions, un à la fois.

CE QUI POURRAIT VOUS INQUIÉTER

TORTILLEMENTS PENDANT LES CHANGEMENTS DE COUCHE

«Mon bébé ne peut se tenir tranquille lorsque je le change de couche. Il essaie toujours de se retourner. Comment pourrais-je le convaincre de coopérer?»

Pour ce qui est de la coopération de votre enfant lorsque vous le changez de couche, vous pouvez vous attendre à en recevoir de moins en moins à mesure que les mois passent et que son développement physique continue de croître plus vite que son développement moral. Le changement de couche est pour l'enfant une expérience contraignante ce à quoi s'ajoute le fait d'être immobilisé temporairement comme une pauvre tortue renversée. Cela vous vaudra des contrariétés à chaque séance. Le truc est de faire vite (préparez tout le nécessaire avant d'installer bébé sur la table à langer) et fournissez-lui des distractions (un mobile au-dessus de la table à langer, une boîte à musique, un hochet ou un autre jouet pour occuper ses mains, en espérant qu'il s'y intéresse) ou changez-le de couche sur le ventre : vous faites les mouvements inverses et bébé aime généralement mieux se retrouver sur le ventre.

APPUYER BÉBÉ

*Mon bébé était bien appuyé dans sa pous-
sette, quand j'ai été interpellée par deux
dames plus âgées qui m'affirmaient que
mon bébé était trop jeune pour se tenir
assis.»*

Si bébé n'était pas assez vieux pour se tenir
assis, il vous le ferait savoir. Pas avec
autant de mots, évidemment, mais en se
laissant glisser plus bas ou en s'affaissant
d'un côté au moment où vous tentez de
l'asseoir. Même si vous ne devriez pas tenter d'asseoir un jeune bébé dont le cou et
le dos ont besoin d'un bon soutien, un bébé
de trois ou quatre mois, capable de tenir
sa tête bien droite et qui ne s'effondre pas
lorsque vous l'assoyez, est prêt pour cette
expérience. (Il existe des appuis-tête spécialement conçus pour garder la tête d'un
bébé bien droite lorsque vous l'assoyez.)
Les bébés vous avertiront normalement
lorsqu'ils en ont assez d'être dans cette
position, en se plaignant ou en commençant à s'affaisser.

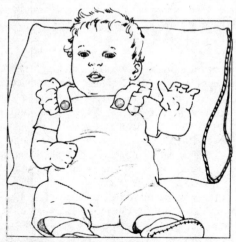

*Installer bébé bien droit dans une position assise
ne lui procurera pas seulement un changement
de perspective appréciable, cela l'aidera également à former ses muscles et lui donnera
l'expérience nécessaire pour rester assis seul.*

En plus de lui procurer un changement
de position appréciable, le fait d'asseoir
bébé lui permet d'avoir une vue plus intéressante sur le monde qui l'entoure. Plutôt que de voir uniquement le ciel,
l'intérieur de la poussette ou le matelas
d'un landau, un bébé assis peut voir déam-
buler les passants, apercevoir les boutiques, les maisons, les arbres, les chiens,
d'autres bébés dans leur poussette, les éco-
liers, les autobus, les voitures et de mer-
veilleuses choses qui habitent son univers.
Il est aussi fort probable qu'il soit heureux
plus longtemps qu'il ne le serait s'il était
couché, ce qui rendra les sorties plus
agréables pour chacun de vous.

BÉBÉ DEBOUT

*«Mon bébé aime se tenir debout sur mes
genoux. Il pleure si je le fais asseoir. Toutefois, grand-maman essaie de me convaincre que si je le laisse se tenir debout
à son âge, il aura les jambes arquées plus
tard.»*

Les bébés savent habituellement exactement ce qu'ils sont capables de faire, en
tout cas certainement mieux que grand-
maman et maman. Beaucoup de bébés sont
prêts et pressés de se tenir debout. C'est
amusant, c'est un bon exercice et c'est plus
excitant que de rester couché sur le dos ou
de s'affaisser dans un siège d'enfant.
Quand bébé le fait de lui-même, cela ne
peut pas faire arquer ses jambes.

D'un autre côté, le bébé qui ne semble
pas vouloir se tenir ainsi ne devrait pas y
être forcé avant qu'il ne soit vraiment prêt.
Un bébé à qui on permet de suivre son propre rythme de développement sera plus
heureux et en meilleure santé que celui
dont les parents veulent établir un rythme
qui leur convient.

BÉBÉ SUCE SON POUCE

«Mon enfant suce son pouce. Au début, j'étais contente parce que cela l'aidait à mieux dormir mais, à présent, j'ai peur que ce ne soit difficile de lui faire perdre cette habitude plus tard.»

Ce n'est pas facile d'être un bébé. Chaque fois que vous vous attachez à quelque chose qui vous apporte réconfort et satisfaction, quelqu'un veut vous l'enlever. Virtuellement tous les bébés sucent leurs doigts à un moment ou à un autre durant la première année de leur vie; plusieurs prennent même cette habitude dans l'utérus. Ce n'est pas étonnant. Chez un jeune bébé, la bouche est un organe très important, non seulement pour manger, mais aussi pour explorer et pour le plaisir de découvrir (comme vous le découvrirez sous peu, tout ce que bébé attrapera ira directement dans sa bouche, que ce soit un hochet ou un insecte trouvé dans le fond d'une armoire). Avant même que bébé soit capable d'attraper les objets, il découvre ses mains et la facilité de les mettre dans sa bouche, merveilleuse cavité sensuelle. La première fois, les mains peuvent se retrouver dans la bouche par pur hasard, mais bébé apprend rapidement que les doigts dans la bouche lui procurent une sensation de plaisir. Bientôt, il mâchouillera ses doigts régulièrement. Plusieurs bébés décident que le pouce est le doigt le plus efficace et le plus satisfaisant à sucer (peut-être est-ce aussi le plus succulent) et choisissent de le sucer plutôt que de se manger les doigts. Certains s'en tiendront à un ou à deux doigts mais, parfois, ce sera le poing au complet qui sera mâchouillé.

Au début, vous trouvez que c'est une habitude mignonne, et vous vous félicitez même que bébé ait trouvé une manière de se calmer sans votre intervention. Puis, à mesure que passent les semaines et que cette habitude s'intensifie, vous commen-cez à vous inquiéter, imaginant votre petit garçon ou votre petite fille partant pour l'école en suçant son pouce, se faisant ridiculisé par ses camarades et réprimandé par ses professeurs. Devrez-vous enduire ses ongles de solutions amères pour les rendre désagréables au goût, vous plaindre et vous fâcher si cela ne fonctionne pas? Devrez-vous rendre visite à l'orthodontiste tous les mois, pour qu'il puisse faire les interventions nécessaires pour redresser les dents déformées par le sucement du pouce, ou pire, à des séances hebdomadaires chez le thérapeute pour découvrir les problèmes émotifs sous-jacents qui l'ont porté à sucer son pouce dès le début?

Eh bien, cessez de vous inquiéter et laissez votre enfant sucer son pouce. Il n'y a aucune preuve que le sucement du pouce soit néfaste en soi ou que ce soit le signe d'une maladie émotive. Si cette habitude cesse à cinq ans, il ne semble pas non plus qu'elle fasse du tort à l'alignement des dents permanentes; toute distorsion de la bouche apparaissant avant cet âge disparaîtra dès que cette habitude aura pris fin. La plupart des experts sont d'accord pour dire que, puisque de toute façon, c'est un comportement habituellement abandonné avec l'âge, les tentatives de sevrer un enfant de son pouce ne devraient pas commencer avant l'âge de quatre ans.

Certaines études démontrent que près de la moitié des enfants sucent parfois leur pouce ou leurs doigts après la petite enfance. Ce comportement atteint son apogée vers 18 ou 21 mois, quoique quelques-uns aient déjà abandonné cette habitude à 10 mois. Près de 80 p. cent abandonnent à l'âge de cinq ans et 95 p. cent à l'âge de six ans, habituellement de leur propre volonté. Ceux qui s'en servent pour s'endormir gardent en général plus longtemps cette manie que ceux qui s'en servent comme une forme de gratification.

À mesure que l'enfant se rapproche du moment où les dents permanentes feront leur apparition — alors que le sucement du pouce pourrait entraver le développement normal de la bouche et causer une malformation — il gagne également assez de maturité pour prendre une part active dans l'élimination de cette habitude. Puisque généralement cette manie n'est pas le résultat d'un désordre émotif, les suceurs de pouce ont plus de chances de se défaire de cette habitude avec des appareils dentaires spécialement conçus qu'avec des rencontres avec un psychologue. (Il arrive que des enfants se servent de leur pouce pour combler un désordre émotif. Ainsi, une consultation de ce genre peut leur être bénéfique.)

En attendant, laissez votre enfant sucer son pouce. Toutefois, si vous l'allaitez, assurez-vous qu'il ne suce pas son pouce pour compenser parce qu'il ne tète pas assez au sein. S'il semble désirer téter un peu plus longtemps à chaque boire, laissez-le faire (il ne peut pas boire trop de lait parce que le sein sera vide, ou presque, à ce moment-là). Si le sucement du pouce tend à devenir le centre de ses activités journalières, l'empêchant de se servir de ses mains pour s'adonner à d'autres explorations, otez-lui les doigts de la bouche à l'occasion, assez longtemps pour le distraire avec des jouets, avec des jeux de mains ou de doigts (par exemple, «Ainsi font, font, font»), ou en tenant ses mains et en le laissant se tenir debout, s'il aime le faire.

Si bébé persiste à sucer son pouce pendant toute son enfance, vous entendrez probablement des commentaires désapprobateurs, venant surtout des gens de la génération de vos parents, dont plusieurs ont reçu un enseignement différent du nôtre en ce qui a trait au sucement du pouce. Si vous vous sentez obligés de justifier le comportement de bébé, expliquez-leur que des recherches récentes affirment que cette habitude n'est pas nuisible durant la petite enfance et que cela ne veut pas dire que l'enfant soit aux prises avec un désordre émotif.

Si le sucement du pouce vous dérange personnellement, faites un effort psychologique pour vous défaire de cette idée. Si cela ne fonctionne pas, peut-être voudrez-vous remplacer temporairement le pouce par une sucette, en tenant pour acquis que vous n'éprouvez pas une aversion pour la sucette également. Évidemment, cela créera une nouvelle habitude qu'il vous faudra faire cesser un jour ou l'autre.

BÉBÉ DODU

«Tout le monde s'extasie devant mon joli poupon bien dodu. Pour ma part, j'ai secrètement peur qu'il ne devienne obèse. Il est si rond qu'il a du mal à bouger.»

Avec des fossettes aux genoux et aux coudes, un ventre pouvant rivaliser avec celui de n'importe quel bouddha, plusieurs mentons et une abondance de chair à pincer sur les joues, votre enfant est le portrait parfait du bébé mignon de la tête aux pieds. Pourtant, peut-on dire que le bébé dodu soit l'image parfaite de la santé? La minceur est-elle la meilleure chose pour bébé? Un bébé rondelet deviendra-t-il un enfant malheureux avec son embonpoint et un adulte obèse et misérable? L'opinion de la plupart des médecins se situera quelque part entre ces extrêmes. S'ils sont d'accord pour dire que l'embonpoint n'est pas l'idéal, ils sont moins inquiets depuis qu'il a été prouvé qu'une augmentation des cellules adipeuses durant la petite enfance ne mène pas nécessairement à l'obésité plus tard dans la vie. En réalité, seulement 1 bébé dodu sur 5 deviendra un adulte obèse.

Il y a tout de même quelques inconvénients à être extrêmement dodu lorsque l'on est tout petit. Le bébé trop gros pour bouger peut devenir victime d'un cercle vicieux d'inactivité et d'embonpoint. Moins il bouge, plus il devient gros; plus il est gros, moins il peut bouger. Son incapacité à bouger le frustre et le rend pleurnicheur, ce qui peut inciter sa mère à le nourrir trop et trop souvent pour le consoler. S'il est toujours aussi gras à l'âge de quatre ans — un problème de plus en plus courant dans la société actuelle — ses chances de devenir un adulte obèse augmentent considérablement.

Cependant, avant d'affirmer que bébé est obèse, assurez-vous qu'il est vraiment au-dessus de son poids normal et pas seulement joliment dodu (souvenez-vous que les bébés n'ont pas encore tellement développé leurs muscles; même un enfant mince montrera une certaine épaisseur de chair dodue). Comparez sa croissance sur la courbe poids/taille de la page 265. Si son poids semble augmenter beaucoup plus rapidement que sa taille, parlez-en au pédiatre.

Contrairement à ce que l'on recommande à un adulte obèse, on n'imposera habituellement pas une diète à un bébé gras. On tentera de ralentir le gain de poids d'un tout-petit, plutôt que d'essayer de lui en faire perdre. De cette manière, le poids de l'enfant se normalisera à mesure qu'il grandira, ce qui arrive à beaucoup de bébés et ce, sans intervention spéciale, dès qu'ils deviennent plus actifs. Les quelques trucs qui suivent pourraient aider, non seulement si bébé est déjà trop gras, mais également si vous avez peur que cela n'arrive à votre enfant :

■ Nourrissez votre enfant seulement pour apaiser sa faim et non pour satisfaire d'autres besoins. Un bébé que l'on nourrit pour toutes sortes de mauvaises raisons (quand il se fait mal ou qu'il est malheureux, quand sa maman est trop occupée pour jouer avec lui, quand il s'ennuie dans sa poussette) continuera à demander de la nourriture pour ces mêmes mauvaises raisons et, une fois adulte, il y a de fortes chances pour qu'il ait conservé cette habitude. Plutôt que de l'allaiter chaque fois qu'il pleure, réconfortez-le avec une étreinte ou une chanson douce. Plutôt que de l'installer avec un biberon, installez-le

devant un mobile ou une boîte à musique lorsque vous êtes trop occupée pour jouer avec lui, ou laissez-le regarder ce que vous faites (coupez les carottes ou pliez votre linge propre sur le plancher à côté de son siège d'enfant). Plutôt que de toujours lui offrir des biscuits de dentition pour le calmer, attachez un jouet à sa poussette pour le garder occupé pendant que vous magasinez. En dépit de ce qu'on peut penser, le fait de gaver un enfant de nourriture à tout moment n'est pas une preuve d'amour.

■ Modifiez son alimentation si nécessaire. Si les bébés nourris au sein sont moins portés à faire de l'embonpoint, c'est que le lait maternel s'adapte automatiquement aux besoins d'un enfant. Le lait plus faible en gras et en calories qui est produit au début de chaque boire encourage le bébé à téter. Le lait plus riche en gras et en calories, servi à la fin d'un boire, sert à calmer l'appétit en émettant le message : «Tu te sens rassasié». Si le message n'est pas assez clair et que bébé continue à téter, il est fort probable que le sein soit vide. La tétée pour le plaisir de téter peut durer sans qu'aucun excès de calories ne rentre en ligne de compte. Étant donné que les préparations commerciales ne sont pas aussi personnalisées, si bébé prend du poids trop rapidement et devient beaucoup trop gras, le médecin pourrait vous recommander d'opter pour une préparation à faible teneur calorique. Toutefois, avant de procéder à ce changement, prenez la peine de vérifier si vous diluiez assez la préparation utilisée jusqu'ici, car cela pourrait augmenter considérablement le nombre de calories ingurgitées par portion. Ne décidez pas non plus de la diluer outre mesure ou de changer pour du lait écrémé et faible en matières grasses sans l'avis préalable du médecin. Les bébés, même ceux qui font de l'embonpoint, ont besoin du cholestérol et du gras contenus dans le lait maternel et en préparation (ou, lorsqu'ils sont plus vieux, dans le lait entier) pour favoriser le développement du système nerveux et du cerveau.

▪ Essayez l'eau, l'ultime boisson exempte de calories. La plupart d'entre nous ne boivent pas assez d'eau. L'alimentation des tout-petits (parce qu'elle est entièrement ou presque entièrement liquide) ne doit pas nécessairement être additionnée d'eau. Toutefois, l'eau peut s'avérer très utile pour le bébé trop gros qui désire continuer de téter même s'il n'a plus faim, ou qui a plus soif qu'il n'a faim lorsqu'il fait très chaud. Plutôt que de nourrir bébé au sein ou de lui offrir un biberon de préparation lactée, offrez à bébé une bouteille ou un gobelet d'eau (sans sucre ou autre édulcorant ajouté) lorsqu'il a envie d'une petite collation entre les repas, une ou deux heures après le repas précédent. (En habituant bébé au goût — ou à l'absence de goût — de l'eau très tôt, vous l'initierez sans doute à l'excellente habitude de boire de l'eau plus tard.)

▪ Ne donnez pas des solides prématurément dans l'espoir que bébé dorme toute la nuit. Cela fonctionne rarement et pourrait mener à l'embonpoint. (Essayez plutôt les trucs à la page 223 pour aider bébé à dormir toute la nuit.)

▪ Faites une évaluation des repas offerts à bébé. Si vous avez déjà commencé à lui donner des solides (de vous-même ou sur la recommandation du médecin) et qu'il mange plus qu'une cuillerée pleine de céréales, essayez de voir s'il semble boire autant de lait maternel ou de préparation qu'avant. Si c'est le cas, voilà ce qui a provoqué sans doute son gain de poids excessif. Donnez-lui moins de solides, si vous avez commencé à lui en faire manger trop tôt, ou cessez complètement de lui en offrir pour un ou deux mois (la plupart des experts recommandent de ne pas donner d'aliments solides avant quatre à six mois, de toute façon). Un très jeune bébé n'a pas besoin des éléments nutritifs contenus dans les solides (sauf pour le fer, que vous pouvez donner en supplément). Plus tard, à mesure que les solides seront ajoutés aux repas de bébé, la quantité de lait maternel ou de préparation devrait diminuer graduellement et l'accent devra être mis sur la consommation de solides comme les légumes, les yogourts, les fruits, les céréales et les pains. Si bébé boit des jus, diluez-les avec de l'eau, moitié-moitié. Ne lui servez pas de céréales liquides ou d'autres solides dans un biberon parce que les bébés en mangent trop de cette manière.

▪ Faites bouger bébé. Si votre enfant arrive difficilement à bouger, encouragez-le à l'action. Lorsque vous changez sa couche, touchez-le du genou droit au coude gauche plusieurs fois de suite, puis faites l'inverse. En le faisant s'agripper à vos pouces et en tenant ses avant-bras, laissez-le tirer vers le haut dans une position assise. Faites-le tenir sur vos genoux et sautiller si ces exercices lui plaisent. (Voir page 212 pour d'autres trucs pour faire bouger bébé.)

BÉBÉ MINCE

«Les bébés de mes amies sont tous petits et dodus; le mien est long et mince, le 75e en grandeur et le 25e en poids. Le médecin dit que tout va très bien et que je ne devrais pas m'inquiéter. Je m'inquiète tout de même.»

La minceur est toujours à la mode partout, sauf à la pouponnière. Alors qu'un aspect mince est favorisé chez les adultes, les rondeurs sont ce que beaucoup recherchent et aiment chez les bébés. Et pourtant, bien que ce genre de bébé se fasse toujours voler la vedette dans les commerciaux de couches par ses compères dodus, il est habituellement aussi en santé que ces derniers.

En général, si bébé est enjoué, actif et souvent content, et si son poids, quoique

LA CROISSANCE DE VOTRE BÉBÉ

Comment se passe la croissance d'un bébé? Contrairement aux craintes des parents stressés qui examinent frénétiquement les diagrammes de poids et de taille des enfants pour y déceler la confirmation que rien ne va pour le mieux, leur bébé fait partie habituellement d'un modèle tout à fait normal pour lui.

La taille et le poids futurs d'un bébé sont généralement programmés dès la conception. En tenant pour acquis que les conditions prénatales ont été adéquates, et que ni l'amour ni l'alimentation ne leur ont manqué après la naissance, la plupart des bébés atteindront éventuellement leur potentiel génétique.

Quant à la taille, elle se base en tout premier lieu sur la moyenne entre la taille de la mère et celle du père. Des études montrent qu'en général, les garçons semblent grandir un peu au-dessus de cette moyenne, alors que les filles resteront un peu au-dessous.

Le poids semble également être programmé à l'avance. Un bébé naît avec des gènes qui détermineront s'il sera mince, costaud ou dans l'heureuse moyenne. Toutefois, les habitudes alimentaires prises dans la petite enfance peuvent aider un enfant à compenser ou à modifier ces tendances.

Les diagrammes de croissance, comme ceux que vous trouverez à la fin de ce livre, ne devraient pas devenir une source d'angoisse pour les parents. C'est trop facile de mal les interpréter. Les diagrammes sont utiles pour dire aux parents et aux médecins qu'un enfant s'éloigne de la normale acceptable et qu'une évaluation — compte tenu de la taille des parents, du statut nutritionnel et de la santé générale d'un enfant — s'avère nécessaire. Étant donné que la croissance se remarque souvent par des poussées soudaines durant la première année, une seule vérification de la taille d'un enfant montrant trop ou trop peu de changement n'est peut-être pas significative. Cela devrait toutefois être un avertissement. Une halte de deux mois dans le gain de poids peut tout simplement indiquer que bébé ralentit sa croissance parce qu'il est génétiquement destiné à être petit (particulièrement si sa croissance en taille ralentit par la même occasion). Cependant, le ralentissement de sa croissance peut également être un signe de sous-alimentation ou de maladie. Un gain de poids qui serait le double du gain normal pendant les mêmes deux mois (s'il n'est pas accompagné d'un gain équivalent de taille) peut signifier que bébé est en pleine période de rattrapage, si son poids à la naissance se situait sous la normale ou si son gain de poids a été très lent depuis. Cela peut aussi être un signe que bébé se prépare à être obèse dans l'avenir.

plus bas que la moyenne, augmente constamment en même temps que sa taille, il n'y a pas lieu de vous inquiéter, comme le médecin vous en a fait la remarque. Il arrive que certains facteurs imprévisibles et incorrigibles affectent le poids d'un bébé. Les facteurs génétiques : par exemple, si vous ou votre conjoint (ou tous les deux) êtes minces et d'ossature délicate, il est probable que bébé le soit aussi. Les facteurs d'activité physique : un bébé qui est toujours en train de bouger est habituellement plus mince que l'enfant inactif.

Il y a cependant certaines causes de minceur qui nécessitent qu'on y remédie. L'une des plus importantes est la sous-alimentation. Si la courbe du poids de bébé descend pendant un ou deux mois et si la perte n'est pas compensée par un gain important le mois suivant, le médecin considérera la possibilité que l'enfant n'est pas assez nourri. Si vous allaitez et que cela se produit, les trucs de la page 124 devraient vous aider à remédier à cet état. Si vous nourrissez votre enfant au biberon, vous pouvez compléter son repas avec des solides si le médecin est d'accord ou vous pouvez diluer un peu moins sa préparation, avec l'accord du médecin.

Ne le sous-alimentez pas intentionnellement. Certains parents, pressés de voir leurs bébés sur la voie d'un avenir de minceur et de bonne santé, limitent l'apport de calories et de gras dès la petite enfance. Cette pratique est très *dangereuse,* étant donné que les petits ont besoin de calories et de gras pour croître et se développer normalement. Vous pouvez les mettre sur la voie de la bonne nutrition sans les priver de la nourriture dont ils ont besoin dès maintenant.

Assurez-vous également que bébé n'est pas un enfant somnolent ou trop occupé au point d'oublier de demander à manger régulièrement. Entre trois et quatre mois, bébé devrait manger au moins toutes les quatre heures pendant le jour (normalement au moins cinq repas), quoiqu'il puisse dormir toute la nuit sans se réveiller pour manger. Si certains bébés nourris au sein peuvent prendre plus de repas, moins de repas pourrait vouloir dire que votre enfant ne mange pas assez. Alors si bébé ne pleurniche pas lorsque vous ne lui donnez pas à manger, prenez l'initiative de lui offrir un repas plus souvent, même si cela nécessite de raccourcir une sieste de jour ou d'interrompre une rencontre fascinante avec la barre gymnique de son parc.

Il est rare que le faible gain de poids d'un bébé soit dû à une incapacité d'absorption de certains éléments nutritifs, à un métabolisme en mauvaise condition ou à une maladie infectieuse chronique. Ce genre de maladies nécessite évidemment une surveillance médicale rapidement.

SOUFFLE AU COEUR

«Le médecin dit que mon bébé a un souffle au coeur, mais que cela n'est pas alarmant. Pourtant, j'ai peur.»

Chaque fois que le mot «coeur» fait partie d'un diagnostic, cela fait peur. Après tout, le coeur est l'organe de la vie; toute éventualité d'une anomalie est effrayante, surtout pour les parents d'un enfant dont la vie vient à peine de commencer. Mais dans la grande majorité des cas, il n'y a aucune raison de s'inquiéter d'un souffle au coeur.

Quand le médecin vous apprend que bébé a un souffle au coeur, c'est qu'il a entendu un bruit anormal au moment de l'auscultation cardiaque. (Ces bruits sont causés par la turbulence de la circulation du sang à travers le coeur.) Il arrive souvent que le médecin puisse dire quel genre d'anomalie est responsable de ce souffle par la force des sons (à peine audibles ou assez forts pour masquer les battements normaux du coeur), par leur situation et par le type de bruit (musical ou vibratoire, bruit sec ou cliquetis, ou encore roulement, par exemple).

La plupart du temps, comme c'est probablement le cas de bébé, le souffle est le résultat d'irrégularités dans la forme du coeur qui se développe. Ce genre de murmure est appelé «innocent» ou «fonctionnel» et peut habituellement être diagnostiqué par le pédiatre au cours d'un examen de routine avec le stéthoscope. Aucun autre test ou traitement n'est nécessaire et aucune restriction n'est prescrite. Toutefois, l'existence du souffle au coeur sera inscrite au dossier de bébé, de sorte que les autres médecins qui l'examineront plus tard sauront qu'il a toujours existé.

Très souvent, alors que la croissance du coeur est terminée, le souffle disparaît.

Il y a tout de même certains souffles au coeur qui nécessiteront une surveillance médicale. Quelques-uns se résorberont d'eux-mêmes, alors que d'autres pourront nécessiter un traitement médical ou chirurgical. Certains s'aggraveront. Si le souffle au coeur de bébé pose problème, le médecin vous en avisera et recommandera une série de soins. Dans la plupart des cas, les enfants avec un souffle au coeur peuvent — et devraient — continuer à s'adonner à leurs activités régulières. Les seules exceptions sont ceux qui cessent de respirer et qui bleuissent en faisant de l'exercice, ou ceux dont la croissance est inadéquate.

En tant que parents, si vous êtes inquiets malgré tout, demandez au pédiatre de bébé de vous dire exactement de quel genre de souffle au coeur souffre bébé et si ce souffle peut lui causer ou pas quelque problème, maintenant ou plus tard. Demandez-lui de vous expliquer pourquoi vous n'avez pas à vous inquiéter. Si ses réponses ne vous rassurent pas assez, demandez-lui de vous référer à un pédiatre-cardiologue.

SELLES NOIRES

«La dernière couche de mon bébé était remplie de selles noires. Se peut-il qu'il souffre d'un problème de digestion?»

Il est plus probable que vous lui ayez donné un supplément de fer. Chez certains enfants, la réaction entre les bactéries normales logeant dans l'intestin et le sulfate de fer contenu dans un supplément rend les selles noires, verdâtres ou marrons. Ce changement ne comporte aucune signification médicale et il n'y a aucune raison de s'en inquiéter ou de cesser de donner du fer à bébé. Les études démontrent que le fer n'augmente pas l'inconfort ou l'embarras engendrés lors de la digestion. Si les selles de bébé sont noires et que vous ne lui avez pas donné de supplément de fer, parlez-en au médecin.

MASSAGE POUR BÉBÉ

«J'ai une amie qui masse son bébé et qui m'affirme que c'est ce qu'il y a de plus important pour établir des liens forts entre une mère et son bébé. Toutefois, je ne suis pas certaine de me sentir à l'aise en massant bébé. Devrais-je le faire quand même?»

Toute activité mère-enfant, que ce soit regarder un livre d'images, chanter une berceuse ou s'étreindre mutuellement, sert à resserrer les liens. Nous savons également que le massage (en caressant doucement) peut améliorer la croissance et le développement d'un enfant prématuré. Toutefois, nous ne savons pas si cela produit le même effet sur un enfant né à terme, qui reçoit une grande quantité de stimulations dans sa vie, qui est beaucoup plus actif physiquement et qui, par conséquent, n'a peut-être pas besoin de la stimulation additionnelle que procure le massage.

Le mieux que l'on puisse dire présentement, c'est que les parents qui aiment masser leurs enfants continuent de le faire pour ses bienfaits possibles, ou simplement par pur plaisir. D'un autre côté, les parents qui ne se sentent pas à l'aise avec cette idée peuvent très bien omettre le massage, sans pour autant nuire à leurs enfants. Il y a beaucoup d'autres manières de vous rapprocher de votre enfant.

ACTIVITÉ PHYSIQUE

«J'ai beaucoup entendu parler des bienfaits que procure l'activité physique pour un bébé. Est-ce vraiment nécessaire d'ins-

crire un tout-petit à un programme d'activité physique?»

Les Nord-Américains sont des extrémistes. Ils peuvent être totalement sédentaires, leurs seules activités physiques se résumant à tourner le bouton de la télé et à prendre un breuvage dans le réfrigérateur, ou alors ils s'inscrivent à un programme de course à pied très rigoureux qui les mène tout droit au cabinet du médecin avec des maux et des douleurs de toutes sortes. Parallèlement, soit qu'ils confinent leurs bébés à une vie stationnaire dans la chaise haute, la poussette ou le parc, soit qu'ils s'empressent de les inscrire à des programmes d'exercices aussitôt qu'ils peuvent lever la tête, en espérant faire d'eux des enfants athlétiques et en santé.

En matière de bonne santé, l'extrémisme a tendance à manquer d'efficacité et est habituellement voué à l'échec. La modération est préférable pour votre style de vie comme pour celui de bébé. Aussi, plutôt que d'ignorer le développement physique de votre enfant ou de le pousser au-delà de ses capacités, suivez ces quelques conseils pour le mettre sur la voie de la bonne forme :

Stimuler le corps et l'esprit. Nous aimons enseigner à nos enfants des matières intellectuelles dès le berceau et nous nous imaginons que l'aspect physique de

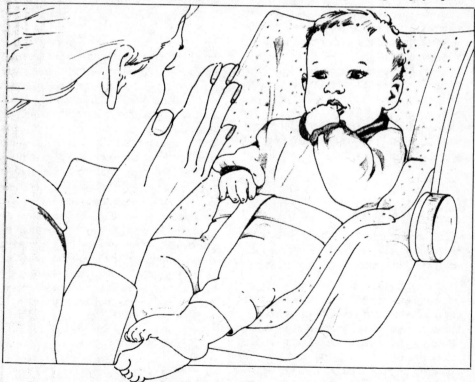

Pour un bébé, l'heure du jeu est l'heure d'apprendre. En plus de provoquer des roucoulements de bonheur chez un bébé de trois ou quatre mois, une partie de cache-cache sera une leçon importante sur la permanence des objets : lorsque papa ou maman cache son visage derrière ses mains, il ou elle est encore là.

sa personnalité se développera par lui-même. Il est vrai, en grande partie, avec un tout petit effort d'attention de votre part, que vous et bébé vous souviendrez de l'importance de la stimulation du corps et de l'esprit. Essayez de consacrer quelques minutes d'activité physique avec votre enfant. À ce stade-ci, cela peut se résumer à l'aider à s'asseoir (ou à se tenir debout, lorsqu'il est prêt), à lever les bras doucement au-dessus de sa tête, à plier les genoux vers le haut de sorte qu'il rejoigne ses coudes d'une manière rythmique, ou le tenir dans les airs avec vos mains autour de sa taille en lui faisant plier bras et jambes.

Faire de l'exercice physique par plaisir. Vous voulez que bébé aime son corps et l'activité physique? Veillez alors à faire plaisir à bébé lors de ces petites séances, et ne soyez surtout pas réticente à ce sujet. Parlez à bébé, chantez-lui une chanson et expliquez-lui ce que vous faites. Il finira par identifier les comptines et les rimettes au plaisir de l'activité physique.

Ne pas créer de barrière. Un bébé qui est toujours attaché en sécurité dans sa poussette, dans un siège d'enfant ou bien enfoui dans un sac ventral, sans occasion d'exploration physique de son environnement, est sur la voie de devenir un enfant sédentaire et amorphe. Même un enfant trop petit pour se traîner peut bénéficier de la liberté de mouvement que confère une couverture étendue sur le plancher ou au milieu d'un grand lit (sous surveillance constante, bien entendu). Étendus sur le dos dans cette position, plusieurs bébés de trois ou quatre mois passeront de longs moments à essayer de se retourner (faites pratiquer bébé en l'aidant à se retourner sur le ventre et sur le dos). Sur le ventre, beaucoup de tout-petits tourneront sur eux-mêmes, explorant avec leurs mains et leur bouche, se soulevant sur leurs bras, poussant leurs jambes dans les airs. Toutes ces activités entraînent naturellement les petits bras et les petites jambes, et sont possibles à exécuter lorsque les mouvements de bébé sont libres.

Faire de l'activité physique un loisir. Les programmes d'activité physique pour enfants ne sont pas nécessairement bons pour le développement physique et, en fait, cela peut être préjudiciable. Les bébés à qui on en donne l'occasion font tout l'exercice dont ils ont besoin. Les cours ou les programmes enregistrés sur cassettes, grâce auxquels les parents font faire des exercices à leurs enfants, n'accélèrent pas le développement, n'améliorent pas le tonus musculaire et n'inculquent pas aux bébés l'amour de l'activité physique, malgré tout ce que vous avez pu entendre dire à ce sujet. Leur réelle valeur réside dans le fait qu'ils vous encouragent à jouer avec vos enfants et, s'ils ont lieu dans des classes spéciales, les exposent à la présence d'autres enfants. Si vous choisissez d'inscrire bébé à un programme d'activité physique, vérifiez d'abord ces quelques exigences :

■ Les éducatrices ou éducateurs sont-ils qualifiés? Le programme est-il approuvé par les pédiatres? (Quoique cela puisse induire en erreur; un pédiatre mal informé peut prêter son nom à un programme plus ou moins recommandable.) Tout programme comprenant des exercices où les enfants seraient bousculés ou secoués serait dangereux (voir page 238). Méfiez-vous des cours où la pression l'emporte sur le plaisir et où la compétition prime sur la croissance individuelle.

■ Les bébés ont-ils l'air de s'amuser? Si un tout-petit ne sourit pas ou ne rit pas en faisant les activités, c'est qu'il ne s'amuse pas. Méfiez-vous si les bébés semblent confus, effrayés ou forcés de faire des gestes qui les rendent perturbés.

■ L'équipement est-il diversifié et approprié à l'âge de bébé? Les marches sont-elles recouvertes de tapis? Les glissoires et les balançoires sont-elles adaptées à l'âge de bébé?

• Donne-t-on assez d'occasions aux bébés de jouer librement et d'explorer par eux-mêmes sous l'attention des parents? La plupart des cours devraient être orientés en ce sens plutôt que vers des activités très structurées.

• La musique est-elle intégrée au programme? Les bébés aiment la musique et les activités rythmiques, comme se bercer et chanter, et les deux vont très bien ensemble dans un programme d'activité physique.

Laisser bébé s'exprimer. Forcer un bébé à faire de l'activité physique ou à faire des choses pour lesquelles il ne se sent pas prêt, peut aboutir à une attitude très négative de sa part. Commencez un exercice avec bébé seulement lorsqu'il vous semble réceptif et cessez dès qu'il devient impatient, désintéressé et triste.

Aider bébé à trouver l'énergie nécessaire. Une bonne alimentation est tout aussi importante au bon développement physique de bébé que l'activité. Une fois que vous aurez commencé à faire manger des aliments solides à bébé (avec les conseils du médecin, bien sûr), commencez à lui donner le meilleur repas possible pour débutants (page 277) de sorte qu'il trouve l'énergie nécessaire pour s'amuser et jouer, ainsi que les éléments nutritifs utiles à un développement optimal.

Ne pas être un parent amorphe. Enseignez à bébé que l'exercice est bon et favorise le développement physique et mental en donnant l'exemple par vos gestes et votre activité. Si votre enfant grandit en vous regardant marcher un kilomètre jusqu'au supermarché plutôt que de vous y rendre en voiture, qu'il vous voit faire votre programme d'aérobique devant la télé plutôt que de croquer des chips, qu'il vous voit faire des longueurs dans la piscine plutôt que de rester étendue à vous faire bronzer, votre enfant développera des habitudes positives face à la bonne forme physique et deviendra sans doute un adulte actif et capable de communiquer de bonnes habitudes à ses propres rejetons.

CE QU'IL IMPORTE DE SAVOIR
Jouets pour bébé

Entrer dans un magasin de jouets, c'est comme arriver au beau milieu d'un carnaval en pleine effervescence. Chaque rayon retient votre regard, bombarde vos sens et votre sensibilité avec des rangées interminables de boîtes et de jouets de toutes les couleurs. Comment savoir par où commencer? Bien qu'un tel magasin puisse faire renaître l'enfant qui dort en n'importe quel adulte, en plus de lui procurer la joie de renouer avec un passé magique, les nouveaux parents se trouvent ainsi placés devant de grandes responsabilités.

Pour ne pas succomber à l'attrait des plus jolies présentations et aux attrapes les plus irrésistibles que l'industrie du jouet peut vous offrir, pour ne pas vous retrouver avec un grand choix de mauvais jouets pour bébé, pour ne pas devoir vous débarrasser de jouets mal choisis, pour ne pas devoir retourner un jouet que bébé aurait reçu en cadeau, posez-vous les questions suivantes avant d'acheter :

Est-il approprié à l'âge du bébé? La raison la plus évidente pour vous assurer qu'un jouet est approprié à l'âge de bébé est de pouvoir le faire apprécier à bébé dès maintenant. Toutefois, une raison moins apparente est tout aussi importante : un bébé instruit pour son âge pourrait s'intéresser et s'amuser avec un jouet conçu pour des enfants plus âgés et, ainsi, pourrait se blesser. La sécurité est primordiale dans le choix d'un jouet. Un autre désavantage à donner des jouets trop avancés à un bébé est que l'enfant se lasse du jouet avant même d'avoir atteint l'âge idéal pour s'en servir.

Comment savoir si un jouet est approprié à bébé? Lire l'âge indiqué sur l'emballage. Toutefois, votre petit peut être en mesure d'apprécier un jouet spécifique un peu plus tôt ou un peu plus tard que la moyenne. Une autre façon de savoir si un jouet est approprié à l'âge de bébé est d'observer votre enfant avec le jouet en question. Bébé est-il intéressé? Bébé s'en sert-il adéquatement? Le bon jouet aidera votre enfant à perfectionner des gestes déjà acquis ou encouragera le développement de nouveaux exploits qu'il aurait accomplis sous peu. Il ne sera ni trop facile (ce qui pourrait l'ennuyer) ni trop difficile (ce qui est source d'échecs).

Est-il stimulant? Il n'est pas nécessaire que chaque jouet soit très intellectuel. La petite enfance et l'enfance favorisent les jeux éducatifs et permettent aux enfants de s'amuser. Ainsi, votre bébé aura un grand plaisir à s'amuser avec un jouet pouvant stimuler le regard (un miroir ou un mobile), l'ouïe (une boîte à musique ou un clown avec une cloche sur le ventre), le toucher (une barre gymnique ou un tableau d'activités) ou le goût (un hochet ou un jouet sécuritaire pouvant être mâchouillé). À mesure que bébé grandira, vous voudrez lui donner des jouets qui l'aideront à apprendre la coordination des mains et des yeux, la motricité fine et la motricité brutale, le principe de cause à effet, l'identification et la coordination des formes et des couleurs, les relations avec l'espace, et qui stimuleront l'apprentissage du langage, l'imagination et la créativité.

Est-il sécuritaire? C'est peut-être la question la plus importante de toutes, car les jouets (n'incluant pas les bicyclettes, luges, patins, roulis-roulants, qui causent des centaines et des centaines de blessures à eux seuls) sont responsables de plus de 100 000 blessures par année, juste aux États-Unis. En choisissant des jouets pour bébé, recherchez ce qui suit :

- Robustesse. Les jouets qui peuvent se casser ou tomber en morceaux causent souvent des blessures aux jeunes enfants.
- Un fini sûr. Assurez-vous que la peinture ou autres finis ne soient pas toxiques.
- Construction solide. Les jouets faits de petites pièces, de rebords coupants ou de parties cassables ne sont habituellement pas sécuritaires pour les bébés.
- Faciles à nettoyer. Les jouets non lavables peuvent donner des microbes aux enfants qui portent tout à leur bouche.
- Une grosseur sans danger. Les jouets petits peuvent être dangereusement avalés (les jouets de moins de 2 cm de diamètre [5/8 po] ne doivent pas être permis) ou les jouets comportant de petites pièces détachables ou cassables présentent un risque élevé.
- Exempts de chaînes ou de ficelles. Les jouets avec cordes, chaînes, ficelles, rubans, plus longs que 15 cm (6 po) ne devraient pas être laissés près d'un bébé, parce qu'ils représentent un danger de strangulation. Ces jouets peuvent être solidement attachés à la couchette, au parc ou ailleurs avec des attaches de plastique sécuritaires, ayant tout de même une apparence brillante et attrayante et permettant à bébé de s'amuser sans danger.

■ **Avec des sons sans danger.** Les bruits forts, comme ceux provenant des pistolets-jouets, des avions miniatures et des véhicules motorisés, peuvent endommager l'ouïe d'un bébé. Aussi, recherchez les jouets avec des sons musicaux ou doux, plutôt que des sons stridents, forts ou saccadés.

Êtes-vous d'accord avec l'idéologie que les jouets véhiculent? Ce problème est moins présent chez les jouets pour tout-petits qu'il ne le sera plus tard. Cependant, il n'est pas trop tôt pour penser au message subliminal qu'un jouet peut véhiculer et pour vous demander si ce message respecte vos valeurs. Ne laissez pas la société — du moins la part de la société qui fabrique les jouets — décider pour vous quelles valeurs seront léguées à vos enfants. Même dans les jouets destinés aux tout-petits, vous trouverez des horreurs. Avant d'avoir eu le temps de vous retourner, votre innocent bébé vous suppliera de lui acheter un jouet très populaire que vous ne devriez pas lui offrir, à moins que vous ne l'approuviez vraiment. Si votre enfant se retrouvait avec un jouet que vous ne lui auriez pas acheté (cela peut arriver), alors expliquez-lui vos sentiments à propos de ce jouet. Par exemple, si vous ne vous sentez pas à l'aise avec l'énorme mitraillette offerte par l'oncle Robert, expliquez à votre enfant que les vraies mitraillettes sont dangereuses et blessent des gens et que les mitraillettes-jouets incitent les enfants à la violence.

CHAPITRE 8

Le cinquième mois

CE QUE BÉBÉ POURRAIT FAIRE

D'ici la fin de ce mois, bébé devrait pouvoir (voir note)

- garder la tête droite sans arrêt lorsqu'il est maintenu en position verticale;
- sur le ventre, lever la poitrine en se tenant sur ses bras (vers 4 1/3 mois);
- se retourner (dans un sens);
- s'intéresser à un raisin sec ou à un autre objet minuscule;
- pousser des petits cris de joie (4 2/3 mois);
- attraper un objet;
- sourire spontanément;
- attraper un objet en s'aidant du dos de la main ou du bout des doigts.

Note : Si vous remarquez que bébé n'a pas encore réussi l'un ou l'autre (ou plusieurs) de ces exploits, consultez un médecin. Il arrive (rarement, faut-il dire) qu'un délai de ce genre indique un problème. Le plus souvent cependant, bébé sera tout à fait normal. Généralement, les prématurés

À la fin du cinquième mois, bébé devrait pouvoir se tenir assis sans aide lorsqu'il se pousse vers l'avant avec ses mains, mais la plupart retomberont encore vers l'arrière dans cette position.

réussissent plus tard les mêmes exploits que les autres enfants de leur âge, c'est-à-dire qu'ils y arrivent au moment où ils auraient atteint cet âge, s'ils étaient nés à terme, et parfois plus tard.

pourra probablement

- porter un peu de poids sur ses jambes (5 1/4 mois);
- tenir la tête au même niveau que le corps lorsque vous le tirez en position assise;
- dire «ah-gou» ou une combinaison similaire de voyelles et de consonnes;
- émettre des sons remplis de bulles.

pourrait même

- rester assis sans appui (5 1/2 mois);
- se retourner dans la direction d'une voix.

pourrait peut-être même

- se soulever dans une position verticale lorsqu'il est assis;
- rester debout en se tenant à quelqu'un ou à quelque chose;
- manger un biscuit tout seul;
- émettre des objections si vous essayez de lui enlever un jouet;
- faire des efforts pour attraper un jouet hors de sa portée;
- faire passer un cube ou un autre objet d'une main à l'autre;
- chercher les objets qu'il a laissé tomber;
- repérer un raisin sec et le tenir dans son poing;
- babiller, en émettant une combinaison de voyelles et de consonnes comme «ga-ga-ga-ga», «ba-ba-ba-ba», «ma-ma-ma-ma», «da-da-da-da».

CE QUE L'EXAMEN MÉDICAL VOUS RÉSERVE CE MOIS-CI

La plupart des médecins ne vous donneront pas de rendez-vous de routine ce mois-ci. Ainsi, téléphonez au médecin de bébé si vous avez des inquiétudes ne pouvant attendre au mois prochain.

L'ALIMENTATION DE BÉBÉ CE MOIS-CI
Commencer les aliments solides

C'est le moment tant attendu et vous êtes étourdie par l'appréhension. Pendant que papa se tient là, caméra sur l'épaule, prêt à capter cet événement mémorable, bébé est paré de ses plus beaux vêtements protégés par une bavette fraîchement lavée, assis tout droit et bien attaché dans une rutilante chaise haute neuve. Alors que la caméra tourne, la première bouchée de nourriture solide de bébé — offerte dans la cuillère d'argent gravée héritée de tante Agnès — s'élève du bol jusqu'à la bouche de bébé. La bouche s'ouvre puis, au moment où la nourriture produit sa première impression bizarre sur les papilles gustatives inexpérimentées de bébé, celui-ci grimace et rejette la substance étrangère sur le menton, la bavette et sur le dessus de la chaise chaute. Coupez!

Le défi de faire manger votre enfant (ou du moins de lui faire manger ce que vous aimeriez qu'il mange) durera probablement aussi longtemps que vous partagerez la même table. Ce défi vient de commencer. Il ne s'agit pas seulement de promouvoir une bonne nutrition, il s'agit aussi de lui inculquer une attitude saine face aux repas et aux collations. Il est important de vous assurer que l'atmosphère pendant les heures de repas est agréable et exempte de conflit et de vous assurer que la nourriture offerte à bébé est saine.

Durant les quelques premiers mois où bébé reçoit des aliments solides, la quantité de nourriture consommée n'est pas réellement importante, du moment que vous continuez à le nourrir au sein ou au biberon. Au début, manger est plus une question de prendre de l'expérience — techniques de mastication, diverses saveurs et textures, caractère social du repas — que de se nourrir.

LE PREMIER SOIR... ET LES SUIVANTS

Il ne suffira pas de sortir la caméra pour vous assurer que la première expérience de nourriture solide reste mémorable pour vous et pour bébé. Vous voudrez certainement choisir le bon moment, la bonne installation et le meilleur soutien possible pour faire de ce premier repas — et des suivants — une réussite.

Choisissez le bon moment. Si vous allaitez, l'heure idéale pour donner à bébé une nourriture solide sera celle où votre réserve de lait est à son plus bas (chez la plupart des femmes, c'est vers la fin de l'après-midi ou tôt en début de soirée). Le soir est également un bon choix si bébé se réveille affamé et qu'il doit être nourri. Toutefois, si bébé a normalement plus faim le matin, il serait préférable de lui offrir des aliments solides à ce moment-là. Ne vous inquiétez pas si les céréales sont au menu et que le moment idéal est 18 heures, il serait étonnant que bébé s'attende à manger un steak.

Ne contrariez pas bébé. Vous aviez planifié faire manger bébé à 17 heures, mais bébé est agité et épuisé. Remettez le repas d'aliments solides à plus tard. Vous ne pourrez initier bébé à quoi que ce soit, y compris à la nourriture solide, lorsqu'il est dans cette disposition. Planifiez les repas pour les moments où bébé est habituellement heureux et bien éveillé.

Ne commencez pas sur un estomac vide. Faites boire bébé avant de lui offrir des solides, mais ne lui en donnez pas trop. Offrez-lui d'abord une petite quantité de lait maternel ou de préparation, à titre d'entrée. De cette façon, bébé ne sera pas trop vorace pour accepter la nouvelle expérience et ne sera pas assez rassasié pour que le prochain plat perde tous ses attraits. Évidemment, les bébés qui ont un petit appétit se comporteront peut-être mieux s'ils commencent à manger des aliments solides une fois qu'ils sont affamés; vous verrez ce qui fonctionne le mieux pour bébé.

Préparez-vous à un long repas. N'essayez pas de planifier le repas de bébé en cinq minutes, parmi d'autres tâches. Nourrir un enfant est un processus qui prend du temps, alors veillez à vous laisser assez de temps pour les repas.

Installez bébé confortablement. Tenir un bébé qui se tortille sur vos genoux, alors que vous tentez de déposer une substance inconnue dans une bouche peu réceptive, est inconfortable, difficile et désastreux. Installez bébé dans une chaise haute robuste et familiarisez bébé à sa chaise plusieurs jours avant de débuter la première expérience des aliments solides. Laissez à bébé le temps de s'y sentir bien. Si bébé glisse de tous côtés ou s'affaisse dans sa chaise haute, rembourrez-la avec une petite couverture, un piqué ou quelques serviettes. Attachez bébé avec les courroies de sécurité et vous aurez ainsi l'esprit tranquille. Si bébé n'arrive pas à se tenir dans ce genre de chaise, vous serez probablement tentée de remettre les aliments solides à un peu plus tard.

Assurez-vous également que vous avez la bonne sorte de cuillère. Il importe peu que ce soit un souvenir de famille ou une cuillère spéciale pour bébé, mais elle devrait avoir un petit creux (plus petit que celui d'une petite cuillère à café) et, possiblement, un recouvrement de plastique, moins dur pour les gencives de bébé. Le fait de donner à bébé une cuillère qui lui appartienne et qu'il peut tenir, vous épargnera les luttes acharnées à chaque bouchée et donnera à bébé un sentiment d'autonomie. Vous pouvez vous servir d'une cuillère à long manche pour nourrir bébé, mais choisissez une cuillère à manche court pour son usage personnel afin d'éviter les coups inattendus dans les yeux et le visage. Si votre petit gourmand insiste pour tenir la cuillère, laissez sa petite main la tenir au moment où vous la guidez fermement vers sa bouche; la plupart du temps, il réussira... avec un peu d'aide.

Finalement, utilisez une grande bavette facile à nettoyer et facile à enlever. Selon vos préférences, elle peut être de plastique mou ou rigide, pouvant être essuyée ou rincée, fabriquée de tissu ou de plastique, lavable ou jetable. Pour le moment, cela ne vous dérange peut-être pas que bébé tache ses pyjamas déjà trop petits de céréales. Toutefois, si l'habitude de la bavette n'est pas prise tôt, vous pourriez trouver difficile (sinon impossible) de lui donner cette habitude plus tard. N'oubliez pas de replier les manches longues. Une alternative à la bavette lorsque vous êtes à la maison (et que la température de la pièce le permet), est de laisser bébé manger la poitrine nue. Il vous faudra encore essuyer un peu, mais les taches ne poseront plus problème.

Tenez un rôle de soutien. Si vous donnez à bébé une certaine initiative, vos chances de réussir avec les aliments solides seront beaucoup plus grandes. Avant même d'essayer de porter la cuillère à la bouche de bébé, mettez un petit morceau de nourriture sur la table ou sur le dessus de la chaise haute et laissez votre enfant examiner l'aliment, le toucher, l'écraser, le rouler, peut-être même le goûter. De cette façon, lorsque vous vous approcherez avec la cuillère, ce que vous aurez à offrir ne lui sera pas totalement inconnu. Bien qu'il puisse sembler intéressant d'offrir de la nouvelle nourriture dans un biberon (avec une tétine à large trou), pour donner une chance à bébé de s'alimenter lui-même, cela n'est pas recommandé et ce, pour plusieurs raisons. Premièrement, un bébé peut s'étouffer. Deuxièmement, cela renforce l'habitude de la bouteille et l'enfant n'apprend pas à manger comme le reste de la famille, ce qui était le but de commencer tôt les solides. Troisièmement, parce que les bébés sont portés à trop manger de cette manière et que cela peut les mener vers l'embonpoint.

Commencez en annonçant le programme. Les premiers repas ne seront pas de vrais repas, mais simplement une introduction aux repas à venir. Commencez avec le quart d'une cuillerée (1 1/2 ml) ou avec une cuillerée complète (5 ml) de la nourriture choisie. Mettez une petite quantité de l'aliment entre les lèvres de bébé et laissez-lui le temps de réagir. Si bébé y trouve quelque saveur, il ouvrira probablement grand la bouche pour la prochaine bouchée, que vous pourrez placer plus loin pour qu'il l'avale mieux. Même si bébé semble réceptif, les premiers essais peuvent être repoussés hors de la bouche aussitôt. En fait, les premiers repas peuvent être de réels échecs. Cependant, un bébé prêt pour les solides commencera vite à en avaler plus qu'il n'en rejettera. Si la nourriture continue à ressortir, c'est sans doute que bébé n'est pas tout à fait prêt, au point de vue du développement, à manger de la nourriture solide. Vous pouvez continuer de perdre temps, efforts et nourriture en vous entêtant à cette infructueuse poursuite, ou attendre une ou deux semaines, avant d'essayer une autre fois.

Sachez quand mettre fin au repas. Ne continuez pas un repas auquel bébé a perdu tout intérêt. Les signaux seront clairs, quoiqu'ils puissent varier d'un bébé à un autre et d'un repas à l'autre : des pleurnichements, une tête qui se retourne, des lèvres fermement scellées, de la nourriture recrachée ou lancée à la ronde.

Si votre enfant refuse une nourriture qu'il appréciait auparavant, goûtez-y pour vous assurer qu'elle ne s'est pas gâtée. Bien sûr, il peut y avoir une autre raison à ce rejet. Peut-être le goût de bébé a-t-il changé (les tout-petits sont très capricieux en matière de nourriture), ou peut-être est-il seulement indisposé ou n'a pas faim. Quelle qu'en soit la raison, ne forcez pas bébé à terminer sa ration. Essayez un autre aliment, et si cela ne fonctionne pas plus, terminez là le repas.

LES PREMIERS ALIMENTS À LUI OFFRIR

Quoique tout le monde soit d'accord pour dire que le premier liquide idéal pour bébé est le lait de sa mère, il n'y a pas d'unanimité — même chez les pédiatres — quant au premier solide idéal pour un tout-petit. Il existe peu d'évidences scientifiques démontrant qu'un aliment serait meilleur qu'un autre pour commencer, et que les bébés réagissent tout aussi bien à l'un ou à l'autre (en tenant pour acquis que le choix est approprié à l'enfant). Si le pédiatre de bébé ne vous donne pas de recommandation spécifique, essayez l'un des aliments suivants. Mais souvenez-vous que vous ne pourrez pas vérifier la réaction de votre enfant avec exactitude la première fois qu'il mangera des solides, en vous fiant seulement sur l'expression de son visage. La plupart des bébés grimaceront, peu importe à quel point ils apprécient la nourriture que vous leur offrez, particulièrement si le goût est âpre. Voyez plutôt si bébé ouvre la bouche pour une autre bouchée.

Céréale de riz. Il est facile de lui faire prendre une texture presque aussi légère que celle du lait, facilement digestible par la plupart des bébés; il est peu probable que la céréale de riz provoque une allergie et elle fournit le fer indispensable. En fait, la céréale de riz additionnée de fer pour bébés est probablement la nourriture la plus souvent recommandée et le premier choix des experts. Mélangez-la à une préparation commerciale, au lait maternel, à de l'eau ou à du lait entier de vache. Si le pédiatre de bébé est d'accord, plusieurs permettront des petites quantités de lait de vache avant l'âge de six mois, pour mélanger avec les céréales. Résistez à la tentation d'y ajouter des bananes en purée, de la compote de pommes, des jus de fruits, ou d'acheter des céréales prêtes à servir,

LES PREMIERS ALIMENTS POUR BÉBÉ

Tous les aliments qui suivent sont habituellement appréciés et bien tolérés par les jeunes bébés. Toutefois, avant d'initier bébé au goût des fruits les plus sucrés, essayez de l'habituer à plusieurs aliments des trois premières catégories. Les viandes et les volailles sont normalement introduites plus tard, soit vers le septième ou le huitième mois. Les aliments, que vous pouvez préparer à la maison ou acheter préparés, devraient d'abord être de texture très douce, broyés, en purée ou finement hachés et, si nécessaire, dilués avec un liquide jusqu'à consistance d'une crème épaisse.

La texture devrait toujours être douce jusqu'au septième ou au huitième mois, devenant progressivement plus épaisse à mesure que bébé devient plus expérimenté. Les bébés prennent normalement moins de 2,5 ml (1/2 cuillerée à thé) au début, mais plusieurs arrivent à ingurgiter plus de 30 à 45 ml (2 à 3 cuillerées à table) et parfois même plus, dans un temps très court. La nourriture peut être servie à la température de la pièce (ce que préfèrent la plupart des bébés) ou à peine réchauffée, quoique cela se rapproche plus du goût des adultes que de celui des tout-petits.

Céréales de riz	*Courgette*	*Yogourt non sucré*	*Compote de pommes*	*Boeuf*
Orge	*Patate douce*	*Kéfir*	*Bananes*	*Poulet*
Son	*Carottes*		*Pêches*	*Dinde*
	Haricots verts		*Poires*	*Agneau*
	Pois			
	Avocat			

Note : Il arrive souvent que les épinards, qui sont très riches en acide oxalique, soient recommandés seulement aux bébés plus âgés.

additionnées de fruits, sinon bébé s'habituera vite aux aliments sucrés, refusant tout le reste.

Un aliment semblable au lait. Suivant la théorie qui veut qu'un bébé acceptera mieux quelque chose qui lui est familier, un aliment semblable au lait du point de vue de la consistance ou du goût, ou des deux (comme le yogourt nature non sucré), serait un bon début. Que vous donniez d'abord du yogourt ou que vous l'ajoutiez plus tard au repas de bébé, ne le servez pas avec des fruits ou du sucre pour le rendre plus agréable au goût. La plupart des bébés le prendront nature et plusieurs développeront un goût pour ce qui est âpre et non

sucré, ce qui leur sera bénéfique plus tard. Les bébés allergiques qui tolèrent mal les produits laitiers devraient évidemment commencer avec d'autres solides.

Un aliment sucré. Beaucoup de bébés sont initiés aux solides avec des bananes en purée très claire (délayées avec un peu de préparation lactée ou de lait maternel si nécessaire) ou de la compote de pommes. Il est vrai que la plupart y goûtent avidement, mais ils ont aussi tendance à refuser les aliments moins sucrés, comme les légumes et les céréales non sucrées, lorsqu'on les leur offre plus tard. Ce n'est habituellement pas le choix idéal.

Les légumes. En théorie, les légumes sont de bons aliments pour débuter : nutritifs et sans sucre. Toutefois, leurs saveurs prononcées et très distinctes les rendent moins attirants que les céréales ou le yogourt. Aussi est-il possible qu'ils ne soient pas très appréciés. Il est toutefois astucieux de les offrir avant les fruits, alors que le palais d'un bébé est encore réceptif aux nouveaux goûts. Les légumes jaunes, comme les patates douces et les carottes, sont habituellement plus agréables au goût (et plus nutritifs) que les légumes verts comme les pois ou les haricots verts.

ÉLARGIR LE MENU DE BÉBÉ

Même si bébé dévore littéralement ses premières portions de céréales pour déjeuner, ne vous imaginez pas pouvoir lui présenter un dîner composé de yogourt et de haricots et un souper composé de viande et de patate douce en purée. Chaque nouvel aliment auquel vous initiez bébé, depuis le tout premier, devrait être servi seul (ou avec d'autres aliments qui ont déjà passé le test avec succès), de sorte que si bébé présente une allergie ou une intolérance, vous puissiez reconnaître l'aliment responsable. Par exemple, si vous commencez avec des céréales, donnez exclusivement des céréales, au moins pour les trois ou quatre premiers jours. Certains médecins recommandent un aliment à la fois pendant cinq jours. Si bébé ne présente aucune réaction négative (gaz ou ballonnements excessifs; diarrhée ou mucus dans les selles; vomissements; éruptions très sévères dans le visage, particulièrement autour de la bouche, ou autour de l'anus; nez qui coule ou yeux humides, ou les deux; asthme ne semblant pas résulter d'un rhume; éveil pendant la nuit ou agitation anormal pendant le jour), vous pouvez en déduire qu'il réagit bien au nouvel aliment.

Si vous remarquez une réaction, attendez une ou deux semaines, puis essayez encore l'aliment en question. Une même réaction qui se reproduit deux ou trois fois indique que bébé est sensible à l'aliment. Attendez quelques mois avant de l'essayer à nouveau et entre-temps, procédez de la même façon avec toute nouvelle nourriture. Si bébé semble réagir négativement à plusieurs aliments ou s'il y a des antécédents d'allergies dans votre famille, attendez une semaine entière entre deux nouveaux aliments. Si toute nouvelle nourriture semble poser problème, demandez au pédiatre s'il y a lieu d'attendre quelques mois avant d'introduire des solides à nouveau.

Introduisez chaque nouvel aliment avec la même prudence, en prenant note par écrit (la mémoire peut faire défaut) de l'aliment, de la quantité approximative que bébé a ingurgitée et de toute réaction. Veillez à commencer avec des aliments simples : carottes ou pois en purée, par exemple. La plupart des fabricants de nourriture pour bébés ont des lignes spéciales d'aliments sans mélange conçues spécialement à cet usage (venant aussi en petits pots pour éviter les pertes). Une fois qu'un bébé a été initié aux carottes et aux pois sans présenter aucune réaction négative, vous pouvez les servir en combinaison. Plus tard, à mesure que le menu de bébé s'élargira, un nouvel aliment qui n'est pas préparé seul (les tomates, par exemple) pourra être introduit en mélange avec des légumes déjà bien acceptés.

Certains aliments plus allergènes que d'autres seront introduits plus tard. Le blé, par exemple, est habituellement ajouté au repas d'un enfant après que le riz, le son et l'orge ont été acceptés. Cela peut occasionnellement arriver seulement au neuvième mois, quoique le médecin puisse normalement vous donner son accord si bébé ne présente aucun signe d'allergie et si les antécédents familiaux ne sont pas marqués par ces problèmes. Les fruits et

PAS DE MIEL POUR BÉBÉ

Le miel, comme le sucre, n'offré pas beaucoup plus que des calories vides. De plus, il présente un risque additionnel pour la santé de bébé au cours de la première année. Il peut contenir les spores du bacille botulique, le *clostridium botulinum* qui, sous cette forme, est sans danger pour les adultes, mais peut causer le botulisme (intoxication alimentaire grave) chez les tout-petits. Caractérisée par la constipation, une tétée faible, une perte d'appétit et la léthargie, cette maladie peut mener à la pneumonie et à la déshydratation. C'est une maladie assez grave, quoique rarement mortelle. Certains médecins acceptent que le miel soit introduit dans l'alimentation d'un bébé à huit mois; d'autres recommandent d'attendre la fin de la première année.

---

les jus d'agrumes sont introduits après les autres fruits et jus, et les fruits de mer sont introduits après la viande et les volailles. Les jaunes d'oeufs (brouillés, durs et écrasés) ne sont habituellement pas offerts avant au moins le neuvième mois; il arrive souvent que les blancs d'oeufs, plus susceptibles de provoquer une allergie, ne soient pas introduits avant la fin de la première année. Le chocolat et les noix ne sont pas seulement très allergènes, mais ils sont tout à fait inappropriés aux besoins d'un enfant et ne sont normalement pas offerts durant la première année.

LE MEILLEUR REPAS POUR DÉBUTANTS

En ce moment, bébé est encore un amateur d'aliments solides; la majeure partie de ses besoins nutritionnels est encore comblée par le lait maternel ou une préparation commerciale. Cependant, à partir du sixième mois, le lait maternel ou la préparation lactée ne satisferont pas à tous les besoins de votre tout-petit. D'ici la fin de cette année, la plus grande part de son alimentation proviendra d'autres sources. Aussi, n'est-il pas trop tôt maintenant pour commencer à penser en termes des «neuf-principes-de-base-pour-une-bonne-nutrition» (page 458) au moment de planifier les repas de votre enfant et au programme des «douze secrets» (page 281) de la nutrition quotidienne simplifiée une fois que bébé commencera à prendre une variété d'aliments, habituellement à environ huit ou neuf mois. Étant donné qu'un régime sage est la meilleure prévention des maladies cardiaques et de plusieurs formes de cancer, les habitudes alimentaires que vous inculquez à bébé dans la chaise haute d'aujourd'hui pourraient contribuer à lui sauver la vie plus tard. Une bonne nutrition commencée très tôt assurera à votre enfant un meilleur développement physique, émotionnel, intellectuel et social. Cela l'aidera à devenir un bon étudiant et une personne plus heureuse.

Au cours des prochains mois, vous pouvez commencer à initier votre enfant au programme simplifié des «douze secrets» de la nutrition quotidienne, en ajoutant de nouveaux aliments et en augmentant les quantités graduellement, jusqu'à celles mentionnées ci-après. Plus le premier anniversaire de bébé approchera, plus les «douze secrets» seront appropriés à ses besoins. Vous trouverez d'autres «secrets» dans la liste de la page 460.

LES «DOUZE SECRETS» DE L'ALIMENTATION QUOTIDIENNE

Les calories. Nul besoin de compter les calories pour savoir si bébé en prend assez ou trop. Bébé est-il incommodément gras? Il est fort probable que cela soit dû à un trop grand apport en calories. Bébé est-il très mince et sa croissance semble-t-elle se faire au ralenti? Peut-être ne prend-il pas assez de calories? En ce moment, la plupart des calories qui aident bébé à profiter proviennent du lait maternel ou de la préparation commerciale que vous lui donnez; cependant, graduellement, elles proviendront de plus en plus des aliments solides.

Les protéines. De 30 à 45 ml (2 ou 3 c. à table) par jour de jaune d'oeuf (une fois que ce sera approuvé), de viande, de poulet, de poisson, de fromage cottage ou de yogourt, ou 30 g (1 oz) de fromage ou de tofou feront l'affaire, alors que l'apport protéique proviendra encore en grande partie du lait maternel ou de la préparation lactée.

Les aliments contenant du calcium. Le lait maternel ou la préparation lactée, ou les deux, fournissent le calcium nécessaire à un tout-petit. Comme on diminue leur quantité alors que l'on augmente celle des solides, d'autres aliments contenant du calcium, comme les fromages, le yogourt, le lait entier, le tofou et tout composé de calcium, devraient être ajoutés à son alimentation. Le total des besoins en calcium peut être contenu dans à peu près 500 ml (2 t) de lait entier ou l'équivalent en lait maternel ou en préparation, ou dans d'autres produits laitiers, ou encore dans des aliments riches en calcium, jusqu'à ce que bébé ait atteint un an (voir page 360 pour les équivalences).

Grains entiers et autres hydrates de carbones complexes concentrés. Deux ou trois portions par jour d'aliments contenant des grains, des légumineuses ou des pois séchés ajouteront les vitamines et minéraux essentiels au repas de bébé, en plus de certaines protéines. Une portion devrait contenir 60 ml (1/4 t) de céréales pour bébé, une demi-tranche de pain de grains entiers 60 ml (1/4 t) de céréales cuites de grains entiers ou de pâtes, 125 ml (1/2 t) de céréales sèches de grains entiers, ou 60 ml (1/4 t) de purée de lentilles, fèves ou pois. Ne vous attendez pas à ce que bébé mange ces quantités avant des mois.

Légumes verts feuillus, légumes jaunes et fruits jaunes. De 30 à 45 ml (2 ou 3 c. à table) de courge d'hiver, de patates douces, de carottes, de brocoli, de chou frisé, d'abricots, de pêches jaunes (en purée d'abord, en morceaux plus tard) ou 60 ml (1/4 t) de cantaloup broyé, de mangue ou de pêches en cubes, lorsque bébé commencera à manger avec les doigts, lui procureront un apport adéquat de vitamine A.

Les aliments riches en vitamine C. Seulement 60 ml (1/4 t) de jus additionné de vitamine C, de jus d'orange ou de jus de pamplemousse (qui, habituellement, ne sont pas introduits avant la fin du huitième mois) fourniront assez de vitamine C. De même que 60 ml (1/4 t) de cantaloup ou de mangue en cubes ou 60 ml (1/4 t) de brocoli ou de chou-fleur en purée.

Autres fruits et légumes. S'il y a de la place pour plus de nourriture dans le repas de bébé, ajoutez l'un des aliments suivants quotidiennement : de 15 à 30 ml (1 à 2 c. à table) de compote de pommes, de banane écrasée, de pois, de haricots verts en purée ou de pomme de terre en purée.

Aliments riches en gras. Le bébé qui boit du lait maternel ou une préparation

PETITS POTS RÉUTILISABLES

Utilisez les petits pots vides de nourriture pour bébés, soigneusement lavés au lave-vaisselle ou à la main avec du détergent et de l'eau très chaude, pour réchauffer ou pour servir (ou les deux) de petites portions de nourriture.

Réchauffez en plaçant le pot ouvert dans un peu d'eau chaude, plutôt que de mettre le pot au four à micro-ondes, qui présente le danger de réchauffer les aliments non uniformément.

lactée reçoit tout le gras et le cholestérol dont il a besoin. À mesure qu'il est soumis à un repas plus varié et qu'il passe, par conséquent, moins de temps à être nourri au sein ou au biberon, il est important de vous assurer que sa ration de gras et de cholestérol est adéquate. La plupart des produits laitiers que vous lui servez ne devraient pas être écrémés ou devraient être faits de lait entier. Si vous mélangez du lait écrémé instantané aux aliments pour son apport en protéines et en calcium, ajoutez 30 ml (2 c. à table) de lait et de crème légère à chaque 85 ml (1/3 t) de lait en poudre pour remplacer le gras. Si vous utilisez du fromage cottage à faible teneur en matière grasse pour le reste de la famille, vous pouvez vous en servir pour bébé, en y ajoutant un peu de crème douce ou de crème sure, ou alors assurez-vous que bébé mange également des fromages très crémeux (comme le suisse ou le cheddar, à faible teneur en sodium, de préférence), très riches en gras, chaque jour. Bien qu'il soit important de ne pas retirer les matières grasses contenues dans les produits laitiers au menu de bébé, il est tout aussi important de ne pas surcharger ses repas avec de grandes quantités d'autres matières grasses ou d'aliments frits, qui pourraient lui faire prendre du poids inutilement, rendre sa digestion difficile et lui faire prendre de mauvaises habitudes alimentaires.

Aliments riches en fer ou suppléments. Pour prévenir l'anémie causée par une carence en fer, donnez au moins l'un de ces aliments à bébé quotidiennement : céréale ou préparation lactée additionnée de fer ou un supplément vitaminique avec fer ajouté. Un surplus de fer peut provenir des aliments riches en fer comme les viandes, les jaunes d'oeufs, le germe de blé, les pains, les céréales à grains entiers, les pois chiches et les autres légumineuses, à mesure qu'ils sont introduits au menu de bébé.

Aliments salés. Étant donné que les reins d'un bébé ne peuvent pas supporter une grande quantité de sodium et parce que le fait de développer un goût pour le sel peut lui causer des problèmes d'hypertension plus tard, les aliments pour bébés ne devraient jamais contenir de sel. La plupart des aliments naturels contiennent du sodium, particulièrement les produits laitiers et plusieurs légumes, de sorte que bébé n'en manquera pas, même si vous n'en ajoutez pas à son menu.

Liquides. Durant les quatre ou cinq premiers mois de sa vie, la presque totalité des liquides que bébé ingurgite proviennent du sein ou du biberon. À présent, de petites quantités lui viendront de différentes sources, comme les jus, le lait au gobelet, les fruits et les légumes. Puisque bébé prend des quantités moins grandes de préparation lactée ou de lait maternel, il est important de vous assurer que sa ration totale de liquides reste la même. Lorsque la température est très chaude, il faut augmenter la quantité de liquide que bébé ingurgite. Offrez-lui alors de l'eau ou des jus de fruits dilués avec de l'eau lorsque la chaleur se fait plus intense.

Supplément vitaminique. À titre de prévention pour une nutrition adéquate, donnez à bébé des gouttes contenant des vitamines et des minéraux en formule spéciale pour enfants. Ces gouttes devraient contenir du fer, si bébé ne prend pas une préparation enrichie de fer. Elles ne doivent pas contenir plus que la dose quotidienne recommandée de vitamines et de minéraux. Ne donnez aucun autre supplément de vitamines ou de minéraux sans l'approbation du médecin.

CE QUI POURRAIT VOUS INQUIÉTER

LES DENTS

«Comment savoir si mon bébé fait ses dents? Il se mord les poings sans cesse, mais je ne remarque rien sur ses gencives.»

Lorsque bébé commence à percer des dents, il ne vous dit pas combien de temps cela lui prendra et à quel point le percement de ses dents sera désagréable. Pour un enfant, ce peut être une expérience longue, épuisante et douloureuse. Pour un autre, ce peut être vaguement perceptible pendant ses heures de sommeil. Il arrive qu'une petite bosse ou un pli soit visible sur la gencive pendant des semaines ou des mois. Il arrive aussi qu'aucun indice ne soit visible avant que la dent elle-même ne fasse son apparition.

En moyenne, la première dent sort vers le septième mois, quoiqu'elle puisse montrer sa petite tête perlée aussi bien dès le troisième mois qu'au douzième, ou même, en de rares cas, plus tôt ou plus tard. L'apparition des dents suit souvent un modèle héréditaire. Tout dépend de l'âge où vous ou votre conjoint avez fait des dents. Toutefois, il arrive souvent que les symptômes annonçant la poussée d'une dent précèdent la dent elle-même de deux ou trois mois. Ces symptômes diffèrent d'un enfant à un autre et les opinions varient d'un médecin à un autre, quant à savoir ce que sont réellement ces symptômes et à quel point la poussée des dents peut être douloureuse. En général, on s'accorde pour dire qu'un bébé qui fait des dents peut présenter quelques-uns ou plusieurs de ces symptômes :

De la bave. Plusieurs bébés, entre la dixième semaine et le quatrième mois, bavent beaucoup. La poussée des dents stimule la bave, plus chez certains bébés que chez d'autres.

Éruption sur le menton ou dans le visage. Chez un baveur prolifique, la peau a tendance à se desquamer et un érythème apparaît sur la peau sèche du menton ou autour de la bouche, à cause de l'irritation causée par le contact constant avec la salive. Pour aider à prévenir ces éruptions, essuyez doucement la bave de temps en temps pendant le jour et placez une serviette sous le drap de la couchette pour absorber l'excès de bave pendant que bébé dort. Si une plaque de peau sèche apparaissait, lubrifiez la peau de bébé avec un savon doux (demandez au médecin de vous en recommander un).

Une petite toux. L'excès de salive peut porter bébé à s'étouffer ou à tousser occasionnellement. Il n'y a pas lieu de vous inquiéter, du moment que bébé ne semble pas avoir le rhume, la grippe ou des symptômes d'allergie. Il arrive souvent que les bébés continuent de tousser pour attirer l'attention ou parce qu'ils trouvent que c'est un ajout intéressant à leurs vocalises.

Les morsures. Dans ce cas précis, une petite morsure n'est pas un signe d'hostilité. Un bébé qui fait des dents mettra ses gencives sur n'importe quel objet à sa portée — de sa propre petite main, au sein qui le nourrit, au pouce d'un parfait étranger qui ne s'y attend pas — pour tenter de soulager la pression ressentie sous les gencives.

La douleur. L'inflammation est une réponse de protection de la peau tendre des gencives à l'arrivée imminente des dents, qu'elle considère comme des intruses à repousser. Cela cause vraisemblablement des douleurs insoutenables chez certains bébés et presque aucune douleur chez d'autres. Il arrive souvent que l'inconfort soit pire pour les premières dents et pour les molaires. Apparemment, la plupart des bébés s'habituent à la sensation des dents qui poussent et apprennent à vivre avec cette sensation. Pour ce qui est des molaires, elles semblent être plus douloureuses à cause de leur grosseur. Heureusement, elles n'apparaîtront qu'après le premier anniversaire de bébé.

L'irritabilité. À mesure que l'inflammation empire et que la petite dent coupante affleure la surface, menaçant de faire éruption, la douleur dans les gencives de bébé peut être plus constante. Comme n'importe qui aux prises avec une douleur chronique, bébé peut être agité, nerveux et irritable. Encore une fois, certains bébés (et leurs parents) souffriront plus que d'autres d'une irritabilité pouvant durer

des semaines plutôt que des jours ou des heures.

Le refus de se nourrir. Un bébé qui fait des dents peut sembler capricieux quand arrive le temps de le nourrir. Alors qu'il cherche un réconfort pour ces choses bizarres qui se passent dans sa bouche — et qu'il peut donner l'impression de vouloir téter sans arrêt — une fois qu'il a commencé à téter et que la succion ainsi créée augmente son malaise, il peut rejeter le sein ou le biberon qu'il désirait si avidement l'instant d'avant. Chaque fois que ce scénario se répète (et certains bébés le répètent toute la journée durant le temps qu'ils font des dents), bébé et ses parents deviennent plus frustrés et de plus en plus irritables. Un bébé qui a commencé à manger des aliments solides peut s'en désintéresser pour le moment; ceci ne devrait pas vous inquiéter car bébé reçoit encore presque toute la nourriture et les liquides dont il a besoin du sein ou du biberon. Il reprendra son appétit où il l'aura laissé, une fois que la dent sera enfin sortie. Évidemment, si bébé refuse plus de deux repas ou qu'il semble boire très peu pendant quelques jours il vous faudra consulter le médecin.

Diarrhée. Certains médecins établissent une relation entre la dentition et ce symptôme, d'autres pas. Certaines mères persistent à dire que chaque fois que leur bébé perce une dent, il souffre de diarrhée. Nombre de médecins admettent qu'il semble exister un lien entre les deux phénomènes; peut-être l'excès de salive avalé amollit-il les selles. D'autres médecins refusent cette théorie, en tout cas officiellement. Ils ne sont probablement pas sûrs de leur position à ce point-là, mais ils craignent peut-être qu'en adoptant ouvertement la théorie, les mères, en les attribuant à la dentition, risquent de ne pas s'inquiéter de symptômes gastro-intestinaux significatifs. Même s'il reste possible que votre bébé souffre de diarrhée au moment de la dentition, vous devriez tout de même rapporter à votre médecin l'apparition de deux selles liquides consécutives.

Une légère fièvre. La fièvre, comme la diarrhée, est un symptôme que les médecins hésitent à associer à la poussée des dents. Pourtant, certains admettront qu'une légère fièvre (moins de 38,5 °C [101 °F] de température rectale) peut occasionnellement accompagner la poussée des dents, comme résultante d'une inflammation des gencives. Par prudence, traitez une fièvre accompagnant la poussée des dents comme vous le feriez pour une fièvre légère à n'importe quel autre moment et téléphonez au médecin si la fièvre n'a pas disparu après trois jours.

Une perte de sommeil. Bébé ne fait pas ses dents seulement à la lumière du jour. L'inconfort qui le fait pleurnicher durant le jour peut le garder éveillé toute la nuit. Même un bébé qui dormait pendant la nuit peut subitement recommencer à se réveiller. Pour éviter qu'il ne reprenne ses vieilles habitudes, ne vous empressez pas de le réconforter ou de le nourrir. Voyez plutôt s'il peut se calmer et se rendormir par lui-même. Ces réveils nocturnes, comme bien d'autres problèmes causés par la poussée des dents, sont plus courants avec l'apparition des premières dents qu'avec l'apparition des molaires.

Un hématome des gencives. Il arrive parfois que la poussée des dents provoque quelques saignements sous les gencives, qui prendront la forme de petites bosses bleuâtres. Il n'y a pas lieu de vous inquiéter. D'ailleurs, la plupart des médecins recommandent qu'on laisse ces hématomes se résorber d'eux-mêmes sans intervention médicale. Des compresses froides peuvent soulager l'inconfort et accélérer la guérison des hématomes des gencives.

Bébé se tire les oreilles et se frotte les joues. La douleur dans les gencives peut se rendre jusqu'aux oreilles et aux joues, à travers le conduit nerveux particulièrement lorsque les molaires commencent à se frayer un chemin vers la sortie. C'est la raison pour laquelle certains bébés se tirent une oreille ou se frottent la joue ou le menton quand ils percent des dents. Toutefois, n'oubliez pas que les bébés peuvent également tirer sur une oreille qui présente une infection. Si vous redoutez une infection de l'oreille avec ou sans poussée de dents, consultez le médecin.

Il y a probablement autant de traitements maison qui soignent l'inconfort provoqué par la poussée des dents qu'il y a de grands-mamans. Certains traitements fonctionnent, d'autres pas. Parmi les meilleurs traitements que l'on peut offrir, on compte :

Quelque chose à mordiller. Ceci n'a pas un but nutritif, mais vise plutôt à exercer une pression sur les gencives. Ce résultat est accru lorsque l'objet à mâcher est glacé ou qu'il a la propriété d'engourdir le mal. Un bagel congelé, une banane congelée (quoique cela fasse des dégâts), une débarbouillette propre avec un cube de glace à l'intérieur bien attaché avec un ruban en caoutchouc, une carotte gelée avec le bout étroit coupé (mais ne vous servez pas de carottes une fois que les dents ont poussé, car bébé pourrait croquer des morceaux et risquer de s'étouffer), un anneau de caoutchouc ou un autre jouet... même le tour de plastique de sa couchette ou de son parc peuvent devenir des objets salutaires à mâchouiller. Les magasins d'aliments naturels vendent des biscuits de dentition très nutritifs qui sont parfaits avant l'éruption des dents. Toutefois, le contenu très riche en hydrates de carbone pourrait causer un problème de carie dentaire après l'apparition des dents, le biscuit étant gardé constamment dans la bouche. Quel que soit l'aliment dont vous vous servez pour calmer un bébé qui fait ses dents, offrez-le lui toujours en position assise seulement et sous la constante surveillance d'un adulte.

Quelque chose à masser. Beaucoup de bébés apprécient un doigt adulte massant fermement la gencive. Certains protesteront d'abord contre cette intrusion dans leur bouche, car le massage semble causer quelque douleur au début. Toutefois, ils se calment normalement, à mesure que la pression exercée commence à leur apporter un réel soulagement.

Une boisson froide. Offrez à bébé un biberon d'eau glacée. S'il ne prend pas le biberon ou qu'il n'a pas envie de téter, présentez-lui ce liquide calmant dans un gobelet, en prenant bien soin d'enlever d'abord le plus petit cube de glace. Cela augmentera également la ration de liquide du bébé qui fait ses dents, ce qui est très important s'il perd beaucoup de liquide en bavant ou dans des selles très claires.

Quelque chose de froid à manger. De la compote de pommes, de la purée de pêches ou du yogourt, peuvent calmer un bébé qui fait ses dents si ces produits sont glacés, bien plus que des aliments chauds ou gardés à la température de la pièce. Ils sont d'ailleurs plus nutritifs qu'un anneau de dentition congelé.

Quelque chose pouvant faire disparaître la douleur. Si rien d'autre ne semble soulager bébé, l'acétaminophène devrait y parvenir. Vérifiez auprès de votre médecin la dose exacte à administrer à bébé, ou consultez le médecin. Ne lui donnez *aucun* médicament qui n'aurait pas été recommandé par le pédiatre de bébé.

TOUX CHRONIQUE

«Depuis trois semaines, mon bébé a constamment une petite toux. Il ne semble pas malade et j'ai parfois l'impression qu'il le fait exprès. Est-ce possible?»

À cinq mois, plusieurs bébés réalisent déjà que des gens sont très attentifs à ses besoins. Alors, lorsque bébé découvre qu'une petite toux — qu'elle soit déclenchée par un excès de salive ou qu'elle fasse partie du cours normal des expériences

---

DENTITION

Voici le modèle le plus courant d'apparition des dents, mais cela peut varier considérablement d'un bébé à l'autre. Il arrive très rarement qu'une dent (ou une paire de dents) ne pousse pas. Dans un tel cas, le médecin référera probablement bébé à un dentiste-pédiatre ou à un dentiste spécialisé dans les soins aux enfants. Si les dents de bébé poussent maintenant avec de l'avance ou du retard, la situation se répétera probablement lors de l'apparition des deuxièmes molaires.

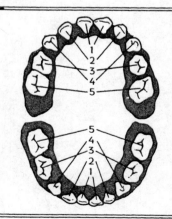

vocales — lui vaut beaucoup d'attention, il continue souvent de l'affecter purement et simplement pour l'effet qu'elle provoque chez les adultes. Du moment que bébé est en santé et qu'il semble contrôler sa toux, ignorez-le. Si bébé exagère et fait semblant, il abandonnera de lui-même cette fausse toux quand il verra que vous vous occupez de lui, sans sa toux.

BÉBÉ TIRE SUR SES OREILLES

«Mon bébé tire beaucoup sur ses oreilles. Il ne semble pas avoir mal mais j'ai peur qu'il ne provoque une infection.»

Les bébés ont beaucoup de nouveaux territoires à explorer, dont certains sur leur propre corps. Les doigts et les mains, les orteils et les pieds, le pénis ou le vagin et un autre curieux appendice, l'oreille, seront tous sujets à exploration, à un moment ou à un autre. À moins que ces tiraillements et ces frottements d'oreilles ne soient accompagnés de pleurs ou d'un inconfort évident, de fièvre et d'autres signes de maladie (ou de tous ces signes si c'est le cas), il est fort probable que ce ne soit qu'une manifestation de sa curiosité et non un symptôme d'infection de l'oreille. Certains bébés peuvent également ressentir un certain embarras dans la région de l'oreille, lorsqu'ils font leurs dents. Des rougeurs à l'extérieur de l'oreille ne sont pas un signe d'infection, mais seulement le résultat d'un manipulation constante. Si vous soupçonnez un problème, consultez le médecin.

Les manies singulières, comme de se tirer les oreilles, sont courantes et ne durent généralement pas; elles seront vite remplacées par d'autres manies plus nouvelles et plus excitantes.

LES SIESTES

«Mon bébé reste maintenant éveillé plus longtemps durant le jour et je ne connais pas — tout comme lui d'ailleurs — le nombre d'heures de sommeil dont il a besoin l'après-midi.»

C'est inévitable. Durant les premières semaines de bébé, les heureux parents, pressés de devenir des nouveaux parents actifs, se tiennent près de la couchette de bébé d'un air désolé, attendant qu'il se réveille enfin d'un sommeil interminable. Puis, à mesure qu'il passe plus de temps éveillé, ils se disent : «Pourquoi ne dort-il jamais?»

Quoique le bébé moyen de cinq mois fasse encore trois ou quatre siestes régulières d'une heure environ durant la journée, certains bébés se contentent de cinq ou six courtes siestes d'environ vingt minutes chacune, et d'autres en feront deux longues d'une heure et demie ou de deux heures. Toutefois, le nombre et la durée des siestes de bébé sont moins importants que la durée totale de ses siestes (environ 14 1/2 heures par jour en moyenne, durant le cinquième mois, avec beaucoup de variantes). Les siestes plus longues sont plus pratiques pour vous, parce qu'elles vous permettent des périodes plus longues pour vaquer à vos activités. De plus, le bébé qui ne fait que sommeiller quelques minutes durant le jour peut suivre le même modèle pendant la nuit et se réveiller fréquemment.

Vous pouvez essayer de faire durer les siestes plus longtemps en faisant ceci :

■ En installant bébé dans un endroit confortable pour sommeiller : si vous laissez bébé dormir sur votre épaule, en plus de vous endolorir, cela pourrait raccourcir sa sieste. Une couchette, une poussette, un landau ou même un canapé (entouré de chaises ou d'une table basse garnie de coussins au cas où bébé se rapprocherait trop du bord) serait préférable.

- En gardant la pièce à une température agréable, ni trop chaude, ni trop fraîche, et en couvrant bébé en conséquence : souvenez-vous que nous avons tous besoin d'un peu plus de couvertures durant le sommeil pendant que nous sommes inactifs.
- En ne laissant pas bébé s'endormir avant les repas (alors qu'un estomac vide pourrait le réveiller prématurément), lorsque sa couche doit être changée (il ne dormira pas aussi longtemps si ses fesses sont trempées), lorsque vous attendez des visiteurs (le bruit le dérangerait) ou à n'importe quel autre moment où vous croyez que la sieste a de bonnes raisons d'être interrompue.
- En évitant les perturbations prévisibles : vous apprendrez vite ce qui dérange le sommeil de bébé. Ce peut être le fait de pousser son landau à l'intérieur du supermarché, de le déplacer du siège d'auto à sa couchette; d'entendre les aboiements stridents du chien; ou d'entendre le téléphone. En essayant de contrôler les circonstances entourant le sommeil de bébé, vous pourriez réussir à éliminer les perturbations.
- En étirant les périodes d'éveil entre les siestes : bébé devrait maintenant être capable de rester éveillé pendant environ trois ou quatre heures d'affilée. Si c'est le cas, il est plus probable qu'il fasse une longue sieste. Essayez les idées pour stimuler et augmenter le temps de veille d'un enfant aux pages 336 et 209.

Quoique beaucoup de bébés se régularisent très bien d'eux-mêmes quand vient le temps de prendre leur nombre d'heures de sommeil requises, tous n'en prennent pas nécessairement autant qu'ils en auraient besoin. Si bébé semble toujours agité, c'est peut-être qu'il ne dort pas assez longtemps pendant une journée. Si vous croyez que bébé a besoin de dormir plus, vous devrez intervenir pour augmenter son temps de sommeil. Si votre enfant dort très peu et qu'il vous paraisse tout de même très heureux, vous devrez accepter le fait qu'il fasse partie de ceux qui n'ont pas besoin de beaucoup de sommeil.

L'ECZÉMA

«Juste après avoir sevré mon bébé du sein au biberon, il a commencé à avoir des éruptions rouges sur les joues. Ces éruptions doivent le démanger parce qu'il se gratte sans cesse et, à présent, sa peau est irritée.»

Cela ressemble à un cas classique d'eczéma infantile, également connu sous le nom de dermatite atopique («croûtes de lait»). Voilà une affection de la peau qui se déclare parfois lorsque bébé commence à manger des solides ou qu'on le fait passer du lait maternel à la préparation lactée, ou de la préparation au lait de vache. On croit que l'eczéma peut être un type d'allergie. Si l'eczéma atteint rarement les bébés nourris exclusivement au lait maternel, il est plus courant parmi les bébés ayant des antécédents familiaux d'eczéma, d'asthme et de fièvre des foins. Chez les bébés nourris avec une préparation commerciale, ce genre d'éruption apparaît normalement vers le troisième mois.

L'eczéma est une éruption écailleuse d'un rouge clair et prend souvent naissance sur les joues pour s'étendre ailleurs, le plus fréquemment dans la région entourant les oreilles, dans le cou, sur les bras et les jambes. (Normalement, cela ne s'étend pas à la région fessière avant six ou huit mois.) La peau se couvre souvent de petites papules ou de boutons qui se remplissent d'eau, suintent et forment une croûte. De graves démangeaisons peuvent porter les enfants à se gratter, ce qui peut provoquer une infection. Sauf pour les cas très légers, qui peuvent disparaître spontanément, l'eczéma exige un traitement médical pour prévenir les complications. Il se résorbe vers dix-huit mois dans presque la moitié des cas et devient moins grave vers l'âge de trois ans pour les autres. Cependant, approximativement un enfant sur trois atteint d'eczéma développera de l'asthme ou d'autres allergies plus tard.

Les conseils qui suivent sont tous importants pour le contrôle de l'eczéma :

Coupez les ongles. Gardez les ongles des doigts de bébé aussi courts que possible pour minimiser les dommages lorsque bébé se gratte. Vous pourriez réussir à l'empêcher de se gratter en couvrant ses mains d'une paire de mitaines, particulièrement pendant son sommeil, mais il pourra toujours frotter ses joues contre les draps pour soulager la démangeaison.

Abrégez les bains. Étant donné que le contact avec l'eau et le savon accentue le dessèchement de la peau, limitez les bains à 10 ou 15 minutes, trois fois par semaine. Quoique aucun savon ne doive être utilisé sur les régions affectées, vous pouvez vous servir d'un savon très doux (le savon Dove ou un savon liquide pour bébé, par exemple) pour les mains et les genoux ou pour la région fessière. Utilisez le même savon pour laver les cheveux plutôt que d'utiliser un shampooing. Ne baignez pas bébé dans les piscines. Le chlore et l'eau salée sont irritants. De petites trempettes dans l'eau fraîche sont toutefois permises.

Lubrifiez abondamment. Après le bain, étendez beaucoup de crème hydratante sur la peau de bébé (une crème recommandée par un médecin), appliquée sur les régions affectées alors que la peau est encore humide. N'utilisez pas de gras végétal, d'huiles ou de gelée de pétrole (comme la vaseline).

Contrôlez l'environnement. Étant donné que la chaleur, le froid excessifs et l'air trop sec peuvent accentuer l'eczéma, évitez de mettre bébé à l'extérieur les jours de températures extrêmes; arrangez-vous pour que votre maison ne soit ni trop chaude ni trop froide, et faites fonctionner un humidificateur à vapeur froide pour garder l'humidité de l'air. (Assurez-vous que l'humidificateur est nettoyé régulièrement.)

Utilisez des cotonnades. Comme la transpiration peut faire empirer l'eczéma, évitez les tissus synthétiques et la laine, et faites attention pour ne pas trop habiller bébé. Évitez également les tissus et les vêtements piquants à coutures ou à rebords rugueux, susceptibles d'irriter la peau de bébé. Des vêtements de coton doux, attachés sans être ajustés, seront confortables et soyeux. Placez un drap de coton sous bébé, lorsqu'il s'amuse sur le tapis, pour éviter que la texture du tapis irrite la peau de bébé.

Mettez bébé en quarantaine. L'eczéma n'est pas contagieux pour les autres enfants. Toutefois, en éloignant bébé des autres enfants, vous le protégez de ceux qui pourraient lui communiquer un virus (particulièrement l'herpès) ou d'autres maladies pouvant lui causer une infection secondaire adjacente à l'irritation de sa peau déjà vulnérable[1].

Contrôlez le menu de bébé. Sous la surveillance du médecin, éliminez toute nourriture qui semble provoquer une poussée soudaine ou une aggravation de l'éruption.

Faites-vous prescrire un traitement médical. L'eczéma qui va et vient durant la petite enfance ne laissera habituellement aucune marque indélébile. Toutefois, si l'eczéma se prolonge jusqu'à l'enfance, la peau affectée peut s'épaissir, perdre sa pig-

---

1. Quoiqu'il soit à peu près impossible que votre enfant entre en contact avec quelqu'un ayant récemment reçu le vaccin contre la variole, vous devriez être informée que ce genre de contact — ou le fait de recevoir un vaccin contre la variole maintenant — présente un très grand risque pour un enfant qui fait de l'eczéma.

mentation et se fissurer. À ce stade, un traitement incluant normalement une crème à base de cortisone est un excellent anti-inflammatoire à étendre sur les régions affectées. Des antihistaminiques calmeront les démangeaisons et des antibiotiques guériront une infection secondaire.

L'UTILITÉ D'UN PORTE-BÉBÉ À DOS

«Notre bébé est maintenant trop grand pour être transporté longtemps dans un porte-bébé avant. Est-ce qu'un porte-bébé à dos serait aussi sécuritaire?»

Dès que bébé peut se tenir assis tout seul, il peut être transporté dans un porte-bébé à dos, en tenant pour acquis que cela vous convient à tous les deux. Si certains parents trouvent que ce moyen de transport est confortable et pratique pour transporter bébé, d'autres trouvent que ce moyen est malencontreux et pénible pour les muscles. Si certains bébés sont excités par la hauteur et la vue que leur offre le porte-bébé à dos, d'autres sont effrayés par cette position précaire. Pour vérifier si le porte-bébé à dos convient à vous et à bébé, faites-lui faire un essai en empruntant celui d'un ami ou en essayant le porte-bébé démonstratif, fourni en magasin.

Si vous utilisez un porte-bébé à dos, assurez-vous que bébé est attaché de façon sécuritaire. Sachez que cette position permet à votre enfant de faire beaucoup de choses dans votre dos, ne se limitant pas seulement à admirer le paysage mais en faisant aussi tomber les boîtes de conserve au supermarché, à donner un coup de poing sur un vase coûteux dans la boutique de cadeaux, à attraper et à manger les feuilles des arbustes au parc. Souvenez-vous également que vous devrez tenir compte de ce prolongement dans votre dos, pour juger des distances, lorsque vous

reculerez dans un ascenseur bondé ou que vous traverserez un long passage, par exemple.

LES OPINIONS GRATUITES

«Chaque fois que je sors avec mon bébé, je dois écouter au moins une douzaine d'étrangers me dire que mon petit n'est pas habillé assez chaudement, ce que je devrais faire pour sa rage de dents et comment je devrais m'y prendre pour faire cesser ses pleurs. Comment dois-je réagir à toutes ces opinions gratuites?»

Bien qu'il soit possible que votre bon jugement puisse occasionnellement vous faire bénéficier de l'expérience qui fait écho autour de la poussette chaque fois que vous mettez le nez dehors avec bébé, il est préférable que la majorité des avis que vous donneront ces étrangers bien intentionnés soient balayés de votre esprit.

Vous pouvez leur répondre de façon sarcastique ou passer quinze minutes frustrantes et infructueuses à essayer de les persuader que vous avez la bonne manière. Le mieux à faire, dans la plupart des situations, est de sourire, de dire merci par pure formalité et de vous éloigner aussi rapidement que possible. En les laissant exprimer leur idée sans la laisser vous pénétrer, vous leur ferez plaisir sans gâcher le vôtre.

Si l'opinion ainsi émise semble avoir quelque valeur, mais que vous n'en soyez pas tout à fait certaine, demandez l'avis du médecin ou l'avis d'une personne de confiance.

INITIER BÉBÉ AU GOBELET

«Je ne donne pas de biberon à mon bébé mais le médecin a dit que je pouvais main-

tenant lui faire boire du jus. Est-ce trop tôt pour l'initer au gobelet?»

Qu'il commence à boire avec un gobelet à cinq, dix ou dix-huit mois, une chose est certaine : bébé finira éventuellement par prendre tout le liquide dont il a besoin de cette manière. Mais le fait de lui montrer à boire au gobelet très tôt présente d'importants avantages. Tout d'abord, il apprend qu'il existe une autre façon que le sein ou le biberon pour se procurer un rafraîchissement liquide. C'est une alternative qui rendra le sevrage de l'un ou de l'autre (ou des deux) plus facile. Ensuite, c'est un moyen de plus pour lui donner des liquides (eau, jus et, après six mois, du lait), lorsqu'une maman ne peut pas ou ne veut pas allaiter, qu'elle n'est pas disponible ou lorsqu'elle n'a pas de biberon sous la main.

Un autre avantage à l'usage précoce du gobelet est qu'un enfant de cinq mois est particulièrement malléable. Si vous attendez le premier anniversaire de bébé pour l'initier, vous rencontrerez fort probablement une résistance considérable. Non seulement s'entêtera-t-il dans ses habitudes, mais il sera alors apte à comprendre que le fait d'accepter un gobelet peut vouloir dire apprendre à se passer du sein ou du biberon. Même s'il accepte la tasse, il peut mettre beaucoup de temps avant de s'y habituer vraiment. Ainsi, il pourrait s'écouler des semaines et des mois avant qu'il ne prenne des quantités suffisantes de liquide de cette manière et, par conséquent, des semaines ou des mois avant que vous ne puissiez le sevrer.

Pour que bébé apprenne à boire au gobelet tôt et avec succès :

Attendez qu'il se tienne assis avec un appui. Les bébés âgés d'à peine deux mois peuvent être initiés au gobelet, mais ils risqueront moins de s'étouffer s'ils sont capables de se tenir assis en étant appuyés.

Choisissez un gobelet sécuritaire. Même si vos tenez le gobelet, bébé peut le lancer ou le faire tomber dans un mouvement d'impatience, s'il n'en veut plus. Veillez alors à ce que tous les gobelets destinés à bébé soient incassables. Un gobelet avec un poids à la base ne se retournera pas facilement. Un verre de papier ou de plastique, bien qu'incassable, ne peut servir à entraîner bébé à boire parce qu'il est — à son grand plaisir — très facile à écraser.

Choisissez un gobelet compatible. Le genre de gobelet peut varier d'un bébé à un autre, selon les préférences de chacun. Aussi pourriez-vous avoir à essayer plusieurs gobelets avant d'en trouver un au goût de bébé. Certains enfants préfèrent un gobelet avec une ou deux anses qu'ils peuvent tenir; d'autres préfèrent un gobelet sans anse. (Si ce genre de gobelet a tendance à glisser des petites mains de bébé, entourez-le de ruban adhésif et changez le ruban lorsqu'il est abîmé.) Théoriquement, un gobelet avec un bec peut permettre une bonne transition entre téter et boire à petites gorgées (probablement plus pour les bébés habitués au biberon que pour ceux habitués à une tétine humaine), mais certains enfants n'aiment absolument pas ce genre de bec. Ils trouvent probablement que le liquide est plus difficile à extraire ou peut-être veulent-ils boire dans une tasse pareille à celle de maman et papa. Bien que le gobelet à bec écrasé vous épargne bien des dégâts au début, bébé devra éventuellement apprendre à boire sans protection, ce qui pourrait se résumer à plus de dégâts plus tard.

Protégez-vous et protégez bébé des dégâts. Montrer à bébé à boire dans une tasse n'est pas une affaire très facile; pendant un certain temps, vous pouvez vous attendre à voir se verser plus de liquide sur le menton de bébé que dans sa bouche. Aussi, avant qu'il ne devienne habile,

NOURRIR BÉBÉ EN TOUTE SÉCURITÉ

Les empoisonnements alimentaires sont l'une des causes d'intoxication les plus communes en Amérique du Nord. C'est aussi l'une des causes d'intoxication les plus faciles à prévenir. Les autres dangers de la table (éclats de verre, microbes du rhume) peuvent également être évités. Pour vous assurer que vous faites tout ce qui est en votre pouvoir pour que l'alimentation de bébé ne comporte aucun danger, prenez les précautions suivantes chaque fois que vous préparez ses repas :

▪ Lavez-vous les mains à l'eau savonneuse avant de nourrir bébé; si vous touchez de la viande crue, de la volaille, du poisson ou des oeufs (tous contenant des bactéries) pendant son repas, lavez-les à nouveau. Lavez vos mains si vous vous mouchez ou si vous touchez à votre bouche. Si vous avez une coupure ouverte à la main, couvrez-là d'un ruban adhésif avant de nourrir bébé.

▪ Rangez les céréales sèches pour bébés et les pots de nourriture pour bébés non entamés dans un endroit sec et frais, loin des sources de grande chaleur (le four, par exemple) ou de grand froid (dans un cellier non chauffé, par exemple).

▪ Lavez le dessus des pots de nourriture pour bébés avec un linge propre ou passez-les sous le robinet pour enlever la poussière avant de les ouvrir.

▪ Si un pot est difficile à ouvrir, faites couler de l'eau chaude du robinet sur le couvercle ou soulevez le côté avec un ouvre-bouteille, jusqu'à ce que vous entendiez l'air sortir; ne frappez pas le couvercle, parce que cela pourrait faire éclater du verre dans son contenu.

▪ Ne nourrissez pas bébé directement d'un petit pot, sauf si c'est son dernier repas pris à même ce pot. Ne conservez pas un bol de nourriture dans lequel bébé aurait mangé, en vue du prochain repas, parce que les enzymes et les bactéries provenant de sa salive commenceront à se propager dans l'aliment, le rendant liquide et le faisant se gâter plus rapidement.

▪ Assurez-vous que le pot est fermé hermétiquement avant d'ouvrir un pot pour la première fois; lorsque vous l'ouvrez, écoutez l'air qui s'en échappe, ce qui certifie l'étanchéité du pot et la fraîcheur du contenu. Jetez ou retournez au marchand tout pot dont le sceau a été enlevé ou tout pot dont vous n'entendez pas l'air s'échapper. Si vous utilisez des aliments contenus dans des boîtes de conserve ordinaires, jetez les boîtes cabossées, enflées ou percées. Ne vous servez pas d'un aliment dans lequel un liquide qui devrait être clair est devenu brumeux ou laiteux[2].

▪ Chaque fois que vous utilisez un ouvre-boîte, assurez-vous qu'il est propre (lavez-le après chaque usage, en frottant les rondelles avec une brosse à dents) et jetez-le dès qu'il commence à rouiller si vous n'arrivez pas à le nettoyer.

▪ Avec une cuillère propre, retirez une seule portion à la fois d'un pot de nourriture pour bébé. Si bébé en redemande, utilisez une cuillère propre pour la prochaine portion.

---

2. Les aliments en conserve sont moins nutritifs que les aliments congelés ou frais et contiennent souvent de grandes quantités de sel ou de sucre, ou les deux. Alors servez-les parcimonieusement pour bébé, si vous en servez.

■ Après avoir pris une portion dans un pot, refermez bien le pot et gardez le restant au réfrigérateur jusqu'à la prochaine fois. S'il y a déjà deux jours que le pot est ouvert et qu'il contient du jus et des fruits, jetez le contenu des pots.

■ Il n'est pas nécessaire de réchauffer la nourriture pour bébé (les adultes peuvent avoir une préférence pour les viandes et les légumes chauds mais les bébés n'ont pas développé un tel caprice gustatif). Toutefois, si vous réchauffer de la nourriture, réchauffez seulement la quantité pour un repas et jetez toute portion que bébé n'aurait pas mangée. Ne faites pas chauffer la nourriture de bébé dans un four à micro-ondes; bien que le contenant puisse rester froid, l'intérieur continue de cuire pendant quelques minutes après avoir été retiré du four et peut devenir assez chaud pour brûler la bouche de bébé. Réchauffez plutôt la nourriture dans une assiette-réchaud conçue spécialement à cet effet ou dans un bocal de verre résistant à la chaleur que vous placerez dans de l'eau chaude (les assiettes-réchaud ne cuiront pas les aliments mais elles les garderont chauds). Quand vous vérifiez la température, brassez la nourriture, et laissez-en tomber une goutte sur l'intérieur de votre poignet plutôt que d'y goûter dans la cuillère de bébé; si vous goûtez, utilisez une cuillère propre pour votre petit.

■ Lorsque vous préparez de la nourriture fraîche pour bébé, veillez à ce que les ustensiles utilisés et que la surface de travail soient impeccables. Gardez froids les aliments froids, et chauds les aliments chauds; la nourriture se gâte plus vite entre 15 °C et 49 °C (60 °F et 120 °F), alors ne gardez pas les aliments pour bébé à ces températures pendant plus d'une heure. (Pour les adultes, la période de conservation est d'environ deux ou trois heures.)

■ Quand le médecin vous permettra d'offrir des blancs d'oeufs à bébé, veillez à les faire bien cuire avant de les servir. Les blancs d'oeufs crus peuvent contenir de la salmonelle.

■ Si vous goûtez pendant que vous préparez la nourriture, utilisez une cuillère propre chaque fois que vous goûtez ou lavez la cuillère à chaque reprise.

■ *Lorsque vous doutez* de la fraîcheur d'un aliment, *jetez-le*.

■ Lors d'une sortie, apportez des pots qui n'ont jamais été ouverts ou de la nourriture déshydratée (à laquelle vous pouvez ajouter de l'eau fraîche). Transportez tout pot ou contenant ouvert de n'importe quel produit nécessitant réfrigération dans un sac isolé rempli de glace, si vous ne prévoyez pas le servir avant une heure. Dès que la nourriture ne donne plus une sensation de froid au toucher, n'en servez pas à bébé.

La contamination aux produits chimiques est une autre source de danger dans les aliments pour bébé : pesticides dans les fruits et légumes, additifs dans les aliments cuisinés, contaminateurs accidentels ou non dans les viandes, les volailles, les poissons (voir page 306). Bien que ces produits chimiques sont néfastes lorsqu'ils sont ingurgités en grande partie, essayez tout de même d'éviter ces produits chimiques en évitant d'acheter les aliments qui en contiennent. Vous pouvez aussi vous débarrasser de certains de ces produits dans la cuisine :

■ Pelez les fruits et les légumes, lorsque cela est possible, à moins qu'ils ne soient certifiés biologiques.

■ Lavez tous les fruits et légumes que vous n'épluchez pas à l'eau et au détergent à vaisselle, en les frottant avec une brosse rugueuse lorsque cela vous semble nécessaire. Rincez abondamment pour enlever toute trace de détergent.

couvrez-le toujours avec un grand bavoir absorbant et imperméable, pendant que vous lui enseignez à boire au verre. Si vous le nourrissez assis sur vos genoux, protégez-le avec un tablier ou un bavoir imperméable.

Installez bébé bien à son aise. Assoyez-le de sorte qu'il se sente bien en sécurité : sur vos genoux, dans un siège d'enfant ou bien attaché dans sa chaise haute.

Emplissez la tasse de bébé avec le bon liquide. C'est plus facile et moins dangereux de commencer avec de l'eau. Vous pouvez aussi essayer le lait maternel déjà extrait, une préparation commerciale (mais pas de lait de vache avant que le pédiatre ne vous ait donné son accord) ou du jus dilué; certains enfants n'accepteront d'abord que du jus dans un gobelet, d'autres ne voudront prendre que du lait de cette manière.

Utilisez la technique d'une gorgée à la fois : Mettez seulement une petite quantité de liquide dans un gobelet. Portez-le aux lèvres de bébé et faites couler quelques gouttes dans sa bouche. Retirez le gobelet en lui donnant une chance d'avaler sans s'étouffer. Cessez chaque fois que bébé vous fait signe qu'il en a assez en retournant sa tête, en repoussant la tasse ou en commençant à pleurnicher.

Même avec cette technique, vous pouvez encore vous attendre à ce qu'autant de liquide ressorte de la bouche de votre enfant qu'il en entrera. Éventuellement, avec beaucoup de pratique, de patience et de persévérance, bébé finira bien par en prendre plus qu'il n'en rejettera.

Encouragez sa participation. Bébé pourrait essayer de vous enlever le gobelet, en affichant une attitude d'indépendance signifiant «Je préfère le faire moi-même». Il arrive que peu de bébés réussissent à se servir d'un gobelet à cet âge. Ne vous inquiétez pas si bébé fait des

dégâts : cela fait partie du processus d'apprentissage. Bébé peut également apprendre en vous aidant dans votre tâche, c'est-à-dire en tenant la tasse en même temps que vous.

Prenez un non pour une réponse. Si bébé refuse le gobelet, même après quelques essais, et même après que vous ayez tenté de lui faire boire plusieurs liquides différents et divers types de tasses, ne le forcez pas. Rangez plutôt la tasse pour une ou deux semaines. La prochaine fois que vous tenterez l'expérience, utilisez un nouveau gobelet et une petite phrase incitatrice : «Regarde ce que maman a pour toi.» Cela peut provoquer chez lui une saine incitation à boire au verre. Vous pourriez aussi laisser bébé essayer de tenir un gobelet vide comme un simple jouet pendant quelque temps.

ALLERGIES AUX ALIMENTS

«Mon mari et moi souffrons tous les deux de plusieurs allergies. J'ai bien peur que notre bébé en soit affecté lui aussi.»

Malheureusement, nos enfants n'héritent pas seulement du meilleur de nous-mêmes : cheveux lustrés, jambes longues, aptitudes musicales, facilité pour la mécanique, etc. Les allergies font aussi partie de l'héritage. Si les deux parents sont allergiques, bébé aura de fortes chances de développer lui aussi des allergies. Cela ne signifie pas que votre enfant sera aux prises durant toute sa vie avec de l'urticaire et avec des reniflements. Cela veut dire que vous devez parler de vos inquiétudes avec le médecin et, si nécessaire, avec un allergologiste.

Un bébé devient allergique à une substance lorsque son système immunitaire est sensibilisé lors de la production des anticorps. Une sensibilité à un allergène peut aussi bien se déclarer la première fois que le corps de bébé est exposé à une substance qu'à la centième fois. Cependant, une fois que cela s'est produit, les anticorps entrent en action dès qu'il y a contact avec la substance en question, causant diverses réactions physiques, incluant l'écoulement nasal, les yeux larmoyants, les maux de tête, l'eczéma, l'urticaire, l'asthme, la diarrhée, des douleurs abdominales, des vomissements violents et, dans des cas graves, un choc anaphylactique. Une allergie peut même se manifester par des symptômes du comportement et par une grande agitation.

Les aliments allergènes les plus communs sont le lait, les oeufs, les arachides, le blé, le maïs, le poisson, les fruits de mer, les baies, les noix, les pois, les fèves, le chocolat et certaines épices. Dans certains cas, même une toute petite quantité d'un aliment peut provoquer une réaction grave; dans d'autres cas, des petites quantités ne semblent pas causer de problème du tout. Il arrive souvent que les enfants se débarrassent de leurs allergies alimentaires mais qu'ils développent plus tard une hypersensibilité à d'autres substances provenant de l'environnement, comme la poussière, le pollen et les pellicules animales.

Cependant, toute réaction négative à un aliment ou à une autre substance n'est pas nécessairement une allergie. En fait, au moment de conclure certaines études faites sur les enfants, les spécialistes n'ont pu donner une confirmation d'allergie que chez moins de la moitié des bébés, dont tous avaient préalablement été diagnostiqués comme allergiques. Ce qui ressemble à une allergie peut parfois être une carence en enzymes. Par exemple, les enfants présentant une insuffisance en lactase sont incapables de digérer le lactose du lait. Ils réagissent mal, par conséquent, au lait et aux produits laitiers.

Les bébés qui sont atteints de la maladie coeliaque sont incapables de digérer le gluten, une substance que l'on retrouve dans beaucoup de graminées et, par conséquent, ils semblent être allergiques à ces grains. Les contractions d'un système digestif immature ou tout problème infantile aussi commun que les coliques peuvent également être mal diagnostiqués comme étant des allergies.

Pour les petits bébés faisant partie d'une famille aux antécédents allergiques, les médecins recommandent généralement les précautions suivantes :

Allaitement au sein. Les bébés nourris au biberon sont plus susceptibles de développer des allergies que les bébés nourris au sein, probablement parce que le lait de vache est l'une des causes relativement courantes d'allergies. Si vous allaitez bébé, continuez, si possible, pendant toute la première année. Plus tard le lait de vache deviendra le centre de son alimentation, mieux ce sera. On suggère souvent d'utiliser une préparation à base de soya — si bébé a besoin d'un supplément — dans les familles présentant des allergies. Toutefois, certains bébés seront allergiques au soya aussi[3]. Pour ces bébés, une préparation d'hydrolysat de caséine sera nécessaire.

Retard dans l'introduction des solides. On croit à présent que plus un bébé sera exposé tard aux allergènes, moins il aura de possibilités d'y être sensibilisé. Aussi, la plupart des médecins recommandent de retarder l'introduction des solides dans les familles présentant des allergies jusqu'à ce que bébé ait atteint cinq mois ou six mois, et parfois plus tard.

Une introduction plus graduelle de nouveaux aliments. C'est une bonne

---

3. De récentes recherches indiquent que les bébés peuvent occasionnellement présenter une réaction allergique aux protéines des oeufs ou du lait de vache contenues dans le lait maternel. Cependant, d'autres études seront nécessaires pour confirmer cette hypothèse.

chose d'introduire les nouveaux aliments un à la fois, mais cela devient particulièrement important dans les familles sujettes aux allergies. On pourrait vous recommander d'offrir tout nouvel aliment chaque jour pendant toute une semaine avant d'en introduire un autre. Lorsqu'une réaction apparaît — selles plus molles, gaz intestinaux, éruptions (incluant l'érythème fessier), crachements excessifs, asthme ou écoulement nasal — on vous avise généralement de cesser immédiatement de donner l'aliment en question et de ne pas essayer à nouveau avant plusieurs semaines. L'aliment pourrait alors être accepté sans peine.

L'introduction des aliments moins allergènes comme premiers aliments. La céréale de riz pour bébés la moins susceptible de causer des allergies est habituellement recommandée comme premier aliment. L'orge et le son sont moins allergènes que le blé et le maïs et sont généralement offerts comme premiers aliments. La plupart des fruits et des légumes ne causent aucun problème, mais on avertira souvent les parents d'attendre avant d'introduire les baies et les tomates. Les fruits de mer, les pois et les fèves peuvent également attendre. La plupart des autres aliments très allergènes (noix, arachides, épices et chocolat) sont inappropriés pour les bébés et doivent être introduits après l'âge de deux ans.

Les diètes d'élimination et les diètes liquides peuvent servir à diagnostiquer les allergies, mais elles sont longues et compliquées. Les tests cutanés pour déceler les allergies alimentaires ne sont pas très fiables; une personne peut avoir un test cutané positif pour un aliment donné et ne présenter pourtant aucune réaction lorsqu'elle mange de cet aliment. Les tests de sensibilité aux aliments qui prétendent diagnostiquer les allergies à partir d'un échantillon sanguin sont encore moins précis.

Heureusement, beaucoup d'allergies infantiles disparaissent avec le temps. Alors, même si bébé est hypersensible au lait ou au blé maintenant, il est fort possible qu'il ne le soit plus dans quelques années, ou qu'il le soit beaucoup moins.

Pour obtenir plus de renseignements sur les allergies et les tests d'allergies, voir Tome II.

LES TROTTE-BÉBÉ

«Mon bébé a l'air très frustré de ne pas pouvoir se déplacer. Il n'est pas content d'être couché dans son lit ou assis dans son siège d'enfant, mais je ne peux pas le transporter avec moi toute la journée. Puis-je le mettre dans un trotte-bébé?»

Pour un bébé enthousiaste qui n'a aucune place où aller, ou qui, du moins, n'a aucun moyen de s'y rendre par lui-même, les frustrations sont incalculables, tout comme pour sa maman, qui n'a pas d'autre choix que de le transporter sans cesse ou de l'écouter pleurer. Ce genre de frustration atteint souvent son paroxysme, entre le moment où bébé commence à se tenir assis sans aide et celui où il peut aller partout par ses propres moyens (en se traînant, en se tenant contre les meubles ou par n'importe quelle méthode qu'il a pu inventer). Une solution que beaucoup de mères trouvent efficace est le trotte-bébé (un siège, souvent installé au milieu d'une petite table ronde, sur quatre pieds avec roulettes), qui procure au bébé la liberté de mouvement qu'il désire tant. Pour vous assurer que bébé n'entre pas dans les statistiques négatives du trotte-bébé et que son usage aide et n'entrave pas son développement moteur, suivez ces conseils. Deux choses importantes, entre autres, sont à retenir au sujet du trotte-bébé : premièrement, cela ne *vous* accorde pas la liberté de mouvement — vous devez rester tout près et surveiller attentivement — et deuxièmement, ils causent des centaines de blessures annuellement (24 000 par an aux États-Unis), nécessitant un traitement médical. Pour obtenir des trucs pour choisir un bon trotte-bébé, voir page 54.

Faites passer un test de conduite à bébé. La meilleure façon de savoir si bébé est prêt pour le trotte-bébé est de le lui faire essayer. Si vous n'avez pas une amie dont le bébé a un trotte-bébé, allez dans un magasin et faites essayer le trotte-bébé en démonstration à votre enfant. S'il semble heureux et qu'il ne s'affaisse pas piteusement, bébé est prêt. Ne vous attendez pas à ce qu'il aille bien loin au début; il pourrait n'aller nulle part pour commencer et il est fort possible qu'il fasse plusieurs pas en arrière avant de réussir à avancer.

Surveillez bébé. Votre enfant ne devrait *jamais* être laissé seul sans surveillance, même pour un instant, lorsqu'il est dans son trotte-bébé. S'il n'a pas encore fait preuve d'une grande habileté à le faire rouler jusqu'à maintenant, une seule poussée sur le mur ou deux ou trois bonnes enjambées suffiraient à bébé pour se retrouver à l'autre bout de la pièce, de l'autre côté de la porte ou, pire, en bas de l'escalier.

Pensez à sa sécurité très tôt. Un bébé dans un trotte-bébé peut expérimenter la plupart des situations hasardeuses dans lesquelles peuvent se mettre les enfants qui se traînent ou commencent à marcher. Alors, même si bébé ne peut pas se déplacer sans l'aide d'un trotte-bébé, il doit être considéré comme étant tout aussi dangereux pour sa propre santé qu'un bébé mobile. Rendez la maison sécuritaire pour bébé et faites toutes les transformations nécessaires avant de laisser bébé libre d'aller et venir dans son trotte-bébé.

Écartez tous les dangers de son chemin. L'endroit le plus dangereux pour un bébé dans un trotte-bébé est le haut d'un escalier; ne laissez pas bébé s'ébattre librement avec son trotte-bébé près d'un escalier, même si l'abord est protégé par une barrière de sécurité. Quoique la plupart des accidents dans un escalier se produisent lorsqu'il n'y a pas de barrière ou que celle-ci n'est pas fermée, certains se produisent à cause d'une barrière mal fixée au mur. Il est préférable de bloquer entièrement l'abord de l'escalier avec des chaises ou d'autres obstacles lourds. Les autres dangers à écarter de son chemin sont les seuils de portes, les changements de niveau (du tapis au linoléum, par exemple), les jouets abandonnés sur le plancher, les carpettes et les obstacles bas pouvant faire basculer le trotte-bébé.

Ne laissez pas bébé dans son trotte-bébé toute la journée. Limitez le temps que bébé passe dans son trotte-bébé à trente minutes à la fois. Le trotte-bébé lui donne une impression artificielle de mobilité, ce qui pourrait le rendre paresseux quand viendra le temps de se mouvoir de lui-même. Tous les bébés ont besoin de passer quelque temps par terre, pratiquant des mouvements qui les aideront éventuellement à se traîner, comme de lever leur ventre de terre alors qu'ils se tiennent à quatre pattes. Bébé doit avoir l'occasion de se soulever en se tenant contre les pieds de la table à café ou des chaises de la cuisine, pour se préparer à se tenir debout et, plus tard, à marcher. Il a besoin de plus d'opportunité d'explorer et de prendre des objets sécuritaires dans son environnement, ce que le trotte-bébé ne lui permet pas. De plus, il a besoin de l'interaction avec vous et d'autres personnes qu'exigent et permettent les jeux libres.

N'attendez pas que bébé puisse marcher avant de lui enlever le trotte-bébé. «Aussitôt que bébé peut se déplacer autrement — en rampant ou en se tenant contre les meubles — rangez le trotte-bébé. Souvenez-vous que sa seule utilité était de permettre à votre enfant d'être mobile et

LA SÉCURITÉ DANS LES CHAISES À REPAS

Nourrir bébé en toute sécurité ne veut pas seulement dire introduire les nouveaux aliments graduellement et éviter scrupuleusement la contamination par les denrées gâtées. En fait, nourrir bébé en toute sécurité commence même avant la première cuillerée de nourriture, au moment où bébé est installé dans une chaise pour manger. Pour vous assurer que l'heure du repas se passe sans danger, suivez ces quelques conseils :

Pour tous les types de chaises à repas

■ Ne laissez jamais un bébé sans surveillance dans une chaise où il prend ses repas. Préparez tout à l'avance : la nourriture, la bavette, les serviettes de papier, les ustensiles et tout autre objet indispensable, de manière à ne pas avoir à quitter bébé pour aller chercher quelque chose.

■ Attachez toujours les ceintures de sécurité ou les courroies de protection, même si bébé semble trop jeune pour se hisser hors de la chaise. Veillez à attacher la courroie de l'aine pour éviter que bébé ne glisse vers le bas.

■ Gardez la chaise et la surface où bébé mange propres (lavez-les avec du détergent ou de l'eau savonneuse et rincez abondamment). Les bébés n'éprouvent aucun scrupule à ramasser un morceau du repas précédent en train de s'avarier et à le mâchouiller.

Pour les chaises hautes et les tables basses

■ Assurez-vous toujours que les plateaux qui se glissent sont bien fixés. Un plateau mal fixé pourrait permettre à un bébé qui n'est pas attaché de se précipiter en bas la tête la première.

■ Veillez à ce que le dispositif de verrouillage de la chaise pliante de bébé soit sécuritairement bloqué en position ouverte, de sorte que la chaise ne se replie pas subitement sur votre tout-petit.

■ Installez la chaise loin des tables, comptoirs, murs ou autres surfaces contre lesquelles bébé pourrait mettre les pieds et pousser, risquant de faire tomber la chaise à la renverse.

■ Pour protéger les doigts de bébé, vérifiez bien où ils sont placés avant d'attacher ou de détacher le plateau amovible.

Pour les sièges qui se fixent à la table

■ Utilisez ce genre de siège seulement sur une table très stable en bois ou en métal. Ne vous en servez pas sur une table en verre, une table avec un pied central (le poids de bébé pourrait la renverser), une table à cartes, une table pliante en aluminium, sur un abattant ou une rallonge de table.

■ Si un bébé installé dans ce genre de siège peut secouer la table, c'est que la table n'est pas assez stable. N'y attachez pas le siège.

■ Évitez d'utiliser nappes et napperons, qui pourraient empêcher le siège de bébé de bien adhérer à la table.

■ Assurez-vous que tout verrou, clenche ou parties qui s'emboîtent sont bien attachés avant de mettre bébé dans le siège. Retirez toujours bébé du siège avant de relâcher ou de détacher ces dispositifs. Veillez à ce que les clenches soient toujours propres et qu'elles fonctionnent adéquatement.

■ Ne placez pas de chaise ou d'objet sous le siège à titre de protection au cas où bébé tomberait. N'installez jamais un siège près des pieds ou des entrejambes d'une table. Bébé peut pousser contre ces surfaces et faire basculer le siège. Ne permettez pas à un gros chien ou à un enfant plus vieux de rester sous le siège alors que bébé est assis, pour éviter que bébé ne soit tiré par le bas.

moins frustré. Non seulement vous ne l'aiderez pas à marcher tôt en le gardant dans le trotte-bébé, mais son usage constant pourrait créer chez bébé la confusion de ce qu'est réellement la marche (autant que le fait de donner un biberon à un bébé avant qu'il n'ait bien appris à téter au sein peut causer la confusion) : la marche dans un trotte-bébé et la marche autonome exigent des mouvements différents du corps. Le trotte-bébé ne requiert pas l'apprentissage de l'équilibre ou celui des chutes, deux nécessités absolues pour marcher de façon autonome. Après tout, se promener dans un trotte-bébé est plus facile et plus fructueux que ne le sont les premiers pas sans aucune aide.

LES SAUTEUSES

«Nous avons reçu une sauteuse en cadeau pour notre bébé. Elle est suspendue dans l'entrée et notre enfant semble beaucoup s'amuser quand il s'en sert, mais nous ne sommes pas certains que ce soit sans danger.»

La plupart des bébés sont prêts et impatients de s'adonner à une activité énergique bien avant qu'ils puissent se déplacer de façon autonome. C'est la raison pour laquelle beaucoup s'amusent des acrobaties qu'ils peuvent exécuter dans une sauteuse. Cependant, des problèmes sont associés à ce genre d'installation. Des pédiatres spécialisés en orthopédie croient que certaines blessures aux os et aux articulations peuvent se présenter chez les bébés se servant d'une sauteuse. De plus, le bébé tout ragaillardi par la liberté de mouvement que lui offre la sauteuse risque de se sentir vite frustré lorsqu'il s'apercevra que, peu importe comment et combien il bouge bras et jambes, il restera confiné dans l'entrée.

Si vous décidez de vous servir de la sauteuse, parlez à votre médecin des mesures de sécurité à prendre. Comme avec tout appareil servant à occuper bébé (trotte-bébé, balançoire, sucette, par exemple), assurez-vous que vous l'utilisez pour combler les besoins de votre enfant et non les vôtres; s'il est malheureux dans la sauteuse, enlevez-le immédiatement. Ne le laissez pas sans surveillance, même s'il est tout à fait heureux, pas même pour un court instant.

LES CHAISES POUR LES REPAS DE BÉBÉ

«Jusqu'ici, j'ai toujours nourri mon bébé assis sur mes genoux mais cela devient de plus en plus malpropre. Quand pourrai-je l'asseoir dans une chaise haute?»

Bien qu'il n'existe aucune façon parfaitement nette de nourrir un bébé (vous aurez besoin tous les deux de vêtements lavables pendant encore quelque temps), le fait de vous servir d'une chaise minimisera les dégâts, tout en maximisant l'efficacité du processus alimentaire. Tant qu'un bébé a encore besoin d'appui pour se tenir assis, un siège d'enfant (avec bébé bien attaché et sous surveillance *constante*) peut servir de chaise pour les repas. Dès que bébé peut rester assis convenablement sans appui, c'est le temps de troquer le siège pour la chaise haute ou tout autre type de chaise pour les repas.

Au début, la plupart des bébés glisseront ou s'affaisseront dans leur nouvelle chaise. Des petits coussins, des serviettes enroulées, un piqué ou une couverture peuvent servir à rendre bébé confortable dans sa chaise. Prenez bien soin d'attacher sa ceinture de sécurité (qui devrait être attachée dans tous les cas).

CE QU'IL IMPORTE DE SAVOIR
Bébé et les dangers de l'environnement

Le fait de grandir dans un environnement insécuritaire, entouré de contaminateurs et de polluants qui pourraient être cancérigènes et mutagènes, est dangereux pour les petits corps des bébés jeunes et vulnérables. Jusqu'à quel point les parents doivent-ils être vigilants pour protéger leurs enfants des dangers?

Heureusement, la vie n'est pas toujours aussi périlleuse qu'on pourrait le craindre. Tout comme durant la grossesse; il y a beaucoup plus de facteurs influençant la santé à long terme d'un enfant qu'une mère peut contrôler que de facteurs incontrôlables : assurer les soins adéquats à son bébé en santé ou malade dès sa naissance; initier son bébé aux meilleures habitudes nutritionnelles dès le début; encourager de saines habitudes de vie, comme l'activité physique; et décourager les mauvaises habitudes, comme fumer et faire des abus d'alcool.

Toutefois, il y a certains dangers dans notre environnement qui ne sont contrôlables que partiellement ou indirectement. Quoiqu'ils présentent un risque plus mince que les dangers contrôlables, ils peuvent effectivement nous exposer à certains périls. Ils sont particulièrement inquiétants pour les parents de jeunes enfants, étant donné que les enfants sont plus menacés que les adultes par les dommages que peut causer l'environnement. L'une des raisons à cela est que leur corps est plus petit : la même dose d'une substance dangereuse pourrait leur causer un dommage considérablement plus grand. Une autre raison est le fait que leurs organes sont en plein processus de maturation et donc plus vulnérables aux blessures de toutes sortes. Le nombre d'années que peut espérer vivre un enfant est en cause; étant donné que le mal peut mettre beaucoup d'années à se développer, il a plus de temps pour se développer chez un enfant. Il apparaît donc logique de connaître les risques potentiels et de savoir ce qu'il y a lieu de faire pour éviter le pire, si cela est possible.

Cependant, il est tout aussi important de se souvenir qu'il n'y a aucune possibilité de vivre dans un monde exempt de risques. Nous pouvons, par ailleurs, apporter des améliorations à notre environnement et le rendre ainsi moins dangereux. Nous sommes constamment confrontés à l'obligation de comparer les risques aux bienfaits de chaque chose : la pénicilline sauve des millions de vies, mais dans de très rares cas, elle prendra une vie (ses bienfaits valent indéniablement le risque); le tabac apporte beaucoup de plaisir aux fumeurs, mais il est responsable de centaines de milliers de morts prématurées annuellement (la plupart seront d'accord pour dire que les bienfaits du tabac n'en valent pas le risque); des milliers de personnes meurent d'accidents de la route chaque année, mais l'automobile est indispensable au transport de millions de passagers sur des kilomètres et des kilomètres (on serait plutôt d'avis que les bienfaits de l'automobile valent le risque).

Il est impossible d'éliminer tous les risques, mais nous pouvons les réduire dans la plupart des cas. Par exemple, nous pouvons réduire le risque que comporte la pénicilline en omettant de prescrire de la pénicilline aux personnes allergiques. Pour ce qui est de l'usage du tabac, les fumeurs peuvent réduire leurs risques en évitant d'inhaler (bien que de cette manière, ils augmentent les risques des gens qui les entourent), en fumant des cigarettes à faible teneur en goudron ou en nicotine (bien que les fumeurs fument souvent pour compenser leur manque de nicotine), en fumant moins de cigarettes (bien qu'ils fument souvent chaque cigarette plus longtemps alors) ou, tout simplement en cessant de fumer. En ce qui concerne les automobiles, nous pouvons réduire les risques considérablement en conduisant prudemment et sobrement, en évitant les excès de vitesse, en choisissant des voitures sécuritaires ou en utilisant les équipements disponibles, comme les ceintures de sécurité et les sièges d'auto pour enfants.

Tout ce qui suit présente à la fois des risques et des bienfaits, mais il est presque toujours possible de réduire les risques.

PESTICIDES MÉNAGERS

Les petits insectes indésirables qui pénètrent parfois dans nos maisons transportent et transmettent des maladies. Dans le cas des rongeurs, ils peuvent infliger des morsures douloureuses et dangereuses. La plupart des pesticides ménagers sont de dangereux poisons. Évitez de les vaporiser : les enfants et les bébés peuvent s'y frotter les mains ou la bouche dangereusement. Vous pourrez cependant minimiser les risques et éviter que la maison et le terrain ne soient infestés d'insectes par l'utilisation des méthodes et objets suivants :

Tactiques de blocage. Mettez des moustiquaires dans les fenêtres et bloquez les endroits où la vermine et les insectes peuvent pénétrer avec un enduit au silicone.

Trappes collantes pour insectes et rongeurs. Ne contenant aucun produit chimique mortel, ces dispositifs attrapent les insectes rampants dans des boîtes avec couvercle (trappes à blattes), dans des contenants (trappes à fourmis), sur un papier collant à l'ancienne (les mouches), ou sur des rectangles collants (les souris). Étant donné que la peau humaine peut coller à ces surfaces (la séparation peut souvent être très douloureuse), les trappes ouvertes doivent être gardées hors de la portée des enfants ou installées lorsque les enfants sont au lit pour la nuit et retirées avant qu'ils ne se lèvent le matin. Elles présentent l'inconvénient additionnel de prolonger l'agonie des rongeurs. Évitez d'attirer les rongeurs avec de la nourriture ou des déchets laissés à leur disposition.

Cages à rongeurs. Les gens civilisés peuvent attraper les rongeurs dans des petites cages et libérer leurs victimes dans les champs, loin des quartiers résidentiels. Cependant, méfiez-vous : les rongeurs peuvent mordre.

Usage prudent des pesticides chimiques. Virtuellement tous ces produits, y compris le très populaire acide borique, sont hautement toxiques pour les humains. Évitez de les utiliser. Si vous choisissez de vous en servir, *ne* les étendez *pas* (et ne les rangez pas) dans des endroits où bébés et jeunes enfants pourraient s'en approcher ou près des surfaces où vous préparez de la nourriture. Souvent, ce remède s'avère plus nocif que le mal des piqûres d'insectes. Consultez votre département de santé communautaire (CLSC). Si vous vous servez d'un vaporisateur, gardez les enfants hors de la maison pendant la journée où vous vaporisez le produit. Le produit peut aussi, dans certains cas majeurs, être vaporisé par quelqu'un d'autre pendant vos vacances ou pendant une absence de quelques jours. À votre retour, ouvrez toutes les fenêtres pour changer l'air de la maison ou du logement. Un autre bon moyen de faire maison nette est de laver, de peinturer et de vernir avec des produits non toxiques, au latex.

LE PLOMB

On sait, depuis déjà de longues années, que de fortes doses de plomb peuvent causer des lésions au cerveau chez les enfants. Il est aujourd'hui également reconnu que le plomb, même à doses relativement faibles, peut réduire le quotient intellectuel (QI), altérer la fonction des enzymes, retarder la croissance, endommager les reins, engendrer des problèmes d'apprentissage et de comportement, des déficiences auditives et des difficultés de concentration. Le plomb peut même provoquer des effets négatifs sur le système immunitaire.

Il est donc tout à fait logique que les parents sachent quelles sources de plomb sont présentes dans l'environnement de bébé et quelles sont les précautions à prendre pour faire en sorte que bébé soit exposé le moins possible.

La peinture avec plomb. Malgré une loi spéciale défendant son usage, la peinture au plomb est toujours la source majeure d'exposition au plomb chez les enfants. Beaucoup de vieilles maisons sont encore couvertes de peinture à très haute concentration de plomb, sous d'autres couches plus récentes de peinture. Puisque la peinture craque ou s'effrite, des particules microscopiques contenant du plomb s'en échappent. Ces particules se retrouvent dans les mains de bébé, dans ses jouets, dans ses vêtements et, éventuellement, dans sa bouche. S'il est possible que la peinture de votre maison contienne du plomb, faites enlever toute cette peinture par des professionnels, pendant que la famille, tout spécialement les enfants et les femmes enceintes, est absente. Assurez-vous que tout objet peint — jouets, couchette, etc. — avec lequel bébé pourrait entrer en contact est exempt de plomb. Soyez particulièrement prudents avec les objets importés ou achetés hors du Canada et des États-Unis.

Le plomb dans l'essence. Avant que la loi fédérale ait été adoptée pour éliminer la plus grande part de plomb dans les essences à moteur, la gazoline était l'une des sources majeures de plomb dans notre environnement. Grâce à la nouvelle législation, les taux de plomb dans l'air et chez les individus exposés ont été considérablement réduits.

L'eau potable. Le plomb s'infiltre habituellement dans l'eau des édifices où la tuyauterie est en plomb ou soudée au plomb, surtout là où l'eau est particulièrement corrosive. Étant donné que la plupart des contaminations se produisent lorsque l'eau pénètre les immeubles privés plutôt que les installations publiques, la plupart des localités n'ont pas fait d'efforts importants pour remédier au problème. Si vous craignez que l'eau potable ne soit contaminée au plomb ou par toute autre substance dangereuse, informez-vous à votre hôtel de ville, à votre centre local de services communautaires (CLSC) ou au ministère de l'Environnement pour la faire évaluer. Si on trouve du plomb dans l'eau, il y a plusieurs façons de le réduire ou de l'éliminer : installer un purificateur d'eau; demander à la ville de réduire la corrosion de l'eau fournie à la population; vous servir d'eau froide seulement, pour préparer les repas (la chaleur laisse filtrer plus de plomb des tuyaux); et remplacer les tuyaux dans votre immeuble. Quand l'eau du robinet comporte des dangers pour la santé, servez-vous d'eau embouteillée pour cuisiner ou pour boire.

Le sol. La peinture au plomb qui s'effrite, les résidus industriels, la poussière de démolition de maisons qui ont été peintes avec de la peinture au plomb, peuvent tous finir par contaminer le sol. Sans devenir fanatique, empêchez autant que possible bébé d'avaler des poignées de terre.

Les journaux et les magazines. À cause du taux élevé de plomb dans l'encre d'imprimerie, particulièrement celle utilisée pour les illustrations en quatre couleurs, ce genre de lecture ne devrait pas faire régulièrement partie de la diète de bébé. Lorsque bébé cesse d'éplucher les grands titres pour les porter à sa bouche, c'est le temps de changer d'activité.

En plus de garder bébé loin des sources connues de plomb, vous devriez essayer d'augmenter sa résistance aux empoisonnements avec une bonne nutrition, et tout particulièrement avec des apports adéquats de fer et de calcium. Parlez au médecin des tests de dépistage du plomb, surtout si vous vivez dans une région à risque élevé.

L'EAU CONTAMINÉE

En général au Canada et au Québec, l'eau est potable, mais un faible pourcentage (environ 2 p. cent) des réservoirs d'eau de nos villes contient des substances pouvant comporter des risques sérieux pour la santé. Les systèmes de filtration activés au charbon plutôt qu'au chlore ont la réputation de procurer une eau plus sécuritaire. Pourtant, seulement quelques régions utilisent les systèmes au charbon présentement. Si vous soupçonnez que l'eau de votre robinet présente des dangers, informez-vous pour la faire évaluer. S'il s'avérait que votre eau soit effectivement contaminée, un purificateur d'eau pourra probablement la rendre potable. Le meilleur type de purificateur pour votre maison dépendra du genre de contaminateurs présents dans l'eau et du montant que vous voulez accorder pour cet achat.

L'AIR POLLUÉ DANS LA MAISON

La plupart des bébés passent beaucoup de temps à l'intérieur, c'est pourquoi la qualité de l'air respiré est très importante. L'air dans une maison peut, à l'occasion, être aussi pollué que celui d'une autoroute achalandée. Soyez vigilants en ce qui a trait aux risques suivants :

Les émanations des batteries de cuisine antiadhésives. Apparemment sans danger pour cuisiner, les émanations causées par les recouvrements des batteries de cuisine Teflon ou Silverstone lorsqu'ils sont surchauffés ou qu'ils brûlent peuvent être extrêmement toxiques. On rapporte que beaucoup d'oiseaux sont morts après avoir été exposés à cette fumée et que des adultes ont subi une intoxication aux polymères contenus dans la fumée. Les effets à long terme d'une toxicose au Teflon ne sont pas connus mais peuvent potentiellement engendrer de graves maladies et lésions aux poumons, comme la fibrose. On ne connaît pas non plus ses effets sur les enfants. Pour prévenir tout problème possible, n'utlisez pas de casserole antiadhésive (elles surchauffent rapidement), n'utilisez pas de poêle antiadhésive à des températures élevées (sur l'élément de la cuisinière ou dans le four, spécialement pour recueillir les gouttes qui tombent à la base) et ne laissez pas ce genre de casseroles sans surveillance (de sorte que les liquides puissent s'évaporer complètement et que la surface brûle).

Le monoxyde de carbone. Ce gaz toxique peut causer des troubles pulmonaires, affaiblir la vue et les fonctions du cerveau. Le monoxyde de carbone est mortel lorsqu'il est respiré à dose élevée. Sans couleur, sans odeur et sans goût, le monoxyde de carbone peut s'infiltrer dans votre maison de plusieurs façons : poêles à bois mal ventilés ou réchauds au kérosène (faites vérifier la ventilation par le service d'incendie); poêles à combustion lente (accélérez la combustion en gardant la soupape ouverte); poêles à gaz mal ajustés ou mal ventilés ou autres appareils (faites vérifier l'ajustement régulièrement — la flamme doit être bleue — et installez un ventilateur pour expulser les gaz à l'extérieur; les gaz s'échappent chaque fois qu'on les allume; un allumage électrique réduit la quantité de combustion relâchée par les gaz); foyers munis de cheminées à dispositif de blocage de résidus (le feu ne devrait pas couver et les cheminées devraient être ramonées régulièrement); un garage contigu (ne laissez pas une voiture dont le moteur est en marche, même pour quelques instants, dans un garage partageant un mur mitoyen ou un plafond avec la maison, étant donné que les gaz peuvent s'infiltrer dans la maison).

Les benzopyrènes. Plusieurs maladies respiratoires, une irritation des yeux, du nez et de la gorge, de l'asthme, des bronchites, de l'emphysème et des causes de cancer peuvent être attribués à la présence de particules organiques semblables à du goudron et résultant de la combustion incomplète du tabac ou du bois. Pour prévenir l'exposition de bébé aux bensopyrènes, interdisez que l'on fume dans la maison (demandez aux visiteurs d'avoir la gentillesse de ne pas fumer dans la maison), assurez-vous que le tuyau laissant s'échapper la fumée d'un feu de bois n'est pas percé, que les tuyaux d'échappement des appareils ménagers (comme les sécheuses) donnent sur l'extérieur, changez régulièrement les filtres à air sur les appareils électriques et augmentez la ventilation dans votre maison. Si un bon calfeutrage est plus efficace pour garder la chaleur dans la maison, cela peut également garder hermétiquement les gaz à l'intérieur.

Les particules. Une grande variété de particules invisibles à l'oeil nu peuvent remplir l'air de nos maisons et représenter un danger pour nos enfants. Les particules proviennent de diverses sources, comme la poussière (qui peut provoquer des allergies chez les enfants vulnérables), la fumée de tabac, la fumée produite par la combustion du bois, les appareils non ventilés au gaz, les réchauds au kérosène et les matériaux de construction à l'amiante (qui sont responsables d'une grande variété de maladies, incluant le cancer et les maladies cardiaques). Les mêmes précautions (pas de fumée, ventilation adéquate, changement des filtres) dont il est question plus bas, peuvent minimiser le danger. Les unités servant à filtrer l'air peuvent souvent enlever plusieurs des particules et sont particulièrement utiles si quelqu'un dans la famille souffre d'allergies. Si vous trouvez dans votre maison de l'amiante qu'il vaudrait mieux enlever, demandez l'aide de professionnels avant de vous en occuper, pour éviter que les particules ne se mettent à flotter dans l'air.

Les divers gaz. Les gaz qui s'échappent des liquides nettoyants, de certains aérosols (s'ils contiennent des fluorocarbones, ils peuvent également être dangereux pour l'environnement), de la térébenthine et d'autres matériaux relatifs à la peinture peuvent être hautement toxiques. Si vous utlisez ces substances, servez-vous du produit le moins toxique (peintures à l'eau, cire d'abeille pour les planchers, dissolvants à peinture à base d'huiles végétales), utilisez-les dans un endroit bien aéré (mieux encore, dehors) et ne vous en servez pas lorsque bébé est présent. Rangez-les, comme tous les autres produits ménagers, bien en sécurité, hors de la portée des petites mains fouineuses. Ils seront mieux gardés à l'extérieur de la maison. Ainsi, s'ils s'évaporent, les gaz ne risquent pas de s'infiltrer dans les pièces habitées.

Le formaldéhyde. Avec autant de produits contenant du formaldéhyde dans notre monde moderne (les résines contenues dans les meubles de contre-plaqué, les apprêts et colles contenus dans les tissus et papiers peints des décorateurs, les adhésifs des tapis), il n'est pas étonnant que ce gaz soit partout. On a découvert qu'il causait le cancer du nez chez les animaux et des problèmes respiratoires, des éruptions, des nausées et d'autres symptômes chez les humains. Les taux d'émanations des gaz formaldéhydes sont plus élevés lorsqu'un objet est neuf, mais les gaz peuvent continuer à s'en échapper pendant des années. Pour minimiser les dommages potentiels, recherchez des produits exempts de formaldéhyde, lorsque vous construisez ou que vous meublez votre maison. Pour réduire les effets du formaldéhyde déjà présent dans votre foyer, scellez les matériaux comme le contre-plaqué avec un ciment à l'époxy, ou encore, d'une façon simple et jolie, investissez dans un petit jardin intérieur. Quinze ou vingt plantes d'intérieur peuvent apparemment absorber le gaz formaldéhyde dans une maison de grandeur moyenne. Si vous soupçonnez un taux élevé de formaldéhyde dans la maison, contactez un inspecteur du ministère de l'Environnement ou Consommation et corporation Canada où vous pourrez demander de faire évaluer le pourcentage de particules dans l'air et obtenir le pourcentage adéquat pour votre maison et votre environnement.

Le radon. Ce gaz radioactif incolore et inodore, un produit naturel venant de la désagrégation de l'uranium dans les pierres et dans le sol, est la deuxième cause du cancer des poumons aux États-Unis. Respiré par des résidents non informés des maisons où il s'est accumulé, ce gaz attaque les poumons avec des radiations. Une exposition pendant plusieurs années peut causer le cancer.

L'accumulation se produit lorsque le gaz s'infiltre dans une maison, suite à la désagrégation des pierres et du sol sur lesquels la maison a été construite. Le gaz reste à l'intérieur à cause de la mauvaise ventilation. Les précautions suivantes peuvent aider à prévenir les graves conséquences du radon :

▫ Avant d'acheter une maison, spécialement dans une région où le radon est présent en grande quantité, faites faire un test de contamination. La ville ou le ministère de l'Environnement devraient être en mesure de vous informer sur ce genre de test.

▫ Si vous vivez dans une région où le taux de radon est élevé ou que vous soupçonnez que votre maison puisse être contaminée par ce gaz, faites évaluer le taux de radon par un test. Idéalement, les tests devraient s'étendre sur plusieurs mois afin d'obtenir une moyenne représentative du taux de radon. Les taux sont habituellement plus élevés durant les saisons où les fenêtres sont fermées.

▫ Si votre maison présente un taux élevé de radon, consultez le ministère de l'Environnement qui pourra vous aider à localiser une compagnie spécialisée dans la réduction du radon, et demandez que l'on vous fasse parvenir toute la documentation disponible à ce sujet. La première chose à faire sera probablement de calfeutrer toutes les fissures et les ouvertures dans les murs et le plancher. Le plus important sera de ventiler la maison en ouvrant les fenêtres, en installant un ventilateur dans les espaces restreints comme dans le grenier et dans d'autres endroits fermés, et en éliminant les calfeutrages qui empêchent l'air de circuler. Dans certains cas, un système de ventilation adapté à la grandeur de la maison s'avérera nécessaire.

LES CONTAMINATEURS DANS LES ALIMENTS

Dans notre monde de production, les manufacturiers ont appris à se servir de divers produits chimiques pour rendre les aliments plus attrayants et meilleurs au goût (ou du moins de façon à rendre les aliments semblables au produit naturel) et pour les conserver plus longtemps. Même les aliments qui ne sont pas manufacturés sont souvent contaminés par les pesticides ou par les autres produits chimiques utilisés pour la croissance et l'entreposage ou, accidentellement, dans l'eau ou dans le sol. Dans plusieurs cas, on ignore les risques que représentent ces produits chimiques pour les humains, ou alors on les croit minimes, parfois moins grands que les risques que représentent les aliments naturels, comme l'huile de coco (qui peut accroître les maladies cardiaques) ou les arachides gâtées (les aflatoxines qu'elles contiennent peuvent causer le cancer). De toute façon, il est prudent de protéger bébé en suivant ces règles de base, lorsque vous choisissez et préparez les aliments :

■ N'achetez pas d'aliments préparés contenant une grande quantité d'additifs chimiques. Ces aliments, en plus de leur contenu chimique, sont habituellement moins nutritifs que les produits frais et vous proposent un choix très restreint pour l'alimentation de bébé. Quoique bien des additifs courants sont reconnus comme étant sans danger, il en existe aussi plusieurs dont la sécurité est douteuse. Soyez particulièrement prudents avec les aliments contenant ces produits : huiles végétales au brôme (BVO), hydroxyanisole butylé (BHA), hydroxytoluène butylé (BHT), caféine, glutamate de monosodium (MSG), gallate propyle, quinine, saccharine, nitrate et nitrite de sodium, sulfites, couleurs et saveurs artificielles. Tous sont à éviter pour le bien-être du consomma-

teur. D'autres produits douteux : carraguénine, parabène hyptyle, acide phosphorique et autres composés du phosphore (non parce que le phosphore est dangereux en soi, mais parce que des excès pourraient causer un déséquilibre alimentaire, particulièrement en ce qui concerne le calcium).

■ Ne donnez pas à bébé des aliments contenant des édulcorants artificiels. On a trouvé que la saccharine causait le cancer chez les animaux. Si elle reste sur le marché, c'est parce que l'on croit qu'elle est une substance efficace dans le contrôle du poids. Étant donné que les tout-petits n'ont pas besoin d'un régime réduit en calories — et qu'ils ne devraient pas y être astreints — ce genre d'édulcorant ne devrait pas faire partie de leur repas. Bien que l'aspartame (Égale, Nutrasuc) semble sans danger pour les individus normaux[4] et pourrait même l'être pour les enfants (aucun test intensif n'a été fait chez les tout-petits), cet édulcorant ne devrait pas faire partie du repas de bébé non plus, parce que toute restriction de calories n'est aucunement appropriée pour les tout-petits.

■ Autant que possible, achetez des fruits et des légumes exempts de produits chimiques. Ne vous inquiétez pas si vous n'en trouvez pas car les scientifiques estiment que les risques que représentent ces produits sont minimes. Les produits alimentaires locaux, achetés en saison, ont tendance à être plus sécuritaires puisqu'il n'est pas nécessaire de les protéger avec de grandes quantités de produits chimiques pour le transport et l'entreposage. Les aliments recouverts d'une épaisse enveloppe, d'une pelure ou de feuilles gardant les pesticides à l'extérieur (comme le maïs, le chou-fleur et les bananes) sont également plus sains. Les aliments altérés (qui ont

---

4. L'aspartame ne devrait pas être utilisé par les personnes atteintes de phenylcétonurie (PKU) ou par qui que ce soit éprouvant de la difficulté à assimiler la phénylalanine, l'une des constituantes de l'édulcorant.

CE QU'IL FAUT GARDER
HORS DE LA BOUCHE DES BÉBÉS

▪ Les viandes salées ou fumées, comme les saucisses à hot-dog, la mortadelle et le bacon. Habituellement riches en gras, en cholestérol, en nitrates et autres produits chimiques et contenant parfois des os broyés (qui peuvent être contaminés au plomb ou autres substances), ces produits devraient être servis très rarement à bébé.

▪ Les poissons fumés, comme le saumon ou le hareng. Normalement préparés avec du nitrate pour en garder la fraîcheur, ce ne sont pas des aliments idéaux pour les enfants.

▪ Les poissons pêchés dans des eaux contaminées. Votre centre local de services communautaires devrait être en mesure de vous dire quels poissons sont sans danger, lesquels ne le sont pas et lesquels peuvent être servis à l'occasion.

▪ Les aliments ou boissons comme le café, le thé, le cacao et le chocolat, qui contiennent de la caféine ou ses composantes. La caféine peut rendre un bébé surexcité ou, pire, peut interférer dans l'absorption du calcium et peut remplacer des éléments importants de son repas.

▪ Les imitations d'aliments, comme les crèmes qui ne sont pas des produits laitiers (contenant du gras, du sucre et des produits chimiques), les desserts congelés au tofou, les citronnades et les boissons au jus de fruits (contenant du sucre inutile et parfois des produits chimiques). Donnez à bébé de la nourriture saine. Ne pas servir à bébé des cocktails chimiques.

▪ Les tisanes. Ces produits contiennent souvent des substances douteuses (le thé de consoude par exemple, qui contient des cancérigènes) et peuvent produire des effets indésirés, voire dangereux, sur le corps.

▪ Les suppléments vitaminiques, autres que ceux conçus spécialement pour les enfants. Un excès de vitamines peut s'avérer particulièrement nuisible pour bébé, dont le corps n'assimile pas aussi rapidement qu'un corps d'adulte. L'acide contenu dans la vitamine C à croquer peut endommager l'émail des dents et devrait être évité par les adultes et par les enfants.

▪ Les poissons crus, comme le sushi. Les jeunes enfants ne mastiquent pas assez bien pour détruire les parasites qui peuvent habiter ces poissons et causer des maladies graves.

▪ Les boissons alcoolisées. Personne ne mettrait ce genre de produit dans l'alimentation régulière d'un bébé, mais certains individus trouvent amusant d'en donner un peu à bébé : c'est un jeu dangereux, d'abord parce que l'alcool peut être poison pour bébé et ensuite parce que cela peut habituer l'enfant au goût de l'alcool.

▪ L'eau du robinet qui serait contaminée au plomb, aux biphénylespolychlorés (BPC) ou à tout autre produit dangereux. Vérifiez la qualité de l'eau auprès de votre ville ou de votre centre local de services communautaires, ou faites évaluer la qualité de votre eau dans un laboratoire privé, si vous soupçonnez une contamination.

▪ Les fruits et les légumes contaminés. Lorsque l'on annonce aux nouvelles qu'un fruit ou un légume peut représenter un danger pour la santé, évitez d'en acheter jusqu'à ce qu'une variété non contaminée soit disponible sur le marché.

DANGERS ALIMENTAIRES EN PERSPECTIVE

Bien qu'il soit sage d'éliminer le plus possible les produits chimiques du régime alimentaire de votre famille, la crainte des additifs et des produits chimiques ne doit pas réduire la variété d'aliments consommés, au point de compromettre votre qualité nutritionnelle. L'important est de vous rappeler qu'un régime alimentaire bien équilibré, riche en grains entiers, en fruits et en légumes (surtout les cruciféracées, comme le brocoli, le chou-fleur et les choux de Bruxelles; les légumes riches en vitamine A, comme ceux à feuilles vertes et ceux de couleur jaune), ne procurera pas seulement les éléments nutritifs nécessaires à la croissance et à la bonne santé mais, en plus, vous aidera à combattre les effets des cancérigènes possiblement présents dans l'environnement. Alors, limitez votre consommation de produits chimiques quand cela est possible, mais ne soyez pas obsédée par ce souci (et ne harcelez pas votre famille).

perdu leur couleur ou qui sont tachetés de noir) peuvent également être sains jusqu'à un certain point, car, habituellement, ce sont les produits chimiques qui permettent de garder la belle apparence des aliments. Dans le cas des produits importés, les produits américains sont moins contaminés que les produits importés d'autres pays, quoique les pamplemousses, les poires, les épinards, les oignons, les patates douces et les pommes de terre doivent être examinés attentivement. Acheter des aliments biologiques peut aider mais ne garantit pas toujours qu'ils soient exempts de produits chimiques (voir page 309).

■ Pelez fruits et légumes avant de les manger (particulièrement ceux qui sont recouverts de cire) ou lavez-les à l'eau et au détergent à vaisselle, en frottant avec une brosse rugueuse lorsque cela est possible. N'utilisez pas la brosse sur la laitue ou les fraises. Utilisez-la pour les pommes et les courgettes. Malheureusement, cette précaution ne les débarrassera pas des résidus chimiques systémiques, mais vous assurera tout de même une certaine protection.

■ Maintenez l'alimentation de bébé aussi variée que possible, une fois qu'une grande variété d'aliments auront été introduits dans ces repas. La variété d'aliments diversifie le menu de bébé et lui apporte une meilleure nutrition par un grand choix de vitamines et de minéraux provenant d'aliments différents. Au lieu d'offrir uniquement du jus de pommes, variez les jus d'un jour à l'autre (jus de pommes un jour, jus d'orange le lendemain, jus d'abricot le troisième jour et jus de poire le quatrième jour). Variez également les aliments contenant des protéines : les céréales, les pains, les fruits et les légumes. Bien que cela ne sera pas toujours facile — beaucoup d'enfants s'installent dans une routine alimentaire et n'en démordent pas — il est important d'essayer.

■ Limitez la consommation de gras animal (autre que celui contenu dans le lait ou la préparation lactée). C'est dans le gras que logent les produits chimiques (antibiotiques, pesticides, etc., qui sont néfastes pour bébé surtout. Cuisinez avec de l'huile ou de la margarine plutôt qu'avec du beurre. L'huile et la margarine sont moins grasses et sont meilleures pour le coeur. Dégraissez les viandes et les volailles. N'offrez que de petites portions de boeuf, de porc et de poulet. Quand cela est possible, choisissez les viandes et les volailles dont les étiquettes indiquent qu'elles

LES PRODUITS BIOLOGIQUES, BÉNÉDICTION OU FLÉAU?

De plus en plus, les boutiques d'aliments naturels et même certains supermarchés offrent des aliments biologiques. Pour les parents soucieux d'une alimentation saine, ces produits semblent correspondre exactement à leurs attentes pour le menu de bébé. Toutefois, ces produits comportent quelques attrapes.

• Aucune norme gouvernementale n'a encore été établie, définissant exactement ce qu'est un produit biologique. Ce terme peut être utilisé par quiconque désire promouvoir un produit, peu importe comment il a poussé. Vérifiez si l'aliment acheté sous ce sceau est certifié sans herbicides et sans pesticides.
• Toutefois, même une attestation ne peut garantir que l'aliment soit exempt de tout produit chimique. Il pourrait avoir été contaminé par des écoulements chimiques dans l'eau ou le sol, venant d'une autre source. Le fait qu'il soit exempt de produits chimiques synthétiques ne garantit pas non plus qu'il soit sans danger. Certaines plantes dépendent de pesticides naturels (substances produites par la plante pour prévenir les invasions, comme le fungi, les insectes et les animaux). Ces substances ne sont à peu près pas testées, mais pour celles qui ont été soumises à une étude scientifique, un grand pourcentage a été jugé — comme plusieurs synthétiques — cancérigène chez les animaux. Certains scientifiques croient que les plantes non protégées par des pesticides synthétiques produisent de plus grandes quantités d'éléments protecteurs naturels et peuvent ainsi devenir plus dangereuses, à moins d'être cultivées dans des conditions qui garderaient la production à l'intérieur des limites de sécurité.

Malgré tout, si vous pouvez trouver des produits cultivés biologiquement chez votre marchand local à un prix raisonnable, ou si vous pouvez vous permettre de payer le prix très élevé que l'on vous demandera pour ce genre d'aliments, c'est probablement une bonne idée de les acheter. Cela servira à deux choses : premièrement, à encourager les marchands pour qu'ils entreposent fruits et légumes cultivés biologiquement et, deuxièmement, à réduire la consommation de produits chimiques dans votre famille. Si les produits biologiques ne sont pas disponibles dans votre entourage, demandez à votre supermarché ou magasin de produits alimentaires d'en offrir; l'intérêt des consommateurs contribuera à augmenter la production et à faire baisser les prix. Encore une fois, ne vous inquiétez pas si vous ne trouvez pas ou ne pouvez pas vous permettre d'acheter des produits biologiques, les risques encourus en servant d'autres produits sont minimes.

sont exemptes de produits chimiques et d'antibiotiques.
• Ne nourrissez pas bébé avec des poissons pêchés dans des eaux contaminées (voir page 307).
• Ne servez aucun aliment dont la fraîcheur est douteuse. Les grands dangers des produits alimentaires proviennent justement des aliments défraîchis ou gâtés. Non seulement ils peuvent causer des empoisonnements (voir page 292) mais certains produits, comme les arachides, le maïs ou les autres grains sur lesquels les aflatoxines se sont formées, peuvent effectivement

UNE POMME PAR JOUR? PLUS MAINTENANT

Utilisé pour hâter le mûrissement des fruits (surtout les pommes, les raisins et les arachides), l'Alar (daminozide) a créé beaucoup d'inquiétude, particulièrement au sujet des bébés et des jeunes enfants qui ont tendance à boire plusieurs litres de jus de pommes chaque semaine. Depuis que des études ont démontré que l'Alar pouvait causer le cancer et qu'il représente un risque encore plus grand lorsqu'il est exposé à la chaleur (comme dans la préparation de la compote de pommes), les consommateurs ont protesté pour que beaucoup de manufacturiers, de chaînes de supermarchés et de petits marchands indépendants ne vendent plus de produits contenant de l'Alar. Pour plus de sécurité, demandez à votre marchand quelles pommes ou quels fruits ne con-

tiennent pas d'Alar. Dites-lui que vous n'êtes pas intéressée à acheter des fruits qui ont été vaporisés. Vérifiez aussi auprès des pomiculteurs si leurs pommes sont également exemptes d'Alar. (Une lettre ou un appel téléphonique devrait normalement vous informer sur ces questions, tout en continuant à exercer les pressions déjà entreprises sur les tenants de l'industrie alimentaire, pour qu'ils cessent de vaporiser de l'Alar sur les aliments qu'ils produisent.) Beaucoup de grands producteurs de jus de pommes et de compote (parmi lesquels on compte les compagnies d'aliments pour bébés) ont déjà proclamé qu'ils n'accepteraient pas de pommes contaminées à l'Alar; on s'attend à ce que les autres suivent.

contribuer au développement du cancer.

▪ Soyez toujours bien informés de la sécurité des aliments en lisant votre journal local, en vous abonnant à une revue spécialisée en alimentation et adaptez l'alimentation de votre famille d'une façon nutritive et saine.

▪ Offrez des aliments reconnus pouvant combattre le cancer, comme les légumes crucifères (brocoli, choux de Bruxelles, chou-fleur, chou), les pois secs, les fèves, les aliments riches en bêta carotène (carottes, citrouilles, patates douces, brocoli, cantaloup) et des aliments à haute teneur en fibres (grains entiers, fruits et légumes frais).

▪ Souvenez-vous que si la prudence est de mise, l'obsession est dangereuse. Même d'après les avis les plus pessimistes, seulement quelques cancers sont causés par une contamination alimentaire. Les risques

que représentent le tabac, l'alcool, une diète pauvre, le manque d'immunisations ou l'ignorance des règles élémentaires de sécurité sont de loin plus importants.

VOTRE RÔLE DE CONSOMMATEUR

Toutes les précautions que nous pouvons prendre pour sauvegarder nos enfants contre les dangers de l'environnement ne suffisent pas. Pour protéger leur avenir et celui de leurs enfants, il nous faut exercer des pressions auprès des gens du gouvernement qui contrôlent ces éléments et peuvent réduire les risques, par exemple, de l'air extérieur, de la nourriture que nous mangeons, de l'eau que nous buvons. À la longue, l'action la plus importante que vous pourriez entreprendre pour la santé de bébé est sans doute de faire entendre vos revendications dans ce domaine. Talonnez vos représentants municipaux, provinciaux et fédéraux pour que des législations plus strictes soient adoptées concernant les produits chimiques utilisés pour la culture et la transformation des aliments, ainsi que l'étiquetage des aliments contenant des résidus chimiques (comme les antibiotiques dans le poulet et l'Alar dans les pommes).

CHAPITRE 9

Le sixième mois

CE QUE BÉBÉ POURRAIT FAIRE

D'ici la fin de ce mois, bébé devrait pouvoir (voir note)

■ garder la tête au même niveau que le corps, lorsque vous le tirez par les bras pour qu'il s'assoie (6 1/3 mois);
■ dire «ah-gou» ou une combinaison similaire de voyelles et de consonnes.

Note : Si vous remarquez que bébé n'a pas encore réussi l'un ou l'autre de ces exploits (ou les deux), consultez votre médecin. Il arrive (rarement, faut-il dire) qu'un délai de ce genre indique un problème. Le plus souvent cependant, bébé sera tout à fait normal. Généralement, les prématurés réussissent les mêmes exploits plus tard que les autres enfants de leur âge, c'est-à-dire qu'ils y arrivent au moment où ils auraient atteint cet âge s'ils étaient nés à terme, et parfois plus tard.

pourra probablement

■ porter son poids sur ses jambes, lorsqu'il est tenu debout;

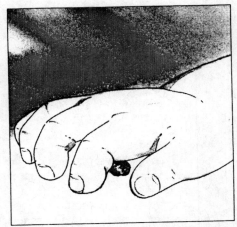

Certains bébés parviennent à s'emparer d'objets minuscules, potentiellement dangereux; gardez-les hors de la portée de votre tout-petit.

- rester assis sans appui (vers 6 1/2 mois).

pourrait même

- se tenir debout en s'agrippant à quelqu'un ou à quelque chose;
- manger un biscuit sec tout seul (5 1/3 mois);
- s'objecter si vous tentez de lui enlever un jouet;
- faire des efforts pour aller chercher un jouet hors de sa portée;
- faire passer un cube ou un autre objet d'une main à l'autre;
- chercher un objet qu'il aurait échappé;
- repérer un raisin sec et le prendre dans son poing (5 1/2 mois);

- se retourner dans la direction d'une voix;
- babiller, en émettant une combinaison de voyelles et de consonnes comme «ga-ga-ga-ga», «ba-ba-ba-ba», «ma-ma-ma-ma» (vers 6 1/3 mois).

pourrait peut-être même

- se mettre debout lorsqu'il est en position assise;
- réussir à s'asseoir alors qu'il est sur le ventre;
- prendre un objet minuscule avec n'importe quelle partie des pouces et des doigts;
- dire «maman» ou «papa» sans distinction.

CE QUE L'EXAMEN MÉDICAL VOUS RÉSERVE CE MOIS-CI

Chaque médecin, chaque infirmière a sa manière de procéder à l'examen de routine de bébé. De plus, les besoins particuliers de chaque enfant peuvent influencer le déroulement de l'examen ainsi que le nombre et le genre de contrôles effectués. Voici tout de même le genre d'examen auquel vous pouvez vous attendre, si bébé est âgé d'environ six mois.

- Série de questions pour savoir comment se portent bébé et le reste de la famille, comment bébé mange et dort, et quels progrès il a faits.
- Prise des mensurations : poids, taille, circonférence de la tête de bébé et progrès depuis sa naissance.
- Examen physique, y compris un suivi de tout problème antérieur. La bouche sera probablement examinée cette fois-ci et au cours des prochaines visites, à cause de l'arrivée imminente des dents. La petite

fontanelle (derrière la tête) se sera refermée; la grande fontanelle (sur le dessus de la tête) commencera sans doute à rapetisser dès maintenant.

- Vérification du développement de bébé. L'examen pourrait être basé sur l'observation, en plus de votre rapport sur ce que bébé a fait durant le mois qui se termine. Bébé pourrait également subir une série de tests d'évaluation, comme le contrôle de la tête lorsqu'on l'attire vers soi en position assise; sa vue, son ouïe; sa capacité de découvrir et d'attraper un objet, de repérer un objet minuscule, de se retourner et de porter son poids sur ses jambes; sa capacité de communiquer socialement et de faire des vocalises.
- Troisième rappel des vaccins contre la diphtérie, le tétanos et la coqueluche (DCT-P), si bébé est en bonne santé et qu'il n'y a aucune autre contre-indication. Dans les régions à risques élevés, un troi-

sième vaccin contre la polio (TOPV) pourrait aussi être administré. Veillez à parler de toute réaction aux vaccins précédents, avant que le médecin ne procède à l'immunisation.

■ Particulièrement pour les bébés dont le poids à la naissance se situait au-dessous de la normale, le médecin pourrait vouloir procéder à des tests d'hémoglobine ou d'hématocrite, pour déceler toute trace d'anémie (normalement par une petite piqûre au bout du doigt).

■ Informations sur ce que sera le mois qui commence, en ce qui a trait à l'alimentation, au sommeil, au développement et à la sécurité.

■ Recommandations concernant les suppléments de fluor, si cela est nécessaire dans votre région, et sur les suppléments de vitamine D, si bébé est nourri au sein. Recommandations concernant les suppléments de fer, pour les bébés nourris avec une préparation n'en contenant pas.

Voici des questions que vous aimeriez peut-être poser si votre médecin n'y a pas encore répondu :

■ À quelles réactions devez-vous vous attendre, suite à ce troisième rappel du vaccin DCT-P? Comment devriez-vous les traiter? Quel genre de réaction pourrait justifier un appel au médecin?

■ Quels nouveaux aliments pouvez-vous offrir à bébé maintenant? Bébé peut-il boire du lait au gobelet?

Parlez également des inquiétudes que vous avez pu avoir au cours du mois qui se termine. Notez toute information et instruction de votre médecin (autrement, vous risquez de les oublier) dans un carnet de santé permanent. Prenez note de toute information pertinente (le poids, la taille, la circonférence de la tête, les vaccins, les maladies, les médicaments administrés, les nouveaux aliments à introduire dans le menu de bébé, etc.).

L'ALIMENTATION DE BÉBÉ CE MOIS-CI
La nourriture en pots ou la nourriture préparée à la maison

Lorsque les aliments pour bébés firent leur apparition sur les rayons des supermarchés dans les années 1930, ils furent accueillis avec beaucoup d'enthousiasme par les mères fatiguées et tourmentées, impatientes de remiser leur entreprise alimentaire, fières d'entrer dans l'ère moderne de la commodité. De nos jours, toujours aussi fatiguées, tourmentées et à court de temps, beaucoup de mères boudent la nourriture commerciale pour bébés et préfèrent revenir à l'horaire rotatif de l'entreprise alimentaire (ou plus exacte-

ment, au mélangeur ou au robot électrique). Celles qui optent pour la commodité de la nourriture en pots le font souvent avec beaucoup de gêne.

La nourriture commerciale pour bébés mérite-t-elle la mauvaise réputation qu'on lui fait depuis quelques années? Est-elle vraiment moins saine que la nourriture préparée à la maison? Les aliments préparés chez soi sont-ils plus nutritifs et plus sécuritaires? Lisez avant de prendre une décision.

LA NOURRITURE COMMERCIALE POUR BÉBÉ

Le changement total d'attitudes concernant la nourriture commerciale pour bébés s'est produit durant les années 1970, alors que l'on découvrit que les aliments que les mères achetaient pour leurs bébés, parce qu'elles pensaient qu'ils étaient particulièrement bons pour eux, pouvaient leur être particulièrement nuisibles. On y avait ajouté du sucre, du sel, des épaississants, des matières de remplissage sans aucune qualité nutritive et des additifs douteux comme le MSG. Suite à ces découvertes, on a amélioré les mélanges de nourriture commerciale pour bébés, en partie grâce aux pressions des consommateurs, de la communauté médicale et grâce au désir de l'industrie d'améliorer à la fois son produit et son image.

Aujourd'hui, la nourriture commerciale pour bébés ne contient habituellement pas de sel ou de produits chimiques, et le sucre et les produits de remplissage font rarement partie des ingrédients. La commodité qui avait été favorable l'est encore. Les aliments arrivent prêts à servir, en petits pots d'une portion pour bébé, qui se referment pour être rangés au réfrigérateur. Il y a aussi beaucoup d'autres avantages à utiliser cette formule. Étant donné que les fruits et les légumes sont cuits et empaquetés très tôt après leur récolte, ils gardent une proportion importante de leurs éléments nutritifs. Les aliments sont savoureux et de texture consistante. Ils sont hygiéniques et inoffensifs. Ils sont aussi relativement économiques en temps, parce que vous n'avez pas à les préparer, et économiques en nourriture, parce que vous n'avez pas à servir de grandes quantités à la fois.

Les avantages à utiliser de la nourriture commerciale pour bébés sont plus nombreux durant les premiers mois d'introduction des solides. Les variétés d'aliments en purée ont la consistance parfaite pour les débutants, et les aliments sans mélange vous rendent la tâche plus facile pour le dépistage des allergies. Bien que les grands manufacturiers offrent des textures différentes selon l'âge et la faculté de mastiquer de bébé à mesure qu'il grandit, beaucoup de parents abandonnent la nourriture préparée commercialement, dès que leurs tout-petits sont capables de manger des aliments du menu familial, cuits sainement, en purée, coupés en morceaux ou en flocons. Ils trouvent toutefois que la nourriture commerciale est toujours commode pour le voyage et qu'il est bon d'en avoir sous la main, pour les cas d'urgence et lorsque toute la famille doit manger à l'extérieur.

Bien sûr, tout ce qui est vendu comme nourriture pour bébés n'est pas nécessairement bon pour les tout-petits. Lisez les étiquettes et évitez les ingrédients comme le sucre, le sirop de maïs, le sel, les fécules, les épaississants, les matières grasses, les gras partiellement ou complètement hydrogénés, le glutamate de monosodium (MSG), les saveurs artificielles, les couleurs artificielles et les agents de conservation. Le sucre ajouté à certaines céréales, aux fruits et aux desserts n'est absolument pas nécessaire pour les bébés, dont les papilles gustatives ne sont pas gâtées et sont parfaitement satisfaites de la saveur de sucre naturel des aliments. (Si, à l'occasion, vous désirez gâter bébé avec quelque chose de très sucré, servez-vous des recettes suggérées dans ce livre ou achetez des produits sucrés faits de concentrés de jus de fruits seulement.) Les crèmes anglaises et les poudings contiennent des oeufs. S'ils n'ont pas encore été introduits dans le menu de bébé, évitez de lui en servir.

Les aliments instantanés ou déshydratés pour bébés sont extrêmement pratiques, parce qu'ils sont très légers, qu'ils ne requièrent aucune réfrigération une fois ouverts et qu'ils peuvent être mélangés avec d'autres liquides que l'eau, pour en augmenter la valeur nutritive. Toutefois, ils présentent aussi quelques inconvénients : premièrement, certains de ces aliments contiennent des huiles végétales ou des féculents (ou les deux) partiellement hydrogénés ou saturés. Ce sont des ingrédients dont bébé n'a pas besoin. Deuxièmement, la valeur nutritive des aliments instantanés, comparée à celle des aliments en pots, est parfois plus faible. Finalement, le goût d'un aliment déshydraté réhydraté est inévitablement différent du goût de l'aliment frais, ce qui peut contribuer à confondre les papilles gustatives de bébé, lorsqu'il mangera enfin la nourriture familiale. Aussi, bien que les aliments déshydratés pour bébés puissent s'avérer extrêmement pratiques en voyage, ils ne sont certes pas tout le temps le meilleur choix pour bébé.

La nourriture biologique pour bébés est nouvellement arrivée sur le marché, mais elle est très coûteuse et n'est pas disponible partout. Ces aliments sont sains et procurent un excellent apport nutritif, mais ne vous inquiétez pas si vous n'en trouvez pas ou s'ils sont trop chers pour vous. Les variétés commerciales, bien qu'elles ne soient pas biologiques, sont habituellement exemptes des dangers potentiels connus (comme le glutamate, l'Alar, les agents de conservation et les colorants) et ne représentent aucun risque pour bébé.

LA NOURRITURE PRÉPARÉE À LA MAISON POUR BÉBÉ

Si vous avez le temps, l'énergie et la motivation, vous pourriez préparer votre propre nourriture pour bébé, à condition que vous suiviez ces règles à la lettre :

- Lorsque vous introduisez un nouvel aliment, préparez-le et servez-le seul, sans aucun autre ingrédient.

- N'ajoutez ni sel ni sucre. Si vous cuisinez pour toute la famille, retirez la portion de bébé avant d'ajouter le sel et les épices.

- N'ajoutez pas de gras à la nourriture de bébé, que ce soit à la cuisson ou à la table.

- Ne cuisinez pas dans les casseroles en cuivre, parce que ce métal a la propriété de détruire la vitamine C.

- Ne préparez pas de nourriture acide (comme la tomate) dans de l'aluminium, car cela peut provoquer la dissolution de petites quantités de ce métal qui risqueraient d'être absorbées par les aliments.

- Faites cuire les aliments à la vapeur, sous pression ou sans eau, les exposant à un minimum de lumière, de chaleur et d'eau.

- Faites bouillir les pommes de terre, faites-les cuire au four à micro-ondes ou au four avec la pelure, et pelez-les après la cuisson.

- N'ajoutez jamais de bicarbonate de soude; il préserve la couleur des aliments, mais il détruit les vitamines et les minéraux.

- Ne faites ni tremper ni bouillir les légumineuses (pois ou fèves) pendant toute une nuit; amenez à ébullition pendant deux minutes, laissez reposer une heure et faites cuire au four.

- Suivez les principes de préparation des aliments pour bébé à la page 292.

Pendant les premières semaines où bébé sera initié aux solides, ou du moins jusqu'à ce que bébé ait atteint six mois, la nourriture servie à bébé devrait être en purée claire, finement écrasée ou tamisée. Vous pouvez toutefois écraser les bananes et les éclaircir avec un peu de liquide. Pour vous rendre la tâche plus facile, vous pouvez préparer une grande quantité de carottes, de pois ou d'autres légumes, que vous congèlerez et mettrez dans des moules de cubes à glace. Au besoin, faites dégeler un cube au réfrigérateur, au bain-marie, au four à micro-ondes (à la position «dégeler» et non «cuire») ou sous l'eau froide (toujours dans l'emballage de plastique), mais jamais à la température de la pièce.

CE QUI POURRAIT VOUS INQUIÉTER

CHANGEMENTS DANS LES SELLES

«Depuis que mon bébé a commencé à manger des solides, la semaine dernière, ses selles sont plus solides, ce à quoi je m'attendais évidemment, mais elles sont aussi plus foncées et ont une odeur plus forte. Est-ce normal?»

Hélas, le temps où tout ce qui sortait de bébé était doux et pur fait maintenant partie du passé. Pour la mère qui a allaité, le passage des selles douces, inoffensives et semblables à de la moutarde, aux selles épaisses, noires et nauséabondes, peut causer un certain choc. Malgré le fait que ce changement n'est pas esthétiquement agréable, il est normal. Attendez-vous à ce que les selles de bébé ressemblent de plus en plus à des selles d'adulte, à mesure que son menu se transforme, quoique les selles d'un bébé nourri au sein peuvent demeurer plus douces que celles d'un bébé nourri au biberon.

«J'ai donné des carottes à mon bébé pour la première fois et les selles qui ont suivi étaient d'un jaune orange clair.»

Chez les bébés pourvus d'un système digestif immature, les aliments ingurgités se transforment parfois très peu au cours du processus de digestion. Une fois que bébé a commencé à manger des solides, les selles semblent différentes d'une fois à l'autre, reflétant souvent le repas le plus récent, en couleur ou en texture. Plus tard, les aliments qui n'auront pas été assez mastiqués, spécialement ceux qui sont difficiles à digérer, pourraient ressortir en entier ou presque. Du moment que les selles ne contiennent pas de mucus et qu'elles ne sont pas inhabituellement molles, ce qui peut indiquer une irritation gastrointestinale (et la nécessité de cesser d'offrir l'aliment en question pendant quelques semaines), vous pouvez poursuivre son nouveau menu varié, sans inquiétude.

REFUS DU BIBERON

«J'aimerais donner à mon bébé un biberon de lait extrait pour me libérer un peu, mais il refuse de boire au biberon. Que puis-je faire?»

Bébé n'est pas venu au monde hier. Contrairement à un bébé qui vient de naître, il a développé un sens très aigu de ses désirs, de ses répulsions et de ses aptitudes à obtenir des choses telles qu'il les aime. Son désir : votre sein chaud, doux et moelleux. Sa répulsion : une tétine de caoutchouc ou de plastique. Son aptitude à obtenir des choses telles qu'il les aime : pleurer pour le premier et refuser la seconde.

Le fait d'avoir attendu aussi longtemps pour introduire le biberon dans la vie de bébé s'est retourné contre vous; il aurait été plus facile d'introduire le biberon à environ six semaines (voir page 181). Toutefois, vous pourriez encore réussir à le convaincre en suivant ces quelques conseils :

Donnez-lui à manger lorsqu'il a l'estomac vide. Beaucoup de bébés sont plus réceptifs au biberon comme source de nourriture lorsqu'ils sont à la recherche de quelque chose de nourrissant. Alors, offrez-lui le biberon au moment où il a vraiment faim et non lorsque vous venez à peine de le nourrir.

Nourrissez-le lorsqu'il a l'estomac plein. Avec certains bébés, offrir un biberon alors qu'ils désirent le sein les rend hostiles. Peut-être même se sentiront-ils trahis. Si c'est le cas avec bébé (et vous le saurez seulement en essayant et en essuyant un refus), ne lui offrez pas un biberon alors qu'il est affamé, offrez-le lui plutôt entre deux tétées, alors qu'il pourrait être plus tenté par une nouvelle expérience et prêt pour une petite collation.

Feignez l'indifférence. Plutôt que de vous comporter comme si c'était important de lui donner le biberon (ce l'est), agissez avec nonchalance, peu importe la réponse que vous recevrez.

Laissez jouer bébé avant de le faire manger. Avant de tenter quoi que ce soit, laissez bébé jouer avec le biberon. S'il a eu la chance de l'explorer à son gré, il se pourrait qu'il soit plus disposé à le laisser entrer dans sa vie et, il est à espérer, dans sa bouche. Il pourrait même décider de le porter à sa bouche lui-même, comme il le fait pour tout le reste.

Bannissez les boires aux seins. Lorsque le biberon doit être introduit pour la première fois, un bébé nourri au sein acceptera mieux un biberon offert par son père, sa grand-mère ou une autre personne qui en prend soin pendant que sa mère se tiendra à bonne distance de son odorat, et ce jusqu'au moment où le biberon sera bien intégré à ses habitudes. Même le son de votre voix risquerait de gâter son appétit pour la bouteille.

Essayez son liquide préféré. Il est possible que bébé ne s'objecte pas au biberon mais, plutôt, au liquide qu'il contient. Certains enfants accepteront mieux le biberon s'il est rempli avec le lait familier de leur mère, mais d'autres, se souvenant de la source originelle du lait maternel, se sentiront plus à l'aise avec un autre liquide. Essayez plutôt une préparation lactée, du jus de pommes dilué ou du lait de vache si le médecin vous donne son accord.

Sachez attendre. Ne laissez pas le biberon devenir l'objet d'une bataille, parce que vous n'aurez aucune chance de gagner la guerre. Aussitôt que bébé commence à s'objecter au biberon, enlevez-le-lui et attendez un autre jour pour essayer de nouveau. La persévérance — alors que vous retiendrez votre attitude nonchalante — est peut-être ce qu'il faut. Essayez le biberon une fois tous les deux ou trois jours, pendant au moins deux semaines, avant de devoir patienter à plus tard pour un nouvel essai.

Toutefois, si la défaite devenait une réalité, ne désespérez pas. Il y a une autre alternative à l'allaitement au sein : le gobelet. La plupart des bébés aiment boire au gobelet, même à quatre ou cinq mois, et prennent joyeusement leurs repas supplémentaires de cette manière (voir page 290); certains d'entre eux deviennent d'assez bons buveurs au gobelet dès la fin de la première année (parfois même vers huit ou neuf mois) pour être sevrés directement du sein au gobelet, ce qui épargne à leur mère d'avoir à les sevrer une seconde fois pour le biberon.

LES CHAUSSURES POUR BÉBÉ

«Mon bébé ne marche pas encore, évidemment, mais je n'ai pas l'impression qu'il est complètement habillé sans chaussures.»

Quoique les bas, les petits chaussons ou, lorsque la température le permet, les pieds nus soient l'idéal pour bébé à ce stade-ci de son développement, il n'y a rien de mal à habiller ses petits pieds de chaussures à boutons pression, lors d'occasions spéciales, du moment que vous choisissez les bonnes chaussures. Comme les pieds de bébé ne sont pas faits pour marcher (du moins pas encore), les chaussures que vous achetez ne devraient pas l'être non plus. Les chaussures pour tout-petits devraient être légères, faites d'une matière qui respire (cuir ou tissu, mais pas de plastique), avec des semelles assez flexibles pour que vous puissiez sentir la forme des orteils de bébé. Les semelles dures sont absolument déconseillées. Les chausssures avec soutien rigide pour les chevilles (bottines) ne sont pas seulement inutiles et malsaines pour ses pieds maintenant, mais le seront également lorsque bébé commencera à marcher. Si l'on considère que ces chaussures seront rapidement trop petites, il est tout à fait logique qu'elles ne coûtent pas trop cher.

Pour vérifier si la grandeur est bonne, pressez le bout de chaque chaussure avec votre pouce. Si votre pouce peut se loger entre le plus long orteil de bébé (habituellement le gros orteil, mais parfois le suivant) et le bout du soulier, la grandeur est bonne et l'espace est assez grand pour permettre la croissance. Pour vérifier la largeur, essayez de pincer un morceau de la chaussure dans la partie la plus large du pied. Si vous réussissez, il y a assez de place. Ne mettez jamais des chaussures trop petites à bébé ni maintenant ni plus tard.

LE BAIN DANS LA GRANDE BAIGNOIRE

«Mon bébé est beaucoup trop grand maintenant pour sa petite baignoire, mais j'ai peur de le laver dans la grande baignoire.»

Faire le grand saut dans la baignoire familiale peut sembler assez effrayant pour vous et bébé; après tout, c'est un si petit être et si glissant pour un immense bassin. Toutefois, si vous prenez les précautions nécessaires pour prévenir les accidents et pour apaiser les craintes de bébé, la grande baignoire pourrait devenir un véritable plaisir pour un bébé de six mois, et l'heure du bain pourrait être son rituel familial favori. Pour que bébé soit heureux dans l'eau, voyez les trucs de base pour les bains dans la baignoire à la page 73, et essayez ce qui suit :

Attendez que bébé se tienne assis tout seul. Vous serez tous les deux plus à l'aise si bébé est capable de se tenir assis tout seul ou avec seulement un appui minimal.

Veillez pour qu'il soit assis en toute sécurité. Un bébé mouillé est un bébé glissant. Même un bébé qui tient bien assis peut glisser dans la baignoire. S'il devait se retrouver sous l'eau momentanément, ce ne serait pas dangereux, mais la peur pourrait engendrer une crainte des baignoires qui risquerait de durer très longtemps. Par conséquent, si bébé glissait et que vous n'étiez pas auprès de lui, les dommages pourraient être beaucoup plus graves. Heureusement, les parents d'aujourd'hui ont un autre choix que celui de garder une main sur bébé à chaque instant de son bain : le siège pour baignoire muni de ventouses en caoutchouc est fixé solidement au fond. Le siège peut être aussi simple qu'un cercle dans lequel bébé prendra place ou être aussi élaboré qu'un gros hippocampe de plastique dans lequel il pourra s'asseoir. Certains sièges sont munis de coussinets de caoutchouc mousse qu'il faut placer sous bébé de sorte qu'il ne puisse glisser. Si le siège pour baignoire n'a pas de coussinets antiglisse, placez une serviette propre sous les fesses de bébé pour produire le même effet. Rincez, tordez et accrochez la serviette pour la faire sécher ou utilisez une serviette propre à chaque bain, pour prévenir la multiplication des microbes dans le tissu humide. Si le siège a un coussinet de caoutchouc mousse, faites-le sécher dans la sécheuse entre chaque usage, pour la même raison.

Faites essayer à bébé un bateau familier. Quelques soirs avant le grand bain, baignez bébé dans sa petite baignoire bien installée au milieu de la grande baignoire vide. De cette façon, la nouvelle baignoire ne lui apparaîtra pas aussi formidable lorsqu'elle contiendra de l'eau et… bébé.

Bébé ne patauge pas après les repas. Il est sans doute raisonnable de ne pas baigner bébé immédiatement après un repas, parce que plus de manipulations et d'activités pourrait le faire vomir.

Évitez les gros frissons. Les bébés n'aiment pas avoir froid et s'ils associent le fait d'avoir le frisson avec le fait de prendre un bain, ils peuvent se rebiffer au moment du bain. Alors veillez pour que la salle de bain soit bien chauffée pour le confort de bébé. Si le chauffage de la salle de bain n'est pas adéquat, vous pouvez la réchauffer avec un petit calorifère portatif ou une unité de chauffage au plafond (observez les règles de sécurité, page 374). Ne déshabillez pas bébé avant d'avoir rempli la baignoire et qu'elle soit prête à l'y installer. Préparez une grande serviette douce à l'avance, de préférence avec un capuchon, dans laquelle vous enroulerez bébé dès que vous le sortirez de l'eau. Par temps froid, une serviette réchauffée sur un calorifère peut être une petite douceur de plus pour bébé, mais veillez pour qu'elle ne devienne pas trop chaude.

Séchez bébé soigneusement, en n'oubliant aucun pli de la peau, avant de le découvrir pour lui mettre des vêtements propres.

Soyez prête. Serviette, débarbouillette, savon, shampooing, jouets et tout ce dont vous pourriez avoir besoin pour le bain de bébé devraient être à portée de la main *avant* de mettre bébé dans la baignoire. Si vous avez oublié quelque chose et que vous deviez aller le chercher vous-même, *enroulez bébé dans une serviette et emportez-le avec vous.* Pensez aussi à enlever tous les objets pouvant représenter un danger autour de la baignoire, comme les savons, les rasoirs, le shampooing.

Tester l'eau avec votre coude. Vos mains tolèrent plus facilement l'eau chaude que la peau sensible de bébé. Pour vous assurer que l'eau est à la bonne température, testez-la avec le coude ou le poignet avant d'y baigner bébé. Elle doit être d'une tiédeur confortable, mais pas très chaude. Fermez le robinet d'eau chaude en premier, de manière à ce que les gouttes qui pourraient encore s'en écouler soient froides et ne risquent pas d'ébouillanter bébé. Un bouchon de sécurité sur le robinet du bain protégera bébé des brûlures et des bosses.

Soyez là. Bébé a besoin de la surveillance d'un adulte en tout temps, au moment du bain, et il en sera ainsi pendant les cinq premières années. *Ne le laissez jamais dans la baignoire sans surveillance,* même dans un siège pour bébé, ne serait-ce qu'une seconde.

Divertissez bébé dans la baignoire. Transformez la baignoire en parc flottant pour bébé, de sorte qu'il soit en train de s'amuser lorsque vous tenterez de le laver. Les jouets spécialement conçus pour le bain (particulièrement ceux qui s'agitent au-dessus de l'eau), les contenants de plastiques de toutes les grosseurs et de toutes les formes ainsi que les livres de plastiques sont parfaits. Pour éviter les dépôts de moisissures sur les jouets d'eau, essuyez-les après chaque usage et rangez-les dans un contenant ou un endroit sec.

Laissez bébé s'agiter dans l'eau. N'éclaboussez pas trop vous-même. Pour la plupart des bébés, les clapotements représentent une grande part du plaisir du bain; plus un bébé peut vous mouiller, plus il sera heureux (portez un tablier de plastique pour éviter d'être trop mouillée). Même si bébé aimera fort probablement vous mouiller, il n'apprécierait sans doute pas être lui-même éclaboussé. Beaucoup de bébés se sont mis à détester les bains, à cause d'un simple jeu de clapotements.

Ne retirez pas le bouchon avant que bébé ne soit sorti de la baignoire. Se retrouver dans une baignoire vide peut donner un frisson physique et peut également provoquer un frisson psychologique. Le bruit de l'eau qui s'écoule peut effrayer même un jeune bébé; et un bébé plus âgé qui voit l'eau se précipiter dans le trou peut craindre d'y être entraîné lui aussi.

LA CRAINTE DU BAIN

«Mon bébé est si terrifié par un bain dans la baignoire qu'il crie à fendre l'âme. Nous devons le forcer à rester dans la baignoire.»

Bien que ces crises puissent sembler exagérées pour un adulte qui a déjà pris des centaines et des centaines de bains, la crainte du bain que peut éprouver bébé est bien réelle et prend des proportions plus grandes que la baignoire elle-même chaque fois que vient l'heure du bain. Le fait de forcer bébé à affronter la source de sa peur ne l'aidera pas à la surmonter. Vous devriez plutôt chercher, avec beaucoup de patience et de compréhension, à renverser ses sentiments de peur face au bain, en faisant du bain un endroit agréable à visiter et en rendant l'eau un gentil compagnon de jeu.

Utilisez de nouveau sa petite baignoire. Ne forcez pas bébé à prendre un bain dans la grande baignoire avant qu'il ne soit complètement décidé à s'y aventurer. Continuez à le laver dans sa petite baignoire pour enfant. S'il a peur aussi de sa petite baignoire ou s'il est déjà beaucoup trop grand pour s'y asseoir, lavez-le à la débarbouillette.

Faites l'expérience de la baignoire à sec. Si bébé est d'accord, mettez-le dans la baignoire sur une grande serviette de bain ou dans un siège antiglisse, sans eau et avec une montagne de jouets, pour qu'il puisse s'accoutumer au bain et prendre plaisir à jouer dans la baignoire. Si la pièce est agréable et chaude et si bébé est à l'aise sans vêtements, laissez-le jouer tout nu. Autrement, laissez-lui ses vêtements. Chaque fois que bébé est dans la baignoire, ne le laissez pas sans surveillance un seul instant.

Donnez le bain à une poupée lavable à titre de démonstration. Pendant que quelqu'un d'autre tient bébé, donnez un bain de démonstration à une poupée lavable ou à un animal en peluche, en commentant chacun de vos mouvements. Quand bébé sera assez âgé, laissez-le vous aider à le laver s'il le désire ou permettez-lui de baigner sa poupée ou son ourson dans un petit bassin, bien assis dans la baignoire vide.

Remplissez une petite bassine. Pour le bébé qui se tient assis tout seul, remplissez une petite bassine de plastique avec de l'eau tiède, du savon à bulles pour bébé et deux ou trois jouets flottants. Vous pouvez utiliser une baignoire d'enfant ou un bassin à vaisselle. Mettez la bassine dans une grande baignoire vide où vous aurez pris la peine d'étendre une grande serviette ou déposez la bassine sur le plancher de la cuisine ou de la salle de bain si bébé refuse absolument d'entrer dans la baignoire. Installez bébé, habillé ou nu, à côté du bassin d'eau et laissez-le explorer en le surveillant constamment. Pour le bébé qui ne se tient pas encore assis tout seul, remplissez un petit contenant ou un bol et mettez-le sur le plateau de sa chaise haute ou de son trotte-bébé pour que bébé joue dans l'eau.

Habillé ou pas, bébé pourrait essayer de grimper dans la petite baignoire, ce qui signifierait qu'il serait prêt à essayer la grande baignoire une autre fois. S'il ne grimpe pas, vous devrez prendre les devants, en plongeant ses jouets et ses doigts dans l'eau, en espérant que bébé suivra. Sinon, donnez-lui un peu plus de temps.

Baignez-vous avec bébé. Certains bébés sont plus dociles lorsqu'ils sont en bonne compagnie. Prenez un bain avec votre tout-petit, mais veillez à ce que la température de l'eau soit confortable pour bébé. Une fois qu'il sera habitué à prendre un bain à deux, vous pourrez lui faire tenter l'expérience seul.

Soyez patient. Éventuellement, bébé finira bien par s'habituer à la baignoire. Cependant, il s'y habituera plus vite si vous respectez son rythme et si vous évitez de le forcer.

BROSSEZ LES DENTS DE BÉBÉ

«Mon bébé vient d'avoir sa première dent. Une voisine m'a dit que je devrais commencer à la brosser dès maintenant. Devrais-je la brosser?»

Ces minuscules perles qui font tant souffrir avant d'émerger et qui font tant plaisir aux parents lorsqu'elles percent enfin les gencives sont destinées à disparaître. Vous pouvez vous attendre à ce qu'elles tombent toutes, les unes après les autres, durant les premières années d'école primaire, pour être remplacées par les dents permanentes. Alors pourquoi en prendre bien soin maintenant?

Pour plusieurs raisons : tout d'abord, étant donné qu'elles préparent l'arrivée des dents permanentes, la carie et la perte des premières dents peuvent déformer la bouche en permanence. Ensuite, bébé aura besoin de ses premières dents pour mordre et mastiquer, pendant plusieurs années; de mauvaises dents pourraient compromettre une bonne nutrition. Des dents saines sont importantes pour le développement du langage et pour l'apparence, deux qualités qui sont essentielles pour que l'enfant ait confiance en lui. L'enfant qui ne peut pas parler clairement parce qu'il a des problèmes de dents ou qui garde la bouche fermée pour cacher des dents cariées ou manquantes n'a pas un sentiment très positif de lui-même. Finalement, si vous commencez à brosser ses dents tôt, il y a de bonnes chances que votre enfant développe de bonnes habitudes de santé dentaire.

Les premières dents peuvent être essuyées avec une gaze humide propre, avec un débarbouillette, ou brossées avec une petite brosse à dents très douce pour enfants (avec pas plus de trois rangées de poils). Brossez les dents de bébé après les repas et avant de mettre bébé au lit. Demandez à votre dentiste ou à votre pharmacien de vous recommander une brosse à dents. La gaze humide sera probablement plus efficace jusqu'à l'apparition des molaires, mais l'usage de la brosse fera prendre de bonnes habitudes à l'enfant. L'idéal serait peut-être de combiner les deux[1]. Frottez doucement, les dents de

---

1. Un dentiste pédiatre pourra sans doute vous dire où vous procurer des tiges en tissu jetables, encore plus efficaces pour nettoyer les dents minuscules qu'un morceau de gaze.

LA PREMIÈRE BROSSE À DENTS DE BÉBÉ

Les poils doivent être très doux. Dès que les poils commencent à s'étioler, il est temps de changer de brosse à dents. Même une brosse qui paraît encore neuve devrait être changée après six ou huit semaines (il est même souhaitable de la changer toutes les trois semaines) : souvenez-vous que les bactéries s'accumulent sur la brosse avec le temps. Il y a de jolies brosses pour enfants avec motifs de bandes dessinées, conçues pour rendre le brossage des dents plus intéressant, mais vérifiez-en la qualité auprès de votre dentiste.

bébé sont tendres. Brossez ou frottez légèrement la langue aussi, car elle retient les microbes.

Aucune pâte dentifrice n'est nécessaire pour les dents de lait de bébé, quoiqu'il soit permis d'ajouter un peu de saveur avec un soupçon de dentifrice, si cela aide bébé à s'intéresser à la brosse à dents. La plupart des jeunes enfants aiment le goût de la pâte dentifrice et pourraient avaler un excès de fluor, tout spécialement si l'eau est fluorée. Tant que bébé ne peut recracher, ne mettez pas de dentifrice. La majorité des bébés ont très hâte de se brosser les dents eux-mêmes. Dès que bébé aura acquis une certaine dextérité, ce qui n'arrivera pas avant plusieurs mois, vous pourrez le laisser se brosser les dents lui-même après les repas, en y ajoutant un nettoyage plus soigneux avec une gaze humide, avant de le mettre au lit, en complément du rituel établi. Laissez bébé vous regarder vous brosser les dents. Si maman et papa donnent un bon exemple de soins dentaires, il y a de meilleures chances pour que leur enfant entretienne méticuleusement ses dents. Plus tard, l'enfant pourra déloger des parcelles de nourriture entre ses dents avec une soie dentaire.

Bien que la brosse à dents et la soie dentaire sauront garder leur importance durant toute la vie de votre enfant, une nutrition appropriée aura un impact tout aussi important sur la santé dentaire et ce, dès maintenant. En fait, la bonne nutrition de bébé commence même lors de son développement prénatal. Assurez un apport adéquat en calcium, en phosphore, en fluor, en minéraux et en vitamines. La vitamine C aide particulièrement à maintenir la santé des gencives. Limitez les aliments riches en sucre raffiné, incluant les biscuits à dentition vendus en commerce ou les sucres naturels collants, comme les fruits secs et les raisins secs. Par une saine alimentation, vous pourrez prévenir les caries et le saignement des gencives. Limitez les sucreries. À l'occasion, servez-les aux repas alors qu'elles sont moins dommageables pour les dents plutôt qu'entre les repas. Brossez les dents de bébé tout de suite après lui avoir donné une sucrerie.

S'il arrive que bébé mange une sucrerie ou qu'il prenne une collation riche en hydrates de carbone entre les repas, et que vous n'ayez pas une brosse à dents à portée de la main, donnez-lui un morceau de fromage suisse ou cheddar, qui semble pouvoir contrer l'action des acides de la carie dentaire produits par la bactérie de la plaque. Pour une meilleure assurance dentaire, habituez bébé à boire au gobelet maintenant et ne le laissez pas s'endormir avec un biberon.

En plus des meilleurs soins prodigués à la maison et d'une nutrition appropriée, bébé aura besoin de soins dentaires professionnels pour assurer la santé de ses dents et de ses gencives. Dès maintenant, avant que ne se présente une urgence, demandez à votre médecin de vous recommander un dentiste pédiatre ou un dentiste généraliste qui soigne beaucoup d'enfants et qui sait s'y prendre avec eux. Si vous avez des questions relatives aux dents de bébé, prenez rendez-vous avec un dentiste dès que vous en ressentez le besoin. Sinon, aucun examen dentaire n'est nécessaire avant le milieu de la deuxième année. Certains problèmes dentaires infantiles, comme des difficultés pour mordre ou des caries causées par le biberon, demandent à être corrigés très tôt. D'autres, comme les dents très espacées, qui devraient normalement se rapprocher plus tard, nécessitent rarement une intervention précoce.

DU LAIT DE VACHE POUR BÉBÉ

«J'allaite et je désire sevrer mon bébé. Je ne veux pas lui donner de préparation commerciale. Puis-je lui donner du lait de vache?»

En général, la plupart des pédiatres sont d'accord pour dire que les bébés ne devraient pas prendre de lait de vache avant d'avoir six mois. Les opinions ne sont pas aussi unanimes lorsque vient le temps de dire ce qui est mieux pour les bébés plus âgés, tout simplement parce que l'évidence n'est pas aussi claire dans leur cas. Certains médecins recommandent que la mère continue à donner une préparation lactée à bébé jusqu'à ce qu'il soit âgé d'un an; d'autres approuvent l'introduction du lait de vache à l'âge de six mois, *à condition* que bébé reçoive également un supplément adéquat de solides.

Vérifiez auprès du pédiatre de bébé, avant de décider de le sevrer avec du lait de vache. Une fois que le lait de vache aura été approuvé, veillez à ce que votre enfant reçoive une nourriture solide adéquate, en suivant ces quelques principes :

■ Ne servez que du lait entier et pas du lait écrémé à 1 p. cent ou 2 p. cent qui ne procure pas assez de calories pour la croissance et le développement.

■ La diète de bébé doit contenir une bonne source de fer — des céréales enrichies de fer ou des gouttes vitaminiques contenant du fer, par exemple — car le lait de vache est pauvre en fer.

■ Bébé mange des aliments solides et vous prenez la peine d'en introduire de nouveaux dans son menu régulièrement. Environ un tiers de ses calories devraient provenir d'une alimentation variée incluant céréales, fruits, légumes et autres aliments.

LA CARIE DENTAIRE

«Le bébé d'une de mes amies a dû se faire extraire les dents parce qu'elles avaient carié prématurément. Comment prévenir que cela n'arrive à mon bébé?»

Il n'y a rien de plus mignon qu'un enfant du primaire dont le sourire révèle un espace charmant à l'endroit où les deux dents du devant avaient poussé. Toutefois, il n'y a rien de mignon à voir un bébé qui a perdu deux canines de devant quelques années avant leur temps, parce qu'il avait constamment son biberon à la bouche. Pourtant, cela est encore le sort d'un grand nombre de bébés chaque année.

Heureusement, cette affection peut être complètement prévenue. Elle se produit le plus souvent au cours des deux premières années de vie, alors que les dents sont le plus vulnérables. En général, cela est attribuable au fait qu'un bébé s'endort régulièrement avec le biberon dans la bouche. Le sucre contenu dans le liquide que bébé boit (lait de vache, lait maternel, préparation commerciale, jus de fruits ou boissons sucrées) se mélange aux bactéries déjà présentes dans sa bouche, pour causer la carie dentaire. Cette action destructrice s'accomplit durant le sommeil, alors que la production de salive — qui sert normalement à diluer les aliments et les boissons et qui déclenche le réflexe d'avaler — ralentit considérablement. Alors que bébé avale très peu, les dernières gorgées que bébé boit avant de s'endormir restent dans sa bouche et sont en contact avec ses dents pendant des heures.

Pour éviter la carie dentaire :

• Ne donnez pas d'eau contenant du glucose (sucre), même avant l'apparition des dents de bébé, pour éviter une accoutumance. La même précaution s'applique pour les liquides sucrés, tels les jus de canneberges, les cocktails de fruits, les boissons aux fruits ou aux jus de fruits.

• Dès que les dents de bébé apparaissent, ne le mettez pas au lit pour la nuit ou pour une sieste avec un biberon de lait ou de jus. Un oubli occasionnel ne causera pas de problèmes, mais des oublis répétés causeront la carie dentaire. Si vous devez donner à bébé un biberon au lit, faites que ce soit un biberon d'eau plate du robinet, qui ne nuira pas aux dents et, si elle est fluorée, aidera à les endurcir.

• Ne laissez pas bébé se servir d'un biberon de lait comme d'une sucette, pour ramper et s'étendre partout en tétant à volonté. Téter toute la journée peut être aussi nuisible aux dents que téter toute la nuit. Les biberons devraient être considérés comme faisant partie des repas ou des collations, et comme tels, devraient être offerts d'une manière routinière à l'endroit approprié (vos bras, un siège pour bébé et, plus tard, une chaise haute) et au moment opportun.

• Ne permettez pas à un bébé qui dort dans votre lit de garder le sein dans la bouche toute la nuit et de téter à volonté. Le lait maternel peut causer la carie de cette façon, surtout après le douzième mois.

• Sevrez bébé du sein ou du biberon à environ 12 mois.

L'ANÉMIE

«Je ne comprends pas pourquoi le médecin veut faire passer un test d'anémie à mon fils lors de notre prochaine visite. Il est venu au monde prématurément, mais il est en très bonne santé et très actif maintenant.»

Il fut un temps où beaucoup d'enfants devenaient anémiques entre le sixième et le douzième mois, et cela se produit encore souvent chez plusieurs enfants de familles à faible revenu. Les tests de dépistage de l'anémie sont entrés dans la routine parce que les bébés souffrant d'une légère anémie semblent habituellement actifs et en santé, ne montrant pas les symptômes que l'on reconnaît souvent chez les adultes[2]. La seule manière de découvrir le problème est le test servant à déterminer la proportion d'hémoglobine dans le sang. Lorsque l'hémoglobine (la protéine contenue dans les cellules rouges du sang qui distribue l'oxygène) est à son plus bas niveau, on peut diagnostiquer l'anémie.

De nos jours, grâce à de meilleurs suppléments en fer, seulement 2 ou 3 enfants de classe moyenne sur cent deviennent anémiques, et les tests de routine pour dépister ce problème ne sont plus vraiment nécessaires. Pourtant, beaucoup de médecins continuent de faire passer ce test par simple précaution (entre six et neuf mois pour les enfants dont le poids à la naissance se situait sous la normale, et entre neuf et douze mois pour les autres enfants).

Il arrive occasionnellement que les bébés naissent anémiques, à cause d'une perte des globules rouges du sang due à des saignements, à la destruction des globules due à des problèmes d'incompatibilité du sang ou à une maladie héréditaire comme la

---

2. Les symptômes de l'anémie chez les adultes et les autres enfants incluent, tout d'abord, une pâleur excessive, de l'irritabilité, de la faiblesse, un manque d'appétit, peu d'intérêt pour l'entourage et, plus tard, une peau cireuse et jaunâtre ainsi qu'une grande fragilité aux infections.

dépranocytose ou la thalassémie (voir pages 193 et 250). Certains enfants peuvent devenir anémiques plus tard durant l'enfance à cause de saignements cachés (comme cela peut se développer dans l'intestin d'un bébé à qui l'on a donné du lait de vache beaucoup trop tôt) ou à cause d'une infestation de parasites (souvent l'ankylostomiase). L'anémie peut aussi être provoquée par un apport inadéquat d'acide folique ou de vitamine B 12, tous deux produits en quantité insuffisante dans le lait maternel des mères strictement végétariennes, ou de vitamine C, venant compromettre la production d'hémoglobine.

C'est le fer qui constitue l'élément essentiel dans la production de l'hémoglobine. La carence en fer est la raison la plus commune de l'anémie infantile. Les bébés nés à terme naissent généralement avec une réserve de fer accumulée durant les derniers mois de la grossesse et suffisante pour combler leurs besoins pendant les quelques premiers mois de leur vie. Après cela, comme les bébés ont besoin de minéraux en grande quantité pour accroître leur volume sanguin, de sorte qu'il puisse répondre à la demande d'une croissance rapide, ils ont besoin d'un supplément de vitamines et de minéraux contenant du fer ou d'une préparation enrichie de fer[3]. Quoique le fait d'allaiter exclusivement pendant les premiers quatre ou six mois est généralement considéré comme étant la meilleure manière de nourrir bébé, et que le fer dans le lait maternel est très bien absorbé, l'allaitement n'assure pas un apport adéquat en fer, une fois que les réserves prénatales de fer sont épuisées.

L'anémie due à une carence en fer est plus courante chez les bébés nés avec une faible réserve de fer, comme les prématurés qui n'ont pas eu le temps, avant la naissance, d'emmagasiner les réserves suffisantes, et ceux dont la mère a manqué de fer pendant la grossesse. L'anémie se développe souvent plus tard chez les enfants présentant des problèmes de métabolisme (comme la maladie coeliaque) qui interfèrent dans l'absorption du fer. L'anémie peut aussi se développer chez les bébés ne présentant pas de problème d'absorption et qui ont débuté leur vie avec une bonne réserve, mais qui ne reçoivent aucun supplément de fer lorsque leurs réserves sont épuisées.

Pour savoir exactement quand commencer à donner un supplément de fer à bébé vous devriez vous en remettre aux recommandations du pédiatre.

Voici le modèle typique du bébé qui développe une carence en fer : son alimentation est presque exclusivement constituée de lait maternel ou de lait de vache ou d'une préparation lactée non enrichie de fer; bébé prend très peu de solides. Étant donné que l'anémie a tendance à réduire l'appétit pour les solides — sa seule source de fer —, un cercle vicieux où il y aura moins de fer, moins de nourriture et encore moins de fer s'installera et viendra aggraver le problème. Une prescription de gouttes de fer peut habituellement corriger cette situation.

Pour aider à prévenir l'anémie due à une carence en fer chez bébé, suivez ces quelques conseils :

■ Si bébé est nourri au biberon, assurez-vous que la préparation que vous lui donnez est enrichie de fer.

■ Si bébé est nourri au sein, assurez-vous qu'il reçoit un supplément de fer, comme des céréales avec fer ajouté ou des gouttes de vitamines contenant du fer. Si possible, faites-lui manger des aliments riches en vitamine C (voir page 461), contribuant à une meilleure absorption du fer.

---

3. Les phytates contenues dans les fibres, qui se lient normalement au fer le rendant inutilisable pour le corps, ont déjà rendu le fer contenu dans les céréales pour bébés totalement inefficace. Cependant, ce problème a été réglé grâce à de nouvelles méthodes de production. Ces céréales sont maintenant une bonne source de fer.

- À mesure que bébé augmente sa consommation de solides, veillez à inclure dans son menu des aliments riches en fer.

- Évitez de lui donner du son, car cela peut compromettre l'absorption du fer.

MENU VÉGÉTARIEN

«Nous sommes végétariens — strictement végétariens — et nous voulons élever notre enfant de cette manière. Est-ce que le végétarisme peut lui procurer une nutrition adéquate?»

Il y a des millions de parents végétariens dans le monde, et la plupart élèvent leurs enfants de cette manière. Cela se passe habituellement sans graves problèmes de maladie. Toutefois, le fait de ne prendre aucun produit animal présente certains risques, tant pour les enfants que pour les adultes. Ce qui est bon pour maman et papa peut être bon pour bébé aussi, si vous :

- allaitez bébé. Comme les préparations à base de lait de soya sont un substitut imparfait au lait maternel, la mère végétarienne qui peut allaiter devrait le faire, pour s'assurer que son enfant reçoive tous les éléments nutritifs nécessaires pendant les six premiers mois ainsi que la majorité de ces éléments pendant la première année. La mère doit cependant recevoir tous les éléments nutritifs dont elle a besoin (incluant l'acide folique et la vitamine B 12 en supplément) pour produire un lait de haute qualité. Si elle ne peut pas allaiter, elle devrait s'assurer que la préparation de soya qu'elle donne à bébé lui est recommandée par son pédiatre;

- donnez à bébé nourri au sein un supplément de vitamines et de minéraux contenant du fer, de la vitamine D (à part les rayons du soleil, sa seule source majeure de vitamine D est le lait, auquel on ajoute systématiquement la vitamine D), de l'acide folique et de la vitamine B 12 (qui se trouve seulement dans les denrées animales). (Voir page 167 pour obtenir plus d'informations sur les suppléments vitaminiques.) Donnez également un supplément lorsque vous sevrez bébé du sein ou du biberon;

- ne servez que des fèves et des céréales de fibres, une fois que bébé aura dépassé l'étape des céréales pour débutants. Ces produits lui procureront plus de vitamines, minéraux et protéines normalement obtenus par les denrées animales;

- servez du tofou et d'autres produits à base de soya pour favoriser un surplus de protéines, au moment d'initier bébé aux aliments solides. Vers la fin de la première année, du riz brun très cuit, des pois chiches et d'autres légumineuses (fèves et pois) en purée, les pâtes auxquelles on a ajouté des protéines contenant des fibres, peuvent aussi être ajoutés au menu comme sources de protéines. (Voir page 463 pour obtenir une liste plus complète de légumes contenant des protéines.);

- au moment du sevrage, le menu de bébé doit lui procurer le calcium nécessaire à la saine formation des dents et des os. Les bonnes sources végétariennes de calcium sont le tofou préparé avec du calcium (attention aux multiples boissons aux fèves de soya et aux desserts congelés qui contiennent très peu de calcium), le brocoli, les légumes verts feuillus, les amandes finement hachées et les pignons (hachés, de sorte que bébé ne s'étouffe pas). Étant donné que ces aliments ne sont pas ceux que les enfants préfèrent habituellement, vous pourriez avoir à y ajouter un supplément de calcium, si vous préférez ne pas lui donner de lait. Vérifiez auprès de son pédiatre.

Les végétariens qui se servent de lait éprouvent moins de problèmes à assurer à leurs bébés et à leurs enfants une bonne nutrition, que ceux qui sont strictement végétariens et ne consomment que des aliments végétaux. Les produits laitiers procurent les protéines et le calcium nécessaires à la croissance et à la bonne santé, en même temps qu'un apport adéquat de vitamines A, B 12 et D. Si les jaunes d'oeufs font également partie de l'alimentation, ils procurent au bébé une source additionnelle de fer, qui pourrait toutefois encore être complétée par un supplément de fer. Voilà pourquoi il est important de servir des produits laitiers, excellentes sources de calcium pour bébé. (Évidemment, à mesure que votre enfant vieillit, les oeufs ne devraient pas être un aliment servi tous les jours.) Encore une fois, parlez à votre médecin.

L'APPORT EN SEL

«Mon conjoint et moi sommes très prudents quant à notre consommation de sel. Par ailleurs, à quel point devons-nous faire attention à l'apport en sel dans le menu de notre bébé?»

Les bébés, comme nous tous, ont besoin de sel. Tout comme nous, ils n'ont pas besoin de beaucoup de sel. En fait, leurs reins ne peuvent supporter de grandes quantités de sodium et c'est sans doute la raison pour laquelle le lait maternel est une boisson contenant très peu de sodium (seulement 5 mg de sodium par tasse comparé à 120 mg par tasse pour le lait de vache). Il apparaît de plus en plus évident que trop de sel trop tôt, surtout dans les familles ayant des antécédents d'hypertension, peut augmenter la pression sanguine durant la vie adulte. Les études démontrent également que les bébés n'ont pas de préférence particulière pour les aliments salés, mais qu'ils peuvent en développer une si on les nourrit d'aliments riches en sodium. Cela peut s'avérer très néfaste plus tard.

En réponse à l'évidence croissante qu'un excès de sodium n'est pas bon pour les bébés, les grands manufacturiers de nourriture pour bébés ont éliminé le sel de leurs recettes. Les mères qui préparent leur propre nourriture pour bébés devraient en faire autant. N'allez pas croire que les fèves et les pommes de terre en purée n'intéresseront pas votre enfant à moins d'avoir été saupoudrées de sel. Laissez les papilles gustatives de bébé goûter la vraie saveur des aliments, sans les altérer avec du sel. Bébé développera ainsi un goût pour la nourriture au naturel, qui durera longtemps.

Pour vous assurer que bébé ne prend pas l'habitude du sel et pour aider les autres membres de votre famille à réduire leur consommation de sel, lisez systématiquement les étiquettes. Vous trouverez de grandes quantités de sel là où vous ne l'auriez jamais soupçonné, y compris dans le fromage cottage, les fromages durs, les pains, les céréales, les gâteaux et les biscuits. Choisissez une variété contenant peu de sodium. Étant donné qu'un bébé de six mois n'a pas besoin de plus de 250 à 750 mg de sodium par jour jusqu'à l'âge d'un an, les aliments qui contiennent 300 mg ou plus par portion dépasseront vite ce niveau. Lorsque vous achetez des aliments pour bébé, optez le plus souvent possible pour des aliments contenant moins de 50 mg de sodium par portion.

L'HABITUDE DE MANGER DES FIBRES

«Je sais que le pain de blé entier est meilleur pour mon bébé, mais je n'aime pas le goût personnellement et j'ai du mal à m'imaginer que bébé puisse aimer cela. Ne serait-ce pas préférable pour bébé de manger son pain blanc plutôt que son pain de blé entier?»

CONTENU EN SODIUM DANS LES ALIMENTS POUR BÉBÉS

ALIMENTS	QUANTITÉ	SODIUM EN MG
Lait maternel	1 tasse	5 mg
Préparation lactée	1 tasse	Cela varie, mais se compare habituelle-ment au lait maternel
Lait entier	1 tasse	120 mg
Céréales pour bébés	1/4 tasse	0 mg
Fruits pour bébés	1/2 pot	2-10 mg
Patates douces pour bébés	1/2 pot	20 mg
Carottes pour bébés	1/2 pot	35 mg
Pois pour bébés	1/2 pot	7 mg
Yogourt de lait entier	30 ml	20 mg
Fromage cottage de lait entier	30 ml	110 mg
Fromage cottage non salé*	30 ml	15 mg
Pain de blé entier	1/2 tranche	90 mg
Pain de blé entier non salé	1/2 tranche	5 mg
Galette de riz	1 entière	28 mg
Galette de riz non salée	1 entière	0 mg

*Si vous vous servez de fromage cottage non salé, à faible teneur en gras, assurez-vous que bébé reçoit un apport en gras adéquat grâce à d'autres sour-ces alimentaires comme le lait maternel, la préparation lactée, les fromages durs et les yogourts nature ou ajoutez 15 ml (1 c. à table) de crème douce ou sûre à chaque 60 ml (1/4 tasse) de fromage cottage.

Quel genre de pain votre mère vous donnait-elle dans votre chaise haute? Quel type de tranches de pain grillées mangiez-vous avec vos oeufs alors que vous étiez en pleine croissance? Avec quel pain préparez-vous votre sandwich au thon destiné à votre collation? Il y a fort à parier que la réponse à ces trois questions soit blanc, et on ne peut pas s'étonner que vous préfériez le pain blanc encore aujourd'hui. Les préférences alimentaires que nous développons très tôt nous suivent pendant toute notre vie à moins de faire un effort conscient pour les changer. C'est exactement pourquoi il est important de donner à bébé *seulement* des fibres maintenant et durant toute son enfance. Si vous le faites, non seulement s'habituera-t-il aux fibres mais il les préférera et trouvera que le pain blanc est fade et pâteux, comparé au pain de blé entier. Si tout le reste de la famille opte pour le blé entier, en peu de temps vous pourriez préférer tous les pains plus foncés et plus sains.

BÉBÉ SE LÈVE TRÈS TÔT

«Au début, nous étions heureux que notre bébé dorment toutes ses nuits. Maintenant que bébé se réveille à cinq heures tous les matins, nous nous prenons presque à espérer qu'il se réveille plutôt en plein milieu de la nuit.»

Avec un bébé qui se réveille la nuit, on peut au moins espérer dormir quelques heures lorsqu'il se rendort. Avec un bébé qui gratifie ses parents d'une vigueur et d'une énergie exaspérantes, prêt et impatient de commencer chaque journée tôt le matin, il n'y a aucun espoir de se reposer avant que la nuit n'arrive enfin après une journée interminable. Pourtant, ce réveil difficile est vécu quotidiennement par des milliers de parents.

Les parents n'ont souvent d'autre choix que d'apprendre à vivre avec ce problème. Dans certains cas, il est possible d'habituer bébé à se lever plus tard le matin :

Empêchez la lumière du petit matin d'entrer. Certains bébés (comme certains adultes) sont particulièrement sensibles à la lumière lorsqu'ils dorment. Lorsque les jours sont plus longs et que le jour arrive plus tôt, gardez la chambre de bébé bien sombre pour l'aider à rester plus longtemps endormi. Achetez des toiles épaisses ou des draperies doublées. Autrement suspendez une couverture épaisse dans la fenêtre quand vient le soir.

Évitez les bruits. Si la fenêtre de la chambre de bébé donne sur une rue où la circulation est dense très tôt le matin, le bruit pourrait réveiller bébé prématurément. Essayez de garder sa fenêtre fermée, suspendez-y une couverture épaisse ou des rideaux pour assourdir le bruit ou, si possible, déménagez bébé dans une autre chambre loin des bruits de la rue.

Couchez bébé plus tard le soir. Il est possible que bébé se réveille plus tôt qu'il ne devrait le matin parce que vous le mettez au lit trop tôt le soir. Essayez de le coucher dix minutes plus tard chaque soir, jusqu'à ce que vous ayez graduellement retardé le moment de le mettre au lit d'une heure ou plus. Cela fonctionnera probablement mieux si vous déplacez ses siestes et ses repas simultanément, pour le même laps de temps.

Gardez bébé éveillé plus tard durant la journée. Certains bébés lève-tôt sont prêts à retourner dormir dès une heure ou deux après leur réveil matinal. Pour décourager cette habitude, retardez son retour à la couchette de dix minutes chaque matin, jusqu'à ce qu'il fasse la sieste environ une heure plus tard, ce qui pourrait éventuellement l'aider à prolonger son sommeil de nuit.

Diminuez le temps de sommeil de bébé durant le jour. Un bébé a besoin seulement d'un certain nombre d'heures de sommeil, soit une moyenne de 14 1/2 heures à cet âge, avec de grandes variations chez chacun. Peut-être bébé dort-il trop durant le jour et a besoin par conséquent de moins de sommeil durant la nuit. Limitez les siestes de jour : éliminez une sieste ou raccourcissez les siestes. Cependant, bébé ne doit pas, pour autant, se retrouver épuisé vers la fin de la journée.

Faites patienter bébé. Ne soyez pas trop pressé de vous rendre dans sa chambre dès le premier appel. Étirez graduellement le temps avant de vous rendre auprès de lui, en commençant par cinq minutes, à moins bien sûr qu'il ne pleure. Si vous avez de la chance, bébé pourrait se retourner et se rendormir ou, du moins, s'amuser tout seul pendant quelque temps.

Laissez quelques jouets dans la couchette. Si le fait de laisser la pièce dans le noir n'aide pas, essayez de laisser la lumière entrer et mettez quelques jouets avec lesquels il pourra s'amuser avant votre lever (tableau d'activités attaché sur le côté de la couchette, animaux rembourrés et autres jouets sécuritaires pour la couchette). Les animaux de peluche représentent un risque de suffocation et ne doivent pas être laissés dans la couchette.

Faites patienter bébé pour le déjeuner. Si bébé est habitué de manger à 5 h 30, la faim le prendra régulièrement à cette heure. Même si vous vous levez en même temps que bébé, ne le faites pas manger tout de suite. Retardez graduellement le déjeuner, de sorte qu'il sera moins porté à se réveiller pour manger.

Malheureusement, tous ces efforts peuvent rester vains. Certains bébés ont seulement besoin de moins de sommeil que d'autres. S'il s'avère que bébé n'a pas besoin de beaucoup d'heures de sommeil, il se peut

que vous deviez vous lever et rester debout très tôt, jusqu'à ce qu'il soit assez âgé pour se lever et préparer son déjeuner tout seul. D'ici là, vous réveiller tôt et vous relayer un matin sur deux est peut-être la meilleure technique de repos partagé. Toutefois, cela ne sera pas possible si la présence de la mère est requise pour l'allaitement.

BÉBÉ NE DORT PAS ENCORE TOUTE LA NUIT

«Mon bébé se lève encore deux fois toutes les nuits et il ne se rendort pas s'il n'a pas été nourri, peu importe combien de temps nous le berçons ou tentons de l'apaiser. Pourrons-nous bientôt dormir comme avant?»

Bébé continuera de se réveiller plusieurs fois par nuit pour le reste de sa vie, comme nous le faisons tous. Toutefois, quand bébé aura appris comment se rendormir tout seul, vous pourrez prendre une bonne nuit de sommeil.

En aidant bébé à se rendormir — avec le sein, le biberon, une sucette, en le berçant, en le massant, en lui faisant écouter des cassettes pour dormir — vous ne faites que retarder le moment où il apprendra à se rendormir de lui-même. Le moment inévitable viendra où il ne sera plus pratique ou possible pour vous d'endormir votre enfant. Si vous vous arrangez pour que ce moment soit maintenant, non seulement vous bénéficierez de plus de sommeil, mais bébé aussi.

La première étape à suivre est de revoir les trucs de la page 223 pour réduire le nombre de réveils nocturnes et pour raccourcir les siestes de jour. Ensuite, utilisez l'une des approches suivantes pour orienter bébé vers un sommeil indépendant :

Faites la sourde oreille. Si bébé se réveille généralement pour manger une ou deux fois pendant la nuit, ne répondez pas, laissez-le épuiser ses larmes.

Abstenez-vous graduellement de réconforter bébé pendant la nuit. Si bébé a l'habitude de se réveiller trois ou quatre fois par nuit et plus, ou si vous n'êtes pas à l'aise avec la tactique de la sourde oreille, allez-y plus lentement. Répondez lorsqu'il appelle, mais pas en le nourrissant. Tentez plutôt de le rendormir d'une autre manière (en chantant, en le berçant, en lui donnant de petites tapes dans le dos). Une fois qu'il pourra passer la nuit sans manger, commencez à le laisser pleurer graduellement.

Si bébé ne dort pas encore pendant toute la nuit, en dépit de vos tentatives, le problème peut dépendre de la manière dont il s'endort au début d'une sieste ou le soir. Alors que certains bébés peuvent s'endormir sur le sein ou le biberon au moment de la sieste ou lorsque vous les mettez au lit pour la nuit, sans avoir besoin de cette aide en plein milieu de la nuit, d'autres n'y arrivent pas. Si votre enfant a de la difficulté à s'endormir, vous devrez également changer son rituel de mise au lit. Nourrissez-le bien avant l'heure de la sieste et, plus tard, lorsqu'il sera somnolent, mettez-le dans la couchette alors qu'il est encore éveillé. Au début, la plupart des bébés auront du mal à s'endormir de cette façon, mais presque tous y réussiront quand vous leur aurez laissé quelques chances de s'endormir en pleurant.

Cela vous paraît sensé, mais est-ce possible? Qu'arrivera-t-il si bébé s'endort invariablement en tétant, que vous l'ayez planifié ainsi ou non? Dans ces circonstances, ce serait sans doute plus sensé de

UNE AUTRE FAÇON DE FAIRE DORMIR BÉBÉ PENDANT LA NUIT

Si vous êtes parmi les êtres qui ne peuvent pas ou ne veulent pas entendre bébé pleurer jusqu'à l'épuisement et qui veulent absolument que bébé dorme pendant la nuit, réveillez-le! En effet une étude récente à démontré qu'un programme d'éveil systématique peut fonctionner aussi bien que la méthode du laisser pleurer, bien que cette méthode soit plus lente à donner des résultats. Beaucoup de questions restent encore sans réponses quant à ce nouveau programme, dont la première question consiste à savoir pourquoi cela fonctionne. Néanmoins, peut-être voulez-vous expérimenter la méthode de l'éveil systématique.

Voici comment : pendant une semaine, prenez note des heures de réveil de nuit de bébé, de sorte que vous aurez une bonne idée des heures habituelles en faisant une moyenne de réveil. Ensuite, minutez votre réveille-matin pour qu'il sonne environ une demi-heure avant le premier appel. Au son de la cloche, levez-vous, réveillez bébé et faites tout ce que vous faites habituellement lorsque le réveil est spontané (changement de couche, allaitement, berceuse ou n'importe quoi d'autre). Anticipez chaque réveil nocturne de la même manière. Prolongez graduellement le temps entre ces éveils systématiques et commencez à les éliminer. En l'espace de quelques semaines, peut-être aurez-vous réussi à les éliminer entièrement.

retarder votre croisade plutôt que de le réveiller dans vos bras après chaque repas, de sorte qu'il puisse se rendormir encore une fois par lui-même. Heureusement, à mesure qu'ils vieillissent, les bébés sont moins portés à s'endormir pendant qu'on les nourrit. Vous pourrez bientôt mettre bébé au lit, même quand il sera encore éveillé. Saisissez l'occasion chaque fois qu'elle se présente et vous verrez éventuellement bébé s'endormir tout seul.

Certains bébés nourris au sein continuent à se réveiller et à manger durant la nuit tout le long de leur enfance. Leur réveil n'est pas dû à un besoin de nourriture mais parce que, nuit après nuit, on leur fait une offre qu'ils sont incapables de refuser : le confort de l'allaitement. Ils continueront habituellement à se réveiller la nuit, aussi longtemps que cette offre durera. Leurs mères sont généralement prêtes à sacrifier leurs nuits complètes de sommeil pour devenir distributrices de lait vingt-quatre heures sur vingt-quatre, jusqu'à ce que l'enfant soit sevré (auquel moment les bébés commencent apparemment à dormir pendant la nuit, comme par magie). On ne sait cependant pas clairement si la pratique prolongée des boires de nuit apporte quelque bienfait aux enfants. Les bébés qui risquent le plus de se réveiller la nuit sont les bébés nourris au sein qui dorment avec leur mère. Voilà une pratique plus courante que la plupart ne se l'imaginent et qui peut contribuer à la carie dentaire, à cause des tétées fréquentes pendant la nuit.

LAISSER PLEURER BÉBÉ

«Tout le monde me presse de laisser mon bébé pleurer lorsqu'il se réveille pendant la nuit. L'indifférence me semble si cruelle.»

Pour les parents attentionnés, dévoués aux besoins de bébé, le fait de laisser pleurer bébé peut certainement paraître une punition cruelle et inhumaine, surtout lorsque bébé veut maman ou papa en plein milieu de la nuit. Selon des experts, le fait de laisser pleurer bébé peut, effectivement, constituer une manière d'apprendre à bébé comment s'endormir de lui-même. Pourtant, si vous êtes philosophiquement opposés à cette idée, ne l'essayez pas. Les signaux incohérents et involontaires que vous transmettriez à bébé risqueraient de le confondre, sans l'aider à dormir. Aidez plutôt bébé à se rendormir par autre chose qu'une collation de minuit, aussi longtemps que cela sera nécessaire, en le rassurant par exemple.

Pour les parents fermes ou désespérés, le fait de laisser pleurer bébé fonctionne presque invariablement. Vous pouvez vous servir de l'une de ces deux approches :

Laisser pleurer bébé jusqu'à épuisement. Si vous pouvez tolérer une heure ou plus de pleurs et de cris vigoureux et si vous ne vous sentez pas coupables d'être indifférents aux pleurs de bébé, vous êtes capables de ne pas aller près de bébé, de ne pas le calmer, de ne pas le nourrir et de ne pas lui parler lorsqu'il se réveille en plein milieu de la nuit. Vous êtes ainsi capables de laisser bébé pleurer jusqu'à l'épuisement et jusqu'à ce qu'il ait compris qu'il n'aura rien ni personne en pleurant. Il se rendormira épuisé et, peut-être, déçu. La nuit suivante, les pleurs dureront sans doute moins longtemps. Leur durée devrait continuer à diminuer ainsi toutes les nuits qui suivront, jusqu'à ce que finalement ils cessent complètement. Bébé aura compris qu'il doit s'endormir tout seul sans tétine dans la bouche et sans bras pour le bercer.

Jusqu'à ce jour mémorable où vous vous réveillerez le matin à sept heures, pour réaliser que vous avez dormi toute la nuit et que bébé semble avoir fait de même, vous

vous sentirez reposés. Par ailleurs, si vous trouvez que les bouchons pour les oreilles, le bourdonnement du ventilateur, le chuchotement des voix de la radio ou du téléviseur vous aident à masquer et à supporter les pleurs aigus de bébé, vous pourriez les utiliser. S'il y a un interphone dans la chambre de bébé, vous pouvez le fermer lorsque bébé commence à pleurer. Si bébé est vraiment hystérique, vous pourrez l'entendre de toute façon. Si vous ne l'entendez pas du tout, faites sonner une minuterie toutes les vingt minutes. Lorsque la sonnerie se fait entendre, ouvrez l'intercom pour savoir si bébé pleure encore. Répétez chaque vingt minutes jusqu'à ce que les pleurs cessent.

S'il arrive que les pleurs de bébé changent et qu'il paraît avoir un problème, allez vérifier pour vous assurer qu'il n'est pas pris dans ses couvertures ou entre les barreaux de son lit, incapable de s'en sortir tout seul. Si bébé a un problème, installez-le confortablement, donnez-lui une petite tape affectueuse et dites-lui quelques mots gentils avant de quitter sa chambre.

Laissez pleurer bébé, un peu à la fois.
Si vous n'avez pas la constitution pour tolérer une heure de cris, laissez pleurer bébé pendant quelques minutes (ou aussi longtemps que vous pouvez le supporter), puis allez le voir. Si vous êtes l'image de sa nourriture, laissez faire papa à votre place. Rassurez bébé avec une caresse et un «je t'aime» chuchoté (sans le prendre) et quittez sa chambre. Ne restez pas assez longtemps pour qu'il s'endorme pendant que vous le calmez. Répétez le procédé, en prolongeant le temps où vous le laissez seul de cinq minutes chaque fois, jusqu'à ce qu'il se rendorme. La nuit suivante, étirez les périodes qu'il passe seul de quelques minutes de plus et continuez ainsi pendant plusieurs nuits, jusqu'à ce qu'il se rendorme après la toute première période. Cette approche présente toutefois un problème : certains bébés peuvent être désorientés par les visites de leurs parents et stimulés pour pleurer encore plus énergiquement, ce qui peut prolonger le temps qu'ils mettraient normalement pour se rendormir.

Malheureusement pour leurs parents, certains bébés n'apprendront pas à se rendormir seuls, même lorsqu'un programme de laisser pleurer est suivi avec une détermination acharnée. Il est possible que certains de ces bébés ne mangent pas assez pendant le jour et qu'ils se réveillent en plein milieu de la nuit parce qu'ils ont vraiment très faim. Pour ces bébés, cela pourrait aider d'augmenter le temps des repas quotidiens, tout particulièrement ceux de fin de journée. (Souvenez-vous, si bébé était prématuré ou petit à la naissance, il peut continuer à avoir besoin de boires de nuit plus longtemps que les autres.) D'autres bébés peuvent souffrir d'allergie ou de maladie. Pour ceux-ci et pour tous ceux dont les réveils nocturnes semblent être un problème insoluble, il est nécessaire de consulter le médecin. D'autres encore peuvent être hyperactifs et être dérangés par des stimuli que d'autres bébés ne remarqueraient même pas en temps normal, ce qui les rend incapables de se rendormir. Pour ces bébés, un environnement soigneusement contrôlé — avec les bruits, la lumière, la température et les vêtements pensés en fonction du confort et d'une incitation au sommeil — peut souvent régler le problème. D'autres n'ont tout simplement pas besoin de beaucoup de sommeil et trouvent que deux heures du matin est un moment parfait pour le jeu. Avec ces bébés, les parents n'ont qu'à espérer que bébé se rendorme après quelques minutes d'éveil nocturne.

Quelques rares bébés pleurent toujours pendant quelques minutes avant de s'endormir et pleurent encore en se réveillant la nuit. Cela ne doit pas vous inquiéter, à moins que les pleurs ne vous réveillent chaque fois.

CE QU'IL IMPORTE DE SAVOIR
Stimuler les bébés plus âgés

S'il faut de l'ingénuité pour stimuler un bébé durant les premiers mois de sa vie, il faut de la sophistication pour stimuler un bébé qui atteint presque la demi-année. Vous ne pourrez désormais plus modeler ses qualités physiques, émotionnelles et intellectuelles de vos propres mains. Bébé est maintenant prêt et capable de jouer un rôle actif dans le processus d'apprentissage et la coordination de ses sens : il voit ce qu'il touche, regarde ce qu'il entend et touche ce qu'il goûte.

Les mêmes grandes lignes dont nous avions déjà parlé à la section «Stimuler bébé durant les premiers mois» (page 207) continueront de s'appliquer durant la seconde moitié de la première année de bébé, mais les activités auxquelles vous pourrez l'initier seront beaucoup plus éten-

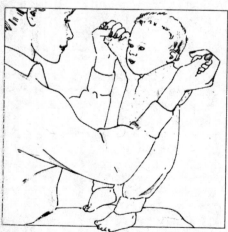

Les bébés adorent se tenir debout sur nos genoux. En le tenant dans cette position, non seulement vous le divertirez, mais vous aiderez les muscles des jambes dont il aura besoin pour se lever et, plus tard, pour se tenir debout, à se développer.

dues. Elles seront fondamentalement orientées vers ces aires de développement :

Motricité brutale. La meilleure façon de développer une motricité brutale solide, une coordination nécessaire pour s'asseoir, ramper, marcher, lancer un ballon et se promener sur un tricycle est de fournir à bébé de multiples occasions. Changez la position de bébé fréquemment — du ventre au dos, de assis à couché sur le ventre, de la couchette au plancher — pour lui donner la chance de pratiquer certaines prouesses physiques. Lorsque bébé semble prêt (ce que vous ne saurez pas avant de l'avoir essayé), donnez-lui l'occasion de faire ceci :

- se tenir sur vos genoux et rebondir;
- tirer pour s'asseoir;
- s'asseoir en grenouille;
- s'asseoir bien droit, retenu pas des coussins, si nécessaire;
- tirer pour se mettre debout, en serrant bien vos doigts;
- tirer pour se mettre debout dans une couchette ou un parc, ou en se tenant sur d'autres meubles;
- se tenir à quatre pattes;
- voler doucement dans les airs en le tenant bien.

Motricité fine. Le développement de la dextérité des petits doigts et des petites mains de bébé le conduira éventuellement à la maîtrise de gestes essentiels, comme manger seul, dessiner, écrire, se brosser les dents, attacher les lacets de ses chaussures, boutonner une chemise, tourner une clé dans une serrure et bien d'autres actions. Ces capacités se développent plus rapidement si vous donnez à bébé toutes sortes d'occasions de se servir de ses

COMMENT PARLER À VOTRE BÉBÉ MAINTENANT

Maintenant que bébé est prêt à faire le grand pas vers le développement du langage, ce que vous lui dites prend une toute autre signification. Vos mots seront la base de son apprentissage du langage réceptif (comprendre ce qu'il entend), ce qui arrive plus tôt, et expressif (parler), ce qui évolue plus lentement. Vous pouvez aider bébé à développer les deux genres de langage en suivant ces conseils :

Parlez lentement. Lorsque bébé tente de décoder notre impossible jargon, un débit trop rapide ralentira ses efforts. Pour lui donner la chance d'attraper quelques mots au passage, vous devrez parler lentement, clairement et simplement.

Utilisez un vocabulaire facile. Continuez de commenter vos gestes mais commencez à mettre l'accent sur certains mots. Faites suivre : «Maintenant, maman va changer ta couche» par «Couche, c'est ta couche», pendant que vous tenez la couche bien en vue. À l'heure de son repas, lorsque vous dites : «Je mets du jus dans la tasse», tenez le pot de jus et ajoutez : «Jus, du jus», «Tasse, une tasse». En général, faites des phrases courtes et moins complexes et insistez d'abord sur les mots les plus usuels dans la vie de tous les jours de bébé. Faites toujours des pauses pour donner à bébé le temps de décoder vos mots, avant de lui en dire plus.

Continuez d'omettre les pronoms. Les pronoms sont encore très confondants pour bébé, alors restreignez-vous à «Le livre de maman» et «L'ourson d'Olivier».

Accentuez les imitations. Maintenant que le nombre de sons que peut émettre bébé va en s'accroissant, le plaisir que vous aurez à vous imiter l'un l'autre augmentera aussi. Des conversations entières peuvent se tenir autour de quelques consonnes et de quelques voyelles. Bébé dit : «Ba-ba-ba-ba» et vous renchérissez sur un profond : «Ba-ba-ba-ba». Bébé réplique : «Da-da-da-da» et vous répondez : «Da-da-da-da». Vous pouvez continuer ces dialogues stimulants aussi longtemps que cela vous amuse tous les deux. Si bébé semble réceptif, vous pouvez essayer de lui offrir des nouvelles syllabes («Ga-ga-ga-ga», par exemple), l'encourageant à vous imiter. Toutefois, si le rôle inverse semble le décourager, revenez à vos imitations de sa voix. Dans peu de temps, bébé pourrait tenter d'imiter vos mots, sans que vous n'ayez eu besoin de le pousser.

Constituez-vous un répertoire de chansons et de rimes. Il se peut que vous trouviez cela pénible de répéter la même rime ou la même chansonnette des douzaines de fois chaque jour. Pour sa part, en plus d'adorer leurs répétitions, bébé apprendra beaucoup de ces petites rimes. Que vous répétiez *La Poulette grise*, *L'Eau vive* ou une chanson inventée de toute pièce, peu importe; ce qui compte, c'est la cohérence. C'est également le bon moment pour élargir les connaissances musicales de bébé en lui faisant écouter d'autres genres de musique sous forme de cassettes ou de disques.

Servez-vous des livres. Bébé n'est pas encore prêt à écouter des histoires, mais de simples rimes accompagnées d'images réussissent souvent à attirer l'attention, même chez les tout-petits. Pointez du doigt une multitude de petits objets, d'animaux ou de gens. Commencez à lui demander : «Où est le chien?» et, éventuellement, bébé vous étonnera en pointant un petit doigt incertain droit sur la bête.

Attendez une réponse. Bien que bébé ne parle pas encore, il commence à décoder l'information et aura souvent une réponse à ce que vous dites, même si ce n'est qu'un rire d'excitation (lorsque vous venez de lui proposer un tour dans sa poussette) ou une petite moue de dépit (quand vous lui annoncez qu'il est temps de sortir de l'eau).

Donnez des ordres. Il est important pour bébé d'apprendre à suivre des ordres simples comme «Donne un baiser à maman», «Fais bye-bye», «Donne la poupée à maman», «S'il te plaît». Bébé ne s'exécutera peut-être pas tout de suite, mais ne lui faites pas sentir que vous êtes déçue lorsque votre enfant ne réagit pas. Aidez-le plutôt à répondre à vos ordres et il finira bien par comprendre. Quand cela se produira, veillez à traiter bébé comme une otarie dressée, en lui demandant d'exécuter son dernier truc chaque fois qu'il y a un auditoire pour l'admirer.

mains, de manipuler des objets de tous genres, de toucher, d'explorer et d'expérimenter. Ce qui suit l'aidera à acquérir une meilleure maîtrise de la motricité fine :

■ Tableau d'activités : une grande variété d'activités donnent à bébé une bonne pratique de la motricité fine, quoiqu'il faudra encore des mois avant qu'il n'arrive à tout conquérir.

■ Blocs : simples cubes de bois, de plastique ou de tissu, gros ou petits, sont appropriés à cet âge.

■ Poupées tendres et animaux rembourrés : leur manipulation leur procure la dextérité.

■ Objets ménagers, réels ou jouets : la plupart des bébés adorent les téléphones — jouets ou vrais (bébé pourrait débrancher le téléphone) — les cuillères et tasses à mesurer, les pots et casseroles, les tasses de carton, les boîtes vides.

■ Ballons : de grosseurs et de textures variées, pour tenir ou pour dégonfler; ils sont particulièrement amusants une fois que bébé peut se tenir assis et les faire rouler, ou se traîner derrière pour les attraper.

■ Jeux de doigts : au début, c'est vous qui taperez des mains et qui ferez des jeux de doigts et autres jeux similaires. Toutefois, avant que vous n'ayez eu le temps de vous en apercevoir, bébé exécutera certains de ces jeux de façon autonome. Quand vous aurez fait une ou deux démonstrations, accompagnez bébé en chantant, lorsqu'il fera ses jeux de doigts.

Sociabilité. Pour la plupart des bébés, le milieu de la première année est une période idéale pour les relations sociales. Ils sourient, rient, s'excitent et communiquent de beaucoup d'autres manières. Ils sont prêts à partager leur amitié avec tous les nouveaux venus. La plupart n'ont pas encore développé la peur des étrangers. Aussi est-ce le moment rêvé pour encourager la socialisation, pour exposer votre enfant à différentes personnes, à de jeunes bébés et aux personnes âgées. Vous pouvez vous prêter à ces rencontres dans les supermarchés, dans les centres d'achats, à l'église, lorsque des amis vous rendent visite ou que vous allez chez eux, et même en laissant bébé fraterniser avec sa propre image dans le miroir. Enseignez-lui une formule de salutation simple comme «allô» ou n'importe quel autre signe de reconnaissance, comme faire «bye-bye» de la main, envoyer un baiser ou dire merci.

Aptitudes langagières et intellectuelles. La compréhension commence à poindre. Les noms de maman, de papa, des frères et des soeurs sont reconnus les premiers, suivis des mots clés «non», «biberon», «bye-bye», par exemple, et peu de temps après de phrases simples souvent entendues comme «As-tu faim?» ou «Fais une caresse à chaton». Le langage réceptif que bébé comprend quand vous parlez viendra avant le langage parlé. D'autres types de développement intellectuel pointent également à l'horizon. Quoique vous ne vous en rendrez pas compte dès le début, bébé se dirige lentement vers la capacité de résoudre des problèmes rudimentaires, d'observer et de mémoriser. Vous pouvez l'aider en appliquant ces quelques conseils :

■ Faites des jeux qui stimulent l'intelligence (voir page 408), qui aident bébé à observer la cause et l'effet (remplissez une tasse d'eau dans la baignoire et laissez bébé la renverser), qui expliquent la permanence des objets (couvrez un jouet favori avec un morceau de tissu et laissez bébé le chercher ou jouez à cache-cache).

■ Continuez à aiguiser la perception auditive de bébé. Lorsqu'un avion passe au-dessus de sa tête et qu'un camion de pompiers passe à toute vitesse, toutes sirènes dehors, pointez-les du doigt et dites à bébé : «Est-ce un avion?» ou «Entends-tu la sirène du camion de pompiers?». Cela l'aidera à comprendre le monde des sons. Accentuer et répéter les mots clés «avion», «camion de pompiers» l'aidera également à reconnaître les mots. Faites la même

chose lorsque vous passez l'aspirateur ou que vous tournez le robinet du bain, quand le sifflet de la bouilloire, la sonnerie du téléphone ou de la porte d'entrée se font entendre. Ne négligez pas ces bruits amusants et favoris de bébé : les bruits de bouche sur son ventre ou sur ses bras, les claquements de votre langue et les sifflotements sont tous éducatifs. Ils encouragent l'imitation qui, en retour, encourage le développement du langage.

■ Introduisez les concepts. Cet ourson est doux, ce café est chaud, l'auto va vite, bébé s'est levé de bonne heure, la balle est sous la table. Le balai sert à balayer, l'eau sert à laver et à boire, la serviette sert à sécher, le savon sert à laver. Au début, vos mots ne voudront rien dire pour bébé mais, éventuellement, avec des répétitions, les idées s'enchaîneront.

■ Encouragez la curiosité et la créativité. Si votre enfant veut se servir d'un jouet d'une façon inhabituelle, ne le découragez pas ou ne le dépréciez pas. (Où serions-nous aujourd'hui si les parents d'Edison, d'Einstein et de Marie Curie s'étaient objectés à ce que leurs enfants fassent les choses différemment?) Donnez à votre enfant une chance d'expérimenter et d'explorer, que cela veuille dire de regarder les fleurs dans le parterre ou de presser une éponge mouillée dans la baignoire. Un bébé apprendra beaucoup plus en faisant ses propres expériences, qu'en se faisant expliquer les choses, du moment que ses expériences ne sont pas dangereuses ou destructives.

■ Encouragez l'amour de l'étude. Bien qu'il soit important d'enseigner des faits et des concepts spécifiques à votre enfant, il est tout aussi important de lui enseigner comment apprendre et de lui inculquer un amour de l'apprentissage.

CHAPITRE 10

Le septième mois

CE QUE BÉBÉ POURRAIT FAIRE

D'ici la fin de ce mois, bébé devrait pouvoir (voir note)

■ manger un biscuit sec tout seul (6 1/4 mois);

■ produire avec sa bouche des bruits humides remplis de bulles (6 1/4 mois);

Note : Si vous remarquez que bébé n'a pas encore réussi l'un ou l'autre de ces exploits (ou les deux), consultez un médecin. Il arrive (rarement, faut-il dire) qu'un délai de ce genre indique un problème. Le plus souvent cependant, bébé sera tout à fait normal. Généralement, les prématurés réussissent les mêmes exploits plus tard que les autres enfants de leur âge, c'est-à-dire qu'ils y arrivent au moment où ils auraient atteint cet âge, s'ils étaient nés à terme, et parfois plus tard.

pourra probablement

■ porter son poids sur ses jambes lorsque vous le tenez debout;

■ se tenir assis sans appui;

■ montrer son mécontentement si vous essayez de lui enlever un jouet;

■ faire des efforts pour attraper un objet hors de sa portée;

■ faire passer un cube ou un autre objet d'une main à l'autre;

■ chercher un objet qu'il a échappé;

■ repérer un raisin sec et le prendre dans son poing;

■ se retourner dans la direction d'une voix (vers 7 1/3 mois);

■ babiller en émettant une combinaison de voyelles et consonnes comme «ga-ga-ga-ga», «ba-ba-ba-ba», «ma-ma-ma-ma», «da-da-da-da»;

■ jouer à cache-cache (vers 7 1/4 mois).

pourrait même

■ se tenir debout en s'agrippant à quelqu'un ou à quelque chose.

pourrait peut-être même

■ se mettre debout alors qu'il était assis;
■ se mettre en position assise lorsqu'il est couché sur le ventre;

■ jouer à taper des mains ou à faire au revoir de la main;
■ ramasser des objets minuscules avec n'importe quelle partie du pouce ou des doigts;
■ marcher en se tenant aux meubles;
■ dire «maman» ou «papa» sans discrimination.

CE QUE L'EXAMEN MÉDICAL VOUS RÉSERVE CE MOIS-CI

La plupart des médecins ne vous donneront pas de rendez-vous de routine ce mois-ci. Toutefois, n'hésitez pas à téléphoner au médecin si vous éprouvez quelque inquiétude qui ne peut attendre à votre prochaine visite.

L'ALIMENTATION DE BÉBÉ CE MOIS-CI
Commencer les aliments en morceaux

Que le passage de bébé aux aliments solides se soit fait en douceur ou que vous vous soyez heurtée à toutes sortes de difficultés et mésaventures, il vous faudra bientôt (à vous et à votre bébé) entreprendre une autre étape : offrir à bébé des aliments de texture plus consistante au lieu d'aliments en purée claire. Que bébé se révèle un gourmand impatient et aventureux ou un gourmet capricieux et raffiné, qu'il soit un mangeur expérimenté de solides ou un nouveau venu dans la chaise haute, il est préférable d'entreprendre cette étape maintenant au lieu de plus tard durant la première année, alors que les nouvelles expériences risquent plus de rebuter les enfants.

Par ailleurs, le moment du grand festin familial dans votre restaurant préféré n'est pas encore arrivé. Même lorsque les deux premières dents sont bien en place, les bébés continuent à mastiquer avec leurs gencives, ce qui n'est pas l'idéal pour mordre dans un morceau de viande. Pour l'instant, les purées grossières ou les aliments écrasés, avec un peu plus de texture que les purées claires, seront parfaits pour les besoins et les goûts de bébé.

Vous pouvez utiliser les aliments commerciaux junior ou de deuxième étape, ou écraser le repas de bébé à partir du repas que vous aurez préparé pour le reste de la famille, du moment que cette nourriture soit sans sel et sans sucre. Vous pouvez essayer le gruau préparé à la maison, délayé avec du lait. Cependant, souvenez-vous qu'il n'est habituellement pas enrichi de fer, contrairement au gruau pour bébés. Vous pouvez servir du fromage cottage en petits morceaux écrasés (de préférence sans sel (voir note à la page 330; des pommes ou des poires râpées (râpez de petits morceaux de fruits dans une assiette); des fruits cuits écrasés ou en purée grossière (comme des pommes, des abricots, des pêches, des prunes); et des légumes (comme des carottes, des pommes de ter-res, des patates douces, du chou-fleur, des courgettes). À sept mois, vous pouvez habituellement ajouter les viandes et les volailles sans la peau (en purée, hachées ou émincées très finement) et de petits flo-cons de poisson doux. Lorsque le méde-cin vous permet de donner des jaunes d'oeufs à bébé (on vous suggérera proba-blement d'attendre pour les blancs d'oeufs, qui sont très allergènes), servez-les bien cuits et écrasés, brouillés, sur des tranches de pain grillées ou sur des crêpes. Servez-les au même repas que les aliments riches en vitamine C, comme le jus d'orange, pour faciliter l'absorption du fer. Attention aux filaments dans les fruits (comme les bananes et les mangues), les légumes (comme le brocoli, les choux frisés et les haricots verts) et les viandes. Veillez à vérifier les poissons soigneusement pour qu'aucune arête ne reste dans la portion de bébé quand vous aurez mis le poisson en purée.

Certains bébés sont également capables de manger pains et biscuits secs à sept mois, mais choisissez-les prudemment. Ils devraient être composés de fibres, prépa-rés sans sel ni sucre et avoir une texture qui fond dans la bouche. Les meilleurs pains pour débuter sont les petits pains con-gelés de blé entier (ils sont durs, mais les morceaux que bébé arrive à en prélever sont mous) et les galettes de riz non salées (elles se désagrègent facilement et elles fondent sur la langue). Quoiqu'elles ne soient pas très savoureuses, les enfants les adorent. Une fois que ces produits sont bien assimilés, bébé est prêt à manger des pains contenant des fibres. Pour réduire le risque d'étouffement, enlevez les croûtes et servez les pains tranchés en cubes, les petits pains ronds et les miches en gros morceaux; évitez le pain blanc commer-cial, qui a tendance à devenir pâteux lorsqu'il est imbibé et peut causer des étouffements. Donnez du pain et des bis-cuits — ainsi que tous les aliments qui se mangent avec les doigts — seulement quand bébé est assis et seulement lorsque vous le surveillez. Assurez-vous de savoir ce qu'il faut faire en cas d'étouffement (voir Tome II).

CE QUI POURRAIT VOUS INQUIÉTER

MORSURES DES MAMELONS

«Mon bébé a maintenant deux dents et semble trouver amusant de s'en servir pour mordre mes mamelons pendant que je l'allaite.»

Il n'y a aucune raison de laisser bébé s'amuser à vos dépens. Étant donné qu'un

bébé ne peut mordre lorsqu'il tète activement (sa langue se place entre les dents et
les mamelons), les morsures sont habituellement un signe qu'il a ingurgité assez de
lait et qu'il vous prend maintenant pour un
jouet. Il est possible qu'il ait commencé à
trouver cela amusant lorsque, après avoir
accidentellement mordu votre mamelon,
vous avez laissez entendre un petit cri. Il
a ensuite poussé un gloussement de satisfaction. Vous n'avez pu vous empêcher de
rire et il a continué le jeu, en vous mor-
dant et en attendant votre réaction, minau-
dant à votre «non» dérisoire, et comprenant
de travers votre faible tentative pour garder un visage impassible.

Alors résistez à la tentation de rire et
faites-lui savoir que vous ne pouvez pas
accepter qu'il vous morde, en lui disant un
«non» ferme sans rudesse et en l'éloignant
de votre sein. S'il essaie de s'agripper à
votre mamelon, servez-vous de votre doigt
pour l'en détacher. Après quelques épisodes de ce genre, il comprendra et ne mordra plus.

Il est important de mettre un terme à son
habitude de mordre maintenant, pour éviter de plus graves morsures plus tard. Il
n'est pas trop tôt pour qu'il comprenne que
si les dents sont faites pour mordre, il y a
des choses appropriées à cet usage (un
anneau de dentition, un morceau de pain,
une banane) et d'autres qui ne le sont pas
(les seins de maman, les doigts du petit
frère ou de la petite soeur, l'épaule de
papa).

GÂTER BÉBÉ

*«Je prends mon bébé à la minute où il se
met à pleurer et je finis par le transporter
sur moi presque toute la journée. Suis-je
en train de le gâter?»*

Bien que beaucoup d'amour ne gâte pas un
enfant (en fait, les experts recommandent
d'en donner sans arrêt et sans exception),

le fait de le transporter sur vous à la journée longue pourrait bien finir par le gâter.
À sept mois, les bébés sont déjà passés
maîtres dans la manipulation de leur
maman; les mères qui transportent bébé
sans arrêt, prenant leur tout-petit à l'instant où celui-ci les hèle d'un pathétique
mouvement de ses petits bras, peuvent
s'attendre à devoir prendre bébé à tout
moment alors que bébé est debout. Dans
certaines sociétés, les mères transportent
leurs bébés partout, habituellement bien
attachés en bandoulière, jour et nuit; mais
notre société n'est pas l'une de celles-là.
Au Canada, nous nous attendons à ce
qu'un bébé accède à une certaine indépendance très tôt, en apprenant à se divertir
de lui-même, pendant au moins de courtes périodes de temps. Ceci ne donne pas
seulement à sa mère une chance de s'occuper de ses propres besoins et responsabilités, mais augmente l'estime que bébé a
de lui-même en renforçant l'idée qu'il est
de compagnie agréable. Cela lui montre
également que les autres personnes ont des
droits et des besoins, ce qui représente un
autre concept important à comprendre tôt.

En présumant que vous ne voulez pas
gâter bébé, il est temps de savoir si vous
le gâtez vraiment. Essayez ce qui suit, en
restant simplement détendu pendant que
vous le ferez. Si bébé peut sentir que vous
êtes anxieuse, il fera de son mieux pour
que votre pressentiment soit fondé :

■ Tout d'abord, déterminez si bébé se
plaint pour se faire prendre parce qu'il ne
reçoit pas vraiment une attention de qualité. Vous êtes-vous effectivement assise
avec lui pour jouer plusieurs fois durant
la journée — pour lui lire un livre, faire
une activité avec un jouet spécial ou pour
le faire pratiquer à se mettre debout — ou
votre plus grande interaction s'est-elle
résumée à le mettre dans son parc avec un
jouet, à l'attacher dans son siège d'auto
pour vous rendre au supermarché ou à le
laisser dans sa balançoire alors que vous
prépariez le souper, le prenant dans vos

bras pour répondre à ses pleurs et le transportant négligemment pendant que vous vaquez à vos occupations? Si oui, bébé aura probablement conclu que le fait de se faire transporter par vous toute la journée, bien que cela ne soit pas très stimulant, est encore mieux que de ne pas recevoir d'attention du tout.

▪ Ensuite, essayez de voir si bébé a des besoins physiques. Sa bouche est-elle souillée? Est-ce l'heure de sa collation? A-t-il soif? Est-il fatigué? Si oui, comblez ses besoins et continuez avec ce qui suit.

▪ Changez bébé de place : mettez-le dans son parc, s'il est dans sa couchette; dans le trotte-bébé, s'il est dans son parc; sur le plancher, s'il est dans le trotte-bébé. Cela pourrait satisfaire son envie de voyages.

▪ Veillez à lui fournir des objets ou des jouets pour se divertir — pots et casseroles, ourson tendre ou tableau d'activités — vous savez ce qu'il aime. Étant donné que sa capacité de concentration est très courte, arrangez-vous pour qu'il ait deux ou trois jouets à portée de la main. Trop de jouets à sa disposition pourraient toutefois l'accabler. Procurez-lui un nouveau choix de jouets lorsqu'il semble se fatiguer.

▪ S'il continue de se plaindre, essayez de le distraire, en vous mettant à son niveau pour un moment, mais pas en le prenant dans vos bras. Montrez-lui comment faire de la musique sur un pot avec une cuillère de bois; montrez-lui les yeux, le nez, la bouche d'un animal de peluche; activez le cylindre et faites tourner la roulette de son tableau d'activités pour l'inciter à jouer, et incitez-le à en faire autant.

▪ Si vous avez réussi à lui changer les idées pendant un moment, et même s'il exprime encore quelques timides objections, expliquez-lui que vous avez du travail à faire et retirez-vous pour vous y mettre sans hésiter. Gardez-le dans votre champ de vision, en chantant ou en lui parlant si cela peut aider; si votre présence augmente son insatisfaction, éloignez-vous en prenant soin d'abord de mettre bébé bien en sécurité dans un parc ou dans une couchette. Avant de le faire, cachez votre tête dans un coin et jouez à cache-cache, pour montrer à bébé que, si vous disparaissez, vous revenez toujours.

▪ Laissez bébé se divertir lui-même un peu plus longtemps chaque fois, le laissant s'objecter un peu plus longtemps aussi, si nécessaire. Toutefois, revenez toujours près de lui avant qu'il ne commence à crier, pour le rassurer, et répétez le même procédé. Retardez le moment où vous le prendrez dans vos bras aussi longtemps que vous le pourrez, mais ne commencez pas une lutte de pouvoirs : il gagnerait presque tout le temps. Si vous attendez qu'il crie pour le prendre, il en déduira que c'est la bonne manière d'attirer votre attention.

▪ Ne vous sentez ni coupable ni inquiète de ne pas le prendre sur vous ou de ne pas jouer avec lui à chaque minute du jour. Sinon, vous lui transmettrez le message que le fait de jouer tout seul est une punition et que la solitude peut être ennuyante. Du moment que vous passez effectivement beaucoup de temps avec bébé, quelques moments seuls pourront être salutaires pour tous les deux.

BÉBÉ NE DORT TOUJOURS PAS PENDANT LA NUIT

«Mon bébé semble être le seul bébé dans l'immeuble qui ne dort pas pendant la nuit. Dormira-t-il bientôt toute la nuit, sans se réveiller?»

Tous les bébés se réveillent la nuit et la plupart, à cet âge, ont acquis la capacité de se rendormir seuls. Malheureusement, ce n'est pas quelque chose que vous pouvez enseigner à bébé de la même manière que vous lui montrez à jouer à cache-cache ou à faire un au revoir de la main. Dormir la nuit s'apprend tout seul. La seule façon pour lui de l'apprendre serait de lui en laisser la chance. Ne pas l'allaiter, ne pas lui donner un biberon. Laissez-le lutter pour se rendormir, sans votre aide. Cela pourrait lui prendre quelques nuits, peut-être même une semaine, pour acquérir cette aptitude, mais rarement plus.

Si vous n'avez jamais essayé les trucs de la page 332 pour aider bébé à dormir la nuit, si vous les avez essayés plus tôt sans succès ou que vous ayez abandonné avant que bébé n'abandonne, le temps est venu de tenter l'expérience une fois de plus. Si vous le faites, les chances sont très bonnes pour que vous dormiez tous aussi profondément que tout le reste de l'immeuble, sous peu.

LES GRANDS-PARENTS QUI GÂTENT BÉBÉ

«Mes parents vivent tout près et voient mon bébé plusieurs fois par semaine. Chaque fois, ils lui donnent des sucreries et satisfont tous ses désirs. Je les adore, mais je n'aime pas la façon dont ils le gâtent.»

Les grands-parents vivent dans le meilleur des mondes : ils bénéficient de la joie de gâter un bébé, sans avoir à en assumer les conséquences. Ils peuvent regarder avec plaisir leur petit-fils ou leur petite-fille se délecter des biscuits sucrés qu'ils lui ont apportés, sans avoir à se battre avec un enfant capricieux — et sans appétit — lorsque vient l'heure du repas. Ils peuvent le garder éveillé au moment de la sieste pour jouer plus longtemps avec lui, sans avoir à supporter son agitation plus tard.

Serait-ce donc un droit inaliénable des grands-parents que de gâter leurs petits enfants? Jusqu'à un certain point, oui. Ils ont eu leur part de difficultés durant votre enfance, vous sevrant de votre précieux biberon, vous cajolant pour vous convaincre de manger les épinards dédaignés, se battant pour vous faire respecter l'heure du coucher. Maintenant que votre tour est venu de faire face aux difficultés, ils ont bien mérité de pouvoir gâter un enfant. Il devrait cependant y avoir quelques lignes de conduites sensées sur lesquelles vous pouvez tous vous entendre :

■ Une plus grande latitude peut être donnée aux grands-parents dont la longitude de permissions est à une bonne distance de la vôtre. Les grands-parents occasionnels — ceux qui voient bébé seulement deux ou trois fois par année, durant les vacances ou lors d'occasions spéciales — ne risquent pas de gâter bébé. Par ailleurs, si bébé ne fait pas sa sieste ou reste debout bien après l'heure où vous le mettez normalement au lit ou si les grands-parents le traitent beaucoup trop royalement à votre goût lorsque vous leur rendez visite pendant les vacances, ne vous inquiétez pas. Laissez-les tous profiter de ces moments peu fréquents et soyez assurés que bébé retrouvera rapidement sa routine normale dès que vous serez de retour à la maison.

■ Il est possible que des grands-parents qui vivent dans la même ville (et surtout ceux qui vivent dans la même maison) gâtent bébé à un point tel qu'ils rendent la vie insupportable non seulement aux parents, mais au bébé aussi. Des signaux contraires — maman ne le prendra pas dans ses bras au moindre gémissement, mais grand-maman le fera — sont faits pour confondre un bébé et le rendre malheureux. D'un autre côté, un bébé apprendra très vite que les règles du jeu peuvent varier selon le territoire : il peut mettre sa nourriture en bouillie à la grandeur de la table chez maman, mais pas chez grand-maman, ou vice-versa. Aussi est-il nécessaire d'accorder une certaine liberté d'action, même à des grands-parents vivant tout près, dans les endroits entraînant le moins de conséquences fâcheuses.

■ **Certaines règles prénatales doivent être respectées.** Étant donné que ce sont les parents qui ont la charge de bébé, ce sont eux qui doivent établir les règles les plus importantes en ce qui concerne l'éducation de leur enfant. Les grands-parents, qu'ils vivent loin ou tout près, doivent respecter ces règles, même s'ils ne les approuvent pas nécessairement. Dans une famille, on sera en désaccord quand à l'heure de mettre bébé au lit; dans une autre, on s'objectera à la consommation de sucreries et d'aliments anti-santé dans le menu de bébé; ailleurs encore, on se disputera sur les émissions de télévision pour les enfants (ce qui n'est pas encore un problème avec un bébé de sept mois, mais qui fera partie du quotidien bien assez tôt). Évidemment, si les parents défendent fermement leur point de vue dans toutes les occasions, ils devraient tout de même permettre aux grands-parents de négocier de temps en temps.

■ **Certains droits des grands-parents doivent aussi être respectés.** Le droit de faire des cadeaux ou le droit d'en offrir plus souvent que papa et maman est légitime. Par exemple, les grands-parents pourraient offrir des cadeaux que les parents n'auraient peut-être pas choisis, soit parce qu'ils sont très coûteux, frivoles ou, selon leur opinion, qu'ils manquent de bon goût. À cet effet, les cadeaux représentant un danger devraient être prohibés, et ceux qui violent les valeurs des parents devraient d'abord être négociés avant achat. En général, les grands-parents ont le droit de gratifier leurs petits-enfants avec un surplus d'amour, de temps, d'objets matériels. Toutefois, ces gâteries ne devraient pas être en constante contradiction avec les règles parentales ou devraient être comprises par les enfants comme étant des gâteries exceptionnelles.

Qu'arrive-t-il si les grands-parents dépassent les bornes? Qu'arrive-t-il s'ils ignorent ou outrepassent ouvertement toutes les règles que vous avez établies minutieusement et que vous essayez de suivre avec cohérence? C'est le temps de dialoguer en toute honnêteté. Arrangez-vous pour que cet échange reste léger et affectueux, mais si vos désaccords prenaient l'allure d'une question de vie ou de mort (votre père refuse de mettre bébé dans son siège d'auto pour se rendre à deux coins de rue, votre belle-mère fume en tenant bébé dans ses bras), alors insistez sur la gravité du problème. Expliquez-leur (même si vous l'avez déjà fait) à quel point vous souhaitez qu'ils passent du temps avec bébé mais aussi à quel point leur irrespect des règles que vous avez établies peut confondre votre enfant et chambarder son horaire et, par conséquent, votre équilibre familial. Expliquez-leur que vous êtes prêts à être flexibles en certains cas, mais que pour d'autres cas, ils devront respecter vos exigences. Si cela ne fonctionne pas, laissez ce livre ouvert aux grands-parents qui gâtent bébé, dans un endroit où il ne passera pas inaperçu.

MON BÉBÉ EST-IL DOUÉ?

«Je ne veux pas être une mère ambitieuse. Toutefois, je ne veux pas négliger les talents de mon enfant, s'il est doué. Comment peut-on faire la différence entre un enfant normalement intelligent et un enfant doué?»

D'une certaine manière, tous les enfants sont doués: musicalement, socialement, athlétiquement, artistiquement, mécaniquement. Quel que soit le talent qui émerge chez un enfant, il est important que les parents encouragent son développement, qu'ils le félicitent et qu'ils n'espèrent pas que ce soit un autre talent auquel ils accorderaient plus de valeur. L'encouragement devrait venir dès qu'un don particulier devient évident, ce qui peut se produire au cours de la première année. Toutefois, il y a une différence entre encourager, exiger et pousser un enfant. Faire exécuter une activité ou une discipline de force à un enfant peut être négatif et néfaste.

Toutefois, la majorité des personnes qui parlent d'un enfant doué, en parlent comme d'un enfant qui excelle intellectuellement. Même parmi ceux qui ont été gratifiés de capacités intellectuelles exceptionnelles, il y a des différences. Certains enfants sont doués en mathématiques, d'autres sont doués pour les arts et d'autres encore ont un don particulier pour les communications. Certains sont créatifs; d'autres sont des gestionnaires exceptionnels. Si plusieurs talents pourront plus tard être mesurés grâce à des tests d'intelligence, ils sont tous difficiles à reconnaître durant la petite enfance. Les tests de développement moteur, le plus souvent utilisés pour évaluer le quotient intellectuel (QI) au cours de la première année, ne correspondent pas nécessairement au quotient intellectuel du même enfant plus tard. Les tests qui évaluent la capacité d'un bébé d'assimiler l'information et de manipuler son environnement sont révélateurs mais ils le sont à court terme. Pourtant, il y a des indices d'intelligence durant la première année que vous pouvez tenter de déceler chez bébé :

Développement rapide sur tous les plans. Un bébé qui réussit à tout faire «tôt» (il sourit, s'assoit, marche, parle, prend les objets délicatement et ainsi de suite) continuera probablement à se développer plus rapidement et pourra à la longue s'avérer réellement doué. Bien qu'une grande habileté langagière — particulièrement en ce qui a trait à l'usage de mots inhabituels

avant la fin de la première année — soit le trait le plus fréquemment remarqué par les parents chez leurs enfants doués et que l'habileté langagière soit révélatrice d'une grande intelligence, certains enfants doués peuvent s'exprimer verbalement relativement tard.

Bonne mémoire et capacité d'observation. Les enfants doués étonnent souvent leurs parents avec les choses dont ils se souviennent, souvent bien avant que la plupart des bébés ne se souviennent encore de quoi que ce soit. Quand les choses diffèrent de ce dont ils se souviennent (maman qui a fait couper ses cheveux, papa portant un nouveau manteau, grand-papa affublé d'un pansement sur l'oeil après une opération), ils le remarquent immédiatement.

Créativité et originalité. Quoique la plupart des bébés de moins d'un an soient incapables de résoudre des problèmes, l'enfant doué peut étonner ses parents en réussissant à trouver le moyen de s'approcher d'un jouet pris derrière une chaise, à se hisser pour atteindre une tablette trop haute de la bibliothèque (prendre les livres des tablettes plus basses et les empiler pour y grimper, par exemple) ou se servir du langage des signes pour un mot dépassant ses capacités linguistiques (comme pointer son nez du doigt pour dire que l'animal dans le livre est un éléphant, ou pointer ses oreilles, si c'est un lapin). Le bébé destiné à devenir un enfant doué peut également être très créatif dans ses jeux, se servant des jouets d'une façon inhabituelle, utilisant les objets qui ne sont pas des jouets pour inventer des nouveaux jeux en s'amusant à faire semblant.

Sens de l'humour. Même durant sa première année, un enfant brillant remarquera les incongruités de la vie et pourra en rire : grand-maman portant ses lunettes sur le dessus de sa tête, papa tombant sur le chien ou renversant son verre de jus, par exemple.

Curiosité et concentration. Alors que tous les bébés sont profondément curieux, les bébés vraiment doués ne sont pas seulement curieux, mais ils ont la faculté de se concentrer sur les choses qui piquent leur curiosité.

Habileté à faire le lien entre les choses. L'enfant doué, plus et plus tôt que les autres enfants, verra les relations qui existent entre les choses et sera capable d'appliquer un savoir ancien aux situations nouvelles. Un bébé de neuf ou dix mois peut apercevoir dans un magasin un livre que son père lit à la maison et dire : «Papa». Habitué à pousser le bouton de l'ascenseur dans l'immeuble qu'il habite, il cherche le bouton lorsqu'il voit un ascenseur dans un magasin.

Imagination fertile. Avant d'avoir un an, l'enfant doué peut être capable de faire semblant de boire du café ou de bercer un bébé et, peu de temps après, se mettre sérieusement à inventer des histoires, des jeux, à faire semblant d'avoir des amis, et ainsi de suite.

Difficulté à s'endormir. Les enfants doués peuvent être si occupés à observer et à apprendre, qu'ils éprouveront de la difficulté à oublier le reste du monde pour s'endormir, un trait qui peut exaspérer certains parents.

Perception et sensibilité. Très tôt, l'enfant doué se rendra compte que maman est triste ou fâchée, que papa a mal parce qu'il a mis un diachylon sur son pouce et pourrait même tenter de consoler une soeur ou un frère plus âgé qui pleure.

Même si bébé montre déjà plusieurs de ces traits ou tous ces traits de caractère, il est beaucoup trop tôt pour le considérer comme un enfant doué. Ce dont il a besoin, c'est d'être aimé. Vous pouvez, bien sûr, encourager sa croissance et son développement en veillant à lui permettre de grandir dans un environnement stimulant. Parlez-lui, lisez-lui des histoires, jouez avec lui. Toutefois, n'allez pas vous occuper seulement des talents que vous voudriez qu'il développe, linguistiques ou musicaux, par exemple. Souciez-vous plutôt de son développement en général, physique et social, aussi bien qu'intellectuel. À mesure qu'il grandit, faites-lui bien comprendre que vous l'aimez, non pour ses dons exceptionnels, mais parce qu'il est votre enfant et que cet amour ne s'effacerait pas s'il cessait d'être doué. Encouragez-le à être gentil, attentionné et à apprécier les autres, incluant ceux qui sont moins doués ou qui ont des dons différents des siens.

LES COLLATIONS

«Mon bébé veut manger sans arrêt. Combien de collations sont nécessaires pour un bébé de cet âge?»

Les mères d'aujourd'hui sont souvent peu disposées à offrir une collation à leur enfant entre les repas lorsque leurs enfants en demandent, car elles ont dans leurs pensées les interdictions de leur mère qui leur enseignait à ne pas donner de collation avant les repas. Pourtant, des collations nutritives peuvent être bénéfiques pour l'alimentation des bébés et des jeunes enfants.

Les collations sont des occasions d'apprendre. À l'heure des repas, bébé est habituellement nourri à la cuillère, à partir d'un plat; au moment de la collation, bébé a l'occasion de prendre un morceau de pain ou un biscuit sec entre ses doigts, de le porter à ses lèvres et dans sa bouche lui-même, ce qui n'est pas un petit exploit, si l'on considère à quel point sa bouche est petite et combien sa coordination est primitive.

Les collations remplissent un vide. Les bébés ont un petit estomac qui se remplit vite et se vide vite, et qui peut rarement attendre d'un repas à l'autre, comme celui des adultes, sans collation. Comme les solides deviennent la part la plus importante de l'alimentation de bébé, les collations seront nécessaires pour équilibrer les besoins nutritionnels. Vous trouverez qu'il est à peu près impossible de donner à bébé ses «douze secrets» en seulement trois repas par jour.

Les collations sont les pauses d'un bébé. Comme la plupart d'entre nous, les bébés ont besoin de se reposer de la fatigue du travail ou du jeu (leurs jeux sont leur travail), et les collations leur permettent de se nourrir tout en se détendant.

Les collations procurent une satisfaction orale. Les bébés sont encore oralement très orientés : tout ce qu'ils ramassent va droit dans leur bouche. Les collations leur donnent une bonne chance de mettre quelque chose dans leur bouche, sans pour autant être punis.

Les collations adoucissent le sevrage. Si vous ne donnez pas une collation sous forme de solides, bébé pourrait demander d'être nourri au sein ou au biberon. Les collations contribueront à diminuer le besoin de nourrir fréquemment bébé et, éventuellement, aideront à faire du sevrage une réalité.

Cependant, malgré toutes ces vertus, les collations peuvent présenter des inconvénients. Pour récolter les bienfaits des collations sans en subir les méfaits, souvenez-vous de ceci :

Offrez une collation selon un horaire. Maman avait raison, les collations offertes peu avant les repas peuvent compromettre l'appétit de bébé. Tentez d'offrir

une collation à mi-chemin entre deux repas pour éviter ce problème. Les collations sans arrêt habituent bébé à avoir tout le temps quelque chose dans la bouche. Cette habitude pourrait s'avérer néfaste pour le maintien physique, si elle se perpétuait à l'enfance et à l'âge adulte. Le fait d'avoir la bouche toujours pleine de nourriture peut également engendrer la carie dentaire. Même un féculent aussi sain que le pain de blé entier se transforme en sucre lorsqu'il est mélangé à la salive. Une collation le matin, une l'après-midi et, s'il y a lieu, une collation avant le coucher devraient suffire. Vous pouvez évidemment faire une exception si un repas doit avoir lieu beaucoup plus tard que l'heure habituelle.

Offrez une collation pour les bonnes raisons. Il y a de bonnes raisons pour offrir une collation (comme nous en avons parlé plus haut) et des mauvaises raisons. Évitez d'offrir une collation lorsque bébé s'ennuie (distrayez-le avec un jouet); lorsqu'il a de la peine (calmez-le avec une caresse et une chanson); ou lorsqu'il a accompli un exploit qui mérite une récompense (félicitez-le verbalement et exprimez votre enthousiasme en applaudissant).

Offrez une collation dans un lieu adéquat. Les collations devraient être prises au même titre qu'un repas dans un lieu adéquat. Pour des raisons de sécurité (un bébé qui mange couché sur le dos, qui se traîne partout ou qui marche, peut s'étouffer facilement) et de bonnes manières, offrez la collation de bébé à table. Le respect de la propreté est une bonne habitude à enseigner à bébé. Par ailleurs, les collations devraient être données alors que bébé est assis, de préférence dans sa chaise haute. Évidemment, si vous êtes à l'extérieur et que bébé est dans sa poussette ou dans son siège d'auto quand vient le temps de sa collation, vous pouvez la lui servir sur place. Toutefois, ne lui donnez pas l'impression que la collation est une compensation pour le temps qu'il passe ainsi confiné. Se retrouver dans une poussette ou dans un siège d'auto ne devrait pas signifier que le temps des biscuits est arrivé.

GRIGNOTER

«J'ai entendu dire que de manger peu plusieurs fois par jour est la façon la plus saine de se nourrir pour chacun de nous, tout particulièrement pour un jeune enfant. Devrais-je nourrir mon bébé de cette manière?»

Bien avant que les multiples petits repas ne soient répandus par les adultes, c'était la voie préférée de la vie gastronomique des jeunes enfants. Si on leur en donnait le loisir, beaucoup de bébés choisiraient de prendre des collations tout au long du jour — grignotant des biscuits secs et sirotant leur jus tout en s'amusant — et cela, sans jamais prendre le temps de s'asseoir pour prendre un vrai repas. Bien que certains experts sont d'avis que ce choix est plus sain que les trois repas conventionnels, complétés par de légères collations, d'autres s'opposent à cette théorie. Alors, considérez ce qui suit :

Grignoter compromet une bonne nutrition. La génisse qui broute dans un champ de trèfles trouve à peu près toute la nourriture dont elle a besoin de cette façon. Il n'est cependant pas aussi sûr qu'un bébé qui ne fait que grignoter sa nourriture favorite avec les doigts, durant toute la journée y trouve tous les éléments nutritifs (les douze secrets) nécessaires à une bonne santé. Les besoins nutritionnels sont comblés beaucoup plus efficacement en prenant de bons repas, complétés par deux ou trois collations nourrissantes.

Grignoter dérange les jeux. Toujours avoir un biscuit ou un bâtonnet de pain entre les mains (comme avoir toujours un biberon) limite le nombre et le genre de jeux et d'explorations auxquels bébé peut se livrer. À mesure que bébé devient plus mobile, le fait de ramper ou de se promener partout avec de la nourriture devient dangereux, à cause du risque d'étouffement.

Grignoter empêche bébé de socialiser. Un bébé qui a toujours de la nourriture dans la bouche ne peut mettre ses qualités sociales et langagières en pratique. De plus, il ne bénéficie pas de l'expérience sociale que procure un vrai repas.

Grignoter entrave le développement des bonnes manières à table. Les enfants n'apprennent pas les bonnes manières en grignotant un biscuit sur le divan, en sirotant leur lait dans leur lit ou en savourant un morceau de fromage sur le tapis.

BÉBÉ NE SE TIENT PAS ENCORE ASSIS

«Mon bébé n'a pas encore commencé à s'asseoir et j'ai peur qu'il ne soit lent pour son âge.»

Parce que les bébés normaux accomplissent différents exploits du développement à des âges différents, il y a une grande marge de normalité pour chacun de ces exploits. Quoique le bébé moyen se tient assis sans appui vers six mois et demi, certains bébés normaux s'assoient déjà à quatre mois, alors que d'autres ne réussiront pas avant neuf mois. Étant donné que votre enfant a encore beaucoup de chemin à faire avant d'atteindre les dernières limites de cette marge, vous n'avez certes aucune raison de vous inquiéter du fait qu'il ait un léger retard.

Un enfant se développe en regard de facteurs génétiques. Par ailleurs, pour s'asseoir et pour accomplir d'autres actions majeures du développement à un certain âge, bébé peut être motivé agréablement par ses parents. Bien qu'il n'y ait pas beaucoup de choses que des parents puissent faire pour accélérer le développement de bébé, il y a des façons d'éviter de le ralentir. Un bébé que l'on installe bien droit à maintes reprises alors qu'il est encore tout petit, que ce soit dans un siège d'enfant, dans une poussette ou dans une chaise haute, a beaucoup d'occasions de pratiquer la position assise, bien avant d'être capable de se soutenir seul et pourra s'asseoir plus tôt. D'un autre côté, un bébé qui passe beaucoup de temps allongé sur le dos ou harnaché dans un porte-bébé et que l'on installe rarement en position assise pourrait réussir à s'asseoir très tard. En fait, les bébés des contrées primitives — constamment transportés dans des porte-bébé sur la poitrine de leur mère — se tiennent souvent debout bien avant de se tenir assis, tellement ils sont habitués à la position verticale. Un autre facteur pouvant interférer avec la capacité précoce de s'asseoir (et des autres mouvements de la motricité brutale) est l'embonpoint. Un bébé rondelet a plus de chances de rouler sur le côté, lorsqu'il essaie de s'asseoir, qu'un bébé mince. Si vous donnez à bébé beaucoup d'occasions d'atteindre ses buts, il y a de bonnes chances qu'il réussisse à s'asseoir d'ici les deux prochains mois. S'il n'y parvient pas et si vous sentez qu'il se développe lentement de plusieurs façons, consultez votre médecin.

LES TACHES SUR LES DENTS

«Les deux dents de mon bébé présentent des taches grisâtres. Est-ce possible que ce soit de la carie dentaire à cet âge?»

C'est fort probablement le fer qui assombrit ainsi les petites dents perlées de bébé,

et non la carie. Certains enfants qui prennent un supplément liquide de vitamines et de minéraux enrichis de fer se retrouvent avec des taches sur les dents. Celles-ci ne nuisent pas aux dents d'aucune façon et disparaîtront dès que votre enfant cessera de prendre des vitamines liquides pour les remplacer par des vitamines qui se croquent. D'ici là, vous pourrez minimiser l'effet des vitamines en brossant ou en nettoyant les dents de bébé avec une gaze après lui avoir administré son supplément (voir page 323).

Si bébé n'a pas pris de supplément vitaminique liquide, et tout spécialement s'il a souvent tété un biberon rempli de préparation ou de jus en s'endormant pour la nuit, la décoloration des dents peut résulter de la carie, d'un traumatisme ou d'un défaut congénital de l'émail des dents. Parlez-en à son médecin ou à un dentiste pédiatre dès que possible.

BÉBÉ VOUS FAIT DES SCÈNES

«La gardienne me dit que mon bébé est merveilleux avec elle, mais il se met toujours à faire des scènes la minute où je mets le pied dans la maison après mon travail. J'ai l'impression d'être une mère horrible.»

Comme la plupart des bébés de son âge, bébé apprend déjà à vous manipuler. Comme la plupart des bonnes mères, vous tombez dans le piège à tout coup. Même à cet âge tendre, et bien qu'à un niveau très primitif, bébé est assez perspicace pour s'apercevoir qu'en jouant à la victime abandonnée et négligée, il s'assure d'une surdose d'amour et d'attention, dès votre arrivée à la maison. Il joue sur votre insécurité, vous inculque un sentiment de culpabilité pour obtenir ce qu'il veut, même si vous le lui auriez sans doute donné de toute façon... il ne prend aucune chance.

Si la plupart des bébés, des jeunes enfants et même des enfants plus âgés sont plus portés à faire des scènes à leurs parents qu'à n'importe quelle autre personne qui prend soin d'eux, c'est parce qu'ils sont beaucoup plus à l'aise et sécures avec leurs parents. Ils savent qu'ils peuvent laisser voir leurs émotions sans risquer de perdre votre amour. Toutefois, ces scènes n'arrivent pas toujours par hasard : elles ont souvent une raison. Non seulement ces scènes attirent et dirigent l'attention des parents sur les enfants, mais elles sont aussi une façon de découvrir vos limites : «Jusqu'où puis-je aller avant que maman ou papa explose ou me donne ce que je veux?» C'est ce que fait le bébé qui pleure pour manger en plein milieu de la nuit. Tout comme celui qui étale ses carottes écrasées dans ses cheveux, qui lance tous ses jouets hors de son parc ou celui qui dirige son trotte-bébé jusqu'au bord de l'escalier — le seul endroit qui lui soit interdit — de façon répétitive, bébé veut connaître vos limites.

Un peu de manipulation n'est pas seulement normal, c'est probablement sain, car cela procure à un enfant l'occasion d'exercer un certain contrôle sur son environnement. Si vous ne prenez pas la situation en main, cela peut être au détriment de la croissance émotionnelle de bébé. Alors laissez-le faire lorsque cela est raisonnable, lorsqu'il a vraiment besoin de votre attention et qu'il vous fait savoir que vous ne lui en donnez pas. N'hésitez pas à instaurer les limites que vous jugez importantes pour sa santé, sa sécurité et pour votre équilibre, et respectez ces limites.

CE QU'IL IMPORTE DE SAVOIR
Pousser un bébé de façon excessive pour le rendre doué

Nous avons vu leurs photos sur la première page d'un magazine et nous avons assisté à leurs performances dans les entrevues-variétés télévisées. Avec un mélange bizarre de curiosité, de désapprobation et d'envie, nous avons écouté leurs parents visiblement très fiers décrire les incroyables exploits de leurs enfants : lire des mots à six mois, des livres à un an, *La Presse* à deux ans. Nous nous demandons comment ils ont fait pour pousser leurs enfants aussi intensément et excessivement.

Le concept du bébé doué a indéniablement créé quelques remous dans les médias, quelques vagues dans le grand public et a atteint des proportions de raz-de-marée dans certaines communautés. Programmes et livres se consacrant à la fabrication de ces minuscules merveilles ont proliféré. Il existe même un institut américain spécialisé dans ce domaine. Parmi les experts les plus fiables dans le domaine du développement infantile, la proposition voulant que les bébés et les jeunes enfants doivent être poussés pour réussir bien avant leur temps normal de développement est expérimentale. Scientifiquement, il n'existe aucune évidence que de tels programmes soient bénéfiques ou même qu'ils fonctionnent. Bien qu'il soit possible d'enseigner à un tout-petit une grande variété de connaissances bien avant le moment où il les aurait apprises normalement — incluant comment reconnaître les mots — aucune méthode cohérente n'a encore fait ses preuves en ce sens et n'a démontré les bienfaits de la précocité. Rien ne prouve qu'un apprentissage précoce intensif procure un avantage durable sur les modèles d'apprentissage traditionnels. Des études menées sur des adultes remportant beaucoup de succès dans des domaines aussi différents que la musique, l'athlétisme et la médecine ont démontré que non seulement leur acquisition de connaissances dans leur domaine n'avait pas commencé tôt durant l'enfance, mais qu'il était fort probable qu'elle ait pris la forme de jeux plutôt que d'études sérieuses ou d'activités comportant beaucoup de pression.

Les bébés ont beaucoup à apprendre durant la première année de leur vie, plus, en fait, qu'ils ne pourront apprendre durant leur première année scolaire. Au cours de ces douze mois très laborieux, leur emploi du temps inclura l'attachement aux autres personnes (maman, papa, frères, soeurs, gardiennes, etc.), apprendre à avoir confiance («Quand je suis dans une mauvaise situation, je peux compter sur l'aide de maman et papa»), assimiler le concept de la permanence des objets («Quand maman se cache derrière une chaise, elle est encore là, même si je ne peux la voir»). Ils devront également apprendre à se servir de leur corps (à s'asseoir, à se tenir debout, à marcher), de leurs mains (à prendre et à laisser tomber, aussi bien qu'à manipuler), de leur intelligence (résoudre des problèmes comme : comment atteindre ce camion qui est sur une tablette trop haute pour moi); la signification de centaines de mots et la manière de les reproduire en se servant de combinaisons compliquées de l'appareil vocal, des lèvres, de la langue; et les informations sur leur identité «quel genre de personne suis-je? qu'est-ce que j'aime? qu'est-ce que je n'aime pas? qu'est-ce qui me rend heureux ou triste?». Il est probable qu'en ajoutant à un programme déjà aussi chargé du matériel d'apprentissage supplémentaire, l'une ou l'autre de ces importantes matières du développement soit négligée.

Quoique peu de parents forceraient un enfant à se tenir debout avant qu'il ne soit prêt et impatient de le faire, plusieurs n'hésiteraient pas à pousser un tout-petit vers une réalisation mentale comme la lecture. Pourquoi? Peut-être parce qu'il est plus facile d'imaginer une blessure à une jambe qui aurait trop forcé qu'une lésion à une intelligence trop stimulée ou peut-être parce que, dans certains foyers, on accorde plus de valeur aux qualités intellectuelles qu'aux aptitudes physiques.

Les parents qui sont tentés de produire un bébé doué malgré les nombreux ressentiments soulevés contre les programmes d'apprentissage précoce devraient se poser les questions suivantes :

■ Qu'est-ce que je vise? Que mon enfant se sente supérieur aux autres enfants? Ce genre de sensation comblera-t-il mon enfant pendant sa vie? Est-il souhaitable de donner à mon enfant la possibilité d'accéder à l'éducation très tôt : le secondaire à dix ans, le cégep à quinze ans? Quel est l'impact émotif et psychologique ressenti par un enfant de huit ans, par exemple, qui fréquenterait le secondaire? Rien ne prouve que la vie des enfants prodiges soit plus riche et plus satisfaisante que celle des enfants qui n'ont pas été poussés. En fait, il y a eu des cas où les vies des petits génies ont été désastreuses. Même très tôt, les parents et d'autres personnes ont tendance à juger ces bébés doués par leur facilité à apprendre ce qu'on leur enseigne, plutôt que pour ce qu'ils sont en tant qu'êtres humains.

• Suis-je motivé par la crainte que mon enfant ne réussisse pas bien dans le monde académique hautement compétitif dans lequel nous vivons, sans une préparation aussi précoce? Bien qu'il soit vrai qu'un enfant ayant appris à lire avant de commencer l'école continue souvent à lire en avance sur sa classe, un enfant ayant reçu une excellente préparation (jeux avec l'alphabet, chansons et histoires, et bien d'autres expériences enrichissantes), qui ne commence pas à décoder l'écriture avant d'avoir commencé le primaire, peut comprendre très rapidement et obtenir de très bons résultats.

• Suis-je à l'aise avec les bébés et les jeunes enfants? Certaines personnes, incapables de se mettre au niveau des bébés (parce qu'elles n'ont pas le don de s'exprimer dans le langage de bébé, par exemple), espèrent amener leurs enfants à leur niveau le plus tôt possible. Toutefois, les bébés ont besoin de leur enfance et, avec un peu d'efforts, il serait peut-être plus juste de votre part de vous abaisser à leur niveau que de vouloir à tout prix les élever au vôtre.

• Quel impact aurait, sur les autres domaines, le fait de pousser le développement de mon enfant dans un domaine particulier (le langage, par exemple, grâce à la lecture)? Aurez-vous le temps d'aider votre enfant à se développer socialement (en jouant en groupe ou dans un terrain de jeux), physiquement (en lui donnant l'occasion de grimper sur une glissoire, de lancer une balle, de courir, de sauter) et d'encourager sa curiosité croissante (au sujet de tout, de la boule de poussière sur le plancher, aux nuages dans le ciel)? Les enfants ont besoin de comprendre leurs forces et leurs faiblesses, de découvrir et d'explorer toutes les avenues possibles à la réalisation personnelle, avant de faire ressortir ces dimensions de soi qu'ils voudront développer tout particulièrement. Ce choix devrait revenir à l'enfant, et non à ses parents, et certainement pas durant la première année.

Ainsi, le parent qui laisse son enfant apprendre à son rythme peut produire un enfant extraordinaire, qui se servira de tout son potentiel à un rythme qui lui est personnellement approprié. Les parents peuvent offrir beaucoup de stimulation et de soutien à leurs enfants dans les tâches ordinaires de la petite enfance : en les exposant à une variété de situations (magasins, zoos, musées, stations d'essence, parcs, etc.); en parlant des gens qu'ils voient («Cette dame est très vieille», «Cet homme doit se promener dans une chaise roulante parce qu'il a mal à une jambe», «Ces enfants s'en vont à l'école»); en décrivant comment fonctionnent les choses («Regarde, je tourne le robinet et l'eau se met à couler»), à quoi elles servent («Voici une chaise, on s'assoit sur une chaise»), et comment elles diffèrent l'une de l'autre («Le cheval a une longue queue flottante et le cochon a une petite queue en tire-bouchon»). Il est plus important pour bébé de savoir qu'un chien aboie, mange, mord, a quatre pattes et des poils sur tout le corps, que d'arriver à reconnaître que les lettres c-h-i-e-n, épellent «chien».

Toutefois, si bébé démontre un intérêt pour les mots, les lettres ou les chiffres, entretenez cet intérêt. Par ailleurs, ne laissez pas subitement tomber une activité amusante dans un terrain de jeux pour vous consacrer aux cartes éducatives avec votre enfant. Apprendre à reconnaître une lettre ou à lancer une balle devrait être tout aussi amusant. Il y a peu de plaisir pour vous comme pour bébé à créer un environnement qui vous presse de faire face à une liste interminable de buts à atteindre. Laissez-vous guider par bébé. Laissez-le donner le pas, et si votre petit écolier semble malheureux lors d'une activité, il est temps de ralentir l'apprentissage.

Les enfants deviennent plus confiants en apprenant ce qui est important pour eux, et non ce qui est important pour leurs parents. Le message «ce que maman et papa veulent que je fasse est plus important que ce que je veux faire» peut provoquer un manque de confiance sur le respect de soi. Le même sentiment peut se produire lorsqu'un enfant échoue dans ce que maman ou papa espérait lui voir réussir, que ce soit réaliste ou pas. À long terme, il est plus important pour un enfant de savoir s'aimer et se respecter afin de mieux savoir aimer, comprendre et respecter les uns et les autres avant d'apprendre à lire ou à jouer du piano durant l'enfance, par exemple.

CHAPITRE 11

Le huitième mois

CE QUE BÉBÉ POURRAIT FAIRE

D'ici la fin de ce mois, bébé devrait pouvoir (voir note)

- porter son poids sur ses jambes lorsqu'on le tient debout;
- s'asseoir sans appui;
- manger un biscuit sec tout seul;
- faire passer un cube ou un autre objet d'une main à l'autre (habituellement vers 8 1/2 mois);
- repérer un raisin sec et le prendre dans son poing;
- se retourner dans la direction d'une voix (vers 8 1/2 mois);
- chercher un objet qu'il a laissé tomber.

Note : Si vous remarquez que bébé n'a pas encore réussi l'un ou plusieurs de ces exploits, consultez un médecin. Il arrive (rarement, faut-il dire), qu'un délai de ce genre indique un problème. Le plus souvent cependant bébé sera tout à fait normal. Généralement, les prématurés réussissent les mêmes exploits plus tard que les autres enfants de leur âge, c'est-à-dire qu'ils y arrivent au moment où ils auraient atteint cet âge, s'ils étaient nés à terme, et parfois plus tard.

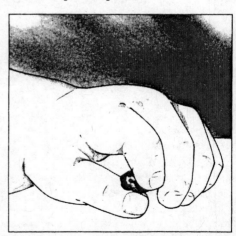

Vers le huitième mois, bébé devrait pouvoir attraper un objet minuscule en se servant du pouce et de l'index.

pourra probablement

- Tenir debout en s'agrippant à quelqu'un ou à quelque chose (8 1/2 mois);
- montrer son mécontentement si vous tentez de lui enlever un jouet;
- faire des efforts pour aller chercher un jouet hors de sa portée;
- jouer à cache-cache;
- réussir à s'asseoir alors qu'il est sur le ventre.

pourrait même

- se mettre debout lorsqu'il est en position assise;

- attraper un objet minuscule avec n'importe quelle partie du pouce ou des doigts;
- dire «maman» et «papa» sans distinction.

pourrait peut-être même

- jouer à taper des mains ou faire au revoir de la main;
- marcher en se tenant aux meubles;
- se tenir debout seul pendant quelques secondes;
- comprendre le mot «non» sans pour autant obéir.

CE QUE L'EXAMEN MÉDICAL VOUS RÉSERVE CE MOIS-CI

La plupart des médecins ne vous donneront pas de rendez-vous de routine ce mois-ci. N'hésitez pas à téléphoner au médecin si vous éprouvez quelque inquiétude qui ne peut attendre à votre prochaine visite.

L'ALIMENTATION DE BÉBÉ CE MOIS-CI
Finalement, bébé peut manger avec ses doigts

Pour la plupart des mères, l'expérience de nourrir leur bébé à la cuillère s'est vite avérée aussi peu convaincante que la céréale de riz qu'elles se sont efforcées à diriger dans la petite bouche de bébé. Les lèvres restent volontairement closes, la tête se retourne juste au moment critique, la main potelée attrape la cuillère et la retourne juste avant d'arriver dans la bouche de bébé, et la réelle fatigue de répéter ce rituel trois fois par jour, chaque jour, pourrait décevoir les parents les plus motivés. Bébé pourrait vous venir en aide. En effet, la plupart des bébés ne sont pas seulement impatients, mais capables de commencer à manger avec les doigts dès qu'ils atteignent sept mois, parfois même plus tôt.

La transition est plus soudaine que graduelle. Une fois que les bébés se sont aperçus qu'ils peuvent mettre de la nourriture dans leur bouche d'une manière autonome, le nombre d'aliments qu'ils peuvent porter à leur bouche avec succès augmente rapidement. Au début, la plupart des bébés tiennent la galette de riz ou le morceau de pain dans leur poing et le croquent de cette manière, n'ayant pas encore appris la coordination indépendante de chaque doigt pour prendre et transporter. Lorsque se pose le problème de porter à la bouche un morceau de nourriture bien enfoui dans la paume, les bébés peuvent exprimer leur frustration par une explosion de larmes. La solution pour certains sera d'ouvrir la main à plat devant la bouche, alors que d'autres remettront le morceau sur la table pour le reprendre autrement.

La capacité de placer un objet entre le pouce et l'index pour ensuite le pincer se développe seulement entre le neuvième et le douzième mois chez la plupart des bébés, quoique certains perfectionnent cette aptitude plus tôt ou plus tard. Une fois qu'ils maîtrisent ce geste, les bébés peuvent ramasser de très petits objets, comme les pois et la monnaie, et les porter à leur bouche, ce qui élargit d'autant plus les risques d'étouffement.

Apprendre à manipuler la nourriture avec les doigts est normalement la première étape de l'indépendance de bébé à table. Au début, la nourriture qui se prend avec les doigts ne supplée pas totalement au menu d'un jeune enfant. À mesure que bébé acquiert plus de facilité à se nourrir seul, une grande proportion de sa consommation quotidienne sera accomplie à l'aide de ses mains. Certains apprendront à se servir convenablement d'une cuillère vers le milieu de la deuxième année ou plus tôt, et se convertiront à un type d'alimentation propre et convenable dans une société civilisée. D'autres continueront à mettre la plupart des aliments dans leur bouche (même les céréales et le fromage cottage)

avec leurs doigts pendant encore longtemps. Quelques-uns, habituellement les bébés à qui on interdisait de manger avec les mains, à cause du temps que cela prend ou des dégâts qui en résultent, insisteront pour se faire nourrir par leurs parents même s'ils sont capables de se nourrir eux-mêmes.

Les premiers aliments que bébé peut manger avec ses doigts sont ceux qu'il peut mâcher avec ses gencives et ayant une consistance facile à avaler, ou qui peuvent fondre dans la bouche sans avoir été mastiqués. Commencez par les aliments qui avaient été bien accueillis sous forme de purée lors d'essais précédents. La plupart des aliments devraient être coupés en cubes ou en bouchées de la grosseur des pois pour les aliments fermes et de la grosseur d'un dé pour les aliments tendres. Les bons choix sont les petits pains de blé entier, les pains contenant des fibres, les galettes de riz et les biscuits secs qui fondent dans la bouche. Le gruau sans sucre et sans sel, acheté dans les magasins d'aliments naturels, est le meilleur choix. Il y a aussi le maïs soufflé et le blé soufflé; les petits cubes de fromage nature, comme le suisse, le cheddar, l'Edam, le Havarti; les fruits très mûrs, comme les bananes, les poires, les pêches, les abricots, les cantaloups, les melons de miel, les mangues; des légumes bien cuits, comme les carottes, les patates douces, les pommes de terre, les ignames, le brocoli, le chou-fleur, les pois coupés en moitiés ou écrasés; les flocons de poisson grillé, cuit au four ou poché (attention aux arêtes); les boulettes de viande tendre cuites dans un jus ou dans une soupe de sorte qu'elles ne deviennent pas croustillantes; les pâtes alimentaires bien cuites de toutes les formes et de toutes les grosseurs (cassez-les avant de les faire cuire ou coupez-les lorsqu'elles sont cuites, si nécessaire); les jaunes d'oeufs brouillés ou cuits durs, les oeufs entiers une fois que bébé peut manger les blancs d'oeufs; les pains et les crêpes de blé entier.

Alors que bébé mange avec les doigts, vous pouvez ajouter plus de texture aux autres aliments destinés à bébé en vous servant de nourriture commerciale pour jeunes enfants ou de nourriture préparée à la maison, hachée ou écrasée, mais contenant des petites bouchées tendres que bébé pourra mastiquer.

Pour servir la nourriture qui se mange avec les doigts, parsemez quelques morceaux dans une assiette incassable ou dans le plateau de la chaise haute à mesure que bébé les mange. Les mangeurs débutants, confrontés à trop de nourriture, peuvent mettre toute la nourriture dans leur bouche d'un seul coup ou tout renverser sur le plancher d'un mouvement rapide. Comme pour les autres aliments, la nourriture qui se mange avec les doigts devrait être servie à bébé seulement lorsqu'il est assis, et non lorsqu'il rampe, marche, se tient aux meubles ou s'amuse.

À cause du danger d'étouffement, donnez à bébé des aliments tendres et fondants. Ne donnez pas d'aliments qui ne peuvent pas être mastiqués avec les gencives ou qui peuvent être facilement aspirés jusqu'à la trachée comme les raisins secs, le maïs soufflé, les arachides, les pois entiers, les légumes crus, les fruits, les morceaux de viande ou de volaille, les saucisses fumées riches en sodium et en additifs et néfastes pour les bébés. En sachant que les premières dents servent à mordre et ne donnent pas la faculté de mastiquer à votre enfant, il serait opportun d'attendre vers la fin de l'année ou, plus tard, jusqu'à l'apparition des molaires pour servir des aliments durs à bébé. Une fois que les molaires sont sorties, certains aliments nécessitant une vraie mastication peuvent être ajoutés, comme les fruits et les légumes crus, les minces tranches de viande et de volaille coupées dans le sens contraire de la fibre, les raisins secs non cuits et les raisins avec ou sans pépins pelés et coupés en moitiés. Toutefois, attendez encore plusieurs mois avant de servir des carottes, du maïs soufflé, des arachides et des saucisses fumées. Introduisez-les seulement lorsque bébé mastique très bien.

Peu importe la texture, il y a certains types d'aliments qui ne devraient pas être présentés à bébé du tout ni maintenant ni plus tard : les aliments vides n'offrant aucun élément nutritif, les aliments auxquels on a ajouté du sucre et du sel, les pains et les céréales raffinés. Ils seront éventuellement consommés à l'extérieur de la maison mais, d'ici là, votre enfant saura que cette nourriture est inacceptable sur une base quotidienne.

CE QUI POURRAIT VOUS INQUIÉTER

LES PREMIERS MOTS DE BÉBÉ

«Mon bébé a commencé à dire «ma-ma» très souvent. Nous étions tout excités jusqu'à ce qu'un voisin nous dise qu'il ne faisait qu'émettre des sons sans en comprendre la signification. A-t-il raison?»

Seul bébé le sait vraiment, et il ne le dit pas, du moins pas pour le moment. Il est difficile de savoir exactement quand se fait la transition, chez un bébé, entre les sons qui miment les vrais mots sans aucune signification et un langage plein de sens. Il se peut qu'en ce moment, bébé ne fasse que pratiquer les sons en «M», ou peut-être appelle-t-il sa maman, mais cela n'a pas vraiment d'importance. L'important est qu'il fasse des vocalises et qu'il tente d'imiter les sons entendus. Beaucoup de bébés, bien sûr, disent «pa-pa» d'abord, ce qui n'est pas une preuve de favoritisme, mais seulement le reflet des consonnes que bébé a trouvées plus faciles à prononcer initialement.

Dans plusieurs langues, les mots familiers servant à désigner les parents, homme et femme, sont souvent très similaires : «papa», «pappa», «abba», «daddy», «maman», «mommy», «mummy», «imma». Il y a fort à parier qu'ils se sont tous développés à partir des premières syllabes prononcées par les bébés, récupérées par les parents impatients d'y reconnaître les premiers mots de leurs bébés. Il y a bien longtemps, lorsqu'un jeune bébé espagnol, se plaignant à la manière typique des bébés, poussa son premier «maa-maa», sa mère toute fière était sans doute convaincue qu'il appelait *madre*. Lorsqu'un bébé hébreux a émis ses premières vocalises en «ah-ba», son père a probablement bombé le torse en disant : «Il essaie de dire *av*.»

Le premier vrai mot que prononce un enfant varie énormément d'un bébé à l'autre. Il est évidemment sujet à des interprétations pour le moins subjectives de la part des parents. Selon les experts, on peut s'attendre à ce que le bébé moyen dise ce qu'il pense et pense ce qu'il dit pour la première fois entre dix et quatorze mois. Un mince pourcentage d'enfants commencent un ou deux mois plus tôt et certains bébés parfaitement normaux n'émettront pas un seul mot identifiable avant la moitié de la deuxième année, du moins pour ce que nous en savons. Il arrive cependant assez souvent qu'un bébé se serve déjà de syllabes, seules et en combinaisons, pour représenter les objets : «ba» pour biberon; «ba-ba» pour «bye-bye»; ou «pa» pour parc. Toutefois, ses parents ne sont peut-être pas assez habitués pour s'en apercevoir avant que l'énonciation ne devienne plus claire. Un enfant très occupé à développer ses aptitudes motrices — par exemple, un enfant qui rampe et fait des pas très tôt, s'occupe d'apprendre à grimper et à faire fonctionner un camion de pompier — peut commencer les vocalises plus lentement qu'un enfant moins actif. Il n'y a pas lieu de s'en inquiéter, du moment que son comportement prouve clairement qu'il comprend plusieurs des mots familiers qu'il entend.

Avant que bébé ne prononce son premier mot, il développera des aptitudes linguistiques, d'abord en apprenant à comprendre ce qui se dit autour de lui. Ce langage réceptif commence à se développer à la naissance, avec les premiers mots que bébé entend. Graduellement, il commence à distinguer des mots isolés parmi les mots qu'il entend pêle-mêle et, un jour, vers le milieu de la première année, vous dites son nom et il tourne la tête. Il a identifié un mot. Peu de temps après, il devrait commencer à comprendre les noms des autres personnes et des objets qu'il voit chaque jour, comme «maman», «papa», «biberon», «jus», «pair». Dans quelques mois, ou même plus tôt, il pourrait commencer à suivre des ordres simples, comme «donne-moi une bouchée», «fais au revoir» ou «donne un baiser à maman». Cette compréhension progresse à un rythme beaucoup plus rapide que le langage lui-même et elle est un signe avant-coureur important. Vous pouvez encourager tous les jours le développement du langage réceptif et du langage parlé, de plusieurs façons (voir page 337).

BÉBÉ NE SE TRAÎNE PAS ENCORE

«Le bébé de ma copine se traîne depuis qu'il a six mois. Mon bébé a presque huit mois et il n'a encore montré aucun intérêt pour cet exercice. S'il se déplace, c'est

toujours sur son ventre. Est-ce que son développement a pris du retard?»

Quand vient le temps de se traîner, les prouesses d'un bébé ne devraient pas être comparées à celles d'un autre. Ramper n'est pas un exploit que les bébés accomplissent à un certain âge et par lequel nous pouvons mesurer leur développement en général. Avancer sur le ventre ou ramper est habituellement un signe avant-coureur que bébé se prépare à se déplacer sur les mains et les genoux, c'est-à-dire à se traîner. Certains bébés se traînent déjà à six mois, mais cela se passe plus spécifiquement entre sept mois et demi et neuf mois. Quelques bébés ne se traîneront jamais : ils se mettent debout et commencent à se déplacer en se tenant aux meubles puis ils cessent de s'appuyer et se mettent à marcher. Puisque se traîner, contrairement à s'asseoir ou à se mettre debout, n'est pas une part prévisible du développement de chaque enfant, on ne l'inclut pas dans la plupart des échelles du développement.

Même parmi les bébés qui se traînent, les styles varient. Plusieurs commencent à se traîner à reculons ou de côté, et ne trouvent pas le moyen d'avancer avant des semaines. Il y en a qui se déplacent sur un genou ou sur les fesses, alors que d'autres s'appuient sur les mains et les pieds. Voilà une étape que beaucoup de bébés atteignent juste avant de marcher. La méthode que choisit bébé pour se rendre d'un point à un autre est beaucoup moins importante que le fait qu'il fasse un effort pour réussir à se mouvoir d'une manière autonome.

Avant que bébé ne puisse se traîner, il doit être capable de s'asseoir correctement. Le moment où bébé choisira de se traîner ou de marcher est personnel et ne doit pas vous inquiéter, à moins que bébé ne prenne du retard dans au moins deux secteurs du développement (langage, motricité fine ou brutale, relations sociales, ou autres). Les bébés qui se traînent sans problème commencent souvent à marcher tard, alors que

les enfants qui ne se sont jamais traînés peuvent marcher tôt.

Certains bébés n'apprennent même jamais à se traîner parce qu'on ne leur en a jamais laissé l'occasion. Un bébé qui passe la plupart de ses journées confiné dans sa couchette, dans sa poussette, dans le porte-bébé, dans le parc ou dans le trotte-bébé, aura bien peu de chances de se pratiquer à se lever sur les mains et sur les genoux ou à faire bouger ses mains et ses genoux. Veillez à ce que bébé passe beaucoup de temps sur le plancher, sous bonne surveillance. Ne vous inquiétez pas de la saleté, du moment que le plancher a été nettoyé de toutes les particules et des objets dangereux. Pour encourager bébé à avancer, mettez son jouet favori ou un objet intéressant à une courte distance devant lui. Pensez cependant à protéger ses genoux, car il doit être très désagréable de se traîner les genoux nus sur un plancher dur et froid ou sur un tapis rugueux. Cela pourrait même décourager bébé à tenter de se traîner. Retirez-lui son trotte-bébé s'il en utilisait un, et limitez ses jeux dans le

Certains bébés commencent à se traîner sur le ventre. Alors que plusieurs accèdent à la technique des mains et des genoux, quelques-uns se contenteront de ramper jusqu'à ce qu'ils puissent se tenir debout.

parc aux seuls moments où vous ne pouvez absolument pas le surveiller.

D'une manière ou d'une autre, dans les prochains mois, bébé prendra le grand départ — et sa part de problèmes — et vous vous demanderez peut-être : «Pourquoi avais-je si hâte que bébé marche?»

BÉBÉ SE TRAÎNE BIZARREMENT

«Notre bébé se traîne partout sur un genou, en gardant son autre jambe très droite. Il se déplace si bizarrement.»

Pour un bébé impatient et déterminé à se déplacer d'un endroit à l'autre, le style et la grâce ont très peu d'importance. Du moment que bébé tente de se déplacer de manière autonome, peu importe comment il s'y prend. Se traîner sur un genou en laissant traîner l'autre jambe derrière peut effectivement paraître un peu étrange. Tout

comme le style des bébés qui restent assis sur leur petit derrière et se propulsent ainsi sur le plancher, l'important pour tous ces bébés est de se déplacer, peu importe la manière.

UNE MAISON SENS DESSUS DESSOUS

«Maintenant que mon bébé se traîne dans toute la maison et se met debout en se tenant à tout ce qui lui tombe sous la main, je ne viens plus à bout du désordre qu'il laisse sur son passage. Devrais-je tenter de le contrôler — ainsi que le désordre — ou mieux, devrais-je laisser tomber?»

Le désordre est peut-être votre pire ennemi, mais c'est le meilleur ami d'un bébé aventureux. Une maison impeccable est à peu près aussi ennuyante et peu

La locomotion sur les mains et les genoux est la technique classique pour se traîner. Certains bébés sont tellement contents d'aller partout en se traînant, qu'ils ne s'intéresseront pas à la marche avant plusieurs mois.

La position sur les mains et sur les pieds peut être la façon que bébé découvrira en tout premier lieu et qu'il adoptera. En effet, il s'agit pour bébé d'un heureux compromis entre se traîner et marcher. Cette position peut être également une transition qui sera un signe avant-coureur de la marche.

motivante pour la découverte d'un bébé qui apprend à se déplacer que le serait une piscine pour l'explorateur Jacques-Yves Cousteau! Tout en respectant les paramètres de la raison et de la sécurité, votre enfant a besoin de satisfaire et d'étendre sa curiosité pendant qu'il fait travailler ses muscles. Sans avoir besoin de laisser bébé déchiqueter votre livre de comptes et mélanger votre carnet d'adresses, le fait de laisser bébé se promener librement — et mettre la maison sens dessus dessous — est aussi important pour sa croissance intellectuelle que pour son développement physique. Il est important d'accepter cette réalité pour votre santé mentale. Les parents de jeunes enfants qui combattent cette réalité, s'efforçant de garder la maison aussi propre qu'elle l'était avant l'arrivée de bébé, se préparent à une cuisante déception et à beaucoup de frustrations et d'angoisse.

Vous pouvez toutefois prendre certaines mesures pour venir à bout de cette nouvelle réalité plus facilement :

Commencez par une maison sécuritaire. Alors qu'il peut être bien pour bébé d'éparpiller ses sous-vêtements sur le plancher de la chambre à coucher ou de construire une maison avec des serviettes de papier sur le linoleum de la cuisine, il n'est pas correct de le laisser frapper ensemble deux bouteilles de soda pour voir ce qui arrivera ou de vider le nettoyant au chlore sur le tapis. Aussi, avant de laisser bébé libre, veillez à avoir une maison exempte de danger (voir page 373).

Évitez le chaos. Votre petit côté compulsif sera beaucoup moins exacerbé si vous essayez de confiner le désordre à une ou deux pièces de la maison. Ceci veut dire de laisser bébé se promener librement seulement dans sa propre chambre à coucher et peut-être dans la cuisine, dans la salle de séjour, ou dans la salle à manger, là où vous passez ensemble le plus de temps.

Fermez les portes ou servez-vous de barrières pour définir ces limites. Évidemment, si vous avez un tout petit appartement, vous ne pourrez peut-être pas imposer de telles restrictions à bébé; il vous faudra sans doute vous résigner au désordre durant le jour et au nettoyage le soir venu.

Réduisez également le potentiel de désordre en coinçant les livres bien serrés sur les tablettes de la bibliothèque hors de la portée de bébé, laissant les livres indestructibles là ou il peut les atteindre et les prendre sans difficulté; en fermant hermétiquement les tiroirs et les armoires contenant des objets cassables, dangereux ou de grande valeur avec des crochets de sécurité; en enlevant la plupart des bibelots des tables basses, pour n'en laisser que quelques-uns incassables avec lesquels bébé pourra jouer. Gardez une armoire ou un tiroir qui lui appartiendra et remplissez-le d'objets amusants comme les tasses et la vaisselle de plastique, les cuillères de bois, les pots et les couvercles de métal, les boîtes vides ou encore des rouleaux à cheveux en plastique.

Ne vous sentez pas coupable de ne pas laisser bébé décorer votre salle de bains avec votre pommade pour les lèvres, arracher les pages de vos livres, vider les boîtes de céréales sur le plancher ou redécorer la maison à son goût. En établissant des limites, non seulement garderez-vous votre équilibre, mais vous aiderez le développement de bébé — les enfants font de réels progrès lorsqu'on leur impose des limites — tout en enseignant à bébé que la destruction, le bris, le gaspillage et la malpropreté ne sont pas tolérés.

Retenez-vous. Ne suivez pas bébé partout lorsqu'il fait des ravages, rangeant à mesure tout ce qu'il sort et laisse traîner. Cela le frustrerait, en lui faisant croire que tout ce qu'il fait est non seulement inacceptable, mais totalement inutile. Cela vous frustrerait aussi s'il répétait immédiatement les mêmes dommages que vous venez tout juste de réparer parce que bébé ne sait pas qu'il fait mal : à ses yeux, il découvre. Procédez plutôt à un bon nettoyage deux fois par jour, soit à la fin de sa période de jeux matinale, alors qu'il fait la sieste ou qu'il est bien installé dans son parc ou dans sa chaise haute, et à la fin de l'après-midi, ou après l'avoir mis au lit pour la nuit.

Enseignez-lui l'ordre, encore et encore. Ne procédez pas au nettoyage intensif lorsque bébé est près de vous. Ramassez un ou deux objets avec lui à la fin de chaque séance de jeu même s'il n'est pas assez âgé pour le comprendre, en vous faisant un devoir de dire : «Maintenant, peux-tu aider maman à ramasser ce jouet et à le ranger?» Placez un bloc dans sa main pour qu'il le replace dans le coffre à jouets, donnez-lui un pot qu'il pourra rapporter dans l'armoire ou une feuille de papier froissée à jeter dans la corbeille à papier. Applaudissez chacun de ses efforts. Bien qu'il fera des dégâts beaucoup plus souvent qu'il ne remettra de l'ordre au cours des prochaines années, ces leçons précoces l'aideront à comprendre que tous les objets que l'on sort doivent être remis là où ils étaient.

Laissez bébé semer le désordre en paix. Ne faites pas subir à bébé un monologue ininterrompu de critiques exaspérées : «Oh! quel méchant garçon. Je ne réussirai jamais à faire partir ces marques de stylo sur le mur!». Ne lui faites pas sentir que c'est mal de chercher à satisfaire une curiosité saine et naturelle. «Si je renverse ce verre de lait, qu'arrivera-t-il?», «Si je sors tous ces vêtements de l'armoire, qu'est-ce que je trouverai dessous?», voilà des questions que bébé se pose. S'il s'agit d'un geste dangereux que vous souhaitez ne jamais voir se produire, dites-le fermement à bébé en lui enseignant, en lui parlant, en lui expliquant et pas en le jugeant.

Si vous ne pouvez pas mettre un frein au désordre de bébé, n'allez pas amplifier le désordre. Ne vous dites pas : «Puisque la bataille est perdue, aussi bien laisser le désordre s'accumuler et apprendre à vivre avec le désordre.» Vivre de cette manière n'est pas bon pour le moral et ne serait d'aucun bienfait pour bébé. Quoiqu'il soit sain de lui laisser la liberté de semer, parfois, le désordre dans la maison, ce ne serait pas sain qu'il vive constamment entouré de désordre. Il se sentira plus en sécurité s'il sait que, même si son monde est sens dessus dessous à l'heure de le mettre au lit, il sera de nouveau en ordre le matin venu. Ce sera plus amusant et satisfaisant de recréer le désordre. Quel défi y aurait-il, après tout, de mettre à l'envers une maison qui le serait déjà?

Gardez une pièce de repos ordonnée. Vous ne pourrez pas toujours mettre en ordre tout le désordre de bébé si vous lui laissez mettre toutes les pièces en désordre. Cependant, essayez de préserver un endroit de repos ordonné où bébé n'aura pas accès durant la journée. Ainsi, vous et votre conjoint pourrez vous évader dans ce havre de repos à la fin de chaque journée. Par ailleurs, n'accordez qu'une ou deux pièces de désordre à bébé.

Laissez faire bébé en toute sécurité. L'exception à l'attitude du laisser-faire face au désordre de bébé se présente lorsqu'il y a menace pour sa sécurité. Si bébé renverse son jus ou le bol d'eau du chien, essuyez le dégât immédiatement; un plancher sans tapis se transforme vite en patinoire où les chutes sont inévitables. Ramassez aussi les feuilles de papier et les magazines, dès que bébé a fini de les feuilleter, et gardez toujours les passages de circulation (surtout les escaliers) exempts de jouets et, surtout de jouets munis de roulettes.

NOURRITURE SUR LE PLANCHER

«Mon bébé laisse toujours tomber son biscuit sec sur le plancher pour ensuite le ramasser et le manger. Cela me semble si peu hygiénique. Est-ce sans danger?»

Même si vous ne gardez pas vos planchers suffisamment propres pour manger dessus, ils sont sans danger pour bébé. Des microbes jonchent le plancher, mais ne sont pas en nombre significatif. Pour la plupart, ce sont des microbes auxquels votre enfant a déjà été exposé, particulièrement s'il joue souvent par terre. C'est généralement la même chose sur les planchers des autres maisons, des supermarchés et des magasins à rayons. Cependant, jetez un biscuit que bébé laisserait traîner par terre et voudrait remettre dans sa bouche.

Il y a aussi des exceptions. Bien que les bactéries aient peu de chances de se multiplier sur des surfaces sèches, elles peuvent se multiplier très rapidement sur des surfaces humides ou trempées. Ne laissez pas bébé manger de la nourriture qu'il aurait laissé tomber sur le plancher de la salle de bains ou sur d'autres surfaces humides. L'humidité contenue dans la nourriture elle-même peut également être un problème. Un biscuit sec ou tout autre aliment qui a été mastiqué pendant un moment et qui a été laissé, même dans un endroit propre, peut comporter des bactéries. Aussi, ne laissez pas de restes humides à la portée de votre enfant. Évidemment, vous n'aurez pas toujours le choix : les bébés récupèrent souvent des aliments perdus depuis longtemps et les portent à leur bouche avant que vous n'ayez eu le temps de les en empêcher. Heureusement, il est très rare que cela les rende malades.

Vous devrez également être très vigilants dehors. Bien que plusieurs bébés aient déjà laissé tomber un biberon dans la rue pour ensuite le ramasser et le remettre dans leur bouche sans contracter de maladies, il y a certainement plus de risques d'attraper des microbes virulents là ou les chiens urinent et où les personnes insouciantes crachent. Remplacez ou rincez toute nourriture, sucette, biberon ou jouet tombé dans la rue, surtout si le sol est mouillé. Servez-vous de serviettes humides pour nettoyer une sucette ou un jouet s'il n'y a pas d'eau à portée de la main. Sur les terrains de jeu, où les chiens ne sont pas admis et où les adultes ont habituellement assez de civisme pour ne pas cracher, il y a moins d'inquiétude à avoir, du moment que le sol n'est pas trempé. Essuyer rapidement l'objet souillé peut alors suffire. Cependant, les trous d'eau peuvent contenir des microbes porteurs de maladies graves et les bébés, tout comme leurs jouets et leurs collations, devraient être tenus à l'écart de ces dangers. Pour éviter d'avoir à choisir entre apaiser un enfant en larmes et contrer le danger en vous débarrassant d'une collation qui vous semble douteuse, apportez toujours des provisions avec vous.

MANGER DE LA SALETÉ ET PIS ENCORE

«Mon bébé porte tout à sa bouche. Maintenant qu'il joue beaucoup sur le plancher, j'ai moins de contrôle sur ce qui entre dans sa bouche. Qu'est-ce qui est sécuritaire et qu'est-ce qui ne l'est pas?»

Tout ce qui peut entrer dans la bouche des enfants y entrera : saleté, sable, nourriture pour chiens, blattes, insectes, mégots, nourriture avariée et même le contenu d'une couche souillée. Quoiqu'il soit visiblement mieux d'éviter que bébé n'ingurgite ces saletés, cela n'est pas toujours possible. Quelques bébés traversent la période du déplacement à quatre pattes sans jamais porter à leur bouche quoi que ce soit que leurs parents trouveraient dégoûtant; d'autres ne manqueront pas un seul jour pour le faire. Néanmoins, il y a beaucoup moins à craindre de ce qui n'est pas hygiénique que des produits d'hygiène dont vous vous servez. Une bouche pleine de saletés fera rarement du mal à quelqu'un, alors que même un soupçon de certains produits nettoyants pourrait causer de graves préjudices. Vous ne pouvez tout garder hors de la portée des petites mains fouineuses de bébé, alors concentrez vos efforts sur les substances potentiellement les plus dangereuses (voir liste, page 376). Ne vous inquiétez pas trop de la mouche ou de la touffe de poils du chien qui risquent de se retrouver dans sa bouche. Si vous le surprenez avec le regard du chat-qui-se-prépare-à-avaler-le-serin, pincez-lui les joues entre le pouce et l'index d'une main pour qu'il ouvre la bouche et faites sortir l'objet avec un doigt replié de l'autre main.

En plus des substances visiblement toxiques, méfiez-vous surtout des aliments en voie de détérioration. Les bactéries et autres micro-organismes susceptibles de causer des maladies peuvent se multiplier rapidement à la température de la pièce, alors veillez à garder la nourriture avariée ou sur le point de le devenir hors de la portée de bébé. Il peut s'agir des plats de nourriture des animaux domestiques, des déchets dans la poubelle de la cuisine et sur le plancher non balayé.

Veillez également à ce que bébé ne porte pas à sa bouche des objets minuscules qu'il pourrait avaler ou qui risqueraient de l'étouffer, tels que des boutons, des bouchons de bouteilles, des agrafes, des épingles de sûreté, de la monnaie, des billes. Avant de déposer bébé sur le plancher pour qu'il y joue, vérifiez qu'il n'y ait rien qui mesure moins de 4 cm (1 3/8 po). Éloignez également les objets potentiellement toxiques, comme les journaux et les meubles enduits de peinture au plomb. Voir la section «Rendre la maison sécuritaire pour bébé», page 374, pour obtenir d'autres trucs ou pour savoir ce qu'il faut garder hors de la portée des enfants.

LES ÉRECTIONS

«Lorsque je change la couche de mon bébé, il lui arrive d'avoir une érection. Est-ce possible que je touche trop à son pénis?»

Tant que vous devrez manipuler son pénis pour le nettoyer lorsque vous le changez de couche ou que vous lui donnez son bain, les érections de votre fils sont des réactions normales au toucher de tout organe sexuel sensible, comme le sont les érections du clitoris des petites filles, qui sont moins évidentes, mais probablement aussi courantes. Un bébé peut également avoir une érection lorsque sa couche frotte contre son pénis, lorsqu'il tète, ou lorsque vous le lavez dans la baignoire. Tous les bébés mâles ont parfois des érections (bien que leurs mères ne s'en aperçoivent peut-être pas), mais certains d'entre eux en ont plus souvent que les autres. De telles érections n'exigent aucune attention particulière de votre part.

LA DÉCOUVERTE DES ORGANES GÉNITAUX

«Tout récemment, mon bébé a commencé à jouer avec ses parties génitales, dès que nous lui enlevons sa couche. Est-ce normal à un si jeune âge?»

Si c'est agréable, les humains le font. C'est d'ailleurs ce que la nature escomptait lorsqu'elle a créé les organes génitaux; si elle les créait agréables à toucher, ils seraient touchés, tout d'abord par leurs propriétaires et, éventuellement, lorsque le temps serait venu, par un membre du sexe opposé, assurant ainsi la perpétuation de l'espèce.

Les bébés sont des êtres sexués dès la naissance ou, plus exactement, dès avant la naissance : on a observé des érections chez les foetus mâles dans l'utérus de leur mère. Certains bébés commencent l'exploration de leur sexualité au milieu de la première année; d'autres ne commenceront pas avant l'âge d'un an. Cet intérêt est une part inévitable et saine du développement de bébé, tout comme la fascination pour les doigts et les orteils le fut plus tôt. Le fait de réprimer une telle curiosité, comme beaucoup de générations se sont senties obligées de le faire par le passé, serait aussi erroné que de tenter de réprimer l'intérêt de bébé pour ses doigts et ses orteils.

Peu importe ce qu'on a pu vous en dire, il n'y a aucun danger physique ou psychologique à ce qu'un bébé ou un jeune enfant manipule ses organes génitaux. Ce geste ne pourra être appelé masturbation avant bien longtemps. Il peut toutefois être nuisible de faire croire à un enfant qu'il est sale ou méchant de toucher à ses organes génitaux. Cela pourrait produire un effet négatif sur sa sexualité future et sur sa confiance en soi. Le fait d'en faire quelque chose de tabou peut également rendre ces pratiques plus attirantes.

La crainte que des doigts qui ont touché les parties génitales ne soient pas assez propres pour aller dans la bouche est également non fondée. Tous les microbes présents dans la région génitale de bébé sont les siens et ne sont d'aucune menace. Toutefois, si vous voyez votre petite fille se toucher avec des mains très sales, ce serait une excellente idée de les laver, pour éviter les infections possibles. Les organes génitaux d'un garçon ne sont pas aussi vulnérables, mais garçons et filles devraient avoir les mains lavées soigneusement après avoir touché à une couche souillée.

SE SALIR

«Mon bébé aimerait se traîner par terre dans un terrain de jeu si je le laissais faire. Toutefois le sol est si sale...»

Adoptez un javellisant et laissez tomber toute réticence à laisser votre enfant jouer par terre et se salir. Les bébés qui sont forcés de regarder passer la parade alors qu'ils aimeraient vraiment en faire partie resteront sans taches, mais insatisfaits. Les enfants sont éminemment lavables. La saleté la plus évidente peut être enlevée avec des petites serviettes humides alors que vous êtes encore au terrain de jeu ou dans le parterre. La saleté incrustée partira plus tard dans la baignoire. Même la saleté qui finit par se retrouver dans leur bouche ne peut pas leur faire de tort. Les bébés qui passent quelque temps à l'extérieur consommeront inévitablement un peu de terre et de sable. Il se peut que cela vous rende malade de le regarder manger de la saleté, mais bébé ne le sera peut-être pas. Par ailleurs, assurez-vous qu'il n'y a ni verre brisé ni excréments de chiens autour de bébé et permettez-lui de se traîner en le surveillant constamment. Si ses mains sont vraiment sales, enlevez-lui le plus de saletés possible avec un serviette humide et laissez-le repartir gaiement.

Tous les bébés n'aiment pas se salir; certains d'entre eux préféreront regarder les autres bébés se salir. Si bébé est l'un de ceux-là, assurez-vous d'abord qu'il n'hésite pas parce qu'il pense que vous ne voulez pas qu'il se salisse. Encouragez-le à devenir de plus en plus actif, mais ne le forcez pas.

Des chaussures tendres ou des espadrilles protégeront ses pieds lorsqu'il se traîne sur la terre ferme; les pieds nus sont parfaits sur la pelouse lorsqu'il fait chaud. Ce sera moins dur pour ses genoux s'il porte des pantalons ou des combinaisons pendant ces promenades. Si vous désirez que bébé soit propre en public, gardez-lui un ensemble propre dans votre sac à couches et changez bébé quand vous aurez terminé la promenade au terrain de jeu. De cette façon, bébé aura tout le loisir de jouer dans le sable et sur le gazon et sera tout aussi près pour une sortie en public.

LES JEUX RUDES

«Mon beau-frère aime jouer dur avec notre bébé, le lançant dans les airs et le rattrapant au vol. Notre enfant semble adorer ces acrobaties mais nous nous demandons si celles-ci sont sans danger.»

Ces jeux sont dangereux. Dans la plupart des cas, vous pouvez vous fier sur bébé pour vous dire quand son corps n'est pas prêt (par exemple, quand bébé commence à manger des solides ou quand il commence à se tenir debout), mais pas quand il s'agit d'un jeu rude. Certains bébés aiment la sensation de tourbillonner dans les airs ou d'être lancés et rattrapés au vol; d'autres sont terrifiés. Toutefois, ces acrobaties de jeu ou ces secouements de colère peuvent être extrêmement dangereux[1].

Plusieurs blessures peuvent advenir en lançant un bébé dans les airs, en le secouant, en le faisant rebondir vigoureusement ou en faisant de la course à pied avec bébé installé dans un porte-bébé de dos ou de devant. L'une de ces blessures peut être d'ordre neurologique. Ces blessures sont provoquées par de fortes secousses, comme cela peut arriver à un adulte propulsé dans un accident de voiture. La tête d'un bébé est lourde proportionnelle-ment au reste de son corps et les muscles de son cou ne sont pas complètement développés. Le soutien pour la tête est donc mince. Lorsque l'on secoue le bébé avec rudesse, la tête projetée en avant et en arrière peut faire rebondir le cerveau encore et encore contre la boîte crânienne. Une contusion au cerveau peut causer des dommages neurologiques permanents avec incapacité mentale ou physique. Une autre blessure possible est le traumatisme des yeux délicats d'un tout-petit. S'il advient un décollement de la rétine ou encore des dommages au nerf optique, il peut en résulter des problèmes visuels de longue durée, et même la cécité. Le risque de dommages est multiplié si un bébé pleure ou s'il est tenu la tête en bas pendant qu'il se fait secouer, parce que cela augmente la pression sanguine dans la tête, ce qui rend les fragiles vaisseaux sanguins plus sujets à se rompre. De telles blessures sont relativement rares, mais les dommages peuvent être si graves, qu'il est préférable de ne pas prendre de risques inutiles.

Ne perdez pas votre temps à vous inquiéter des séances de chahut passées. Si votre enfant n'a montré aucun symptôme de blessure, il s'en est probablement bien sorti jusqu'ici. Si vous avez quelque inquiétude, consultez son pédiatre.

D'autres jeux rudes sont également dangereux. Les articulations d'un bébé (ou même d'un jeune enfant) sont encore assez tendres. Ne faites pas sauter bébé en le tenant par les bras, ne retournez pas et ne tirez pas son bras d'un mouvement brusque pour le faire avancer lorsqu'il ne veut pas. Il pourrait en résulter une dislocation très douloureuse du coude ou de l'épaule.

Ceci ne règle pas complètement le problème des jeux rudes. Beaucoup de bébés adorent voler lorsqu'on les tient fermement à la taille et aime planer doucement dans les airs. Ils aiment participer aux jeux de chatouille, aux tiraillements légers et aux jeux de cache-cache quand ils peuvent

1. Certains parents secouent leur bébé plutôt que de lui donner une fessée lorsqu'ils sont fâchés, parce que cela leur semble être la meilleure manière de le discipliner. Ils secouent leur enfant pour laisser sortir la vapeur et la frustration, en s'imaginant que cela ne peut pas lui faire de mal. Ni l'une ni l'autre de ces hypothèses n'est vraie : tout parent qui se sent obligé de punir un petit bébé a besoin d'aide pour vivre avec ses propres sentiments et pour prendre soin d'un enfant.

se traîner à quatre pattes. Il y a toutefois des bébés garçons et filles qui détestent les jeux rudes. Ils ont le droit d'être traités doucement, même par des oncles ou des grands-papas exubérants. Au contraire, réjouissez-vous quand bébé est doux et bon.

L'UTILISATION DU PARC

«Lorsque nous avons acheté un parc, il y a environ deux mois, notre bébé ne semblait jamais y passer assez de temps. À présent, il pleure et crie pour en sortir après seulement cinq minutes.»

Il y a environ deux mois, bébé ne se sentait pas confiné dans son parc. Au contraire, cela lui apparaissait comme son parc d'amusement personnel. Maintenant, il commence à réaliser qu'il y a tout un monde — du moins une salle de séjour là-bas — et il est prêt à aller l'explorer. Les quatre murs qui délimitaient, auparavant, son petit paradis apparaissent désormais à ses yeux comme une frustrante barrière, l'emprisonnant à l'intérieur pour regarder à l'extérieur.

Prenez l'avis de bébé et commencez à n'utiliser le parc que lorsque vous devez effectuer des travaux qui vous demandent concentration et énergie. Utilisez le parc de bébé quand vous devez garder bébé en sécurité, brièvement et peu souvent. Que ce soit le temps de laver le plancher de la cuisine, de mettre un plat au four, d'aller à la salle de bain ou de ranger la maison pour recevoir une visite de dernière minute, limitez le temps de bébé dans son parc à une quinzaine de minutes, chaque fois. Un enfant actif de huit mois a besoin d'explorer. Changez souvent les jouets qui lui tiennent compagnie, leur faisant faire de fréquentes rotations, de sorte qu'il ne s'ennuie pas prématurément. Si bébé préfère vous voir et vous entendre pendant qu'il joue, gardez son petit parc près de vous. Si bébé semble plus longtemps content lorsque vous êtes hors de sa vision, mettez son parc dans la pièce adjacente. Néanmoins, surveillez-le fréquemment. Si bébé proteste au moment de le mettre dans son parc, donnez-lui de nouveaux jouets. Quelques pots, des casseroles une ou deux bouteilles de plastique vides sans bouchon seront des jouets attrayants et inhabituels. Si cela ne fonctionne pas, laissez-le se promener un peu, dès que vous le pourrez.

Parents, soyez très vigilants. Bébé est extrêmement agile et astucieux. Il pourrait réussir à grimper sur des gros jouets et enjamber son parc pour se libérer lui-même, à ses risques.

«Mon bébé pourrait rester dans son parc toute la journée si je l'y laissais, mais je ne suis pas certaine que ce soit une bonne chose.»

Certains bébés placides semblent parfaitement heureux de rester dans le parc pendant des heures et des heures, même vers la fin de la première année. Ils ne savent peut-être pas ce qu'ils manquent ou, peut-être, ne sont-ils pas assez impérieux pour demander leur liberté. Quoique ce genre de situation laisse le temps à une mère de faire plus de choses, cela empêche bébé d'en faire assez, intellectuellement ou physiquement. Alors, encouragez bébé à voir le monde sous un angle nouveau. Il se peut qu'il hésite d'abord à quitter son parc, un peu mal à l'aise de perdre la sécurité de ses quatre murs. Le fait de vous asseoir avec lui sur le plancher, de jouer avec lui, de lui donner une couverture ou son jouet préféré, ou de l'encourager dans ses tentatives de se traîner lui faciliteront la transition.

LIRE DES HISTOIRES À BÉBÉ

«J'aimerais que mon enfant développe un intérêt pour la lecture. Est-ce trop tôt pour commencer à lui lire des histoires?»

À une époque où la télévision séduit les enfants et les éloigne des livres facilement et très tôt, il n'est probablement jamais trop tôt pour commencer à lire des histoires à bébé. Certaines personnes croient qu'il vaut la peine de lire alors que bébé est encore dans l'utérus pour le familiariser à la lecture et plusieurs commencent à lire des histoires à bébé très tôt après la naissance. Toutefois, ce n'est pas avant l'âge de deux ans et demi qu'un bébé peut participer activement au processus de la lecture et, au début, bébé mordillera plutôt le coin du livre. Rapidement, bébé commence à s'intéresser aux mots que vous lisez selon le rythme et les sons des mots plutôt qu'à leur signification et aux illustrations colorées et à motifs.

Pour vous assurer que bébé ait la piqûre de la lecture très tôt, servez-vous des stratégies suivantes :

Lisez pour vous-même. Lire pour bébé aura moins d'impact si vous passez plus de temps devant le téléviseur que derrière un livre, un journal ou un magazine. Bien que ce soit difficile pour les parents de jeunes enfants de trouver un moment de détente pour pouvoir lire tranquilles, cela vaut la peine d'en faire l'effort. Comme pour n'importe quel comportement, désirable ou indésirable, les enfants sont plus susceptibles de faire comme vous faites que de faire comme vous dites. Lisez quelques pages d'un livre installé sur un chevalet pendant que vous allaitez ou que vous donnez le biberon. Lisez un livre dans la chambre de bébé pendant qu'il joue. Gardez un livre sur votre table de chevet pour un moment de lecture avant de vous endormir et pour montrer et dire à bébé : «Voici le livre de maman.»

Commencez une collection «jeunesse». Il y a des milliers de livres pour enfants sur les tablettes des librairies. Choisissez les livres appropriés aux bébés. Recherchez ceci :

- Une construction robuste qui peut défier la destruction. Les livres en carton laminé ou plastifié, aux coins arrondis, sont solides : ils peuvent être mordillés et tordus sans risquer de se désintégrer et de se déchirer. Les livres de tissu laminé sont également bons. Les livres de tissu doux, quoique indestructibles, sont joliment inutiles : ils ne tiennent pas à plat. Les bébés n'arrivent pas ainsi à tourner les pages et ce sont des livres qui ressemblent très peu aux vrais livres. Une reliure en spirale sur un livre de carton est un avantage, car non seulement elle permet au livre de se tenir à plat lorsqu'il est ouvert, mais bébé peut aussi jouer avec la fascinante spirale. Les livres de vinyle sont bons pour l'heure du bain. Il s'agit, en effet, d'un des rares moments où bébé se tient tranquillement assis assez longtemps pour une séance de lecture. Pour empêcher que les livres ne se couvrent de moisissures, séchez-les soigneusement après chaque bain et rangez-les dans un endroit sec.

- Des illustrations peuvent représenter des dessins distincts, brillants et réalistes sur des sujets familiers, des animaux, des véhicules, des jouets et des enfants. Les images ne devraient pas être encombrées de détails, de sorte que bébé ne soit pas accablé au premier coup d'oeil.

- Le texte ne doit pas être trop compliqué. Les rimes ont plus de chance de capter l'attention de bébé, lorsque vous lisez pour lui, étant donné qu'il écoute en grande partie pour le plaisir de l'oreille et non pour la compréhension. Cela prendra encore plusieurs mois avant que bébé ne soit capable de suivre le cours d'une histoire. Les livres avec un seul mot par page sont bons aussi, parce qu'ils aident bébé à augmenter son vocabulaire de compréhension et, éventuellement, son vocabulaire parlé.

■ Les livres-jeux encouragent les jeux de cache-cache, de toucher et sentir, d'apprentissage des textures et de découverte de surprises cachées sous des petites fenêtres invitant les enfants à imaginer, à deviner et à participer.

■ Les vieux magazines sont joyeusement manipulés et regardés par les bébés. Alors, plutôt que de jeter les vieux magazines, gardez une collection pour les jours de pluie passés avec bébé. Évidemment, lorsque bébé les aura feuilletés à sa guise, vous devrez les jeter[2].

Apprenez à lire à la manière des parents. Si vous avez passé le test de lecture de la deuxième année, vous savez lire «Le lièvre et la tortue» à haute voix. Toutefois, il faut plus que lire pour un bébé. Le ton et l'inflexion de la voix sont très importants. Lisez lentement. Prenez des intonations mélodieuses, amplifiez l'accent ou teintez les mots des sentiments appropriés. Faites un arrêt à chaque page pour insister sur les points saillants : «Regarde le petit garçon qui tombe en bas de la colline», «Regarde le petit chiot comme il rit», «Voici une vache. Une vache fait «meuh», «Bébé est dans un berceau. Dodo, l'enfant do».

Faites de la lecture une habitude. Passez quelques minutes de lecture avec bébé, au moins deux fois par jour, alors qu'il est tranquille, bien éveillé, et qu'il a déjà été nourri. Avant la sieste, après la collation, après le bain, avant la mise au lit, sont tous

des moments opportuns pour la lecture avec bébé. Respectez cet horaire seulement si bébé est réceptif. Ne le forcez pas à s'intéresser aux livres s'il a envie de se traîner par terre ou de faire de la musique avec deux couvercles de casserole.

Laissez la bibliothèque ouverte. Rangez les livres précieux sur les tablettes du haut pour les séances de lecture supervisées par les parents, mais gardez une petite bibliothèque de livres que bébé pourra atteindre et avec lesquels il pourra s'amuser. Il arrive qu'un bébé qui refuse de rester assis pour une séance de lecture avec maman ou papa soit très heureux de regarder lui-même, en tournant les pages et en observant les images à son propre rythme.

DROITIER OU GAUCHER

«J'ai remarqué que mon bébé ramasse et attrape les jouets des deux mains. Devrais-je essayer de l'encourager à se servir de sa main droite?»

Nous vivons dans un monde où les minorités génétiques doivent, parfois, s'adapter, s'accommoder ou s'exprimer. Par exemple, les gauchers, qui représentent une minorité d'à peu près 10 p. cent, ne font pas exception. La plupart des portes, des fers à repasser, des couteaux-éplucheurs, des ciseaux et des outils de toutes sortes ont été conçus pour les droitiers. Les gauchers sont destinés à heurter du coude leurs voisins de table et à serrer la main des gens avec ce qui est pour eux la mauvaise main. Beaucoup de parents, peu disposés à laisser leurs enfants endosser le statut de cette minorité, essaient de forcer leurs enfants gauchers à devenir droitiers.

Les experts ont déjà cru qu'une telle pression de la part des parents pour changer ce que l'on croit être un trait génétique a mené au bégaiement et à une variété

---

2. Veillez, cependant, à ce que bébé ne mette pas les pages d'un magazine ou d'un journal dans la bouche. L'encre d'imprimerie peut contenir des taux élevés de plomb, et, si l'ingestion est trop fréquente, il pourrait en résulter des taux dangereux pour bébé. (Brûler des pages de journaux ou de magazines libère le plomb dans l'air; n'utilisez donc pas ce papier pour allumer un feu.)

d'incapacités d'apprentissage. À présent, bien qu'ils ne recommandent pas d'essayer de changer la tendance naturelle d'un enfant gaucher, ils soupçonnnent que plusieurs traits positifs et négatifs sont génétiquement entrelacés chez les gauchers. Plusieurs semblent liés aux différences entre les droitiers et les gauchers, en regard au développement des hémisphères gauche et droit du cerveau. Chez les gauchers, le côté droit du cerveau est dominant, ce qui les fait exceller dans des domaines comme les relations spatiales. Cela pourrait expliquer en partie pourquoi ils sont dominants dans les sports, dans l'architecture et dans l'art, par exemple. Étant donné que plus de garçons que de filles sont gauchers, on a aussi avancé la théorie que le niveau de testostérone, une hormone mâle, affecte d'une certaine manière le développement du cerveau et la faculté d'être gaucher. Il faudra encore beaucoup de recherches pour comprendre ce qui fait qu'une personne soit droitière ou gauchère, et comment cela affecte diverses aptitudes dans la vie d'un individu.

La plupart des bébés se servent des deux mains de manière à peu près égale au début. Certains montrent une préférence pour une main ou pour l'autre après quelques mois, d'autres pas avant leur premier anniversaire. Certains semblent d'abord favoriser une main, pour ensuite changer. L'important est de laisser bébé se servir de la main avec laquelle il est le plus à l'aise et non celle dont vous aimeriez qu'il se serve. Étant donné que la population est composé d'environ 70 p. cent de droitiers, de 20 p. cent d'ambidextres et de 10 p. cent de gauchers, vous pouvez en déduire que bébé est droitier jusqu'à preuve du contraire. Offrez des objets vers la main droite de bébé. S'il cherche à les attraper de la main gauche, ou qu'il les prend avec sa droite puis les passe à sa gauche, il peut être sur la voie d'être gaucher. Cela

n'enlève rien à ses capacités ni à ses facultés, bien au contraire.

UNE MAISON SÉCURITAIRE POUR BÉBÉ

«J'ai toujours dit qu'un bébé ne changerait pas notre façon de vivre. Avec notre tout-petit se traînant partout, plusieurs des objets de valeur que nous avons amassés avec les années sont attirants pour bébé. Dois-je les ranger ou dois-je essayer d'enseigner à bébé de ne pas s'en approcher?»

Plusieurs boutiques de porcelaine redoutent la présence d'un bébé de sept ou huit mois. Justement, vos fragiles objets de valeurs sont tout aussi exposés aux découvertes et aux manipulations maladroites de bébé.

Alors, si vous ne voulez pas voir vos précieux objets de valeur ou vos attachants souvenirs se faire fracasser aux pieds de bébé, mettez-les bien loin de sa portée, pour vous et pour la sécurité de bébé. Plus tard, dans quelques années, bébé sera plus responsable et attentif à vos demandes relatives à ces objets. Remisez aussi les objets d'art ou tout autre objet lourd qui pourraient blesser bébé s'ils tombaient.

Néanmoins, n'allez pas vivre pendant des années dans une maison vide de tous ses ornements ou de tous ses objets décoratifs. Si vous voulez que bébé apprenne à vivre avec les choses fragiles de la vie, il serait bon d'offrir certains de ces objets même à un âge précoce, en aidant bébé à être attentionné. Laissez quelques objets robustes et de moins grande valeur à la portée de bébé. Lorsqu'il veut les prendre, dites-lui sévèrement : «Non, ne touche pas. C'est à maman et à papa.» Mettez un jouet dans sa main et expliquez-lui que c'est *à lui*. S'il s'entête à vouloir prendre l'objet défendu, enlevez l'objet. Trop de «non» finissent par perdre leur effet. Ressortez l'objet un autre jour. Quoique vous ne puissiez compter sur l'obéissance mainte-nant, les bébés ont la mémoire courte, votre enfant finira bien par comprendre et vous pourrez ressortir vos souvenirs et vos objets de valeur.

CE QU'IL IMPORTE DE SAVOIR
Rendre la maison sécuritaire pour bébé

Mettez un fragile poupon d'un jour à côté d'un robuste bébé de sept mois et le nouveau-né semblera démuni et vulnérable. En réalité, c'est le bébé plus âgé qui est le plus vulnérable. En fait, les aptitudes acquises dernièrement, non asso-ciées à un bon jugement, rendent les bébés de plus de six mois extrêmement dange-reux pour leur propre vie.

Une fois que bébé est capable de se déplacer tout seul ou dans un trotte-bébé, la maison devient un monde féerique aussi dangereux qu'excitant, rempli de pièges potentiels pouvant causer des blessures graves ou même la mort. La seule protec-tion pour bébé durant la dangereuse pre-mière année de vie est votre bon sens, votre prévoyance et votre grande vigilance.

Il faut habituellement une combinaison de facteurs pour provoquer un accident : une substance ou un objet dangereux (dans le cas d'un bébé, ce peut être un médica-ment ou un escalier), une victime poten-tielle comme bébé et, possiblement, des conditions environnementales (comme un tiroir à médicaments non verrouillé, un escalier sans barrière). Ces facteurs réu-nis permettent à la victime et au danger de se rencontrer. Dans le cas des accidents infantiles, tout peut aussi dépendre d'une vigilance fautive — parfois seulement pour un instant — de la part d'un parent ou d'une gardienne.

Pour réduire les possibilités d'accidents, tous ces facteurs doivent être modifiés de quelque manière. Les substances et objets dangereux doivent être mis hors de la por-tée; la victime potentielle doit être moins susceptible de le devenir grâce à un entraî-nement graduel à la sécurité; l'environne-ment dangereux doit être modifié (avec des barrières pour les escaliers, des ser-rures sur les tiroirs) et, peut-être le plus important, les personnes qui prennent soin des enfants doivent être constamment aux aguets, surtout dans les moments de stress, alors que la plupart des accidents se produisent. Beaucoup d'accidents arri-vent dans les maisons des autres. Ce peut être, par exemple, chez les grands-parents. Vous devriez étendre plusieurs de ces mesures de sécurité aux maisons où bébé se retrouve souvent et demander aux per-sonnes qui prendront fréquemment soin de votre enfant de lire ce chapitre.

Voici comment modifier les facteurs qui contribuent aux accidents :

Changez vos manières

Puisque le changement dans le comporte-ment de bébé sera un long et lent proces-sus éducationnel, pouvant commencer maintenant, mais qui ne sera pas complété avant plusieurs années, c'est votre compor-tement qui aura l'impact le plus important sur la sécurité de votre enfant à ce stade-ci.

■ Soyez éternellement vigilants. Peu importe le soin que vous mettez à rendre votre maison sécuritaire pour les enfants, souvenez-vous que vous ne pouvez la rendre complètement à l'épreuve des accidents. Votre attention, ou celle d'une autre personne responsable, doit être continuelle, surtout si bébé est l'un de ces enfants actifs, curieux et aventureux.

■ Ne laissez rien détourner votre attention, alors que vous utilisez des produits ménagers, des médicaments, des appareils électriques, des outils puissants ou toute substance et objet représentant un risque, alors que bébé est en liberté dans la maison. Il ne lui faut qu'une seconde pour se mettre dans une situation dangereuse.

■ Soyez particulièrement vigilants pendant les moments de stress ou les moments stressants de la journée. C'est lorsque vous êtes distraits que vous pouvez oublier le couteau sur la table, d'attacher bébé dans sa chaise haute ou de fermer l'accès à l'escalier.

■ Ne laissez pas bébé seul dans la maison ou l'appartement, sous aucun prétexte, ni seul dans une pièce, sauf s'il est dans son parc, dans sa couchette ou dans un encadrement sécuritaire. Ne le laissez que lorsqu'il est endormi. Ne laissez pas bébé seul avec un jeune enfant de moins de six ans, même sécuritairement installé dans une couchette ou un parc, éveillé ou endormi. Les enfants en bas âge ne connaissent souvent pas leur force ou ne réalisent pas les conséquences possibles de leurs actes face à bébé. Ne laissez pas bébé seul avec un animal domestique, même docile.

■ Habillez bébé de façon confortable. Lavez ses vêtements soigneusement et assurez-vous que les pyjamas à jambes ne sont pas trop grands, les revers de pantalons pas trop longs, les bas et les pantoufles pas trop glissants pour un bébé qui commence à se mettre debout ou à marcher. Évitez les écharpes ou les foulards trop longs et les cordes qui pourraient étouffer bébé (celles de plus de 30 cm [12 po]).

■ Familiarisez-vous avec les procédés d'urgence et de premiers secours (voir Tome II). Vous ne pouvez pas toujours prévenir les accidents, mais en sachant quoi faire si un accident grave se produisait, vous pouvez sauver des vies.

■ Donnez à bébé beaucoup de liberté. Une fois que votre environnement sera le plus sécuritaire possible, évitez de surprotéger bébé. Bien que vous vouliez que bébé soit conscient du danger, vous ne voulez certes pas décourager ses expériences d'enfant. Les enfants, comme nous tous, apprennent grâce à leurs erreurs; ne jamais leur permettre de faire des erreurs pourrait empêcher leur croissance. Un enfant qui a peur de courir, de grimper ou d'essayer des nouvelles choses est privé non seulement du côté éducatif des jeux libres, mais également d'une grande part des plaisirs de l'enfance.

Changez l'environnement de bébé

Jusqu'à maintenant, bébé a vu des gens — et votre demeure — le plus souvent à partir de vos bras, au niveau de vos yeux. Maintenant qu'il commence à regarder en se traînant à quatre pattes, vous devriez commencer à le regarder sous le même angle. Une façon d'y arriver est justement de vous asseoir sur le plancher vous-même; ainsi, vous apercevrez une multitude de dangers dont vous n'aviez peut-être même pas soupçonné l'existence. Une autre façon d'éliminer les dangers potentiels est d'examiner toute chose se trouvant à moins de trois pieds, ce qui représente la hauteur normale que bébé peut atteindre.

Faites des changements dans la maison. En faisant le tour de votre demeure,

CONTRÔLE DES POISONS

Chaque année, des milliers d'enfants sont victimes de l'ingestion accidentelle de substances dangereuses. C'est triste, mais ce n'est pas étonnant. Les enfants, surtout les très jeunes, font plusieurs de leurs découvertes oralement. Tout ce qu'ils ramassent finit par aboutir dans leur bouche. Ils n'ont pas encore appris à différencier les substances et les objets dangereux et ceux qui sont inoffensifs. Pour eux, tout est simplement intéressant. Leurs papilles gustatives ne sont pas assez développées pour les prévenir qu'une substance est dangereuse parce qu'elle a un goût horrible.

Pour protéger les petits bébés des périls qui les guettent, suivez ces règles sans y déroger :

▪ Mettez toute substance contenant du poison hors de la portée des enfants et hors de leur vue. Même les bébés qui se traînent peuvent grimper sur des chaises basses, des marches ou des coussins.

▪ Suivez toutes les règles de sécurité pour administrer ou prendre des médicaments (voir Tome II).

▪ Évitez d'acheter des produits nettoyants, des détergents à lessive et d'autres substances empaquetés dans des contenants attrayants et aux couleurs vives. Ils attireraient bébé. Si nécessaire, couvrez les illustrations avec du ruban adhésif noir (mais ne couvrez pas les instructions ou les mises en garde). Évitez également les substances toxiques aux agréables fragrances alimentaires (comme la menthe, le citron ou l'abricot).

▪ Autant que possible, achetez des produits aux emballages résistant aux mains des enfants.

▪ Prenez l'habitude de ranger les produits dangereux immédiatement après chaque usage; ne déposez jamais un atomiseur à cire pour les meubles ou une boîte de boules à mites par terre, même pour une minute, pendant que vous répondez au téléphone.

▪ Rangez les produits alimentaires et ceux qui n'en sont pas séparément. Ne mettez jamais ce qui n'est pas comestible dans les contenants alimentaires vides (du javelisant dans une bouteille de jus de pommes, par exemple, ou de l'huile lubrifiante dans un pot de confitures). Les bébés apprennent très tôt à identifier d'où vient leur nourriture et ils ne comprendront pas pourquoi ils ne peuvent pas boire ce qui est dans la bouteille de jus ou lécher ce qui est dans le pot de confitures. Pire, ils pourraient boire un liquide trompeur.

▪ Évitez les imitations d'aliments (comme des fruits en cire).

▪ Lorsque vous vous débarrassez de substances potentiellement dangereuses, videz-les dans l'évier, rincez les contenants, à moins que l'étiquette ne vous donne d'autres instructions, et jetez-les immédiatement dans un poubelle extérieure se fermant hermétiquement. Ne les jetez *jamais* dans une corbeille à papier ou dans une poubelle de cuisine.

▪ Quand c'est possible, choisissez le produit le moins dangereux décrivant le moins de mises en garde. Parmi les produits ménagers généralement considérés comme moins dangereux : l'eau de Javel sans chlore, le vinaigre, le détergent Bon Ami, le borax, les cristaux de soude, l'huile de citron, la cire d'abeilles, l'huile d'olive pour le polissage des meubles, le papier à mouches non chimique, la colle Elmer, l'huile minérale lubri-fiante pour usage externe, l'air com-primé pour le déblocage des tuyaux plutôt que les liquides et les granules corrosifs.

■ Pour vous aider à remarquer les poi-sons lorsque vous en voyez un, collez des étiquettes POISON sur tous les pro-duits dangereux. Si vous ne trouvez pas de telles étiquettes, écrivez le mot POI-SON avec un crayon feutre noir sur cha-que produit. Toutefois, ne couvrez pas les instructions et les mises en garde. En grandissant, votre enfant pourra éven-tuellement reconnaître que ces produits sont dangereux.

■ Considérez les produits suivants comme potentiellement dangereux :

Boissons alcoolisées
Mercure d'ammoniaque
Eau de Javel au chlore
Cosmétiques
Détergents à lave-vaisselle
Liquides corrosifs pour tuyaux
Cire pour les meubles
Poisons à insectes ou à rongeurs
Pilules de fer
Kérosène
Soude caustique
Médicaments
Boules à mites
Térébenthine
Essence de wintergreen
Somnifères
Tranquillisants
Herbicides

vous verrez les choses qu'il est nécessaire de transformer :

■ Les fenêtres. Si elles sont au-dessus du niveau du sol, installez des grilles protec-trices en suivant les instructions du manu-facturier; ou ajustez-les de sorte qu'elles ne s'ouvrent pas de plus de 15 cm (6 po).

■ Les cordes des stores ou des draperies. Attachez-les de sorte que bébé ne puisse pas s'y empêtrer; ne placez pas à la por-tée de bébé une couchette ou un parc, une chaise ou un lit sur lesquels il pourrait grimper.

■ Les fils d'électricité. Mettez-les hors d'atteinte, derrière les meubles, de sorte que bébé ne puisse les mordiller en ris-quant de subir un choc électrique ou les tirer en faisant tomber des lampes et des objets lourds qui pourraient le blesser.

■ Les prises électriques. Couvrez-les avec des petits boucliers de plastique ou placez des meubles lourds devant pour éviter que bébé n'insère de petits objets dans les pri-ses ou ses petits doigts humides : bébé prendrait un grave choc.

■ Les meubles instables. Mettez hors de la portée de bébé les chaises, les tables et les autres meubles instables ou chance-lants; fixez au mur toute étagère, biblio-thèque ou autres structures que bébé pourrait faire tomber.

■ Les armoires à linge. Gardez-les fer-mées, de sorte que bébé ne puisse y grim-per et les faire tomber; si l'armoire n'est pas stable, pensez à la fixer au mur.

■ Les surfaces peintes hors de la portée de bébé. Assurez-vous qu'elles sont exemp-tes de plomb; si elles ne le sont pas ou si vous n'en êtes pas certains, repeignez-les ou mettez du papier peint. Si les tests mon-trent que la peinture contient du plomb, il est préférable de l'enlever complètement.

■ Les cendriers. Mettez-les hors d'atteinte pour que bébé ne touche pas à un mégot brûlant ou n'en prenne pas une poignée pleine; encore mieux, pour la santé de bébé et pour sa sécurité, bannissez complètement le tabac de votre maison.

■ Les plantes vertes. Gardez-les hors de la portée de bébé, là où il ne pourra pas tirer dessus pour les faire tomber sur lui ou pour les mordiller; soyez particulièrement prudents avec les plantes toxiques (voir page 301).

■ Poignées ou boutons lâches sur les meubles et tiroirs. Enlevez-les ou fixez-les comme il faut, s'ils sont assez petits pour être avalés (moins de 4 cm [1 3/8 po] de diamètre) ou pour causer l'étouffement.

■ Les calorifères. Entourez-les d'une barrière ou d'un couvercle pendant la saison de chauffage.

■ Les escaliers. Mettez une barrière en haut de l'escalier et une autre à trois marches du bas.

■ Les rampes et garde-fous. Assurez-vous que l'espace existant entre les barres verticales des rampes d'escaliers et des gardefous est de moins de 13 cm (5 po), et qu'aucune de ces barres n'est branlante.

■ Les foyers, calorifères, fours, fournaises centrales. Installez des grilles protectrices ou autres barrières pour protéger les petits doigts des surfaces chaudes et des flammes (même les grilles d'une fournaise centrale peuvent devenir assez chaudes pour causer des brûlures au deuxième degré). Débranchez les chaufferettes lorsque vous ne les utilisez pas et, quand cela est possible, rangez-les dans un endroit où les enfants ne peuvent les atteindre. (Pour obtenir des informations sur les risques environnementaux engendrés par les chaufferettes, voir page 304.)

■ Les nappes. Si elles pendent de chaque côté de la table et que vous ne pouvez pas les fixer solidement, enlevez-les jusqu'à ce que bébé sache qu'il ne faut pas tirer dessus, ou alors, gardez bébé loin du sol lorsque vous voulez mettre une nappe.

■ Les tables au dessus de verre. Vous pouvez soit les couvrir d'un dessus de table épais ou les mettre à l'écart temporairement.

■ Les rebords et les coins pointus des tables, des coffres et d'autres objets. Si bébé peut se frapper, couvrez les coins des meubles de rubans coussinés ou de protège-coins achetés en magasin ou fabriqués à la maison.

■ Les carpettes. Assurez-vous qu'elles sont antidérapantes; ne les placez pas en haut des escaliers et ne leur permettez pas de rester froissées.

■ Les tuiles et les tapis. Réparez toute partie altérée ou soulevée pour éviter que bébé ne culbute.

■ Bibelots ou appuie-livre lourds. Placezles où bébé ne peut pas les atteindre et les faire basculer; les bébés sont plus forts que vous ne pourriez le soupçonner.

■ Les coffres à jouets. Ils devraient avoir un couvercle léger avec des mécanismes de sécurité et des trous de ventilation (au cas où bébé resterait enfermé dedans) ou ne pas avoir de couvercle du tout. En général, des tablettes ouvertes sont plus sécuritaires pour ranger les jouets.

■ Les couchettes. Dès que bébé semble intéressé à se mettre debout, ajustez le matelas à la position la plus basse et retirez les gros jouets, les oreillers, les coussins protecteurs et tout ce dont bébé pourrait se servir comme marche-pied pour enjamber sa couchette. Lorsque bébé mesurera 89 cm (35 po), le temps est venu de le mettre dans un lit.

■ Les planchers encombrés. Essayez de garder les passages de circulation bien à l'ordre, pour éviter que bébé ne glisse sur un objet. Lavez les petites flaques de liquide et ramassez les papiers immédiatement.

■ Les garages, les lieux d'entreposage et les remises. Verrouillez-les bien et gardez

ÉQUIPEMENT DE SÉCURITÉ

Verrous pour garder les armoires et les tiroirs de la cuisine barrés, hors d'atteinte des petits doigts fureteurs

Loquets d'armoires

Dispositif de sûreté pour le four

Boutons qui bloquent les portes

Coussinets de plastique clair pour arrondir les coins des tables

Coussinets pour rebords coupants

Couvercles plastifiés pour prises de courant et boucliers à charnière pour appareils branchés

Couvercle de sûreté pour le bec de la baignoire

Décorations antidérapantes ou tapis caoutchouté à ventouses pour le fond de la baignoire

Marche-pied antidérapant

Verrous de portes-patio

Dispositifs, loquets ou ventouses pour sceller les couvercles des pots.

---

bébé hors de ces endroits, car ils peuvent contenir divers outils dangereux et des substances représentant des dangers d'empoisonnement.

■ Les objets fragiles. Installez une clôture ou une barrière pour empêcher bébé d'entrer dans les pièces défendues, pour le moment.

Soyez également avisés de la présence de divers objets dangereux que l'on trouve dans la maison et veillez à les ranger en toute sécurité, généralement dans des armoires, des tiroirs ou des coffres verrouillés ou barrés. Déposez les objets et les produits défendus sur des tablettes élevées. Veillez à ce que bébé ne les attrape pas pendant un moment d'inattention et veillez à les remettre hors de portée dès que vous ne vous en servez plus ou dès que vous vous apercevez qu'ils ont été oubliés quelque part. Soyez particulièrement prudents avec :

■ les outils coupants comme les ciseaux, les couteaux, les coupe-papier, les rasoirs (ne les laissez pas sur le bord de la baignoire) et les lames. Tenez ces objets hors de la vue et hors de la portée de bébé.

■ les objets pouvant être avalés comme les billes, les pièces de monnaie, les épingles

de sûreté et tous les objets minuscules de moins de 4 cm (1 3/8 po) de diamètre;

■ les crayons, les plumes et les autres objets pour écrire (changez-les pour des crayons non toxiques)[3];

■ les accessoires de couture et de tricot, les épingles, les aiguilles, les ciseaux, les boutons et les dés à coudre;

■ les sacs de plastique léger, comme ceux utilisés pour les fruits et les légumes, les sacs de nettoyage et les emballages de vêtements neufs; les bébés peuvent suffoquer lorsque ce genre de sac est placé sur leur visage;

■ les articles incendiaires comme les allumettes, les cartons d'allumettes, les briquets et les mégots de cigarettes fumants;

■ les outils pour votre travail ou pour vos loisirs : peintures, décapants, épingles, aiguilles, équipement de menuiserie, etc.;

■ les jouets appartenant à des frères et à des soeurs plus âgés ne doivent pas être

---

3. Certains enfants adorent se servir de crayons et de plumes, tout comme papa et maman; si c'est le cas de bébé, permettez-lui de se servir de crayons pour enfant seulement lorsqu'il est assis en toute sécurité et que vous pouvez le surveiller de près.

utilisés par les enfants de moins de trois ans; cela inclut les jeux de construction comprenant des petites pièces, les tricycles, les mobilettes, les voitures, les camions miniatures, les jouets avec des coins pointus, les petits blocs, les petits morceaux cassables ou détachables ou les fiches d'alimentation;

• les piles-boutons, en forme de petit disque, utilisées dans les montres, les calculatrices, les appareils auditifs ou les caméras. Elles sont faciles à avaler et peuvent rester dangereusement coincées dans l'oesophage ou l'estomac de bébé;

• les imitations d'aliments en cire, en papier mâché, en caoutchouc ou dans une substance que bébé pourrait mâchouiller avec risques d'étouffement (une pomme en cire, une chandelle en forme de cornet de crème glacée, une gomme à effacer à l'odeur de fraise);

• les produits nettoyants;

• le verre, la porcelaine et les substances cassables;

• les ampoules et les veilleuses, que bébé pourrait mordre et ainsi se couper;

• les bijoux, les perles, les bagues qui risqueraient d'être avalés par bébé;

• les boules à mites et les poisons;

• la cire à chaussures;

• les parfums, les cosmétiques, les vitamines et les médicaments;

• les sifflets jouets et les petites boules des sifflets;

• les ballons non gonflés ou éclatés;

• la petite nourriture dure qui se mange avec les doigts, comme les arachides, les raisins secs, le maïs soufflé ou les bonbons durs qui peuvent être oubliés dans les plats à bonbons;

• les pistolets et les fusils des chasseurs;

• le soude caustique et les acides (il est préférable de ne pas garder du tout ces produits chez vous);

• les boissons alcoolisées (une quantité qui vous aiderait seulement à vous détendre pourrait rendre bébé gravement malade);

• les chaînes, les cordes, les barres d'exercice, les cassettes et tous les objets qui pourraient s'enrouler autour du cou de bébé et provoquer la strangulation; les bébés ne devraient pas dormir avec des poupées ou des animaux rembourrés contenant des cassettes;

• bref, tous les objets pouvant être avalés par bébé ou pouvant causer des blessures sont à garder hors de la vue et hors de la portée de bébé. Voyez la liste des poisons, page 376.

Changements de sécurité antifeu. Entendre dire qu'un ou des enfants ont péri dans les flammes est affligeant. La conviction que le feu aurait pu être prévenu ou aurait pu être découvert avant qu'il ne prenne des proportions fatales vous perturbe plus encore. Vérifiez tous les coins de votre demeure pour déceler les dangers possibles d'incendie et vous assurer qu'un incendie a peu de possibilités de se produire dans votre maison :

• S'il est permis de fumer chez vous, débarrassez-vous soigneusement des mégots de cigarettes ou de cigares, des cendres de pipes et des allumettes usagées, et ne les laissez jamais à la portée des enfants. Tout fumeur à la maison devrait prendre l'habitude de jeter ses mégots immédiatement, et vous devriez vider les cendriers souvent et promptement quand vous avez des invités qui fument.

• Ne permettez à personne de fumer au lit.

• Gardez les allumettes et les briquets hors de la portée des bébés et des jeunes enfants.

• Ne laissez pas les ordures s'accumuler, surtout les combustibles comme la peinture ou les chiffons enduits de peinture.

• Évitez de vous servir de liquides inflammables, de kérosène ou de produits commerciaux pour enlever les taches sur les vêtements.

■ Ne portez pas, et ne laissez personne d'autre qui fait la cuisine ou qui travaille près d'un foyer, d'un poêle à bois ou d'une chaufferette, porter des vêtements avec des manches longues, des foulards trop longs ou une queue de chemise pendante, qui pourraient accidentellement prendre feu.

■ Assurez-vous que les pyjamas de bébé sont ininflammables.

■ Faites vérifier votre système de chauffage annuellement. Veillez à ne pas surcharger les circuits d'électricité. Retirez toujours soigneusement les fiches des prises en ne tordant pas les cordes. Vérifiez vos appareils électriques et leurs cordes régulièrement pour déceler les fiches usées ou lâches. Utilisez des fusibles de 15 A seulement pour l'éclairage; ne mettez rien d'autre à la place d'un fusible.

■ Si vous vous servez de chaufferettes, assurez-vous qu'elles s'arrêtent immédiatement si on les heurte ou si un objet les heurtait.

■ Placez les extincteurs dans les endroits où le risque d'incendie est le plus grand, comme dans la cuisine ou dans la chambre des fournaises, près du foyer ou du poêle à bois. En cas d'urgence, vous pouvez vous servir de bicarbonate de soude pour éteindre un feu de cuisine. Vous pouvez tenter d'éteindre un incendie seulement s'il est petit et localisé (comme dans votre four, dans une poêle à frire ou dans une poubelle). S'il n'est pas circonscrit, sortez de la maison.

■ Installez des détecteurs de fumée et de feu tel que recommandé par votre service d'incendie. Vérifiez-les régulièrement pour vous assurer qu'ils fonctionnent bien et que les piles ne sont pas à plat.

■ Installez des chaises et des échelles de corde près des plus hautes fenêtres (sélectionnées à l'avance) pour faciliter le sauvetage; montrez aux enfants plus âgés et aux adultes comment s'en servir. Entraînez-vous à descendre l'échelle en tenant une poupée dans vos bras.

■ Procédez régulièrement à des exercices d'incendie, de sorte que toute personne dans la maison sache comment sortir rapidement et en toute sécurité en cas d'urgence et sache où retrouver les autres membres de la famille. Spécifiez à chaque parent ou autre adulte de quel enfant il devra s'occuper en cas d'évacuation. Assurez-vous que chacun (incluant le gardien ou la gardienne d'enfants) sache que la priorité en cas d'incendie est d'évacuer les lieux immédiatement, sans se soucier de se vêtir, de sauver les objets de valeur ou d'éteindre le feu[4]. La plupart des décès sont dus à la suffocation ou aux brûlures causées par la fumée ou les gaz asphyxiants et non aux flammes directes. Les pompiers devraient être appelés le plus tôt possible, à partir d'un téléphone public ou de la maison d'un voisin.

Changements dans la cuisine. Faites le tour de votre cuisine, l'un des endroits les plus intrigants pour bébé qui commence tout juste à se mouvoir, et aussi l'un des plus dangereux. Vous pouvez rendre la cuisine plus sécuritaire en suivant ces conseils :

■ Posez des loquets aux tiroirs et aux armoires pouvant contenir tout objet dangereux pour les tout-petits, comme les verres cassables, les outils coupants, les produits nettoyants dangereux, les médicaments ou les produits alimentaires à risque (arachides, beurre d'arachides, piments forts). Si bébé trouve comment ouvrir les loquets de sûreté, vous devrez reléguer tous les objets dangereux dans des endroits de rangement hors de sa portée, ou simplement garder bébé complètement

---

4. La seule exception est un incendie très bien contenu que l'on peut éteindre avec un extincteur.

à l'extérieur de la cuisine à l'aide d'une barrière. Ce qui doit être gardé hors d'atteinte changera à mesure que bébé vieillira, de sorte que vos mesures de rangement devront changer au même rythme.

■ Réservez au moins une armoire où bébé pourra fouiller à son gré. Il y a moins de danger que bébé ne se coince les doigts dans une armoire que dans un tiroir. Les casseroles, les poêles robustes, les cuillères de bois, les passoires, les serviettes à vaisselle, les plats de plastique procureront à bébé des heures de divertissement et pourraient satisfaire sa curiosité, assez pour l'éloigner des endroits défendus.

■ Veillez à ce que les poignées des casseroles et des poêlons soient toujours tournées vers l'intérieur du poêle et soient hors d'atteinte de bébé. Si les boutons de contrôle sont sur le devant de la cuisinière, érigez un type de barrière pour les rendre intouchables ou installez de petits couvercles autocollants sur les boutons de four. Un loquet pour appareils électriques rendra les fours conventionnels et à micro-ondes inaccessibles.

■ N'assoyez pas bébé sur un comptoir près des appareils électriques, du four ou de tout autre objet dangereux. Bébé risque de se retrouver les doigts dans le grille-pain, les mains dans une casserole chaude ou dirigeant un couteau vers une bouche ouverte dès que vous tournerez le dos.

■ Ne transportez pas bébé et du café chaud ou tout liquide bouillant en même temps. C'est trop facile pour bébé de pousser et de renverser le tout d'un mouvement subit, et de risquer de vous brûler tous les deux. Assurez-vous également de ne pas laisser une boisson chaude ou un bol de soupe sur le bord de la table, où bébé pourrait l'atteindre.

■ Gardez les déchets dans un contenant hermétiquement fermé que bébé ne peut pas ouvrir, ou sous l'évier, derrière une porte fermée par un loquet de sûreté. Les

enfants adorent fouiller dans les ordures, et les dangers y sont nombreux (aliments avariés, verre cassé).

■ Empressez-vous d'essuyer toute flaque de liquide : elles rendent les planchers glissants.

■ Suivez les règles de sécurité pour choisir, utiliser et ranger les détergents de cuisine, les poudres à récurer, les polis à argenterie et tous les autres produits ménagers (voir page 376).

Changements dans la salle de bain. La salle de bain est presque aussi attirante et aussi dangereuse pour bébé que la cuisine. Une manière d'empêcher bébé d'y accéder est de placer un crochet ou un autre dispositif en haut de la porte, et de la garder bien fermée lorsque vous ne vous en servez pas. Rendez votre salle de bain à l'épreuve de bébé grâce aux précautions suivantes :

■ Gardez tout médicament (incluant ceux qui ne requièrent pas de prescriptions, comme les anti-acides), rince-bouche, pâte dentifrice, vitamines, produits pour les cheveux, lotions et cosmétiques bien rangés hors de la portée des bébés. (Il est d'ailleurs préférable de garder les vitamines et les médicaments dans la chambre à coucher, où il sont moins exposés à l'humidité que dans la salle de bain.)

■ Ne laissez pas une lampe à rayons ultraviolets ou une chaufferette là où bébé pourrait les allumer; si vous ne pouvez mettre la lampe ailleurs, retirez l'ampoule et débranchez-là lorsque vous ne vous en servez pas.

■ Ne vous servez pas, et ne laissez personne d'autre se servir d'un séchoir à cheveux près de bébé, lorsqu'il est dans le bain ou qu'il joue avec de l'eau.

■ Ne laissez jamais des petits appareils électriques branchés lorsque vous ne vous en servez pas. Bébé pourrait jeter un séchoir dans la cuvette de la toilette et subir un choc électrique fatal, se couper sur un rasoir en marche ou se brûler sur un fer à friser. Il ne suffira pas de débrancher les appareils si bébé a déjà acquis une bonne dextérité manuelle (ces petits diables trouvent souvent comment peut se brancher un appareil, avec des résultats parfois désastreux) ou si votre séchoir à cheveux a été acheté avant octobre 1987 (ces séchoirs peuvent causer des chocs même lorsqu'ils ne sont pas branchés à une source électrique). Il est préférable de ne jamais laisser ces appareils sortis.

■ Gardez la température de l'eau dans votre maison entre 49° et 52 ° C (120° et 125 ° F) pour éviter que bébé ne s'ébouillante accidentellement et fermez toujours le robinet d'eau chaude avant le robinet d'eau froide. Prenez l'habitude de tester la température de l'eau du bain avec votre coude, avant d'y mettre bébé. Si votre baignoire n'a pas un fini antidérapant, ajoutez-y des collants pour empêcher bébé de glisser.

■ Lorsque vous ne l'utilisez pas, gardez la cuvette de la toilette fermée à l'aide de ventouses ou d'un autre dispositif conçu spécialement pour cet usage. La plupart des bébés voient la toilette comme une petite piscine privée et adorent jouer dedans dès qu'ils en ont la chance. Non seulement cela va-t-il à l'encontre de toutes les règles d'hygiène, mais un bébé énergique pourrait y tomber la tête la première avec des résultats catastrophiques.

■ Achetez un couvercle de protection que vous installerez sur le robinet de la baignoire, pour éviter que bébé ne s'y cogne ou s'y brûle, s'il venait à tomber dessus.

■ Ne laissez pas bébé dans la baignoire sans surveillance, même s'il tient très bien assis ou s'il est installé dans un siège spécial pour le bain. Cette règle devrait être respectée jusqu'à ce que bébé ait atteint l'âge de cinq ans.

■ Ne laissez jamais d'eau dans la baignoire lorsque vous ne vous en servez pas; un petit enfant pourrait basculer dans la baignoire en jouant, et une noyade peut se produire dans aussi peu que *2 1/2 cm* (1 po) d'eau.

Changements pour un extérieur plus sécuritaire. Bien que la maison soit l'environnement le plus dangereux pour un bébé, des accidents graves peuvent également se produire sur votre propre parterre — ou celui de quelqu'un d'autre — tout comme dans la rue ou dans le terrain de jeu. Beaucoup de ces accidents sont relativement faciles à prévenir :

■ Ne laissez jamais un bébé ou un jeune enfant jouer seul dehors. Même un bébé attaché sécuritairement, endormi dans une poussette ou un landeau, doit être surveillé constamment : bébé pourrait se réveiller et s'étrangler avec les courroies de sécurité en essayant de se libérer. Un bébé endormi qui n'est pas attaché a besoin de surveillance à temps plein.

■ Veillez à ce que les piscines et bassins (même avec seulement 2 1/2 cm [1 po] d'eau) soient inaccessibles aux bébés et jeunes enfants, qu'ils se traînent, marchent ou naviguent en trotte-bébé. Si vous avez une piscine, entourez-là de clôtures et gardez les barrières ou portes y donnant accès constamment verrouillées; videz et retournez les pataugeuses à l'envers, et videz tous les endroits où l'eau peut s'accumuler avant de laisser bébé jouer alentour.

■ Vérifiez bien les aires publiques de jeu, avant de laisser bébé en liberté. Quoiqu'il soit assez facile de protéger votre parterre contre les excréments de chiens (qui peuvent contenir des vers), contre les éclats de verre et contre les autres débris dangereux, les préposés chargés de l'entretien des parcs pourraient avoir plus de difficultés à tout contrôler.

• Ce n'est pas assez de répéter : «S'il te plaît, ne mange pas les marguerites!», vous devez vous assurer que bébé sait que ce n'est pas bien de manger *toute* plante, intérieure ou extérieure. Évitez de faire pousser (ou du moins clôturez-les) des plantes contenant du poison (voir l'encadré de la page 386).

▪ Assurez-vous que les appareils de jeu extérieurs sont sécuritaires. Ils devraient être de construction robuste, correctement assemblés, fixés fermement et installés à au moins 1,84 m (6 pi) des clôtures et des murs. Recouvrez toutes les vis et tous les boulons pour éviter les blessures causées par les bouts rugueux ou pointus et vérifiez régulièrement s'ils ne se sont pas relâchés. Évitez les crochets en S pour les balançoires (les chaînes pourraient en sortir) et les anneaux qui mesurent entre 13 et 25 cm (5 et 10 po) de diamètre, puisque la tête d'un enfant pourrait y rester coincée. Les balançoires devraient être faites de matériaux mous (comme le cuir ou le canevas, plutôt que le bois ou le métal) pour prévenir de graves blessures à la tête. Les meilleures surfaces pour les jeux extérieurs sont le sable, la sciure de bois, les morceaux d'écorce, les produits du caoutchouc, la pelouse ou tout ce qui est anti-choc.

Transformez bébé

Les accidents ont plus de chances d'arriver aux créatures vulnérables et, bien sûr, les bébés tombent facilement dans cette catégorie. Toutefois, il n'est pas trop tôt pour rendre bébé à l'abri des accidents, même si votre maison est sécuritaire. Informez bébé sur les dangers. Par exemple, faites semblant de toucher la pointe d'une aiguille en disant «Aïe» et en retirant rapidement votre doigt avec un grimace de douleur. Construisez et utilisez un vocabulaire préventif («Aïe», «bobo», «chaud») et des phrases («Ne touche pas», «C'est dangereux», «Sois prudent», «Tu vas

te faire mal», «C'est piquant»), de sorte que bébé les associe automatiquement aux substances, aux situations et aux objets dangereux. Au début, vos petites dramatisations auront l'air de lui passer pardessus la tête, et ce sera effectivement le cas. Cependant, graduellement, le cerveau commencera à emmagasiner l'information et, un jour, il vous apparaîtra évident que vos leçons ont porté fruits. Commencez à l'informer dès maintenant de ce qui suit :

Outils pointus ou coupants. Chaque fois que vous utilisez un couteau, des ciseaux, un rasoir ou un coupe-papier devant bébé, mentionnez-lui que c'est coupant, que ce n'est pas un jouet, que seulement maman et papa et les autres «grands» peuvent les toucher. À mesure que votre enfant grandit et qu'il acquiert un meilleur contrôle de la motricité fine, montrez-lui à se servir de ciseaux à bouts arrondis pour les enfants et d'un couteau à beurre. Finalement, surveillez même l'usage de ces objets quand les enfants sont plus grands.

Ce qui est chaud. Même un petit enfant de sept ou huit mois commence à comprendre lorsque vous le mettez sérieusement en garde contre le fait que votre café (la cuisinière, une allumette ou une chandelle allumée, une chaufferette, un foyer) est chaud et qu'il ne devrait pas le toucher. Très tôt, le mot «chaud» lui signalera automatiquement «Ne touche pas». Illustrez cette information en laissant bébé toucher quelque chose de chaud — mais pas assez pour le brûler — par exemple, l'extérieur très chaud de votre tasse de thé. Dès qu'un enfant est assez âgé pour allumer une allumette ou pour transporter une tasse de café, vous devez lui enseigner la manière sécuritaire de le faire.

Les marches. On avise souvent les parents d'installer des barrières de sécurité à l'abord des escaliers, dans les maisons où il y a des enfants qui commencent à se mouvoir, que ce soit de façon autonome ou à l'aide d'un trotte-bébé. D'une part, c'est une précaution de sécurité importante que trop peu de familles mettent en pratique. D'autre part, le bébé qui ne connaît rien des marches parce qu'elles lui sont inaccessibles est justement celui qui risque le plus les accidents, la première fois qu'il découvre l'accès d'un escalier. Alors, installez une barrière en haut de chaque escalier de plus de trois marches dans votre demeure; il est beaucoup plus compliqué pour bébé de descendre un escalier et, par le fait même, plus dangereux que de le monter. Installez également une barrière à trois marches du bas, de sorte que bébé puisse s'exercer à monter et à descendre en toute sécurité. Lorsque bébé devient habile dans ce genre d'exercice, enlevez la barrière de temps à autre pour le laisser entreprendre sa première escalade complète alors que vous le suivez à deux ou trois marches plus bas, prête à lui porter secours si une petite main ou un petit pied venait à glisser. Une fois que bébé maîtrise la montée, enseignez-lui comment descendre sans danger. Voilà un bien plus grand défi que bébé pourrait mettre quelques mois à relever. Les enfants qui savent comment monter et descendre des marches seront beaucoup plus en sécurité, s'ils se retrouvent par hasard près d'un escalier accessible — ce qui arrive à chaque enfant à un moment ou à un autre — que ceux qui n'ont aucune expérience de ce genre d'exercice. Toutefois, gardez les barrières en place en les fixant bien lorsque vous n'êtes pas là pour surveiller, jusqu'à ce que votre enfant soit un grimpeur de marches très fiable vers l'âge de deux ans environ.

Les dangers de l'électricité. Les prises, fiches et fils électriques, et les appareils qui fonctionnent à l'électricité, sont tous très attrayants pour les petites mains et les petits esprits fureteurs. Cela ne suffit pas de distraire bébé pour l'éloigner d'une prise électrique ou de cacher tous les fils visibles dans votre demeure; il faut lui répéter sans cesse que ces objets représentent un danger potentiel et enseigner aux enfants plus âgés le respect de l'électricité et les risques qu'elle représente si elle est mise en contact avec l'eau.

Baignoires, piscines et autres bassins. Les jeux d'eau sont amusants et éducatifs : encouragez-les. Enseignez aussi à bébé de ne pas entrer dans une baignoire, une piscine, une pataugeuse ou dans tout autre bassin d'eau, sans que maman, papa ou une autre grande personne ne se tienne tout près. Cela inclut les bébés et les jeunes enfants ayant déjà pris des cours de natation. Il est impossible de rendre un jeune enfant très conscient des dangers de l'eau, aussi ne devez-vous jamais le laisser seul près de l'eau. Ainsi vous pouvez commencer à enseigner à bébé quelques règles de sécurité aquatique.

Poisons. Vous verrouillez toujours prudemment toutes les armoires et tous les tiroirs contenant des produits nettoyants, des médicaments et ainsi de suite. Par ailleurs, vous n'êtes pas tout à fait à l'abri des dangers. Par exemple, vos parents vous rendent visite et votre père oublie son médicament pour le coeur sur la table de la salle à manger, ce qui représente un danger de poison pour bébé. Ou, vous rendez visite à votre soeur et elle garde l'eau de Javel au chlore et le détergent à vaisselle sous l'évier de la cuisine. Si vous n'avez pas encore commencé à enseigner à bébé les règles de sécurité concernant les substances dangereuses, vous allez au devant des problèmes. Répétez ces mises en garde et répétez-les encore :

▪ Ne mange rien et ne bois rien à moins que maman, papa ou une autre personne que tu connais bien te l'ait donné (c'est un concept difficile pour bébé, mais il importe que tous les enfants l'apprennent éventuellement).

▪ Les médicaments et les vitamines ne sont *pas* des bonbons, bien qu'ils en aient

FEU ROUGE SUR LES PLANTES VERTES

Beaucoup de plantes de maison et de jardin sont toxiques lorsqu'on les mange. Puisque les fleurs et les feuilles des plantes ne font pas exception à la règle des aliments que bébé risque d'avaler, les variétés toxiques doivent être gardées hors de la portée des enfants. Placez les plantes d'intérieur très haut, où les fleurs et les feuilles ne peuvent pas tomber sur le plancher, et où bébé ne peut y avoir accès en s'étirant, en se traînant ou en grimpant. Mieux encore, donnez les plantes toxiques à des amis sans enfants. Identifiez chaque plante que vous possédez de son nom botanique exact, de sorte que, si bébé venait à ingérer des fleurs ou des feuilles accidentellement, vous soyez en mesure de fournir l'information exacte au centre antipoison ou au pédiatre. Placez toutes les plantes, même celles qui ne sont pas nocives, là où elles ne peuvent être renversées facilement.

Certaines plantes d'intérieur sont toxiques même si elles sont ingérées en très petites doses. En voici quelques-unes :

le lierre anglais, les digitales pourprées, les bulbes de jacinthes, les hortensias, les rhizomes d'iris, le muguet, le philodendron, les cerisiers de Jérusalem.

Les plantes d'extérieur suivantes sont également toxiques : les azalées, le rhododendron, le caladium, les bulbes de narcisses et de jonquilles, les daphnés, le lierre anglais, les digitales pourprées, le houx, les bulbes de jacinthes, les hortensias, les rhizomes d'iris, les feuilles et les graines de l'if japonais, les pieds d'alouette, les lauriers communs, le muguet, les graines de l'étoile du matin appelée le volubilis des jardins, les lauriers-roses, les feuilles de rhubarbe, les troènes, les pois sucrés, les feuilles de plants de tomates et les follicules de glycines et d'ifs.

Les plantes du temps des fêtes, les feuilles de gui et de houx, tout comme les poinsettias, font également partie de la liste des plantes toxiques.

---

parfois la saveur. Ne les mange pas et ne les bois pas à moins que maman, papa ou une autre grande personne que tu connais bien ne te les donne.

▪ Ne mets rien dans ta bouche, si tu ignores ce que c'est.

▪ Seulement papa, maman et une autre grande personne peuvent se servir de l'aspirine, de la poudre à récurer, de la cire en aérosol ou de toute autre substance potentiellement toxique. Répétez-le chaque fois que vous administrez un médicament, que vous nettoyez la baignoire, que vous polissez les meubles, et ainsi de suite.

Il y a d'autres dangers auxquels bébé doit être préparé, à l'extérieur de votre demeure :

Dangers de la rue. Commencez à enseigner les règles de prudence dès maintenant. Chaque fois que vous traversez la rue avec bébé, expliquez-lui comment écouter et voir venir les autos; dites-lui que l'on peut traverser la rue au feu vert et aux intersections seulement, et qu'il faut attendre le signal «marcher» avant de traverser. S'il y a des entrées de voitures privées dans votre quartier, expliquez-lui qu'il doit s'arrêter, regarder et écouter attentivement, comme il le ferait aux intersections. Dès que votre enfant marchera, enseignez-lui de ne jamais traverser la rue sans tenir la main d'un adulte, même s'il n'y a aucune circulation. Il est recommandé de lui tenir la main sur le trottoir aussi, mais beaucoup de jeunes enfants aiment se sentir libres de marcher seuls. Si vous le permettez (et vous devrez sans doute vous y résigner, au moins de temps en temps), vous devrez garder un oeil sur votre enfant chaque seconde; il ne lui prendrait qu'un instant pour se jeter sous une voiture en marche. Un enfant qui n'observe pas les règles sécuritaires pour traverser une rue mérite une réprimande sévère.

Assurez-vous également que votre enfant sait qu'il ne doit jamais quitter la maison ou l'appartement sans vous ou un autre adulte. Il arrive régulièrement qu'un jeune enfant passe la porte seul et soit exposé à de multiples dangers.

Sécurité automobile. Veillez à ce que non seulement bébé s'accoutume à s'asseoir dans un siège d'auto, mais qu'il comprenne les raisons d'une telle précaution. Expliquez-lui également les autres règles de sécurité automobile : ne pas lancer de jouets, ne pas toucher au volant et ne pas jouer avec le verrouillage des portes et des boutons des fenêtres. Enseignez aux enfants plus âgés comment déverrouiller les portes, au cas où ils se retrouveraient enfermés seuls dans la voiture.

Sécurité sur le terrain de jeu. Bébé peut commencer jeune à apprendre les règles de sécurité sur les terrains de jeu. Enseignez à bébé à ne pas tordre une balançoire vide et à ne pas marcher devant une balançoire en mouvement. Observez vous-même ces règlements et mentionnez-les régulièrement à bébé. Expliquez-lui également qu'il est nécessaire d'attendre que l'enfant qui le précède se soit retiré de la glissoire avant de s'y aventurer à son tour et qu'il est dangereux de grimper à partir de la base de la glissoire.

La meilleure façon d'enseigner à bébé comment vivre en toute sécurité est de mettre ces règles élémentaires en pratique. Vous ne pouvez vous attendre à ce qu'un enfant soit heureux d'être attaché dans une voiture, alors que vous ne bouclez pas votre ceinture vous-même. Un enfant sera moins enclin à respecter les feux de circulation si vous traversez la rue malgré le signal «arrêtez». Un enfant n'apprendra pas à se servir du feu prudemment si vous laissez le foyer de la cheminée sans grille de protection ou si vous laissez vos mégots de cigarettes partout dans la maison.

CHAPITRE 12

Le neuvième mois

Ce que bébé pourrait faire

D'ici la fin de ce mois, bébé devrait pouvoir (voir note)

- faire des efforts pour aller chercher un jouet hors de sa portée;
- chercher un objet qu'il a laissé tomber.

Note : Si vous remarquez que bébé n'a pas encore réussi l'un ou l'autre de ces exploits (ou les deux), consultez un médecin. Il arrive (rarement, faut-il dire) qu'un délai de ce genre indique un problème. Le plus souvent cependant, bébé sera tout à fait normal. Généralement, les bébés prématurés réussissent les mêmes exploits plus tard que les autres enfants de leur âge, c'est-à-dire qu'ils y arrivent au moment où ils auraient atteint cet âge, s'ils étaient nés à terme, et parfois plus tard.

pourra probablement

- se mettre debout alors qu'il était assis (9 1/2 mois);
- réussir à s'asseoir alors qu'il est installé sur le ventre (9 1/3 mois);
- montrer son mécontentement quand vous tentez de lui enlever un jouet;
- se tenir debout en s'agrippant à quelqu'un ou à quelque chose;
- ramasser un objet minuscule avec n'importe quelle partie du pouce et des doigts (vers 9 1/4 mois);
- dire «maman» et «papa» sans discrimination;
- jouer à cache-cache.

pourrait même

- jouer à taper des mains ou faire au revoir de la main;
- marcher en se tenant aux meubles;

■ comprendre le mot «non» (sans toujours y obéir).

pourrait peut-être même

■ jouer au ballon (faire rouler le ballon jusqu'à vous);
■ boire à la tasse de manière autonome;
■ ramasser un objet minuscule délicatement entre le pouce et l'index;

■ se tenir debout seul pendant quelques instants;
■ se tenir debout solidement;
■ dire «papa» ou «maman» avec discernement;
■ dire un autre mot que «papa» et «maman»;
■ répondre à un ordre court par des gestes (tendre la main lorsque vous lui dites : «Donne-moi l'objet»).

CE QUE L'EXAMEN MÉDICAL VOUS RÉSERVE CE MOIS-CI

Chaque médecin ou infirmière a sa propre façon de procéder à l'examen de routine d'un bébé en santé. De plus, les besoins particuliers de chaque enfant peuvent influencer le déroulement de l'examen ainsi que le nombre et le genre de contrôles effectués. Voici tout de même le genre d'examen auquel vous pouvez vous attendre, si bébé est âgé d'environ neuf mois :

■ Série de questions pour savoir comment se portent bébé et le reste de la famille; comment bébé mange, dort, et quels progrès il a faits; questions sur les soins donnés à l'enfant si vous travaillez à l'extérieur.

■ Prise des mensurations : taille, poids, circonférence de la tête et progrès depuis sa naissance.

■ Examen physique, incluant une réévaluation des problèmes rencontrés précédemment. La grande fontanelle (sur le dessus de la tête) a rétréci considérablement et elle pourrait même s'être complètement refermée.

■ Vérification du développement général.

L'examen pourrait être basé sur l'observation, en plus de votre rapport sur les progrès de bébé durant le mois qui se termine. Bébé pourrait aussi subir une série de tests d'évaluation pour établir sa capacité à s'asseoir de façon autonome, à se mettre debout avec ou sans aide, à s'approcher d'un objet et à le ramasser, à repérer et à prendre un objet minuscule entre ses doigts, à chercher un objet échappé ou caché, à répondre à son nom, à reconnaître des mots comme «maman», «papa», «au revoir» et «non-non» et à s'amuser à des jeux de société comme cache-cache ou taper des mains.

■ Vaccins, s'ils n'ont pas été administrés auparavant et que bébé est en bonne santé, et s'il n'y a aucune contre-indication. Veillez à informer le médecin de toute réaction antérieure, s'il y a lieu. Dans les régions à risques élevés, le médecin pourrait procéder maintenant à l'épreuve de la tuberculinisation, ou attendre que bébé soit âgé de quinze mois. Cette épreuve peut avoir lieu avant ou en même temps que le vaccin MMR contre la rougeole, les oreillons et la rubéole.

- Tests d'hémoglobine ou d'hématocrite pour déceler toute trace d'anémie par une petite piqûre administrée sur le bout du doigt.

- Informations sur le mois qui s'amorce, en ce qui a trait à l'alimentation, au sommeil, au développement et à la sécurité de bébé.

- Recommandations concernant le fluor, le fer, la vitamine D et tout autre supplément dont bébé pourrait avoir besoin.

Questions que vous voudrez peut-être poser au médecin, s'il n'y a pas déjà répondu :

- Réactions positives et négatives concernant l'épreuve de la turberculinisation si bébé y a été soumis. Quand faut-il appeler le médecin si une réaction positive se déclare?

- Informations sur les nouveaux aliments qui peuvent être introduits dans l'alimentation de bébé. Bébé peut-il boire du lait à la tasse? Si les agrumes, le poisson, les viandes et les blancs d'oeufs n'ont pas encore été intégrés à la diète de bébé, quand peut-on les introduire? Quand procéder au sevrage de bébé au biberon ou au sein, si cela n'a pas déjà été fait?

Exprimez également les inquiétudes ressenties au cours du mois qui se termine. Notez les informations et les instructions du médecin dans un carnet de santé permanent (autrement, vous risquez de les oublier). Inscrivez toute information pertinente (poids, taille, circonférence de la tête, vaccins, aliments introduits, résultats des tests, maladies, médicaments administrés).

L'ALIMENTATION DE BÉBÉ CE MOIS-CI
Instituer de bonnes habitudes dès maintenant

Nous avons tous été préoccupés, un jour ou l'autre, par l'alimentation de bébé. La mère d'un enfant d'âge préscolaire se désole lorsque son enfant se délecte de crème glacée, de gâteaux et de bonbons dans une fête, proteste quand son enfant veut des frites au lieu d'un repas équilibré au restaurant ou quand son enfant préfère une boisson gazeuse à un jus de fruit à l'heure du souper. La mère se plaint lorsque son enfant refuse le sandwich de blé entier que lui offre une amie à qui elle rend visite et lève les yeux au ciel lorsque le professeur lui confie que son enfant refuse de boire son lait à l'heure de la collation. Elle espère voir son enfant se nourrir de manière plus nutritive mais, au plus profond d'elle-même, elle reste convain-

cue que la bataille est déjà perdue. Après tout, les enfants ne sont-ils pas influencés outre mesure par la publicité des restaurants d'aliments sans valeur nutritive?

En fait, à sa naissance, bébé n'a pas de goût inné. Ses goûts pour des aliments en particulier se développeront suivant les repas qui lui seront servis durant les premiers mois. Après tout, un enfant du Szé-chuan préfère les nouilles froides et la sauce au sésame, un enfant indien préfère les mets au cari et un enfant anglais préfère la tarte aux rognons parce que ce sont les mets qui leur ont été offerts à table depuis qu'ils ont commencé à manger des aliments solides et ce n'est pas à cause d'une prédisposition génétique. Ce qu'un enfant mangera sera d'abord influencé par les aliments que vous lui présenterez sur le plateau de sa chaise haute. Cela influencera un enfant lorsqu'il aura à choisir entre le sandwich au pain blanc ou le sandwich au pain de blé entier. C'est ce qui fait qu'à l'heure de la collation il trouvera satisfaction dans un sac de carottes en morceaux plutôt que dans une boîte de biscuits aux brisures de chocolat ou qu'il réclamera des abricots séchés plutôt que des abricots caramélisés.

Ne servez pas d'aliments blancs, autant que possible. Le pain blanc, les crêpes, les biscuits, les gâteaux et les biscuits secs sont des aliments qu'il est bon de cuisiner avec des produits de grains entiers. Ils sont alors nutritifs. Ne choisissez que des produits de grains entiers au supermarché (farine, pain, croissants, biscuits de grains entiers).

Pas de sucré. Plus vous attendrez avant d'introduire les aliments très sucrés, mieux ce sera. Ne présumez pas que bébé ne mangera pas son fromage cottage ou son yogourt nature, à moins que vous n'y ayez ajouté des bananes mûres écrasées; ou ses céréales, à moins qu'elles n'aient été sucrées à la compote de pommes ou de pêches. Non seulement les bébés dont les papilles gustatives n'ont pas été altérées accepteront des aliments naturels mais ils apprendront aussi à les préférer. Limitez les fruits, les servant seulement lorsque bébé a mangé des aliments non sucrés très tôt, et servez souvent des légumes. Quoiqu'il soit correct d'introduire graduellement des biscuits, des gâteaux et des confitures comme collations, ne prenez pas l'habitude de présenter les biscuits à la place des fruits frais, de terminer chaque repas avec une sucrerie ou d'étendre de la confiture sur chaque biscuit que vous tendez à bébé. Lorsqu'il n'y a pas d'enfant plus âgé à la maison, l'introduction de ces gâteries peut souvent attendre le premier anniversaire de bébé, et même plus tard.

Tenez bébé loin du sucre. Bannissez complètement le sucre des repas de bébé pour la première année et, préférablement, pour les deux premières années. En réalité, cela est beaucoup plus facile que d'essayer de modérer sa consommation de sucre. Si vous permettez des gâteries sucrées dès le début, vous éprouverez de la difficulté à les restreindre plus tard. Il est préférable de bannir ce genre de gâteries douteuses jusqu'à ce que votre enfant comprenne des concepts comme «seulement un» et «un petit spécial». De telles restrictions apporteront deux effets positifs importants. Premièrement, cela modifiera son goût futur pour le sucre. Des études démontrent que les bébés exposés très tôt au sucre ont développé un goût du sucre beaucoup plus prononcé que ceux qui n'y ont pas été exposés. Deuxièmement, cela lui permettra de développer un goût pour les gâteries plus nutritives.

Exposez votre enfant aux germes de blé. Non seulement le fait de saupoudrer du germe de blé sur les céréales, le yogourt, le fromage cottage, la compote de pommes ou les pâtes de bébé lui procurera une énorme quantité de vitamines, de minéraux et d'extraits de protéines, mais cela l'aidera à développer un goût pour cette fibre versatile. Dans peu de mois, votre enfant pourrait bien se mettre à taper sur la table en demandant plus de germe de blé au lieu de demander une autre cuillerée de sucre. Plus tard, alors que vous aurez cessé de choisir le menu de votre enfant, cette préférence pourrait contribuer à lui assurer une meilleure nutrition.

Évitez les purées. Même un bébé sans aucune dent a besoin d'appuyer ses gencives sur quelque chose. À partir de maintenant, les aliments en purée devraient n'être plus qu'un souvenir du passé, alors que la nourriture qui se mange avec les doigts ou écrasée grossièrement les aura remplacés (voir page 342). Les bébés à qui l'on offre trop longtemps des aliments en purée sont portés à refuser les textures plus consistantes lorsqu'on les introduit, et deviennent très paresseux pour mastiquer. Plus tard, cela pourrait sérieusement compromettre leur consommation d'une nourriture variée adéquate.

Servez le lait nature. Lorsque le médecin vous permet enfin de servir du lait de vache à bébé — parfois en petites quantités à cet âge — donnez-le-lui nature. Non seulement le lait chocolaté contient beaucoup de sucre, mais le chocolat diminue d'une certaine manière l'absorption du calcium du lait (quoique à un degré insignifiant, selon de récentes études) et peut également provoquer des réactions allergiques chez certains enfants. De plus, chaque fois que vous déguiserez la saveur du lait (même si c'est dans un mélange sucré au jus), vous saboterez le goût de votre enfant pour le pur goût du lait. Gardez ce genre de technique pour l'inévitable rébellion de l'enfant à l'âge préscolaire qui vous répétera : «Je ne veux pas de lait.»

Évitez le sel. Les bébés n'ont pas besoin de plus de sel dans leur alimentation que les quantités qui s'y trouvent à l'état naturel. Ne salez pas les aliments que vous préparez pour bébé et veillez tout particulièrement à ne pas lui offrir des collations salées, susceptibles de lui laisser un goût malsain pour les aliments riches en sodium[1].

Diversifiez le repas de bébé par la variété. On ne s'étonne pas que plusieurs enfants lèvent le nez lorsqu'on leur présente une nourriture peu familière. Dans la plupart des cas, les parents ont servi la

même céréale chaque matin au déjeuner et la même variété d'aliments le midi et le soir, jour après jour, ne dérogeant jamais à la routine quotidienne et ne donnant pas aux enfants la chance de goûter à quelque chose de différent. Soyez aventureuse en nourrissant bébé, sans toutefois outrepasser les limites que vous dictent votre médecin et les besoins correspondant à l'âge de bébé. Essayez différents types de céréales de grains entiers, chaudes et froides; divers pains de grains entiers (avoine, seigle et blé) de formes différentes (petits pains ronds, bagels, baguettes, biscuits secs et, plus tard, pain pita); différentes formes de pâtes alimentaires de blé entier ou avec protéines; divers produits laitiers (yogourt, fromage cottage, kéfir, fromages fermes comme le suisse et le cheddar, fromages à la crème faibles en matières grasses); légumes et fruits autres que les carottes, les pois et les bananes (cubes de patate douce, chou frisé avec du lait évaporé, cantaloup mûr et morceaux de mangue, bleuets frais coupés en deux, et ainsi de suite).

Varier le menu maintenant ne vous garantit pas que votre enfant ne passera pas par une phase de beurre d'arachide et confitures seulement, comme cela arrive à la plupart des enfants à un moment ou à un autre. Toutefois, la connaissance d'une plus grande variété d'aliments lui assurera une base alimentaire plus solide et, à long terme, une meilleure nutrition.

Répétez souvent. Ne vous contentez pas de pratiquer une bonne alimentation à la maison, prêchez-la tout autant. Même un très jeune enfant peut apprendre que le sucre est mauvais, que le pain blanc n'est pas nutritif et que le pain de blé entier est bon et nutritif. Ceci ne veut pas dire, évidemment, que votre enfant ne demandera pas de sucre ou de pain blanc et qu'il insistera constamment pour qu'on lui serve du pain brun. Les enfants testent leurs parents et vous pouvez être assurée que le vôtre vous testera en vous demandant de goûter

---

1. Il y a des enfants qui aiment saupoudrer du sel dans leur paume pour ensuite le lécher. Consultez le médecin si votre enfant se gave de sel. Bien que dans la plupart des cas, cela ne soit rien d'autre qu'une mauvaise habitude, il y a tout de même une mince possibilité pour que cette rage de sel soit reliée à un désordre du métabolisme.

aux fruits défendus. Ne vous laissez pas attendrir. Si vous faiblissez une fois, bébé insistera encore plus la prochaine fois, s'attendant à ce que vous consentiez à nouveau à déroger à la règle.

Faites quelques exceptions. Si les aliments vides sont absolument interdits, bébé mourra d'envie d'y goûter. Plutôt que de les bannir en permanence, offrez-les en collations de temps en temps, alors que bébé est assez vieux pour comprendre qu'il y a certaines occasions spéciales. Évidemment, si les papilles gustatives ont été adéquatement entraînées, ces petites collations spéciales risquent de ne pas être appréciées outre mesure.

Donnez l'exemple. Tous les efforts mentionnés plus haut sont voués à l'échec si vous manquez de rigueur dans la pratique. Si vous mangez des feuilletés au petit déjeuner, que votre collation se compose de pain blanc et de tranches de saucisson de Bologne et que vous grignotez croustilles et bonbons toute la journée, vous ne pouvez vous attendre à mieux de la part de votre enfant, ni maintenant ni plus tard. Alors, si vous ne mangez pas encore la meilleure nourriture possible (voir Tome II), le temps est venu pour vous et pour le reste de la famille, jeunes et vieux, de prendre de bonnes habitudes alimentaires.

Ne cédez pas à la culpabilité. La culpabilité est la raison pour laquelle la plupart des mères finissent par donner à bébé le genre de choses qu'elles savent ne pas être bonnes pour lui. Hésitant à priver leurs enfants de ce qu'elles considèrent être les gâteries de l'enfance (desserts, lait au chocolat ou hot-dogs), elles les laissent faire et abandonnent leurs résolutions. Si vous croyez que c'est exactement le genre de comportement que vous pourriez adopter, pensez à ceci : premièrement, si jeune, un bébé ne sait pas vraiment ce qu'il manque. Si vous assistez à une fête où l'on sert de la crème glacée et des gâteaux, bébé sera probablement tout aussi heureux si vous lui donnez à grignoter un biscuit sucré au jus de fruits. Deuxièmement, quoiqu'il soit fort probable que vous l'entendiez se plaindre quand viendra le jour de l'illumination (après tout, le fromage cottage n'est pas tout à fait comme la crème glacée) et qu'il fasse de gros efforts pour éveiller votre culpabilité le jour où vous limiterez les gâteries dans une fête ou les bonbons à l'Halloween, votre enfant vous en remerciera à la longue. Si vous devez vous sentir coupable, alors mieux vaut maintenant, plutôt que le jour où le dentiste vous annoncera que votre enfant à la bouche pleine de caries ou le jour où votre adolescent aura un problème de poids ou que, devenu adulte, il souffre de haute pression sanguine, à cause de mauvaises habitudes alimentaires.

CE QUI POURRAIT VOUS INQUIÉTER

NOURRIR BÉBÉ À TABLE

«*Nous avons toujours nourri notre bébé séparément, en le laissant dans son parc lorsque nous prenions nos repas. Quand devrait-il commencer à manger avec nous?*»

Manger tout en nourrissant bébé est un tour de force que la plupart des parents n'arrivent pas à maîtriser, du moins pas avec grâce, ou pas sans avoir à avaler quelques tablettes d'anti-acide après chaque repas. Alors, jusqu'à ce que bébé soit un mangeur autonome compétent, continuez à lui donner ses repas séparément. Ceci ne veut pas dire qu'il ne peut pas commencer à s'asseoir à la table des adultes (à condition que votre horaire vous le permette) pour pratiquer les bonnes manières de se tenir à table et pour acquérir des habitudes de sociabilité. Lorsque vous le jugerez pratique et nécessaire, installez bébé dans sa chaise haute ou dans un siège surélevé bien fixé tout près de la table à l'heure de vos repas, dressez-lui un couvert individuel (vaisselle incassable et cuillère seulement) composé de morceaux de nourriture qui se mange avec les doigts et laissez-le participer à la conversation. Par contre, réservez-vous quelques soupers tardifs pour adultes seulement, de manière à préserver (ou à faire renaître) le romantisme dans vos vies.

MARCHER TROP TÔT

«Notre bébé veut marcher tout le temps, pendu à la main de n'importe quel adulte volontaire. Beaucoup de nos proches prétendent que nous ne devrions pas le laisser faire parce que le fait de marcher avant d'être vraiment prêt pourrait endommager ses jambes.»

Il y a plus de chances que cela ne nuise à vos talons qu'à ses jambes. Si les jambes de bébé n'étaient pas prêtes pour ce genre d'exercice préparant à la marche, il ne chercherait pas tant à s'y adonner. Tout comme de se tenir debout tôt, la marche précoce (avec ou sans aide) ne peut arquer les jambes (une caractéristique absolument normale chez les bébés de moins de deux ans) ou engendrer tout autre problème physique. En fait, ces deux activités sont bénéfiques, puisqu'elles entraînent et renforcent certains muscles servant à la marche autonome. Si bébé se promène pieds nus, cela l'aidera également à renforcer ses pieds. Alors, tant que vos talons pourront le supporter, laissez-le marcher à sa guise.

Évidemment, un bébé de cet âge qui ne désire pas marcher ne devrait pas y être poussé. Tout comme pour les autres aspects de son développement, fiez-vous aux signaux que bébé vous envoie.

SE TENIR DEBOUT

«Notre bébé vient tout juste d'apprendre à se tenir debout. Il semble adorer cela pendant quelques minutes, puis il se met à pleurer. Est-ce que cela peut lui donner de la douleur aux jambes?»

Si les jambes de votre enfant n'étaient pas prêtes à le supporter, il ne se mettrait pas debout. Il pleure de frustration, pas de douleur. Comme la plupart des bébés qui ont appris à se tenir debout, il est mal à l'aise dans cette position peu familière, jusqu'à ce qu'il s'effondre ou qu'on l'aide à s'asseoir. C'est là que vous entrez en scène. Dès que vous voyez monter la frustration, aidez-le doucement à s'asseoir. Allez-y lentement, de sorte qu'il puisse se faire une bonne idée de la manière d'y arriver par lui-même, ce qui devrait se faire en quelques jours ou, au plus, en quelques semaines. D'ici là, préparez-vous à passer beaucoup de temps à courir au secours de votre bébé en détresse.

«Mon bébé tente de se mettre debout en s'agrippant à tout ce qui lui tombe sous la main dans la maison. Devrais-je le laisser dans son parc pour plus de sécurité?»

Plus bébé apprend de nouveaux trucs, plus la nervosité vous envahit et ce, à juste titre. Lorsque bébé apprend à se tenir debout, à marcher avec appui et finalement à marcher de façon autonome, bébé n'est pas conscient des dangers et court le risque de se blesser accidentellement. Toutefois, confiner bébé au parc n'est pas la solution sauf pour de brèves périodes, alors que personne ne peut le surveiller de près. Aussi éprouvant pour vous que cela puisse être, votre futur marcheur a besoin de toutes les occasions possibles d'explorer l'extérieur du parc. Vous avez la responsabilité de rendre ce monde extérieur aussi sécuritaire que possible.

À présent, veillez surtout à ce que tout objet ou meuble auquel bébé pourrait s'agripper pour se mettre debout soit sécuritaire. Descendez à son niveau, si nécessaire, pour déterminer toute possibilité de risques. Les tables, bibliothèques, chaises ou lampes sur socle devraient être rangées ou, du moins, placées hors de la portée de bébé pour le moment. Les coins et les rebords coupants des tables à café ou des tables de chevet devraient être protégés par des coussinets, au cas où bébé viendrait s'y heurter. Cela se produira sans doute souvent. N'oubliez pas de ranger les bibelots cassables ou dangereux que bébé ne pouvait pas atteindre auparavant. Si vous possédez un lave-vaisselle, ne le laissez pas ouvert lorsque bébé est en liberté. Pour prévenir les glissades et les risques dangereux, assurez-vous que les fils électriques ne traînent nulle part, que les papiers ne parsèment pas le plancher et que les flaques de liquide soient rapidement essuyées sur les surfaces douces. Pour vous assurer que ses propres pieds ne le trahiront pas, laissez-le pieds nus ou chaussez-le de pantoufles ou de bas antidérapants, plutôt que de chaussures aux semelles tendres.

Lorsqu'un enfant commence à se mettre debout, il ne tarde généralement pas à marcher avec appui de la chaise à la table, du mur à la causeuse et de la causeuse aux jambes de papa, par exemple. Ainsi, si vous installez bébé à un endroit précis dans une pièce, vous devez vous attendre à le retrouver ailleurs et même dans une autre pièce. C'est pourquoi tous les coins de toutes les pièces de votre demeure doivent être à l'épreuve de bébé, sauf celles dont l'accès est défendu par des portes toujours closes. Si vous n'avez pas pensé à sécuriser votre demeure lorsque bébé a commencé à se traîner ou si bébé ne s'est jamais traîné, allez voir à la page 374 pour découvrir des trucs visant à rendre la maison sécuritaire.

LA PEUR DES ÉTRANGERS

«Notre petit bébé a toujours été très sociable et amical. Cependant, lorsque ses grands-parents — avec qui il a toujours adoré jouer — nous ont rendu visite hier, il a fondu en larmes chaque fois qu'ils ont tenté de l'approcher. Qu'est-ce qui lui arrive?»

Bébé acquiert de la maturité d'une façon très immature. Bien qu'il montre une préférence marquée pour papa et maman après les deux premiers mois, un bébé de plus de six mois répondra en général positivement à presque toutes les grandes personnes. Qu'elles lui soient connues ou étrangères, bébé les classe assez facilement dans la catégorie des personnes capables de combler ses besoins. Quoique la peur des étrangers puisse commencer à six mois et même plus tôt, il arrive souvent qu'un bébé atteint huit ou neuf mois et qu'il commence à réaliser que sa mère et son père, et peut-être une ou deux autres personnes familières, sont ses premières ressources. Il veut s'accrocher à ces personnes et se tenir loin des étrangers qui pourraient, pense-t-il, le séparer d'elles. Durant cette période, même une grand-mère ou une gardienne adorée pourrait subitement subir un rejet, alors que bébé s'agrippe désespérément à ses parents, surtout à celui ou à celle qui en prend le plus soin.

La peur des étrangers peut disparaître rapidement ou s'estomper seulement lorsque bébé aura plus d'un an. Chez environ 2 bébés sur 10 la peur des étrangers ne se développe pas ou passe si rapidement qu'on n'a même pas le temps de la remarquer, peut-être parce que ces bébés s'accommodent facilement de toutes nouvelles situations. Si bébé manifeste ce genre de peur, ne le forcez pas à être sociable, il le deviendra éventuellement et il est préférable que ce soit à son propre rythme. D'ici là, avertissez vos amis et la famille que bébé passe une période de grande timidité. Cela ne devrait pas les toucher personnellement. Les avances trop empressées pourraient l'effrayer davantage. Suggérez-leur, plutôt que d'essayer de prendre bébé ou de le minoucher immédiatement, de tenter de l'apprivoiser lentement en lui souriant, en lui parlant, en lui offrant un jouet pendant qu'il est assis bien en sécurité sur vos genoux. Bébé pourrait se laisser approcher et, sinon, vous aurez tout de même réussi à éviter les larmes et les sentiments négatifs.

S'il s'agit d'une gardienne qui s'occupe de bébé depuis assez longtemps et que bébé refuse de se laisser approcher, il y a de bonnes chances qu'il se calme la minute où vous quitterez la maison, peu importe son hystérie lors de votre présence. S'il s'agit d'une nouvelle gardienne, vous devrez peut-être lui consacrer une période d'orientation additionnelle avant que bébé n'accepte de rester avec cette nouvelle venue. Si bébé est absolument inconsolable lorsque vous le laissez à une gardienne, qu'elle soit nouvelle ou non, alors le temps est venu de réévaluer la situation. Peut-être la gardienne ne procure-t-elle pas à bébé les soins dont il a besoin, même si elle paraît très attentionnée en votre présence. Il se peut aussi que ce soit un cas de peur extrême des étrangers. Certains enfants, surtout ceux qui sont nourris au sein, peuvent pleurer pendant des heures lorsque maman les quitte, même lorsque papa ou grand-maman s'en occupe. Dans de tels cas, vous devrez peut-être limiter la durée de vos absences, si possible, jusqu'à ce que cette phase, où maman lui manque, soit terminée.

LES OBJETS SÉCURISANTS

«Pendant les deux derniers mois, notre bébé s'est de plus en plus attaché à sa couverture. Il la traîne avec lui même lorsqu'il se traîne. Est-ce que cela veut dire qu'il souffre d'insécurité?»

Il souffre un peu d'insécurité avec raison. Durant les deux derniers mois, il a découvert qu'il était une personne séparée, et non une extension de ses parents. Cette découverte est indéniablement excitante et comporte des défis, quoique aussi très apeurante (par les risques qu'elle comporte). Bien des bébés réalisent qu'à partir de maintenant ils ne pourront pas toujours s'appuyer sur maman et papa et ils s'attachent comme à une béquille à un objet de réconfort transitionnel. Ce peut être une couverture douce, un animal pelucheux, un biberon ou une sucette. Comme les parents, l'objet offre le réconfort, ce qui devient particulièrement intéressant lorsque bébé est malade, fatigué ou frustré. Contrairement aux parents cependant, bébé en a le contrôle. Le fait d'apporter un objet sécurisant dans son lit aide le bébé qui a du mal à quitter ses parents à s'endormir plus facilement.

Il arrive parfois qu'un bébé qui ne s'est pas attaché à un objet sécurisant plus tôt s'y attache subitement, lorsqu'il se trouve confronté à une situation inhabituelle (une nouvelle gardienne, une garderie, un déménagement dans une nouvelle maison, et ainsi de suite). L'objet de réconfort transitionnel est habituellement oublié entre deux et cinq ans (environ le même moment où un enfant abandonne le sucement de pouce), mais souvent pas avant que l'objet en question ne tombe en lambeaux ou qu'il ne soit plus disponible pour une raison ou une autre. Certains enfants se lamentent pendant un jour ou deux, puis la vie les reprend; d'autres ne remarquent presque pas la disparition de leur vieux compagnon.

Quoique les parents (ou d'autres personnes qui s'en occupent) ne devraient jamais taquiner ou gronder un bébé ou un enfant au sujet de l'objet sécurisant ou le forcer à s'en séparer, il est souvent possible d'établir assez tôt certaines limites susceptibles de rendre cette habitude moins inacceptable, tout en préparant bébé à l'inévitable séparation :

■ Si l'habitude est encore récente et n'est pas trop profondément ancrée, essayez d'éviter les bagarres futures en limitant l'utilisation de l'objet à la maison et à l'heure de mettre bébé au lit. N'oubliez pas de l'apporter avec vous si vous passez la nuit ailleurs ou pendant les vacances.

■ Avant que l'objet ne prenne une odeur de saleté que bébé pourrait sentir, lavez-le. Autrement, il pourrait s'attacher autant à l'odeur qu'à l'objet lui-même et se plaindre hardiment lorsqu'il sort de votre lessive avec une odeur de printemps. Si vous n'arrivez pas à le lui enlever alors qu'il est éveillé, lavez-le pendant son sommeil.

■ Si l'objet en question est un jouet, vous pourriez en acheter un autre identique. Ainsi, en cas de perte, vous aurez un remplaçant prêt à portée de la main, et vous pourrez laver les deux en alternance, ce qui vous permettra de les lui offrir en rotation de sorte qu'aucun ne devienne trop malpropre. Si c'est une couverture, vous penserez peut-être à la tailler en plusieurs morceaux, de sorte qu'un morceau déchiré ou usé puisse être remplacé au besoin.

■ Quoique moins vous parlerez de l'objet sécurisant, mieux ce sera, vous pouvez, de temps à autre, rappeler à votre enfant que lorsqu'il sera grand, il n'aura plus besoin de sa couverture (ou d'un autre objet).

■ Bien qu'un biberon vide ou un biberon d'eau soit acceptable, ne laissez pas bébé se servir d'un biberon de jus ou de lait comme d'un objet de réconfort. Téter des liquides pendant de longues périodes, surtout la nuit, peut causer la carie dentaire et interférer dans l'ingestion adéquate de solides.

■ Veillez à ce que bébé reçoive de vous tout le réconfort, l'amour et l'attention dont il a besoin, incluant vos caresses et vos baisers, et de fréquentes séances de conversation et de jeu pendant lesquelles vous lui prodiguerez une attention sans partage.

Bien que l'attachement à un objet sécurisant soit une étape normale du développement de beaucoup d'enfants, un bébé qui devient obsédé par l'objet privilégié au point de ne pas passer assez de temps à communiquer avec les gens, à jouer avec ses jouets ou à s'adonner à des exploits physiques pourrait chercher à combler des besoins émotionnels qui ne le sont pas. Si cela semble être le cas de bébé, parlez au pédiatre et demandez conseil.

LES PIEDS PLATS

La voûte plantaire de mon bébé apparaît tout à fait plate lorsqu'il se tient debout. Pourrait-il avoir les pieds plats?»

Chez les bébés, les pieds plats sont la règle, pas l'exception. Il y a plusieurs raisons à cela : premièrement, puisque les jeunes bébés ne marchent pas beaucoup, les muscles de leurs pieds n'ont pas fait assez d'exercice pour développer la voûte. Deuxièmement, une épaisseur de gras remplit la voûte, la rendant à peine discernable, surtout chez les bébés dodus. Lorsque les bébés commencent à marcher, ils se tiennent les pieds écartés pour trouver l'équilibre, mettant plus de poids sur la voûte, ce qui lui donne une apparence encore plus plate.

Chez la plupart des enfants, cette apparence diminuera lentement au fil des années et lorsqu'ils auront atteint leur pleine croissance, la voûte sera bien formée. Le pied restera plat seulement chez un faible pourcentage d'enfants. Il s'agit d'un problème qui n'est pas très grave de toute façon et qu'il est impossible de deviner à l'avance.

PAS DE DENTS

«Notre bébé à presque neuf mois et il n'a pas encore une seule dent. Qu'est-ce qui peut empêcher ses dents de percer?»

Profitez de ces sourires édentés pendant que vous le pouvez et sachez que beaucoup de bébés de neuf mois sourient ainsi de toutes leurs gencives. Certains même terminent leur première année sans une seule dent avec laquelle mordre dans leur gâteau d'anniversaire. Par ailleurs, tous les bébés verront leurs dents pousser un jour ou l'autre. Bien que le bébé moyen voie poindre sa première dent vers sept mois, l'éventail s'étire de deux mois au plus tôt à douze mois au plus tard. L'apparition tardive des dents est normalement héréditaire et ne se reflète aucunement sur l'intelligence ou le développement de votre enfant. Les deuxièmes dents arriveront également plus tard. Incidemment, le fait que bébé n'ait pas de dents ne devrait pas influencer son passage aux aliments plus texturés; les gencives servent à mastiquer chez les bébés avec ou sans dents, jusqu'à ce que les molaires apparaissent au milieu de la deuxième année.

TOUJOURS PAS DE CHEVEUX

«Notre fille est venue au monde chauve et, encore aujourd'hui, sa tête n'est garnie que d'un mince duvet. Quand aura-t-elle des cheveux?»

Une mère qui est fatiguée d'entendre «Oh, quel mignon petit garçon» aussitôt qu'elle met le pied dehors avec sa fille est impatiente de marquer définitivement la différence avec des barrettes et des boucles. La tête chauve ou presque chauve de son enfant peut devenir un objet de grande frustration. Tout comme l'absence de dents, l'absence de cheveux à cet âge n'est pas rare et certainement pas permanente. Le problème est plus commun chez les bébés pâles aux cheveux clairs et n'indique absolument pas que la personne sera chauve plus tard. Les cheveux de votre fille apparaîtront bien un jour, quoique peut-être pas en très grande quantité avant la fin de sa deuxième année. Pour l'instant, félicitez-vous de ne pas avoir à lutter avec une poignée de cheveux mêlés après les shampooings et après voir peigné bébé.

PERTE D'INTÉRÊT POUR L'ALLAITEMENT

«Chaque fois que je m'assoie pour allaiter bébé, il s'intéresse à autre chose : il joue avec les boutons de ma blouse, tire sur mes cheveux, regarde la télévision, il fait tout, sauf téter.»

Au cours des premiers mois, alors que le monde entier tient dans la poitrine de sa mère, le moment où bébé se désintéressera de la tétée est inimaginable. Alors que certains bébés restent passionnés par l'allaitement jusqu'au moment du sevrage, certains feront preuve d'une réelle perte d'intérêt et de concentration vers neuf mois. Certains refusent absolument le sein; d'autres tètent réellement pendant une ou deux minutes, puis repoussent le sein; d'autres encore sont facilement distraits durant l'allaitement, soit par ce qui se passe autour d'eux, soit par leur désir de pratiquer leurs prouesses physiques nouvellement acquises. Il peut arriver que cette distraction soit passagère. Peut-être bébé traverse-t-il une période d'adaptation à ses besoins nutritionnels, peut-être est-il rebuté par le goût altéré de votre lait, causé par un changement hormonal durant votre période menstruelle ou par les pâtes à l'ail que vous avez mangées la veille ou peut-être a-t-il perdu l'appétit à cause d'un virus ou d'une poussée de dents.

Si bébé refuse le sein régulièrement, il est possible qu'il soit en train de vous dire qu'il est prêt pour le sevrage, parce que son besoin de téter diminue, qu'il prend plus de solides et de lait à la tasse ou au biberon ou qu'il n'aime pas qu'on le prenne ou qu'on l'installe tranquille pour de longues périodes d'allaitement. Toutefois, avant de décider que le temps du sevrage est venu, assurez-vous que le problème ne vient pas d'un environnement trop distrayant, qui empêcherait bébé de se concentrer sur la tâche de téter. Pour vérifier cette possibilité, procédez à l'allaitement dans une pièce tranquille aux lumières tamisées, sans téléviseur ou sans radio, sans enfant plus âgé jouant tout près et sans entretenir une conversation avec d'autres adultes. Si bébé affiche toujours une attitude apathique envers l'allaitement, il se peut qu'il soit vraiment sur le point de laisser l'allaitement au sein. Évidemment, il est possible que *vous* ne soyez pas prête au sevrage, mais comme beaucoup de mères avant vous l'ont appris, vous pouvez installer bébé au sein mais vous ne pouvez pas le forcer à téter.

Vous devriez tout de même le sevrer graduellement pour la santé de bébé aussi bien que pour votre bien-être personnel. Un sevrage graduel permettra à bébé

d'augmenter sa consommation de suppléments nutritifs, tels le lait de vache ou la préparation lactée, avant de laisser tomber complètement l'allaitement au sein. De plus, cela donnera à vos seins une chance de réduire leur production de lait lentement, de manière à éviter les engorgements douloureux. (Voir la page 438 pour découvrir des trucs sur le sevrage. Si bébé refuse absolument de boire au sein, voir la page 439 pour faciliter le sevrage radical.)

Demandez au pédiatre si vous devriez donner du lait de vache non écrémé ou à faible teneur en matières grasses à bébé dès maintenant ou si vous devez vous en tenir à la préparation commerciale jusqu'à ce qu'il ait un an. Si bébé prenait déjà un biberon, il est fort probable qu'il consomme assez de lait de cette manière, à moins que bébé ne soit pas plus intéressé à téter à la tétine d'un biberon. Dans ce cas, si vous préférez ne pas avoir à le sevrer du biberon plus tard, le lait à la tasse vous semblera peut-être la meilleure alternative. Les bébés qui ont commencé à boire à la tasse plus tôt sont souvent très habiles à cet âge; ceux qui n'y ont pas bu souvent apprendront rapidement. Le yogourt nature de lait entier ou le fromage ferme peuvent servir de supplément de calcium pour les enfants qui ne boivent pas assez de lait ou de préparation lactée.

CAPRICES ALIMENTAIRES

Quand j'ai commencé à introduire des aliments solides dans l'alimentation de bébé, il appréciait tout ce que je lui offrais. Toutefois, au cours de ces derniers temps, il n'accepte rien d'autre que du pain.»

Selon les dires de leurs parents, certains enfants ne vivent que d'air, d'amour et d'une croûte de pain de temps à autre.

En dépit des inquiétudes parentales, même les mangeurs les plus capricieux s'arrangent pour boire, grignoter et manger assez durant la journée pour se développer normalement. Les enfants mangent ce dont ils ont besoin pour vivre et croître, à moins que quelque chose ne vienne vite altérer ce conditionnement au cours de leur histoire alimentaire.

À cette étape du développement, la plupart des bébés comblent encore la majeure partie de leurs besoins nutritionnels avec le lait maternel, la préparation commerciale ou le lait entier, et ce menu est habituellement très bien complété par les quelques morceaux de solides qu'ils ingurgitent durant la journée. Les gouttes vitaminiques enrichies de fer leur procurent une assurance additionnelle. Toutefois, à neuf mois, les besoins nutritionnels commencent à augmenter alors que le besoin de lait diminue. Pour vous assurer que la consommation de bébé continue à combler ses besoins, incorporez ce qui suit à son alimentation :

Laissez-le manger du pain... des céréales, des bananes ou tout aliment qu'il préfère. Plusieurs bébés et jeunes enfants ont l'air de savourer un aliment durant toute une semaine ou tout un mois, refusant de manger autre chose que ce seul aliment. Il est préférable de respecter leurs goûts et leurs aversions, même lorsqu'ils sont poussés à l'extrême : par exemple, des céréales pour déjeuner, pour le dîner, pour le souper. Éventuellement, si vous lui donnez l'occasion de le faire de son propre gré, un enfant finira par élargir sa variété d'aliments.

Veillez à servir des aliments de blé entier. Évidemment, si bébé ne mange qu'un ou deux aliments, et même s'il mange divers aliments, assurez-vous qu'ils lui procurent un apport alimentaire de très haute qualité. Alors si c'est le pain, les bagels, les biscuits secs ou les céréales qui font saliver bébé, ne lui offrez que des variétés de grains entiers. Si ce sont les fruits ou les jus de fruits, veillez à ce qu'ils soient exempts de sucre et offrez les plus nutritifs, comme les jus d'abricots, de pêches jaunes, de cantaloups, de mangues et d'oranges.

Ajoutez d'autres aliments quand vous pouvez. Bien que vous ne devriez pas forcer bébé à manger ce qu'il refuse, il n'y a rien de mal à essayer de lui en refiler subtilement. Tartinez le pain avec du fromage à la crème, fouetté ou écrémé[2], du fromage cottage, des bananes écrasées, de la purée de citrouille sucrée avec du jus de pommes concentré et de la cannelle, ou faites fondre du fromage suisse dessus; faites du pain doré servi en entier ou coupé en petits morceaux; préparez ou achetez des aliments nutritifs comme la citrouille, les carottes, le fromage et les fruits. Si bébé est friand de céréales, saupoudrez-les de germe de blé, et ajoutez-y une portion de bananes en cubes, de compote de pommes, de pêches ou d'autres fruits cuits en cubes, ou un peu de fer sous forme de fruits secs cuits en cubes. Si les bananes sont sa seule passion, plongez quelques tranches dans le lait et roulez-les dans le germe de blé, les servant délibérément avec une petite quantité de céréales ou de fromage cottage ou en les écrasant sur du pain.

Cessez d'écraser. La récente rébellion de bébé est peut-être la seule façon qu'il ait trouvée de vous dire qu'il en a assez de la nourriture en purée et qu'il est prêt à manger la nourriture des adultes. Le seul fait de passer à la nourriture en morceaux, ou qui se mange avec les doigts, pourrait

---

2. Les fromages à la crème à faible teneur en matières grasses contiennent plus de protéines que les variétés régulières et sont, par le fait même, plus nutritifs pour les bébés. À cet effet, lisez les étiquettes avant d'acheter.

le changer en petit épicurien. La nourriture doit être assez tendre pour permettre à bébé de se débrouiller et assez différente au goût et en textures pour satisfaire son palais en pleine maturation.

Variez le menu. Peut-être bébé est-il simplement fatigué du même vieux repas; il a peut-être besoin d'un changement pour retrouver l'appétit. S'il a perdu tout intérêt pour les céréales au déjeuner, offrez-lui plutôt du yogourt et des tranches de pain grillées. Si le fromage cottage accompagné de pois et de carottes en purée pour bébés l'ennuie, offrez-lui quelques nouilles au beurre accompagnées de chou-fleur, de brocoli cuit finement haché, de fromage râpé ou de fromage cheddar. Si la viande émincée et les pommes de terre en purée ne l'allèchent plus au souper, offrez-lui du poisson poché et des ignames cuites. (Voir la liste de la page 460 pour découvrir d'autres idées.) Lorsque vous planifiez les menus de bébé, pensez également qu'il aimerait peut-être manger ce que tout le monde mange autour de lui, plutôt que de rester marginal. (Si vous introduisez de nouveaux aliments que bébé n'a jamais goûtés auparavant, voir page 274)

Changez de rôle. Ce n'est peut-être qu'une de ces nouvelles crises d'indépendance qui le portent à garder la bouche bien close à l'heure des repas. Offrez-lui la possibilité de se nourrir de manière autonome et il pourrait bien se mettre à ouvrir grand la bouche, impatient de goûter une grande quantité de nouvelle nourriture qu'il n'aurait jamais acceptée à la cuillère. (Pour choisir des aliments appropriés aux bébés qui mangent seuls, voir la page 279.)

Ne donnez pas trop de liquide à bébé. Beaucoup de bébés et de jeunes enfants ont un petit appétit parce qu'ils boivent trop de jus, de préparation lactée ou de lait maternel. Bébé ne devrait pas recevoir plus de deux portions de fruits sous forme de jus (de préférence, une portion de jus et

un fruit entier) et pas plus de trois portions de préparation lactée (ou plus tard, de lait entier) par jour. Si bébé désire boire plus, donnez-lui de l'eau ou du jus dilué avec de l'eau, en étalant ces portions sur toute la journée. Si vous allaitez, vous ne savez pas exactement la quantité de lait que prend bébé, mais dites-vous bien que plus de trois ou quatre séances d'allaitement par jour risquent de compromettre son appétit.

Donnez deux collations par jour. Que fait maman lorsque bébé refuse son déjeuner? Évidemment, elle le gave de collations toute la matinée, ce qui revient à dire que bébé a de bonnes chances de manquer d'appétit à l'heure du repas. Qu'arrive-t-il lorsque bébé a sauté le dîner? Il a faim dans l'après-midi, les collations continuent et il n'y a plus de place pour le souper. Évitez ce cercle vicieux, déprimant tant pour l'appétit de bébé que pour votre moral, en limitant strictement les collations à une seule au milieu de la matinée et une seule au milieu de l'après-midi, sans vous soucier de la quantité de nourriture que bébé prend aux repas. Vous pouvez toutefois augmenter un peu les quantités à l'heure de la collation, de manière à aider bébé à compenser pour un repas léger ou sauté, jusqu'au prochain repas.

Gardez le sourire. La meilleure façon d'établir les fondements d'un problème d'alimentation permanent est de montrer votre mécontentement lorsque bébé se détourne de la cuillère que vous lui présentez, de faire des commentaires désapprobateurs quand vous le descendez de sa chaise haute le ventre aussi creux que lorsque vous l'y avez installé, ou de passer une demi-heure à tenter de faire avaler deux cuillerées de céréales à cette bouche close par des cajoleries, des supplications ou n'importe quel truc («Hou! Hou! le train va entrer dans le tunnel»). Bébé doit sentir qu'il mange parce qu'il a faim et non parce que vous en avez décidé ainsi. Alors, à tout prix — même au prix de quelques repas — ne faites pas du fait de manger ou de ne pas manger l'objectif à atteindre. Si, de toute évidence, bébé ne veut pas manger, retirez-lui son assiette et terminez le repas sans autre tentative.

Évidemment, une perte d'appétit passagère peut accompagner un rhume et d'autres affections aiguës, surtout si l'enfant est fiévreux. Il peut arriver, mais rarement, qu'un bébé présente un manque chronique d'appétit dû à l'anémie (voir page 326), à la malnutrition (les deux sont peu communes chez les bébés canadiens de classe moyenne) ou à d'autres maladies. Si la perte d'appétit de bébé est accompagnée d'un manque d'énergie, d'un manque d'intérêt pour ce qui l'entoure, d'un ralentissement dans son développement, d'un gain de poids insuffisant ou d'un changement marqué de sa personnalité (par exemple, irritabilité ou nervosité subite), parlez-en au médecin.

AUTO-ALIMENTATION

«Chaque fois que j'approche la cuillère de la bouche de bébé, il l'attrape avec sa main. Si son bol est assez près, il plonge ses doigts dedans et essaie de s'alimenter seul. Il ne mange rien et cela me frustre énormément.»

Il est clair que le temps est venu de passer la cuillère à une nouvelle génération. Bébé exprime son désir d'indépendance, du moins à table. Encouragez-le. Pour minimiser les dégâts et l'empêcher de vivre affamé jusqu'à ce qu'il soit passé maître dans ce genre d'exercice, donnez-lui des responsabilités graduellement, si possible.

Commencez en lui donnant sa propre cuillère, alors que vous continuez à le nourrir. Il est possible qu'au début il ne réussisse qu'à faire des vagues avec sa cuillère, et le jour où il réussira à la remplir

et à la porter à sa bouche, ce sera sans doute à l'envers. Malgré tout, le seul fait de tenir une cuillère pourrait le contenter assez pour qu'il vous laisse manoeuvrer tout au long du repas, du moins pendant un certain temps. L'étape suivante consiste à lui offrir de la nourriture qu'il peut manger lui-même alors que vous le nourrissez à la cuillère. La combinaison de la nourriture qui pourrait se manger avec les doigts et d'une cuillère personnelle ou d'un gobelet avec couvercle pour prendre quelques lampées en même temps garde habituellement bébé assez occupé et heureux pour que maman ou papa puisse s'acquitter du reste du repas. Parfois, certains bébés insistent pour tout faire eux-mêmes; si c'est la seule manière de le convaincre de manger, laissez-le faire. Les repas seront plus longs et plus malpropres au début, mais l'expérience fera de votre enfant un mangeur plus efficace plus tôt. (En étendant du papier journal sous la chaise haute de bébé, le nettoyage sera plus facile.)

Quoi que vous fassiez, ne permettez pas que les heures des repas se changent en heures de bataille, car vous risqueriez ainsi de lui préparer des problèmes d'alimentation permanents. Lorsque l'auto-alimentation dégénère en jeu exclusivement et que bébé ne mange pas, vous pouvez reprendre la cuillère et les guides du repas.

Si bébé se rebiffe, le temps est venu d'essuyer les carottes sur le menton, le fromage cottage entre les doigts et de proclamer que c'est terminé jusqu'au prochain repas.

CHANGEMENTS DANS LES HABITUDES DE SOMMEIL

«Mon bébé ne veut plus dormir le matin. Cela lui a pris tout d'un coup. Est-ce

qu'une seule sieste par jour suffit à cet âge?»

Quoiqu'une seule sieste par jour puisse sembler bien peu à des parents épuisés, c'est tout ce dont plusieurs bébés ont besoin lorsqu'ils approchent de leur premier anniversaire. Le plus souvent, c'est la sieste du matin qui disparaîtra, mais il arrive occasionnellement que ce soit celle de l'après-midi. Les bébés de certains parents continueront à faire la sieste deux fois par jour, même après leur deuxième anniversaire. Cela est parfaitement normal aussi, du moment que cela ne vienne pas interférer au bon sommeil nocturne. Si c'est le cas, il faudra habituer bébé à une seule sieste par jour (voir page 287.)

La quantité de sommeil que prend bébé aura moins de conséquences que la qualité de fonctionnement garantie par ce sommeil. Si bébé refuse de se mettre au lit pour une sieste ou pour des siestes, mais qu'il est surexcité ou épuisé lorsque vient l'heure du souper, c'est peut-être qu'il a besoin de plus de sommeil. Il protestera sûrement parce qu'il ne veut pas perdre ce temps précieux à dormir, alors qu'il pourrait se consacrer aux activités et aux explorations. Le fait de ne pas prendre les siestes nécessaires fera de lui un bébé moins heureux, moins coopératif durant la journée, et il dormira moins bien la nuit. En étant épuisé et surexcité, il aura de la difficulté à se calmer et à rester tranquille. Si bébé ne prend pas tout le sommeil dont il a besoin, efforcez-vous de l'encourager. Essayer de le mettre au lit une fois qu'il est nourri, changé et détendu. Faites un petit jeu tranquille avec bébé ou faites-lui écouter une musique douce dans une chambre sombre et sans distraction. Si cela ne fonctionne pas, vous devrez peut-être vous résoudre à l'emmener en promenade dans sa poussette ou dans la voiture. Beaucoup d'enfants citadins font leurs siestes dans leur poussette, et les petits banlieusards font leurs siestes dans la voiture. Si cela

est nécessaire, essayez de laisser pleurer bébé avant de vous résoudre à abandonner sa sieste, mais pas aussi longtemps que vous ne le laisseriez pleurer durant la nuit. Si bébé pleure plus de vingt minutes, abandonnez la sieste.

«Nous croyions avoir tout fait pour le mieux. Notre bébé s'endormait toujours sans la moindre plainte. À présent, il veut rester éveillé et jouer toute la nuit.»

C'est un peu comme de déménager brusquement de la campagne au centre-ville. Il y a environ deux mois, peu de choses pouvaient garder bébé éveillé la nuit. À présent, avec tant de découvertes possibles, tant de jouets pour s'amuser, de personnes avec qui communiquer, et tant d'exploits physiques à parfaire, bébé ne veut pas perdre de temps à dormir.

Malheureusement, dans ce cas précis, bébé ne sait absolument pas ce qui est bon pour lui. Tout comme ne pas dormir assez durant le jour, aller au lit trop tard le soir peut épuiser bébé, ce qui aura pour conséquence de l'empêcher de se détendre. Les enfants qui ne dorment pas assez sont plus susceptibles d'éprouver de la difficulté à s'endormir et de se réveiller en plein milieu de la nuit. Ils peuvent également devenir très nerveux et excités durant la journée et plus sujets aux accidents.

Si bébé ne s'endort pas dès que vous le mettez au lit le soir, veillez à ce qu'il fasse assez de siestes durant la journée (voir page 287). Ensuite, établissez une routine de mise au lit ou, si vous en aviez déjà établi une que vous ne respectiez pas très rigoureusement, renforcez-la. Si la gardienne ou les grands-parents sont appelés à mettre bébé au lit à l'occasion, assurez-vous qu'ils connaissent bien ce rituel.

Si vous ne savez pas exactement comment établir une routine de mise au lit, vous pouvez essayez quelques-uns des trucs suivants:

Un bain. Après avoir passé une journée à laver le plancher avec ses genoux et à se masser le cuir chevelu avec des bananes écrasées, bébé à besoin d'un bon bain. Le bain du soir fait bien plus que de laver bébé, cela le détend. Les eaux tièdes et calmantes ont un pouvoir magique qui incite au sommeil. Ne gâchez pas ce moment de détente en donnant le bain de bébé plus tôt dans la journée.

Une atmosphère détendue. Tamisez les lumières, fermez le téléviseur, demandez aux enfants plus âgés de sortir de la pièce et veillez à ce qu'il ne reste qu'un minimum de distraction.

Une histoire, une chanson, une étreinte. Après avoir changé la couche de bébé et après lui avoir mis son pyjama, installez-vous avec bébé dans un fauteuil, dans un divan confortable ou dans le lit de bébé s'il n'est plus dans une couchette. Si bébé peut rester tranquille pendant un moment, lisez-lui une histoire simple d'une voix douce et monocorde. S'il préfère, permettez-lui de regarder seul des livres d'images. Chantez des chansons douces ou des berceuses, étreignez-le un peu. Gardez les caresses plus rudes, comme les combats de lutte ou les séances de chatouilles, pour une autre occasion.

Une veilleuse. Certains bébés ont peur dans le noir. Si c'est le cas de bébé, installez une veilleuse pour lui tenir compagnie.

Au revoir. Mettez un jouet ou un ourson dans le lit. Incitez bébé à lui faire au revoir de la main, tout comme aux frères et soeurs, à maman et à papa. Faites la ronde pour les baisers de bonne nuit, installez bébé dans sa couchette et quittez la chambre.

S'il pleure lorsque vous quittez la chambre, retournez-y un instant pour vous assurer que tout va bien, embrassez-le encore, puis laissez-le. S'il continue à pleurer, vous pourrez probablement le laisser pleurer un peu. La technique déjà essayée et habituellement efficace, décrite à la page 332 a de bonnes chances de fonctionner, mais vous pourriez trouver cela plus difficile maintenant que bébé est plus vieux et plus astucieux. À cet âge, il saura probablement comment vous forcer à revenir dans la chambre ou, du moins, comment vous faire sentir coupable si vous n'y retournez pas. Il pourrait se lever et crier à répétition jusqu'à ce que vous l'aidiez à se remettre au lit. Il pourrait aussi commencer à appeler «ma-ma» ou «pa-pa», vous rendant la tâche encore plus difficile de ne pas répondre. Plutôt que d'être calmé par votre visite, comme un plus jeune bébé le serait, il sera probablement encore plus fâché lorsque vous le quitterez à nouveau. La meilleure chose à faire avec ce petit astucieux est de rester loin de lui alors qu'il reprendra l'habitude de s'endormir de lui-même.

«Nous n'avons pas réussi à instaurer une routine de mise au lit pour notre bébé parce qu'il s'endort toujours pendant que nous le nourrissons.»

Si bébé s'endort invariablement lors de son dernier boire de la soirée, procédez à tout le rituel de mise au lit, incluant le «bonne nuit», avant de vous installer pour le nourrir. Si vous désirez lui faire perdre l'habitude de téter pour s'endormir, nourrissez-le avant son bain dans des conditions qui incitent peu au sommeil, avec beaucoup de bruit, de lumière et d'activité, et avec la promesse d'un bain et d'une histoire. S'il s'endort en dépit de tous vos efforts, essayez de le réveiller pour le bain. Si cela ne fonctionne pas, revenez au boire après le rituel de mise au lit et essayez à nouveau dans deux semaines.

«Je crois que mon bébé a du mal à s'endormir parce qu'il fait ses dents. Même s'il n'y a rien que je puisse faire

pour l'aider, je me sens coupable de le laisser pleurer la nuit.»

Mieux vaut un peu de culpabilité maintenant que le manque de sommeil à partir de maintenant. Comme les parents le savent trop bien, il y a bien peu de choses à faire pour réconforter un bébé confronté à la douleur d'une poussée de dents. En plein milieu de la nuit, cela ne donne rien d'essayer. Restez debout avec bébé durant ses poussées de dents et il s'habituera si bien à votre présence nocturne qu'il l'exigera même après que les dents auront percé. La douleur de la poussée de dents gardera bébé éveillé sporadiquement, pour seulement quelques nuits à la fois. Le fait de savoir que ses parents apparaîtront lorsqu'il pleure peut garder bébé éveillé indéfiniment. Alors, résistez à la tentation d'aller le voir et laissez-le se calmer de lui-même, quoique l'envie puisse vous prendre d'aller vous assurer qu'il ne s'est pas mis dans une position embarrassante, qu'il n'est pas découvert, etc. Si cela peut vous rendre plus heureuse et rendre bébé plus heureux aussi, allez le voir, caressez-le une ou deux minutes, dites-lui de se rendormir et quittez la chambre.

S'il semble inconsolable, demandez à son médecin s'il est possible de lui administrer une dose d'acétaminophène avant de le mettre au lit. Assurez-vous toutefois que les réveils nocturnes de votre enfant ne sont pas provoqués par une maladie, une infection des oreilles par exemple, dont la douleur empire souvent la nuit, et que ce genre de médicament antidouleur pourrait masquer.

DÉVELOPPEMENT LENT

«Nous sommes inquiets parce que notre bébé a commencé seulement récemment

à se tenir assis sans appui, beaucoup plus tard que le bébé de nos amis.»

Le rythme de développement de chaque bébé est déterminé par ses gènes. À leur tour, les gènes déterminent à quelle vitesse son système nerveux se développera. Il sera enclin à s'asseoir, à se lever, à se tenir debout, à marcher, à sourire pour la première fois et à prononcer son premier mot à un certain âge. Peu se développent à un rythme uniforme dans toutes les sphères. La plupart sont plus rapides dans les unes et plus lents dans les autres. Par exemple, un bébé peut sourire et parler rapidement et, ainsi, développer ses aptitudes sociales et langagières. Un autre bébé peut ne pas se lever avant un an et, ainsi, retarder le développement de sa motricité brutale. Par ailleurs, bébé peut aussi bien marcher à huit mois (motricité brutale) et, pourtant, ne pas réussir à attraper un petit objet entre ses doigts (motricité fine) avant d'atteindre son premier anniversaire. Le rythme de développement des aptitudes motrices n'a rien à voir avec l'intelligence.

Le fait que bébé réussisse même la plupart des exploits plus tard que les autres enfants ne devrait normalement pas vous inquiéter, aussi longtemps que son développement entre dans la grande échelle de la normalité et qu'il progresse pas à pas. Cependant, si un enfant accède systématiquement aux découvertes du développement longtemps après les autres enfants, une consultation avec le médecin est de mise. Dans la plupart des cas, une telle consultation apaisera les inquiétudes des parents. Certains enfants se développent lentement et sont parfaitement normaux. Il peut arriver occasionnellement que des tests plus approfondis s'avèrent nécessaires pour déterminer si bébé a ou n'a pas de problème.

De temps en temps, les parents continueront à douter, même si le pédiatre leur affirme qu'il n'y a pas lieu de s'inquiéter. La meilleure façon de retrouver la paix de l'esprit est de consulter un spécialiste du développement. Il arrive que le pédiatre, qui ne voit bébé que pour de brèves évaluations, ne perçoive pas les signes d'une faiblesse du développement perçue ou ressentie par un parent. Par conséquent, un expert procédant à des tests plus avancés peut les détecter. La consultation remplit deux fonctions. Premièrement, si les craintes des parents s'avèrent non fondées, leur inquiétude aura été apaisée, du moins en ce qui a trait au développement de bébé. Deuxièmement, s'il y avait un problème, une intervention précoce peut améliorer les chances d'un enfant de vivre à la mesure de son plein potentiel.

SELLES ÉTRANGES

«Lorsque j'ai changé la couche de bébé aujourd'hui, j'ai été vraiment secouée. On aurait pu croire que ses selles étaient remplies de grains de sable. Par ailleurs, il ne joue jamais dans un carré de sable.»

Juste au moment où les changements de couche commencent à vous ennuyer, une nouvelle surprise vous saute aux yeux. Il est parfois facile de retracer ce que bébé a pu manger pour provoquer un tel changement dans ses selles. Un rouge effrayant? Habituellement les betteraves ou le jus de betteraves. Des taches ou des filaments noirs? Les bananes. De petits objets étrangers et foncés? Peut-être les bleuets ou les raisins secs. De petits grains vert pâle? Peut-être les pois. Jaunes? Le maïs. Des graines? Fort probablement les tomates, les concombres ou les melons auxquels les graines n'ont pas été complètement enlevées.

Parce que les bébés ne mastiquent pas très bien et que leur tube digestif manque de maturité, ce qui pénètre en eux en ressort souvent très peu changé en couleur et en texture[3]. Les selles sableuses, comme celles que vous avez trouvées dans la couche de bébé, sont assez communes, non pas parce que les bébés prennent la collation dans leur carré de sable, bien qu'ils peuvent le faire, mais parce que certains aliments prennent souvent une apparence sableuse après leur passage dans l'appareil digestif. C'est le cas notamment des Cheerios et des autres céréales d'avoine similaires, ainsi que des poires.

Les changements bizarres dans les selles ne sont pas seulement dus à des éléments naturels dans le menu de bébé mais également à des éléments synthétisés dans le laboratoire alimentaire dont la plupart ne sont pas appropriés aux bébés, mais se retrouvent malgré tout dans les petits ventres. De tels produits ont la réputation de colorer les selles de teintes incroyables, comme un vert fluorescent (engendré par une boisson à saveur de raisins) et un rouge rosé choquant (provoqué pas une céréale à saveur de baies rouges).

Aussi, avant de paniquer à la vue de ce qui a pu remplir la couche de bébé, arrêtez-vous pour réfléchir à ce qu'il a bien pu ingurgiter.

LES BÉBÉS ET LE VÉLO

«Mon mari et moi sommes d'ardents adeptes du vélo, mais depuis la naissance de notre bébé, nous n'avons fait aucune randonnée à bicyclette. Est-ce sans danger de l'emmener avec nous dans un siège quelconque?»

Dès que bébé a six mois et qu'il a acquis un excellent contrôle de la tête, il est prêt

---

3. Les raisins secs, les baies, les pois et les grains de maïs seront plus faciles à digérer et moins dangereux pour bébé si vous prenez la peine de les écraser ou de les mettre en purée.

à affronter les sentiers cyclables avec vous. Alors sortez la cannette d'huile et la pompe à air et veillez à observer ces règles absolument vitales:

- N'emmenez pas bébé avec vous à moins d'être un cycliste très compétent.

- Faites vérifier votre vélo pour vous assurer qu'il est en parfaite condition.

- Entre six mois et un an, bébé devrait se promener seulement dans un siège arrière très robuste. Entraînez-vous à vous promener ainsi — avec bébé ou un gros ourson du même poids — dans un endroit sécuritaire, pour vous habituer au changement de gravité que causera le poids additionnel.

- Quand bébé aura un an, et jusqu'à ce qu'il soit âgé de quatre ans ou qu'il pèse 18 kg (40 lb), attachez-le dans un siège d'enfant pour vélo qui empêche ses pieds et ses mains de se prendre dans les rayons de la roue et qui minimise les risques de chutes ou de blessures en cas d'embardée. Veillez à ce que le siège soit installé convenablement et votre enfant bien attaché avant de commencer à rouler.

- N'emmenez pas bébé en randonnée sans lui faire porter un casque de sécurité spécialement conçu pour un enfant de son âge. Portez vous-même un casque, tant pour donner l'exemple que pour vous protéger en cas d'accident. Que deviendrait bébé si vous vous retrouviez sur un lit d'hôpital?

- Limitez vos randonnées à bicyclette aux endroits sécuritaires comme les parcs, les pistes cyclables, les rues ou les routes tranquilles. Évitez les artères achalandées; la neige, la glace et la pluie; les routes parsemées de feuilles humides. Marchez à côté du vélo lorsque le terrain est incliné et dans les côtes. On peut atteindre une vitesse d'accélération dangereuse sans le faire exprès et il peut être étonnamment difficile de freiner dans ce genre de situation.

CE QU'IL IMPORTE DE SAVOIR
Les jeux qui amusent les bébés

Quand il s'agit des soins à donner aux bébés, beaucoup de choses ont changé depuis le temps des grands-mères. La mode est maintenant à l'allaitement maternel. Les couches souillées sont jetées à la poubelle plutôt que lavées et bouillies pour être réutilisées. Les horaires suivent moins le livre que le rythme des bébés. Pourtant, malgré tous ces changements, certaines choses sont restées les mêmes. L'anneau de dentition en argent trop précieux pour laisser bébé faire ses dents dessus; le berceau qui a servi à bercer trois générations de bébés a son utilité; les jeux que bébé adore sont répétés.

Préservés par le temps comme n'importe quels bijoux de famille, les jeux de cache-cache et les autres jeux de mains qui ont fait crier de joie les bébés de nos grands-mères vous garantissent les mêmes résultats avec bébé. De tels jeux font plus que divertir bébé: ils améliorent les aptitudes de socialisation, enseignent des concepts comme la permanence des objets (cache-cache), la coordination des mots et de l'action (l'araignée qui monte, qui monte, qui monte), la capacité de compter (un, deux, trois, mon cheval de bois) et les aptitudes langagières (yeux, nez, bouche).

Même si vous n'avez pas entendu ce genre de comptines depuis des décennies, il y a de bonnes chances que les jeux que votre mère jouait avec vous lorsque vous étiez toute petite vous reviennent, maintenant que vous êtes dans ses souliers. Si cela ne vous revient pas, demandez à votre mère de vous rappeler vos préférées (une mère n'oublie jamais). Procédez également à quelques recherches dans votre parenté, surtout chez ceux et celles qui proviennent des «vieux pays», pour vous rappeler de vénérables chansons folkloriques, des rimes enfantines et des jeux qui pourraient se perdre autrement, et répétez vos démarches dans la famille de votre conjoint.

Rafraîchissez-vous la mémoire ou apprenez quelques nouveaux jeux à partir de la liste qui suit.

Cache-cache. Couvrez votre visage avec vos mains, le coin d'une couverture, un vêtement, un menu du restaurant ou en vous cachant derrière le rideau ou au pied de la couchette et dites: «Où est maman?» Découvrez votre visage et dites: «Coucou, je te vois!» Préparez-vous à répéter et à répéter; la plupart des bébés ont un appétit vorace pour ce jeu. Dites «coucou» lorsque vous cachez votre visage et «je te vois» lorsque vous le découvrez.

Taper des mains. Pendant que vous chantez «Tape, tape, tape des mains», prenez les mains de bébé et montrez-lui comment taper. Au début, bébé n'ouvrira probablement pas très grand les poings, mais il acquerra éventuellement l'habileté de tenir les mains bien à plat, quoique peut-être pas avant la fin de la première année; ne le forcez pas. Bébé pourrait également mettre quelque temps avant de réussir à taper de manière autonome, mais cela viendra. En attendant, bébé pourrait s'amuser à prendre vos mains et à les taper ensemble. Vous pouvez essayer de taper les pieds ensemble pour changer ou inventer de nouvelles rimes.

Le jeu de l'araignée. Servez-vous de vos doigts — le pouce d'une main et l'index de l'autre — pour simuler une araignée grimpant sur une toile invisible, et chantez: «L'araignée monte dans la gouttière.» Servez-vous de vos doigts pour imiter la pluie qui tombe et continuez: «La pluie tombe et emporte l'araignée.» Levez les bras en l'air et ouvrez-les pour dire: «Le soleil brille et sèche toute la pluie.» Revenez ensuite au tout début pour reprendre: «L'araignée remonte sur la gouttière une autre fois.»

Le petit cochon va au marché. Prenez le pouce ou le gros orteil de bébé et commencez ainsi: «Un petit cochon s'en va au marché.» Prenez ensuite l'orteil ou le doigt suivant: «Un petit cochon reste à la maison.» Faites dire ensuite: «Un petit cochon mange un gros melon.» Le doigt de pied ou de main suivant dit: «Un petit cochon ne veut pas de melon.» Chantez pour le dernier: «Un petit cochon court à la maison... vite, vite, vite, vite, vite!» en faisant courir vos doigts sur les bras ou les jambes de bébés jusqu'à l'aisselle ou jusqu'au cou, en le chatouillant.

Gros comme cela. Demandez: «Bébé est gros comment?» (ou servez-vous du nom de l'enfant, de ses frères et soeurs ou du chien). Aidez bébé à étendre ses bras chaque côté en vous exclamant: «Gros comme ça!»

Les yeux, le nez, la bouche. Prenez les deux mains de bébé dans les vôtres, placez-les sur chacun de vos yeux, sur votre nez et sur votre bouche (où vous terminez par un baiser), en nommant chaque partie que bébé touche: «Yeux, nez, bouche, baiser». Rien ne peut lui enseigner ces parties du corps plus rapidement.

Rond-rond macaron. Une fois que votre bébé marche, tenez-lui les mains (invitez le petit frère, la petite soeur, un autre adulte à se joindre à vous, à former le rond). Promenez-vous en tournant et en chantant: «Rond-rond macaron, ma p'tite soeur est dans'maison; fais ceci, fais cela, aaaat-choum!» (à l'éternuement, tout le monde se laisse tomber sur le plancher en riant).

Violette à bicyclette. En comptant les blocs, les doigts, les raisins, chantez, pour bébé: «Un, deux, trois, quatre, cinq, six, sept, Violette, Violette; un, deux, trois, quatre, cinq, six, sept, Violette à bicy-clette.» Vous pouvez vous adonner à cette comptine en faisant pédaler bébé.

Nous n'irons plus au bois. Avec bébé, tournez lentement en rond en chantant et en mimant: «Nous n'irons plus au bois, les lauriers sont coupés; la belle (le p'tit coeur) que voilà ira les ramasser. Entrez, entrez, dans la danse, faites le signe de révérence (saluez bien bas), mettez les mains sur les côtés (sur les hanches), sautez (sur place), dansez, embrassez qui vous voudrez (embrassez bébé).

CHAPITRE 13

Le dixième mois

CE QUE BÉBÉ POURRAIT FAIRE

D'ici la fin de ce mois, bébé devrait pouvoir (voir note)

- se tenir debout en s'aggrippant à quelqu'un ou à quelque chose;
- se mettre debout alors qu'il était assis;
- montrer son mécontentement quand vous tentez de lui enlever un jouet;
- dire «maman» ou «papa» sans distinction;
- jouer à cache-cache.

Note : Si vous remarquez que bébé n'a pas encore réussi l'un ou plusieurs de ces exploits, consultez le médecin. Il arrive (rarement, faut-il dire) qu'un délai de ce genre indique un problème. Le plus souvent cependant, bébé sera tout à fait normal. Généralement, les prématurés réussissent les mêmes exploits plus tard que les autres enfants de leur âge, c'est-à-dire qu'ils y arrivent au moment où ils auraient atteint cet âge, s'ils étaient nés à terme, et parfois plus tard.

pourra probablement

- réussir à s'asseoir alors qu'il est étendu sur le ventre;
- jouer à taper des mains ou faire au revoir de la main;
- prendre un objet minuscule avec n'importe quelle partie du pouce et des doigts;
- marcher en se tenant aux meubles;
- comprendre le mot «non» (sans toujours y obéir).

pourrait même

- se tenir seul pendant un court instant;
- jouer au ballon (le faire rouler jusqu'à vous);
- ramasser un objet minuscule délicatement entre le pouce et l'index;
- se tenir debout sans appui;

- utiliser un jargon immature (babillage qui ressemble à une langue étrangère);
- dire un autre mot que «maman» ou «papa»;
- répondre à un ordre court accompagné d'un geste (bébé pourrait tendre la main en réponse à la directive «donne-moi cela»);
- marcher sans difficulté.

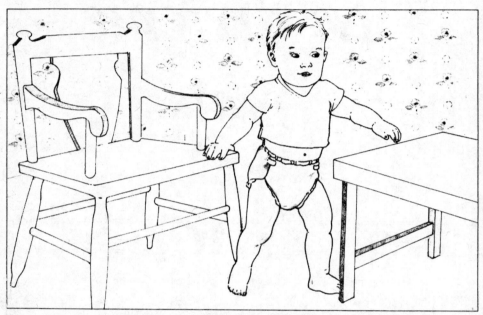

Beaucoup de bébés de 10 mois ont acquis le contrôle de la marche avec appui, la dernière étape avant la marche sans appui. Avec une main s'appuyant prudemment à un meuble, ils se rendent au prochain appui en allongeant l'autre bras, puis grâce à un pas, atteignent une autre pièce du mobilier. Veillez à ce que bébé se déplace en toute sécurité en le laissant marcher ainsi seulement autour de chaises et de tables très stables.

CE QUE L'EXAMEN MÉDICAL VOUS RÉSERVE CE MOIS-CI

La plupart des médecins ne vous fixeront pas de rendez-vous de routine ce mois-ci. N'hésitez pas à appeler le pédiatre de bébé si vous avez quelque inquiétude qui ne peut attendre au mois prochain.

L'ALIMENTATION DE BÉBÉ CE MOIS-CI
Penser au sevrage

Presque partout dans le monde, les normes culturelles concernant l'allaitement ont évolué, que ce soit pour le sevrage précoce ou tardif. Cependant aux États-Unis et au Canada, où l'allaitement en est encore à ses premiers balbutiements après sa récente renaissance, ces modèles n'existent pas. Certaines femmes ont allaité pendant six semaines, d'autres six mois et d'autres encore pendant trois ans ou plus. Le jour du sevrage peut être établi bien avant la naissance de bébé, basé sur un retour au travail planifié à l'avance ou simplement sur le sentiment que tel moment sera le bon. On peut également se fier au sentiment du moment, alors que bébé ou sa mère perd subitement tout intérêt pour l'allaitement, par exemple.

Au moment de décider pendant combien de temps vous désirez allaiter, vous voudrez sans doute soupeser plusieurs facteurs personnels, en plus des facteurs scientifiques disponibles.

Les faits. Nous avons déjà insisté sur le fait que l'allaitement durant les premières semaines de la vie de bébé lui apporte beaucoup de bienfaits, car c'est à ce moment que les bébés reçoivent les anticorps nécessaires pour combattre les maladies. Par ailleurs, les bébés se développent mieux s'ils sont nourris au lait maternel pendant les premiers six mois et contractent moins de maladies et d'allergies. En fait, bien qu'il soit acceptable de commencer les solides dès que bébé atteint quatre mois, les bébés allaités au sein peuvent habituellement vivre très bien grâce au seul lait maternel durant les six premiers mois de leur vie. Au-delà de la demi-année, le lait maternel peut rester la source majeure de nutrition de bébé, tout comme peut l'être une préparation lactée pour un enfant nourri au biberon, mais il devient alors impérieux d'augmenter la consommation d'un enfant avec les solides.

Cependant, les scientifiques nous disent que le lait maternel cesse d'être suffisant après la première année : d'abord parce que son contenu de protéines ne suffit plus au bébé plus âgé, mais ensuite parce qu'il souffre d'une baisse de plusieurs éléments nutritifs indispensables comme le zinc, le cuivre et le potassium. Pendant la deuxième année, les enfants ont besoin des éléments contenus dans le lait de vache, et la mère qui allaite toujours devrait reconnaître que bien qu'elle et son bébé continuent à apprécier l'expérience de l'allaitement, le lait maternel ne peut plus suffire comme source majeure de nutrition pour bébé. De plus, après un an, les enfants n'éprouvent plus le même besoin de téter qu'auparavant.

En dépit de toutes les conjectures, il n'existe aucune évidence que l'allaitement après la première année, ou même durant la deuxième, la troisième année ou au-delà, entrave le développement émotionnel d'un enfant. Il semble toutefois que l'allaitement prolongé au sein, tout comme au biberon, puisse mener à la carie dentaire parce que pendant que bébé tète au sein ou au biberon, une certaine quantité de lait reste constamment dans la bouche, ce qui n'est pas le cas lorsque bébé boit à la tasse, car cette méthode incite à avaler immédiatement après une gorgée. Un autre inconvénient au fait de continuer à nourrir bébé au sein ou au biberon après un an est l'augmentation du risque d'infection des oreilles causée par l'habitude de manger couché, une position que beaucoup d'enfants empruntent pendant qu'ils tètent, surtout avant de s'endormir.

Vos sentiments. Éprouvez-vous toujours du plaisir à allaiter ou commencez-vous à en avoir assez de sortir vos seins à tout moment du jour ou de la nuit? Brûlez-vous d'envie de retrouver un peu la liberté et la flexibilité qui ne vous sont pas accessibles alors que vous allaitez? Vous sentez-vous mal à l'aise à l'idée de nourrir un enfant plus âgé? Si vos sentiments à propos de l'allaitement se sont aigris, le radar de bébé captera sûrement ce changement. Il pourrait même l'interpréter comme un rejet personnel, plutôt qu'un rejet de l'expérience de l'allaitement. Aussi, le temps est sans doute venu de sevrer bébé.

Les sentiments de bébé. Certains bébés peuvent s'autosevrer. À travers leurs actions et leurs réactions d'agitation, d'indifférence au sein et de tétées irrégulières et brèves, ils montrent qu'ils sont prêts à passer à une autre manière d'obtenir leur nourriture. Toutefois, sachez qu'il est possible de mal interpréter les signaux de bébé. À cinq mois, un désintérêt pour l'allaitement peut signifier que bébé s'intéresse de plus en plus à son environnement; à sept mois, cela peut indiquer que le goût prononcé de bébé pour les activités physiques dépasse même son goût pour la nourriture; à neuf mois ou plus tard, cela signifie souvent que bébé développe son indépendance et sa maturité. À tout âge, ce manque d'enthousiasme pourrait résulter de la maladie ou d'une poussée de dents. Ce ne sera jamais un rejet de la mère, mais seulement un rejet du lait qu'elle produit.

Un bébé est plus susceptible de s'autosevré entre neuf et douze mois. Si bébé montre toujours le même attachement au sein à l'âge de dix-huit mois (cela est assez commun), il y a peu de chances qu'il prenne l'initiative du sevrage.

Votre situation. Même les mères qui mouraient d'envie d'allaiter au tout début trouvent souvent que la responsabilité est lourde à porter lorsque les inconvénients se multiplient et que l'allaitement interfère de plus en plus dans le travail, les études, les sports, les relations amoureuses ou les autres activités nécessaires ou complémentaires de leur vie. Lorsque cela se produit, leurs sentiments négatifs se transmettent facilement à bébé, faisant de l'allaitement un problème, plus qu'un plaisir, pour la mère et l'enfant. Dans de tels cas, le sevrage est un choix approprié. Cependant, attention de ne pas l'entreprendre en même temps que d'autres changements importants dans vos vies. Quand c'est possible, donnez la chance à bébé et à vous-même de vous adapter à chaque changement séparément. La maladie ou le besoin de voyager peuvent également vous inciter au sevrage, parfois même à un sevrage subit.

La situation de bébé. Le meilleur moment pour sevrer bébé est lorsque le calme règne dans la famille. La maladie, les poussées de dents, les déménagements, les voyages, un retour au travail, une nouvelle gardienne ou tout autre changement ou stress dans la vie de bébé vous dicteront de mettre le sevrage en veilleuse, de manière à ne pas lui imposer une contrainte additionnelle.

Votre santé. Si vous êtes perpétuellement épuisée et qu'il ne semble pas y avoir d'autre explication que les exigences émotionnelles et physiques de l'allaitement, vous voudrez peut-être parler au médecin du bien-fondé du sevrage, de manière à reprendre des forces. Toutefois, avant de passer à l'action, assurez-vous que votre fatigue n'est pas due à un problème auquel vous pourriez remédier facilement, comme une alimentation inadéquate ou le manque de repos ou les deux, qui vous épuiseraient.

La santé de bébé. Il arrive parfois que la production de lait maternel diminue excessivement à mesure que bébé vieillit. Si bébé gagne peu de poids, s'il souffre de léthargie, d'irritabilité ou s'il montre des signes de mauvaise croissance (voir page 124), il se peut que votre production de lait ne comble pas tous ses besoins nutritionnels. Envisagez la possibilité d'ajouter des solides ou une préparation commerciale à son alimentation ou de le sevrer complètement.

Il arrive souvent qu'un bébé sevré s'intéresse soudainement à d'autres formes de nourriture qui ne l'attiraient pas lorsque les boires au sein étaient disponibles et qu'il commence à se développer à nouveau.

Les autres sources alimentaires de bébé. Si bébé a déjà accepté le biberon, le sevrage sera relativement facile. De la même manière, si bébé a appris à prendre des liquides directement d'une tasse avec facilité, ce sera possible de le sevrer directement à la tasse, quoique cela n'est normalement pas possible avant neuf ou dix mois. D'autre part, si bébé refuse de boire du lait d'une autre source que vos seins, vous devrez retarder le sevrage au moment où bébé maîtrisera le biberon ou la tasse.

L'âge de bébé. Même s'ils ne prennent pas l'initiative, la plupart des bébés peuvent être sevrés à un moment ou à un autre, entre neuf et douze mois. Ils sont moins intéressés à téter et en éprouvent moins le besoin. Ils refusent qu'on les tienne dans nos bras et ne veulent pas rester tranquilles pendant qu'on les nourrit et sont généralement plus indépendants. Certains préfèrent même téter debout. Ils sont aussi moins attachés au sein à cet âge qu'ils ne semblent l'être plus tard, et ils sont moins opiniâtres, ce qui rend le sevrage plus facile qu'il ne le sera plus tard, alors qu'ils seront devenus de jeunes enfants.

Prendre la décision de sevrer n'est qu'un pas parmi tant d'autres dans le long processus consistant à passer du sein à d'autres sources d'alimentation, en commençant par la première gorgée prise au biberon ou par la première cuillerée de solides. Pour certaines femmes, prendre la décision sera plus facile que le sevrage lui-même; pour d'autres, c'est la décision qui leur causera le plus de tourments. Peu importe quand et comment cela se produit, le sevrage s'accompagne souvent d'un étrange mélange d'émotions pour plusieurs femmes. Elles se sentent soulagées de ne plus être complètement à la merci des besoins de bébé et fières que leur rejeton accomplisse un pas de plus sur la route de la maturité. En même temps, elles sont attristées par la coupure de ce lien unique et par le fait que bébé ne dépende plus d'elles comme avant et à tout jamais.

Tôt ou tard, le sevrage est une étape inévitable dans le développement d'un enfant. Il est très rare que les bébés (mêmes les plus avides à la tétée) s'ennuient très longtemps du sein et les mères se résignent, quoiqu'elles ressentent parfois des pincements au coeur à la vue d'autres mères qui allaitent, même des années plus tard.

CE QUI POURRAIT VOUS INQUIÉTER

BÉBÉ FAIT DES DÉGÂTS EN MANGEANT

«Mon bébé ne mange rien avant de l'avoir écrasé, trituré entre ses doigts et étendu dans ses cheveux. Ne devrions-nous pas tenter de lui enseigner les bonnes manières de se tenir à table?»

Pour la plupart d'entre nous, le fait de manger en compagnie d'un bébé de dix mois est assez pour nous couper l'appétit. Il s'amuse autant avec la nourriture qu'il en ingurgite. Il n'est pas rare que le plus gros du repas finisse *sur* bébé, sur ses vêtements, sur sa chaise haute, sur le chien de la famille qui attend impatiemment à ses côtés plutôt que *dans* l'estomac de bébé.

Pour bébé, les repas ne servent pas seulement à se nourrir, mais à explorer et à découvrir. Tout comme dans le carré de sable et dans la baignoire, il découvre le principe de cause à effet, les textures, les différences de températures. Lorsqu'il empoigne du yogourt dans ses petits poings, qu'il écrase des patates douces sur la table, qu'il fait tomber un bol de gruau de sa chaise haute, qu'il décore son chandail de coton de bananes en purée, qu'il souffle des bulles dans sa tasse de jus, qu'il écrase des biscuits secs avec ses doigts, ce sont des dégâts à vos yeux, mais pour bébé, ce sont des expériences d'apprentissage.

Attendez-vous à ce que le supplice du repas et que l'utilité de garder auprès de vous le rouleau de serviettes de papier se prolongent encore pendant des mois, avant que bébé n'ait appris toutes les propriétés physiques fascinantes de la nourriture et qu'il soit prêt à passer à autre chose. Cela ne signifie pas que vous devez sourire et vous acccommoder de cette situation sans

ménagement pour votre sensibilité et pour votre foyer, sans initier bébé à certains principes de bienséance et de respect. Quelques principes de bienséance peuvent être enseignés à bébé:

Protégez les alentours. Pour un gramme de protection, vous aurez besoin d'un kilo d'essuie-tout. Prenez toutes les mesures de protection disponibles: papier journal étendu tout autour de la chaise haute ou de la table, qui se jette après usage; une bavette lavable recouvrant la poitrine et les épaules de bébé, mais assez confortable pour qu'il ne refuse pas de la porter; les manches roulées au-dessus des coudes, pour les garder sèches et relativement propres. Si la température de la pièce le permet, il pourrait être plus sensé de faire manger bébé en couche seulement, lorsque vous lui servez une nourriture particulièrement salissante.

Déjouez les explorations indésirables. Vous n'avez pas l'intention d'inhiber les expériences de bébé, mais vous n'avez pas non plus l'intention de lui rendre la tâche trop facile et de laisser bébé faire des dégâts partout. Alors, servez-lui sa nourriture dans un bol plutôt que dans une assiette plate. Servie dans un bol, la nourriture risque moins de sortir facilement. Vous pouvez aussi servir la nourriture sèche directement sur le plateau de sa chaise haute en veillant à ce que le plateau soit propre. Les bols qui s'attachent à la table grâce à des ventouses procurent une protection additionnelle, mais ils ne s'installent que sur une surface non poreuse, comme le plastique. Pour minimiser les éclaboussures, offrez à bébé les liquides dans un gobelet ou une tasse munis d'un couvercle à bec si bébé accepte de boire avec ce genre de bec. Sinon, ne versez pas plus de 30 ml (1 oz environ) de liquide dans une tasse ordinaire et tenez-la pour bébé lorsqu'il veut boire, en gardant la tasse hors de sa portée entre chaque gorgée. Ne lui offrez pas plus d'un bol de nourriture à la fois, et ne servez pas plus de deux ou trois aliments dans le bol. Les bébés sont souvent accablés par un trop grand choix et réagissent en jouant et en s'agitant plutôt qu'en mangeant. Tous les ustensiles et toutes les assiettes devraient être incassables, tant par souci d'économie que par mesure de sécurité.

Restez neutre. Comme vous l'avez probablement déjà appris, les bébés sont des comédiens-nés. Si vous répondez à leurs bouffonneries par des rires, vous ne ferez que les encourager à cabotiner de plus belle. Ils ne réagissent pas mieux aux critiques. Aussi, les prières et les mises en garde du genre «C'est assez maintenant!» sont loin de faire cesser le comportement indésirable, au contraire, elles l'accentueront. Une politique efficace est de ne pas commenter le manque de manières de bébé. Cependant, lorsque bébé prend quelques bouchées très correctement avec la cuillère ou avec ses doigts, félicitez-le généreusement. Faites-lui comprendre chaque fois que cela est possible que la propreté vous importe.

Donnez-lui une cuillère. Quoiqu'il puisse ne rien faire d'autre avec une cuillère que de la secouer au bout de sa petite main tout en se servant de son autre main pour le transport de la nourriture, donnez-lui-en une avant le début du repas et remettez-la-lui périodiquement pendant le repas. L'idée lui viendra éventuellement de s'en servir pour manger.

Ne prenez pas les grands moyens. Bien des mères désespérées sont tentées de prendre des mesures désespérées. Dans le cas qui nous intéresse, par exemple, certaines mères choisiront de prendre en mains la responsabilité du repas et, par le fait même, d'enlever à bébé toute possibilité

de faire des dégâts en contrôlant la situation. Quoique ces repas soient plus propres, ils contribueront peut-être au retard d'apprentissage de l'auto-alimentation et, par conséquent, bébé sera plus lent à développer de bonnes manières à table et de bonnes habitudes alimentaires.

Soyez son modèle. À la longue, ce ne sont ni les lectures ni les mises en garde qui enseigneront à bébé les bonnes manières de se comporter à table. Ce qui importe, c'est ce qu'il observe au cours des repas familiaux. Si d'autres membres de la famille mangent avec leurs doigts, engouffrent la nourriture sans prendre le temps de respirer, mastiquent bruyamment, s'étirent au-dessus de la table pour prendre un plat plutôt que de demander qu'on le leur passe, si tout le monde parle la bouche pleine, ou pire, si personne ne prononce un traître mot pendant toute la durée du repas, bébé cultivera ces habitudes plutôt que celles que vous souhaitez lui inculquer.

Sachez quand faire cesser le jeu à table. Lorsque le temps passé à jouer avec la nourriture commence à dépasser sérieusement le temps passé à manger, le moment est venu de mettre fin au repas. Débarrassez la table et sortez bébé de sa chaise haute tout de suite. Il est fort probable que bébé proteste, mais s'il le fait, distrayez-le avec un jouet ou une activité.

BÉBÉ SE FRAPPE LA TÊTE CONTRE LES MURS, SE BALANCE ET SE TORTILLE

«Mon bébé a commencé à frapper sa tête contre les murs ou le côté de sa couchette. Bien que cela me fasse mal de le regarder faire, il semble qu'il ne ressente aucune douleur et, pour tout vous dire, il a plutôt l'air heureux.»

Apparemment, bébé vient de découvrir qu'il a du rythme et c'est sa façon de l'exprimer, du moins jusqu'à ce qu'il se mette à danser ou à jouer sur son tambour. Se frapper la tête, tout comme faire des cercles avec la tête, se balancer, rebondir et faire tous ces gestes communs à cet âge sont des mouvements rythmiques qui fascinent les bébés. La plupart des petits mélomanes se balancent lorsqu'ils entendent de la musique durant les heures de veille et ce genre d'activité semble leur apporter plus que simplement du plaisir. On soupçonne que certains de ces enfants peuvent chercher à reproduire la sensation d'être bercés par maman ou papa et que les enfants affligés par une poussée de dents essaient de tenir tête à la douleur par un balancement qui ne dure que le temps de la poussée de dents, à moins que cela ne devienne une habitude avec le temps. Pour ceux qui se frappent, se balancent ou se tortillent à l'heure de la sieste, au moment de se mettre au lit pour la nuit et lorsqu'ils se réveillent au milieu de la nuit, ces activités semblent les aider à s'endormir et peut-être aussi sont-elles une façon de relâcher les tensions accumulées durant la journée. Ce comportement est parfois provoqué ou augmenté par le stress du sevrage, de l'apprentissage de la marche ou de l'arrivée d'une nouvelle gardienne dans la vie d'un enfant. Bien que garçons et filles soient également susceptibles de se balancer et de se tortiller, ce sont en grande majorité les garçons qui se frappent la tête.

Le balancement commence habituellement vers six mois, mais les coups de tête ne commencent pas avant neuf mois normalement. Ces habitudes peuvent durer quelques semaines ou quelques mois ou un an ou plus. La plupart des enfants les abandonnent vers l'âge de trois ans, sans l'intervention de leurs parents. Les taquineries et les reproches, ou toute autre marque d'attention face à ce genre de comportement, ne sont pas seulement mauvais mais peuvent contribuer à amplifier le problème.

Qoique cela puisse paraître difficile à croire, les balancements, les tortillements et même le fait de se frapper la tête contre les murs ne sont ordinairement pas dangereux pour la santé de bébé, pas plus qu'ils ne le sont chez un enfant qui se développe normalement. Ils ne sont pas associés à des dérèglements neurologiques ou psychologiques. Si bébé paraît heureux, qu'il ne se frappe pas la tête de colère et qu'il ne passe pas son temps à s'automutiler, il n'y a pas lieu de vous inquiéter. Toutefois, si ces activités grugent une bonne partie du temps de bébé, s'il présente d'autres comportements inhabituels, qu'il se développe lentement, ou qu'il a l'air malheureux la plupart du temps, parlez-en au médecin.

Vous ne pouvez pas forcer un enfant à se défaire de ces habitudes avant qu'il ne soit prêt, mais les trucs qui suivent pourraient vous rendre la tâche plus facile, vous aider à comprendre et, éventuellement, aider bébé à s'en débarrasser avec le temps:

• Prodiguez à bébé un surplus d'amour, d'attention, d'étreintes et bercez-le plus, durant la journée et au moment de le mettre au lit.

• Offrez-lui des exercices rythmiques acceptables pour vous durant la journée, en le berçant avec vous dans une chaise berçante, en lui montrant à se bercer dans sa chaise pour enfant, en lui donnant un ou plusieurs instruments de musique jouets ou simplement en lui remettant une cuillère et une casserole, avec lesquels il pourra faire sortir des sons, en le poussant doucement dans une balançoire ou en jouant à tape-tape ou à d'autres jeux de doigts ou de mains avec de la musique.

• Donnez-lui beaucoup de temps pour les jeux actifs durant la journée et de multiples occasions de bouger avant de le mettre au lit.

- Instaurez une routine régulière et calmante, précédant le sommeil, incluant des jeux tranquilles, des étreintes et peut-être même pourriez-vous le bercer un peu, mais pas au point qu'il s'endorme ainsi.

- Si bébé se frappe la tête surtout dans sa couchette, ne le mettez pas au lit avant qu'il ne soit prêt à s'endormir.

- Si bébé se balance et donne des coups dans sa couchette, éloignez le lit de bébé des murs et des meubles et installez la couchette sur un tapis épais en lui enlevant ses roulettes pour éviter qu'elle ne soit trimballée partout sur le plancher. Placez la couchette aussi loin que possible des autres meubles et des murs et, si nécessaire, rembourrez les côtés de la couchette pour adoucir l'impact.

- Vous pouvez essayer de protéger la tête de bébé en installant des coussins pare-chocs dans la couchette et un matelas sur le plancher où il aime se frapper, s'il n'y a pas déjà de tapis. Par ailleurs, vous courez le risque qu'il ne soit pas satisfait de se cogner ainsi sur des coussins et qu'il parte à la recherche d'une surface plus dure.

BÉBÉ CLIGNE DES YEUX

«Depuis les deux dernières semaines, mon bébé cligne énormément des yeux. Il ne semble pas éprouver de malaise ou de problème de vision, mais je ne peux m'empêcher de penser que peut-être quelque chose ne va pas avec ses yeux.»

C'est sans doute plutôt que le clignement des yeux va avec sa curiosité. Il sait à quoi ressemble le monde à travers des yeux grands ouverts, mais qu'arrive-t-il s'il ferme les yeux à moitié, ou s'il les ouvre et les referme rapidement? Les résultats de ses expériences peuvent l'intriguer à un tel

point qu'il continuera à battre des paupières jusqu'à ce que la nouveauté s'épuise. Quant il sera plus âgé, vers deux ans, bébé se prêtera probablement à des expériences similaires avec ses oreilles, en les couvrant de ses mains pour voir ce que deviendront les sons.

Évidemment, si bébé semble éprouver quelque difficulté à reconnaître les personnes et les objets ou à fixer quelque chose, appelez le pédiatre immédiatement. Sinon, si ces manies ne disparaissent pas avant votre prochaine visite de routine, mentionnez-le au médecin qui l'examine.

Le strabisme est une autre habitude que les bébés cultivent temporairement, toujours pour un changement de perspective. Là encore, cela ne devrait pas vous inquiéter, à moins qu'il ne soit accompagné d'autres symptômes ou que le strabisme persiste. Dans ce dernier cas, parlez-en au médecin.

BÉBÉ TIRE SUR SES CHEVEUX ET LES ROULE

«Quand mon bébé a sommeil ou qu'il est agité, il tire sur une mèche de ses cheveux.»

Jouer dans ses cheveux ou les tirer sont d'autres façons pour bébé ou un jeune enfant de relâcher les tensions ou de tenter de recréer le doux réconfort que lui procurait auparavant le sein ou le biberon, alors qu'il caressait la poitrine ou la joue de sa mère ou qu'il tirait sur une mèche de ses cheveux. Puisqu'il est plus susceptible de désirer ce genre de réconfort durant les périodes de stress, surtout lorsqu'il est surexcité ou épuisé, il y a plus de chances qu'il s'adonne à ces manies au moment où il traverse ces périodes.

Ces gestes occasionnels (tourner, tirer ou caresser une mèche de cheveux) s'accompagnent souvent du sucement de pouce. Ils sont courants et peuvent se prolonger jusqu'à l'enfance sans effet négatif. Par ailleurs, un constant et vigoureux mouvement de doigts autour d'une mèche ou le tirage des cheveux amenant une perte importante de cheveux doivent de toute évidence cesser. Les trucs suivants pourraient vous aider:

■ Prodiguez plus de réconfort et d'attention à votre enfant, surtout dans les moments de stress accrus.

■ Faites-lui couper les cheveux courts, de sorte qu'il ne puisse les empoigner facilement.

■ Donnez-lui un autre objet qu'il pourra triturer; un animal de peluche à poils longs, par exemple.

■ Intéressez-le à d'autres activités qui lui occuperont les mains.

Si tout ce que vous essayez se solde par un échec, demandez l'avis du médecin.

LES GRINCEMENTS DE DENTS

«J'entends souvent mon enfant grincer des dents lorsqu'il fait la sieste. Est-ce nuisible?»

Tout comme se frapper la tête ou la balancer, tirer sur ses cheveux ou sucer son pouce, les grincements de dents sont une manière pour bébé de se débarrasser des tensions. Pour minimiser les grincements de dents, réduisez les tensions dans la vie de bébé, lorsque cela est possible, et veillez à ce qu'il dispose de beaucoup d'autres soupapes de relâchement, comme l'exercice physique et les jouets l'invitant à bouger. Beaucoup d'amour et d'attention avant la sieste et avant de le mettre au lit pour la nuit peuvent également réduire son besoin de grincer des dents, en l'aidant à se détendre. Un bébé renonce générale-

ment à cette habitude lorsque sa capacité à surmonter les tensions s'améliore, et avant que les dents ne soient endommagées.

La tension n'est pas toujours la cause des grincements de dents. Il arrive parfois que bébé découvre cette manie par hasard, alors qu'il procède à des expériences avec ses nouvelles dents, que la sensation et le bruit qui en découlent l'amusent. Il l'ajoute alors à son répertoire croissant d'aptitudes. En peu de temps, il sera blasé et perdra tout intérêt à son petit orchestre dentaire.

Si vous vous apercevez que les grincements de dents de bébé deviennent plus fréquents et ne diminuent pas, et si vous craignez que cela puisse commencer à endommager ses dents, consultez un médecin ou un dentiste pédiatre.

BÉBÉ RETIENT SA RESPIRATION

«Récemment, mon bébé a commencé à retenir sa respiration durant ses crises de larmes. Aujourd'hui, il l'a retenue si longtemps qu'il s'est évanoui. Est-ce dangereux?»

Ce sont toujours les parents qui souffrent le plus lorsqu'un enfant retient sa respiration. Pour un adulte, le seul fait d'assister à cette épreuve suffit à le laisser tremblant pendant des heures, alors que même un bébé qui devient bleu et qui s'évanouit durant une séance d'arrêt de la respiration s'en remet rapidement et complètement: ses mécanismes respiratoires automatiques se mettent en marche et la respiration réapparaît aussitôt.

C'est habituellement la colère, la frustration ou la douleur qui poussent bébé à retenir sa respiration. Les larmes, plutôt que de cesser, deviennent de plus en plus abondantes. Bébé fait de l'hyperventilation et décide, finalement, de cesser de respirer. Lors d'attaques légères, les lèvres tournent au bleu. Dans des cas plus graves, le bébé devient bleu des pieds à la tête et perd conscience. Alors qu'il gît inconscient, son corps peut se raidir ou même faire des mouvements saccadés. La crise ne dure habituellement pas plus d'une minute, trop peu de temps pour que le cerveau ne puisse subir des dommages.

Environ un enfant sur cinq retient sa respiration à un moment ou à un autre. Certains le font seulement occasionnellement, d'autres le répètent une ou deux fois par jour. L'habitude de retenir sa respiration tend à se perpétuer dans les familles et elle est plus commune entre six mois et quatre ans, quoiqu'elle puisse parfois commencer plus tôt et se prolonger au-delà de quatre ans. On peut normalement la distinguer de l'épilepsie, à laquelle elle n'est aucunement reliée du fait qu'elle est précédée de pleurs et que le bébé devient bleu avant de perdre conscience. Dans le cas de l'épilepsie, on ne note habituellement aucun signe avant-coureur et l'enfant ne devient pas bleu, en général, avant une crise.

Un enfant qui s'est évanoui après avoir retenu sa respiration n'a besoin d'aucun traitement. Bien qu'il n'existe aucune méthode pour faire cesser cette habitude, il est possible d'empêcher certaines des sautes d'humeur qui provoquent ces tactiques:

▪ Veillez à ce que bébé prenne assez de repos. Un bébé épuisé ou hyperstimulé sera plus susceptible qu'un bébé bien reposé.

▪ Ne le prenez pas à partie pour un oui et pour un non. Il ne fait aucun doute que vous et votre conjoint représentez l'autorité dans la maison et que vous êtes plus grands et plus intelligents. Inutile donc de chercher à le prouver constamment.

▪ Essayer de calmer bébé avant qu'il ne devienne hystérique, avec de la musique, des jouets ou d'autres distractions. Ne le consolez pas avec de la nourriture, ce qui lui créerait une autre mauvaise habitude.

▪ Essayer de réduire la tension autour de bébé si cela est possible.

▪ Réagissez calmement lorsque bébé retient sa respiration. S'il s'aperçoit qu'il peut obtenir ce qu'il désire en retenant sa respiration, il répétera ce comportement fréquemment.

▪ Si les crises de bébé sont graves, qu'elles durent plus d'une minute, qu'elles n'ont aucun lien avec les pleurs ou qu'elles vous inquiètent pour n'importe quelle autre raison, parlez-en au pédiatre aussitôt que possible.

ENTRAÎNER BÉBÉ À FAIRE SES BESOINS DANS LA TOILETTE

«Ma mère ne cesse de me répéter que ma soeur et moi étions propres à 10 mois. Aujourd'hui, je vois des enfants aux couches à trois ans. Quel est l'âge idéal pour commencer à entraîner mon bébé à faire ses besoins dans la toilette?»

À entendre les histoires de nos mères, on croirait que les bébés d'il y a trente ans, tous parfaitement entraînés à faire leurs besoins dans la toilette avant leur premier anniversaire, ou du moins peu de temps après, formaient une race plus précoce que les bébés d'aujourd'hui. Ce n'étaient pas les bébés qui étaient entraînés, mais leurs mères. Il est possible de réussir à entraîner un bébé à faire ses selles dans la toilette si bébé est très régulier et fait une selle chaque matin après le déjeuner ou si bébé donne des signes évidents qu'une selle se prépare (en s'accroupissant par exemple). Il est beaucoup plus difficile de prévoir la miction, bien que de rares bébés se mettent à pleurer avant de mouiller leur couche. Toutefois, le fait d'attraper bébé de cette façon reste une bien petite victoire, étant donné que sa coopération est purement réflexive et que bébé ne comprend pas ou comprend peu ce qu'il fait et pourquoi. Cela se solde souvent par une défaite, lorsque bébé, que vous croyiez entraîné, s'entête soudain à ne plus s'approcher du petit pot ou se retient une fois installé dessus jusqu'à devenir constipé.

L'entraînement sera vraiment couronné de succès, s'accomplira beaucoup plus rapidement et demandera beaucoup moins de sacrifices de la part de bébé et des parents lorsque les signes suivants apparaîtront pour vous assurer que bébé est prêt. L'enfant devient conscient de l'élimination: il se prépare à faire une selle, il est en train de faire une selle et, finalement, il vient de faire une selle. L'enfant peut rester sec pour deux ou trois heures d'affilée. Il peut s'habiller et se déshabiller lui-même pour aller aux toilettes. Il est capable de comprendre et de suivre vos directives.

Le fait que bébé ne soit pas prêt à l'entraînement au pot ne veut pas nécessairement dire qu'il ne puisse pas se familiariser avec le protocole du petit pot dès maintenant:

Expliquez à bébé ce qu'il fait. Il est souvent très facile de comprendre que bébé est en train de faire une selle; il peut cesser ses activités, s'accroupir, grogner, forcer ou son visage peut devenir rouge ou son expression peut tout à coup devenir très sérieuse. Lorsque vous le prenez sur le fait, dites-lui ce qui se passe en utilisant le même mot ou la même phrase pour décrire ses efforts et leur résultat chaque fois («Bébé a fait une selle»). Ensuite, montrez-lui sa couche à titre d'aide visuelle lorsque vous le nettoyez.

Évidemment, il est à peu près impossible de savoir quand bébé urine, à moins qu'il n'ait les fesses à l'air. Lorsque l'occasion se présente, qu'il relâche un petit cou-

rant chaud dans la baignoire, que vous soyez en train de changer sa couche, ou qu'il se promène nu dans le parterre, prenez la peine de lui expliquer ce qui se passe. Encore une fois, utilisez le même mot chaque fois («pipi», «urine»). Lorsque vous changez une couche mouillée, expliquez-lui pourquoi elle est mouillée.

Expliquez à bébé ce que vous faites. Les enfants sont de merveilleux imitateurs et imitent tout particulièrement les personnes qu'ils regardent, comme leurs parents ou leurs frères et soeurs. Aussi, plutôt que d'interdire la toilette à bébé lorsque vous vous en servez, invitez-le à assister à une démonstration en l'accompagnant d'un commentaire sur l'action en cours. Si vous avez un enfant plus âgé qui accepte un petit spectateur (certains exigent l'intimité), incitez bébé à assister à ces séances également. Expliquez-lui que les mamans, les papas, les grands garçons et les grandes filles font leurs besoins dans la cuvette de la toilette et qu'il fera la même chose lorsqu'il sera grand. Si le bruit ne l'effraie pas et qu'il arrive à pousser la poignée de la chasse d'eau, laissez-le s'exécuter. Ensemble, regardez le contenu tourbillonner vers le bas et disparaître. S'il vous semble impatient de s'asseoir sur la toilette à son tour, achetez un petit contour qui s'installe sur le siège de la toilette ou un petit pot et laissez-le l'essayer. Toutefois, *ne le laissez pas* sans surveillance et enlevez-le du pot dès que cette position commence à l'ennuyer. Le seul fait de se sentir à l'aise sur le pot maintenant pourrait apaiser ses craintes plus tard.

Arrangez-vous pour que bébé se sente fier de ses efforts d'élimination. Une image de soi très positive importe énormément au succès de tout genre d'entraînement. Aussi, ne faites pas sentir à bébé que ce qui sort de lui vous offense («Oh! quelle terrible odeur!»), même si c'est le cas. Évitez les mimiques et les remarques désobligeantes lorsque vous nettoyez sa couche. Adoptez plutôt une attitude positive et faites des commentaires positifs.

Même si la fin de la première année, alors que bébé est curieux et encore assez flexible, est un excellent moment pour le familiariser avec le pot, ne poussez pas votre enfant à s'exécuter sur le pot à n'importe quel âge. Encouragez-le, informez-le, mais attendez qu'il soit tout à fait prêt. Il le sera probablement vers son deuxième ou son troisième anniversaire[1].

DES COURS POUR LES BÉBÉS

«Je vois tant de publicités concernant toutes sortes de cours pour les bébés que j'ai parfois l'impression de priver mon bébé si je ne l'inscris pas dans un de ces programmes.»

Vous n'avez probablement suivi aucun cours avant de vous retrouver à la maternelle, à moins que vous ne soyez l'une des rares enfants de votre génération à avoir fréquenté la garderie à trois ou quatre ans. Vous n'avez certes pas étudié les arts, la musique ou la natation avant d'apprendre à marcher et à parler. Vous ne vous êtes sans doute pas sentie brimée pour autant. Malgré l'enthousiasme des parents d'aujourd'hui à faire participer leurs enfants le plus tôt possible à toutes sortes d'activités organisées, vous ne priverez pas bébé en ne l'inscrivant pas à des cours très tôt.

En fait, non seulement les cours organisés ne sont pas absolument nécessaires aux enfants, mais ils peuvent parfois leur nuire. Pour se développer, les bébés ont surtout besoin de beaucoup d'amour et de temps pour explorer le monde par eux-mêmes et pour apprendre à le connaître à leur propre rythme, avec l'aide nécessaire de la part des adultes. Le seul fait de se voir forcé à apprendre à un moment précis, dans un espace particulier et à un rythme déterminé à l'avance, comme dans une salle de cours, peut refroidir l'enthousiasme naturel d'un enfant pour les nouvelles expériences et porter atteinte à l'image qu'il se fait de lui-même. Cela ne veut pas dire que vous devriez automatiquement refuser toutes les occasions d'activités de groupe pour bébé. Il est bon pour votre enfant de jouer près d'autres enfants ou avec d'autres enfants, de passer du temps avec d'autres adultes et d'apprendre à les connaître. Cela peut même vous être agréable de rencontrer d'autres mères, de partager avec elles vos inquiétudes et vos expériences communes et de trouver de nouvelles idées pour jouer avec bébé.

Il y a certaines façons de faire bénéficier bébé des avantages du groupe sans pour autant l'inscrire prématurément :

■ Emmenez-le à votre terrain de jeu local. Même s'il ne marche pas encore, il adorera les balançoires pour bébés, les petites glissoires et le carré de sable. Il appréciera tout particulièrement de pouvoir voir d'autres enfants.

■ Joignez un groupe de jeu ou fondez-en un. Si vous ne connaissez pas d'autres mères et des bébés du même âge que le vôtre, vous pouvez afficher des avis de recherche dans le bureau du pédiatre, à la salle paroissiale, à la caisse populaire et même au supermarché. Les groupes de jeu, qui se réunissent habituellement une fois par semaine dans une maison privée ou au terrain de jeu, sont souvent formés

1. L'une des raisons qui nous incitent à entraîner la nouvelle génération aussi tard, ce sont les couches qui se jettent. Ces miracles modernes absorbent si bien l'urine et l'éloignent de la peau des bébés si efficacement que les enfants s'aperçoivent difficilement qu'ils sont mouillés. Il n'est pas étonnant qu'ils ne soient pas plus pressés de devenir propres, contrairement aux générations précédentes d'enfants qui éprouvaient un perpétuel inconfort dans des couches constamment imbibées d'urine.

de parents ou de gardiennes qui changent fréquemment et sont l'introduction idéale aux activités de groupe.

▪ Faites participer bébé à une classe d'exercices non officielle et amicale en observant la marche à suivre de la page 267.

DES CHAUSSURES DE MARCHE

«Notre bébé vient tout juste de réussir son premier pas. De quel genre de chaussures a-t-il besoin maintenant?»

Il est préférable de ne pas faire porter de chaussures à un nouveau marcheur. Les médecins ont découvert que les pieds, comme les mains, se développent mieux nus, non couverts et non emprisonnés. Marcher les pieds nus aide à former la voûte plantaire et à renforcer les chevilles. Tout comme les mains de bébé n'ont aucun besoin de gants quand il fait chaud, ses pieds n'ont nul besoin de chaussures à l'intérieur et sur les surfaces sécuritaires à l'extérieur, par temps chaud. Même la marche sur des surfaces irrégulières, comme dans le sable, profitera à bébé, car cela oblige les muscles des pieds à travailler encore plus fort.

Néanmoins, par souci d'hygiène et de sécurité, bébé aura besoin de chaussures pour la plupart des excursions et pour les occasions spéciales. Choisissez des chaussures qui se rapprochent le plus de la sensation des pieds nus, en recherchant ce qui suit :

Des semelles flexibles. Des chaussures qui plient facilement lorsque les orteils sont retroussés seront confortables pour le mouvement naturel des pieds. Beaucoup de médecins recommandent les espadrilles pour leur flexibilité, mais d'autres persistent à dire que les premières chaussures traditionnelles sont encore plus flexibles et que les bébés risquent moins de tomber lorsqu'ils les portent. Demandez l'avis du pédiatre et testez les chaussures disponibles en magasin avant de faire votre choix.

Pas de bottines hautes. N'achetez pas des chaussures montant trop haut vers la cheville. Même si ce genre de chaussures restent mieux en place que les chaussures basses, la plupart des experts croient qu'elles entravent le mouvement des chevilles. Elles ne doivent certes pas servir à garder debout un bébé qui ne serait pas prêt à marcher.

Des matériaux poreux et flexibles. Pour rester en santé, les pieds ont besoin de respirer et de faire beaucoup d'exercices. Ils respirent mieux et profitent d'une plus grande liberté de mouvement dans des chaussures de cuir, de tissu ou de canevas. Le plastique et les imitations de cuir sont habituellement étouffants et parfois raides. Ils causent une transpiration excessive des pieds. Évitez les espadrilles entourées de larges bandes de caoutchouc, qui peuvent également accroître la transpiration. Si vous achetez des bottes de plastique ou de caoutchouc pour bébé, utilisez-les seulement lorsque cela est absolument nécessaire et enlevez-lui ses bottes aussitôt de retour dans la maison.

Des chaussures basses, antidérapantes et sans talons. Un marcheur débutant éprouve des difficultés à garder l'équilibre. Il ne doit pas, en plus, devoir se débattre avec des semelles glissantes. Des semelles synthétiques ou de caoutchouc, surtout lorsqu'elles sont striées, sont moins glissantes que le cuir, à moins que le cuir ne soit aussi rainuré ou strié. Si une paire de chaussures vous paraît tout à fait appropriée mais que sa semelle est trop glissante, frottez-la avec du papier sablé ou collez-y quelques morceaux de ruban adhésif.

Des contours fermes. Le renfort du talon de soulier devrait être ferme et non mou. Il est préférable que le contour du haut soit rembourré ou rebondi et que la doublure arrière soit douce et sans irrégularités pour ne pas irriter le talon de bébé.

Assez d'espace pour les pieds. Les chaussures sont meilleures larges qu'étroites. Évidemment, la taille adaptée au pied reste le meilleur choix. Quoique les chaussures ne peuvent procurer la même liberté que les pieds nus, des chaussures trop étroites ne procurent absolument aucune liberté. Si les souliers doivent être portés avec des bas épais, veillez à les faire essayer à bébé lorsqu'il porte ce genre de bas. Demandez qu'on mesure ses pieds et testez la grandeur des nouvelles chaussures lorsque bébé porte tout son poids sur ses pieds. Le haut de la chaussure ne doit pas rester béant lorsque bébé se tient debout, quoique ce soit correct pendant qu'il marche, et ses talons ne doivent pas glisser de haut en bas à chaque pas. Pour vérifier la largeur, essayez de pincer la chaussure à son point le plus large. Si vous réussissez à en pincer un petit morceau entre vos doigts, la largeur est parfaite; si vous pouvez attraper ainsi un bon morceau de la chaussure, elle est trop large; et si vous n'en pincez pas du tout, elle est trop étroite. Pour vérifier la longueur, exercez une pression avec votre pouce à l'extrémité de la chaussure. Si la largeur d'un pouce peut se loger entre le bout du gros orteil et celui de la chaussure (environ 1 1/2 cm [1/2 po]), la longueur est bonne. Il devrait également y avoir assez de place pour une petite pincée à l'arrière de la chaussure. Quand vous aurez acheté une paire de chaussures pour bébé, vérifiez la grandeur aux deux ou trois semaines parce que les pieds des bébés grandissent rapidement. Il arrive parfois que les chaussures ne durent que six semaines mais, le plus souvent, elles serviront à bébé environ trois mois. Lorsque la distance au bout du gros orteil

se réduit à moins de la moitié de la largeur d'un pouce, commencez à penser à acheter de nouvelles chaussures. Des marques rouges sur les orteils et les pieds d'un bébé lorsque vous lui enlevez ses chaussures sont un signe que les chaussures sont trop petites.

Des formes standards. Des styles peu communs, comme les bottes de cow-boys ou les chaussures pointues, peuvent déformer le pied pendant la croissance. Recherchez plutôt une chaussure avec un coude-pied et une cambrure larges et un talon très plat.

Nul besoin d'exiger la durabilité pour les chaussures d'enfants, puisque les pieds de ceux-ci grandissent très rapidement. À cause du prix élevé des chaussures d'enfants et de leur courte durée, la tentation de passer les chaussures d'un enfant à l'autre peut être grande, mais résistez. Les chaussures se façonnent à la forme du pied de celui ou de celle qui les porte. Le fait de porter des chaussures ayant pris la forme du pied de quelqu'un d'autre peut nuire aux petits pieds. Vous pouvez faire une exception seulement pour les souliers chics qui ont été portés peu auparavant, qui ont gardé leur forme initiale et dont les talons ne sont pas arrondis.

Une bonne chaussure ne sera jamais meilleure que les chaussettes qu'elle contient. Les bas, comme les chaussures, devraient bien s'ajuster et être faits de coton ou d'orlon permettant aux pieds de respirer. Les chaussettes trop serrées peuvent gêner la croissance des pieds; les chaussettes trop longues peuvent plisser et causer de l'irritation ou des ampoules, quoique le fait de replier vers le haut la pointe d'une chaussette trop longue avant de chausser bébé peut souvent résoudre le problème du plissage. Habituellement, les chaussettes élastiques s'ajustent bien, mais attention au moment où elles deviennent trop petites et commencent à serrer, ce qui laisse norma-lement des marques sur les pieds de bébé.

LES MORSURES

«Mon bébé a commencé à nous mordre pour s'amuser. Il nous mord sur les épau-les, sur les joues, toutes les parties dou-ces et vulnérables. Au début, nous trouvions cela mignon. À présent, nous craignons qu'il ne développe une mau-vaise habitude et puis... il nous fait mal!»

Il est tout naturel que bébé veuille éprou-ver ses nouvelles petites dents sur toutes les surfaces possibles, y compris sur vous. Il est tout aussi naturel pour vous de ne pas vous laisser mordre et de vouloir mettre fin à cette manie qui pourrait devenir une mauvaise habitude lorsque bébé aura plus de dents. Ses morsures seront plus doulou-reuses.

Au début, les morsures seront expéri-mentales et amusantes; bébé ne se doute absolument pas qu'il blesse quelqu'un. Après tout, il a souvent mordu les anneaux de dentition, sucé beaucoup de jouets et mordillé les barreaux de sa couchette sans jamais entendre la moindre plainte. Aussi, quand il a droit à une réaction humaine, l'envie lui prend souvent de continuer, de manière à provoquer plus de réactions. Il trouve l'expression de sa mère très amu-sante, lorsqu'il lui mord l'épaule. Le re-gard étonné et moqueur de son père hilare qui dit «aïe!» est très drôle pour bébé. Pour lui, ce sont des signes évidents d'appro-bation. Assez bizarrement, même un «aïe» très en colère ou une réprimande sévère peuvent renforcer l'habitude de mordre, soit parce que bébé trouve cela amusant, soit parce qu'il voit cela comme un défi pour ce nouveau sens de l'indépendance qui émerge en lui. En retour, mordre peut empirer les choses. Non seulement est-ce cruel, mais rien dans ce geste n'indique que la morsure est bonne pour maman,

pour papa, pour grand-maman ou pour quiconque. Pour la même raison, les peti-tes morsures d'amour des parents ou des grands-parents peuvent également provo-quer les morsures de bébé.

La manière la plus efficace de répondre est d'enlever bébé calmement et sans hési-tation de la partie qu'il mord en pronon-çant un ferme «on ne mord pas». Rapi-dement, attirez son attention par une chan-son, un jouet, ou d'autres distractions. Répétez ceci chaque fois qu'il mord et il finira par comprendre le message.

SOINS DES CHEVEUX

«Notre bébé est venu au monde avec une montagne de cheveux et ils sont devenus drôlement mêlés et difficiles à peigner.»

Bien des parents d'innombrables bébés chauves de neuf mois vous envieraient de ce problème. Toutefois, la manipulation d'une chevelure très fine et rebelle est dif-ficile, surtout lorsque bébé se tortille et refuse de coopérer. La situation empirera probablement avant de s'améliorer. Pour certains jeunes bébés et enfants d'âge pré-scolaire, chaque shampooing et chaque coup de peigne sera une excellente excuse pour se mettre en colère. Avant de vous résoudre à lui couper les cheveux, si vous désirez conserver ses cheveux longs, vous pouvez vous faciliter la tâche tout en gar-dant les cheveux de bébé en santé et bien peignés, en suivant ces conseils :

■ Démêlez les cheveux avant de commen-cer le shampooing pour éviter qu'ils ne soient encore plus mêlés.

■ Servez-vous d'un revitalisant pour bébé après le shampooing si bébé reste tran-quille assez longtemps pour ce double pro-cédé. Sinon, servez-vous d'un sham-pooing-revitalisant combiné ou étendez sur ses cheveux un rince-crème n'exigeant aucun rinçage. Cela rendra le démêlage des cheveux beaucoup plus facile.

- Servez-vous d'un peigne aux dents larges recouvertes de bouts de plastique adaptés au démêlage des cheveux mouillés. Un peigne aux dents fines tendra à casser les pointes et à tirer les cheveux davantage.

- Démêlez à partir de la pointe, vers le haut, en gardant une main fermement appuyée sur les racines ou en tenant la mèche de cheveux fermement pendant que vous peignez pour tirer le moins possible sur le cuir chevelu de bébé et pour éviter la douleur qui s'ensuit forcément.

- Si vous devez vous servir d'un séchoir, mettez la chaleur au plus bas, ou à la position du milieu, pour ne pas endommager les cheveux délicats de bébé et pour épargner son cuir chevelu sensible.

- N'attachez pas les cheveux de bébé et ne les tirez pas en queue de cheval ou en couettes, car ces coiffures peuvent laisser des plaques chauves ou amincir les cheveux. Si vous désirez faire une queue de cheval ou des lulus, attachez-les très lâches avec des barrettes protectrices ou avec des élastiques recouverts plutôt qu'avec des élastiques de caoutchouc réguliers ou avec des barrettes ordinaires qui peuvent tirer et endommager les cheveux.

- Coupez les pointes tous les deux mois ou faites-les couper dans un salon de coiffure spécialisé dans les coupes pour enfants pour que les cheveux poussent plus sainement, sans être cassés. Coupez la frange lorsqu'elle atteint les sourcils ou remontez les cheveux avec une barrette.

- Si bébé a une raie dans les cheveux, changez-la à chaque shampooing pour éviter que les cheveux ne s'amincissent autour de la raie.

- Planifiez le démêlage des cheveux à un moment où bébé n'est pas trop fatigué, affamé ou excité. Rendez la séance plus agréable en occupant bébé avec un jouet avant de commencer à le peigner. Amusez-le avec une poupée, un ourson de peluche ou un peigne. Installez-le devant un miroir pour qu'il puisse vous regarder vous occuper de ses cheveux. Il pourrait éventuellement apprendre à apprécier le résultat final, ce qui rendrait les séances plus tolérables.

CRAINTES

«Auparavant, mon bébé adorait me regarder passer l'aspirateur. Puis, tout à coup, cela a commencé à l'effrayer, comme tout ce qui produit un bruit très fort.»

Plus jeune, les bruits n'effrayaient pas bébé, quoiqu'ils aient pu le faire sursauter de temps en temps, parce que bébé ne percevait pas la possibilité que ces objets et ces bruits puissent présenter un danger. À présent, comme sa compréhension du monde s'accroît, il a de bonnes raisons de commencer à réaliser qu'il existe des périls et des occasions de blessures autour de lui.

Il existe un certain nombre de choses dans la vie quotidienne d'un bébé qui, bien qu'inoffensives à votre avis, peuvent lui causer une crainte insurmontable. C'est le cas des bruits, comme le grondement d'un aspirateur, l'accélération d'un mélangeur électrique, les aboiements d'un chien, le sifflement d'une sirène, le bruit de la chasse d'eau, les gargouillis de l'eau qui s'écoule de la baignoire. Le fait de passer une chemise par-dessus la tête de bébé peut l'effrayer. L'installer dans une chaise haute peut lui donner le vertige. Mettre bébé dans la baignoire peut l'épouvanter. Monter un jouet mécanique peut aussi faire peur à bébé.

Il est fort probable que toutes les expériences infantiles provoquent la crainte jusqu'à un certain point, quoique certains bébés la surmontent si rapidement que leurs parents ne s'en rendent jamais compte. Les enfants qui vivent dans un environnement actif et stimulant, surtout lorsqu'il y a d'autres frères et soeurs, expérimentent habituellement ces craintes plus tôt que les autres.

Tôt ou tard, la plupart des enfants laissent les craintes de la petite enfance derrière eux et font, parfois, preuve d'intrépidité. Pour le moment, vous pouvez aider bébé à vivre avec ses craintes en faisant ceci :

Ne le forcez pas. Non seulement vous n'aiderez pas bébé en le mettant nez à nez avec l'aspirateur, mais vous pourriez intensifier sa peur. Quoique sa phobie puisse vous sembler irrationnelle, elle est tout à fait légitime pour lui. Il doit attendre pour se confronter à sa peur quand et comme il le voudra, lorsqu'il sentira que cela est sans danger.

Ne le tournez pas en ridicule. Vous moquer des craintes de votre enfant, en les qualifiant d'insensées et en riant, ne pourrait que miner sa confiance en soi et sa capacité de les affronter. Prenez ses craintes au sérieux, parce que lui les prend au sérieux.

Acceptez et sympathisez. Acceptez les peurs réelles de bébé et réconfortez-le lorsque sa peur se manifeste. Vous allégerez ainsi sa crainte et vous l'aiderez à la surmonter. Si bébé se lamente lorsque vous branchez l'aspirateur, lorsque vous tirez la chasse d'eau ou lorsque vous activez le mélangeur électrique, prenez-le aussitôt et étreignez-le fermement pour le rassurer. Toutefois, n'exagérez pas la compassion car vous risqueriez de renforcer chez lui l'idée qu'il y a là quelque chose de vraiment effrayant.

Rassurez-le, aidez-le et renforcez sa confiance et ses aptitudes. Bien que vous devriez montrer de la compassion envers ses peurs, votre objectif ultime est de l'aider à les dépasser. Le seul moyen d'y arriver est de familiariser bébé avec les choses qu'il craint, en l'aidant à comprendre ce qu'elles font et comment elles fonctionnent, en l'aidant à accéder à une certaine forme de contrôle sur elles. Permettez-lui de toucher et même de jouer avec l'aspirateur débranché. Cette machine le fascine probablement autant qu'elle l'effraie.

Une fois qu'il sera très à l'aise en jouant avec l'engin débranché, essayez de le tenir prudemment d'une main lorsque vous passez l'aspirateur de l'autre, si cela ne le dérange pas. Montrez-lui comment démarrer la machine lui-même, en l'aidant un peu si le bouton est difficile à manoeuvrer. Si c'est la chasse d'eau qui lui fait peur, faites-le tirer la chasse d'eau lui-même. Si c'est l'écoulement de l'eau dans la baignoire qui effraie bébé, laissez-le regarder le mouvement de l'eau lorsqu'il se tient à l'extérieur de la baignoire en toute sécurité, habillé et, si besoin, dans vos bras. Si les chiens l'effraient, tentez de jouer avec un chien pendant que bébé se tient à bonne distance sur les genoux de papa. Quand, finalement, bébé accepte de s'approcher du chien, encouragez-le à dire «beau chien» si vous savez que le chien en question est gentil et qu'il ne mordra pas subitement.

CE QU'IL IMPORTE DE SAVOIR
Les débuts de la discipline

Vous avez copieusement applaudi les premières tentatives de bébé pour se mettre debout et souri fièrement lorsqu'il a cessé de ramper pour se traîner à quatre pattes. À présent, vous vous demandez s'il y avait vraiment de quoi vous réjouir. En même temps que ses nouvelles possibilités, votre enfant a acquis l'aptitude de se mettre dans des situations embarrassantes et maladroites. Si bébé n'arrête pas adroitement l'enregistrement du magnétoscope, il retire la nappe de la salle à manger et le plat de fruits placé par-dessus avec un petit air de triomphe, il déroule allègrement des rouleaux entiers de papier de toilette dans la cuvette ou vide consciencieusement le contenu des armoires, des tiroirs et des rayons de la bibliothèque sur le plancher. Auparavant, il vous suffisait de déposer bébé dans un endroit sécuritaire pour éviter qu'il ne se blesse ou qu'il ne brise quelque chose dans la maison. À présent, cela ne suffit plus.

Pour la première fois, les gestes de bébé vous indisposent plus qu'ils ne suscitent votre fierté. Pour la première fois, la question de la discipline vient de se poser dans votre foyer. C'est le bon moment. Attendre plus tard que dix mois pour introduire la discipline dans la vie d'un enfant pourrait vous rendre la tâche beaucoup plus difficile. Introduire la discipline plus tôt aurait été inutile alors que sa mémoire n'était pas suffisamment développée.

Pourquoi discipliner bébé? Premièrement, pour lui inculquer la connaissance du bien et du mal. Quoiqu'il lui faudra encore beaucoup de temps avant de comprendre ces notions, il est temps de commencer à lui faire différencier le bien du mal, en le guidant et en donnant l'exemple. Deuxièmement, il est bon de sensibiliser bébé au bien. Bébé ne s'exécutera pas bien tout de suite, mais avec le temps bébé acquerra de bonnes habitudes. Troisièmement, il importe d'enseigner à bébé le respect des droits et des sentiments des autres, de sorte que votre enfant ne devienne pas un bébé centré que sur lui-même, mais qu'il soit aussi attentif aux autres enfants, aux adultes, bref, aux êtres humains, aux animaux, à la nature et aux choses. Finalement, il importe de protéger bébé, votre foyer et votre équilibre, maintenant et durant les mois et les années à venir.

Quand vous entreprendrez un programme de discipline pour votre enfant, souvenez-vous de ceci :

■ Bien que le mot «discipline» soit associé à la structure, aux règlements et aux punitions, il vient du mot latin «enseignement».

■ Chaque enfant, chaque famille et chaque situation sont particuliers. Cependant, il existe des lois universelles de comportement qui s'appliquent à tous, en tout temps.

■ Jusqu'à ce que les tout-petits comprennent ce qui est sans danger et ce qui ne l'est pas, ou du moins quelles actions sont acceptables et lesquelles ne le sont pas, leurs parents ont la totale responsabilité de garder l'environnement sécuritaire et de sauvegarder les objets utiles ou précieux.

■ Il importe de rappeler à bébé que vous l'aimez toujours, même lorsque vous désapprouvez son comportement.

■ La discipline la plus efficace n'est ni trop rigide ni trop permissive. Une discipline stricte consistant seulement pour les parents à jouer un rôle de police plutôt que d'encourager le développement du contrôle de soi rend habituellement les enfants totalement soumis à leurs parents mais peut les rendre incontrôlables une fois qu'ils sont hors de la portée d'une autorité parentale ou d'un adulte si les parents n'ont pas bien expliqué le pourquoi des choses aux enfants. Les parents trop permissifs n'ont pas plus de chances de produire des enfants bien élevés, capables d'affronter le monde réel. Ces enfants à qui ils permettent tout, sans distinction entre le bien et le mal, deviennent souvent égoïstes, grossiers et méchants, toujours prêts à tenir tête et lents à obéir.

Ces deux extrêmes peuvent donner à un enfant une impression de manque d'amour. Les parents stricts peuvent sembler cruels et par le fait même dépourvus de sentiments d'amour. Les parents permissifs peuvent paraître insouciants. Une discipline plus enrichissante se situe quelque part entre les deux extrêmes; elle établit des limites justes et les renforce fermement, avec amour.

Ceci ne signifie pas qu'il n'y ait pas de variations normales dans les styles de discipline. Certains parents sont simplement plus décontractés et d'autres plus rigides. C'est bien, du moment que ni l'un ni l'autre ne poussent leur attitude à l'extrême.

▪ Une discipline efficace est individualisée. Si vous avez plus d'un enfant, vous aurez presque certainement remarqué les différences de personnalités dès la naissance. De telles différences affecteront votre manière de discipliner chaque enfant. L'un deux, par exemple, cessera de jouer avec une prise de courant après une douce remontrance. Un autre ne prendra pas votre réprimande au sérieux à moins de percevoir quelque dureté dans votre voix. Avec le troisième, vous pourriez être forcée de le retirer physiquement de la source du danger. Adaptez votre style à votre enfant.

▪ Les circonstances peuvent altérer la réponse d'un enfant à la discipline. Un enfant qui demande normalement une forte admonestation peut se sentir écrasé si vous le réprimandez lorsqu'il est fatigué ou accablé par une poussée de dents. Changez de vitesse, si nécessaire, pour vous adapter aux besoins immédiats de votre enfant.

▪ Les enfants ont besoin de limites. Il arrive souvent qu'ils ne puissent se contrôler ou contrôler leurs impulsions et que cette perte de contrôle les effraie. Les limites établies par les parents et renforcées avec amour procurent un ancrage réconfortant pour que les enfants se sentent en sécurité et stables alors qu'ils explorent et grandissent. Éloigner ces limites parce que l'enfant n'est «qu'un bébé» serait injuste envers votre enfant et envers les personnes dont il viole les droits. Après dix mois, bébé ne devrait pas être excusé et encouragé à tirer les cheveux d'une soeur ou d'un frère plus âgé ou à déchirer le magazine de maman avant même qu'elle n'ait pris le temps de le lire.

Les limites que vous établirez dépendront de vos priorités. Dans certains foyers, ne pas poser les pieds sur le sofa et ne jamais manger dans la salle de séjour sera la règle suprême. Dans d'autres foyers, ne pas pénétrer dans le bureau de maman ou de papa sera d'une importance capitale. Dans la plupart des familles, la courtoisie et la plus simple étiquette font partie des attentes prioritaires (dire «s'il te plaît», remercier, partager, respecter les personnes, les animaux, la nature et les choses). Établissez des règles que vous renforcerez soigneusement et limitez-en le nombre.

Apprendre à vivre avec des limites à un âge précoce peut contribuer à calmer les remous ressentis par un enfant de deux ans. Ces limites seront également nécessaires pour s'adapter à une société civilisée, à l'école, au travail et dans les loisirs.

Évidemment, il est plus facile de parler de l'établissement de limites pour les enfants que d'effectivement les renforcer. Il est parfois tentant de laisser un adorable tout-petit vous gratifier d'un sourire espiègle quand vous dites «non» ou de regretter de dire des reproches à un doux et sensible enfant qui fond en larmes dès que vous prononcez «non». Toutefois, restez ferme et souvenez-vous que c'est pour le bien de votre enfant. Il peut ne pas vous sembler crucial en ce moment d'interdire à bébé d'apporter des biscuits secs dans la salle de séjour, mais, s'il n'apprend pas à respecter quelques règles dès maintenant, il aura de la difficulté à accepter les multiples règles qu'il rencontrera plus tard. Vous pouvez vous attendre à des protestations de sa part, mais vous trouverez graduellement que votre enfant accepte de plus en plus positivement les limites imposées.

■ Un bébé qui fait quelque chose de mal n'est pas méchant. Les bébés et les jeunes enfants ne discernent pas le bien du mal. C'est pourquoi leurs folies ne peuvent pas être considérées comme méchantes. Ils apprennent à connaître leur monde par les expériences, par l'observation des causes et des effets et en testant les adultes à travers tout cela. Qu'arrive-t-il si je renverse un verre de jus? Est-ce que cela arrivera encore? Et encore? Qu'y a-t-il dans les armoires de la cuisine? Que se passera-t-il si je sors tout ce qu'elles contiennent? Quelle sera la réaction de maman?

Ne dites pas à bébé qu'il est méchant. Cela peut altérer son ego, interférer dans sa confiance en soi et dans sa réalisation de soi à la longue et l'inciter à être méchant. Critiquez plutôt les actions de bébé : «Mordre est méchant», «Ne mords pas, tu es bien trop gentil pour mordre.»

■ Il importe d'être constante. Si les chaussures sur le sofa sont défendues aujourd'hui et permises demain, et si le lavage des mains était obligatoire hier et n'a aucune importance aujourd'hui, la seule leçon qu'il en tirera est que nous vivons dans un monde de confusion où les règles ne signifient pas grand-chose. En n'étant pas constante, vous perdrez votre crédibilité.

■ Une attention suivie est cruciale. Lever les yeux de votre livre assez longtemps pour grommeler «non» à bébé qui joue avec les fils du téléviseur, mais pas assez longtemps pour vous assurer qu'il cesse ce jeu, n'est pas une discipline efficace. Si vos actions ne parlent pas au moins aussi fort que vos mots, vos admonestations perdront leur impact. Quand le premier «non» est inefficace, agissez immédiatement, surtout dans une situation aussi dangereuse. Déposez votre livre, prenez bébé et éloignez-le des fils trop attirants du téléviseur, de préférence très loin, dans une autre pièce. Changez les idées de bébé avec un de ses jouets favoris. Pour la plupart des bébés, ce qui disparaît de leur vue disparaît aussi rapidement de leur pensée, quoique quelques-uns pourraient essayer de recommencer, auquel cas vous pourriez devoir en bloquer l'accès. Les distractions, lorsqu'elles fonctionnent, permettent également à un bébé qui perçoit un «non» comme un défi à son ego de sauver la face.

■ Les bébés et les jeunes enfants ont une mémoire limitée. Vous ne pouvez pas vous attendre à ce qu'ils apprennent une leçon la première fois que vous la leur enseignez, et vous pouvez vous attendre à ce qu'ils répètent une action indésirable encore quelques fois. Soyez patiente et préparez-vous à répéter le même message : «Ne touche pas au magnétoscope.» Chaque jour, pendant des semaines, vous devrez répéter le message avant qu'il ne soit enfin assimilé ou que la fascination de l'objet en question ne s'émousse.

■ Le «jeu du non» amuse les bébés. La plupart des bébés adorent le défi du «non» parental, presque autant que celui de grimper une suite de marches ou de placer un cercle dans un tableau de formes. Alors peu importe comment bébé vous désobéit, ne laissez pas votre «non» se détériorer en jeu ou en rire. Bébé ne vous prendra pas au sérieux.

▪ De trop nombreux «non» perdent leur efficacité et sont démoralisants. Vous n'aimeriez pas vivre dans un monde dirigé par un dictateur sans pardon dont les trois mots préférés seraient «non! non! non!». Vous ne voudriez certes pas que bébé vive dans un tel monde. Limitez les «non» aux seules occasions où le bien-être de bébé ou d'une autre personne est menacé. Moins de «non» seront nécessaires si vous créez un environnement à l'épreuve des enfants (voir page 374) dans votre maison, avec de multiples occasions pour bébé d'explorer dans les meilleures conditions de sécurité.

Chaque fois que vous prononcez un «non», offrez un «oui» sous la forme d'un autre choix. «Non, tu ne peux pas jouer avec le livre de papa, mais tu peux regarder celui-ci», ou «Tu ne peux pas vider l'armoire qui contient les céréales, mais tu peux vider le tiroir des pots et des casseroles.» Plutôt que «Non, ne touche pas à ces papiers sur le bureau de maman», adressé au bébé qui a déjà vidé plusieurs objets sur le plancher, dites : «Voyons un peu si tu peux remettre ces papiers dans le tiroir de maman et le refermer comme il faut.» Cette approche pour «sauver la face» transmet le message à bébé sans lui faire sentir qu'il est méchant.

De temps en temps, lorsque les enjeux ne sont pas trop importants ou lorsque vous constatez que vous avez commis une erreur, laissez gagner bébé : une victoire occasionnelle l'aidera à surmonter les multiples échecs qu'il doit essuyer chaque jour.

▪ Les enfants ont besoin qu'on les laisse faire quelques erreurs pour en retirer certaines leçons. Si vous vous arrangez pour qu'il ne puisse en aucune façon faire d'erreurs, vous n'aurez pas à dire «non» très souvent, mais vous manquerez également de belles occasions de l'informer. Laissez une certaine marge pour les erreurs

légères afin que bébé puisse en tirer des leçons importantes. Cependant, évitez-lui les erreurs dangereuses et coûteuses, grâce à une surveillance prudente.

▪ Les corrections et les mises en garde donnent de meilleurs résultats que les punitions. Les punitions, toujours d'une valeur douteuse, sont particulièrement inutiles pour les jeunes enfants, car ils ne comprennent pas pourquoi on les punit. Bébé est trop jeune pour associer le fait d'être relégué au parc au fait d'avoir seulement vidé la salière, ou pour comprendre qu'un biberon lui est confisqué parce qu'il a mordu un enfant plus âgé. Plutôt que de punir ses méfaits, attrapez bébé dans ses bons moments. Le renforcement positif, l'approbation et les félicitations des bons comportements fonctionnent beaucoup mieux. Ils construisent, plutôt que ne détruisent, la confiance en soi et renforcent les bons comportements. Une autre approche productive, enseignant que les actions engendrent des conséquences, est de faire réparer : essuyer le lait renversé, ramasser les serviettes à vaisselle éparpillées sur le plancher, remettre les livres dans les rayons de la bibliothèque.

▪ La colère engendre la colère. Gratifiez bébé d'une colère et il est fort probable qu'il pique une colère à son tour plutôt que de répondre en se repentant. Si nécessaire, prenez le temps de vous calmer avant de lui adresser des reproches. Quittez la pièce où votre plat à bonbons a été lancé par bébé, si cela peut vous aider à tempérer vos sentiments. Quand vous aurez retrouvé votre sang-froid, expliquez à bébé que ce qu'il a fait était mal. Dites-lui pourquoi : «Ce n'était pas un jouet, c'était le plat de maman. Tu l'as cassé et maintenant maman se sent triste.» Il importe de le faire, même si l'explication semble indifférente à bébé ou si autre chose le distrait déjà.

Essayez de vous souvenir dans les moments d'extrême angoisse que votre but à long terme est d'enseigner les bons comportements à votre enfant. Crier et frapper ne lui montrera que les mauvais comportements en lui donnant des exemples négatifs des réactions appropriées lorsqu'une personne se fâche.

Ne vous inquiétez pas s'il vous semble parfois impossible de freiner votre colère. En tant qu'être humain, vous avez droit à vos faiblesses et bébé doit comprendre cela. Du moment que vos colères sont relativement rares, assez espacées et de courte durée, elles ne compromettront pas l'efficacité de votre rôle de parent. Lorsqu'elles se produisent, veillez à vous en excuser : «Je suis désolée d'avoir crié après toi, mais j'étais vraiment très furieuse.» Dites : «Je t'aime.» Non seulement vous le rassurerez, mais vous lui ferez comprendre que l'on peut parfois se mettre en colère contre des personnes aimées et que de tels sentiments sont normaux.

■ La discipline est une affaire de rire. L'humour transforme la vie et peut s'avérer un outil de discipline étonnamment efficace. Utilisez-le allègrement dans des situations qui vous mèneraient autrement à l'exaspération, par exemple, lorsque bébé refuse de se laisser enfiler un habit de neige. Plutôt que de livrer un combat infructueux accompagné de cris stridents de protestation, répondez à la colère et à la provocation avec quelques espiègleries inattendues. Suggérez l'idée, peut-être, d'enfiler l'habit de neige au chien, au chat, à la poupée ou à maman et faites semblant de vous exécuter. L'absurdité de votre proposition lui fera sans doute oublier ses objections de porter le vêtement assez longtemps pour vous permettre de le lui enfiler.

L'humour peut se prêter à maintes situations de discipline. Donnez des ordres en prétendant que vous êtes un lion, un chien, l'éléphant Babar ou le personnage préféré de votre enfant. Associez des tâches peu agréables à des chansonnettes amusantes : «Voici comment on lave ses mains, lave

ses mains, lave ses mains...» Emportez bébé à la redoutable table à langer la tête en bas. Amusez-vous à faire des grimaces avec bébé dans le miroir, plutôt que de le réprimander. «Ne pleure pas, ne pleure pas.» Le fait de vous prendre moins souvent au sérieux mutuellement ajoutera du soleil dans vos journées, surtout à l'approche de la tumultueuse deuxième année. Gardez toutefois votre sérieux lorsqu'une situation dangereuse entre en jeu.

■ Les accidents requièrent un traitement différent de celui que vous réservez aux mauvaises actions intentionnelles. Souvenez-vous que chaque personne est sujette aux erreurs et que les bébés, à cause de leur immaturité émotive, physique et intellectuelle, sont sujets à un plus grand nombre d'erreurs. Quand bébé renverse un verre de lait alors qu'il tente d'attraper une tranche de pain, l'erreur est excusable : «Oups!, le lait s'est renversé. Essaie d'être plus prudent, bébé.» Toutefois, si bébé renverse le verre de lait intentionnellement, dites : «Il faut boire le lait, non pas le renverser, ce qui fait des dégâts et gaspille le lait. Regarde, maintenant, il n'en reste plus.» Dans tous les cas, il peut être utile de donner à bébé une serviette de papier pour aider au nettoyage, de remplir dorénavant sa tasse d'une petite quantité de liquide et de vous assurer que bébé a beaucoup d'occasions de poursuivre ses expériences de faire couler des liquides dans la baignoire ou dans d'autres endroits acceptables.

■ Les parents doivent être les adultes dans une famille. Si vous désirez que votre enfant agisse de façon responsable, il vous faudra d'abord agir ainsi vous-même. Vous avez promis à bébé une randonnée au terrain de jeu et vous optez plutôt pour l'écoute d'une de vos émissions de télévision. Une mère qui agit en adulte respecterait sa promesse de toute façon. Si vous souhaitez que votre enfant admette ses erreurs sans difficulté, vous devrez don-

«TAPER OU NE PAS TAPER»

Quoique la fessée se transmette de génération en génération dans beaucoup de familles, la plupart des experts s'accordent pour dire que cette méthode n'est pas, et n'a jamais été, une manière efficace de discipliner un enfant. Les enfants tapés peuvent s'abstenir de répéter un méfait plutôt que de risquer une autre fessée, mais ils n'obéissent qu'aussi longtemps que le risque existe. Il arrive souvent qu'ils n'aiment pas ou ne respectent pas les personnes qui les tapent et il arrive aussi fréquemment qu'ils n'apprennent pas à différencier le bien du mal (seulement ce qui leur vaut la fessée et ce qui ne leur vaut pas la fessée), un des premiers objectifs de la discipline.

La fessée comporte également plusieurs aspects négatifs. Tout d'abord, cela enseigne la violence. Ceux qui battent enfants et femmes ont presque toujours eux-mêmes été victimes de violence, et beaucoup d'enfants qui battent d'autres enfants et auxquels on demande : «Où as-tu appris cela?» répondront : «De ma mère et de mon père.» Ensuite, la fessée enseigne aux enfants que la meilleure façon de régler les disputes est par la force. Cela les prive de la chance de connaître d'autres choix, moins blessants, pour se débarrasser de la rage et des frustrations. Cette méthode représente également un abus de pouvoir de la part d'une partie très grande et très forte contre une partie très petite et très faible. Cela peut mener à des blessures

graves pour les enfants, souvent non intentionnelles, dans un moment de colère. Taper une fois la colère retombée, bien que cela soit moins dangereux physiquement, semble encore plus discutable que de se laisser emporter par la rage du moment. Cela est certainement plus cruellement calculé et encore moins efficace pour corriger les comportements.

S'il n'est pas conseillé que les parents donnent la fessée, elle est encore plus à déconseiller aux autres personnes. Un enfant se sent habituellement sécurisé à l'idée que la fessée vient d'un parent qui se soucie de lui. Il n'existe généralement pas de tel sentiment avec d'autres personnes. Les gardiennes et les autres personnes qui s'occupent de votre enfant devraient être averties de ne pas taper votre enfant et de ne pas le punir. Vous vous occuperez d'expliquer à votre enfant ce qu'il a fait de bien et de mal.

La plupart des experts et des parents s'accordent pour dire qu'une forte tape dans la main ou sur les fesses est justifiable dans une situation de danger, pour faire comprendre un message important à un enfant trop jeune pour comprendre avec des mots. Par exemple, lorsqu'un jeune enfant s'échappe dans la rue ou s'approche d'une cuisinière brûlante et qu'une réprimande ferme ne suffit pas. Cependant, une fois que l'enfant a compris la leçon, la force physique n'est absolument plus justifiable.

---

ner l'exemple. Vous avez fait pleurer bébé à cause du lait renversé et vous apprenez plus tard que papa était responsable des dégâts. Une mère «adulte» s'excuserait et éviterait de sauter aux conclusions la pro-

chaine fois. Si vous vous surprenez souvent à descendre au niveau de bébé, répondant à la mauvaise humeur de bébé par la mauvaise humeur, ou en exigeant que les choses soient faites à votre façon, peut-être le temps est-il venu de réévaluer votre propre comportement.

• Les enfants méritent le respect. Plutôt que de traiter bébé comme un objet, comme une possession ou même juste comme un bébé, traitez-le avec tout le respect que vous accorderiez à toute autre personne. Soyez polie, dites «s'il te plaît», «merci» et «excuse-moi». Prenez la peine de lui expliquer pourquoi vous lui interdisez quelque chose, même si vous ne croyez pas qu'il comprendra. Soyez compréhensive et sympathique à ses voeux et à ses sentiments même si vous ne pouvez pas lui permettre de les combler. Évitez de gêner bébé en le réprimandant devant des étrangers et écoutez ce qu'il a à vous dire. À ce stade préverbal, gémir et pointer du doigt sont les principaux modes de communication. Écouter est un défi et continuera à l'être jusqu'à ce que la parole devienne clair et que le langage soit bien développé vers quatre ou cinq ans. Toutefois, il importe d'en faire l'effort. Souvenez-vous qu'il est tout aussi frustrant pour bébé d'être incompris.

• Il devrait y avoir une juste répartition des droits entre les parents et l'enfant. Des parents inexpérimentés peuvent facilement se tromper à cet égard, allant d'un extrême à l'autre. Certains abrogent tous leurs droits en faveur de leur enfant, planifient leur vie en se basant sur l'horaire de bébé, ne sortent jamais et oublient l'importance de l'amitié avec les adultes. D'autres vivent leur vie tout comme si leur statut de couple sans enfant restait inchangé, inattentifs aux besoins de leur enfant : ils traînent un bébé épuisé dans les surprises parties, laissent tomber le bain de bébé en faveur d'un match de hockey et manquent leur rendez-vous chez le pédiatre pour se rendre à une grande vente dans leur magasin préféré. Certains parents abusent de leur pouvoir, qui est énorme comparé à celui de l'enfant; d'autres ne se servent pas du leur du tout. Ils ont tous deux besoin de trouver l'équilibre.

• Personne n'est parfait et on ne devrait jamais s'attendre à ce que quelqu'un le soit. Évitez de fixer des buts inaccessibles à bébé. Les enfants ont besoin de toutes les années de l'enfance pour se développer jusqu'à pouvoir se comporter comme des adultes. Ils ont besoin de savoir que vous n'espérez pas d'eux la perfection. Faites l'éloge d'une réussite spécifique plutôt que de vous extasier sur la nature de votre enfant en général : «Tu as très bien agi aujourd'hui» plutôt que «Tu es le meilleur bébé du monde.» Puisque personne ne peut être bon tout le temps, des louanges d'une telle prodigalité sur une base régulière peuvent effrayer un enfant qui ne se sentirait pas constamment à la hauteur de vos espoirs.

Vous ne devez pas non plus vous attendre à être parfaits vous-mêmes. Les parents qui ne perdent jamais contenance, ne crient jamais et n'éprouvent jamais le moindre désir de taper un jeune enfant difficile n'existent pas. Même le père parfait d'une vieille série télévisée n'a pas toujours raison. Laisser sortir la vapeur pour améliorer l'air de temps en temps est une meilleure attitude que de garder la rage et la frustration sous cape. La rage ainsi contenue finit toujours par exploser de manière inappropriée, souvent hors de proportions, comparée à l'injustice qui vient de se produire.

Cependant, si vous vous apercevez que vous perdez trop souvent contenance devant bébé, essayez d'en déterminer la cause sous-jacente. Cela vous fâche-t-il d'endosser la responsabilité de toutes les tâches reliées aux soins de bébé? Si vous êtes vraiment fâchée contre vous-même ou contre quelqu'un d'autre, succombez-vous à la tentation de vous défouler sur bébé, petit être sans défense? Auriez-vous établi trop peu de limites ou procuré à bébé trop d'occasions de courir après les problèmes? Si oui, essayez de remédier à la situation.

- Les enfants ont besoin de savoir qu'ils contrôlent leur vie d'une certaine façon. Pour une bonne santé mentale, chacun a besoin de sentir qu'il peut décider de temps en temps, même bébé. Ce ne sera pas toujours possible pour bébé d'agir à son gré, mais quand l'occasion se présente, permettez-le-lui. Donnez à bébé une chance de choisir entre le biscuit sec ou le morceau de pain, la balançoire ou la glissoire, la bavette avec l'éléphant ou celle avec le clown.

CHAPITRE 14

Le onzième mois

CE QUE BÉBÉ POURRAIT FAIRE

D'ici la fin de ce mois, bébé devrait pouvoir (voir note)

- se mettre en position assise alors qu'il était couché sur le ventre;
- ramasser des objets minuscules avec n'importe quelle partie du pouce et des doigts (vers 10 1/2 mois);
- comprendre le mot «non» (sans toujours y obéir).

Note : Si vous remarquez que bébé n'a pas encore réussi l'un ou l'autre de ces exploits, consultez un médecin. Il arrive (rarement, faut-il dire) qu'un délai de ce genre indique un problème. Le plus souvent cependant, bébé sera tout à fait normal. Généralement, les prématurés réussissent les mêmes exploits plus tard que les autres enfants de leur âge, c'est-à-dire qu'ils y arrivent au moment où ils auraient atteint cet âge, s'ils étaient nés à terme, et parfois plus tard.

pourra probablement

- jouer à tape-tape (taper des mains) ou faire au revoir de la main;
- marcher avec appui en se tenant aux meubles.

pourrait même

- ramasser un objet minuscule sans difficulté entre le pouce et l'index;
- se tenir debout seul pendant quelques instants;
- dire «maman» et «papa» avec discernement;
- dire un autre mot que «maman» ou «papa».

pourrait peut-être même

- se tenir debout seul sans difficulté;
- exprimer ce qu'il veut autrement qu'en pleurant;

- «jouer au ballon» (faire rouler le ballon jusqu'à vous);
- se servir d'un jargon immature (babillage semblable à une langue étrangère);
- boire à la tasse sans aide;

- dire trois mots ou plus, autres que «maman» et «papa»;
- répondre à un ordre simple sans gestes;
- marcher correctement.

CE QUE L'EXAMEN MÉDICAL VOUS RÉSERVE CE MOIS-CI

La plupart des médecins ne vous fixeront pas de rendez-vous de routine ce mois-ci. N'hésitez pas à téléphoner au pédiatre de votre enfant si vous éprouvez quelque inquiétude qui ne peut attendre à la prochaine visite.

L'ALIMENTATION DE BÉBÉ CE MOIS-CI
Le sevrage du sein

Comme la tâche de sevrer bébé vous paraît aussi énorme que tous les défis auxquels vous avez dû faire face jusqu'ici concernant les soins à donner à un tout-petit, cela pourrait vous réconforter de savoir que vous avez fort probablement déjà entamé le processus. La première fois que vous avez offert une gorgée à bébé dans une tasse, une tétée dans un biberon ou une petite bouchée avec une cuillère, vous avez fait un pas vers le sevrage.

Fondamentalement, le processus du sevrage comprend deux phases :

Phase un : Habituer bébé à prendre son lait ou sa préparation lactée d'une autre source que le sein. Puisqu'il peut être assez long avant qu'un enfant nourri au sein ne s'habitue à boire à la tasse ou au biberon (pour quelques-uns, il faudra un temps considérable avant même d'accepter d'en faire l'essai), il est préférable d'introduire ces nouvelles méthodes bien avant de désirer procéder au sevrage complet[1].

Si vous n'introduisez pas le biberon ou la tasse assez tôt, le sevrage pourrait se faire plus lentement et avec plus de difficultés. Dans certains cas, il pourrait même s'avérer nécessaire de ne nourrir bébé qu'une fois affamé, temporairement, en sautant une tétée quotidiennement pendant trois ou quatre jours et en lui offrant seulement le biberon. Bien qu'un bébé entêté

---

1. Si vous décidez de sevrer *pour* le biberon, souvenez-vous que vous devrez sevrer bébé du biberon vers son premier anniversaire ou peu de temps après, de manière à éviter les problèmes de carie dentaire causés par les boires exagérés (voir page 325).

ÉVITEZ L'INCONFORT

Le sevrage graduel devrait fort probablement éviter tout sérieux inconfort. Occasionnellement, surtout si bébé est encore très jeune au moment du sevrage et que, jusqu'à ce jour, il a été exclusivement nourri au sein, vous pourriez souffrir d'engorgement. Si c'est le cas, extrayez un tout petit peu de lait pour vous soulager; en extraire trop pourrait stimuler votre production de lait. Le sevrage graduel diminuera également l'impact émotionnel sur vous sans toutefois l'éliminer entièrement. Le sevrage, tout comme les règles, la grossesse, l'accouchement et la période de postpartum, est un temps de dérèglement hormonal amenant souvent une légère dépression, de l'irritabilité et des sautes d'humeur. La sensation de tristesse qui naît de la perte d'une relation spéciale entre vous et bébé exagère souvent ces sentiments, surtout si vous ne projetez pas de mettre d'autres enfants au monde. Chez quelques femmes, le post-sevrage peut s'aggraver et exiger une aide professionnelle immédiate. (Voir Tome II pour découvrir les signes de détresse.)

Quelques semaines après le sevrage, votre poitrine sera probablement totalement vide de lait. Ne vous étonnez pas si vous pouvez encore extraire de petites quantités de lait pendant des mois, voire une année ou plus : c'est tout à fait normal. Il est tout aussi normal que les seins prennent un certain temps pour reprendre leur taille initiale : ils resteront souvent plus gros ou plus petits et seront généralement moins fermes, ceci étant dû tant à des facteurs héréditaires et à la grossesse qu'à l'allaitement en soi.

Si le sevrage doit s'accomplir subitement, surtout au cours des premiers mois, alors que la production de lait est la plus copieuse, la mère peut éprouver un inconfort considérable. Il peut en résulter un engorgement extrême accompagné de fièvre et de symptômes semblables à ceux de la grippe, et les risques d'infections et d'autres complications sont plus grands que lors d'un sevrage graduel. Des compresses chaudes et des douches chaudes avec de l'aspirine aideront à vous soulager de la douleur de l'engorgement, et le fait de boire moins de liquides pendant un certain temps pourrait aider à diminuer votre production lactée. Extraire assez de lait pour soulager l'engorgement, mais pas assez pour stimuler une nouvelle production, peut également aider. Consultez un médecin si les symptômes ne diminuent pas après 24 heures.

Le sevrage subit peut également s'avérer très angoissant pour bébé. Si vous devez sevrer sans préparation, veillez à donner à bébé une attention accrue, beaucoup d'amour et d'étreintes et tentez de minimiser les autres stress dans sa vie. Si vous devez vous éloigner de la maison, voyez à ce que papa, grand-maman, un autre parent ou une gardienne aimante lui prodigue les mêmes attentions.

puisse refuser le substitut au début, bébé se résignera éventuellement à abandonner le sein.

Servez-vous de lait maternel déjà extrait, de préparation commerciale ou d'eau pour le faire pratiquer au biberon ou à la tasse avant l'âge de six mois. Après cela, la plupart des médecins vous permettront d'offrir de petites quantités de lait de vache ou des jus de fruits dilués avec de l'eau. Étant donné que bébé acceptera probablement mieux ces repas de la main de papa que de celle de maman, c'est le moment rêvé pour papa d'acquérir la bonne habitude de nourrir bébé.

Phase deux : Diminuer graduellement le nombre de tétées. Contrairement aux fumeurs voulant cesser de fumer la cigarette ou aux fanatiques de chocolat voulant cesser de manger du chocolat, arrêter brutalement de donner le sein n'est pas la meilleure façon pour qu'un bébé cesse de se nourrir au sein. Pour le bébé, c'est un trop grand traumatisme, physiquement et émotionnellement. Pour la mère, les écoulements, les engorgements, l'obstruction des canaux lactifères et les infections risquent plus de se produire si l'allaitement cesse subitement. Aussi, à moins que la maladie ou tout autre événement ne rende le sevrage radical absolument nécessaire, sevrez graduellement, en commençant au moins quelques semaines avant la date fixée pour le sevrage complet. Retardez complètement le processus dans le cas de changement majeur ou mineur dans la vie de bébé, comme lorsqu'une nouvelle gardienne prend la relève, que maman retourne sur le marché du travail ou que la famille déménage dans une nouvelle maison.

L'approche la plus courante du sevrage consiste à laisser tomber les boires un à la fois, en attendant au moins quelques jours ou de préférence une semaine, pour que votre poitrine et bébé s'ajustent à cette perte avant de leur en imposer une autre. La plupart des mères trouvent plus facile d'omettre d'abord le boire qui semble intéresser le moins bébé et auquel il prend le moins de lait ou celui interférant le moins dans leur journée. Dans le cas d'une mère sans emploi, ce sera souvent le boire de la mi-journée. Avec les bébés de moins de six mois, dont l'alimentation dépend presque totalement du lait, chaque tétée au sein que vous laisserez tomber devrait être remplacée par un biberon de préparation commerciale. Avec les bébés plus âgés, une

collation ou un repas peut remplacer la tétée au sein, selon les besoins.

Si vous aviez l'habitude d'allaiter bébé à la demande et que la demande était plutôt irrégulière, vous devrez probablement agir plus strictement, en instituant un horaire assez régulier et un nombre réduit de boires, avant de penser sérieusement au sevrage.

Peu importe l'horaire de la mère, les boires du petit matin et de fin de soirée, qui procurent plus de réconfort et de plaisir à maman et à son bébé, disparaîtront habituellement en dernier. Certaines femmes, en fait, continuent de donner l'un ou les deux boires à bébé presque totalement sevré, pendant des semaines ou des mois, juste pour le plaisir d'allaiter au sein. Cette option n'est pas possible pour chacune. Certaines femmes s'aperçoivent que leur production de lait s'épuise rapidement, une fois qu'elles ont coupé plusieurs boires.

Pour certaines femmes, surtout celles qui restent à la maison à temps plein, le sevrage fonctionnera très bien en coupant tous les boires d'un seul coup plutôt que de les couper un à un. Pour commencer, on offre 60 ml (1 oz) de lait à bébé au biberon ou à la tasse, avant chaque tétée au sein. Graduellement, pendant quelques semaines, la quantité de lait sera augmentée dans le biberon ou la tasse, alors que le temps passé à boire au sein diminuera à chaque boire. Éventuellement, bébé prendra des quantités adéquates de lait de vache ou de préparation lactée, et le sevrage sera accompli.

Il arrive que la maladie, une poussée de dents douloureuse ou un changement désorientant de lieux ou de routine (comme durant les vacances) entraîne un certain recul et que bébé demande à boire au sein plus souvent. Soyez compréhensive et ne vous inquiétez pas, cela ne sera que temporaire. Une fois que la vie de bébé sera revenue à la normale, vous pourrez recommencer à sevrer bébé.

Souvenez-vous que l'allaitement n'est qu'un partie de votre relation avec bébé. Cesser d'allaiter n'affaiblira pas vos liens et l'amour que vous partagez. En fait, certaines femmes trouvent leurs relations plus agréables, parce qu'elles passent moins de temps à allaiter et plus de temps à communiquer activement avec bébé.

Bébé pourrait trouver d'autres sources de réconfort, comme le sucement de pouce ou une couverture préférée, lorsque vous lui enlèverez le sein. Cela est tout à fait normal et sain. Il pourrait également exiger plus d'attention de votre part; soyez généreuse. Une attention accrue procure aux enfants la sécurité dont ils ont besoin pour devenir indépendants plus tard[2].

Ne craignez pas que bébé se chagrine pour le sein après le sevrage. Cela n'arrivera pas. Les bébés semblent munis d'un mécanisme de survie intégré, grâce auquel même ceux qui ont une excellente mémoire, paraissent oublier rapidement l'expérience de l'allaitement ou, du moins, cessent de la désirer.

---

2. Si vous prévoyez sevrer bébé après un an et si vous désirez obtenir plus d'informations sur l'allaitement maternel, voyez *l'Art de l'allaitement maternel*, publié par la Ligue La Leche.

CE QUI POURRAIT VOUS INQUIÉTER

LES JAMBES ARQUÉES

«Mon bébé vient tout juste de commencer à marcher et ses jambes sont terriblement arquées.»

Presque tous les enfants ont les jambes arquées durant les deux premières années de leur vie. Les genoux ne se touchent pas lorsqu'ils se tiennent debout les jambes rapprochées. Comme ils passent plus de temps à marcher, leurs jambes deviennent cagneuses, leurs genoux se touchent, alors que leurs chevilles s'éloignent l'une de l'autre. Les genoux et les chevilles ne s'aligneront pas avant l'adolescence, tout comme les jambes, qui apparaîtront alors normalement formées. Nul besoin de chaussures spéciales ou d'appareils orthopédiques (barres, attaches ou autres appareils), qui n'aideraient pas, dans ce cas, à la progression normale des membres.

Il arrive parfois qu'un médecin décèle une réelle anomalie des jambes chez un enfant. Il se peut qu'une seule jambe soit arquée, qu'un seul genou tourne vers l'intérieur, que bébé ait les jambes cagneuses (bien que les jambes d'un bébé très gras puissent seulement sembler cagneuses) ou qu'une courbe normale devienne progressivement plus prononcée une fois que bébé commence à marcher. Dans de tels cas, ou s'il y a des antécédents de jambes arquées ou cagneuses dans la famille, une évaluation plus poussée pourrait s'avérer nécessaire, soit par le pédiatre de bébé, soit par un orthopédiste. Selon chaque cas individuel, le médecin recommandera ou non un traitement (voir page 185). Heureusement, le rachistisme, autrefois la cause la plus commune des jambes arquées en permanence, est plutôt peu répandu dans notre pays à l'époque actuelle, grâce à l'ajout de la vitamine D dans les préparations commerciales, dans le lait de vache et dans tous les produits laitiers, et grâce aux suppléments de vitamines D que reçoivent les bébés nourris au sein.

PROBLÈMES DE PRONONCIATION

«Notre bébé dit plusieurs mots, mais seulement mon mari et moi les comprenons. Il semble éprouver de la difficulté avec de nombreuses consonnes, prononce «b» pour «f» et «d» pour «t», et ainsi de suite. Aura-t-il besoin d'une thérapie?»

Il est beaucoup trop tôt pour penser à faire suivre une thérapie à bébé. Après tout, la langue française compte 20 consonnes qui, seules ou combinées, représentent au moins 23 sons différents. Ce ne sera habituellement pas avant la troisième ou la quatrième année, parfois beaucoup plus tard, qu'un enfant apprendra à prononcer toutes les consonnes sans aucune hésitation. Beaucoup d'enfants éprouvent encore de la difficulté avec certaines combinaisons, même à l'âge de six et sept ans. Les mots à plusieurs syllabes sont particulièrement difficiles à apprendre au début. Quoique certains enfants de deux ans s'expriment assez clairement pour que des adultes autres que leurs parents les comprennent, plusieurs n'y arrivent pas avant l'âge de quatre ou cinq ans.

Il n'est pas rare que des étrangers soient totalement déroutés par le parler d'un jeune enfant, alors que les parents habitués au modèle de langage de bébé arrivent, quant à eux, à le décoder facilement. Il faut du temps et une fréquentation assidue des jeunes enfants pour arriver à les comprendre, tout comme cela peut prendre du temps et de la pratique pour arriver à comprendre une langue étrangère.

Cessez de corriger votre enfant lorsqu'il prononce «berre» à la place de «verre», ou «tlé» à la place de «clé». Ne le privez pas de petites gâteries parce qu'il prononce mal, refusant de lui donner son biberon s'il demande «bibon» ou le privant d'un verre de jus s'il demande du «zus». Il hésiterait à essayer de nouveaux mots et même à répéter les anciens, si vous utilisiez cette

approche. Ne répétez pas ses mots en écho et ne vous en servez pas lorsque vous vous adressez à lui : «Papa bientôt venir.» Ne laissez pas voir que vous trouvez sa prononciation charmante, même si c'est le cas. S'il croit que sa prononciation vous charme, il s'en servira beaucoup plus longtemps qu'il ne le ferait sans ce genre d'encouragement.

Vous pouvez cependant accepter et applaudir ses efforts, tout en lui enseignant la bonne prononciation, par exemple. Lorsqu'il pointe du doigt l'appareil radio en disant «adio», répondez par un «très bien, c'est la *r*adio». S'il demande des «bana» dans ses céréales, dites «Oh! tu veux des bana*nes* dans tes céréales. Voici des bana*nes*.» Il n'arrivera peut-être pas à prononcer «bananes» avant des mois, ou même avant un ou deux ans, mais il appréciera le fait que vous acceptiez sa manière de le prononcer présentement, et il recevra le message subtil que sa prononciation n'est pas encore parfaite. Bien sûr, même si vous serez fière lorsqu'il prononcera enfin les mots «biberon», «radio», «banane», «lumière» et «poupée» aussi clairement que vous, vous regretterez sans aucun doute un peu la disparition de son adorable langage de bébé.

LA NUDITÉ DES PARENTS

«Je me déshabille parfois devant mon bébé, mais j'ai un peu peur que le fait de me voir nue ne soit préjudiciable à son développement d'une certaine façon.»

Il faudra encore beaucoup de temps avant que vous ne soyez obligée de vous retirer derrière des portes closes pour vous habiller et vous déshabiller. Les experts s'accordent pour dire qu'avant les premières années scolaires, la nudité des parents ne perturbe aucunement les enfants. Cependant, au-delà de trois ou quatre ans, le consensus se transforme. Certains croient qu'il peut s'avérer moins sain pour les enfants de voir leur parent du sexe opposé complètement nu. Il ne fait aucun doute qu'un enfant de moins d'un an est trop jeune pour être stimulé à la vue de sa mère nue (à moins qu'il ne soit nourri au sein), et qu'il est trop jeune pour se souvenir, des années plus tard, de ce qu'il a vu à ce moment-là. En fait, il risque de remarquer aussi peu la nudité de sa mère que sa plus jolie robe, et les ignorera sans doute totalement.

Si, toutefois, bébé devenait curieux à propos de ce qu'il voit, et s'il désire toucher les poils de votre pubis ou tirer sur vos mamelons, sentez-vous tout à fait à l'aise de mettre fin à ces explorations, si elles vous dérangent. Ayez l'air dégagée et ne réagissez pas outre mesure. Son intérêt pour les parties génitales de votre corps ne diffère aucunement de son intérêt pour les autres parties, comme votre nez ou vos oreilles. Une réponse comme «c'est à maman» aidera bébé à commencer à comprendre le concept d'intimité du corps et à cacher ses parties intimes plus tard, sans qu'il ne se sente coupable.

LES CHUTES

«J'ai sans cesse l'impression de vivre à la limite du désastre depuis que mon bébé a commencé à marcher et à grimper. Il bute sur ses propres pieds, se frappe la tête sur les coins de table, renverse les chaises...»

Beaucoup de parents redoutent qu'eux-mêmes ou bébé ne survivent à cet âge. Lèvres fendues, yeux au beurre noir, bosses, bleus, éraflures, contusions et d'innombrables avertissements pour prévenir bébé du danger. Les coeurs des parents cessent de battre et les nerfs sont crispés.

Malgré tout cela, les bébés continuent leur petit chemin, avides de nouvelles expériences. Ce qui est une excellente chose, car ils n'apprendraient jamais à se déplacer par eux-mêmes autrement et, en fait, n'apprendraient rien du tout. Bien qu'un vieil adage affirme qu'il suffit de sept chutes pour réussir enfin à monter un cheval, il en faut beaucoup plus pour apprendre à marcher et à grimper, alors que sept chutes ou plus peuvent se produire dans l'espace d'une demi-journée. Certains enfants apprennent la prudence assez rapidement; après avoir renversé une fois la table à café, ils s'abstiennent pendant quelques jours, pour recommencer ensuite beaucoup plus prudemment. D'autres semblent ne jamais devoir apprendre la prudence, ne jamais connaître la peur, ne jamais ressentir la douleur; cinq minutes après leur dixième culbute, ils sont prêts pour la onzième.

Apprendre à marcher dépend des essais et des erreurs ou, plus spécifiquement, des pas et des chutes. Vous ne pouvez et ne devriez même pas essayer d'interférer dans ce processus. Votre rôle, autre que celui du spectateur nerveux et fier, consiste à faire tout votre possible pour que bébé, s'il tombe, tombe en toute sécurité. Si faire une chute sur le tapis de la salle de séjour peut blesser son ego, débouler l'escalier peut le blesser sérieusement. Se frapper sur les coins arrondis du sofa peut provoquer quelques larmes, mais une collision avec le coin pointu d'une table de verre pourrait le blesser. Pour diminuer les risques d'accidents graves, veillez à ce que votre demeure soit sécuritaire pour bébé (voir page 374). Même si vous avez écarté les dangers les plus évidents du chemin de votre jeune enfant, souvenez-vous que la mesure de prudence la plus importante dans votre maison, c'est vous ou toute personne prenant soin de votre enfant. Alors que votre petit a besoin de beaucoup de liberté pour explorer le monde qui l'entoure, cela ne devrait être permis que sous la surveillance *constante* d'un adulte.

Les accidents peuvent toutefois se produire, même dans la demeure la plus sécuritaire. Préparez-vous à toute éventualité en sachant exactement quoi faire en cas d'accident. Prenez un cours de réanimation pour les bébés et apprenez les règles de premiers soins (voir Tome II).

La réaction des parents donne souvent le ton à la réponse d'un bébé après une mésaventure. Si chaque chute attire un ou deux adultes à sa rescousse qui s'exclament : «As-tu du mal? As-tu du mal?» entre des frissons et des hoquets de peur, il est fort probable que votre petit soldat tombé au combat réagisse aussi excessivement que ceux qui l'entourent, laissant couler autant de larmes alors qu'il n'a aucun mal que s'il était réellement blessé, et risque de devenir vite exagérément prudent ou de perdre son sens de l'aventure, peut-être même au point d'hésiter à passer les barrières d'un développement physique normal. Si, d'un autre côté, les adultes réagissent calmement «Oups, tu es tombé. Viens. Tu peux te relever», alors l'enfant deviendra probablement un vrai petit aventurier, ne s'attardant pas à ses petites chutes et se remettant aussitôt sur pieds sans même perdre le rythme.

BÉBÉ NE SE TIENT PAS ENCORE DEBOUT

«Il y a déjà un bon bout de temps que mon bébé essaie de se mettre debout, mais il n'y arrive pas. J'ai peur qu'il ne se développe pas normalement.»

Pour les bébés, la vie ressemble à une suite interminable de défis physiques, émotifs et intellectuels. Les aptitudes que les adultes tiennent pour acquises, telles que se retourner, s'asseoir, se tenir debout, sont pour les bébés de grosses barrières à esca-

lader au prix de grands efforts. Aussitôt qu'un défi a été relevé, un autre apparaît à l'horizon.

En ce qui concerne la capacité de se tenir debout, certains bébés l'acquerront dès cinq mois, alors que d'autres n'y parviendront pas avant d'avoir dépassé leur premier anniversaire. La majorité y accéderont quelque part entre les deux extrêmes du développement. Le poids de bébé peut avoir un impact sur le moment où il se tiendra debout pour la première fois. Un bébé plus lourd doit transporter plus de bagages avec lui qu'un bébé plus léger et, par conséquent, il devra fournir des efforts plus considérables. D'un autre côté, un bébé fort et possédant une bonne coordination peut réussir à se tenir debout très tôt, peu importe son poids. Le bébé confiné à la poussette, au porte-bébé ou au parc à tout moment de la journée ne pourra pas s'entraîner à se mettre debout. Celui qui est entouré de meubles fragiles et peu stables, menaçant de s'effondrer chaque fois qu'il s'y appuie, n'y arrivera pas non plus. Les chaussettes ou chaussures glissantes peuvent également entraver ses efforts pour se mettre debout et causer des chutes venant freiner son enthousiasme pour cet exercice. Les pieds nus, les chaussettes ou les pantoufles avec semelles antidérapantes donnent à bébé un pied plus solide pour se tenir debout. Vous pouvez encourager bébé à essayer de se mettre debout en laissant son jouet favori là où il devra se tenir sur ses jambes pour l'attraper. Aidez-le aussi fréquemment à se mettre debout sur vos genoux, pour que ses muscles se forment et qu'il acquière une confiance en soi.

Neuf mois est l'âge moyen pour la réussite de cet exploit. La plupart des enfants, certes pas tous, l'auront réalisé à douze mois. Évidemment, vous devriez consulter le médecin si votre enfant n'a pas réussi à se mettre debout après son premier anniversaire, au cas où un problème physique en serait la cause. Pour le moment, il ne vous reste plus qu'à vous asseoir et à attendre qu'il se tienne debout, lorsqu'il en aura décidé ainsi. Les enfants acquièrent de la confiance en eux lorsqu'on leur permet de progresser à leur propre rythme, après avoir découvert leur capacité. N'essayez pas de forcer un enfant à se tenir debout ou à marcher avant qu'il ne soit prêt, car il pourrait régresser au lieu de progresser.

LE CHOLESTÉROL DANS L'ALIMENTATION DE BÉBÉ

«Mon mari et moi sommes très prudents en ce qui concerne le cholestérol dans notre alimentation, mais lorsque nous avons demandé au pédiatre si nous devions commencer à donner du lait écrémé à notre bébé, il a répondu non. Est-ce que cela signifie que nous ne devons aucunement nous inquiéter du cholestérol dans son alimentation?»

Durant la première année de sa vie et probablement aussi durant la deuxième année, un enfant occupe une position enviable, du moins du point de vue des parents qui s'ennuient de leur omelette et de leur steak quotidiens. Le gras et le cholestérol, en plus de ne pas représenter de danger pour la santé des bébés, sont apparemmment essentiels à une croissance normale et au développement du cerveau et de tout le système nerveux. De plus, le lait écrémé ou faible en matières grasses est inapproprié aux enfants parce que son rapport élevé de protéines et de gras et son fort contenu de sodium font forcer les petits reins. La plupart des médecins recommandent une préparation commerciale ou le lait maternel jusqu'à au moins six mois à un an et recommandent le lait entier après le sevrage. Certains croient qu'il est bien de donner du lait à 2 p. cent à quinze mois et du lait écrémé à dix-huit mois. D'autres recommandent de vous en tenir au lait entier jusqu'à deux ans.

Le manque de preuves scientifiques rend la tâche difficile de préciser quelle quantité de gras serait trop ou trop peu pendant l'enfance. La modération est probablement encore une fois la décision la plus sensée[3].

Bien qu'il ne soit peut-être pas nécessaire, ou même judicieux, de limiter la consommation de gras et de cholestérol de bébé, il importe de vous assurer que les habitudes alimentaires qu'il développe maintenant établiront les fondements d'une bonne alimentation. Aux États-Unis, des études démontrent que les enfants d'âge préscolaire commencent déjà à développer des plaques d'artériosclérose dans leurs artères, ce qui conduit aux maladies du coeur à l'âge adulte, et que dès l'âge de quatre ans, l'enfant américain moyen présente un taux de cholestérol sanguin aussi élevé que celui d'un adulte et beaucoup plus élevé que celui des enfants dans les pays où les maladies du coeur sont rares. Ces statistiques impressionnantes, de mauvais augure pour l'avenir coronarien des Américains, sont en grande partie dues à l'alimentation typique du pays. Commencée dès la chaise haute, cette alimentation contient de très grandes quantités de gras saturés et de cholestérol tout en étant pauvre en fibres. En plus des maladies cardiovasculaires, cela a mené à plusieurs types de cancer, incluant les cancers du sein, du côlon et du rectum.

Alors, tout en continuant à inclure le lait entier dans l'alimentation de bébé pendant

---

3. En limitant le gras et le cholestérol que consomment les enfants présentant une tendance héréditaire à produire un excès de cholestérol, on peut apparemment réussir à diminuer les taux de cholestérol, sans que cela n'affecte la croissance et le développement. Si ces tendances sont présentes dans votre famille, et surtout s'il y a également des antécédents de crises cardiaques précoces, de thrombose cérébrale ou d'autres maladies vasculaires, demandez au pédiatre de bébé de lui faire passer dès que possible des tests pour établir son taux de cholestérol sanguin.

POUR LUI ASSURER UN COEUR EN SANTÉ

Il n'est jamais trop tôt pour commencer à réduire les risques futurs de crise cardiaque dans la vie de votre enfant. Les conseils suivants vous aideront en ce sens :

■ Dès la fin de la deuxième année, offrez à bébé une alimentation faible en gras saturés et en cholestérol, mais introduisez des habitudes alimentaires prudentes plus tôt. Si vous avez des antécédents familiaux d'hypercholestérolémie, faites vérifier le cholestérol de votre enfant par le médecin.

■ Offrez-lui une alimentation contenant peu de sel dès la petite enfance.

■ Offrez-lui une alimentation riche en acides gras omega-3, que vous retrouvez en grande quantité dans les poissons gras (saumon et maquereau, par exemple). Ne vous servez pas des capsules d'huile de poisson omega-3, car leur sécurité et leur efficacité n'ont pas encore été prouvées.

■ Surveillez le poids de votre enfant et agissez dès qu'il augmente plus rapidement qu'il ne grandit (voir page 265).

Un bébé obèse peut devenir un enfant obèse, qui deviendra presque certainement un adulte obèse.

■ Ne fumez pas et ne permettez pas que l'on fume chez vous. Les parents fumeurs risquent plus d'avoir des enfants fumeurs que ceux qui ne fument pas. Informez votre enfant, dès la petite enfance, sur les dangers et les inconvénients du tabac, et vous courrez de bonnes chances que votre enfant ne fume jamais.

■ Renseignez votre enfant sur la valeur et le plaisir de l'exercice et des activités physiques; ne soyez pas sédentaires vous-mêmes et ne lui permettez pas de le devenir.

■ Si la pression sanguine de votre enfant est haute ou près de la limite, suivez les instructions du médecin dans le but de la contrôler.

■ Gardez sa consommation de sucre à son plus bas niveau. Le sucre augmente les besoins en chrome et peut augmenter les risques de développer le diabète, un facteur de risque de crises cardiaques.

quelque temps encore, et sans avoir à limiter rigoureusement les oeufs ou le fromage ferme, vous devriez prendre les précautions nécessaires pour réduire son risque futur de maladies prématurées ou de mort, en lui inculquant de prudentes habitudes alimentaires dès maintenant.

Bannissez le beurre. Si bébé s'habitue au pain, aux crêpes, aux légumes, aux poissons et aux autres aliments sans beurre dès maintenant, il n'aura pas à avoir à se défaire de cette habitude plus tard. Quand il sera plus âgé, s'il désire étendre du

beurre sur son pain ou faire sauter ses brocolis dans le beurre, une petite quantité saura certes le satisfaire.

Laissez tomber les fritures. Les aliments frits ne sont pas bons pour les adultes, même pas pour les enfants. Servez ou commandez des pommes de terre au four plutôt que des frites, faites bouillir le poulet plutôt que de le faire frire, mettez le poisson au four ou cuisez-le à la poêle en vous servant d'un enduit antiadhésif.

Choisissez vos fromages judicieusement. Riches en protéines et en calcium, les fromages fermes, comme le suisse, le gouda, le mozzarella et le cheddar, seraient les meilleurs aliments d'un repas équilibré s'ils n'avaient pas un taux élevé de gras saturés et de cholestérol, même trop élevé pour les bébés ayant une alimentation à teneur moyenne en cholestérol. Donc, recherchez les fromages faibles en gras comme le mozzarella partiellement écrémé, l'emmenthal ou d'autres fromages de lait écrémé ne contenant pas plus de 5 à 7 g de gras par 30 g (1 oz) et servez-en modérément, étant donné que l'on ne peut même pas les considérer comme étant faibles en gras.

Puisque le contenu élevé en sodium dans la plupart des fromages n'est pas meilleur pour bébé aujourd'hui qu'il ne le sera plus tard, pour sa santé cardiaque, choisissez des fromages à teneur relativement faible en sodium, par exemple, ceux ne contenant pas plus de 35 mg par once.

Si les enfants développent un goût pour les fromages faibles en gras et en sodium lorsqu'ils sont très jeunes, il se pourrait qu'ils les préfèrent aux variétés riches en gras et en sel lorsqu'ils seront plus âgés.

Dégraissez les autres produits laitiers. Bien qu'il ne soit pas encore temps d'initier bébé au lait écrémé, vous pouvez commencer à l'habituer aux fromages à la crème, aux yogourts et aux fromages cottages faibles en gras dès la fin de la première année en prenant pour acquis que bébé reçoit des quantités adéquates de lait entier et de fromages fermes et quelques oeufs. Choisissez des variétés de fromages à teneur réduite en sel ou sans sel. Parce que les produits laitiers contiennent de grandes quantités de sucre et de gras, vous devriez éviter d'offrir à bébé les crèmes glacées et autres desserts congelés vendus dans le commerce, incluant les desserts au tofou, qui contiennent peu d'éléments nutritifs et beaucoup de sucre. Pour préparer des desserts nutritifs, voir Tome II.

Soyez capricieuse avec les protéines. Les protéines prises en quantité suffisante sont importantes pour toute la famille, mais il est judicieux de sélectionner les sources de protéines contenant peu de gras et de cholestérol, comme les poissons, les volailles sans la peau, les pois, les haricots secs et le tofou. Si bébé apprend à apprécier le poisson et le poulet maintenant, il risque moins de repousser «tout ce qui n'est pas hamburger» plus tard. Ne servez pas de viandes rouges plus de trois fois par semaine, et n'achetez alors que des coupes maigres et retirez le gras soigneusement. Vous pouvez éviter tout à fait les viandes maigres, à condition de vous assurer que l'alimentation de bébé lui procure tout le fer dont il a besoin.

Remplissez votre menu de fibres. Si le gras augmente le taux de cholestérol sanguin et les risques de crises cardiaques, certains types de fibres, comme la pectine et le son d'avoine, les diminuent. Veillez à ce que l'alimentation de bébé lui offre fréquemment des fruits riches en pectine, comme les pommes et l'avoine, sous n'importe quelle forme.

Privilégiez le poisson. Comme les fibres, le poisson semble posséder la propriété de diminuer le taux de cholestérol dans le sang, probablement grâce aux huiles omega-3 qu'il contient. Introduisez très tôt une grande variété de poissons frais dans l'alimentation de bébé, la plupart offrant une saveur douce et agréable et une texture facile à mastiquer, contenant peu de gras et de sodium. Toutefois, vérifiez très soigneusement pour vous assurer qu'il ne reste aucune arête.

Lisez les étiquettes. Presque tout le gras et tout le cholestérol compris dans l'alimentation des adultes et des enfants sont cachés dans les aliments préparés. Étonnamment, les gâteaux et les pâtisseries sont l'une des sources majeures de gras dans l'alimentation, dépassant même le beurre et la margarine. Pour éviter le gras caché, lisez les étiquettes soigneusement et n'achetez pas de produits où les mots «graisse» ou «huile» apparaissent en début de liste. Plus ces mots apparaissent loin dans la liste des ingrédients, moins le produit contient de gras, et moins il sera nuisible à la santé de votre famille. Recherchez plutôt les produits préparés sans gras ou préparés avec vos graisses ou huiles préférées.

Cuisinez sans gras. Lorsque vous cuisinez, vous pouvez réduire la quantité de gras demandée dans la plupart des recettes, sans les altérer outre mesure. En vous servant de casseroles et de poêles antiadhésives ou d'enduits spéciaux, vous pourrez réduire considérablement la quantité de gras utilisée pour faire revenir ou frire la nourriture. Pour la cuisson au four, réduisez les quantités de gras en les remplaçant par des quantités équivalentes de liquide.

Séparez le blanc du jaune et vainquez le cholestérol. Le plus gros des 280 mg de cholestérol contenus dans les oeufs se concentre dans le jaune. Servez-vous des blancs d'oeufs pour remplacer tous ou quelques-uns des oeufs d'une recette (deux blancs pour un oeuf entier) lorsque vous cuisinez. En général, les enfants et les adultes ne devraient pas manger plus de trois jaunes d'oeufs par semaine; et ceux dont le taux de cholestérol est élevé doivent en manger moins. Bébé peut encore manger un oeuf par jour maintenant, mais commencez à réduire le nombre de jaunes que vous lui donnez à partir de dix-huit mois. Souvenez-vous, les oeufs utilisés pour faire les repas doivent être pris en compte.

Traversez les lieux de restauration rapide à toute vitesse. La plupart des aliments prêts à manger ne sont pas seulement très riches en gras et en cholestérol, mais aussi en sel. Ils sont également dépourvus de plusieurs éléments nutritifs.

Aussi, n'emmenez pas trop souvent votre famille dans ce genre de restaurant à service rapide, et quand vous y serez, choisissez les aliments contenant le moins de gras (pizza, poisson cuit au four, poulet grillé, pommes de terre au four, légumes du bar à salade sans sauce à salade). Quoique les hamburgers à la maison soient acceptables pour bébé, la variété prête-à-manger contient habituellement trop de sodium et de gras, et le petit pain à la farine blanche est dépourvu de toute qualité nutritive.

À deux ans, bébé peut se joindre à la famille pour une alimentation dont 50 à 55 p. cent des calories sont fournies par les hydrates de carbone (pains et céréales à grains entiers, légumineuses comme les fèves et les pois secs, légumes, fruits); 15 à 20 p. cent des calories sont fournies par les protéines (poissons, volailles, viandes, produits laitiers, légumineuses, tofou), et seulement 30 p. cent des calories sont fournies par des matières grasses (pas plus de 10 p. cent de gras saturés et 10 p. cent sous forme d'huiles polyinsaturées ou d'huile d'olive)[4]. La consommation quotidienne totale de cholestérol, trouvé en grandes quantités dans les produits animaux, comme le beurre, le lait entier, les fromages, les viandes et surtout les oeufs, ne devrait pas dépasser 100 mg par 1 000 calories consommées jusqu'à un maximum de 250 à 300 mg par jour. Considérez qu'un gros oeuf contient approximativement 280 mg de cholestérol; un petit carré

4. Il s'agit de la quantité recommandée pour les personnes en santé présentant un faible risque de crise cardiaque. Ne réduisez *pas* la consommation de gras de votre enfant sous ce niveau, sans un avis médical. Les matières grasses, particulièrement celles (comme le lait maternel, l'huile de carthame, les huiles de maïs et de soya) contenant de l'acide linoléique, un acide gras essentiel, sont absolument nécessaires à une alimentation équilibrée. Une alimentation extrêmement pauvre en gras sera, par le fait même, déficiente en certains éléments nutritifs essentiels.

GRAS : LE BON, LE MEILLEUR ET LE PIRE

Les matières grasses que vous choisissez lorsque vous cuisinez auront un impact majeur sur la santé de chacun. Autant que possible, choisissez-les dans la bonne liste.

LE BON	LE MEILLEUR	LE PIRE
La margarine avec un rapport de gras polyinsaturés et saturés de 2 pour 1 ou mieux L'huile d'arachide L'huile de coton (un peu riche en gras saturés)	L'huile d'avocat L'huile d'olive L'huile de colza L'huile de carthame L'huile de tournesol L'huile de maïs L'huile de soya Autres huiles riches en polyinsaturés	L'huile de palme et d'amandes L'huile de coco Le beurre de coco Matière grasse végétale hydrogénée Gras de poulet ou d'autres volailles Suif (gras de boeuf) Lard (porc) Beurre* Gras partiellement hydrogénés

* Si votre famille préfère le goût du beurre sur ses tartines, vous ne risquez pas d'augmenter considérablement votre consommation de cholestérol en le servant en petites quantités, pas plus qu'un cuillère à thé par jour (5 ml) par personne.

de beurre, 10 mg; une tasse de lait entier, 33 mg; un morceau de 30 mg de fromage cheddar, 30 mg; un hamburger de 95 mg, 76 mg; et qu'un bébé de deux ans a besoin d'environ 1 000 à 1 300 calories par jour tandis qu'un adulte a besoin d'environ 1 800 à 2 400 calories par jour.

POUSSÉES DE CROISSANCE

«La pédiatre vient de me dire que mon bébé est passé du 90e au 50e percentile en grandeur. Elle dit de ne pas m'inquiéter, mais j'ai peur que bébé ne présente des problèmes de développement.»

Lorsqu'un médecin établit le progrès de développement d'un enfant, il s'intéresse à plus que la simple courbe du tableau de croissance. Le poids et la grandeur augmentent-ils à peu près également? Bébé traverse-t-il les étapes du développement (s'asseoir, se tenir debout, etc.) à peu près au bon moment? Est-il actif et réveillé? A-t-il l'air heureux? Entretient-il une bonne relation avec sa mère? Ses cheveux et sa peau paraissent-ils en santé? Il semble bien que le médecin de bébé trouve qu'il se développe normalement, et vous devriez vous fier à son avis.

La raison la plus courante expliquant une telle poussée de croissance à ce stade-ci est qu'un bébé venu au monde plus large que long commence à se rapprocher de la taille génétique à laquelle il est prédestiné. Si vous et votre mari n'êtes pas très grands, vous ne devriez pas vous attendre à ce que votre enfant reste dans le 90e percentile, car il y a de bonnes chances pour que cela ne se produise pas. La taille, toutefois, ne se transmet pas à travers un seul gène. Aussi, un enfant dont le père mesure 1 m 83 (6 pi) et la mère 1 m 53 (5 pi) risque peu d'atteindre l'âge adulte en mesurant exactement la grandeur de l'un ou de l'autre de ses parents. Il cessera fort probablement de grandir quelque part entre ces deux marques. Cependant, en moyenne, chaque génération est un peu plus grande que la précédente.

Il peut aussi arriver qu'une erreur se soit glissée en mesurant bébé, à la visite précédente ou à la présente. Habituellement, on mesure les bébés lorsqu'ils sont étendus, et les résultats peuvent facilement s'avérer inexacts, avec un bébé qui bouge énormément. Dès que l'on commence à mesurer un enfant debout, il peut donner l'impression de perdre 2 ou 3 cm (1 po environ) en hauteur, parce que ses os se nivèlent légèrement dans cette position.

Évidemment, vous devez veiller à ce que bébé soit nourri convenablement et continue de l'être à mesure qu'il vieillit. Informez le médecin de toutes vos inquiétudes concernant la santé de bébé. Ensuite, gardez les statistiques de routine dans un dossier médical permanent et oubliez-les. Comme vous le réaliserez bien assez tôt, les enfants grandissent trop vite de toute façon.

CE QU'IL IMPORTE DE SAVOIR
Aider bébé à parler

Bébé vient de loin, maman. Nouveau-né, sa seule forme de communication était les pleurs et il ne comprenait rien d'autre que ses propres besoins primaires; à six mois, il commençait à articuler des sons, à comprendre des mots et à exprimer sa colère, sa frustration et son bonheur; à huit mois, il était capable de transmettre des messages grâce à des sons et à des gestes primitifs; et à présent, à onze mois, il a déjà prononcé (ou prononcera bientôt) ses premiers vrais mots. Malgré tous ces accomplissements, des progrès renversants restent encore à venir. Dans les prochains mois, la compréhension de bébé s'améliorera à un rythme remarquable; vers l'âge d'un an et demi, vous noterez un progrès considérable du langage expressif.

Voici comment aider le développement langagier de bébé :

Nommez, nommez, nommez. Tout, dans le monde de bébé, porte un nom : utilisez-le. Nommez tous les objets dans l'environnement de votre enfant (baignoire, toilette, évier, cuisinière, couchette, parc, lampe, chaise, sofa et ainsi de suite); jouez à «yeux-nez-bouche» (prenez les mains de bébé et touchez vos yeux, votre nez et votre bouche, donnant un baiser à la main au dernier arrêt), et nommez les autres parties du corps en les pointant du doigt; faites la même chose avec les oiseaux, les chiens, les arbres, les feuilles, les fleurs, les voitures, les camions, les avions, alors que vous vous promenez à l'extérieur. N'oubliez pas les gens : montrez-lui, en les nommant, les mamans, les papas, les bébés, les dames, les hommes, les filles, les garçons. N'oubliez pas bébé : servez-vous souvent de son nom pour développer son sens de l'identité.

Écoutez, écoutez, écoutez. Il importe tout autant de laisser bébé vous parler que de lui parler vous-même. Même si vous n'avez pas encore réussi à identifier des mots réels, écoutez son babillage et répondez : «Oh! c'est très intéressant», ou «Vraiment?» Quand vous posez une question, attendez la réponse, même si ce n'est qu'un sourire, un langage corporel exprimant l'excitation ou un babillage indéchiffrable. Faites un effort de volonté pour comprendre des mots à travers ce verbiage incohérent. Beaucoup de premiers mots sont tellement déformés que les parents ne les remarquent même pas. Essayer d'associer les mots méconnaissables aux objets qu'ils pourraient représenter. Il se peut qu'ils ne diront rien à votre oreille et, pourtant, si l'enfant se sert du même mot pour le même objet constamment, cela compte. Quand vous éprouvez de la difficulté à interpréter ce que bébé vous demande, pointez du doigt les objets possibles : «Veux-tu la balle? le biberon? le casse-tête?», en lui donnant une chance de vous dire si vous avez bien deviné. Vous ressentirez tous deux de la frustration, jusqu'à ce que ses demandes vous deviennent plus facilement intelligibles. Toutefois, le fait de continuer d'essayer d'interpréter ses paroles accélérera le développement de son langage, tout en procurant à bébé la satisfaction de se sentir compris d'une certaine façon.

Concentrez-vous sur les notions. Beaucoup de ces choses que vous prenez pour acquises, bébé devra les apprendre. Voici seulement quelques notions que vous pouvez aider bébé à développer; vous penserez sans doute à beaucoup d'autres notions.

■ *Chaud et froid :* laissez bébé toucher à l'extérieur de votre tasse de café, puis à un cube de glace; à de l'eau froide, puis à de l'eau chaude; à du gruau chaud, puis à du gruau froid.

■ *En haut et en bas :* levez bébé haut dans les airs, puis descendez-le très près du sol;

placez un bloc en haut de l'armoire et faites-le tomber sur le plancher; installez bébé sur la bascule et donnez-lui un mouvement de haut en bas.

■ *Dedans et dehors :* mettez des blocs dans une boîte et videz la boîte; répétez la même chose avec d'autres objets.

■ *Vide et plein :* remplissez un contenant avec de l'eau du bain et videz-le; remplissez un seau de sable et videz-le.

■ *Debout et assis :* en tenant les mains de bébé, mettez-vous debout tous les deux et assoyez-vous tous les deux; faites la ronde.

■ *Mouillé et sec :* comparez une débarbouillette mouillée à une débarbouillette sèche.

■ *Gros et petit :* placez une petite balle à côté d'un gros ballon; montrez-lui la «grande maman» et le «petit bébé» dans le miroir.

Expliquez la cause et l'effet de l'environnement. «Le soleil brille et donne de la lumière.» «Le réfrigérateur garde la nourriture froide pour qu'elle reste fraîche et goûte bon.» «Maman se sert d'une petite brosse pour te brosser les dents, d'une brosse moyenne pour brosser tes cheveux et d'une grosse brosse pour frotter le plancher.» «Pousse le commutateur vers le haut et la pièce s'éclaire, pousse-le vers le bas et tout redevient noir.» «Si tu déchires le livre, nous ne pourrons plus jamais le lire.» Une connaissance et une compréhension plus grandes de son environnement, tout comme une sensibilité aux autres personnes et à leurs sentiments et besoins, représentent un progrès beaucoup plus important dans la maîtrise éventuelle du langage et de la lecture de bébé que d'apprendre à répéter des quantités de mots sans signification.

Prenez conscience des couleurs. Commencez à identifier les couleurs lorsque l'occasion s'y prête. «Regarde, le ballon est rouge comme ton chandail.» «Ce camion est vert et ta poussette est verte.» «Regarde les jolies fleurs jaunes.»

Utilisez deux niveaux de langage. Servez-vous de phrases adultes et traduisez-les pour bébé : «Maintenant, nous allons nous promener, toi et moi.» «Maman et Mimi vont se promener.» «Oh! tu as terminé ta collation. Bébé a tout mangé.» Parler deux fois plus aidera bébé à comprendre deux fois plus.

Parlez comme une grande personne. En utilisant un langage de grande personne simplifié, plutôt qu'un langage de bébé, vous aiderez bébé à apprendre à parler correctement plus vite : «Didier veut un biberon d'eau?» est préférable à «Bébé lolo?» Toutefois, des formes comme «dodo» et «chien-chien» sont correctes pour s'adresser à de jeunes enfants, parce qu'elles sont naturellement plus attrayantes.

Introduisez les pronoms. Quoiqu'il soit fort probable que bébé n'utilise pas les pronoms correctement avant un an ou plus, c'est le bon moment de commencer à le familiariser avec ces mots en les utilisant avec les noms. «*Maman* va donner un petit déjeuner à *Joël*. *Je* vais *te* donner ton petit déjeuner.» «Ce livre appartient à *maman*, c'est le *mien*; ce livre appartient à *Nina*, c'est le tien.» La dernière phrase enseigne également le concept de la propriété.

Arrangez-vous pour que bébé réponde. Servez-vous de tous les trucs possibles pour forcer bébé à répliquer, que ce soit par des mots ou par des gestes. Présentez-lui des choix : «Veux-tu du pain ou des biscuits secs?» «Veux-tu porter ton pyjama avec l'imprimé de la souris Miquette ou celui avec des avions?» Donnez-lui la chance de pointer du doigt ou de vous indiquer vocalement ce qu'il préfère et de nommer la chose une autre fois. Posez des questions. «Es-tu fatigué?» «Veux-tu une collation?» «Aimerais-tu aller sur la balançoire?» Un mouvement de tête précédera probablement un oui ou un non verbal et il s'agit d'une réponse tout à fait acceptable. Demandez à bébé de vous aider à retrouver les objets même s'ils ne sont pas vraiment égarés. «Où est la balle?» «Peux-tu trouver Câlinours?» Donnez-lui tout le temps nécessaire pour retrouver l'objet en question et récompensez-le avec une étreinte et des bravos. Un simple regard dans la bonne direction devrait compter : «Oui, c'est Câlinours!»

Ne forcez pas les choses. Encouragez bébé à parler en disant : «Dis à maman ce que tu veux» lorsqu'il se sert de moyens de communication non verbaux (pointer du doigt, grogner) pour exprimer un besoin. Si bébé grogne ou pointe encore du doigt, offrez-lui un choix : «Veux-tu le ballon ou le camion?» Si vous recevez encore une réponse non verbale, nommez l'objet vous-même : «Oh! tu veux le ballon» et donnez-le-lui. Ne retenez *jamais* un objet ou un jouet parce que votre enfant ne peut pas le demander en le nommant ou parce qu'il prononce le mot incorrectement. Essayer toutefois d'élucider le nom de l'objet en question la prochaine fois, de la même manière patiente et non insistante.

Donnez des consignes simples. À cet âge, la plupart des bébés peuvent suivre des ordres simples. Aussi, demandez-lui une seule chose à la fois. Plutôt que de dire : «S'il te plaît, ramasse la cuillère et donne-la-moi», dites : «S'il te plaît, ramasse la cuillère»; une fois que bébé s'est exécuté, ajoutez : «Maintenant, s'il te plaît, donne la cuillère à maman.» Vous pouvez également aider bébé à savourer un succès précoce, en lui demandant d'accomplir des choses qu'il est en mesure d'accomplir. Par exemple, si bébé essaie d'attraper un biscuit sec, dites : «Prends le biscuit.» Ces techniques aideront à développer sa compréhension, qui doit absolument précéder le langage.

Corrigez-le prudemment. Il arrive rarement qu'un jeune enfant réussisse à prononcer un seul mot correctement et encore moins avec la précision d'un adulte. Plusieurs consonnes dépasseront la capacité de bébé pendant les quelques années à venir ou même plus. Les terminaisons risquent d'être omises pour au moins autant de mois («pu ju pom» pourrait signifier «plus de jus de pommes» et «veux escend», «je veux descendre». Quand bébé prononce mal un mot, ne le corrigez pas brusquement. Trop de critiques pourraient inciter bébé à cesser de faire des efforts. Utilisez plutôt une approche subtile pour protéger le tendre ego de bébé. Lorsque bébé regarde le ciel en disant «une, toi», répliquez : «Oui. C'est la lune et les étoiles». Bien que les difficultés de prononciation de bébé soient adorables, vous ne réussiriez qu'à le confondre en les répétant : bébé sait très bien comment les mots doivent se prononcer.

Élargissez votre répertoire de lecture. Les rimes sont encore les préférées de bébé, tout comme les livres d'images représentant des animaux, des véhicules, des jouets et des enfants. Quelques enfants sont prêts à entendre des histoires très simples, quoique la plupart n'accepteront pas de s'asseoir bien tranquilles pour écouter des histoires avant plusieurs mois. À cet âge, même ceux qui sont prêts n'arrivent habituellement pas à rester attentifs à la lecture d'un livre pendant plus de trois ou quatre minutes, car leur capacité d'attention demeure très restreinte. Les enfants tolèrent mieux la lecture s'ils y participent activement. Cessez de commenter les images («Regarde, ce chat porte un chapeau»). Demandez-lui de pointer des objets familiers. Il pourra les nommer plus tard. Nommez les objets qu'il n'a jamais vus ou dont il ne se souvient pas. Éventuellement, certains enfants réussiront à prononcer les derniers mots des rimes ou des phrases de leurs livres favoris.

Pensez chiffres. Les calculs sont encore bien loin de bébé, mais il comprend déjà le concept de un et de plusieurs. Des commentaires comme : «Tiens, tu peux prendre un biscuit» ou «Regarde combien il y a d'oiseaux sur la branche» lui apprendront doucement quelques concepts mathématiques de base. Comptez ou récitez : «Un, deux, trois, mon cheval de bois» alors que vous montez les marches avec bébé, surtout lorsqu'il peut escalader les marches soutenu de vos deux mains. Chantez des rimes avec des chiffres en les accompagnant de gestes appropriés. Intégrez le calcul à la vie de bébé. Lorsque vous faites vos «redressements assis», comptez-les de un à dix. Lorsque vous ajoutez de la farine à la pâte des biscuits, comptez les tasses une par une en les versant. Si vous ajoutez des bananes aux céréales de bébé, comptez le nombre de tranches.

CHAPITRE 15

Le douzième mois

CE QUE BÉBÉ POURRAIT FAIRE

D'ici la fin de ce mois, bébé devrait pouvoir (voir note)

■ marcher en se tenant aux meubles (vers 12 2/3 mois).

Note : Si vous remarquez que bébé n'a pas encore réussi cet exploit, consultez un médecin. Il arrive (rarement, faut-il dire) qu'un délai de ce genre indique un problème. Le plus souvent cependant, bébé sera tout à fait normal. Généralement, les prématurés réussissent les mêmes exploits plus tard que les autres enfants de leur âge, c'est-à-dire qu'ils y arrivent au moment où ils auraient atteint cet âge, s'ils étaient nés à terme, et parfois plus tard.

pourra probablement

■ jouer à tape-tape (taper des mains) ou faire au revoir de la main (la plupart des enfants accomplissent ces exploits vers 13 mois);

■ boire à la tasse de manière autonome (plusieurs n'y arrivent pas avant 16 1/2 mois);

■ ramasser un objet minuscule délicatement entre le pouce et l'index (certains le feront vers 12 1/4 mois; plusieurs bébés n'y arrivent pas avant 15 mois);

■ se tenir debout pendant quelques instants (plusieurs n'y arrivent pas avant 13 mois);

■ dire «papa» et «maman» avec discernement (la plupart diront au moins l'un de ces deux mots vers 14 mois);

■ dire un autre mot que «maman» ou «papa» (plusieurs ne prononceront pas leur premier mot avant 14 mois ou plus tard).

pourrait même

■ exprimer ses désirs autrement qu'en pleurant (plusieurs n'atteindront pas ce stade avant 14 mois);

- «jouer au ballon» (le faire rouler jusqu'à vous; plusieurs n'y arriveront pas avant 16 mois);
- tenir debout seul sans difficulté (plusieurs n'y arriveront pas avant 14 mois);
- émettre un jargon immature (babillage semblable à une langue étrangère; la moitié des bébés ne commencent pas à babiller avant leur premier anniversaire, et plusieurs y arrivent vers 15 mois);
- marcher sans difficulté (3 bébés sur 4 ne marchent pas avant 13 1/2 mois, et plusieurs marchent beaucoup plus tard; ceux qui excellent à quatre pattes peuvent tarder à marcher; quant bébé se développe

normalement, la marche tardive ne devrait pas vous causer d'inquiétude);

=====

pourrait peut-être même

- dire trois mots autres que «maman» et «papa» (une bonne moitié des bébés y arriveront vers 13 mois, et plusieurs diront quelques mots à 16 mois);
- réagir à un ordre simple sans geste à l'appui; la plupart des enfants n'atteindront pas ce stade avant leur premier anniversaire, d'autres, vers 16 mois).

=====

CE QUE L'EXAMEN MÉDICAL VOUS RÉSERVE CE MOIS-CI

Chaque médecin ou infirmière a sa façon propre de procéder à l'examen de routine de bébé. De plus, les besoins particuliers de chaque enfant peuvent influencer le déroulement de l'examen ainsi que le nombre et le genre de contrôles effectués. Voici tout de même le genre d'examen auquel vous pouvez vous attendre si bébé est âgé d'environ douze mois :

- Série de questions pour savoir comment se portent bébé et le reste de la famille; comment bébé mange, dort et quels progrès il a faits. Si vous travaillez à l'extérieur, des questions à propos du genre de soins que reçoit bébé peuvent être utiles (gardienne à domicile, garderie, etc.).

- Prise des mensurations; poids, taille, circonférence de la tête et progrès depuis la naissance.

- Examen physique, incluant une réévaluation des problèmes précédents. Maintenant que bébé peut se tenir debout, les

pieds et les jambes seront examinés alors qu'il se tient avec appui et sans appui, et pendant qu'il marche, s'il y a lieu.

- Un test d'hémoglobine ou d'hématocrite pour déceler l'anémie se fera habituellement par une petite piqûre au bout du doigt, s'il n'a pas déjà été fait.

- Vérification du développement. L'examinateur pourrait décider de faire passer une série de tests à bébé, pour évaluer sa capacité de s'asseoir, de se mettre debout et de marcher avec appui ou sans appui, de repérer et de ramasser les objets, d'attraper des objets minuscules délicatement entre le pouce et l'index, de chercher des objets échappés ou cachés, de répondre à son nom, de se nourrir seul, de se servir d'une tasse, de participer à l'habillage, de reconnaître et peut-être même de prononcer des mots comme «maman», «papa», «bye-bye» et «non, non», et d'apprécier les jeux sociaux comme tape-

tape et cache-cache, ou il pourrait simplement se fier sur ses observations, en plus de votre compte rendu relatif aux progrès de bébé.

■ Vaccins, s'ils n'ont pas été administrés avant et si bébé est en bonne santé et qu'il n'y a aucune contre-indication. Veillez à discuter *d'abord* de toute réaction précédente, s'il y a lieu. Un test cutané de tuberculine pour mesurer le contact avec le TB pourrait être administré maintenant, dans les régions à risque élevé, ou ne pas être administré avant 15 mois. Ce test peut se donner avant ou en même temps que le MMR.

■ Indications sur ce à quoi vous devez vous attendre durant le prochain mois relativement à l'alimentation, au sommeil, au développement et à la sécurité de bébé.

■ Recommandations sur le fluor, le fer, la vitamine D ou tout autre supplément, si nécessaire.

Vous pourriez poser ce genre de questions, si votre médecin n'y a pas répondu :

■ Quelles sont les réactions positives et négatives au test de la tuberculine s'il a été administré? Quand devez-vous consulter le médecin au sujet d'une réaction positive? Des rougeurs durant les premières 24 heures sont une réaction courante, mais des rougeurs ou de l'enflure après 48 à 72 heures seront considérées comme une réaction positive.

■ Quels nouveaux aliments pouvez-vous introduire maintenant dans l'alimentation de bébé? Bébé peut-il boire du lait à la tasse? Quand introduire le lait entier, les agrumes, le poisson, les viandes et les jaunes d'oeufs s'ils ne font pas déjà partie de l'alimentation de bébé?

■ Quand penser à sevrer du biberon si bébé est nourri au biberon ou quand penser à sevrer du sein si vous ne l'avez pas déjà sevrer?

Exprimer également les inquiétudes éprouvées au cours du mois qui se termine. Notez les informations et les instructions du médecin (autrement, vous les oublierez). Gardez toute information pertinente dans un carnet de santé permanent (poids, taille, circonférence de la tête, vaccins, résultats des tests, maladies, médicaments administrés et ainsi de suite).

L'ALIMENTATION DE BÉBÉ CE MOIS-CI
Le meilleur régime alimentaire pour les jeunes enfants

Avec aussi peu que des bananes écrasées et des patates douces en purée sous sa ceinture gastronomique, le palais de votre enfant se compare facilement à une assiette vide prête à recevoir tout un monde de nourriture nouvelle à expérimenter. Ce que vous y servirez maintenant et au cours des quelques prochaines années de formation aura une influence considérable sur ce qui contentera votre enfant plus tard et, bien sûr, aura un impact significatif sur sa santé future et sur sa longévité. Une bonne nutrition lui procurera également des bienfaits immédiats accrus. Tout comme votre excellente alimentation prénatale a donné à bébé les meilleures chances de venir au monde vivant et en forme, une excellente alimentation durant la petite enfance lui assurera les meilleures chances de demeurer en santé et lui donnera l'énergie nécessaire pour s'adonner aux explorations laborieuses auxquelles se consacrent les jeunes enfants.

LES NEUF PRINCIPES DE BASE DU MEILLEUR RÉGIME ALIMENTAIRE

Les principes de base pour une alimentation nutritive sont à peu près les mêmes pour votre jeune enfant que pour tout le reste de la famille, quoiqu'il existe quelques légères variations dues à l'âge de votre enfant.

Chaque bouchée compte. Ce principe importait déjà lorsque vous alimentiez bébé à travers le placenta, puis avec votre lait, si vous allaitiez; il importe tout autant maintenant, que vous le nourrissiez à la cuillère, à la tasse, au bol ou que bébé prenne lui-même les bouchées. Pour les jeunes enfants dont les capacités et l'appétit sont limités et dont les goûts le sont souvent plus encore, les bouchées perdues pour des produits non nutritifs ne seront pas remplacées. Vous ne devriez offrir que très rarement des gâteries vides (comme les biscuits sucrés, les gâteaux et les bonbons), alors que les gâteries santé (comme les muffins, les biscuits et les gâteaux à grains entiers sucrés au jus de fruits) devraient servir de base à l'alimentation de votre enfant.

Toutes les calories ne s'équivalent pas. Les 100 calories contenues dans un carré de chocolat n'équivalent pas, nutritivement parlant, aux 100 calories contenues dans une petite banane; planifiez les repas et les collations en conséquence.

Sauter un repas représente un risque. Les repas sautés privent les bébés et les jeunes enfants d'éléments nutritifs dont ils ont besoin pour croître et se développer. Le fait de ne pas manger à des intervalles réguliers durant la journée sape l'énergie des enfants, tout en les rendant capricieux et irrationnels, ce qui peut parfois être dû à un taux de sucre trop bas dans le sang. À cause de leur faible résistance, les jeunes enfants ont normalement besoin de collation, en plus des trois repas conventionnels. Évidemment, ils peuvent parfois refuser un repas ou une collation, et vous ne devriez pas les forcer lorsque cela se produit. Du moment que vous lui offrez régulièrement ses repas, vous pouvez laisser bébé en sauter un à l'occasion.

Une bonne alimentation. Les problèmes de poids ont souvent commencé durant la tendre enfance. Toutefois, si un jeune enfant atteint un poids indésiré, il n'est pas question de le mettre au régime. Procédez plutôt à une sélection judicieuse d'aliments. Privilégiez les produits qui offrent une bonne nutrition et peu de calories, comme les fruits, les légumes frais et les pains de grains entiers sans beurre. Si le poids d'un jeune enfant se situe sous la normale ou qu'il profite trop lentement, un bon choix d'alimentation comprend des aliments aux qualités nutritives abondantes, combinées à une grande quantité de calories sans trop de volume (beurre d'arachide, bananes, avocats, fromage). Que le poids soit ou ne soit pas une préoccupation, le fait de choisir des aliments remplissant plus d'une exigence nutritive à la fois (brocoli pour la vitamine C et A, yogourt pour les protéines et le calcium) donne toujours de bons résultats et s'avère particulièrement nécessaire dès qu'il s'agit de satisfaire de petits appétits.

Les hydrates de carbone sont complexes. Les hydrates de carbone, féculents et sucres sont les favoris de l'enfance, et l'on a parfois l'impression que les très jeunes enfants — surtout ceux qui refusent les aliments protéinés comme les viandes et le poisson — ne mangent que ces aliments. Certains hydrates de carbone sont considérés comme complexes et procurent des vitamines, des minéraux, des protéines, des fibres et des calories (pains et céréales de grains entiers, riz brun, pois, fèves, pâtes alimentaires aux grains entiers ou riches en protéines, fruits et légumes); d'autres, considérés comme simples sucres et féculents raffinés ne procurent aucune protéine, ni minéraux, à part des calories vides. C'est le cas du sucre, du miel, des grains raffinés et des aliments qui en sont constitués. Servez les bons hydrates de carbone à la maison et ne permettez les autres que très rarement (dans les fêtes, lors de visites ou à d'autres moments où vous n'avez pas le choix).

Les aliments sucrés sont sources de problèmes. Le sucre apporte des calories vides et contribue grandement à la carie dentaire. Les aliments sucrés gâtent souvent l'appétit des enfants, ne laissant aucune place aux aliments nutritifs dont ils ont besoin. De plus, le sucre favorise le développement des bactéries et peut également influencer, indirectement, le développement du diabète en augmentant les besoins en chrome du corps. Cependant, il n'a pas encore été prouvé si le sucre cause ou non l'hyperactivité. Une étude a démontré que les enfants qui avaient mangé beaucoup de sucre étaient plus actifs que ceux qui n'en avaient pas mangé. D'autres études ne relient pas l'hyperactivité à la consommation de sucre.

Presque tous les enfants semblent préférer le sucré au non sucré dès le début, mais des recherches démontrent que les enfants qui mangent beaucoup d'aliments sucrés tôt dans leur vie sont plus susceptibles d'en réclamer plus tard. Gardez le sucre (incluant la cassonnade, le sucre brut, le fructose, le sirop de maïs, le sirop d'érable et le miel) hors de votre cuisine, et si vous en servez, n'offrez que rarement des aliments sucrés avec ce genre de condiments, comme collations. Beaucoup de mères trouvent assez facile de bannir le sucre entièrement, du moins jusqu'à ce que leur enfant ait atteint l'âge de deux ans ou qu'il commence à socialiser un peu plus avec les autres enfants. Pas de sucre ne veut cependant pas dire pas de sucreries. Les enfants habitués à ne pas manger de sucre doivent pouvoir apprécier les gâteaux, les biscuits et les muffins. Ils le peuvent si vous leur fournissez ces petites gâteries faites à la maison ou provenant du choix de plus en plus grand de produits commerciaux sans sucre, sucrés avec des fruits ou des jus de fruits concentrés.

Servez des aliments peu transformés. Plus un aliment se rapproche de son état naturel, plus il a des chances d'avoir retenu ses éléments nutritifs originels. Ce que l'on ajoute souvent aux aliments transformés — colorants, produits chimiques et additifs — est digéré plus lentement par les enfants parce que leurs corps sont plus petits et, théoriquement, il leur reste beaucoup plus d'années à vivre pendant lesquelles ces produits peuvent faire leurs ravages. Les enfants sont plus vulnérables aux dangers de contamination chimique que les adultes. Aussi, servez des aliments proches de leurs origines, ne permettant les aliments très transformés que rarement, préférant les aliments non raffinés aux raffinés, choisissant les viandes et les fromages frais plutôt que les variétés transformées, et sélectionnant les fruits et les légumes frais ou surgelés frais, plutôt que les variétés en boîtes ou congelées très transformées ou déshydratées. Manipulez-les le moins possible. Ne les cuisez pas outre mesure. Évitez de les remiser sur les tablettes trop longtemps et évitez de les exposez à l'air, à l'eau ou à la chaleur inutilement.

Bien manger est une bonne habitude familiale. Bébé ne mangera pas ses carottes, n'oubliera pas les gâteries sucrées et ne préférera pas le pain de blé entier au pain blanc si papa laisse toujours ses carottes dans son assiette, si maman mange toujours des beignes au petit déjeuner ou des biscuits pour sa collation et si son petit frère ou sa grande soeur se nourrissent de tartines de beurre d'arachide sur du pain blanc. Il est injuste de devoir manger seul. Manger en compagnie est agréable. Le fait d'assainir les habitudes alimentaires de toute la famille pour le bien du plus jeune enfant bénéficiera à toute la famille.

Attention au sabotage alimentaire. Il y a peu de chances que votre enfant commence à saper sitôt son alimentation avec le tabac ou les excès d'alcool, de caféine ou de n'importe quelle autre drogue. Toutefois, des excès d'aliments sans valeur nutritive peuvent également saboter son alimentation, en prenant la place de produits plus nutritifs. Si un enfant apprend à la maison que le tabac ou toute drogue illégale — en quelque quantité que ce soit — et que des quantités excessives d'alcool et de caféine sont acceptables, ce genre de sabotage alimentaire pourrait arriver plus vite que vous ne l'imaginez.

LES DOUZE SECRETS DE LA MEILLEURE ALIMENTATION POUR LES JEUNES ENFANTS

Les «douze secrets» furent d'abord développés pour faciliter l'alimentation prénatale. Sous cette forme modifiée, c'est la meilleure manière de nourrir votre jeune enfant. Puisque les enfants mangent habituellement de petites quantités, sentez-vous bien à l'aise de mélanger et de combiner des fractions de portions, pour respecter certaines exigences alimentaires, tout en vous souvenant que plusieurs aliments peuvent remplir plus d'une exigence (le cantaloup et un fruit jaune pour la vitamine C, par exemple). Les quantités ne doivent pas être absolument exactes, mais vous pourriez vouloir mesurer ou peser, jusqu'à ce que vous vous sentiez plus à l'aise pour jauger 30 g de fromage ou une demi-tasse de carottes à l'oeil nu. Vous servir systématiquement de cuillères ou de tasses à mesurer, pour transvider la nourriture de leur contenant à l'assiette de service, peut devenir un procédé laborieux pour mesurer les portions.

Les calories : une moyenne de 900 à 1 350. Aucun calcul n'est nécessaire. Vous saurez si votre enfant reçoit le nombre approprié de calories, tout simplement en suivant son poids lors des examens de routine. Si son poids reste approximativement dans la même courbe, sa consommation de calories est suffisante mais non excessive, quoiqu'un saut ou une chute puisse parfois se produire, si petit bébé grossit ou si bébé gras perd son surplus de poids. La quantité de nourriture dont un enfant aura besoin pour maintenir cette courbe dépendra de la taille de chacun, de son métabolisme et de son niveau d'activités. Souvenez-vous que trop peu de calories peuvent nuire sérieusement à la croissance et au développement d'un jeune enfant.

Les protéines : quatre portions pour enfant (environ 25 mg). Une portion pour jeune enfant équivaut à 3/4 tasse de lait; 1/4 tasse de lait écrémé en poudre; 1/2 tasse de yogourt; 15 ml (3 c. à table) de fromage cottage; 25 g (3/4 oz) de fromage ferme; 1 oeuf entier ou 2 blancs d'oeufs; 25 à 30 g (3/4 oz) de poisson, volaille ou viande; 60 g (2 oz) de tofou; 23 ml (1 1/2 c. à table) de beurre d'arachide; 30 g (1 oz) de pâtes alimentaires riches en protéines; une combinaison de protéines végétales pour jeune enfant (voir page 463).

Aliments contenant de la vitamine C : deux portions ou plus pour enfant[1]. Étendre ces portions sur toute la journée (donner du jus d'orange au petit déjeuner, une tranche de cantaloup à l'heure de la collation et du brocoli au souper) accroîtra l'absorption de fer provenant de n'importe quel aliment riche en fer. Une portion pour jeune enfant équivaut à 1/2 petite orange ou à 1/4 de pamplemousse moyen; 1/4 tasse de fraises fraîches; 1/8 de cantaloup ou 1/12 de petit melon d'hiver; 1/4 tasse de jus d'orange frais ou reconstitué; 1/4 de grosse goyave ou 1/4 de tasse de papaye; 1/2 grosse banane; 1/4 tasse de brocoli ou de choux de Bruxelles; 1/2 tasse de légumes verts cuits; 1/4 de poivron vert moyen ou 1/6 de poivron rouge; 1 petite tomate sans la peau; 3/4 tasse de sauce tomate ou 1/2 tasse de jus de tomate; 3/8 tasse de jus de légumes.

Aliments riches en calcium : quatre portions pour jeune enfant. Une portion pour enfant équivaut à 2/3 tasse de lait; 1/3 de verre de lait enrichi avec 1/8 tasse de lait écrémé en poudre; 1/4 tasse de lait écrémé en poudre; 1/2 tasse de lait enrichi de calcium[2]; 1/2 tasse de yogourt; environ 25 à 30 g (3/4 à 1 oz) de fromage ferme écrémé; 40 g (1 1/3 oz) de fromage riche; 125 g (4 oz) de jus d'orange enrichi de calcium.

Une demi-portion de calcium pour enfant équivaut à 90 g (3 oz) de tofou préparé avec du calcium, 2/3 tasse de brocoli cuit, 1/2 tasse de chou frisé ou de navet, 40 g (1 1/3 oz) de saumon en conserve avec les os écrasés, 30 g (1 oz) de sardines avec les os écrasés.

Légumes verts feuillus et légumes jaunes et fruits jaunes : deux ou trois portions pour enfant quotidiennement[3]. Une portion pour enfant équivaut à 1 abricot frais moyen ou 2 petites moitiés sèches; une tranche de cantaloup, ou environ 1/2 tasse en cubes; 1/8 de grosse mangue; 1 nectarine moyenne, pelée; 1/2 grosse pêche jaune (pas blanche), pelée; 1/2 banane moyenne; 6 asperges; 1/2 tasse de brocoli cuit; 3/4 tasse de pois; 30 à 45 ml (2 à 3 c. à table) de légumes verts hachés; 1/4 d'une petite carotte; 8 ml (1/2 c. table) de purée de citrouille non sucrée; 30 ml (2 c. à table) de courge d'hiver cuite et écrasée; 15 ml (1 c. à table) de patate douce orangée; 1 petite tomate, sans la peau; 1/2 tasse rase de tomates cuites ou en purée; 3/4 tasse de jus de tomate ou 92 ml de jus de légumes; 1/4 d'un gros poivron rouge.

Autres fruits et légumes : une à deux portions, ou plus, pour enfant. Une portion pour jeune enfant équivaut à 1/2 pomme pelée; 1/2 poire pelée; 1/2 pêche blanche, pelée; 1 prune moyenne, pelée; 1 petite banane; 1/4 tasse de purée de pommes; 1/3 tasse de cerises, de baies ou de raisins; 1 grosse figue; 2 dattes; 3 moitiés de pêches séchées; 1 moitié de poire séchée; 1/2 tranche d'ananas; 30 ml (2 c. à table) de raisins secs, de groseilles, ou de rondelles de pommes séchées; 2 à 3 asperges; 1/4 d'avocat moyen; 3/8 tasse de

---

1. Augmentez à quatre portions pour jeune enfant si votre enfant à un rhume ou la grippe.
2. Le lait en poudre écrémé ou enrichi de calcium est un moyen facile d'ajouter du calcium à l'alimentation de bébé, mais ne les utilisez pas fréquemment, à moins d'y ajouter 15 ml (1 c. à table) de crème légère ou 30 ml (2 c. à table) de mélange mi-crème mi-lait à chaque portion : bébé a encore besoin des matières grasses. Ajoutez également de la crème au lait enrichi de calcium s'il contient moins de 4 p. cent de matières grasses.

3. Une quantité excessive de carotène, sous la forme de vitamine A qui apparaît dans les fruits et les légumes, peut teinter de jaune la peau d'un enfant (et celle d'un adulte, à des doses beaucoup plus élevées). N'exagérez pas dans cette catégorie d'aliments. Deux ou trois carottes par jour, par exemple, seraient beaucoup trop.

L'INTELLIGENCE DU LAIT

Si vous avez sevré bébé ou que vous vous apprêtez à le faire, il importe de choisir le bon lait pour remplacer le lait maternel ou la préparation commerciale. La plupart des pédiatres recommandent le lait entier, parce que le lait écrémé contient trop de protéines et de sodium pour les bébés et les jeunes enfants, et parce qu'il semble que les très jeunes enfants continuent d'avoir besoin de plus de gras et de cholestérol pour un développement optimal du cerveau et du système nerveux, du moins jusqu'à quinze mois. Certains croient qu'il est alors à conseiller de changer pour le lait à 2 p. cent, et finalement pour le lait écrémé vers 18 mois. D'autres sont d'avis que le lait entier devrait faire partie de l'alimentation de bébé jusqu'à deux ans. Parlez-en au pédiatre de votre enfant.

Il importe également que le lait soit pasteurisé. Bien que la pasteurisation prive le lait de certaines de ses valeurs nutritives, les experts croient que le risque de maladies en cas de consommation de lait non pasteurisé est trop grand pour en autoriser l'usage.

Peut-être vous demandez-vous comment vous assurer que bébé consomme assez de lait, maintenant que vous avez abandonné les biberons clairement gradués. Vous y arriverez en mesurant les besoins d'une journée : 2 2/3 tasses (en ajoutant 1/3 de plus pour compenser si vous en renversez un peu) chaque matin, que vous verserez dans un bocal propre et que vous refrigérerez. Servez tout le lait de bébé (pour manger des céréales, pour boire, pour écraser les pommes de terre ou les autres légumes) à partir de cette réserve. Si tout le lait a été consommé à la fin de la journée et que bébé n'a pas renversé de lait ou n'a pas laissé une grande quantité de lait, ses besoins ont sans doute été comblés. S'il reste beaucoup de lait dans le bocal ou que bébé en a renversé une quantité importante sur le plateau de sa chaise haute ou sur le plancher plusieurs jours d'affilée, ajoutez du calcium à l'alimentation de bébé de cette manière :

■ Si bébé a bu seulement environ 1 1/2 tasse de lait par jour, ajoutez 1/2 tasse de lait écrémé en poudre plus 15 ml (1 c. à table) de crème claire ou 30 ml (2 c. à table) de mélange mi-crème mi lait à cette quantité de lait liquide et servez-vous de ce mélange pour la consommation quotidienne de bébé. Si bébé a bu environ 2 tasses, ajoutez 1/3 de tasse de lait écrémé en poudre plus 15 ml (1 c. à table) de crème légère ou 30 ml (2 c. à table) de mélange mi-crème mi lait.

■ Optez pour le lait enrichi de calcium dont bébé a besoin en moins grande quantité (2 tasses, plutôt que 2 2/3 tasses) pour combler ses besoins en calcium. Ajoutez 15 ml (1 c. à table) de crème claire ou 30 ml (2 c. à table) de mélange mi-crème mi-lait à chaque portion.

■ Ajoutez l'un des éléments suivants à l'alimentation de bébé, pour chaque 1/3 tasse de lait entier que bébé ne boit pas : environ 11 à 15 g (3/8 à 1/2 oz) de fromage ferme pauvre en matières grasses (comme le cheddar); environ 1/4 tasse de yogourt; 90 g (3 oz) de tofou; 60 ml (2 oz) de jus d'orange enrichi de calcium; ou la moitié de toute autre portion de calcium pour enfant.

Ne vous inquiétez pas s'il arrive que bébé se prive d'une ou de deux portions de calcium certains jours. Il compensera probablement cette perte le jour suivant.

COMBINAISONS DE PROTÉINES VÉGÉTARIENNES POUR JEUNES ENFANTS

Il est préférable que votre enfant prenne certaines protéines dont il a besoin à partir des sources animales : poissons, viandes, volailles, oeufs ou produits laitiers. Si vous êtes végétarienne ou si vous aimez, à l'occasion, servir des repas purement végétariens, les combinaisons alimentaires suivantes procureront à bébé une portion adéquate de protéines.

Pour une portion complète de protéines pour enfant (environ 6 g), combinez une portion de légumineuses avec une portion de grains.

LÉGUMINEUSES *

45 ml (3 c. à table) de lentilles, de pois cassés ou de pois chiches, de fèves de soya, mung ou de lima, ou de haricots rouges
1/4 tasse de doliques, de haricots blancs ou de fèves
1/3 tasse de pois verts
30 g (1 oz) de tofou

GRAINS

15 g (1/2 oz) de pâtes alimentaires au soya ou riches en protéines
30 g (1 oz) de pâtes alimentaires de blé entier

23 ml (1 1/2 c. à table) de germe de blé
1/6 tasse (avant la cuisson) de gruau
1/4 tasse de riz sauvage cuit
*1/3 tasse de riz brun cuit, de bulgur, de kacha (gruau de sarrasin) ou de millet**
1 tranche de pain de grains entiers
1 petit pain pita de blé entier (30 g [1 oz])
1/2 bagel ou muffin anglais de blé entier
10 ml (3/4 c. à table) de beurre d'arachide

* Les fèves et les pois doivent être coupés en moitiés ou légèrement écrasés, de sorte que bébé ne puisse pas s'étouffer.

** Ces grains sont pauvres en protéines; lorsque vous les servez, ajoutez-y systématiquement 8 ml (1 1/2 c. à thé) de germe de blé par portion.

Note : Les noix sont riches en protéines et peuvent également se combiner aux légumineuses pour procurer des portions de protéines végétales. Ne les offrez pas aux jeunes enfants, à moins qu'elles ne soient finement hachées, car les noix représentent un danger d'étouffement.

---

haricots verts; 1/2 tasse de betteraves, d'aubergine ou de navet en cubes; 1/4 tasse de champignons tranchés, de courge jaune d'été ou de courgettes; 5 gousses d'okra; 1/3 tasse de pois; 1/2 petit épi de maïs. Coupez les grains de maïs en moitiés en tranchant chaque rangée sur le sens de la longueur et pelez les fruits dont la peau est trop dure, avant de les servir.

Grains entiers et autres hydrates de carbone complexes concentrés : quatre à cinq portions pour enfant. Une portion pour enfant équivaut à 15 ml (1 c. à table) de germe de blé; 1/2 tranche de pain de grains entiers; 1/2 petit pain pita (30 g [1 oz]); 1/4 de bagel ou de muffin anglais au blé entier; 1 portion pour enfant (ou 1/2 portion pour adulte) de muffins nutritifs;

COMBINAISONS DE PRODUITS LAITIERS POUR JEUNES ENFANTS

Combinez l'un des produits suivants avec une portion de la liste des légumineuses ou des grains de l'encadré des «Combinaisons de protéines végétariennes pour jeunes enfants» (voir page 463);
30 ml (2 c. à table) de fromage cottage
1/3 tasse de lait
30 ml (2 c. à table) de lait écrémé en poudre
1/6 tasse de lait évaporé

1/3 tasse de yogourt
1/2 oeuf ou 1 blanc d'oeuf
10 g (1/3 oz) de fromage ferme pauvre en gras (comme le suisse ou le mozzarella)
15 g (1/2 oz) de fromage riche en matières grasses (comme le bleu ou le camembert)
15 ml (1 c. à table) de fromage parmesan

---

3 à 4 bâtonnets de pain de blé entier ou 2 à 3 biscuits secs de grains entiers; 1/4 tasse de riz brun ou sauvage; 1/2 portion de céréales de grains entiers, non sucrées ou sucrées aux fruits; 15 g (1/2 oz) de nouilles de blé entier ou riches en protéines; 1/4 tasse de lentilles cuites, de pois chiches, de haricots rouges (cuits jusqu'à consistance molle et coupés en moitiés).

Aliments riches en fer : un peu chaque jour. Les bonnes sources sont le boeuf; la mélasse noire; les pâtisseries faites de farine de caroube ou de soya; les fruits secs; le foie et les autres abats (les servir peu fréquemment, parce qu'ils sont riches en cholestérol et parce qu'ils contiennent beaucoup de contaminateurs chimiques que l'on retrouve dans le bétail de nos jours); les sardines; les épinards (les servir peu fréquemment, à cause de leur haute teneur en nitrate et en acides oxaliques). Le fer contenu dans ces aliments sera mieux absorbé si des aliments riches en vitamine A sont consommés au même repas. Si bébé ne mange pas une grande quantité d'aliments riches en fer, ou s'il fait de l'anémie, le médecin pourrait vous recommander un supplément de fer.

Aliments riches en matières grasses : six à sept portions pour enfant quotidiennement. Une portion pour enfant équivaut à 8 ml (1/2 c. à table) d'huile polyinsaturée, d'huile d'olive, de beurre, de margarine ou de mayonnaise; 23 ml (1 1/2 c. à table) de fromage à la crème; 15 ml (1 c. à table) de beurre d'arachide; 1/4 de petit avocat; 1 oeuf; 2/3 tasse de lait entier; 3/4 tasse de yogourt de lait entier; 45 ml (3 c. à table) de mélange mi-crème mi-lait; 15 ml (1 c. à table) de crème riche; 30 ml (2 c. à table) de crème sûre; 20 g (2/3 oz) de fromage ferme; 6 tranches de pain de grains entiers ou 1/2 tasse de germe de blé; 45 g (1 1/2 oz) de boeuf, d'agneau ou de porc maigre. Ceci procure environ 30 p. cent des calories quotidiennes provenant des matières grasses. Pour le jeune enfant qui boit du lait entier ou qui mange l'équivalent d'autres produits laitiers et qui mange plusieurs oeufs par semaine, des graisses animales additionnelles ne sont pas nécessaires. Les autres besoins en aliments riches en gras devraient être comblés grâce aux graisses végétales riches en polyinsaturés (huiles de carthame et de tournesol, par exemple) ou d'huiles mono-insaturées (huile d'olive) plutôt que de gras saturés (huile de coco ou matière grasse végétale durcie). Un enfant moyen devrait prendre sa consommation de matières grasses de cette façon : 2 tasses de lait; 20 g (2/3 oz) de fromage; 1 oeuf; 3 tranches de pain de blé entier; et 45 g (1 1/2 oz) de boeuf haché. Aucun besoin d'y ajouter des matières grasses.

Les aliments salés : diminuez l'ajout de sel. Tous les êtres humains ont besoin du sodium contenu dans le chlorure de sodium (mieux connu sous le nom de sel) pour survivre. Toutefois, la majorité des Canadiens, incluant les bébés et les jeunes enfants, en consomment beaucoup plus que leurs besoins réels. Puisque le sodium se trouve naturellement dans les aliments ou qu'on l'ajoute à la plupart des aliments préparés pour enfants (lait, fromage, oeufs, carottes, pain et la plupart des produits boulangés), les besoins en sel dans l'alimentation sont facilement comblés et facilement dépassés. Pour éviter une consommation excessive de sel, salez les aliments seulement avec parcimonie ou pas du tout, lorsque vous cuisinez pour les enfants, et limitez la consommation de produits déjà salés comme les biscuits soda, les croustilles, les marinades, les olives vertes et ainsi de suite (les noix de toutes sortes ne sont pas sans dangers pour les enfants, à moins de les broyer d'abord). Tout sel dont vous vous servez doit être iodé pour prévenir les carences en iode.

Liquides : quatre à six tasses quotidiennement. Votre enfant prendra une portion de liquide à travers les aliments,

surtout les fruits et les légumes, qui contiennent 80 à 95 p. cent d'eau. De 4 à 6 tasses additionnelles de liquide devront être consommées sous forme de jus de fruits, de préférence dilués avec de l'eau ou de l'eau minérale, de jus de légumes, de soupes, d'eau minérale ou d'eau plate. Le lait (qui contient 1/3 de solides) procure seulement 2/3 de portion de liquide par tasse. Les besoins en liquides seront accrus par temps chaud ou quand bébé a de la fièvre, un rhume ou d'autres infections des voies respiratoires, de la diarrhée ou des vomissements.

Les suppléments. Certains ne croient pas que les suppléments soient nécessaires pour les bébés en santé d'un an ou plus. Certains médecins recommandent de continuer à donner un supplément de vitamines et de minéraux additionné de fer, après un an, à titre de prévention. Si l'on tient compte des habitudes alimentaires bizarres et irrégulières des jeunes enfants, cela paraît très sage. Toutefois, le fait de donner une capsule de vitamines à votre enfant quotidiennement ne vous habilite pas à abandonner la responsabilité de lui assurer une alimentation équilibrée. La formule que vous choisirez devrait être appropriée à un jeune enfant. Certaines vitamines sont toxiques et les taux des composants vitaminiques doivent être conseillés par un pharmacien ou un médecin. Continuez à donner à bébé une vitamine liquide jusqu'à ce que ses molaires aient poussé, puis changez pour des tablettes sans sucre qui se croquent.

CE QUI POURRAIT VOUS INQUIÉTER

LA FÊTE SURPRISE DU PREMIER ANNIVERSAIRE

«Tous les membres de ma famille attendent impatiemment le premier anniversaire de mon bébé. Je souhaite que cette fête surprise soit spéciale, mais je ne voudrais pas que cela soit trop pour mon enfant.»

Beaucoup de parents, emportés par le tourbillon de la préparation d'une fête surprise pour souligner le premier anniversaire de leur tout-petit, sont portés à oublier que bébé est encore un bébé. Le gala qu'ils préparent si minutieusement s'adapte rarement à son invité d'honneur, qui risque de craquer sous la pression et de passer une grande partie de la fête en larmes.

Pour organiser une fête surprise de premier anniversaire dont vous vous souviendrez, plutôt qu'une fête que vous préférerez oublier, suivez ces conseils :

N'envoyez pas trop d'invitations. Une pièce trop bondée, même avec des visages familiers, accablera probablement la reine ou le roi de la fête, ce qui aura sans doute pour résultat que bébé s'accrochera à vous la larme à l'oeil. Préparez plutôt une petite fête intime, en limitant les invitations à quelques membres de la famille et aux amis très proches. Si vous connaissez des bébés de son âge, vous voudrez peut-être en inviter deux ou trois; sinon, son premier anniversaire n'est sans doute pas la bonne occasion pour entamer sa vie sociale.

Décorez légèrement. Une pièce décorée avec tout ce que vous offre la boutique de ballons de votre quartier peut vous paraître un rêve, mais sera un cauchemar pour bébé. Trop de ballons, de bannières, de serpentins, de masques et de chapeaux, tout comme trop de personnes, pourrait être une grosse épreuve pour votre bambin. Décorez légèrement, peut-être à partir du thème préféré de bébé (Babar, s'il l'aime, la souris Miquette ou les Câlinours). Si les ballons sont de la fête pour agrémenter les photos souvenirs de votre fête surprise, souvenez-vous que les tout-petits peuvent s'étouffer avec des particules de caoutchouc éclaté.

Permettez à bébé de manger du gâteau. Veillez à ce que ce ne soit pas le genre de gâteau qu'il ne devrait pas manger (avec du chocolat, des noix, du sucre ou du miel). Servez plutôt un gâteau aux carottes nutritif, garni de crème fouettée fraîche non sucrée ou de jus de fruit — glaçage au fromage à la crème sucrée — sous une forme décorative ou décoré du personnage préféré, si vous avez l'âme artistique. Si vous le désirez, servez-le avec de la crème glacée maison ou achetée en magasin[4]. Coupez le gâteau au moment habituel de la collation de bébé, si possible, en petites portions pour jeunes enfants, afin d'éviter les pertes inutiles. Si le gâteau que vous avez choisi est assez nutritif pour qu'on le considère comme un repas, ce ne serait pas très grave si vous surpreniez votre enfant à picorer parce qu'il se sent trop rassasié ou trop fatigué pour manger ce que vous mettrez dans son assiette à l'heure du repas. Et enfin, si vous déci-

---

4. Les bonnes nouvelles : la crème glacée sucrée aux jus de fruits est disponible dans presque tous les magasins d'aliments naturels; délicieuse et entièrement naturelle. Les mauvaises nouvelles : certaines crèmes glacées sont faites à base de crème épaisse et de jaunes d'oeufs. Aussi, utilisez-les seulement pour les occasions spéciales, plutôt que quotidiennement, ou recherchez les variétés légères.

dez de servir des amuse-gueule, choisissez-les en pensant nutrition et sécurité. Ce n'est pas le moment de risquer, sous prétexte que c'est son anniversaire, que votre enfant s'étouffe avec un morceau de maïs soufflé, d'arachide, de raisin ou de pretzel. De façon sécuritaire, insistez pour que chaque jeune invité mange en position assise.

N'engagez pas de clown. Un magicien ou tout autre personnage divertissant pourrait effrayer bébé ou un petit copain. Les enfants d'un an sont réputés pour leur sensibilité et leurs réactions imprévisibles; ce qui les réjouit la minute précédente peut les terrifier la minute d'après. N'essayez pas non plus d'organiser des jeux auxquels devraient participer les jeunes enfants, car ils ne sont pas prêts pour ce genre d'activités. Cependant, si vous prévoyez recevoir plusieurs jeunes invités, préparez un choix de jouets se prêtant aux jeux non structurés, avec plusieurs objets identiques afin d'éviter la compétition. C'est simple, les jouets favoris et sécuritaires comme les ballons de couleurs vives, les livres de carton laminé ou de plastique ou les jouets pour la baignoire leur procureront beaucoup de plaisir, et vous pourriez les offrir à vos petits invités juste avant le déballage des cadeaux.

Ne demandez pas à bébé d'accomplir des exploits. Évidemment, ce serait gentil si bébé prêtait son plus joli sourire à la caméra, s'il exécutait quelques pas pour épater les gens, s'il ouvrait chaque présent avec un air intéressé et s'il s'exclamait de plaisir en les apercevant, mais ne comptez pas trop là-dessus. Il pourrait apprendre à souffler les chandelles, si vous le faites pratiquer souvent durant le mois précédant la fête, mais ne vous attendez pas à une réelle coopération de sa part, et ne le forcez pas. Permettez-lui plutôt de rester lui-même, même si cela veut dire de le laisser se débattre pour ne pas rester dans vos bras durant la séance de pose,

refuser de se tenir sur ses jambes alors que vous souhaiteriez qu'il donne une petite démonstration de son savoir-faire en matière de premiers pas, ou préférer la boîte de carton vide aux cadeaux coûteux que l'on vient de lui offrir.

Choisissez le bon moment. Quand il s'agit d'organiser une fête pour enfants, le secret de la réussite réside dans la planification d'un horaire intelligent. Essayez de planifier les activités du grand jour de sorte que bébé soit bien reposé, nourri depuis peu, selon son horaire habituel. Ne retardez pas sa collation en vous disant qu'il mangera pendant la fête surprise. Ne planifiez pas une fête matinale s'il a l'habitude de faire la sieste au cours de la matinée, ou une fête en début d'après-midi s'il dort normalement après le dîner. Inviter un bébé fatigué à participer à des festivités équivaut à un désastre. Faites que la fête soit brève — une heure et demie tout au plus — de sorte qu'il ne soit pas exténué à la fin de la fête surprise ou, pire, au beau milieu de la fête.

Enregistrez pour la postérité. La fête sera trop vite terminée, tout comme l'enfance de bébé. Donnez-vous donc la peine d'enregistrer l'occasion sur des diapositives, sur bande vidéo ou sur film.

BÉBÉ NE MARCHE TOUJOURS PAS

«C'est aujourd'hui le premier anniversaire de mon bébé, et il n'a encore jamais tenté de faire un premier pas. Ne devrait-il pas marcher à présent?»

Même si cela vous paraît approprié que bébé fasse ses premiers pas à l'occasion de son premier anniversaire, peu de bébés ont la volonté ou la capacité de s'exécuter pour le bon plaisir de leurs parents. Bien que certains commencent à marcher des semaines, ou même des mois plus tôt, d'autres ne vivront pas cet événement mémorable tout de suite. Parfois, ils le feront en l'absence de maman et de papa. Si le fait de passer le premier anniversaire sans un seul pas peut décevoir la parenté, et surtout ceux qui ont préparé leur équipement vidéo pour attraper ce moment historique au vol, cela n'indique nullement un problème de développement.

En fait, la majorité des enfants commencent à marcher bien après leur premier anniversaire, comme le démontrent diverses études plaçant l'âge moyen pour les premiers pas entre treize et quinze mois. L'âge auquel un enfant commence à marcher, que ce soit neuf mois, quinze mois ou même plus tard, ne réflète aucunement son intelligence.

Le moment où bébé marche dépend souvent de sa composition génétique, la marche précoce ou tardive se perpétuant dans les familles. Cela peut dépendre aussi de son poids et de sa charpente : un bébé filiforme et musclé a de meilleures chances de marcher plus tôt qu'une bébé placide et dodu, tout comme un enfant aux jambes courtes et robustes pourrait marcher avant celui qui a des jambes longues et minces sur lesquelles il éprouve de la difficulté à se tenir en équilibre. Cela peut également dépendre du moment où il a commencé à se traîner. Un enfant peu habile quand il s'agit de se traîner ou qui ne se traîne pas du tout marche parfois plus tôt qu'un bébé parfaitement satisfait de courir à quatre pattes.

Une mauvaise nutrition, un environnement peu stimulant, de même qu'une expérience négative peuvent aussi retarder la marche. Une mauvaise chute la première fois que bébé a amorcé une tentative de s'échapper des mains de maman peut faire craindre à un enfant de marcher. Il n'ose plus prendre de chance jusqu'à ce qu'il se sente très solide sur ses pieds, et alors il

pourrait se mettre à marcher soudainement très habilement. Un enfant que des parents trop impatients auraient forcé à pratiquer la marche plusieurs fois par jour pourrait se rebeller (surtout s'il a un tempérament entêté) et marcher par lui-même plus tard qu'il ne l'aurait fait si on l'avait laissé aller à son propre rythme et selon sa propre volonté. Les premiers pas d'un bébé dont les énergies ont été sapées par une otite, la grippe ou une autre maladie peuvent accuser un retard jusqu'à ce qu'il se sente mieux. Un enfant qui valsait littéralement d'une pièce à l'autre peut subitement régresser à deux petits pas chancelants lorsqu'il n'est pas en forme. Mais, bébé pourra redémarrer aussi rapidement dès qu'il se sentira mieux.

Un bébé toujours enfermé dans un parc (où il n'arrive peut-être pas à se mettre debout), harnaché dans une poussette ou auquel on donne peu de chances de développer les muscles de ses jambes et sa confiance en soi pour se tenir debout ou pour marcher peut marcher tard et, en fait, peut se développer tout aussi lentement à d'autres niveaux. De la même manière, un bébé plus âgé confiné au trotte-bébé trop longtemps et trop souvent peut tarder à marcher de manière autonome plutôt que de marcher plus vite. Donnez à bébé tout le temps et l'espace nécessaires pour qu'il se pratique à se mettre debout, à marcher avec appui, à tenir debout sans appui et à marcher dans une pièce exempte de tapis mal fixés et de planchers glissants, et comptant assez de meubles auxquels il puisse s'appuyer sans danger et suffisamment rapprochés les uns des autres pour lui permettre de se déplacer en toute confiance en exécutant des pas très courts. Il réussira mieux pieds nus, car les bébés se servent de leurs orteils pour s'agripper lorsqu'ils font leurs premiers pas. Les chaussettes sont glissantes et les chaussures sont trop raides et trop lourdes.

Bien que beaucoup de bébés parfaitement normaux, voire exceptionnellement intelligents, ne marchent pas avant la seconde moitié de leur deuxième année, surtout si l'un des parents (ou les deux) a marché très tard, un bébé qui ne marche pas encore vers dix-huit mois devrait être examiné par un médecin pour analyser la possibilité que des facteurs émotionnels ou physiques puissent interférer dans sa capacité de marcher. Même à cet âge — et certainement à douze mois — le fait qu'un enfant ne marche pas encore ne justifie pas que vous vous inquiétiez outre mesure.

L'ATTACHEMENT AU BIBERON

«Je souhaitais sevrer mon enfant du biberon à un an, mais il y est tellement attaché que j'ai du mal à le lui enlever même pour une minute. Imaginez quel mal j'aurais si je lui enlevais pour toujours.»

Tout comme une couverture ou un ourson favori, un biberon représente une source de gratification et de réconfort émotifs pour un petit enfant. Contrairement à un ourson et à une couverture, un biberon peut nuire, si on l'utilise à mauvais escient ou longtemps après le premier anniversaire d'un bébé.

Le problème le plus sérieux que pose l'habitude de boire au biberon concerne les dents de bébé, tant celles déjà poussées que celles à venir, incluant les dents permanentes. Le problème du bébé qui boit au biberon avec excès peut engendrer la perte des dents, un développement inadéquat de la bouche et compromettre de bonnes habitudes alimentaires. Un autre problème dû à l'habitude du biberon concerne les oreilles : les bébés qui contituent à boire au biberon après l'âge d'un an courent plus de risques de souffrir d'otites. Les biberons peuvent également être nocifs à la nutrition des bébés. Téter un biberon de lait ou de jus tout au long du jour peut satis-

faire la faim de bébé et supprimer son appétit pour d'autres aliments, interférant ainsi dans une alimentation équilibrée. Si ces dangers ne suffisent pas à vous convaincre de le faire boire à la tasse dès maintenant, pensez aux effets que l'omniprésence du biberon peut avoir sur son développement. Il ne reste qu'une main libre à un jeune enfant qui transporte constamment un biberon, pour jouer, apprendre et explorer; et celui qui tète toujours (le biberon ou la sucette) a la bouche trop pleine pour parler.

Pour toutes ces raisons, beaucoup de pédiatres recommandent de sevrer bébé du biberon avant son premier anniversaire, ou peu de temps après. Quoique n'importe quel genre de sevrage, à n'importe quel moment, n'est jamais facile, surtout en cas d'attachement très profond, ce sera plus facile maintenant que plus tard, alors que le négativisme et l'entêtement se font de plus en plus prononcés. Les trucs de sevrage donnés à la page 438 devraient vous faciliter la tâche.

Si vous n'avez pas l'impression que bébé est prêt à laisser tomber le biberon entièrement à cet âge, essayez au moins de limiter cette habitude, c'est-à-dire de contrôler quand, où et comment il le prend. Offrez-lui le biberon seulement deux ou trois fois par jour, en le remplaçant entre les repas par des collations et des liquides à la tasse. En remplissant le biberon d'eau, plutôt que de lait ou de jus, vous réussirez peut-être à réduire l'intérêt de votre enfant, tout en protégeant ses dents. Ne permettez pas à bébé d'apporter le biberon au lit, de marcher ou de se traîner avec le biberon ou de téter tout bonnement pendant qu'il joue. Insistez plutôt pour qu'il boive le contenu de son biberon sur les genoux d'un adulte. Lorsqu'il demande à descendre, rangez le biberon au réfrigérateur s'il n'est pas vide. Éventuellement, bébé finira par se fatiguer de boire sur vos genoux et laissera tomber complètement ce genre d'alimentation. Même si ce moment vous semble encore loin, le seul fait de restreindre l'usage du biberon de cette manière contribuera d'ici là à limiter les dommages que cela peut causer.

METTRE UN BÉBÉ SEVRÉ AU LIT

«Je n'ai jamais mis mon bébé au lit réveillé, il s'est toujours endormi pendant que je le nourrissais. Comment vais-je réussir à le mettre au lit pour la nuit, maintenant que je l'ai habitué à boire à la tasse?»

Comme c'était facile pour bébé de téter béatement jusqu'au pays des rêves! Comme il vous était facile d'allaiter sans contrainte jusqu'à la fin d'une soirée paisible! À partir de maintenant, si vous pensez sérieusement à sevrer bébé de son merveilleux somnifère, vous devrez tous deux déployer beaucoup d'efforts lorsque le moment sera venu pour bébé d'aller au lit.

La dépendance à l'allaitement pour dormir peut se vaincre. Une fois qu'il l'aura vaincue, votre enfant aura maîtrisé l'une de ses plus importantes habiletés : celle de s'endormir par ses propres moyens. Pour réaliser cet exploit, suivez ces conseils :

Conservez les vieux rituels. Une routine de mise au lit, avec un emploi du temps exécuté dans le même ordre chaque soir, peut exercer sa magie soporifique sur n'importe qui, adulte ou enfant. Si vous n'avez pas encore instauré une telle routine pour bébé, faites-le au moins deux semaines avant le moment que vous aurez choisi pour le sevrer de son boire de fin de soirée. Veillez également à ce que les conditions environnementales incitent au sommeil : une chambre à coucher sombre, à moins que bébé ne préfère une veilleuse, ni trop chaude ni trop froide, et tranquille; le reste de la maison gardant son rythme habituel pour qu'il sache que vous êtes là en cas de besoin. (Voir page 119 pour d'autres trucs pour rendre bébé somnolent.)

Ajoutez un petit quelque chose. Quelques jours avant de sevrer bébé, ajoutez une collation de fin de soirée qu'il pourra manger alors qu'il est déjà en pyjama et que vous lui lisez une histoire. Cette collation devrait être légère mais satisfaisante (un biscuit sucré au jus et un demi-verre de lait, peut-être, ou un morceau de fromage) et permettez-lui de la prendre sur vos genoux, s'il le désire. Éventuellement, ce mini-repas ne prendra pas seulement la place de l'allaitement que bébé laissera tomber, mais le lait aura un effet soporifique sur lui. Évidemment, si vous aviez l'habitude de brosser les dents de bébé plus tôt dans la soirée, vous devrez maintenant exécuter cette partie de la routine après la collation. S'il a soif après que ses dents ont été brossées, offrez-lui de l'eau.

Cassez l'ancienne dépendance, mais ne la remplacez pas par une nouvelle. S'il y a une chose qu'un enfant qui a besoin d'aide pour trouver le sommeil désire ardemment, c'est un moyen facile de s'endormir. Procurez-lui une autre béquille (bercez-le, caressez-le, chantez ou faites jouer de la musique) pour l'aider à s'endormir et vous lui créerez sûrement une autre habitude dont il devra se débarrasser. L'autosuffisance totale au moment de s'endormir se développe seulement lorsqu'un enfant est laissé à lui-même. Servez-vous des caresses, de la musique ou de tout autre moyen semblable pendant la routine de mise au lit de bébé, si vous le désirez, mais ne l'endormez pas ainsi. Mettez-le au lit sec, heureux, comblé par vos étreintes, somnolent, mais encore éveillé.

Attendez-vous à quelques pleurs. Peut-être même que bébé pleurera beaucoup. Il y a de bonnes chances pour que bébé résiste à cette nouvelle approche de mise au lit en vociférant de toutes ces forces. Peu de bébés accepteront ce changement sans livrer bataille. Heureusement, les pleurs devraient s'estomper considérablement d'ici quelques jours pour cesser tout d'un coup. (Voir page 334 pour les méthodes consistant à laisser pleurer bébé.)

BÉBÉ SE RÉVEILLE PENDANT LA NUIT

«Notre bébé avait l'habitude de dormir la nuit, mais il a subitement commencé à se réveiller une ou deux fois durant la nuit. De plus, il devient très furieux lorsque je le laisse seul dans sa chambre, alors je n'ose pas le laisser crier.»

La peur de la séparation, le croquemitaine de la lumière du jour qui apparaît normalement entre douze et quatorze mois, peut aussi pointer son nez la nuit. En fait, puisque la séparation du soir laisse bébé complètement seul, cela peut devenir une source de traumatisme émotionnel encore plus grave que les séparations durant le jour. Le résultat pour beaucoup de bébés se traduit par de l'angoisse, des nuits agitées et des problèmes de sommeil.

La peur de la séparation nocturne est souvent pire chez les enfants dont les mères travaillent à l'extérieur. L'enfant qui ne voit pas beaucoup sa mère durant la journée peut craindre de la perdre aussi la nuit, surtout si une nouvelle gardienne vient d'apparaître dans sa vie. Que vous soyez ou non avec bébé durant la journée, essayez d'apaiser certaines de ses appréhensions avec des soins accrus au moment de le mettre au lit, c'est-à-dire en lui donnant plus de caresses et une attention sans partage. Les tâches ménagères peuvent attendre à plus tard. Une dose concentrée d'amour de la part des parents avant de

vous séparer pour la nuit peut lui faciliter la séparation.

Si bébé éprouve de la difficulté à s'endormir ou s'il se réveille craintif en plein milieu de la nuit et que le laisser pleurer ne fonctionne pas ou vous semble trop cruelle, assoyez-vous à côté de sa couchette pendant une dizaine de minutes environ, en le réconfortant d'un doux «chut» et d'une tendre main posée dans son dos. Toutefois, ne restez pas avec lui jusqu'à ce qu'il se soit rendormi; il deviendrait dépendant de votre présence pour s'endormir. Laissez-le plutôt somnolent et calme, autant que possible, et n'y retournez pas s'il pleure.

La douleur que causent les molaires peut également réveiller bébé la nuit vers son premier anniversaire. (Voir Tome II pour obtenir plus d'informations à ce sujet.)

LA TIMIDITÉ

«Mon mari et moi sommes des personnes plutôt sociables. Aussi cela me dérange de voir que notre bébé est timide.»

Aussi sociables que votre mari et vous puissiez être, la timidité de votre enfant, s'il est vraiment timide, vient de vous. Cela ne vient pas de l'exemple que vous lui donnez, mais du moule génétique que vous avez créé. La timidité, tout comme le talent de dessiner ou l'intelligence de l'écriture, est un caractère héréditaire. Même si les parents ne font pas eux-mêmes preuve de ce caractère, ils l'ont certainement transmis à leur enfant dès sa conception. Quoiqu'il soit possible de modifier la timidité, on réussit rarement à la radier entièrement. Les parents ne devraient pas souhaiter qu'elle disparaisse, si elle fait partie de la personnalité de leur enfant.

Bien que plusieurs enfants timides gardent une part profonde de réserve pendant toute leur vie, la plupart finissent par se transformer en adultes assez grégaires. Ce ne sont pas les encouragements et les pressions des parents qui les feront sortir de leur coquille, mais beaucoup d'amour et de soutien de leur part. Refuser de donner de l'attention à votre enfant parce que vous considérez sa timidité comme un point faible ne servirait qu'à saper sa confiance en soi, ce qui, en retour, ne le rendrait que plus timide. D'un autre côté, l'aider à se sentir plus à l'aise avec lui-même l'aidera à se sentir plus à l'aise avec les autres et, éventuellement, à atténuer sa timidité.

Il se peut également que ce qui ressemble à de la timidité chez votre enfant ne soit que le manque de sociabilité propre aux jeunes enfants. Les bébés d'un an et même souvent ceux de deux ans ne sont pas prêts à fraterniser. À mesure que l'enfant se rapprochera de son troisième anniversaire, ses progrès rapides dans l'art de socialiser pourraient vous étonner.

LENT À SOCIALISER

«Nous faisons partie d'un groupe de jeu depuis quelques semaines, et je remarque que mon bébé ne joue pas avec les autres enfants. Comment le rendre plus sociable?»

Vous ne le pouvez pas et vous ne devriez pas essayer. Un enfant de moins de deux ans n'est pas un être sociable, et aucun programme de socialisation n'y pourra rien changer. Ce manque de sociabilité ne fut jamais un problème pour les générations précédentes, puisque la plupart des enfants n'étaient pas exposés à des situations de jeux de groupe avant au moins l'âge de quatre ans, et le plus souvent pas avant l'âge de cinq ans. Cela entraîne une multitude de problèmes pour les parents d'aujourd'hui, qui inscrivent souvent leurs tout-petits dans des groupes de jeux et dans des garderies de jour bien avant leur premier anniversaire.

Bien qu'une exposition précoce à des petits camarades du même âge ne peut faire de mal aux bébés (sauf quelques rhumes ou autres virus), il peut engendrer des dommages émotifs si les parents les pressent de socialiser. Les enfants de moins de trois ans ne sont pas prêts. Ils sont rarement capables de faire plus que des jeux en parallèle : ils joueront l'un à côté de l'autre, mais pas ensemble. Ce n'est pas qu'ils soient égoïstes, mais ils sont seulement incapables de s'apercevoir que les autres enfants méritent qu'ils leur consacrent temps et attention.

Souvenez-vous que bébé n'a pas besoin des autres enfants, qu'il ne sait pas comment s'en occuper et que son comportement correspond tout à fait à son âge. Le pousser à jouer avec d'autres enfants de son groupe ne pourrait que l'encourager à se retirer de ce genre de situations. Pour de meilleurs résultats, vous devrez accepter les lacunes sociales tout à fait normales de bébé et vous préparer à le laisser évoluer à son propre rythme avec ses petits camarades, non seulement maintenant, mais au cours des années à venir.

PARTAGER

«Mon bébé fait partie d'un groupe de jeu. Lui et les autres enfants passent le plus clair de leur temps à se chamailler pour le même jouet. Quand les choses s'amélioreront-elles?»

Le partage ne se développera pas avant plusieurs mois. Ce n'est pas avant l'âge de deux ans, et le plus souvent trois ans, que les enfants commencent à comprendre le concept du partage. Pour le moment, leurs propres besoins et intérêts étant les seuls dont ils se soucient, ils traitent leurs camarades comme des objets, non comme des personnes. Il ne faut pas s'en étonner, car chaque enfant du groupe croit que son droit de jouer avec n'importe lequel et tous les jouets au moment où il le désire est absolu. Cela prendra beaucoup de cajoleries et d'explications (ne le forcez jamais), au cours des deux prochaines années, pour convaincre votre enfant de partager. Bien entendu, il importe pour lui qu'il y arrive. Cependant, il importe tout autant de maintenir votre point de vue, lorsque votre enfant de deux ou trois ans refuse de laisser un invité toucher à ses camions ou à ses oursons, qu'il refuse de partager ses biscuits avec un enfant au parc et qu'il hurle lorsque son cousin plus petit fait un tour dans sa poussette. Après tout, cela vous arrive-t-il souvent de laisser un ami, encore moins un étranger, conduire votre voiture, manger la moitié de votre crème glacée au chocolat ou prendre votre place dans votre fauteuil préféré?

LES COUPS

«Mon bébé fait partie d'un groupe de jeu avec quelques enfants à peine plus vieux que lui. Certains d'entre eux donnent des coups lorsque les choses ne se passent pas comme ils le désirent, et mon fils à commencé à faire de même. Comment devrais-je réagir à cela?»

Le crochet droit d'un jeune enfant porte rarement assez fort pour causer des dommages réels; bébé ne risque pas de revenir du terrain de jeu avec un oeil amoché. Cependant, le seul fait que les coups donnés par un bébé blessent rarement ne signifie pas qu'il faille lui permettre de continuer. Bien qu'un enfant de moins de deux ans peut être incapable de comprendre que les autres ont des sentiments (il est le seul à en avoir dans son univers), il peut comprendre que les coups sont inacceptables.

Lorsque votre enfant donne des coups, mord ou montre un comportement agressif indésirable, réagissez immédiatement, fermement et calmement. La colère risque-

rait de le mettre sur la défensive et de provoquer des comportements encore plus agressifs. Le frapper ou lui donner la fessée ne servirait qu'à lui enseigner que la violence est une manière appropriée d'exprimer sa colère. Le fait de réagir excessivement à l'incident l'encouragera probablement à répéter son geste afin d'avoir plus d'attention. Emmenez votre enfant loin de la situation de conflit pendant que vous lui expliquez qu'il est mal de frapper les gens. Une fois que vous aurez terminé de le reprimander, distrayez-le pour changer de sujet. Utilisez cette approche aussi souvent que vous le jugerez nécessaire, et il finira éventuellement par comprendre.

D'ici là, veillez à ce que les séances de jeu avec d'autres enfants soient toujours surveillées de très près, car il y a un certain risque à ce qu'un enfant se serve de quelque chose de plus dangereux que son seul poing pour frapper. Les coups de pieds, les coups donnés avec un jouet, une pierre ou un bâton peuvent blesser gravement.

L'OUBLI D'UNE APTITUDE ACQUISE

«Le mois dernier, mon bébé faisait sans cesse au revoir de sa petite main mais, à présent, on dirait qu'il a oublié comment s'y prendre. Je croyais que son développement devait aller en s'améliorant, pas en régressant.»

Il s'améliore *effectivement* du point de vue de son développement, dans d'autres domaines. Il est très commun pour bébé de chercher à perfectionner une aptitude presque continuellement pendant quelque temps — pour son grand plaisir et celui des autres — et alors, une fois qu'il l'a maîtrisée, de la mettre de côté pendant qu'il relève un nouveau défi. Bien que bébé se soit fatigué de son vieux truc pour dire au revoir de la main, il y a de bonnes chances pour que les nouveaux trucs qu'il pratique maintenant l'excitent au plus haut point; peut-être aime-t-il japper chaque fois qu'il aperçoit un animal à quatre pattes, jouer à cache-cache ou taper des mains. Une fois que ces nouvelles activités perdront leur nouveauté, bébé s'en désintéressera temporairement, comme de tout le reste. Plutôt que de vous inquiéter de ce que bébé semble avoir oublié, concentrez-vous sur les nouvelles aptitudes qu'il s'occupe à développer et encouragez-le autant que possible.

Il n'y a lieu de vous inquiéter que si bébé devient subitement incapable d'exécuter plusieurs choses qu'il réussissait auparavant, et s'il n'apprend plus rien de nouveau. Si c'est le cas, parlez-en au médecin.

UNE PERTE D'APPÉTIT

«Tout d'un coup, mon bébé a perdu tout intérêt pour ses repas. Il ne fait que picorer dans son assiette et ne tient pas sur sa chaise tant il est impatient d'en descendre. Se pourrait-il qu'il soit malade?»

Mère Nature lui a probablement imposé un régime de maintenance. Parce que s'il continuait à manger de la même manière qu'il a mangé durant sa première année de vie et continuait à prendre du poids au même rythme, il ressemblerait davantage à une petite mongolfière plutôt qu'à un jeune enfant. La plupart des bébés triplent leur poids de naissance durant la première année. Au cours de la deuxième année, ils ajoutent à cela seulement environ un quart de leur poids. Aussi, une baisse d'appétit maintenant est le moyen que prend le corps de bébé pour assurer cette baisse normale de gain de poids.

D'autres facteurs peuvent également affecter les habitudes alimentaires de bébé actuellement. L'un de ces facteurs est l'accroissement de son intérêt pour le monde extérieur. Durant presque toute sa première année, les heures des repas — dans les bras de maman ou dans la chaise haute — furent les hauts lieux de son existence. À présent, elles représentent une interruption peu appréciée par l'enfant, qui préférerait se consacrer à ses activités préférées. Il y a tant de choses à faire, tant d'endroits à visiter, tant de tours à jouer, et les journées sont si courtes!

L'indépendance qui émerge peut également influencer la réaction d'un enfant à la nourriture qu'on lui offre. Un bébé vivant l'angoisse de devenir un jeune enfant peut décider que c'est lui, et non vous, qui devrait arbitrer le repas à la table. De grands sauts éclectiques dans ses goûts pourraient devenir la règle : du beurre d'arachide sur tout pendant une semaine, par exemple, puis le rejet systématique de tout ce qui pourrait ressembler vaguement au beurre d'arachide la semaine suivante. Il est préférable d'accepter le menu dictatorial de bébé (du moment que ce qu'il choisit est nutritif) que de vous y opposer. Éventuellement, ses excentricités alimentaires diminueront.

Il se peut que bébé ne mange pas parce qu'il n'apprécie guère d'être assis dans la chaise haute; si c'est le cas, essayez de l'asseoir à la table familiale dans une chaise ajustable. Peut-être ne peut-il pas rester assis tranquille aussi longtemps que le reste de la famille; dans ce cas, ne le placez pas dans sa chaise avant que sa nourriture ne soit servie, et libérez-le dès qu'il commence à s'agiter.

Certains bébés perdent leur appétit temporairement pendant une poussée de dents, surtout lorsque les premières molaires percent. Si la perte d'appétit de bébé s'accompagne d'irritabilité, s'il se mord les doigts ou s'il montre d'autres symptômes attribuables aux dents, soyez assurée que cela disparaîtra dès que l'inconfort s'estompera. Toutefois, si la perte d'appétit devait s'accompagner de signes de maladie, comme de la fièvre, de l'apathie ou de la fatigue, consultez le médecin. Demandez également l'avis du médecin s'il cesse de prendre du poids tout en paraissant amaigri, faible, apathique et irritable, ou si ses cheveux sont particulièrement secs et cassants et que sa peau semble sèche et sans couleur.

Bien qu'il n'y ait rien que vous puissiez faire (ou devriez faire) pour une perte d'appétit résultant d'un ralentissement normal dans la croissance de bébé, il y a des moyens de vous assurer qu'il mange ce dont il a besoin pour croître (voir ci-après).

BÉBÉ REÇOIT UNE NUTRITION ADÉQUATE

«J'ai peur que mon bébé ne consomme pas assez de protéines ou de vitamines, parce qu'il refuse de manger de la viande et des légumes.»

Les parents peuvent s'imaginer qu'un enfant d'un an mangeant sporadiquement et capricieusement ne peut absolument pas aller chercher ses «douze secrets» en éléments nutritifs dans la nourriture qu'il consomme au compte-gouttes dans une journée. Toutefois, puisque les besoins nutritionnels d'un enfant d'un an sont minimes, il y arrive facilement. Ces éléments nutritifs ne proviennent pas seulement des produits les plus évidents (les protéines dans la viande et le poisson, la vitamine A dans les épinards), ils proviennent également de sources insoupçonnées et incroyablement délicieuses.

■ Les protéines. Bébé peut consommer une quantité adéquate de protéines sans jamais toucher à la viande, à la volaille ou au poisson. Fromage cottage, fromages fermes,

lait, lait frappé, yogourt, oeufs, céréales et pains aux grains entiers, germes de blé, fèves et pois séchés, pâtes alimentaires (surtout les variétés protéinées), tous ces produits contiennent des protéines. Vous comblerez les exigences des «douze secrets quotidiens» avec 2 2/3 tasses de lait et 2 tranches de pain ou 2 tasses de lait et 30 g (1 oz) de fromage suisse ou 1 tasse de lait, 1 tasse de yogourt, 1 bol de gruau et 1 tranche de pain de blé entier ou 1 tasse de lait, 1/4 tasse de fromage cottage, 1 bol de céréales d'avoine et 2 tranches de pain.

Si bébé n'aime pas les aliments protéinés nature, essayez un petit tour de passe-passe. Préparez des crêpes avec du lait écrémé en poudre, des oeufs et germes de blé; du pain doré avec du pain de grains entiers, des oeufs et du lait; des crèmes de poisson avec du poisson et des oeufs; des nouilles riches en protéines avec du fromage râpé. Voir les recettes du Tome II et les combinaisons de légumes et de protéines pour jeunes enfants à la page 463.

■ Les vitamines végétales. Vous pouvez servir toutes les vitamines des légumes sous divers déguisements attrayants : muffins à la citrouille, gâteaux aux carottes, pâtes nappées de sauce aux tomates et au brocoli, crêpes de légumes, légumes gratinés ou plat de nouilles au fromage. Plusieurs des aliments favoris, incluant le cantaloup, les mangues, les pêches jaunes et les patates douces, procurent les vitamines que l'on retrouve dans les légumes verts feuillus et les légumes jaunes. Voir la liste des légumes verts feuillus, des légumes jaunes et des fruits jaunes pour obtenir plus d'informations sur les sources de vitamines. Essayez les recettes du Tome II.

Pensez toujours à ces quelques conseils lorsque vous nourrissez bébé :

Laissez-vous guider par l'appétit de bébé. Laissez-le manger copieusement lorsqu'il a faim et laissez-le picorer quand son appétit est à la baisse. Ne le forcez jamais. Aiguisez son appétit pour les repas en limitant les collations.

Évitez les gâteries. Même de petites quantités de calories vides (sucreries, fritures, grains raffinés) peuvent combler la faim de bébé, ne laissant aucune place aux aliments nutritifs dont il a besoin. Alors limitez ce genre de nourriture tabou qui n'offre rien d'autre qu'un ventre plein.

Ne laissez pas tomber. Le seul fait que bébé refuse de manger sa viande (son poulet ou son poisson) et ses épinards (son brocoli ou ses carottes) aujourd'hui, ne signifie pas qu'il ne les mangera pas demain. Mettez-les régulièrement à sa portée sur la table sous diverses formes mais ne le forcez pas à les manger. Un de ces jours, il pourrait vous étonner en se servant lui-même.

Même s'il ne devait rien boire d'autre dans toute sa journée que du jus d'orange, du lait, du jus de pommes et de l'eau, et ne devait manger que des céréales avec des bananes, des muffins à la citrouille, du cantaloup, des crêpes, du pain avec du fromage, et ne prenait qu'un supplément de vitamines et de minéraux, vous aurez la satisfaction de savoir que bébé a consommé ses «douze secrets quotidiens».

UN APPÉTIT ACCRU

«Je croyais qu'un enfant d'un an devait forcément connaître une baisse d'appétit. Je crois plutôt que l'appétit de mon bébé a augmenté substantiellement. Il n'est pas gros, mais je ne peux m'empêcher de craindre qu'il ne le devienne s'il continue à manger à ce rythme.»

Il mange probablement plus parce qu'il boit moins. Les bébés que l'on vient tout juste de sevrer totalement, ou presque totalement, du sein ou du biberon pour les faire boire à la tasse prendront forcément moins de leur consommation quotidienne de calories dans le lait et les autres liquides et pourraient compenser en augmentant leur consommation de solides. Bien qu'il puisse vous sembler que votre enfant consomme plus de calories, il en prend probablement le même nombre ou moins, mais sous forme différente. Il se peut également qu'il mange plus à cause d'une poussée de croissance ou parce qu'il est devenu plus actif — peut-être parce qu'il marche beaucoup — et que son corps a besoin d'un surplus de calories.

Les bébés en santé, lorsqu'on leur permet de manger selon leur appétit, grand ou petit, continuent de croître à un rythme normal. Si les courbes de poids et de taille de bébé prennent soudainement des tangentes contraires, nul besoin de vous inquiéter du fait qu'il mange trop. Portez une plus grande attention à la qualité de ce qu'il mange, plutôt qu'à la quantité; veillez à ce que ce bel appétit ne soit pas gaspillé avec des aliments aux qualités nutritives frivoles et que son alimentation ne soit pas composée de produits riches en matières grasses qui pourraient mener à l'obésité. Soyez également attentive à sa motivation à manger. Par exemple, s'il semble manger par ennui, plutôt que pour combler sa faim, vous pouvez régler cette situation en veillant à ce qu'il puisse s'occuper activement hors de la cuisine entre les repas (voir page 349 pour découvrir des trucs visant à contrôler les collations). Enfin, si vous croyez qu'il trouve dans la nourriture une gratification émotive, veillez à lui procurez assez d'attention et de marques d'affection.

BÉBÉ REFUSE DE SE NOURRIR SEUL

«Je sais que mon fils est tout à fait capable de se nourrir lui-même, il l'a déjà fait

à plusieurs reprises. À présent, il refuse absolument de tenir son biberon, de prendre une tasse dans ses mains ou de tenir une cuillère.»

Pour bébé, le terrible combat intérieur entre le désir de grandir et celui de rester bébé vient tout juste de commencer. Pour la première fois, il peut satisfaire par lui-même l'un de ses besoins, mais il n'est pas certain de le vouloir vraiment, si cela signifie de laisser tomber le rôle sécurisant et douillet de bébé. Instinctivement, il sent que s'il devenait moins bébé, vous deviendriez moins maman.

Ne forcez pas bébé à grandir trop vite. Quand il veut manger seul, laissez-le s'exécuter. S'il désire que vous le nourrissiez, faites-le. La grande fille ou le grand garçon triomphera éventuellement du bébé, si vous les laissez suivre le cours naturel des choses. Le conflit intérieur reviendra cependant de façon récurrente à chaque étape de son développement jusqu'à l'âge adulte. D'ici là, offrez-lui toutes les occasions de s'autosuffire : mettez le biberon, la tasse et la cuillère à sa disposition, sans insister pour qu'il s'en serve. Offrez-lui souvent de la nourriture qui peut se manger avec les doigts, aux repas tout comme à l'heure de la collation. Peu d'enfants de cet âge sont réellement compétents avec une cuillère, et la plupart se risqueront à se nourrir eux-mêmes avec les cinq ustensiles qui sont convenablement attachés à leur petit poignet.

Quand il se décide à manger seul, renforcez sa décision en restant près de lui pour l'encourager du mieux que vous le pourrez, pour le féliciter et, surtout, pour le rassurer par votre attention. Il a besoin de savoir que renoncer à ce que vous le nourrissiez ne signifie pas renoncer à maman.

IMPRÉVISIBILITÉ

«Mon bébé n'arrive pas à se décider sur ce qu'il désire. À certains moments, il me suit partout dans la maison, s'accrochant à mes jambes alors que je m'occupe à des travaux ménagers, et la minute suivante, il tente de s'échapper, alors que j'ai pris la peine de m'asseoir pour l'étreindre.»

Bébé ne souffre pas de schizophrénie, c'est un enfant d'un an normal. Comme le bébé qui refuse de s'auto-alimenter, il est déchiré entre le désir d'indépendance et la crainte de payer trop cher pour cette indépendance. Lorsque vous vous occupez d'autre chose, surtout si vous vous déplacez à une telle vitesse qu'il n'arrive pas à vous suivre, il craint de perdre son ascendant sur vous et l'amour, le soutien, le réconfort et la sécurité que vous représentez. Aussi réagit-il en se collant à vous. D'un autre côté, lorsque vous vous libérez pour vous occuper de lui, bébé peut jouer à l'enfant difficile à attraper et tester son indépendance dans la sécurité de votre présence.

À mesure qu'il se sentira plus à l'aise avec son indépendance et plus en sécurité quand au fait que vous resterez sa maman — peu importe à quel point il grandira — vous remarquerez qu'il s'accrochera moins à vous. Ce dédoublement de personnalité se manifestera répétitivement au cours des prochaines années, probablement même lorsqu'il sera parent à son tour. (Ne souhaitez-vous pas parfois redevenir la petite fille à maman, ne serait-ce que pour un court moment, tout en sachant qu'elle n'interviendra pas trop dans votre vie?)

D'ici là, vous pouvez aider bébé à bien grandir en l'aidant à se sentir en sécurité. Si vous pelez des carottes dans la cuisine et que bébé se tient près de la cloison de la salle de séjour, bavardez avec lui, cessez votre activité de temps en temps pour lui rendre une petite visite, ou invitez-le à vous donner un coup de main, en installant sa chaise haute près de l'évier, par exemple, et en lui donnant quelques carottes et une brosse à légumes. Encouragez-le et applaudissez ses nouveaux pas vers l'indépendance. Soyez patiente et compréhensive lorsqu'il fait un faux pas et s'empresse de retrouver la consolation de vos bras.

Soyez également réaliste en ce qui a trait au temps que vous pouvez humainement lui consacrer pour répondre à ses demandes. Il y aura des moments où vous devrez le laisser s'accrocher à vos pieds en pleurant, alors que vous dressez la table pour le repas, et des moments où vous ne pourrez lui offrir que des bribes d'attention, alors que vous serez occupée à calculer votre budget. Il importe tout autant que bébé sache que les autres personnes — vous incluse — ont également des besoins, que de savoir que vous l'aimerez toujours et que vous serez toujours là pour combler ses besoins.

UNE PEUR ACCRUE DE LA SÉPARATION

«Nous avons déjà laissé notre bébé à une gardienne avant aujourd'hui. Maintenant, il devient terriblement capricieux s'il voit que nous nous préparons à sortir, et nous nous sentons très coupables.»

C'est exactement ce qu'il cherche. Après son désir de vous inciter à changer complètement d'idée et à rester à la maison, son objectif premier est de vous faire sentir coupables de sortir. Quoique vous devriez continuer à faire preuve de compréhension, malgré ses tentatives désespérées pour manipuler maman et papa, vous devriez également essayer de ne pas le laisser vous manipuler. Une recrudescence de la peur de la séparation est normale à ce stade de son développement et résulte rarement de ce que les parents ont pu faire ou ne pas faire, comme beaucoup de parents

aux prises avec ce problème ne le craignent. Ceci est dû en partie au fait que votre enfant a maintenant une bien meilleure mémoire. Il se souvient de ce que cela veut dire lorsque vous enfilez vos manteaux, que vous prenez votre sac à main et que vous partez sans lui, et il est capable de se douter que vous serez absents pour un temps indéfini, lorsque vous quittez la maison. Effectivement, si vous ne l'avez pas souvent laissé en compagnie d'une gardienne par le passé, il peut craindre que vous ne reveniez plus.

Bien que le sentiment de culpabilité que bébé a réussi à inculquer à ses parents avant leur départ puisse les habiter toute la soirée, les démonstrations affectées qui ont provoqué ces sentiments cessent généralement dès que la porte se referme sur eux et que bébé réalise qu'il continuerait en vain sa petite comédie.

Pour minimiser la contrariété de bébé et votre culpabilité, et pour qu'il s'adapte le mieux possible au fait de rester avec une gardienne, suivez ces conseils avant de sortir :

■ Assurez-vous que la gardienne choisie ne sera pas seulement fiable, mais aussi compréhensive, patiente, réceptive et affectueuse, même si bébé devenait très difficile.

■ Demandez à la gardienne d'arriver au moins quinze minutes avant l'heure prévue pour votre départ (plus tôt si c'est la première fois qu'elle garde bébé), de sorte qu'ils puissent tous les deux s'engager dans une activité (dessiner, regarder une émission de télévision pour enfants, regarder par la fenêtre, jouer avec des blocs, mettre une poupée au lit), alors que vous vous affairez encore dans la maison. Ne vous inquiétez pas si bébé refuse de communiquer avec la gardienne pendant que vous êtes encore là. C'est un enfant perspicace qui tient à signifier à ses parents qu'il n'acceptera pas de substitut. Quand vous serez partis, il cédera fort probablement à ses avances.

- Informez bébé de votre départ à l'avance. Si cette fois-ci vous essayez d'éviter une scène en vous échappant alors qu'il ne regarde pas, il pourrait commencer à craindre que vous ne le quittiez sans avertissement à tout moment, et réagir en devenant excessivement attaché à vous. Informez-le plutôt de votre intention de sortir, dix à quinze minutes avant votre départ. Donnez-lui plus de temps et il pourrait oublier; moins et il n'aura pas la chance de s'adapter.

- Instaurez un joyeux rituel lorsque vous sortez. Faites-lui une étreinte et donnez-lui un baiser de vous deux. Ne prolongez pas les adieux et ne soyez pas exagérément sentimentaux. Gardez le sourire, même si bébé est en larmes, et laissez-lui voir que vous considérez cela tout à fait normal. S'il y a une fenêtre, il peut vous regarder partir; demandez à la gardienne de le tenir derrière la vitre de sorte que vous puissiez le saluer de la main.

- Si bébé pleure lorsque vous quittez la maison, réconfortez-le. Plutôt que de lui dire de faire le grand et de ne pas pleurer, expliquez-lui que vous comprenez qu'il s'ennuiera de vous et que vous vous ennuierez de lui, vous aussi.

- Assurez-lui que vous reviendrez. «À plus tard, petit léopard» est une petite phrase courte qu'il pourra commencer à associer avec le fait que vous quittez la maison et que vous y reviendrez. Un de ces jours, il pourrait même répondre joyeusement par «À demain matin, mon lapin.»

Si bébé hurle pendant toute la durée de votre absence, il se pourrait que vous n'ayez pas choisi la bonne gardienne, que vous ne soyez pas assez attentifs à bébé et pas assez rassurants lorsqu'il est avec vous, ou que vous deviez lui donner plus de temps pour s'adapter à vos sorties. Dans ce dernier cas, commencez en laissant bébé

avec quelqu'un qu'il connaît bien, quinze minutes à la fois, à plusieurs reprises. Une fois qu'il sait que vous reviendrez, il pourrait se sentir assez à l'aise avec ces courtes absences pour accepter de plus longues sorties. Augmentez la durée de vos sorties de quinze minutes à la fois, jusqu'à ce que vous puissiez vous absenter pendant plusieurs heures d'affilée.

LANGAGE NON VERBAL

«Notre petit bébé dit très peu de mots, mais il semble avoir développé un système de langage par les signes. Est-ce possible qu'il entende mal?»

Ce n'est sans doute pas que bébé entende mal, mais plutôt qu'il est un petit débrouillard. Du moment que votre enfant essaie de comprendre ce que vous dites et qu'il tente d'imiter les sons, même sans succès, son audition est presque certainement normale. Qu'il utilise le langage des signes ou d'autres façons plus primitives pour exprimer ses besoins et ses pensées (comme les grognements), c'est simplement une manière inventive de venir à bout d'un handicap temporaire : un vocabulaire compréhensible limité. À cet âge, certains enfants éprouvent tout bonnement plus de difficultés à former des mots que d'autres. Pour plusieurs, les difficultés durent toute la période préscolaire et parfois même jusqu'à la maternelle ou la première année. Il peuvent dire «biande» pour «viande» ou «bousse» pour «bouche» alors que la plupart des enfants de leur âge s'expriment clairement.

Pour compenser leur inaptitude à communiquer verbalement, plusieurs de ces enfants développeront leur propre forme de langage. Quelques-uns, comme votre enfant, ont de la facilité à parler avec leurs mains. Ils pointent du doigt ce qu'ils veulent et repoussent ce qu'ils ne veulent pas. Un signe de la main signifie au revoir, un doigt pointé vers le haut veut dire en haut, un doigt vers le bas veut dire en bas. Il peuvent aboyer pour signaler un chien, toucher leur nez pour dire «éléphant» ou leurs oreilles pour dire «lapin». Certains murmurent des chansons pour communiquer : «Dodo l'enfant do», lorsqu'ils ont sommeil, «Goutte, gouttelette de pluie», lorsqu'il pleut, le thème de Passe-Partout lorsqu'ils désirent regarder la télévision.

Puisque cela prend énormément de créativité et un désir très fort de communiquer — deux bonnes qualités à cultiver —, vous devriez faire de votre mieux pour décoder le langage spécial de votre enfant et pour lui montrer que vous le comprenez. N'oubliez pas que le but ultime est le vrai langage. Lorsqu'il murmure une berceuse, dites : «Veux-tu aller au lit?» Lorsqu'il pointe le lait du doigt, répondez : «Tu aimerais un verre de lait? D'accord.» S'il touche ses oreilles quand il aperçoit un lapin dans son livre d'histoires, répliquez : «Très bien. C'est un lapin. Un lapin a de longues oreilles.»

Cependant, s'il ne semble pas vous entendre lorsque vous l'appelez, que vous vous teniez derrière lui ou dans une autre pièce, ou s'il semble ne pas comprendre des ordres simples, alors vous devriez demander au médecin d'évaluer son audition.

LES GENRES DIFFÉRENTS

«Nous faisons de réels efforts pour ne pas élever notre enfant de manière sexiste. Nous constatons que malgré tous les efforts que nous déployons, nous n'arrivons pas à convaincre notre fils de onze mois à s'intéresser aux poupées; il préfère les lancer contre le mur.»

Vous faites la même découverte que beaucoup de parents bien intentionnés, déterminés à ne pas façonner leur rejeton sur des stéréotypes sexuels préfabriqués, ont faite bien avant vous. L'heure de l'égalité des sexes a enfin sonné mais la similitude sexuelle est un concept qui ne viendra jamais, du moins aussi longtemps que Mère Nature aura son mot à dire dans cette affaire. Garçons et filles, semble-t-il, sont, pour une grande part, façonnés dans la matrice, et non dans la salle de jeu ou le parterre.

Les scientifiques croient maintenant que les différences entre les sexes commencent dans l'utérus, lorsque les hormones sexuelles comme la testostérone et l'estradiol commencent à se reproduire. Les foetus mâles reçoivent plus des premières et les foetus femelles plus des dernières. Apparemment, ceci contribue à établir certaines différences dans le développement du cerveau, ainsi que des forces et des approches différentes de la vie.

Bien que les scientifiques doivent pousser beaucoup plus loin leurs recherches avant de pouvoir établir précisément toutes les différences, nous connaissons déjà quelques-unes de ces différences qui existent dès la naissance. Avant même leur sortie du centre hospitalier, les filles peuvent fixer les visages plus longtemps, surtout les visages qui parlent. Les filles réagissent plus au toucher, à la douleur, au bruit; les garçons réagissent plus aux stimuli visuels. Les filles sont plus sensibles, mais plus facilement calmées et réconfortées; les garçons sont portés à pleurer plus et sont plus irritables. Évidemment, ces différences s'appliquent à des groupes de garçons et de filles, et non à des individus; certaines filles peuvent avoir des traits plus masculins que certains garçons, et des garçons peuvent avoir des traits plus féminins que certaines filles.

On s'aperçoit également très tôt que les garçons ont une masse musculaire plus importante, des poumons et un coeur plus gros, et qu'ils sont moins sensibles à la douleur. Les filles ont plus de graisse corporelle, la forme de leur bassin diffère et l'oxygène se transforme différemment dans leurs muscles, leur donnant moins de résistance que les garçons, plus tard dans leur vie. Toutefois, les bébés filles ne sont définitivement pas le sexe le plus faible car, dès le début, elles ont une meilleure santé et plus de hardiesse que les garçons.

À mesure que le développement physique progresse, il devient clair que la plupart des garçons sont physiquement plus actifs que la plupart des filles. En général, les filles montrent plus d'intérêt pour les gens, les garçons pour les objets, ce qui expliquerait peut-être pourquoi les filles aiment les poupées et les jeux de déguisements, alors que les garçons préfèrent les voitures et les camions de pompiers. Les filles acquièrent l'aptitude au langage plus tôt et plus rapidement, peut-être parce que, résultant de l'environnement hormonal dans l'utérus, les deux hémisphères de leur cerveau sont de grosseur égale et fonctionnent en harmonie. Les garçons, de leur côté, sont meilleurs dans les tâches demandant des aptitudes spatiales et mécaniques, peut-être parce que leur hémisphère droit est plus développé que le gauche. Aussi est-il intéressant de constater que les garçons sont aussi gentils que les filles, même lorsque ce sont des bébés, et que les filles ne sont pas moins craintives que les garçons, quoiqu'elles puissent exprimer leurs peurs plus promptement, ce qui est probablement un trait appris.

Dès que les enfants commencent à jouer avec d'autres (à cet âge, ils s'amusent plutôt en parallèle), il apparaît clairement qu'en général les garçons sont beaucoup plus agressifs physiquement et verbalement, alors que les filles sont plus obéissantes. Les garçons aiment les jeux d'équipe, les filles préfèrent les jeux individuels. À l'école, les filles continuent d'exceller dans tout ce qui se rapporte au langage (épellation, compréhension de la lecture, vocabulaire, écriture créative) et les garçons excellent dans les aptitudes spatiales (perception de la profondeur, solution de problèmes géométriques et de labyrinthes, lecture de cartes) et dans les mathématiques durant l'adolescence, quoique l'on ne sache pas exactement si c'est le résultat de la nature ou de l'instruction. Les filles ont tendance à devenir matures plus tôt, bien qu'il puisse y avoir un certain chevauchement.

Les différences émotionnelles et psychologiques deviennent plus évidentes à mesure que les enfants grandissent. Les garçons sont plus vulnérables psychologiquement. Ils risquent, par exemple, d'avoir plus de difficultés à traverser le divorce des parents. Le développement moral semble également différer : les garçons portent des jugements moraux sur la base de la justice et de la loi, alors que les filles les portent sur une base affective.

Est-ce que le fait que les filles se passionnent pour les poupées alors que les garçons préfèrent les camions signifie que leurs destins soient déterminés à l'avance? Partiellement, oui. Les filles grandiront pour devenir des femmes et les garçons pour devenir des hommes. Une grande part de leurs attitudes dépendront des attitudes de leurs parents et de l'exemple qu'ils donnent. Vous pouvez élever des enfants qui n'émettront pas de points de vue sexistes, qui respecteront autant les hommes que les femmes, qui apprécieront le genre dont ils ont hérité à la naissance, qui choisiront leurs rôles futurs, non sur la base de stéréotypes, mais sur la base de leurs forces et de leurs désirs personnels. Ces conseils vous aideront à rencontrer ces objectifs :

■ Souvenez-vous que le fait qu'il existe des différences innées entre mâles et femelles ne veut absolument pas dire qu'un sexe soit de quelque façon meilleur ou pire, plus fort ou plus faible. Les différences sont enrichissantes, la similitude enlève toute valeur. Transmettez cette attitude à vos enfants.

■ Traitez vos enfants comme des individus. Alors qu'en groupes les hommes possèdent plus de muscles et sont plus
agressifs que les femmes, il y a des femmes plus musclées et plus agressives que
certains hommes. Si vous avez une fille
avec plus de traits mâles ou un fils avec
plus de traits femelles, ne les réprimandez
pas et ne les dépréciez pas. Acceptez,
aimez et appuyez votre enfant tel qu'elle
est ou tel qu'il est[5].

◙ Modifiez les extrêmes. Accepter votre
enfant comme il est ne signifie pas de ne
jamais vous servir de votre bon sens pour
procéder à quelques modifications. Si un
enfant agit d'une manière exagérément
agressive, vous devriez lui enseigner à calmer son agressivité. D'un autre côté, s'il
agit trop passivement, vous pouvez l'encourager à avoir plus d'audace.

◙ Choisissez les jouets non parce que vous
essayez de briser ou d'inculquer un sté-
réotype, mais plutôt parce que vous croyez
sincèrement qu'ils amuseront votre enfant
tout en lui apportant certains bienfaits. Si
un enfant se sert d'un jouet différemment
de ce à quoi vous vous attendiez (garçons
et filles se serviront du même jouet de
manières différentes, et même ceux du
même sexe l'utiliseront de diverses manières), acceptez-le.

■ Ne tombez pas inconsciemment dans les
pièges sexistes. Ne dites pas à votre jeune

enfant en sanglots de ne pas pleurer parce
qu'il est un garçon, pour ensuite vous
empresser de réconforter sa petite soeur en
larmes. Ne limitez pas vos compliments à
votre fillette à des «Oh! que tu es jolie!»
et à votre petit garçon à des «Oh! comme
tu es fort!» ou «Oh! quel grand garçon!»
Autant que possible, dites ces choses dans
les moments appropriés. Félicitez également un garçon gentil pour sa petite soeur,
et félicitez une fille qui lance un ballon.
Ne le faites pas parce que vous désirez
intervertir les rôles sexuels de vos enfants
— ce n'est pas votre but — mais parce que
la personnalité d'un enfant comprend plusieurs facettes et que toutes ont besoin
d'encouragements.

■ Essayez d'éviter de porter des jugements
de valeur ayant trait à différents types de
talents ou de rôles humains. Par exemple,
si vous donnez à vos enfants l'impression
que de s'occuper des enfants est un travail
méritant peu de respect, ni les garçons ni
les filles ne lui accorderont de valeur, une
fois adultes. Si vous leur inculquez l'idée
que le travail de bureau est plus valorisant
que le rôle de parent à temps plein ou que
le travail dans un autre genre d'environnement, ils n'accorderont aucune valeur à
ces derniers choix non plus.

■ Répartissez les tâches familiales en
regard des habiletés, des intérêts et du
temps de chacun, plutôt qu'en vous basant
sur des stéréotypes préconçus ou de
manière à briser de tels stéréotypes. Cela
signifie que la personne qui cuisine le
mieux devrait préparer la plupart des repas
(l'autre partenaire pourrait laver la vaisselle et nettoyer la table et le comptoir),
et que le meilleur teneur de livres devrait
s'occuper du budget. Si l'un des parents
remplit un emploi lui demandant moins de
temps ou qu'il ne travaille pas du tout à
l'extérieur, il devrait consacrer plus de
temps à ses enfants, alors que l'autre
parent devrait avoir comme priorité de passer du temps avec eux lorsque cela est pos-

---

5. Les garçons qui montrent des traits de caractère
féminins tôt dans leur enfance, qui aiment jouer avec
les poupées et qui évitent les sports rudes, sont plus
susceptibles de devenir homosexuels plus tard, si leurs
parents (surtout le père) essaient de les forcer à «être
un homme», soit en les taquinant, en leur retirant leur
affection ou en leur affligeant des punitions corpo-
relles. Ces garçons deviennent aliénés par leurs
parents et, selon les conjonctures, peuvent même
éprouver une réelle soif d'amour mâle et rechercher
la compagnie des hommes lorsqu'ils deviennent des
adultes. Si un enfant semble vraiment malheureux
avec ses attributs sexuels et qu'il n'apprécie guère
de jouer avec d'autres enfants du même sexe, une consultation professionnelle pourrait s'avérer judicieuse.

sible. Les tâches dont personne ne veut s'acquitter pourraient s'exécuter en rotation, réparties selon une entente, ou laissées à l'impulsion du moment («Chéri, pourrais-tu sortir les sacs de déchets, s'il te plaît?»). Cette dernière méthode pourrait cependant échouer lamentablement, à moins d'être menée de main en maître (par exemple, si personne ne sort les déchets).

▪ Donnez l'exemple. Décidez quelles qualités, tant masculines que féminines, vous et votre mari valorisez le plus, et essayez de les cultiver en vous-mêmes tout comme chez vos enfants. Soyez un modèle des rôles que vous souhaitez que vos enfants adoptent. Donner des poupées à un petit garçon dans l'espoir qu'il jouera avec des poupées peut s'avérer beaucoup moins efficace pour lui enseigner à protéger les enfants, que de lui donner un père lui-même protecteur. Donner une balle et un bâton à une petite fille peut s'avérer beaucoup moins efficace pour l'encourager à développer ses aptitudes physiques, que d'offrir en exemple une mère qui s'adonne chaque jour à son exercice de course à pied. Les jeunes enfants développent leur identité sexuelle en partie par leurs jeux avec les autres enfants du même sexe et, en partie, en s'identifiant à leur parent du même sexe. Si vous n'êtes pas certains de vos rôles sexuels, il se pourrait que vos enfants ne le soient pas non plus.

DE LA COUCHETTE AU LIT D'ENFANT

«Nous aurons un deuxième bébé dans six mois. Quand et comment devrions-nous transférer notre premier enfant de la couchette au lit?»

Si oui ou non votre premier enfant est prêt pour un lit dépend plus de son âge et de sa taille que de la venue d'un nouveau bébé. La règle généralement acceptée est de vérifier si un enfant mesure environ 92 cm (36 po) et peut grimper hors de sa couchette sans aide. À ce moment, il est prêt pour un lit. Certains enfants particulièrement agiles peuvent descendre d'une couchette avant d'avoir atteint 92 cm; d'autres, moins aventureux, ne tenteront même jamais l'expérience.

Si vous sentez que votre enfant n'est pas tout à fait prêt pour un lit et qu'il se pourrait même qu'il ne le soit toujours pas au moment de la naissance du nouveau bébé, achetez-lui une nouvelle couchette pouvant se convertir en lit d'enfant. De cette façon, vous pourrez le transférer dans sa nouvelle couchette maintenant, de sorte qu'il n'ait pas l'impression que l'autre bébé lui vole sa place plus tard. Dès qu'il rencontrera les exigences pour le lit d'enfant ou qu'il vous paraîtra assez mature, vous n'aurez qu'à convertir sa couchette en lit. Préparez-vous toutefois à ce qu'il descende de son lit au beau milieu de la nuit. En laissant sa porte close ou clôturée, assurez-vous que sa chambre reste tout aussi sécuritaire pendant la nuit que pendant le jour, exempte de dangers comme une fenêtre ouverte ou un ventilateur électrique à portée de ses petites mains. Si vous craignez de ne pas l'entendre de votre chambre, installez un interphone qui vous signalera toute activité dans sa chambre. Pour les dormeurs agités portés à tomber du lit, un rebord escamotable serait une excellente précaution.

Si bébé ne peut pas comprendre, expliquez-lui que vous allez lui acheter un nouveau lit spécial. Ajoutez : «Le bébé ne sera pas capable de dormir dedans, parce que c'est un lit pour un grand enfant.» Si possible, faites-le participer au choix de son nouveau lit ou, si vous prévoyez le transférer dans un lit que vous possédez déjà, permettez-lui de choisir les nouveaux draps et les nouvelles couvertures. Transformez ce déménagement en occasion spéciale, en lui offrant une poupée ou un jouet neuf, emballé comme si c'était sa fête, avec lequel il pourra jouer dans son nouveau lit. Décorez peut-être aussi sa chambre de quelques décorations adaptées à son âge, tout cela présenté cérémonieusement. Idéalement, vous ne démonterez pas sa couchette avant quelques semaines et ne la préparerez pas avant l'arrivée du nouveau bébé ou, du moins, pas plus de deux semaines à l'avance. De cette manière, l'enfant plus âgé se sentira moins directement déplacé. Les premières semaines, le nouveau bébé peut dormir dans un landau, un berceau ou un moïse, ce qui donnerait à votre plus vieux plus de temps pour s'adapter au changement. Quand le temps sera venu d'enlever la couchette, expliquez-lui qu'il faut préparer la couchette pour l'arrivée du nouveau petit bébé («Te souviens-tu quand tu étais bébé et que tu dormais dans la couchette?»). Ne lui demandez pas sa permission pour vous en servir; s'il répond «non», vous aurez un grave problème. Demandez-lui de vous aider à attacher quelques jouets à la couchette pour le bébé, et peut-être de vous aider à choisir quelques peintures ou autres décorations pour la chambre ou le coin de bébé.

REGARDER LA TÉLÉVISION

«Je me sens coupable depuis que j'ai commencé à allumer le téléviseur pour que mon bébé écoute Passe-Partout pendant que je prépare le souper. Il semble adorer cela, mais je m'inquiète qu'il ne développe une accoutumance à la télévision.»

C'est une saine inquiétude. Selon l'index Neilsen, les enfants qui ont entre deux et douze ans regardent la télévision en moyenne 25 heures par semaine. Si bébé devient l'un de ces enfants, il aura passé 15 000 heures rivé à l'écran, au moment où il aura terminé le secondaire, environ

4 000 heures de plus qu'il aura passé en classe. Si vous ne prenez pas la peine de procéder à une judicieuse sélection de ce qu'il regarde, les récentes recherches prétendent qu'il aura été témoin de 18 000 meurtres, sans compter les autres crimes comme les vols à mains armées, les viols, les explosions de bombes et les bagarres, et plus de scènes amoureuses que vous ne pourriez l'imaginer (13,5 moments suggestifs à l'heure). Il aura également été la cible innocente de 350 000 publicités commerciales tentant de lui vendre (et à travers votre enfant, à vous) des produits de valeur douteuse.

Le visionnement excessif de la télévision par les enfants peut présenter d'autres inconvénients. Cela conduit à l'obésité et à de piètres résultats scolaires. En plus de réduire l'interaction entre les membres d'une famille, cela peut également interférer dans la vie familiale. Pire que tout, la télévision crée une image du monde déformée et inexacte, et embrouille le développement du système de valeurs des enfants, en établissant des normes de comportement et de convictions qui ne sont pas nécessairement acceptées dans le monde réel.

Pour les parents, le problème de la télévision se voit multiplié par le fait que la programmation aux États-Unis ne présente à peu près pas d'émissions décentes pour enfants (des dessins animés, habituellement violents, et des reprises de comédies de situation sont chose courante). La programmation des chaînes de télévision publiques mise, par ailleurs, sur des objectifs louables visant à enseigner aux enfants des comportements positifs de contrôle de soi, de partage, de coopération, de tolérance raciale et de souci des autres personnes (par exemple, Sesame Street et Passe-Partout). Habituellement, même ces émissions ne sont pas recommandées pour les enfants de moins de dix mois, pour lesquels l'on croit que l'écran de télévision n'est rien d'autre qu'un montage hypnoti-

sant et confondant de couleurs et de lumières; ils ne savent absolument pas ce qu'est
exactement la télévision.

Lorsque votre jeune enfant vous semble
prêt à regarder un peu de télévision (il
saute de joie quand Passe-Partout apparaît
à l'écran et tape des mains d'excitation en
entendant le thème de l'émission, par
exemple), limitez son écoute à une seule
émission exempte de commerciaux et ayant
une valeur de compensation. Même
lorsqu'il sera plus vieux, vous devrez limiter le temps qu'il passera devant le petit
écran. Cependant, de telles restrictions
pourraient s'avérer difficiles à renforcer,
si vous ou un autre membre de la famille
passez la journée devant le téléviseur. Habituellement, la capacité d'attention d'un
jeune enfant sera très courte, c'est-à-
dire qu'il pourra regarder seulement un
bref passage d'une émission avant de perdre intérêt, ou qu'il l'écoutera sporadiquement. Si le téléviseur reste allumé sans
arrêt, l'enfant pensera que ce doit être ainsi
et l'image lui manquera quand l'écran sera
éteint. Essayez de fermer le téléviseur au
moment des repas, surtout pendant l'heure
du souper familial, sinon beaucoup de
temps normalement consacré à l'interaction familiale se perdra à cause de l'effet
hypnotisant et monotone de la boîte à
images.

Résistez autant que possible (en réalité,
vous n'y arriverez pas toujours) à la tentation d'utiliser la télévision comme un
moyen pratique de garder bébé occupé.
Regardez plutôt les émissions avec bébé et
participez au visionnement en pointant des
objets familiers, animaux et personnes, et
en expliquant ce qui se passe. Quand bébé
sera plus âgé, étirez les explications et les
séances de discussions. Si les émissions de
votre enfant passent à des moments où
vous devez vous acquitter de certaines
tâches, essayez de vous y adonner tout en
jetant un coup d'oeil à l'émission en cours,
pour pouvoir faire quelques commentaires
occasionnels.

Plutôt que d'offrir uniquement la télévision comme divertissement audiovisuel
pour votre jeune enfant, servez-vous des
cassettes et des disques pour stimuler son
imagination et pour lui procurer en même
temps une bonne quantité d'activités musicales. Ajoutez à cela des cassettes vidéo
de qualité. Les classiques Disney sont très
populaires à compter de la deuxième année
et vous permettront de garder un meilleur
contrôle de la programmation que votre
enfant visionne, de minimiser les moments
passés devant le téléviseur et d'exempter
la programmation des publicités commerciales.

L'ENFANT HYPERACTIF

*«Mon bébé n'arrête pas de la journée : il
se traîne, marche, grimpe, il ne cesse
jamais de bouger. J'ai peur de découvrir
que mon enfant est hyperactif.»*

Lorsque l'on observe le rythme frénétique
du jeune enfant, on comprend facilement
pourquoi tant de mères de bébés d'un an
partagent l'inquiétude d'avoir un enfant
hyperactif. Pourtant, la grande majorité
n'ont aucune raison de s'inquiéter. Ce qui,
aux yeux d'une personne relativement
inexpérimentée, peut sembler un niveau
anormalement élevé d'activités a de fortes chances d'être tout à fait normal en réalité. Après plusieurs mois de frustration,
votre enfant a finalement acquis la mobilité pour laquelle il a tant lutté. Il court,
grimpe ou se traîne sûrement partout, chaque fois qu'il en a la chance. Quant à lui,
les journées sont bien trop courtes pour
toutes les expéditions qu'il aimerait faire.

La vraie hyperactivité est dix fois plus
fréquente chez les garçons que chez les filles et se caractérise par une activité excessive, à la fois inappropriée et im-
productive, par une capacité d'attention

très réduite et par de l'impulsivité. Comme tous les parents le savent, ces qualités sont communes à tous les jeunes enfants; c'est seulement lorsqu'elles sont exagérées au point d'interférer avec le fonctionnement général qu'elles soulèvent un problème.

Si les comportements hyperactifs inquiétants continuent et que la capacité de concentration de votre enfant ne s'améliore pas à mesure qu'il grandit, parlez-en au médecin. Il existe plusieurs approches visant à contrôler l'hyperactivité susceptibles de vous aider. Étant donné que l'on associe parfois l'hyperactivité à un retard mental, à des lésions au cerveau, à la perte de l'ouïe ou à des difficultés émotionnelles, ces problèmes devraient être réglés avant de commencer un traitement.

D'ici là, assurez-vous que votre enfant prend assez de repos. Un enfant extrêmement fatigué a tendance à accélérer son rythme, plutôt qu'à le ralentir. Intéressez-le à des activités tranquilles (comme de regarder des livres, faire des casse-tête et assembler des formes), mais souvenez-vous de la brièveté de sa capacité d'attention et qu'à cet âge ce genre de jeux requiert habituellement la participation d'un adulte. Tentez de le calmer avec un bon bain chaud, lorsqu'il semble perdre le contrôle. Assurez-vous également de le nourrir adéquatement et veillez à ce que son alimentation ne soit pas trop riche en sucre. On ne peut pas encore conclure le fait, mais un petit pourcentage d'enfants peuvent réagir au sucre et, peut-être même, à certains autres aliments, aux colorants alimentaires et aux additifs, par des comportements hyperactifs.

L'ENFANT NÉGATIF

«Depuis le jour où mon enfant a appris à secouer la tête pour dire «non», il répond négativement à tout, même aux choses qu'il désire le plus.»

Félicitations, bébé se transforme en jeune enfant. Avec cette transition, vient le début d'un modèle de comportement de négativisme que vous remarquerez de plus en plus, avec un intensité croissante, durant la prochaine année.

Aussi difficile que cette période soit pour les parents, le négativisme est une étape normale et saine dans le développement d'un jeune enfant. Pour la première fois, il se permet d'être lui-même — plutôt que d'être votre bébé malléable —, d'exercer quelque pouvoir, d'éprouver ses limites et de défier l'autorité parentale. Plus important encore, il peut exprimer ses propres opinions clairement et distinctement. Il a découvert que l'opinion qui a le plus d'impact sur vous, c'est «non!».

Heureusement, à ce stade de négativisme, votre enfant ne veut certes pas dire non avec autant de véhémence qu'il ne l'exprime. En fait, il y a de bonnes chances pour qu'il ne veuille pas dire non la plupart du temps, comme lorsqu'il dit «non» à la banane qu'il vient juste de revendiquer hardiment, ou lorsqu'il secoue la tête de droite à gauche si vous lui offrez le tour de la balançoire dont vous savez qu'il a une envie folle. Tout comme apprendre à se mettre debout ou à avancer de quelques pas, apprendre à dire «non» et à secouer la tête sont des aptitudes, et il a besoin de les pratiquer, même lorsqu'elles ne sont pas de mise. Le fait que les bébés apprennent à secouer la tête pour dire «non», peu de temps avant qu'ils ne hochent la tête pour dire «oui», a moins à voir avec le négativisme qu'avec la moins grande complexité du premier geste, qui constitue un mouvement plus facilement exécuté et requérant moins de coordination.

Vous pouvez parfois éviter le négativisme grâce à une petite manipulation verbale subtile de votre part. Si vous ne désirez pas entendre un «non», ne posez pas une question pouvant suggérer ce genre de réponse. Au lieu de dire «Veux-tu une pomme?», dites «Veux-tu une pomme ou une banane?» Au lieu de dire «Veux-tu aller glisser?», demandez : «Préfères-tu aller sur la glissoire ou sur la balançoire?» Sachez toutefois que certains enfants répondront à une question à choix multiples par un «non».

Il peut même arriver, à l'occasion, qu'un enfant de douze mois vous serve une version primitive de la mauvaise humeur des «terribles deux ans». On peut normalement en rire, quoique le fait de rire de ces comportements (ou de l'usage péremptoire du «non» ou du signe de tête) ne contribuera qu'à les prolonger et encouragera la répétition. Bien que cela ne fonctionnera pas plus tard (un enfant plus âgé peut rester en colère jusqu'à ce que lui ou ses parents ne tombent d'épuisement), en ignorant ce genre de réponse de la part d'un bébé d'un

an, vous lui ferez probablement abandonner la lutte et le verrez sans doute tout penaud, décider de s'amuser seul avec un jouet.

Les «non» risquent d'envahir votre demeure pendant au moins une autre année. Ils s'intensifieront probablement avant de s'estomper. La meilleure manière de tempérer cette période orageuse sera encore de porter peu d'attention aux comportements négatifs. Plus vous réagirez aux «non» de bébé, plus vous entendrez ce petit mot frustrant. Rappelez-vous que le négativisme fait partie de la croissance, tout en conservant votre sens de l'humour. Vous ne vous débarrasserez sans doute pas des «non», mais cela vous aidera sans doute à vous en accommoder mieux.

CE QU'IL IMPORTE DE SAVOIR
Comment stimuler un jeune enfant

Les premiers mots et les premiers pas sont, en quelque sorte, les deux fleurons de la couronne des jeunes enfants. Le jeu de l'apprentissage devient plus excitant que jamais. Le monde grandit par soubresauts et par bonds. Donnez à votre enfant la chance de l'explorer et de le connaître, et encouragez son développement physique, social, intellectuel et émotionnel, en lui offrant ce qui suit :

Des espaces sécuritaires pour la marche, à l'intérieur comme à l'extérieur. Les nouvelles recrues de la marche s'objectent habituellement à rester attachés dans la poussette ou dans un porte-bébé arrière, alors n'utilisez ces moyens de transport que dans les cas d'absolue nécessité. Encouragez bébé à marcher aussi souvent que possible, mais gardez toujours un

oeil vigilant à l'affût des dangers, surtout près des rues, des routes et des entrées de voitures. Pour le bébé qui ne marche pas encore vraiment, placez quelques objets attrayants à une certaine hauteur hors de sa portée pour l'inciter à se mettre debout et à marcher avec appui.

Des espaces sécuritaires pour laisser grimper bébé tout en le surveillant. Les bébés adorent monter des marches, (quand vous ne le surveillez pas, une barrière est indispensable), escalader une glissoire (tenez-vous tout près pour plus de sécurité), exécuter toutes sortes de manoeuvres pour sortir d'une chaise basse ou pour descendre d'un lit. Laissez-les s'aventurer, mais tenez-vous tout près, parée à courir à leur secours en cas de besoin.

RAPPEL DE SÉCURITÉ

Bébé devient toujours plus intelligent, mais il faudra encore bien du temps avant que le jugement ne s'adjoigne à l'intelligence et aux aptitudes motrices. Aussi, alors que bébé entame sa deuxième année, veillez à rester constamment vigilante et à préserver la sécurité de son environnement. Gardez à l'esprit que les actions qu'il est incapable de poser maintenant pourront être exécutées par bébé très bientôt. Bébé grimpera avec beaucoup d'agilité. Ceci veut dire que presque rien dans votre demeure qui ne serait pas tenu sous clef ou fermé avec un loquet de sûreté n'est à l'abri des petites mains, et que bébé peut s'attirer des problèmes encore plus rapidement qu'auparavant. Alors, procédez à un second inventaire de sécurité, prenant note non seulement des choses que votre jeune enfant peut ramasser sur le plancher, mais de tout ce qu'il pourrait éventuellement atteindre en grimpant. Enlevez donc tout ce qui peut représenter un danger, ainsi que tout objet que vous voudriez mettre à l'abri de bébé. Soyez bien avisée que les jeunes enfants sont connus pour leurs multiples ressources, quand il s'agit d'attraper ce qu'ils convoitent (de mettre les livres en piles ou de monter sur une chaise ou un jouet pour atteindre une tablette, par exemple). Veillez également à ce que tout objet sur lequel bébé pourrait grimper — chaise, table, étagères — soit assez solide pour supporter son poids. Continuez à établir des limites («Non, tu ne peux pas grimper là-dessus») et rappelez-vous, demain, des interdits d'aujourd'hui.

Encouragez-le à l'activité physique. Le bébé inactif pourrait avoir besoin d'un peu plus de cajoleries pour devenir plus actif. Il se pourrait que vous deviez vous baisser et ramper vous-même en lançant un défi à votre enfant pour qu'il se mette à votre poursuite («Essaie de m'attraper!») ou feignez de le menacer («Je vais t'attraper») en l'encourageant à se déplacer pour vous échapper. Placez les jouets ou autres objets qu'il préfère loin de sa portée, et encouragez-le à se déplacer d'une manière ou d'une autre, pour les atteindre. Le bébé craintif pourrait avoir besoin de soutien moral et physique. Tentez de persuader ce genre de bébé à essayer d'être plus actif, mais ne le forcez pas et ne le dépréciez pas s'il n'a pas tenté l'expérience. Grimpez sur la glissoire et laissez-vous glisser avec un enfant trop timide, jusqu'à ce qu'il se sente assez à l'aise pour s'y aventurer seul. Baladez-vous avec le marcheur débutant, en lui donnant une main ou deux pour qu'il s'y appuie. Bercez-vous ensemble sur la balançoire des grands enfants, jusqu'à ce que bébé demande de se balancer sur la balançoire des bébés.

Un environnement diversifié. Le bébé qui ne voit rien d'autre que l'intérieur de sa demeure, de la voiture familiale et du supermarché sera un bébé qui s'ennuiera énormément (sans mentionner à quel point sa gardienne s'ennuiera elle aussi). Un monde excitant se cache derrière la porte et bébé devrait le voir chaque jour. Même une sortie sous la pluie ou sous la neige peut se transformer en une expérience enrichissante. Avec bébé, partez à la découverte des terrains de jeu, des parcs, des musées (les jeunes enfants sont en général fascinés par les peintures et les statues et, durant les jours tranquilles, les galeries spacieuses sont des arènes extraordinaires pour se traîner et marcher), des magasins de jouets (où une surveillance constante est essentielle), des restaurants (choisissez ceux où les enfants sont les bienvenus), des boutiques d'animaux, des centres commerciaux ou d'autres centres d'affaires exhibant des étalages et vitrines à admirer et permettant de rencontrer beaucoup de gens.

Des jouets à tirer et à pousser. Les jouets que l'on doit pousser ou tirer incitent ceux qui viennent tout juste d'apprendre à pratiquer la marche et inspirent confiance à ceux qui hésitent encore. Les jouets-véhicules sur lesquels les bébés peuvent s'asseoir à califourchon pour se propulser avec les pieds peuvent aider certains enfants à marcher, quoique d'autres trouveront plus facile de marcher de manière autonome. D'un autre côté, l'usage d'un trotte-bébé à ce stade entravera le développement de la marche plutôt qu'il ne l'encouragera.

Des produits créatifs. Barbouiller avec des crayons de couleurs procure à beaucoup de bébés d'un an une immense satisfaction. En attachant le papier à une table, au plancher ou à un chevalet avec du ruban adhésif, vous l'empêcherez de glisser partout; en confisquant les crayons dès que bébé s'en sert à mauvais escient ou lorsqu'il décide d'en mordiller un, vous lui enseignerez l'usage correct qu'il peut en faire. Interdisez les plumes et les stylos à bille, sauf sous surveillance constante, car les pointes fines pourraient vous mener à la castastrophe, si bébé venait à tomber sur l'un de ces objets. La peinture avec les doigts peut amuser certains enfants, alors que d'autres ne se sentiront pas à l'aise de tremper leurs doigts dans un produit vaseux. Bien que de laver les mains montre que les taches de peinture sont seule-

ment temporaires, certains enfants continueront à résister à ce jeu. Les jouets musicaux peuvent également amuser bébé, mais recherchez ceux dont la qualité du son vous paraît assez bonne. Bébé peut aussi apprendre à improviser musicalement, avec une cuillère de bois ou de métal qu'il fera tambouriner sur le dessous d'une casserole, par exemple, si vous lui en faites d'abord la démonstration.

Des jouets qui s'emboîtent. Les bébés adorent placer les objets et les enlever, bien que l'aptitude de placer les objets se développe avant l'aptitude d'enlever les objets. Vous pouvez acheter des jouets qui s'emboîtent, ou simplement vous servir d'objets ménagers comme des boîtes vides, des cuillères de bois, des tasses à mesurer, des gobelets, des assiettes de papier et des essuie-mains. Remplissez un panier de divers petits objets (pas assez petits toutefois pour que bébé puisse les mâchouiller et s'étouffer). Attendez-vous à remettre vous-même les objets dans le panier, d'ici à ce que bébé soit devenu plus agile. Le sable et l'eau permettent de remplir et d'enlever en versant, et la plupart des jeunes enfants adorent ces deux matières. Ils exigent toutefois une surveillance constante. Dans la maison, toutefois, beaucoup de parents préfèrent remplacer le sable par du riz cuit (voir page 302). L'usage de l'eau peut être limité à la baignoire et à la chaise haute.

Des formes à assortir. Bien avant que les enfants ne puisse dire «rond», «carré» ou «triangle», ils apprennent à reconnaître les formes et à les placer dans l'ouverture qui leur est propre sur un jouet conçu à cet effet. Ces jouets enseignent également la dextérité manuelle et, dans certains cas, les couleurs. Sachez toutefois que bébé peut avoir besoin de plusieurs démonstrations et de beaucoup d'aide, avant de réussir à maîtriser ce genre d'activité.

Des jouets demandant de la dextérité. Les jouets que l'on doit tourner, tordre, pousser, presser et tirer encouragent les enfants à se servir de leurs mains de diverses façons. Plusieurs démonstrations de la part des parents pourraient s'avérer nécessaires avant que les bébés ne viennent à bout de quelques-unes des manoeuvres les plus compliquées. Néanmoins, une fois qu'ils les auront maîtrisés, ces jouets leur procureront des heures de jeu de concentration.

Des jouets de baignoire pour les jeux d'eau. Ces jouets enseignent plusieurs concepts, doublés de la joie des jeux d'eau, sans dégâts sur les planchers ou sur les meubles. La baignoire est également un lieu de choix pour souffler des bulles, mais vous devrez sans doute faire vous-même les bulles, du moins pendant quelque temps encore.

Des jeux où il faut suivre le rythme. Papa commence à taper des mains, puis maman tape des mains. Cela encourage bébé à suivre le rythme. Maman balance ses bras, et papa fait la même chose. Après quelque temps, bébé vous imitera et pourrait même créer de nouveaux rythmes.

Des livres, des magazines et des imprimés imagés. Vous pouvez garder un cheval, un éléphant ou un lion dans la salle de séjour de votre demeure par l'extraordinaire pouvoir que transmettent instantanément les livres ou les magazines imagés, créés pour les enfants. Lisez et regardez des livres avec bébé plusieurs fois par jour. Chaque séance sera sans doute assez courte, peut-être pas plus que quelques minutes, à cause de la faible capacité de concentration de votre enfant. Ensemble, ces séances établiront les fondements solides de son plaisir de lire, plus tard dans sa vie.

Des objets pour jouer à faire semblant. Des services de vaisselle pour enfants, un équipement de cuisine, une imitation de nourriture, des maisons miniatures, des camions et des voitures, des chapeaux, des chaussures de grandes personnes, des coussins de sofa et presque tout peut se transformer magiquement pour permettre aux enfants de faire semblant. Ce genre de jeu permet de développer la créativité, l'imagination des aptitudes sociales en même temps que la coordination de la motricité fine (enfiler et retirer des vêtements, battre des oeufs ou faire cuire de la soupe).

De la patience. Quoique les aptitudes des bébés à la frontière de la jeune enfance soient beaucoup plus avancées qu'elles ne l'étaient chez les bébés de six mois, leur capacité d'attention ne montre pas une amélioration importante. Ils peuvent réussir à jouer avec certains jouets pendant de plus longues périodes, mais lorsque vous essayez de lire une histoire ou de les intéresser à d'autres jouets, il se peut qu'ils n'arrivent pas à rester assis tranquilles pendant plus de cinq minutes. Montrez-vous compréhensive quant à ces limites et ne désespérez pas. Tout comme les bébés croissent, leur capacité d'attention croît.

Des applaudissements. Félicitez bébé dès qu'il réussit à maîtriser une nouvelle aptitude. La réussite, bien que satisfaisante en soi, signifie souvent bien plus lorsqu'elle s'accompagne d'une reconnaissance.

Index